7급 PSAT
하주응 상황판단
5급 기출 엄선연습

INTRO

머리말

수험생 여러분 안녕하세요.

하주응입니다.

이 책은 7급 공무원 공채 PSAT를 준비하는 수험생들을 위한 기출문제집입니다.

인사혁신처가 주관하는 5급 공채 PSAT의 기출문제들을 엄선하여, 7급 공채의 시험 형식에 맞게 재구성했습니다. 지나치게 어려운 문제와 최근의 경향을 벗어난 문제들을 배제하고, 7급 공채 PSAT의 난이도와 유사하거나 그보다 약간 더 어려운 수준의 문제들을 엄선하여 12문제 SET, 20문제 SET, 25문제 SET를 구성하여 단계적으로 훈련할 수 있도록 하였습니다. 25문제 SET의 경우, 7급 공채 PSAT 기출문제의 유형 구성을 골고루 반영했기 때문에 다양한 문제 유형 배치에 적응하는 데에 도움이 될 것입니다.

7급 공채 PSAT에 적합한 난이도와 문제 유형 배치로 구성된 이 책이 PSAT 상황판단의 학습뿐만 아니라 시험시간 운영의 연습에도 기여하는 바가 있을 것으로 기대합니다.

하주응

CONTENTS

목차

12제 연습
SET 1

총 12문제
제한시간 : 28분

하주응 PSAT 상황판단 5급 기출 엄선연습

문 1. 다음 글을 근거로 판단할 때 옳은 것은?

제○○조(정의) 이 법에서 사용하는 용어의 뜻은 다음과 같다.
1. "공연"이란 음악·무용·연극 등 예술적 관람물을 실연(實演)에 의하여 공중에게 관람하도록 하는 행위를 말한다.
2. "공연장"이란 공연을 주된 목적으로 설치하여 운영하는 시설을 말한다.
3. "연소자"란 18세 미만의 사람(고등학교에 재학 중인 사람을 포함한다)을 말한다.

제□□조(유해 공연물 관람금지) 누구든지 다음 각 호의 기준에 따른 연소자 유해 공연물을 연소자에게 관람시킬 수 없다.
1. 연소자에게 성적인 욕구를 자극하는 선정적인 것
2. 각종 폭력 행위 또는 약물의 남용을 자극하거나 미화하는 것

제△△조(공연장 설치·운영 등) ① 공연장을 설치하여 운영하려는 자(이하 '공연장 운영자'라 한다)는 공연장 소재지를 관할하는 시장, 군수, 구청장(이하 '시장 등'이라 한다)에게 등록하여야 한다.
② 제1항에 따라 공연장의 등록을 한 자가 영업을 폐지한 경우에는 폐지한 날부터 30일 이내에 관할 시장 등에게 폐업신고를 하여야 한다.
③ 관할 시장 등은 제2항에 따라 폐업신고를 하여야 하는 자가 폐업신고를 하지 아니하면 폐업한 사실을 확인한 후 그 등록사항을 직권으로 말소할 수 있다.
④ 공연장 운영자는 화재 등 재해나 그 밖의 위급한 상황의 발생 시 관람자가 안전하게 피난할 수 있도록 공연장에 피난안내도를 갖추어 두어야 한다.
⑤ 공연장 외의 장소에서 1천 명 이상의 관람자가 있을 것으로 예상되는 공연을 하려는 자가 갖추어 두어야 할 피난안내도에 관하여는 제4항을 준용한다.

제◇◇조(벌칙) ① 제□□조를 위반한 자는 3년 이하의 징역 또는 3천만 원 이하의 벌금에 처한다.
② 공연의 입장권을 판매하는 자의 동의 없이 다른 사람에게 입장권을 상습 또는 영업으로 자신이 구입한 가격을 넘는 금액으로 판매한 자(이하 '암표상'이라 한다)는 20만 원 이하의 벌금, 구류 또는 과료에 처한다.

① 甲이 A도 B군에서 공연장을 설치하여 운영하려는 경우, A도지사에게 등록하여야 한다.
② 공연장 등록을 한 乙이 영업을 폐지한 경우 관할 시장 등에게 폐업신고를 하지 않는다면, 관할 시장 등은 그 등록사항을 직권으로 말소할 수 없다.
③ 丙이 18세인 고등학생에게 약물의 남용을 자극하는 내용의 공연물을 관람시킨 경우, 丙은 3천만 원의 벌금에 처해질 수 있다.
④ 丁이 암표상으로부터 공연장 입장권을 구매한 경우, 丁은 10만 원의 벌금에 처해질 수 있다.
⑤ 戊가 공연장 외의 장소에서 500명의 관람자가 있을 것으로 예상되는 공연을 하는 경우, 피난안내도를 갖추어 두어야 한다.

문 2. 다음 글을 근거로 판단할 때 옳은 것은?

제○○조(어장청소 등) ① 양식업면허를 받은 자는 그 양식업면허를 받은 날부터 3개월 이내에 해당 어장의 퇴적물이나 어장에 버려진 폐기물을 수거·처리(이하 '어장청소'라 한다)해야 하고, 어장청소를 끝낸 날부터 정해진 주기에 따라 어장청소를 해야 한다.
② 제1항의 어장청소 주기는 다음의 표와 같다. 단, 같은 면허 내에서 서로 다른 양식방법을 혼합하거나 두 종류 이상의 수산동식물을 양식하는 경우, 어장청소 주기는 그중 단기로 한다.

면허의 종류	양식방법	양식품종	주기
해조류 양식업	수하식(지주망식)	김, 매생이 등	5년
	수하식(연승식)	미역, 다시마, 톳, 모자반 등	4년
어류 등 양식업	가두리식	조피볼락, 돔류, 농어, 방어, 고등어, 민어 등	3년
	수하식(연승식)	우렁쉥이, 미더덕, 오만둥이 등	4년

③ 제1항에도 불구하고, 양식업면허의 유효기간이 만료된 자가 해당 어장에서 기존 면허와 동일한 신규 면허를 받은 경우에는 면허의 유효기간 만료 전 마지막으로 어장청소를 끝낸 날부터 제2항의 주기에 따라 어장청소를 할 수 있다.
④ 시장·군수·구청장(이하 '시장 등'이라 한다)은 양식업면허를 받은 자가 제1항을 위반하여 어장청소를 하지 아니하는 경우 어장청소를 명하되, 60일 이내의 범위에서 이행기간을 부여해야 한다.

제□□조(이행강제금) ① 시장 등은 제○○조 제4항에 따른 명령을 받고 그 정한 기간 내에 명령을 이행하지 아니한 자에게 어장 규모 등을 고려하여 이행강제금을 부과한다.
② 시장 등은 제○○조 제4항에 따른 최초의 명령을 한 날을 기준으로 1년에 2회 이내의 범위에서 그 명령이 이행될 때까지 반복하여 제1항의 이행강제금을 부과할 수 있다.
③ 제1항에 따른 이행강제금은 면허면적 0.1 ha당 5만 원이며, 1회 부과하는 이행강제금은 250만 원을 초과할 수 없다.

① 유효기간이 10년인 해조류 양식업면허를 처음으로 받은 甲이 수하식(지주망식)으로 매생이를 양식하는 경우, 유효기간 동안 어장청소를 두 번은 해야 한다.
② 어류 등 양식업면허를 받은 乙이 가두리식으로 방어와 수하식(연승식)으로 우렁쉥이를 양식하는 경우, 어장청소 주기는 4년이다.
③ 유효기간이 만료된 후 해당 어장에서 기존 면허와 동일한 신규 면허를 받은 丙은 신규 면허를 받은 날부터 3개월 이내에 어장청소를 해야 한다.
④ 6 ha 면적의 어류 등 양식업면허를 받은 丁이 지속적으로 어장청소를 하지 않을 경우, 1회 300만 원의 이행강제금이 부과된다.
⑤ 2020. 12. 11. 어류 등 양식업면허를 받아 수하식(연승식)으로 미더덕을 양식하는 戊가 2024. 3. 11.까지 어장청소를 한 번밖에 하지 않는다면, 2024. 3. 12.에 이행강제금이 부과된다.

문 3. 다음 규정에 근거할 때, 옳은 것은?

> 제00조(목적) 이 법은 적의 침투·도발이나 그 위협에 대응하기 위하여 국가 총력전의 개념을 바탕으로 국가방위요소를 통합·운용하기 위한 통합방위대책을 수립·시행하기 위하여 필요한 사항을 규정함을 목적으로 한다.
> 제00조(정의) 이 법에서 사용하는 용어의 뜻은 다음과 같다.
> 1. "통합방위사태"란 적의 침투·도발이나 그 위협에 대응하여 제2호부터 제4호까지의 구분에 따라 선포하는 단계별 사태를 말한다.
> 2. "갑종사태"란 일정한 조직체계를 갖춘 적의 대규모 병력 침투 또는 대량살상무기 공격 등의 도발로 발생한 비상사태로서 통합방위본부장 또는 지역군사령관의 지휘·통제 하에 통합방위작전을 수행하여야 할 사태를 말한다.
> 3. "을종사태"란 일부 또는 여러 지역에서 적이 침투·도발하여 단기간 내에 치안이 회복되기 어려워 지역군사령관의 지휘·통제 하에 통합방위작전을 수행하여야 할 사태를 말한다.
> 4. "병종사태"란 적의 침투·도발 위협이 예상되거나 소규모의 적이 침투하였을 때에 지방경찰청장, 지역군사령관 또는 함대사령관의 지휘·통제 하에 통합방위작전을 수행하여 단기간 내에 치안이 회복될 수 있는 사태를 말한다.
> 제00조(통합방위사태의 선포) ① 통합방위사태는 갑종사태, 을종사태 또는 병종사태로 구분하여 선포한다.
> ② 제1항의 사태에 해당하는 상황이 발생하면 다음 각 호의 구분에 따라 해당하는 사람은 즉시 국무총리를 거쳐 대통령에게 통합방위사태의 선포를 건의하여야 한다.
> 1. 갑종사태에 해당하는 상황이 발생하였을 때 또는 둘 이상의 특별시·광역시·도·특별자치도(이하 "시·도"라 한다)에 걸쳐 을종사태에 해당하는 상황이 발생하였을 때: 국방부장관
> 2. 둘 이상의 시·도에 걸쳐 병종사태에 해당하는 상황이 발생하였을 때: 행정안전부장관 또는 국방부장관
> ③ 대통령은 제2항에 따른 건의를 받은 때에는 중앙협의회와 국무회의의 심의를 거쳐 통합방위사태를 선포할 수 있다.
> ④ 지방경찰청장 또는 지역군사령관은 을종사태나 병종사태에 해당하는 상황이 발생한 때에는 즉시 시·도지사에게 통합방위사태의 선포를 건의하여야 한다.
> ⑤ 시·도지사는 제4항에 따른 건의를 받은 때에는 시·도 협의회의 심의를 거쳐 을종사태 또는 병종사태를 선포할 수 있다.

① 국무회의에서는 병종사태에 대해서는 심의할 수 없고 갑종과 을종사태에 대해서 심의한다.
② 행정안전부장관은 모든 유형의 통합방위사태에 대하여 대통령에게 통합방위사태의 선포를 건의할 수 있다.
③ 갑종사태 또는 을종사태가 발생한 경우에는 통합방위본부장이 통합방위작전을 지휘한다.
④ A광역시와 B광역시에 걸쳐서 통합방위사태가 발생한 경우에 통합방위사태를 선포할 수 있는 사람은 대통령이다.
⑤ C광역시 D구와 E구에 대하여 적이 도발을 기도하는 것으로 정보당국에 의해 포착되었다면, 행정안전부장관이나 국방부장관은 대통령에게 통합방위사태 선포를 건의하여야 한다.

문 4. 다음 글과 <상황>을 근거로 판단할 때 옳은 것은?

> ○ 소취하: 소송진행 중 원고는 자신이 제기한 소(訴)를 취하할 수 있다. 다만 피고가 소송에서 변론을 하였을 때에는 피고의 동의를 얻어야 소취하를 할 수 있다. 소취하를 하면 소가 제기된 때로 소급하여 소송이 소멸된다. 원고는 판결이 선고되었어도 그 판결이 확정되기 전까지 언제든지 소취하를 할 수 있다. 따라서 원고는 1심 소송진행 중에 소취하를 할 수 있을 뿐만 아니라 항소심 소송진행 중에도 소취하를 할 수 있다. 원고가 항소심에서 소취하를 하면 1심의 소를 제기한 때로 소급하여 소송이 소멸된다. 따라서 현재 진행 중인 항소심이 종료될 뿐만 아니라 1심 소송결과 자체를 소멸시키기 때문에 항소의 대상이 되었던 1심 판결도 그 효력을 상실한다. 그 결과 소송당사자 사이의 권리의무에 관한 분쟁은 해결되지 아니한 채 소송만 종료된다.
> ○ 항소취하: 1심 판결에 패소한 당사자는 항소(抗訴)를 제기할 수 있는데, 그 자를 '항소인'이라고 하고 항소의 상대방 당사자를 '피항소인'이라고 한다. 항소인은 항소심 판결이 선고되기 전까지만 항소취하를 할 수 있다. 피항소인의 동의는 필요하지 않다. 항소취하를 하면 항소가 제기된 때로 소급하여 항소가 소멸되고 항소심은 종료된다. 항소취하는 항소 제기시점으로 소급하여 항소만 소멸되기 때문에, 항소의 대상이 되었던 1심 판결의 효력은 유지되며 그 판결 내용대로 당사자 사이의 분쟁은 해결된다.

<상 황>

> 甲은 乙에게 1억 원을 빌려주었는데 갚기로 한 날짜가 지났는데도 乙이 갚지 않고 있다. 그래서 甲이 원고가 되어 乙을 피고로 하여 1억 원의 대여금반환청구의 소를 제기하였다. 1심 법원은 甲의 주장을 인정하여 甲의 승소판결을 선고하였고, 이에 대해 乙이 항소를 제기하여 현재 항소심이 진행 중이다.

① 항소심 판결이 선고된 후에는 乙은 항소취하를 할 수 없다.
② 항소심 판결이 선고되기 전에 甲은 乙의 동의 없이 항소취하를 할 수 있다.
③ 항소심 판결이 선고되기 전에 乙은 甲의 동의를 얻어야 소취하를 할 수 있다.
④ 항소취하가 유효하면 항소심이 종료되고, 甲의 乙에 대한 1심 승소판결의 효력은 소멸된다.
⑤ 소취하가 항소심에서 유효하게 이루어진 경우, 甲과 乙사이의 대여금에 관한 분쟁에서 甲이 승소한 것으로 분쟁이 해결된다.

문 5. 지금은 금요일 17시 50분이다. <근로조건>과 <직원정보>를 근거로 판단할 때, 甲회사 김과장이 18시부터 시작하는 시간 외 근로를 요청하면 오늘 내로 A프로젝트를 완수할 수 있는 직원은?

<근로조건>

가. 甲회사의 근로자는 09시에 근무를 시작해 18시에 마치며, 중간에 1시간 휴게시간을 갖는다. 근로시간은 휴게시간을 제외하고 1일 8시간, 1주 40시간이다.

나. 시간 외 근로는 1주 12시간을 초과하지 못한다. 단, 출산 이후 1년이 지나지 않은 여성에 대하여는 1일 2시간, 1주 6시간을 초과하는 시간 외 근로를 시키지 못한다.

다. 시간 외 근로를 시키기 위해서는 근로자 본인의 동의가 필요하다. 단, 여성의 경우에는 야간근로에 대해서 별도의 동의를 요한다.

※ 시간 외 근로: <근로조건> '가.'의 근로시간을 초과하여 근로하는 것
※ 야간근로: 22시에서 다음 날 06시 사이에 근로하는 것
※ 시간 외 근로시간에는 휴게시간은 없음

<직원정보>

이름	성별	이번 주 일일근로시간					A프로젝트 완수 소요시간	시간외근로 동의여부	야간근로 동의여부
		월	화	수	목	금			
김상형	남	8	8	8	8	8	5	×	–
전지연	여	–	10	10	10	8	2	○	×
차효인	여	9	8	13	9	8	3	○	○
조경은	여	8	9	9	9	8	5	○	×
심현석	남	10	11	11	11	8	1	○	–

※ 출산여부: 전지연은 4개월 전에 둘째 아이를 출산하고 이번 주 화요일에 복귀하였고, 나머지 여성직원은 출산 경험이 없음

① 김상형, 차효인
② 차효인, 심현석
③ 차효인, 조경은
④ 전지연, 조경은
⑤ 전지연, 심현석

문 6. 다음 글을 근거로 판단할 때, ㉠, ㉡, ㉢, ㉣의 합으로 가능한 수는?

○ ㉠, ㉡, ㉢, ㉣은 0부터 9까지의 정수이다.
○ ㉠과 ㉡은 같다.
○ ㉠, ㉡, ㉢, ㉣ 중 홀수는 ㉡개다.
○ ㉠, ㉡, ㉢, ㉣ 중 1은 ㉢개다.
○ ㉠, ㉡, ㉢, ㉣ 중 2는 ㉣개다.

① 1
② 3
③ 5
④ 7
⑤ 9

문 7. 다음 글과 <조건>에 따를 때, ○○부가 채택하기에 적합하지 않은 정책 대안은?

○ 올해의 전력수급현황은 다음과 같다.
- 총공급전력량 : 7,200만kW
- 최대전력수요 : 6,000만kW

이에 따라 ○○부는 내년도 전력수급기본계획을 마련하고, 정책목표를 다음과 같이 설정하였다.
- 정책목표 : 내년도 전력예비율을 30% 이상으로 유지한다.

$$\text{전력예비율(\%)} = \frac{\text{총공급전력량} - \text{최대전력수요}}{\text{최대전력수요}} \times 100$$

<조 건>

조건 1 : 발전소를 하나 더 건설하면 총공급전력량이 100만 kW 증가한다.

조건 2 : 전기요금을 α% 인상하면 최대전력수요는 α% 감소한다.

※ 발전소는 즉시 건설·운영되는 것으로 가정하고 이외의 다른 변수는 고려하지 않는다.

① 발전소를 1개 더 건설하고, 전기요금을 10% 인상한다.
② 발전소를 3개 더 건설하고, 전기요금을 3% 인상한다.
③ 발전소를 6개 더 건설하고, 전기요금을 1% 인상한다.
④ 발전소를 8개 더 건설하고, 전기요금을 동결한다.
⑤ 발전소를 더 이상 건설하지 않고, 전기요금을 12% 인상한다.

문 8. 甲사무관은 자동차의 공회전 발생률과 공회전 시 연료소모량이 적은 차량 운전자에게 현금처럼 쓸 수 있는 탄소포인트를 제공하는 정책을 구상하고 있다. 甲사무관은 동일 차량 운전자 A ~ E를 대상으로 이 정책을 시범 시행하였다. 다음 <산출공식>과 <자료>를 근거로 할 때, 공회전 발생률과 공회전 시 연료소모량에 따라 A ~ E 운전자가 받을 수 있는 탄소포인트의 총합이 큰 순서대로 나열된 것은?

<산출공식>

○ $\text{공회전 발생률(\%)} = \frac{\text{총공회전시간(분)}}{\text{주행시간(분)}} \times 100$

○ 공회전 시 연료소모량(cc) = 총공회전시간(분) × ω(cc/분)

※ 산출공식은 A ~ E 운전자에게 각각 동일하게 적용되며, A ~ E 운전자에 대한 다른 조건은 모두 동일하다.

※ ω는 어떤 차량의 공회전 1분당 연료소모량으로 A ~ E 운전자의 경우 $\omega = 20$이다.

<자 료>

○ 차량 시범 시행 결과

운전자	주행시간(분)	총공회전시간(분)
A	200	20
B	30	15
C	50	10
D	25	5
E	50	25

○ 공회전 발생률에 대한 구간별 탄소포인트

공회전 발생률(%)	20미만	20이상 40미만	40이상 60미만	60이상 80미만	80이상
탄소포인트(p)	100	80	50	20	10

○ 공회전 시 연료소모량에 대한 구간별 탄소포인트

공회전시 연료 소모량(cc)	100미만	100이상 200미만	200이상 300미만	300이상 400미만	400이상
탄소포인트(p)	100	75	50	25	0

※ <자료> 이외의 다른 조건은 고려하지 않는다.

① D > C > A > B > E
② D > C > A > E > B
③ D > A > C > B > E
④ A > D > B > E > C
⑤ A > C > D > B > E

문 9. 다음 글을 근거로 판단할 때, <보기>에서 옳은 것을 모두 고르면?

P공단에는 甲과 乙두 개의 공장만 있으며 공장 소유주는 동일인이다. 현재 두 공장 모두 각각 60단위의 오염물질이 발생하고 있다. 정화비용은 오염물질 단위당 甲공장에서는 100만 원이 들고, 乙공장에서는 200만 원이 들어간다. P공단의 오염물질 배출을 규제하는 방식에는 다음 (가)와 (나) 두 가지가 있다.

(가) 각 공장별 오염물질 배출허용기준은 최대 50단위로 설정되어 있고, 각 공장은 오염물질 배출허용기준을 준수하여야 한다. 따라서 각 공장은 허용기준을 초과한 오염물질을 정화처리하여 배출하여야 한다.

(나) 각 공장별 오염물질 배출허용기준은 설정되어 있지 않고, 공단 전체가 배출할 수 있는 총 오염물질의 양이 최대 100단위로 설정되어 있다. 공단은 오염물질 배출허용기준을 준수하여야 하며, 따라서 허용기준을 초과한 오염물질을 정화처리하여 배출하여야 한다.

<보 기>

ㄱ. (가)의 방식을 적용할 때, P공단이 오염물질 배출허용기준을 준수하기 위해서는 최소 3,000만 원의 비용이 소요된다.

ㄴ. 공장 소유주의 입장에서 오염물질 배출허용기준을 준수하기 위해서는 최소 2,000만 원의 비용이 소요된다.

ㄷ. 공장 소유주가 비용을 최소화하려고 한다면, (가)의 방식보다 (나)의 방식이 P공단의 전체 오염물질 배출량을 더 줄일 수 있다.

ㄹ. (나)의 방식을 적용할 때, 공장 소유주가 비용을 최소화하고자 하면 甲공장의 오염물질 배출량이 乙공장의 오염물질 배출량보다 더 적어진다.

① ㄱ, ㄴ
② ㄷ, ㄹ
③ ㄱ, ㄴ, ㄷ
④ ㄱ, ㄴ, ㄹ
⑤ ㄴ, ㄷ, ㄹ

문 10. 다음 <그림>에서 맨 윗줄에 있는 임의의 한 숫자에서 시작하여 아래쪽으로(대각선 방향 포함) 한 칸씩 이동할 수 있다. 위로 가거나 좌우로 이동할 수는 없다. 숫자 1과 숫자 1의 좌우 옆칸은 지날 수 없지만, 시작과 도착은 할 수 있다. 이러한 조건에 따라 맨 아랫줄까지 이동할 때, 시작부터 도착까지 숫자의 합이 가장 큰 것은?

<그 림>

	좌							우
상	9	4	5	3	6	1	8	2
	8	2	2	1	3	2	5	1
	6	9	8	4	2	4	3	5
	4	8	1	3	5	2	6	1
	1	4	3	7	6	3	1	4
	9	2	4	8	6	4	5	3
	4	2	4	9	8	6	7	1
	2	8	1	6	5	9	3	2
하	9	6	7	2	1	4	3	5

① 52
② 53
③ 54
④ 55
⑤ 58

문 11. 다음 <사실>과 <진술>을 근거로 추론할 때 옳지 않은 것은?

<사 실>

○ 가영, 나리, 다솜, 라익, 마음, 바울이는 어느 날 아침에 숙소의 음식을 나눠 먹었다. 그 후 가영, 나리, 다솜, 마음이에게 식중독 증상이 나타났다.
○ 이들은 잼, 요거트, 빵, 우유, 주스, 샐러드, 버터, 치즈, 쿠키, 달걀 프라이, 감자 등 총 11종류의 음식을 먹었다.
○ 최소 1종류 이상의 음식이 상한 것으로 밝혀졌다.
○ 상한 음식을 1종류라도 먹게 되면 식중독에 걸린다.
○ 식중독의 발병 여부는 섭취한 음식량과 무관하며, 조금이라도 상한 음식을 먹었으면 식중독에 걸린다.
○ 음식 이외의 요인에 의해서는 식중독에 걸리지 않는다.

<진 술>

○ 가영 : 잼을 넣은 요거트를 먹었어. 잼을 바른 빵과 함께 우유를 한 잔 마시고, 샐러드랑 쿠키도 먹었어.
○ 나리 : 잼과 버터를 바른 빵과 함께 감자랑 달걀 프라이를 먹었어.
○ 다솜 : 빵 사이에 치즈를 끼워서 우유와 함께 먹었어. 요거트랑 쿠키도 조금 먹었어.
○ 라익 : 배가 별로 고프지 않아서 달걀 프라이랑 우유, 감자만 조금 먹었어.
○ 마음 : 요거트를 먹은 후, 잼 바른 빵과 샐러드에 주스를 함께 먹었어.
○ 바울 : 버터 바른 빵과 달걀 프라이에 우유를 먹고, 후식으로 요거트를 먹었어.

① 가영이가 먹은 음식 중 상한 음식은 반드시 한 종류일 것이다.
② 다솜이가 요거트와 우유를 먹지 않았어도 식중독에 걸렸을 것이다.
③ 만약 잼을 바른 빵과 우유, 달걀 프라이를 먹는다면 식중독에 걸릴 것이다.
④ 만약 샐러드와 치즈, 쿠키와 우유를 먹는다면 반드시 식중독에 걸릴 것이다.
⑤ 나리가 먹은 음식 중 상한 음식은 반드시 한 종류일 것이다.

문 12. 다음 글을 근거로 판단할 때, 가장 먼저 교체될 시계와 가장 나중에 교체될 시계를 옳게 짝지은 것은?

甲부서에는 1 ~ 12시 눈금표시가 된 5개의 벽걸이 시계(A ~ E)가 있다. 그런데 A는 시침과 분침이 모두 멈춰버려서 더 이상 작동하지 않는 상태다. B는 정확한 시계보다 하루에 1분씩 느려지는 시계다. C는 정확한 시계보다 하루에 1시간씩 느려지는 시계다. D는 정확한 시계보다 하루에 2시간씩 느려지는 시계다. E는 정확한 시계보다 하루에 5분씩 빨라지는 시계다.

甲부서는 5개의 시계를 순차적으로 교체하려고 한다. 앞으로 1년 동안 정확한 시계와 일치하는 횟수가 적을 시계부터 순서대로 교체한다.

※ B ~ E는 각각 일정한 속도로 작동한다.

	가장 먼저 교체될 시계	가장 나중에 교체될 시계
①	A	C
②	B	A
③	B	D
④	D	A
⑤	D	E

12제 연습
SET 2

총 12문제
제한시간 : 28분

하주응 PSAT 상황판단 5급 기출 엄선연습

문 1. 다음 글을 근거로 판단할 때 옳지 않은 것은?

> 제00조(보증의 방식) ① 보증은 그 의사가 보증인의 기명날인 또는 서명이 있는 서면으로 표시되어야 효력이 발생한다.
> ② 보증인의 채무를 불리하게 변경하는 경우에도 제1항과 같다.
> 제00조(채권자의 통지의무 등) ① 채권자는 주채무자가 원본, 이자 그 밖의 채무를 3개월 이상 이행하지 아니하는 경우 또는 주채무자가 이행기에 이행할 수 없음을 미리 안 경우에는 지체없이 보증인에게 그 사실을 알려야 한다.
> ② 제1항에도 불구하고 채권자가 금융기관인 경우에는 주채무자가 원본, 이자 그 밖의 채무를 1개월 이상 이행하지 아니할 때에는 지체없이 그 사실을 보증인에게 알려야 한다.
> ③ 채권자는 보증인의 청구가 있으면 주채무의 내용 및 그 이행 여부를 보증인에게 알려야 한다.
> ④ 채권자가 제1항부터 제3항까지의 규정에 따른 의무를 위반한 경우에는 보증인은 그로 인하여 손해를 입은 한도에서 채무를 면한다.
> 제00조(보증기간 등) ① 보증기간의 약정이 없는 때에는 그 기간을 3년으로 본다.
> ② 보증기간은 갱신할 수 있다. 이 경우 보증기간의 약정이 없는 때에는 계약체결 시의 보증기간을 그 기간으로 본다.
> ③ 제1항 및 제2항에서 간주되는 보증기간은 계약을 체결하거나 갱신하는 때에 채권자가 보증인에게 고지하여야 한다.

※ 보증계약은 채무자(乙)가 채권자(甲)에 대한 금전채무를 이행하지 아니하는 경우에 보증인(丙)이 그 채무를 이행하기로 하는 채권자와 보증인 사이의 계약을 말하며, 이때 乙을 주채무자라 한다.

① 보증인 丙이 주채무자 乙의 甲에 대한 금전채무를 보증하기 위해 채권자 甲과 보증계약을 서면으로 체결하지 않으면 그 계약은 무효이다.
② 보증인 丙이 주채무자 乙의 甲에 대한 금전채무를 보증하기 위해 채권자 甲과 보증계약을 체결하면서 보증기간을 약정하지 않으면 그 기간은 3년이다.
③ 주채무자 乙이 원본, 이자 그 밖의 채무를 2개월 이상 이행하지 아니하는 경우, 금융기관이 아닌 채권자 甲은 지체없이 보증인 丙에게 그 사실을 알려야 한다.
④ 보증인 丙의 청구가 있는데도 채권자 甲이 주채무의 내용 및 그 이행 여부를 丙에게 알려주지 않으면, 丙은 그로 인하여 손해를 입은 한도에서 채무를 면하게 된다.
⑤ 보증인 丙이 주채무자 乙의 甲에 대한 금전채무를 보증하기 위해 채권자 甲과 기간을 2년으로 약정한 보증계약을 체결한 다음, 그 계약을 갱신하면서 기간을 약정하지 않으면 그 기간은 2년이다.

문 2. 다음 글과 <상황>을 근거로 판단할 때, <보기>에서 A가 가맹금을 반환해야 하는 것만을 모두 고르면?

> 제○○조(정보공개서의 제공의무) 가맹본부는 가맹희망자에게 정보공개서를 제공하지 아니하였거나 제공한 날부터 14일이 지나지 아니한 경우에는 다음 각 호의 행위를 하여서는 아니 된다.
> 1. 가맹희망자로부터 가맹금을 수령하는 행위
> 2. 가맹희망자와 가맹계약을 체결하는 행위
>
> 제□□조(허위·과장된 정보제공의 금지) 가맹본부는 가맹희망자나 가맹점사업자에게 정보를 제공함에 있어서 다음 각 호의 행위를 하여서는 아니 된다.
> 1. 사실과 다르게 정보를 제공하거나 사실을 부풀려 정보를 제공하는 행위
> 2. 계약의 체결·유지에 중대한 영향을 미치는 사실을 은폐하거나 축소하는 방법으로 정보를 제공하는 행위
>
> 제△△조(가맹금의 반환) 가맹본부는 다음 각 호의 어느 하나에 해당하는 경우에는 가맹희망자나 가맹점사업자가 서면으로 요구하면 가맹금을 반환하여야 한다.
> 1. 가맹본부가 제○○조를 위반한 경우로서 가맹희망자 또는 가맹점사업자가 가맹계약 체결 전 또는 가맹계약의 체결일부터 4개월 이내에 가맹금의 반환을 요구하는 경우
> 2. 가맹본부가 제□□조를 위반한 경우로서 가맹희망자가 가맹계약 체결 전에 가맹금의 반환을 요구하는 경우
> 3. 가맹본부가 정당한 사유 없이 가맹사업을 일방적으로 중단한 경우로서 가맹희망자 또는 가맹점사업자가 가맹사업의 중단일부터 4개월 이내에 가맹금의 반환을 요구하는 경우

<상 황>

> 甲, 乙, 丙은 가맹본부 A에게 지급했던 가맹금의 반환을 2023. 2. 27. 서면으로 A에게 요구하였다.

<보 기>

> ㄱ. 2023. 1. 18. A가 甲에게 정보공개서를 제공하고, 2023. 1. 30. 가맹계약을 체결한 경우
> ㄴ. 2022. 9. 27. 가맹계약을 체결한 乙이 건강상의 이유로 2023. 1. 3. 가맹점사업을 일방적으로 중단한 경우
> ㄷ. 2023. 3. 7. 가맹계약을 체결할 예정인 가맹희망자 丙에게 A가 2023. 2. 10. 제공하였던 정보공개서상 정보의 내용이 사실과 다른 경우

① ㄱ
② ㄷ
③ ㄱ, ㄴ
④ ㄱ, ㄷ
⑤ ㄴ, ㄷ

문 3. 다음 규정을 근거로 판단할 때 옳은 것을 <보기>에서 모두 고르면?

제00조 ① 모든 초등학교·중학교·고등학교 및 특수학교(이하 '학교'라 한다)에 두는 학교운영위원회(이하 '운영위원회'라 한다) 위원의 정수는 당해 학교의 학교운영위원회 규정(이하 '위원회규정'이라 한다)으로 정한다.
② 학교에 두는 운영위원회 위원의 구성비율은 다음 각 호의 구분에 의한 범위 내에서 위원회규정으로 정한다.
1. 학부모위원 : 100분의 40 ~ 100분의 50
2. 교원위원 : 100분의 30 ~ 100분의 40
3. 지역위원(당해 학교가 소재하는 지역을 생활근거지로 하는 자로서 교육행정에 관한 업무를 수행하는 공무원, 당해 학교가 소재하는 지역을 사업활동의 근거지로 하는 사업자, 당해 학교를 졸업한 자, 기타 학교운영에 이바지하고자 하는 자를 말한다) : 100분의 10 ~ 100분의 30
③ 제2항의 규정에도 불구하고 전문계고등학교운영위원회 위원의 구성비율은 다음 각 호의 구분에 의한 범위 내에서 위원회규정으로 정한다. 이 경우 지역위원 중 2분의 1 이상은 제2항 제3호의 규정에 의한 사업자로 선출하여야 한다.
1. 학부모위원 : 100분의 30 ~ 100분의 40
2. 교원위원 : 100분의 20 ~ 100분의 30
3. 지역위원 : 100분의 30 ~ 100분의 50
제00조 ① 학교의 장은 항상 운영위원회의 교원위원이 된다.
② 운영위원회에는 위원장 및 부위원장 각 1인을 두되, 교원위원이 아닌 위원 중에서 무기명투표로 선출한다.
제00조 학교에 두는 운영위원회의 구성 및 운영에 관하여 이 법에서 규정하지 아니한 사항은 모두 시·도의 조례로 정한다.

<보 기>

ㄱ. 전교생이 549명인 초등학교의 학교운영위원회규정에 위원의 정수가 10명이라고 되어 있을 경우, 이 학교의 지역위원은 1명일 수 있다.
ㄴ. 학생수가 1,500명인 전문계고등학교의 학교운영위원회 규정에 위원의 정수가 15명이라고 되어 있을 경우, 해당 학교가 소재하는 지역을 사업활동의 근거지로 하는 사업자인 지역위원은 최소 2명에서 최대 7명이다.
ㄷ. 학교운영위원회 위원장의 연임허용 여부가 이 법에 규정되어 있지 않을 경우, 해당 시·도의 조례를 찾아보아야 한다.
ㄹ. 학교의 장은 운영위원회의 위원장이 될 수 없다.

① ㄱ, ㄷ
② ㄴ, ㄹ
③ ㄱ, ㄴ, ㄹ
④ ㄱ, ㄷ, ㄹ
⑤ ㄴ, ㄷ, ㄹ

문 4. 다음 글을 근거로 판단할 때, <보기>에서 옳은 것을 모두 고르면?

디자인은 쉽게 모방할 수 있기 때문에 이를 방지하고 디자인을 창작한 자의 권리를 보호하기 위해, 우리나라는 디자인보호법을 두고 있다. 디자인보호법상 디자인이란 물품이나 물품의 부분 및 글자체의 형상·모양·색채 또는 이들을 결합한 것으로서 시각을 통하여 미감(아름답다든가 멋있다는 등의 느낌)을 일으키게 하는 것을 말한다. 따라서 이에 해당되지 않는 것은 디자인보호법을 통해 보호받을 수 없다.

한편 디자인을 보호하는 방법에는 특허권적 방법과 저작권적 방법이 있다. 특허권적 보호방법이란 법적으로 보호받기 위한 일정한 요건을 갖춘 디자인만을 특허청에 등록할 수 있고, 등록된 디자인에 대해서만 디자인권이라는 독점·배타적인 효력을 인정하는 방법을 말한다. 이 경우 디자인을 독자적으로 창작한 사람이라도 그 디자인에 대해서 타인이 이미 등록을 하였다면, 그는 특허청에 등록할 수 없을 뿐만 아니라 자신이 창작한 디자인을 사용하더라도 타인의 디자인권을 침해하는 것이 된다. 이와 달리 저작권적 보호방법이란 등록과 같은 방식을 갖추지 않더라도 법적으로 보호하는 방법을 말한다. 이 경우 타인이 이미 창작한 디자인과 동일한 디자인을 고안한 사람이라도 타인의 디자인을 모방하지 않은 경우라면, 자신이 고안한 디자인을 사용할 수 있으며 타인의 디자인권을 침해하는 것이 아니다.

우리나라 디자인보호법은 특허권적 보호방법을 취하며, 일본·미국 등도 마찬가지이다. 따라서 이들 국가에서 독점·배타적인 디자인권을 취득하고자 하는 사람은 해당 국가의 특허청에 디자인을 등록하여야 한다.

<보 기>

ㄱ. A가 자신이 창작한 디자인을 일본에서 독점·배타적으로 보호받기 위해서는 일본 특허청에 디자인 등록을 하여야 한다.
ㄴ. B가 아름다운 노래를 창작한 경우, 그 노래는 우리나라 디자인보호법에 따라 보호받을 수 있다.
ㄷ. C가 미국 특허청에 등록된 D의 디자인과 동일한 디자인을 독자적으로 창작하였더라도, 이를 미국에서 사용하면 D의 디자인권을 침해하는 것이 된다.
ㄹ. 독일인 E가 고안한 디자인과 동일한 디자인이 우리나라 특허청에 이미 등록되어 있더라도, E의 창작성이 인정되면 우리나라 특허청에 등록할 수 있다.

① ㄱ, ㄴ
② ㄱ, ㄷ
③ ㄴ, ㄹ
④ ㄱ, ㄷ, ㄹ
⑤ ㄴ, ㄷ, ㄹ

문 5. 다음 글을 근거로 판단할 때, A팀이 1박스 분량의 용지를 사용하는 데 걸리는 일수는?

> □□부처의 A팀은 甲 ~ 丁 총 4명으로 구성되어 있고, 甲 ~ 丁 각각은 매일 일정한 양의 용지를 사용한다. 개인의 용지 사용량과 관련하여 甲 ~ 丁은 다음과 같이 진술하였다.
>
> 甲: 나는 용지 1박스를 사용하는 데 20일 걸려.
> 乙: 나는 용지 1박스를 사용하는 데 甲의 4배의 시간이 걸려.
> 丙: 나도 乙과 같아.
> 丁: 丙이 용지 $\frac{1}{2}$박스를 사용하는 동안, 나는 1박스를 사용해.

① 5
② 8
③ 9
④ 10
⑤ 12

문 6. 다음 글을 근거로 판단할 때 옳은 것은?

> 북독일과 남독일의 맥주는 맛의 차이가 분명하다. 북독일 맥주는 한마디로 '강한 맛이 생명'이라고 표현할 수 있다. 맥주를 최대한 발효시켜 진액을 거의 남기지 않고 당분을 낮춘다. 반면 홉(hop) 첨가량은 비교적 많기 때문에 '담백하고 씁쓸한', 즉 강렬한 맛의 맥주가 탄생한다. 이른바 쌉쌀한 맛의 맥주라고 할 수 있다. 이에 반해 19세기 말까지 남독일의 고전적인 뮌헨 맥주는 원래 색이 짙고 순하며 단맛이 감도는 특징이 있었다. 이 전통을 계승하여 만들어진 뮌헨 맥주는 홉의 쓴맛보다 맥아 본래의 순한 맛에 역점을 둔 '강하지 않고 진한' 맥주다.
>
> 옥토버페스트(Oktoberfest)는 맥주 축제의 대명사이다. 옥토버페스트의 기원은 1810년에 바이에른의 시골에서 열린 축제이다. 바이에른 황태자와 작센에서 온 공주의 결혼을 축하하기 위해 개최한 경마대회가 시초이다. 축제는 뮌헨 중앙역에서 서남서로 2 km 떨어진 곳에 있는 테레지아 초원에서 열린다. 처음 이곳은 맥주와 무관했지만, 4년 후 놋쇠 뚜껑이 달린 도기제 맥주잔에 맥주를 담아 판매하는 노점상이 들어섰고, 다시 몇 년이 지나자 테레지아 왕비의 기념 경마대회는 완전히 맥주 축제로 변신했다.
>
> 축제가 열리는 동안 세계 각국의 관광객이 독일을 찾는다. 그래서 이 기간에 뮌헨에 숙박하려면 보통 어려운 게 아니다. 저렴하고 좋은 호텔은 봄에 이미 예약이 끝난다. 축제는 2주간 열리고 10월 첫째 주 일요일이 마지막 날로 정해져 있다.
>
> 뮌헨에 있는 오래된 6대 맥주 회사만이 옥토버페스트 축제장에 텐트를 설치할 수 있다. 각 회사는 축제장에 대형 텐트로 비어홀을 내는데, 두 곳을 내는 곳도 있어 텐트의 개수는 총 9 ~ 10개 정도이다. 텐트 하나에 5천 명 정도 들어갈 수 있고, 텐트 전체로는 5만 명을 수용할 수 있다. 이 축제의 통계를 살펴보면, 기간 14일, 전체 입장객 수 650만 명, 맥주 소비량 510만 리터 등이다.

① ○○년 10월 11일이 일요일이라면 ○○년의 옥토버페스트는 9월 28일에 시작되었을 것이다.
② 봄에 호텔 예약을 하지 않으면 옥토버페스트 기간에 뮌헨에서 호텔에 숙박할 수 없다.
③ 옥토버페스트는 처음부터 맥주 축제로 시작하여 약 200년의 역사를 지니게 되었다.
④ 북독일 맥주를 좋아하는 사람이 뮌헨 맥주를 '강한 맛이 없다'고 비판한다면, 뮌헨 맥주를 좋아하는 사람은 맥아가 가진 본래의 맛이야말로 뮌헨 맥주의 장점이라고 말할 것이다.
⑤ 옥토버페스트에서 총 10개의 텐트가 설치되고 각 텐트에서의 맥주 소비량이 비슷하다면, 2개의 텐트를 설치한 맥주 회사에서 만든 맥주는 하루에 평균적으로 약 7천 리터가 소비되었을 것이다.

문 7. 다음 글과 <법조문>을 근거로 판단할 때, 甲이 乙에게 2,000만 원을 1년간 빌려주면서 선이자로 800만 원을 공제하고 1,200만 원만을 준 경우, 乙이 갚기로 한 날짜에 甲에게 전부 변제하여야 할 금액은?

> 돈이나 물품 등을 빌려 쓴 사람이 돈이나 같은 종류의 물품을 같은 양만큼 갚기로 하는 계약을 소비대차라 한다. 소비대차는 이자를 지불하기로 약정할 수 있고, 그 이자는 일정한 이율에 의하여 계산한다. 이런 이자는 돈을 빌려주면서 먼저 공제할 수도 있는데, 이를 선이자라 한다. 한편 약정 이자의 상한에는 법률상의 제한이 있다.

<법조문>

제00조 ① 금전소비대차에 관한 계약상의 최고이자율은 연 30%로 한다.
② 계약상의 이자로서 제1항에서 정한 최고이자율을 초과하는 부분은 무효로 한다.
③ 약정금액(당초 빌려주기로 한 금액)에서 선이자를 사전 공제한 경우, 그 공제액이 '채무자가 실제 수령한 금액'을 기준으로 하여 제1항에서 정한 최고이자율에 따라 계산한 금액을 초과하면 그 초과부분은 약정금액의 일부를 변제한 것으로 본다.

① 760만 원
② 1,000만 원
③ 1,560만 원
④ 1,640만 원
⑤ 1,800만 원

문 8. 다음 글과 <상황>을 근거로 판단할 때, 甲주식회사에 대한 부가가치세 과세표준액은?

> 수출하는 재화가 선박에 선적 완료된 날을 공급시기로 한다. 수출대금을 외국통화로 받는 경우에는 아래와 같이 환산한 금액을 부가가치세 과세표준액으로 한다.
> ○ 공급시기 전에 환가한 경우
> 수출재화의 공급시기 전에 수출대금을 외화로 받아 외국환 은행을 통하여 원화로 환가한 경우에는 환가 당일의 '적용환율'로 계산한 금액
> ○ 공급시기 이후에 환가한 경우
> 수출재화의 공급시기까지 외화로 받은 수출대금을 원화로 환가하지 않고 공급시기 이후에 외국환 은행을 통하여 원화로 환가한 경우 또는 공급시기 이후에 외화로 받은 수출대금을 외국환 은행을 통하여 원화로 환가한 경우에는 공급시기의 '기준환율'로 계산한 금액

<상 황>

甲주식회사는 미국의 A법인과 2월 4일 수출계약을 체결하였으며, 甲주식회사의 수출과 관련된 사항은 아래와 같다.

1) 수출대금 : $ 50,000
2) 2. 4. : 수출선수금 $ 20,000를 송금받아 외국환 은행에서 환가
3) 2. 12. : 세관에 수출 신고
4) 2. 16. : 수출물품 선적 완료
5) 2. 20. : 수출대금 잔액 $ 30,000를 송금받아 외국환 은행에서 환가

<외환시세>

(단위 : 원/달러)

일 자	기준환율	적용환율
2. 4.	960	950
2. 12.	980	970
2. 16.	1,000	990
2. 20.	1,020	1,010

① 49,000,000원
② 49,030,000원
③ 49,200,000원
④ 49,300,000원
⑤ 49,600,000원

문 9. 다음 글을 근거로 판단할 때, 추가 질문으로 가능한 것은?

○ 甲 ~ 戊 5명은 총 18개의 구슬을 서로 다른 개수로 나누어 가지며, 모두 한 개 이상의 구슬을 가지고 있다.
○ 각각 몇 개의 구슬을 가지고 있는지 알아내기 위해 질문을 했고, 이에 대한 甲 ~ 戊의 답변은 다음과 같았다.

질문	답변				
	甲	乙	丙	丁	戊
가지고 있는 구슬의 개수가 짝수입니까?	아니요	예	예	아니요	예
5명이 각자 가진 구슬 개수의 산술평균보다 많이 가지고 있습니까?	아니요	아니요	예	예	예

○ 1회의 추가 질문으로 甲 ~ 戊가 각각 가진 구슬의 개수를 모두 정확히 알아내고자 한다.

① 가지고 있는 구슬의 개수가 4 이상입니까?
② 가지고 있는 구슬의 개수가 8 이하입니까?
③ 가지고 있는 구슬의 개수가 10의 약수입니까?
④ 가지고 있는 구슬의 개수가 12의 약수입니까?
⑤ 가지고 있는 구슬의 개수가 3의 배수입니까?

문 10. 커피전문점 A와 B는 ○○국 시장 진출을 계획하고 있다. A와 B의 개점 및 매출액 등의 조건이 다음과 같을 때, B의 전체 지점의 월간 매출액이 A의 전체 지점의 월간 매출액을 넘어서는 최초의 시점은?

○ B는 A가 개점한 지역에, A가 개점한 순서에 따라, B의 개점주기대로 반드시 진입한다.
○ B의 커피맛이 A보다 더 좋아 B가 진입하면 해당 지역의 전체 커피수요는 증가하지만, B가 A의 소비자 대부분을 끌어오게 되어 해당 월부터 바로 A의 지점 매출액이 급격히 감소한다.
○ A, B는 한 지역당 한 지점만 개점한다.

구분	A	B
○○국 1호점 개점일	2013년 1월 1일	2013년 3월 1일
개점주기	매월 1일, 1지점	격월 1일, 1지점
각 지점당 월간 매출액	• 100만원 • B가 진입한 지역의 지점은 20만원	150만원

① 2013년 7월
② 2013년 9월
③ 2013년 11월
④ 2014년 1월
⑤ 2014년 3월

문 11. 다음 글에 근거할 때, 옳은 것을 <보기>에서 모두 고르면?

○ 숫자판은 아래와 같이 6개의 전구를 켜거나 끌 수 있게 되어 있다.

<숫자판>

32	16	8	4	2	1
○	○	○	○	○	○

○ 숫자판은 전구가 켜진 칸에 있는 숫자를 더하여 결과값을 표현한다. 예를 들어 아래의 숫자판은 결과값 '19'를 표현한다.

32	16	8	4	2	1
○	☼	○	○	☼	☼

(☼ : 불이 켜진 전구, ○ : 불이 꺼진 전구)

○ 전구는 6개까지 동시에 켜질 수 있으며, 하나도 켜지지 않을 수도 있다.

<보 기>

ㄱ. 이 숫자판을 사용하면 1부터 63까지의 모든 자연수를 결과값으로 표현할 수 있다.

ㄴ. 숫자판에 한 개의 전구를 켜서 표현한 결과값은 두 개 이상의 전구를 켜서도 표현할 수 있다.

ㄷ. 숫자 1의 전구가 고장 나서 안 켜질 때 표현할 수 있는 결과값의 갯수가 숫자 32의 전구가 고장 나서 안 켜질 때 표현할 수 있는 결과값의 갯수보다 많다.

ㄹ. 숫자판에서 하나의 전구가 켜진 경우의 결과값은, 숫자판에서 그 외 다섯 개의 전구가 모두 켜진 경우의 결과값보다 클 수 있다.

① ㄱ, ㄷ
② ㄱ, ㄹ
③ ㄴ, ㄷ
④ ㄱ, ㄴ, ㄹ
⑤ ㄴ, ㄷ, ㄹ

문 12. 김가영(女), 이나울(男), 최규리(女), 박혁준(男)은 고등학교 동창으로 1년에 한 번씩 모여 선물을 교환한다. 올해는 서로 동물 인형을 선물하기로 했다. 선물교환이 끝난 후 누군가가 자신이 받은 인형 안에 프러포즈 반지가 들어있는 것을 발견하였다. 다음을 근거로 판단할 때, 프러포즈 반지를 선물한 사람과 받은 사람은 각각 누구인가? (단, 이 때 옆으로 나란히 앉은 사람과 마주보고 앉은 사람은 모두 접하여 있다고 본다. 예를 들면 좌석 1은 좌석 2, 좌석 4와 접하여 있는 것으로 본다)

<좌석 배치도>

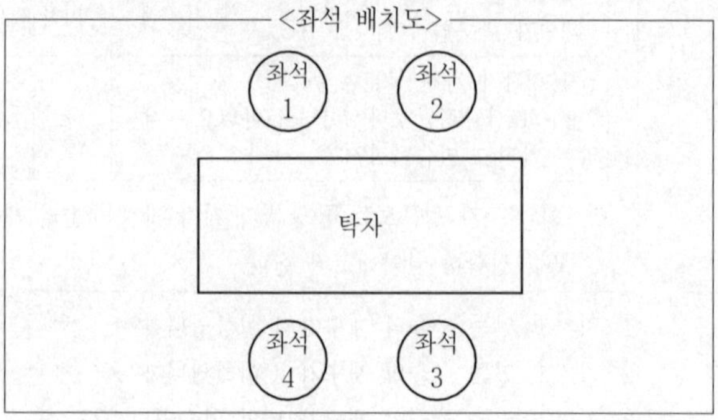

<교환한 인형>

토끼 인형, 강아지 인형, 고양이 인형, 호랑이 인형
(프러포즈 반지는 강아지 인형에만 들어있다)

<조 건>

○ 토끼 인형을 준비한 사람과 고양이 인형을 준비한 사람은 마주보고 앉아있다.

○ 이나울은 토끼 인형을 준비하지 않았으며, 강아지 인형을 준비한 사람과 접하여 앉아있다.

○ 프러포즈 반지를 선물한 사람과 받은 사람은 옆으로 나란히 앉지 않았다.

○ 최규리는 토끼 인형을 준비하지 않았으며, 김가영은 고양이 인형을 준비하였다.

○ 같은 성별의 사람들은 접하여 있지 않으며, 프러포즈 반지는 이성에게 선물하였다.

	프러포즈 반지를 선물한 사람	프러포즈 반지를 받은 사람
①	이나울	김가영
②	박혁준	김가영
③	최규리	이나울
④	최규리	박혁준
⑤	박혁준	최규리

20제 연습
SET 1

총 20문제
제한시간 : 48분

문 1. 다음 글을 근거로 판단할 때 옳은 것은?

> 제00조(연구실적평가) ① 연구직으로 근무한 경력이 2년 이상인 연구사(석사 이상의 학위를 가진 사람은 제외한다)는 매년 12월 31일까지 그 연구실적의 결과를 논문으로 제출하여야 한다. 다만 연구실적 심사평가를 3번 이상 통과한 연구사는 그러하지 아니하다.
> ② 연구실적의 심사를 위하여 소속기관의 장은 임용권자 단위 또는 소속 기관 단위로 직렬별, 직류별 또는 직류 내 같은 업무분야별로 연구실적평가위원회를 설치하여야 한다.
> ③ 연구실적평가위원회는 위원장을 포함한 5명의 위원으로 구성한다. 위원장과 2명의 위원은 소속기관 내부 연구관 중에서, 위원 2명은 대학교수나 외부 연구기관·단체의 연구관 중에서 연구실적평가위원회를 구성할 때마다 임용권자가 임명하거나 위촉한다. 이 경우 위원 중에는 대학교수인 위원이 1명 이상 포함되어야 한다.
> ④ 연구실적평가위원회의 회의는 임용권자나 위원장이 매년 1월 중에 소집하고, 그 밖에 필요한 경우에는 수시로 소집한다.
> ⑤ 연구실적평가위원회의 표결은 무기명 투표로 하며, 재적위원 과반수의 찬성으로 의결한다.

※ 대학교수와 연구관은 겸직할 수 없음

① 개별 연구실적평가위원회는 최대 3명의 대학교수를 위원으로 위촉할 수 있다.
② 연구실적평가위원회 위원장은 소속기관 내부 연구관이 아닌 대학교수가 맡을 수 있다.
③ 연구실적평가위원회에 4명의 위원이 출석한 경우와 5명의 위원이 출석한 경우의 의결정족수는 같다.
④ 연구실적평가위원회 위원으로 위촉된 경력이 있는 사람을 재위촉하는 경우 별도의 위촉절차를 거치지 않아도 된다.
⑤ 석사학위 이상을 소지하지 않은 모든 연구사는 연구직으로 임용된 이후 5년이 지나면 석사학위를 소지한 연구사와 동일하게 연구실적 결과물 제출을 면제받는다.

문 2. 다음 글을 근거로 판단할 때 옳은 것은?

> 제00조 다음 각 호의 어느 하나에 해당하는 자는 감사원에 감사를 청구할 수 있다.
> 1. 19세 이상으로서 300명 이상의 국민
> 2. 상시 구성원 수가 300인 이상으로 등록된 공익 추구의 시민단체. 다만 정치적 성향을 띠거나 특정 계층 또는 집단의 이익을 추구하는 단체는 제외한다.
> 3. 감사대상기관의 장. 다만 해당 감사대상기관의 사무처리에 관한 사항 중 자체감사기구에서 직접 처리하기 어려운 부득이한 사유가 있거나 자체감사기구가 없는 경우에 한한다.
> 4. 지방의회. 다만 해당 지방자치단체의 사무처리에 한한다.
>
> 제00조 ① 감사청구의 대상은 공공기관에서 처리한 사무처리가 다음 각 호의 어느 하나에 해당하는 사항으로 한다.
> 1. 주요 정책·사업의 추진과정에서의 예산낭비에 관한 사항
> 2. 기관이기주의 등으로 인하여 정책·사업 등이 장기간 지연되는 사항
> 3. 국가 행정 및 시책, 제도 등이 현저히 불합리하여 개선이 필요한 사항
> 4. 기타 공공기관의 사무처리가 위법 또는 부당행위로 인하여 공익을 현저히 해한다고 판단되는 사항
>
> ② 제1항의 규정에 불구하고 다음 각 호의 어느 하나에 해당하는 사항은 감사청구의 대상에서 제외한다.
> 1. 수사 중이거나 재판(헌법재판소 심판을 포함한다), 행정심판, 감사원 심사청구 또는 화해·조정·중재 등 법령에 의한 불복절차가 진행 중인 사항. 다만 수사 또는 재판, 행정심판 등과는 직접적인 관계없이 예산낭비 등을 방지하기 위한 긴급한 필요가 있다고 인정될 때에는 감사를 실시할 수 있다.
> 2. 수사 결과, 판결, 재결, 결정 또는 화해·조정·중재 등에 의하여 확정되었거나 형 집행에 관한 사항

※ 공공기관: 중앙행정기관, 지방자치단체, 정부투자기관을 의미한다.

① A시 지방의회는 A시가 주요 사업으로 시행하는 노후수도설비교체사업 중 발생한 예산낭비 사항에 대하여 감사를 청구할 수 있다.
② B정당의 사무총장은 C시청 별관신축공사 입찰시 담당공무원의 부당한 업무처리에 대하여 단독으로 감사를 청구할 수 있다.
③ D정부투자기관의 장은 해당 기관 직원과 특정 기업 간 유착관계에 대하여 자체감사기구에서 직접 처리할 수 있더라도 감사를 청구할 수 있다.
④ E시 지방의회는 E시 시장의 위법한 사무처리에 대하여 판결이 확정되었더라도 감사를 청구할 수 있다.
⑤ 민간 유통업체 F마트 사장은 농산물의 납품대가로 과도한 향응을 받은 담당직원의 위법행위에 대하여 감사를 청구할 수 있다.

문 3. 다음 글을 근거로 판단할 때 옳지 않은 것은?

제00조(지방전문경력관직위 지정) 지방자치단체의 장(교육감을 포함한다. 이하 같다)은 해당 기관의 공무원 직위 중 순환보직이 곤란하거나 장기 재직 등이 필요한 특수 업무 분야의 직위를 지방전문경력관직위로 지정할 수 있다.
제00조(직위군 구분) ① 지방전문경력관직위의 군(이하 '직위군'이라 한다)은 직무의 특성·난이도 및 직무에 요구되는 숙련도 등에 따라 가군, 나군 및 다군으로 구분한다.
② 지방자치단체의 장이 지방전문경력관직위를 지정할 때에는 해당 지방전문경력관직위를 제1항의 직위군 중 어느 하나에 배정하여야 한다.
제00조(시험실시기관) 지방전문경력관의 임용시험은 특별시·광역시·특별자치시·도·특별자치도(이하 '시·도'라 한다) 단위로 해당 시·도 인사위원회에서 실시한다.
제00조(임용시험 공고) 시·도 인사위원회는 다음 각 호의 어느 하나에 해당하는 경우에는 지방전문경력관 임용시험 공고를 하지 아니할 수 있다.
1. 임용시험에 따른 비용이 지나치게 많이 들거나 그 밖에 이에 준하는 특별한 사유가 있는 경우
2. 외국인, 북한이탈주민을 임용하는 경우로서 불가피한 사유가 있는 경우
제00조(임용시험의 방법) 임용권자는 지방전문경력관을 임용할 때에는 응시요건을 갖추었는지 등을 서면으로 심사하고, 해당 직무 수행에 필요한 지식·능력 및 적격성 등을 필기시험, 실기시험, 면접시험을 통하여 검정(檢定)하여야 한다. 다만 필기시험 또는 실기시험은 시·도 인사위원회가 필요하다고 인정하는 경우에만 실시한다.
제00조(시보임용) 지방전문경력관 가군을 신규임용할 때에는 1년간 시보(試補)로 임용하고, 지방전문경력관 나군 및 지방전문경력관 다군은 각각 6개월간 시보로 임용한다.

① 甲도지사가 지방전문경력관직위를 지정할 때에는 가군, 나군, 다군 중 어느 하나에 배정해야 한다.
② 乙교육감은 해당 기관 내 장기 재직이 필요한 특수 업무 분야의 직위를 지방전문경력관직위로 지정할 수 있다.
③ 丙이 지방전문경력관으로 신규임용될 경우, 시보임용 기간은 해당 직위군에 따라 다를 수 있다.
④ 임용시험을 실시하는 경우, 그 실시에 비용이 지나치게 많이 든다면 임용권자는 면접시험을 통한 검정 없이 지방전문경력관을 임용할 수 있다.
⑤ 외국인을 지방전문경력관으로 임용하는 경우, 불가피한 사유가 있는 때에는 임용시험 공고를 하지 아니할 수 있다.

문 4. 다음 글과 <상황>을 근거로 판단할 때 옳은 것은?

형사소송절차에서 화해는 형사사건의 심리 도중 피고인과 피해자 사이에 민사상 다툼에 관하여 합의가 성립한 경우, 신청에 의하여 그 합의내용을 공판조서에 기재하면 민사소송상 확정판결과 동일한 효력을 부여하는 제도이다. 예컨대 사기를 당한 피해자는 사기범이 형사처벌을 받더라도 사기로 인한 피해를 배상받으려면 그를 피고로 하여 민사소송절차를 밟아야 하는 것이 원칙이다. 이는 민사소송절차와 형사소송절차가 분리되어 있기 때문이다. 그런데 만약 형사소송절차 도중 피해자가 피고인과 피해배상에 관하여 합의한 경우, 별도의 민사소송을 거치지 않고 피해를 구제받을 수 있게 한다면 범죄 피해자는 신속하고 간편하게 범죄로 인한 피해 배상을 받을 수 있게 된다. 이것이 바로 형사소송절차상 화해제도의 취지이다.

합의의 대상은 형사사건 피고인과 피해자 사이의 해당 사건과 관련된 피해에 관한 다툼을 포함하는 민사상 다툼으로 한정된다. 피고인과 피해자가 합의를 하면 그 형사사건이 계속 중인 1심 또는 2심 법원의 변론종결 전까지 피해자와 피고인이 공동으로 합의내용을 공판조서에 기재하여 줄 것을 서면으로 신청할 수 있다. 합의가 피고인의 피해자에 대한 금전 지급을 내용으로 하는 경우에는 피고인 외의 자(이하 '보증인'이라 한다)가 피해자에 대하여 그 지급을 보증할 수 있다. 이때에는 위 신청과 함께 보증인은 그 취지를 공판조서에 기재하여 줄 것을 신청할 수 있다. 이와 같은 합의가 기재된 공판조서는 민사소송상 확정판결과 동일한 효력이 있으므로, 피해자는 그 공판조서에 근거하여 강제집행을 할 수 있다.

※ 공판조서 : 법원사무관 등이 공판기일에 진행된 소송절차의 경과를 기재한 조서

<상 황>

甲은 친구 乙이 丙에게 빌려준 500만 원을 변제받지 못하고 있다는 이야기를 듣고 대신 받아주려고 丙을 만났는데, 丙이 격분하여 甲을 폭행하였다. 그로 인해 甲은 병원치료비 200만 원을 지출하게 되었다. 이후 甲은 丙을 폭행죄로 고소하여 현재 丙을 피고인으로 한 형사소송절차가 진행 중이다.

① 甲과 丙이 피해배상을 합의하면 그 합의는 공판조서에 기재되지 않더라도 민사소송상의 확정판결과 동일한 효력이 있다.
② 형사소송 2심 법원의 변론종결 후에 甲과 丙이 피해배상에 대해 합의하면, 그 합의내용을 공판조서에 기재해 줄 것을 구술로 신청할 수 있다.
③ 丙이 乙에게 변제할 500만 원과 甲의 치료비 200만 원을 丙이 지급한다는 합의내용을 알게 된 법관은 신청이 없어도 이를 공판조서에 기재할 수 있다.
④ 공판조서에 기재된 합의금에 대해 甲이 강제집행을 하기 위해서는 별도의 민사소송상 확정판결이 있어야 한다.
⑤ 丙이 甲에게 지급할 금액을 丁이 보증한다는 내용이 공판조서에 기재된 경우, 甲은 그 공판조서에 근거하여 丁의 재산에 대해서 강제집행할 수 있다.

문 5. 다음 글과 <상황>을 근거로 판단할 때, 甲이 A대학을 졸업하기 위해 추가로 필요한 최소 취득학점은?

> △△법 제◇◇조(학점의 인정 등) ① 전문학사학위과정 또는 학사학위과정을 운영하는 대학(이하 '대학'이라 한다)은 학생이 다음 각 호의 어느 하나에 해당하는 경우에 학칙으로 정하는 바에 따라 이를 해당 대학에서 학점을 취득한 것으로 인정할 수 있다.
> 1. 국내외의 다른 전문학사학위과정 또는 학사학위과정에서 학점을 취득한 경우
> 2. 전문학사학위과정 또는 학사학위과정과 동등한 학력·학위가 인정되는 평생교육시설에서 학점을 취득한 경우
> 3.「병역법」에 따른 입영 또는 복무로 인하여 휴학 중인 사람이 원격수업을 수강하여 학점을 취득한 경우
>
> ② 제1항에 따라 인정되는 학점의 범위와 기준은 다음 각 호와 같다.
> 1. 제1항제1호에 해당하는 경우: 취득한 학점의 전부
> 2. 제1항제2호에 해당하는 경우: 대학 졸업에 필요한 학점의 2분의 1 이내
> 3. 제1항제3호에 해당하는 경우: 연(年) 12학점 이내
>
> 제□□조(편입학 등) 학사학위과정을 운영하는 대학은 다음 각 호에 해당하는 학생을 편입학 전형을 통해 선발할 수 있다.
> 1. 전문학사학위를 취득한 자
> 2. 학사학위과정의 제2학년을 수료한 자

<상 황>

- A대학은 학칙을 통해 학점인정의 범위를 △△법에서 허용하는 최대 수준으로 정하고 있다.
- 졸업에 필요한 최소 취득학점은 A대학 120학점, B전문대학 63학점이다.
- 甲은 B전문대학에서 졸업에 필요한 최소 취득학점만으로 전문학사학위를 취득하였다.
- 甲은 B전문대학 졸업 후 A대학 3학년에 편입하였고 군복무로 인한 휴학 기간에 원격수업을 수강하여 총 6학점을 취득하였다.
- 甲은 A대학에 복학한 이후 총 30학점을 취득하였고, 1년 동안 미국의 C대학에 교환학생으로 파견되어 총 12학점을 취득하였다.

① 9학점
② 12학점
③ 15학점
④ 22학점
⑤ 24학점

문 6. 다음 글을 근거로 판단할 때, <보기>에서 옳은 것만을 모두 고르면?

> 조선왕실의 음악 일체를 담당한 장악원(掌樂院)은 왕실 의례에서 핵심적 역할을 수행하였다. 장악원은 승정원, 사간원, 홍문관, 예문관, 성균관, 춘추관과 같은 정3품 관청으로서, 『경국대전』에 의하면 2명의 당상관이 장악원 제조(提調)를 맡았고, 정3품의 정 1명, 종4품의 첨정 1명, 종6품의 주부 1명, 종7품의 직장 1명이 관리로 소속되어 있었다. 이들은 모두 음악 전문인이 아닌 문관 출신의 행정관리로서, 음악교육과 관련된 행정업무를 담당하였다. 이는 음악행정과 음악연주를 담당한 계층이 분리되어 있었다는 것을 의미한다.
>
> 궁중음악 연주를 담당한 장악원 소속 악공(樂工)과 악생(樂生)들은 행사에서 연주할 음악을 익히기 위해 정기적 또는 부정기적으로 연습하였다. 이 가운데 정기적인 연습은 특별한 사정이 없는 경우 매달 2자와 6자가 들어가는 날, 즉 2일과 6일, 12일과 16일, 22일과 26일의 여섯 차례에 걸쳐 이루어졌다. 그러한 이유에서 장악원 악공과 악생들의 습악(習樂)을 이륙좌기(二六坐起), 이륙회(二六會), 이륙이악식(二六肄樂式)과 같은 이름으로 불렀다. 이는 장악원의 정규적 음악이습(音樂肄習) 과정의 하나로 조선시대의 여러 법전에 규정된 바에 따라 시행되었다.
>
> 조선시대에는 악공과 악생의 음악연습을 독려하기 위한 여러 장치가 있었다. 1779년(정조 3년) 당시 장악원 제조로 있던 서명응이 정한 규칙 가운데에는 악공과 악생의 실력을 겨루어서 우수한 사람에게 상을 주는 내용이 있었다. 시험을 봐서 악생 중에 가장 우수한 사람 1인에게는 2냥(兩), 1등을 한 2인에게는 각각 1냥 5전(錢), 2등을 한 3인에게는 각각 1냥, 3등을 한 9인에게 각각 5전을 상금으로 주었다. 또 악공 중에서도 가장 우수한 사람 1인에게 2냥, 1등을 한 3인에게는 각각 1냥 5전, 2등을 한 5인에게는 각각 1냥, 3등을 한 21인에게 각각 5전을 상금으로 주었다. 악공 포상자가 더 많은 이유는 악공의 수가 악생의 수보다 많았기 때문이다. 1779년 당시의 악공은 168명, 악생은 90명이었다.

※ 10전(錢) = 1냥(兩)

<보 기>

ㄱ. 장악원에서는 특별한 사정이 없는 한 연간 최소 72회의 습악이 있었을 것이다.
ㄴ. 서명응이 정한 규칙에 따라 장악원에서 실시한 시험에서 상금을 받는 악공의 수는 상금을 받는 악생 수의 2배였다.
ㄷ.『경국대전』에 따르면 장악원에서 음악행정 업무를 담당하는 관리들은 4명이었다.
ㄹ. 서명응이 정한 규칙에 따라 장악원에서 실시한 1회의 시험에서 악공과 악생들이 받은 총 상금액은 40냥 이상이었을 것이다.

① ㄱ, ㄴ
② ㄱ, ㄷ
③ ㄷ, ㄹ
④ ㄱ, ㄴ, ㄹ
⑤ ㄴ, ㄷ, ㄹ

20제 SET 1

문 7. 다음 글을 근거로 판단할 때, 평가대상기관(A ~ D) 중 최종순위 최상위기관과 최하위기관을 고르면?

<공공시설물 내진보강대책 추진실적 평가기준>

○ 평가요소 및 점수부여

– $\text{내진성능평가지수} = \frac{\text{내진성능평가실적건수}}{\text{내진보강대상건수}} \times 100$

– $\text{내진보강공사지수} = \frac{\text{내진보강공사실적건수}}{\text{내진보강대상건수}} \times 100$

– 산출된 지수 값에 따른 점수는 아래 표와 같이 부여한다.

구 분	지수 값 최상위 1개 기관	지수 값 중위 2개 기관	지수 값 최하위 1개 기관
내진성능평가점수	5점	3점	1점
내진보강공사점수	5점	3점	1점

○ 최종순위 결정

– 내진성능평가점수와 내진보강공사점수의 합이 큰 기관에 높은 순위를 부여한다.

– 합산 점수가 동점인 경우에는 내진보강대상건수가 많은 기관을 높은 순위로 한다.

<평가대상기관의 실적>

(단위 : 건)

구분	A	B	C	D
내진성능평가실적	82	72	72	83
내진보강공사실적	91	76	81	96
내진보강대상	100	80	90	100

	최상위기관	최하위기관
①	A	B
②	B	C
③	B	D
④	C	D
⑤	D	C

문 8. 다음 글을 근거로 판단할 때, 선수 A와 B의 '합계점수'를 더하면?

스키점프는 스키를 타고 급경사면을 내려오다가 도약대에서 점프하여 날아가 착지하는 스포츠로, 착지의 기준점을 뜻하는 K점에 따라 경기 종목이 구분된다. 도약대로부터 K점까지의 거리가 75 m 이상 99 m 이하이면 '노멀힐', 100 m 이상이면 '라지힐' 경기이다. 예를 들어 '노멀힐 K-98'의 경우 도약대로부터 K점까지의 거리가 98 m인 노멀힐 경기를 뜻한다.

출전선수의 점수는 '거리점수'와 '자세점수'를 합산하여 결정되며, 이를 '합계점수'라 한다. 거리점수는 도약대로부터 K점을 초과한 비행거리 1 m당 노멀힐의 경우 2점이, 라지힐의 경우 1.8점이 기본점수 60점에 가산된다. 반면 K점에 미달하는 비행거리 1 m당 가산점과 같은 점수가 기본점수에서 차감된다. 자세점수는 날아가는 동안의 자세, 균형 등을 고려하여 5명의 심판이 각각 20점 만점을 기준으로 채점하며, 심판들이 매긴 점수 중 가장 높은 것과 가장 낮은 것을 각각 하나씩 제외한 나머지를 합산한 점수이다.

다음은 선수 A와 B의 경기 결과이다.

<경기 결과>

출전종목	선수	비행거리 (m)	자세점수(점)				
			심판1	심판2	심판3	심판4	심판5
노멀힐 K-98	A	100	17	16	17	19	17
라지힐 K-125	B	123	19	17	20	19.5	17.5

① 226.6
② 227
③ 227.4
④ 364
⑤ 364.4

※ 다음 글을 읽고 물음에 답하시오. [문 9. ~ 문 10.]

제00조 교도소에 수용된 수형자(이하 '수형자'라 한다)의 도주 위험성에 따라 계호(戒護)의 정도를 구별하고, 범죄성향의 진전과 개선정도, 교정성적에 따라 처우수준을 구별하는 경비처우급은 개방처우급, 완화경비처우급, 일반경비처우급, 중(重)경비처우급으로 구분한다.

제00조 교도소장(이하 '소장'이라 한다)은 개방처우급·완화경비처우급·일반경비처우급 수형자로서 교정성적, 나이, 인성 등을 고려하여 다른 수형자의 모범이 된다고 인정되는 경우에는 봉사원으로 선정하여 교도관의 사무처리 업무를 보조하게 할 수 있다.

제00조 ① 소장은 개방처우급·완화경비처우급 수형자에게 자치생활을 허가할 수 있다.

② 소장은 자치생활 수형자들이 교육실, 강당 등 적당한 장소에서 월 1회 이상 토론회를 할 수 있도록 하여야 한다.

제00조 ① 수형자의 접견의 허용횟수는 개방처우급은 1일 1회, 완화경비처우급은 월 6회, 일반경비처우급은 월 5회, 중경비처우급은 월 4회로 한다.

② 접견은 1일 1회만 허용한다.

③ 소장은 개방처우급·완화경비처우급 수형자에 대하여 가족 만남의 날 행사에 참여하게 하거나 가족 만남의 집을 이용하게 할 수 있다. 이 경우 제1항의 접견 허용횟수에는 포함되지 아니한다.

④ 소장은 제3항에도 불구하고 교화를 위하여 특히 필요한 경우에는 일반경비처우급 수형자에 대하여도 가족 만남의 날 행사 참여 또는 가족 만남의 집 이용을 허가할 수 있다.

제00조 소장은 개방처우급·완화경비처우급 수형자에 대하여 교도소 밖에서 이루어지는 사회견학, 사회봉사, 종교행사 참석, 연극·영화·그 밖의 문화공연 관람 활동을 허가할 수 있다. 다만 처우상 특히 필요한 경우에는 일반경비처우급 수형자에게도 이를 허가할 수 있다.

제00조 ① 소장은 개방처우급 혹은 완화경비처우급 수형자가 형기(刑期)가 3년 이상이고 범죄 횟수가 2회 이하이며 형기 종료 예정일까지 기간이 3개월 이상 1년 6개월 이하인 경우에는 교도소 내에 설치된 개방시설에 수용하여 사회적응에 필요한 교육, 취업지원 등 적정한 처우를 할 수 있다.

② 소장은 제1항에 따른 처우의 대상자 중 형기 종료 예정일까지의 기간이 9개월 미만인 수형자에 대해서는 지역사회에 설치된 개방시설에 수용하여 제1항에 따른 처우를 할 수 있다.

제00조 소장은 수형자가 개방처우급 또는 완화경비처우급으로서 직업능력 향상을 위하여 특히 필요한 경우에는 교도소 밖의 공공기관 또는 기업체 등에서 운영하는 직업훈련을 받게 할 수 있다.

※ 계호(戒護): 경계하여 지킴

문 9. 윗글을 근거로 판단할 때, 소장이 일반경비처우급 수형자에게 부여할 수 있는 처우를 <보기>에서 모두 고르면?

<보 기>

ㄱ. 교도관의 사무처리 업무 보조
ㄴ. 교도소 밖 사회봉사활동 및 종교행사 참석
ㄷ. 교도소 내 교육실에서의 월 1회 토론회 참여
ㄹ. 가족 만남의 날 행사 참여

① ㄱ, ㄴ
② ㄴ, ㄷ
③ ㄷ, ㄹ
④ ㄱ, ㄴ, ㄹ
⑤ ㄱ, ㄷ, ㄹ

문 10. 윗글을 근거로 판단할 때, <보기>에서 소장의 조치로 적법한 것만을 모두 고르면?

<보 기>

ㄱ. 과거 범죄 횟수가 1회이며, 7년 형을 선고받고 남은 형기가 6개월인 개방처우급 수형자 甲에게 소장은 교도소 내 개방시설에 수용하여 사회적응교육을 받도록 하였다.
ㄴ. 과거 범죄 횟수가 1회이며, 5년 형을 선고받고 남은 형기가 10개월인 완화경비처우급 수형자 乙에게 소장은 지역사회에 설치된 개방시설에 수용하여 취업지원 처우를 받도록 하였다.
ㄷ. 과거 범죄 횟수가 3회이며, 5년 형을 선고받고 남은 형기가 2개월인 일반경비처우급 수형자 丙에게 소장은 교도소 밖의 개방시설에 수용하여 사회적응교육을 받도록 하였다.
ㄹ. 초범자로서 3년 형을 선고받고 남은 형기가 8개월인 완화경비처우급 수형자 丁을 소장은 직업능력 향상을 위하여 특히 필요한 경우로 보아 교도소 밖의 공공기관에서 직업훈련을 받게 하였다.

① ㄱ, ㄴ
② ㄱ, ㄹ
③ ㄴ, ㄷ
④ ㄱ, ㄷ, ㄹ
⑤ ㄴ, ㄷ, ㄹ

문 11. 다음 글을 근거로 판단할 때, 소장이 귀휴를 허가할 수 없는 경우는? (단, 수형자 甲 ~ 戊의 교정성적은 모두 우수하고, 귀휴를 허가할 수 있는 일수는 남아있다)

> 제00조 ① 교도소·구치소 및 그 지소의 장(이하 '소장'이라 한다)은 6개월 이상 복역한 수형자로서 그 형기의 3분의 1(21년 이상의 유기형 또는 무기형의 경우에는 7년)이 지나고 교정성적이 우수한 사람이 다음 각 호의 어느 하나에 해당하면 1년 중 20일 이내의 귀휴를 허가할 수 있다.
> 1. 가족 또는 배우자의 직계존속이 위독한 때
> 2. 질병이나 사고로 외부의료시설에의 입원이 필요한 때
> 3. 천재지변이나 그 밖의 재해로 가족, 배우자의 직계존속 또는 수형자 본인에게 회복할 수 없는 중대한 재산상의 손해가 발생하였거나 발생할 우려가 있는 때
> 4. 직계존속, 배우자, 배우자의 직계존속 또는 본인의 회갑일이나 고희일인 때
> 5. 본인 또는 형제자매의 혼례가 있는 때
> 6. 직계비속이 입대하거나 해외유학을 위하여 출국하게 된 때
> 7. 각종 시험에 응시하기 위하여 필요한 때
>
> ② 소장은 다음 각 호의 어느 하나에 해당하는 사유가 있는 수형자에 대하여는 제1항에도 불구하고 5일 이내의 귀휴를 특별히 허가할 수 있다.
> 1. 가족 또는 배우자의 직계존속이 사망한 때
> 2. 직계비속의 혼례가 있는 때

※ 귀휴: 교도소 등에 복역 중인 죄수가 출소하기 전에 일정한 사유에 따라 휴가를 얻어 일시적으로 교도소 밖으로 나오는 것을 의미한다.

① 징역 1년을 선고받고 4개월 동안 복역 중인 甲의 아버지의 회갑일인 경우
② 징역 2년을 선고받고 10개월 동안 복역 중인 乙의 친형의 혼례가 있는 경우
③ 징역 10년을 선고받고 4년 동안 복역 중인 丙의 자녀가 입대하는 경우
④ 징역 30년을 선고받고 8년 동안 복역 중인 丁의 부친이 위독한 경우
⑤ 무기징역을 선고받고 5년 동안 복역 중인 戊의 배우자의 모친이 사망한 경우

문 12. 다음 글과 <상황>을 근거로 판단할 때 옳은 것은?

> 교부금은 중앙정부가 지방정부에 제공하는 재정지원의 한 종류이다. 중앙정부가 지방정부에 일정 금액의 교부금을 지급하면 이는 지방정부의 예산이 그만큼 증가한 것과 같은 결과를 가져온다. 따라서 교부금 지급이 해당 지역의 공공서비스 공급에 미치는 영향은 지방정부의 자체예산이 교부금과 동일한 금액만큼 증가한 경우의 영향과 같을 것으로 예상된다.
>
> 그런데 지방재정에 관한 실증연구 결과를 보면 이러한 예상은 잘 들어맞지 않는다. 현실에서는 교부금 형태로 발생한 추가적 재원 중 공공서비스의 추가적 공급에 사용되는 비중이 지방정부의 자체예산 증가분 중 공공서비스의 추가적 공급에 사용되는 비중보다 높다. 자체예산을 공공서비스와 기타사업에 항상 절반씩 투입하는 甲국 A시에서는 자체예산 증가분의 경우, 그 50%를 공공서비스의 추가적 공급에 투입하고 나머지는 기타사업에 투입한다. 그런데 중앙정부로부터 교부금을 받은 경우에는 그중 80%를 공공서비스의 추가적 공급에 투입하고 나머지를 기타사업에 투입한다.

<상 황>

> 甲국 A시의 올해 예산은 100억 원이었으며, 모두 자체예산이었다. 중앙정부는 내년에 20억 원의 교부금을 A시에 지급하기로 하였다. A시의 내년도 자체예산은 올해와 마찬가지로 100억 원이다.

① A시가 내년에 기타사업에 지출하는 총 금액은 60억 원일 것이다.
② A시는 내년에 기타사업에 지출하는 총 금액을 올해보다 4억 원 증가시킬 것이다.
③ A시는 내년에 공공서비스 공급에 지출하는 총 금액을 올해와 동일하게 유지할 것이다.
④ A시는 내년에 공공서비스 공급에 지출하는 총 금액을 올해보다 50% 증가시킬 것이다.
⑤ A시는 내년에 공공서비스 공급에 지출하는 총 금액을 올해보다 10억 원 증가시킬 것이다.

문 13. <여성권익사업 보조금 지급 기준>과 <여성폭력피해자 보호시설 현황>을 근거로 판단할 때, 지급받을 수 있는 보조금의 총액이 큰 시설부터 작은 시설 순으로 바르게 나열된 것은? (단, 4개 보호시설의 종사자에는 각 1명의 시설장(長)이 포함되어 있다)

<여성권익사업 보조금 지급 기준>

1. 여성폭력피해자 보호시설 운영비
   ○ 종사자 1 ~ 2인 시설 : 240백만 원
   ○ 종사자 3 ~ 4인 시설 : 320백만 원
   ○ 종사자 5인 이상 시설 : 400백만 원
   ※ 단, 평가등급이 1등급인 보호시설에는 해당 지급액의 100%를 지급하지만, 2등급인 보호시설에는 80%, 3등급인 보호시설에는 60%를 지급한다.
2. 여성폭력피해자 보호시설 사업비
   ○ 종사자 1 ~ 3인 시설 : 60백만 원
   ○ 종사자 4인 이상 시설 : 80백만 원
3. 여성폭력피해자 보호시설 종사자 장려수당
   ○ 종사자 1인당 50백만 원
   ※ 단, 종사자가 5인 이상인 보호시설의 경우 시설장에게는 장려수당을 지급하지 않는다.
4. 여성폭력피해자 보호시설 입소자 간식비
   ○ 입소자 1인당 1백만 원

<여성폭력피해자 보호시설 현황>

보호시설	종사자 수(인)	입소자 수(인)	평가등급
A	4	7	1
B	2	8	1
C	4	10	2
D	5	12	3

① A – C – D – B
② A – D – C – B
③ C – A – B – D
④ D – A – C – B
⑤ D – C – A – B

문 14. 다음 <조건>을 근거로 판단할 때, <보기>에서 옳은 것만을 모두 고르면?

<조 건>

○ A사와 B사는 신제품을 공동개발하여 판매한 총 순이익을 아래와 같은 기준에 의해 분배하기로 약정하였다.
   (가) A사와 B사는 총 순이익에서 각 회사 제조원가의 10%에 해당하는 금액을 우선 각자 분배받는다.
   (나) 총 순이익에서 위 (가)의 금액을 제외한 나머지 금액에 대한 분배기준은 연구개발비, 판매관리비, 광고홍보비 중 어느 하나로 결정하며, 각 회사가 지출한 비용에 비례하여 분배액을 정하기로 한다.
○ 신제품 개발과 판매에 따른 비용과 총 순이익은 다음과 같다.

(단위 : 억 원)

구분	A사	B사
제조원가	200	600
연구개발비	100	300
판매관리비	200	200
광고홍보비	300	150
총 순이익	200	

<보 기>

ㄱ. 분배받는 순이익을 극대화하기 위한 분배기준으로, A사는 광고홍보비를, B사는 연구개발비를 선호할 것이다.
ㄴ. 연구개발비가 분배기준이 된다면, 총 순이익에서 B사가 분배받는 금액은 A사의 3배이다.
ㄷ. 판매관리비가 분배기준이 된다면, 총 순이익에서 A사와 B사가 분배받는 금액은 동일하다.
ㄹ. 광고홍보비가 분배기준이 된다면, 총 순이익에서 A사가 분배받는 금액은 B사보다 많다.

① ㄱ, ㄴ
② ㄱ, ㄷ
③ ㄱ, ㄹ
④ ㄴ, ㄹ
⑤ ㄷ, ㄹ

문 15. 다음 글을 근거로 판단할 때, <보기>에서 옳은 것만을 모두 고르면?

> ○ 甲, 乙, 丙은 12장의 카드로 게임을 하고 있다.
> ○ 12장의 카드 중에는 봄, 여름, 가을, 겨울 4가지 종류의 계절 카드가 각각 3장씩 있는데, 카드 뒷면만 보고는 어느 계절 카드인지 알 수 없다.
> ○ 참가자들은 게임을 시작할 때 무작위로 4장씩 카드를 나누어 갖는다.
> ○ 참가자들은 자신의 카드를 확인한 후 1대 1로 카드를 각자 2장씩 맞바꿀 수 있다. 맞바꿀 카드는 상대방의 카드 뒷면만 보고 무작위로 동시에 선택한다.
> ○ 가장 먼저 봄, 여름, 가을, 겨울 카드를 모두 갖게 된 사람이 우승한다.
> ○ 게임을 시작하여 4장의 카드를 나누어 가진 직후에 참가자들은 자신들이 가진 카드에 대해 아래와 같이 사실을 말했다.
>
> 甲: 겨울 카드는 내가 모두 갖고 있다.
> 乙: 나는 봄과 여름 2가지 종류의 계절 카드만 갖고 있다.
> 丙: 나는 여름 카드가 없다.

<보 기>

ㄱ. 게임 시작시 3가지 종류의 계절 카드를 받은 사람은 1명이다.
ㄴ. 게임 시작시 참가자 모두 봄 카드를 받았다면, 가을 카드는 모두 丙이 갖고 있다.
ㄷ. 첫 번째 맞바꾸기에서 甲과 乙이 카드를 맞바꿔서 甲이 바로 우승했다면, 게임 시작시 丙은 봄 카드를 2장 받았다.

① ㄱ
② ㄴ
③ ㄱ, ㄴ
④ ㄱ, ㄷ
⑤ ㄴ, ㄷ

문 16. 다음 글을 근거로 판단할 때, <보기>에서 옳은 것만을 모두 고르면?

> ○ 甲과 乙은 책의 쪽 번호를 이용한 점수 게임을 한다.
> ○ 책을 임의로 펼쳐서 왼쪽 면 쪽 번호의 각 자리 숫자를 모두 더하거나 모두 곱해서 나오는 결과와 오른쪽 면 쪽 번호의 각 자리 숫자를 모두 더하거나 모두 곱해서 나오는 결과 중에 가장 큰 수를 본인의 점수로 한다.
> ○ 점수가 더 높은 사람이 승리하고, 같은 점수가 나올 경우 무승부가 된다.
> ○ 甲과 乙이 가진 책의 시작 면은 1쪽이고, 마지막 면은 378쪽이다. 책을 펼쳤을 때 왼쪽 면이 짝수, 오른쪽 면이 홀수 번호이다.
> ○ 시작 면이나 마지막 면이 나오게 책을 펼치지는 않는다.

※ 쪽 번호가 없는 면은 존재하지 않는다.
※ 두 사람은 항상 서로 다른 면을 펼친다.

<보 기>

ㄱ. 甲이 98쪽과 99쪽을 펼치고, 乙은 198쪽과 199쪽을 펼치면 乙이 승리한다.
ㄴ. 甲이 120쪽과 121쪽을 펼치고, 乙은 210쪽과 211쪽을 펼치면 무승부이다.
ㄷ. 甲이 369쪽을 펼치면 반드시 승리한다.
ㄹ. 乙이 100쪽을 펼치면 승리할 수 없다.

① ㄱ, ㄴ
② ㄱ, ㄷ
③ ㄱ, ㄹ
④ ㄴ, ㄷ
⑤ ㄴ, ㄹ

문 17. 다음 글과 <선거 결과>를 근거로 판단할 때 옳은 것은?

○○국 의회의원은 총 8명이며, 4개의 선거구에서 한 선거구당 2명씩 선출된다. 선거제도는 다음과 같이 운용된다.

각 정당은 선거구별로 두 명의 후보 이름이 적힌 명부를 작성한다. 유권자는 해당 선거구에서 모든 정당의 후보 중 한 명에게만 1표를 행사하며, 이를 통해 개별 후보자의 득표율이 집계된다.

특정 선거구에서 각 정당의 득표율은 그 정당의 해당 선거구 후보자 2명의 득표율의 합이다. 예를 들어 한 정당의 명부에 있는 두 후보가 각각 30%, 20% 득표를 했다면 해당 선거구에서 그 정당의 득표율은 50%가 된다. 그리고 각 후보의 득표율에 따라 소속 정당 명부에서의 순위(1번, 2번)가 결정된다.

다음으로 선거구별 2개의 의석은 다음과 같이 배분한다. 먼저 해당 선거구에서 득표율 1위 정당의 1번 후보에게 1석이 배분된다. 그리고 만약 1위 정당의 정당 득표율이 2위 정당의 정당 득표율의 2배 이상이라면, 정당 득표율 1위 정당의 2번 후보에게 나머지 1석이 돌아간다. 그러나 1위 정당의 정당 득표율이 2위 정당의 정당 득표율의 2배 미만이라면 정당 득표율 2위 정당의 1번 후보에게 나머지 1석을 배분한다.

<선거 결과>

○○국의 의회의원선거 제1～4선거구의 선거 결과를 요약하면 다음과 같다. 수치는 선거구별 득표율(%)이다.

	제1선거구	제2선거구	제3선거구	제4선거구
A정당	41	50	16	39
1번 후보	30	30	12	20
2번 후보	11	20	4	19
B정당	39	30	57	28
1번 후보	22	18	40	26
2번 후보	17	12	17	2
C정당	20	20	27	33
1번 후보	11	11	20	18
2번 후보	9	9	7	15

① A정당은 모든 선거구에서 최소 1석을 차지했다.
② B정당은 모든 선거구에서 최소 1석을 차지했다.
③ C정당 후보가 당선된 곳은 제3선거구이다.
④ 각 선거구마다 최다 득표를 한 후보가 당선되었다.
⑤ 가장 많은 당선자를 낸 정당은 B정당이다.

문 18. 다음 글을 근거로 판단할 때, 색칠된 사물함에 들어 있는 돈의 총액으로 가능한 것은?

○ 아래와 같이 생긴 25개의 사물함 각각에는 200원이 들어 있거나 300원이 들어 있거나 돈이 아예 들어있지 않다.
○ 그림의 우측과 아래에 쓰인 숫자는 그 줄의 사물함에 든 돈의 액수를 모두 합한 금액이다. 예를 들어, 1번, 2번, 3번, 4번, 5번 사물함에 든 돈의 액수를 모두 합하면 900원이다.
○ 11번 사물함에는 200원이 들어 있고, 25번 사물함에는 300원이 들어 있으며, 전체 사물함 중 200원이 든 사물함은 4개뿐이다.

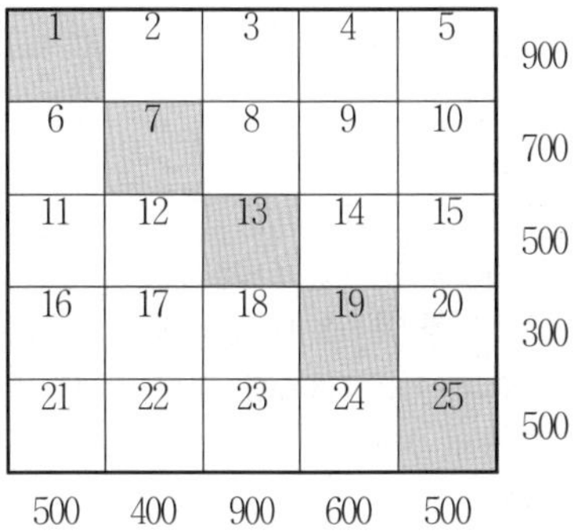

① 600원
② 900원
③ 1,000원
④ 1,200원
⑤ 1,400원

문 19. K부서는 승진후보자 3인을 대상으로 한 승진시험의 채점 방식에 대해 고민 중이다. 다음 <자료>와 <채점 방식>에 근거할 때 옳지 않은 것은?

<자 료>

○ K부서에는 甲, 乙, 丙 세 명의 승진후보자가 있으며 상식은 20문제, 영어는 10문제가 출제되었다.
○ 채점 방식에 따라 점수를 계산한 후 상식과 영어의 점수를 합산하여 고득점 순으로 전체 등수를 결정한다.
○ 각 후보자들이 정답을 맞힌 문항의 개수는 다음과 같고, 그 이외의 문항은 모두 틀린 것이다.

	상식	영어
甲	14	7
乙	10	9
丙	18	4

<채점 방식>

○ A 방식 : 각 과목을 100점 만점으로 하되 상식은 정답을 맞힌 개수 당 5점씩을, 영어는 정답을 맞힌 개수 당 10점씩을 부여함
○ B 방식 : 각 과목을 100점 만점으로 하되 상식은 정답을 맞힌 개수 당 5점씩, 틀린 개수 당 −3점씩을 부여하고, 영어의 경우 정답을 맞힌 개수 당 10점씩, 틀린 개수 당 −5점씩을 부여함
○ C 방식 : 모든 과목에 정답을 맞힌 개수 당 10점씩을 부여함

① A 방식으로 채점하면, 甲과 乙은 동점이 된다.
② B 방식으로 채점하면, 乙이 1등을 하게 된다.
③ C 방식으로 채점하면, 丙이 1등을 하게 된다.
④ C 방식은 다른 방식에 비해 상식 과목에 더 큰 가중치를 부여하는 방식이다.
⑤ B 방식에서 상식의 틀린 개수당 점수를 −5, 영어의 틀린 개수당 점수를 −10으로 한다면, 甲과 乙의 등수는 A 방식으로 계산한 것과 동일할 것이다.

문 20. 우주센터는 화성 탐사 로봇(JK3)으로부터 다음의 <수신 신호>를 왼쪽부터 순서대로 받았다. <조건>을 근거로 판단할 때, JK3의 이동경로로 옳은 것은?

<수신 신호>

010111, 000001, 111001, 100000

<조 건>

JK3은 출발 위치를 중심으로 주변을 격자 모양 평면으로 파악하고 있으며, 격자 모양의 경계를 넘어 한 칸 이동할 때마다 이동 방향을 나타내는 6자리 신호를 우주센터에 전송한다. 그 신호의 각 자리는 0 또는 1로 이루어진다. 전송 신호는 4개뿐이며, 각 전송 신호가 의미하는 이동 방향은 아래와 같다.

전송 신호	이동 방향
000000	북
000111	동
111000	서
111111	남

JK3이 보낸 6자리의 신호 중 한 자리는 우주잡음에 의해 오염된다. 이 경우 오염된 자리의 숫자 0은 1로, 1은 0으로 바뀐다.

※ JK3은 동서남북을 인식하고, 이 네 방향으로만 이동한다.

①
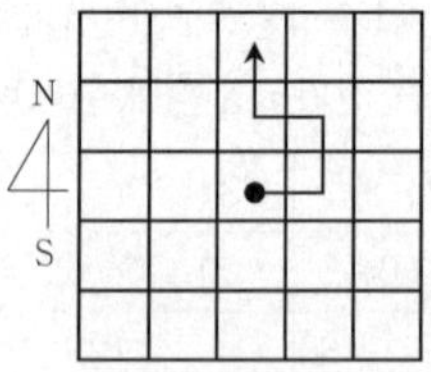

②
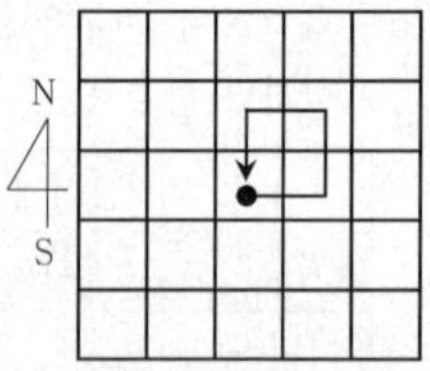

③
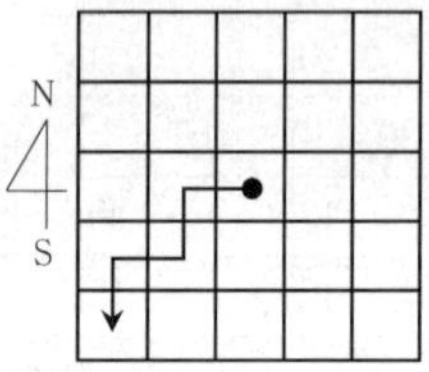

④
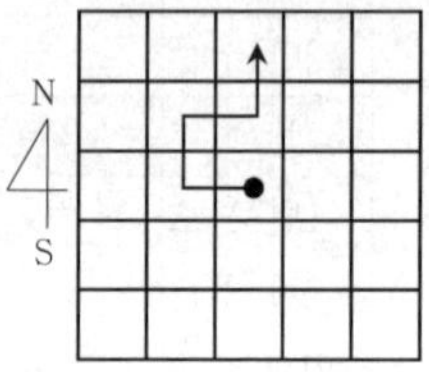

⑤
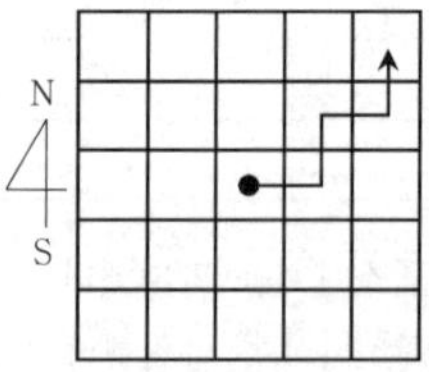

20제 연습
SET 2

총 20문제
제한시간 : 48분

하주응 PSAT 상황판단 5급 기출 엄선연습

문 1. 다음 글을 근거로 판단할 때 옳지 않은 것은?

제00조(관광상륙허가) 출입국관리공무원은 관광을 목적으로 대한민국과 외국 해상을 국제적으로 순회(巡廻)하여 운항하는 여객운송선박 중 다음 각 호의 요건을 모두 갖춘 선박에 승선한 외국인승객에 대하여 그 선박의 장 또는 운수업자가 상륙허가를 신청하면 3일의 범위에서 승객의 관광상륙을 허가할 수 있다.
1. 국제총톤수 2만 톤 이상일 것
2. 대한민국을 포함하여 3개국 이상의 국가를 기항할 것
3. 순항여객운송사업 또는 복합해상여객운송사업 면허를 받은 선박일 것
4. 크루즈업을 등록한 선박일 것

제00조(관광상륙허가의 기준) ① 관광을 목적으로 대한민국과 외국 해상을 국제적으로 순회하여 운행하는 여객운송선박의 외국인승객에 대하여 그 선박의 장 또는 운수업자가 관광상륙허가를 신청할 때에는 외국인승객이 아래 제2항의 기준에 해당하는지를 검토한 후 신청하여야 한다.
② 출입국관리공무원은 다음 각 호의 해당 여부를 심사하여 관광상륙을 허가한다.
1. 본인의 유효한 여권을 소지하고 있는지 여부
2. 대한민국에 관광 목적으로 하선(下船)하여 자신이 하선한 기항지에서 자신이 하선한 선박으로 돌아와 출국할 예정인지 여부
3. 외국인승객이 다음 각 목의 어느 하나에 해당하는지 여부
가. 사증면제협정 등에 따라 대한민국에 사증 없이 입국할 수 있는 사람
나. 제주특별자치도에 체류하려는 사람

※ 기항(寄港): 배가 항구에 들름
※ 사증(査證): 외국인의 입국허가증명, 즉 비자

① 관광 목적의 여객운송선박에 탑승한 외국인승객이더라도 관광상륙허가를 받지 못할 수 있다.
② 관광상륙허가를 받은 외국인승객은 하선 후 상륙허가기간 내에 하선한 기항지의 하선한 선박으로 돌아가야 한다.
③ 대한민국 사증이 없으면 입국할 수 없는 사람은 관광상륙허가를 받더라도 제주특별자치도에 체류할 수 없다.
④ 관광 목적으로 부산에 하선한 후 인천에서 승선하여 출국하려고 하는 외국인승객은 관광상륙허가를 받을 수 없다.
⑤ 국제총톤수 10만 톤으로 복합해상여객운송사업 면허를 받고 크루즈업을 등록한 선박 A가 관광 목적으로 중국－한국－일본에 기항하는 경우, 그 선박의 장은 승객의 관광상륙허가를 신청할 수 있다.

문 2. 다음 글을 근거로 판단할 때 옳은 것은?

제00조 이 법은 법령의 공포절차 등에 관하여 규정함을 목적으로 한다.
제00조 ① 법률 공포문의 전문에는 국회의 의결을 받은 사실을 적고, 대통령이 서명한 후 대통령인을 찍고 그 공포일을 명기하여 국무총리와 관계 국무위원이 서명한다.
② 확정된 법률을 대통령이 공포하지 아니할 때에는 국회의장이 이를 공포한다. 국회의장이 공포하는 법률의 공포문 전문에는 국회의 의결을 받은 사실을 적고, 국회의장이 서명한 후 국회의장인을 찍고 그 공포일을 명기하여야 한다.
제00조 조약 공포문의 전문에는 국회의 동의 또는 국무회의의 심의를 거친 사실을 적고, 대통령이 서명한 후 대통령인을 찍고 그 공포일을 명기하여 국무총리와 관계 국무위원이 서명한다.
제00조 대통령령 공포문의 전문에는 국무회의의 심의를 거친 사실을 적고, 대통령이 서명한 후 대통령인을 찍고 그 공포일을 명기하여 국무총리와 관계 국무위원이 서명한다.
제00조 ① 총리령을 공포할 때에는 그 일자를 명기하고, 국무총리가 서명한 후 총리인을 찍는다.
② 부령을 공포할 때에는 그 일자를 명기하고, 해당 부의 장관이 서명한 후 그 장관인을 찍는다.
제00조 ① 법령의 공포는 관보에 게재함으로써 한다.
② 관보의 내용 및 적용 시기 등은 종이관보를 우선으로 하며, 전자관보는 부차적인 효력을 가진다.

※ 법령: 법률, 조약, 대통령령, 총리령, 부령을 의미한다.

① 모든 법률의 공포문 전문에는 국회의장인이 찍혀 있다.
② 핵무기비확산조약의 공포문 전문에는 총리인이 찍혀 있다.
③ 지역문화발전기본법의 공포문 전문에는 대법원장인이 찍혀 있다.
④ 대통령인이 찍혀 있는 법령의 공포문 전문에는 국무총리의 서명이 들어 있다.
⑤ 종이관보에 기재된 법인세법의 세율과 전자관보에 기재된 그 세율이 다른 경우 전자관보를 기준으로 판단하여야 한다.

문 3. 다음 글을 근거로 판단할 때 옳은 것은?

사회통합프로그램이란 국내 이민자가 법무부장관이 정하는 소정의 교육과정을 이수하도록 하여 건전한 사회구성원으로 적응·자립할 수 있도록 지원하고 국적취득, 체류허가 등에 있어서 편의를 주는 제도이다. 프로그램의 참여대상은 대한민국에 체류하고 있는 결혼이민자 및 일반이민자(동포, 외국인근로자, 유학생, 난민 등)이다.

사회통합프로그램의 교육과정은 '한국어과정'과 '한국사회이해과정'으로 구성된다. 신청자는 우선 한국어능력에 대한 사전평가를 받고, 그 평가점수에 따라 한국어과정 또는 한국사회이해과정에 배정된다.

일반이민자로서 참여를 신청한 자는 사전평가 점수에 의해 배정된 단계로부터 6단계까지 순차적으로 교육과정을 이수하여야 한다. 한편 결혼이민자로서 참여를 신청한 자는 4～5단계를 면제받는다. 예를 들어 한국어과정 2단계를 배정받은 결혼이민자는 3단계까지 완료한 후 바로 6단계로 진입한다. 다만 결혼이민자의 한국어능력 강화를 위하여 2013년 1월 1일부터 신청한 결혼이민자에 대해서는 한국어과정 면제제도를 폐지하여 일반이민자와 동일하게 프로그램을 운영한다.

<과정 및 이수시간>

(2012년 12월 현재)

구분 \ 단계		1	2	3	4	5	6
과정		한국어					한국사회이해
		기초	초급 1	초급 2	중급 1	중급 2	
이수시간		15시간	100시간	100시간	100시간	100시간	50시간
사전평가점수	일반이민자	0점 ～ 10점	11점 ～ 29점	30점 ～ 49점	50점 ～ 69점	70점 ～ 89점	90점 ～ 100점
	결혼이민자	0점～ 10점	11점～ 29점	30점～ 49점	면제		50점 ～ 100점

① 2012년 12월에 사회통합프로그램을 신청한 결혼이민자 A는 한국어과정을 최소 200시간 이수하여야 한다.

② 2013년 1월에 사회통합프로그램을 신청하여 사전평가에서 95점을 받은 외국인근로자 B는 한국어과정을 이수하여야 한다.

③ 난민 인정을 받은 후 2012년 11월에 사회통합프로그램을 신청한 C는 한국어과정과 한국사회이해과정을 동시에 이수할 수 있다.

④ 2013년 2월에 사회통합프로그램 참여를 신청한 결혼이민자 D는 한국어과정 3단계를 완료한 직후 한국사회이해과정을 이수하면 된다.

⑤ 2012년 12월에 사회통합프로그램을 신청하여 사전평가에서 77점을 받은 유학생 E는 사회통합프로그램 교육과정을 총 150시간 이수하여야 한다.

문 4. 다음 글과 <사례>를 근거로 판단할 때, 반납해야 할 경비가 가장 많은 사람부터 가장 적은 사람 순으로 바르게 나열된 것은?

제00조 ① 임명권자는 전시·사변 등의 국가비상시에 군위탁생 중 군에 복귀시킬 필요가 있다고 인정되는 자에 대하여는 교육을 일시중지하거나 군위탁생 임명을 해임하여 원대복귀하게 할 수 있다.

② 각 군 참모총장은 군위탁생으로서 다음 각 호에 해당하는 자에 대하여 지급한 경비(이하 '지급경비')를 아래 <표>의 반납액 산정기준에 의하여 본인 또는 그의 연대보증인으로 하여금 반납하게 하여야 한다.

1. 소정의 과정을 마친 후 정당한 사유 없이 복귀하지 아니한 자
2. 수학 중 해임된 자(제1항의 경우를 제외한다)
3. 소정의 과정을 마친 후 의무복무기간 중에 전역 또는 제적 등의 사유가 발생하여 복무의무를 이행하지 아니한 자

<표> 반납액 산정기준

구분	반납액
1. 제2항 제1호 해당자	지급경비 전액
2. 제2항 제2호 해당자	지급경비 전액 (다만 질병이나 기타 심신장애로 인하여 수학을 계속할 수 없어 해임된 경우에는 지급경비의 2분의 1)
3. 제2항 제3호 해당자	$지급경비 \times \frac{의무복무월수 - 복무월수}{의무복무월수}$

<사 례>

A. 수학 중 성적불량으로 군위탁생 임명이 해임된 부사관(지급경비 1,500만 원)

B. 군위탁생으로 박사과정을 마친 후 정당한 사유 없이 복귀하지 아니한 장교(지급경비 2,500만 원)

C. 위탁교육을 마친 후 의무복무년수 6년 중 3년을 마치고 전역하는 장교(지급경비 3,500만 원)

D. 심신장애로 인하여 계속하여 수학할 수 없다고 인정되어 수학 중 군위탁생 임명이 해임된 부사관(지급경비 2,000만 원)

E. 국방부장관이 국가비상시에 군에 복귀시킬 필요가 있다고 인정하여 군위탁생 임명을 해임하여 원대복귀시킨 장교(지급경비 3,000만 원)

① B − C − A − D − E

② B − C − D − A − E

③ C − B − E − A − D

④ C − E − B − D − A

⑤ E − C − B − A − D

문 5. 다음 글과 <상황>을 근거로 판단할 때 옳은 것은?

제00조(포상금의 지급) 국세청장은 체납자의 은닉재산을 신고한 자에게 그 신고를 통하여 징수한 금액에 다음 표의 지급률을 적용하여 계산한 금액을 포상금으로 지급할 수 있다. 다만 포상금이 20억 원을 초과하는 경우, 그 초과하는 부분은 지급하지 아니한다.

징수금액	지급률
2,000만 원 이상 2억 원 이하	100분의 15
2억 원 초과 5억 원 이하	3,000만 원 + 2억 원 초과 금액의 100분의 10
5억 원 초과	6,000만 원 + 5억 원 초과 금액의 100분의 5

제00조(고액·상습체납자 등의 명단 공개) 국세청장은 체납발생일부터 1년이 지난 국세가 5억 원 이상인 체납자의 인적사항, 체납액 등을 공개할 수 있다. 다만 체납된 국세가 이의신청·심사청구 등 불복청구 중에 있거나 그 밖에 대통령령으로 정하는 사유가 있는 경우에는 그러하지 아니하다.

제00조(관허사업의 제한) ① 세무서장은 납세자가 국세를 체납하였을 때에는 허가·인가·면허 및 등록과 그 갱신(이하 '허가 등'이라 한다)이 필요한 사업의 주무관서에 그 납세자에 대하여 그 허가 등을 하지 아니할 것을 요구할 수 있다.

② 세무서장은 허가 등을 받아 사업을 경영하는 자가 국세를 3회 이상 체납한 경우로서 그 체납액이 500만 원 이상일 때에는 그 주무관서에 사업의 정지 또는 허가 등의 취소를 요구할 수 있다.

③ 제1항 또는 제2항에 따른 세무서장의 요구가 있을 때에는 해당 주무관서는 정당한 사유가 없으면 요구에 따라야 하며, 그 조치결과를 즉시 해당 세무서장에게 알려야 한다.

제00조(출국금지 요청 등) 국세청장은 정당한 사유 없이 5,000만 원 이상 국세를 체납한 자에 대하여 법무부장관에게 출국금지를 요청하여야 한다.

<상 황>

○ 甲은 허가를 받아 사업을 경영하고 있음
○ 甲은 법령에서 정한 정당한 사유 없이 국세 1억 원을 1회 체납하여 법령에 따라 2012. 12. 12. 체납액이 징수되었음
○ 甲은 국세인 소득세(납부기한: 2013. 5. 31.) 2억 원을 법령에서 정한 정당한 사유 없이 2015. 2. 7. 현재까지 체납하고 있음
○ 甲은 체납국세와 관련하여 불복청구 중이거나 행정소송이 계류 중인 상태가 아니며, 징수유예나 체납처분유예를 받은 사실이 없음

① 국세청장은 甲의 인적사항, 체납액 등을 공개할 수 있다.
② 세무서장은 법무부장관에게 甲의 출국금지를 요청하여야 한다.
③ 국세청장은 甲에 대하여 허가의 갱신을 하지 아니할 것을 해당 주무관서에 요구할 수 있다.
④ 2014. 12. 12. 乙이 甲의 은닉재산을 신고하여 국세청장이 甲의 체납액을 전액 징수할 경우, 乙은 포상금으로 3,000만 원을 받을 수 있다.
⑤ 세무서장이 甲에 대한 사업허가의 취소를 해당 주무관서에 요구하면 그 주무관서는 요구에 따라야 하고, 그 조치결과를 즉시 해당 세무서장에게 알려야 한다.

문 6. 다음 글을 근거로 판단할 때, ㉠에 해당하는 값은? (단, 소수점 이하 반올림함)

한 남자가 도심 거리에서 강도를 당했다. 그는 그 강도가 흑인이라고 주장했다. 그러나 사건을 담당한 재판부가 당시와 유사한 조건을 갖추고 현장을 재연했을 때, 피해자가 강도의 인종을 정확하게 인식한 비율이 80% 정도밖에 되지 않았다. 강도가 정말로 흑인일 확률은 얼마일까?

물론 많은 사람들이 그 확률은 80%라고 말할 것이다. 그러나 실제 확률은 이보다 상당히 낮을 수 있다. 인구가 1,000명인 도시를 예로 들어 생각해보자. 이 도시 인구의 90%는 백인이고 10%만이 흑인이다. 또한 강도짓을 할 가능성은 두 인종 모두 10%로 동일하며, 피해자가 백인을 흑인으로 잘못 보거나 흑인을 백인으로 잘못 볼 가능성은 20%로 똑같다고 가정한다. 이 같은 전제가 주어졌을 때, 실제 흑인강도 10명 가운데 ( )명만 정확히 흑인으로 인식될 수 있으며, 실제 백인강도 90명 중 ( )명은 흑인으로 오인된다. 따라서 흑인으로 인식된 ( )명 가운데 ( )명만이 흑인이므로, 피해자가 범인이 흑인이라는 진술을 했을 때 그가 실제로 흑인에게 강도를 당했을 확률은 겨우 ( )분의 ( ), 즉 약 ㉠ %에 불과하다.

① 18
② 21
③ 26
④ 31
⑤ 36

문 7. 다음 글과 <2014년 아동안전지도 제작 사업 현황>을 근거로 판단할 때, <보기>에서 옳은 것만을 모두 고르면?

가. 아동안전지도 제작은 학교 주변의 위험·안전환경 요인을 초등학생들이 직접 조사하여 지도화하는 체험 교육과정이다. 관할행정청은 각 시·도 관내 초등학교의 30% 이상이 아동안전지도를 제작하도록 권장하는 사업을 실시하고 있다.

나. 각 초등학교는 1개의 아동안전지도를 제작하며, 이 지도를 활용하여 학교 주변의 위험환경을 개선한 경우 '환경개선학교'로 등록된다.

다. 1년 동안의 아동안전지도 제작 사업을 평가하기 위한 평가점수 산식은 다음과 같다.

$$\text{평가점수} = \text{학교참가도} \times 0.6 + \text{환경개선도} \times 0.4$$

○ $\text{학교참가도} = \dfrac{\text{제작학교 수}}{\text{관내 초등학교 수} \times 0.3} \times 100$

※ 단, 학교참가도가 100을 초과하는 경우 100으로 간주

○ $\text{환경개선도} = \dfrac{\text{환경개선학교 수}}{\text{제작학교 수}} \times 100$

<2014년 아동안전지도 제작 사업 현황>

(단위 : 개)

시	관내 초등학교 수	제작학교 수	환경개선학교 수
A	50	12	9
B	70	21	21
C	60	20	15

<보 기>

ㄱ. A시와 C시의 환경개선도는 같다.

ㄴ. 아동안전지도 제작 사업 평가점수가 가장 높은 시는 C시이다.

ㄷ. 2014년에 A시 관내 3개 초등학교가 추가로 아동안전지도를 제작했다면, A시와 C시의 학교참가도는 동일했을 것이다.

① ㄱ
② ㄴ
③ ㄷ
④ ㄱ, ㄴ
⑤ ㄱ, ㄷ

문 8. 다음 글과 <조건>을 근거로 판단할 때, 甲이 두 번째로 전화를 걸 대상은?

○○국은 자문위원 간담회를 열 계획이다. 담당자 甲은 <자문위원 명단>을 보고 모든 자문위원에게 직접 전화를 걸어 참석여부를 확인하려 한다.

<자문위원 명단>

성명	소속	분야	참석경험 유무
A	가 대학	세계경제	○
B	나 기업	세계경제	×
C	다 연구소	경제원조	×
D	다 연구소	경제협력	○
E	라 협회	통상	×
F	가 대학	경제협력	×

<조 건>

○ 같은 소속이면 참석경험이 있는 자문위원에게 먼저 전화를 건다.
○ 같은 분야면 참석경험이 있는 자문위원에게 먼저 전화를 건다.
○ 같은 소속의 자문위원에게 연이어 전화를 걸 수 없다.
○ 같은 분야의 자문위원에게 연이어 전화를 걸 수 없다.
○ 참석경험이 있는 자문위원에게 연이어 전화를 걸 수 없다.
○ 명단에 있는 모든 자문위원에게 1회만 전화를 건다.

① A
② B
③ C
④ D
⑤ E

※ 다음을 읽고 물음에 답하시오. [문 9. ~ 문 10.]

제00조(설립인가기준 등) ① 대학을 설립하고자 하는 자는 다음 각 호의 기준을 갖추어 교육부장관에게 대학설립인가를 신청하여야 한다.
1. 제2항에 따른 교사(校舍) 및 제4항에 따른 교지(校地)를 확보할 것
2. 제5항에 따른 교원의 2분의 1 이상을 확보할 것
3. 제6항 및 제7항에 따른 수익용 기본재산을 확보할 것

② 교사는 교육기본시설, 지원시설 및 연구시설, 부속시설을 말하며, 교사의 확보기준은 다음 각 호와 같다.
1. 교육기본시설: 교육·연구활동에 적합하게 갖출 것
2. 지원시설 및 연구시설: 제3항에 따라 확보한 면적의 범위에서 대학이 필요한 경우에 갖출 것
3. 부속시설: 학교헌장에서 정하는 바에 따라 갖출 것. 다만 의학·한의학 및 치의학에 관한 학과를 두는 의학계열이 있는 대학은 부속병원을 직접 갖추거나 교육에 지장이 없도록 해당 기준을 충족하는 병원에 위탁하여 실습할 수 있는 조치를 하여야 한다.

③ 제2항 각 호의 시설면적은 [별표 1]에 의한 학생 1인당 교사기준면적에 편제완성연도를 기준으로 한 계열별 학생정원을 곱하여 합산한 면적 이상으로 한다.

④ 교지(농장·학술림·사육장·목장·양식장·어장 및 약초원 등 실습지를 제외한 학교 구내의 모든 용지를 말한다)는 교육·연구활동에 지장이 없는 적합한 장소에 [별표 2]에 의한 기준면적을 확보하여야 한다.

⑤ 대학은 편제완성연도를 기준으로 한 계열별 학생정원을 [별표 3]에 따른 교원 1인당 학생 수로 나눈 수의 교원을 확보하여야 한다.

⑥ 학교법인은 대학의 연간 학교회계 운영수익총액에 해당하는 가액의 수익용 기본재산을 확보하되, 설립 당시에는 다음 각 호에서 정한 금액 이상을 확보하여야 한다.
1. 대학: 100억 원
2. 전문대학: 70억 원
3. 대학원 대학: 40억 원

⑦ 제6항 각 호의 규정에 불구하고 1개의 법인이 수 개의 학교를 설립·운영하고자 하는 경우에는 각 학교별 제6항 각 호의 금액의 합산액 이상을 확보하여야 한다.

[별표 1]

교사기준면적(제00조 제3항 관련)

(단위 : m^2)

계열	인문·사회	자연과학	공학	예·체능	의학
학생 1인당 교사기준면적	12	17	20	19	20

[별표 2]

교지기준면적(제00조 제4항 관련)

학생정원	1,000명 미만	1,000명 이상
면적	교사기준면적 이상	교사기준면적의 2배 이상

[별표 3]

교원산출기준(제00조 제5항 관련)

(단위 : 명)

계열	인문·사회	자연과학	공학	예·체능	의학
교원 1인당 학생 수	25	20	20	20	8

<상 황>

甲은 편제완성연도 기준 계열별 학생정원이 인문·사회 400명, 자연과학 200명, 공학 300명, 의학 100명인 A대학을 설립하고자 한다.

문 9. 위의 글과 <상황>을 근거로 판단할 때, <보기>에서 옳은 것만을 모두 고르면?

<보 기>

ㄱ. 甲은 A대학 설립 시 부속병원을 반드시 갖추어야 한다.
ㄴ. A대학의 설립인가를 받을 당시 공학계열 학생을 위해 甲이 확보해야 하는 교원 수는 최소 8명이다.
ㄷ. 甲이 동일 법인 내에 A대학뿐만 아니라 B전문대학을 함께 설립하고자 하는 경우, 확보해야 할 수익용 기본재산의 합산액은 최소 135억 원이다.

① ㄱ
② ㄴ
③ ㄱ, ㄷ
④ ㄴ, ㄷ
⑤ ㄱ, ㄴ, ㄷ

문 10. A대학 설립을 위해 甲이 확보해야 할 최소 교지면적은?

① 16,200 m^2
② 18,200 m^2
③ 32,400 m^2
④ 36,200 m^2
⑤ 38,200 m^2

20제 SET 2

문 11. 다음 글을 근거로 판단할 때 옳은 것은?

국민연금법이 정한 급여의 종류에는 노령연금, 장애연금, 유족연금, 반환일시금이 있다. 그 중 노령연금은 국민연금에 10년 이상 가입하였던 자 또는 10년 이상 가입 중인 자에게 만 60세가 된 때부터 그가 생존하는 동안 지급하는 급여를 말한다. 노령연금을 받을 권리자(노령연금 수급권자)와 이혼한 사람도 일정한 요건을 충족하면 노령연금을 분할한 일정 금액의 연금을 받을 수 있는데, 이를 분할연금이라 한다. 분할연금은 혼인기간 동안 보험료를 내는 데 부부가 힘을 합쳤으니 이혼 후에도 연금을 나누는 것이 공평하다는 취지가 반영된 것이다.

분할연금을 받기 위해서는 혼인기간(배우자의 국민연금 가입기간 중의 혼인기간만 해당)이 5년 이상인 자로서, ① 배우자와 이혼하였고, ② 배우자였던 사람이 노령연금 수급권자이며, ③ 만 60세가 되어야 한다. 이러한 요건을 모두 갖추게 된 때부터 3년 이내에 분할연금을 청구하면, 분할연금 수급권자는 생존하는 동안 분할연금을 수령할 수 있다. 분할연금 수급권은 그 수급권을 취득한 후에 배우자였던 사람이 사망 등의 사유로 노령연금을 수령할 수 없게 된 때에도 영향을 받지 않는다. 또한 분할연금은 재혼을 해도 계속해서 받을 수 있다.

분할연금액은 무조건 노령연금액을 반으로 나누는 것이 아니라, 혼인기간에 해당하는 연금을 균등하게 나눈 금액으로 한다. 그리고 분할연금을 받던 사람이 사망하면, 분할연금액은 전 배우자에게 원상복구되지 않고 그대로 소멸하게 된다. 한편 공무원연금, 군인연금, 사학연금 등에서는 연금 가입자와 이혼한 사람에게 분할연금을 인정하고 있지 않다.

① 국민연금 가입기간이 8년째인 A와 혼인한 B가 3년 만에 이혼한 경우, B는 A가 받는 노령연금에서 분할연금을 받을 수 있다.
② C와 이혼한 D가 C의 노령연금에서 30만 원의 분할연금을 수령하고 있던 중 D가 사망한 경우, 이후 분할연금액 30만 원은 C가 수령하게 된다.
③ E와 이혼한 F가 만 60세에 도달하지 않아도, E가 노령연금을 수령하는 때로부터 F는 분할연금을 받을 수 있다.
④ 공무원 G와 민간인 H가 이혼한 경우, G는 H가 받는 노령연금에서 분할연금을 받을 수 있고 H는 G가 받는 공무원연금에서 분할연금을 받을 수 있다.
⑤ I의 노령연금에서 분할연금을 수령하고 있던 J가 K와 결혼을 한 경우, J가 생존하는 동안 계속하여 I의 노령연금에서 분할연금을 받을 수 있다.

문 12. 다음 글을 근거로 판단할 때 옳지 않은 것은?

여러분이 컴퓨터 키보드의 @ 키를 하루에 몇 번이나 누르는 지 한번 생각해 보라. 아마도 이메일 덕분에 사용 빈도가 매우 높을 것이다. 이탈리아에서는 '달팽이', 네덜란드에서는 '원숭이 꼬리'라 부르고 한국에서는 '골뱅이'라 불리는 이 '앳(at)' 키는 한때 수동 타자기와 함께 영영 잊혀질 위기에 처하기도 하였다.

6세기에 @은 라틴어 전치사인 'ad'를 한 획에 쓰기 위한 합자(合字)였다. 그리고 시간이 흐르면서 @은 베니스, 스페인, 포르투갈 상인들 사이에 측정 단위를 나타내는 기호로 사용되었다. 베니스 상인들은 @을 부피의 단위인 암포라(amphora)를 나타내는 기호로 사용하였으며, 스페인과 포르투갈의 상인들은 질량의 단위인 아로바(arroba)를 나타내는 기호로 사용하였다. 스페인에서의 1아로바는 현재의 9.5 kg에 해당하며, 포르투갈에서의 1아로바는 현재의 12 kg에 해당한다. 이후에 @은 단가를 뜻하는 기호로 변화하였다. 예컨대 '복숭아 12개@1.5달러'로 표기한 경우 복숭아 12개의 가격이 18달러라는 것을 의미했다.

@ 키는 1885년 미국에서 언더우드 타자기에 등장하였고 20세기까지 자판에서 자리를 지키고 있었지만 사용 빈도는 점차 줄어들었다. 그런데 1971년 미국의 한 프로그래머가 잊혀지다시피 하였던 @ 키를 살려낸다. 연구개발 업체에서 인터넷상의 컴퓨터 간 메시지 송신기술 개발을 담당했던 그는 @ 키를 이메일 기호로 활용했던 것이다.

※ *ad*: 현대 영어의 'at' 또는 'to'에 해당하는 전치사

① 1960년대 말 @ 키는 타자기 자판에서 사라지면서 사용빈도가 점차 줄어들었다.
② @이 사용되기 시작한 지 1,000년이 넘었다.
③ @이 단가를 뜻하는 기호로 쓰였을 때, '토마토 15개@3달러'라면 토마토 15개의 가격은 45달러였을 것이다.
④ @은 전치사, 측정 단위, 단가, 이메일 기호 등 다양한 의미로 활용되어 왔다.
⑤ 스페인 상인과 포르투갈 상인이 측정 단위로 사용했던 1@는 그 질량이 동일하지 않았을 것이다.

문 13. 다음 글과 <상황>을 근거로 판단할 때, 甲이 납부하는 송달료의 합계는?

송달이란 소송의 당사자와 그 밖의 이해관계인에게 소송상의 서류의 내용을 알 수 있는 기회를 주기 위해 법에 정한 방식에 따라 하는 통지행위를 말하며, 송달에 드는 비용을 송달료라고 한다. 소 또는 상소를 제기하려는 사람은, 소장이나 상소장을 제출할 때 당사자 수에 따른 계산방식으로 산출된 송달료를 수납은행(대부분 법원구내 은행)에 납부하고 그 은행으로부터 교부받은 송달료납부서를 소장이나 상소장에 첨부하여야 한다. 송달료 납부의 기준은 아래와 같다.

○ 소 또는 상소 제기 시 납부해야 할 송달료
  가. 민사 제1심 소액사건 : 당사자 수 × 송달료 10회분
  나. 민사 제1심 소액사건 이외의 사건 : 당사자 수 × 송달료 15회분
  다. 민사 항소사건 : 당사자 수 × 송달료 12회분
  라. 민사 상고사건 : 당사자 수 × 송달료 8회분
○ 송달료 1회분 : 3,200원
○ 당사자 : 원고, 피고
○ 사건의 구별
  가. 소액사건 : 소가 2,000만 원 이하의 사건
  나. 소액사건 이외의 사건 : 소가 2,000만 원을 초과하는 사건

※ 소가(訴價)라 함은 원고가 승소하면 얻게 될 경제적 이익을 화폐 단위로 평가한 금액을 말한다.

<상 황>

甲은 보행로에서 자전거를 타다가 乙의 상품진열대에 부딪쳐서 부상을 당하였고, 이 상황을 丙이 목격하였다. 甲은 乙에게 자신의 병원치료비와 위자료를 요구하였다. 그러나 乙은 甲의 잘못으로 부상당한 것으로 자신에게는 책임이 없으며, 오히려 甲때문에 진열대가 파손되어 손해가 발생했으므로 甲이 손해를 배상해야 한다고 주장하였다. 甲은 자신을 원고로, 乙을 피고로 하여 병원치료비와 위자료로 합계 금 2,000만 원을 구하는 소를 제기하였다. 제1심 법원은 증인 丙의 증언을 바탕으로 甲에게 책임이 있다는 乙의 주장이 옳다고 인정하여, 甲의 청구를 기각하는 판결을 선고하였다. 이 판결에 대해서 甲은 항소를 제기하였다.

① 76,800원
② 104,800원
③ 124,800원
④ 140,800원
⑤ 172,800원

문 14. 다음 글을 근거로 판단할 때, <사례>에서 발생한 슬기의 손익은?

○ 甲은행이 A가격(원/달러)에 달러를 사고 싶다는 의사표시를 하고, 乙은행이 B가격(원/달러)에 달러를 팔고 싶다고 의사표시를 하면, 중개인은 달러 고시 가격을 A/B로 고시한다.
○ 만약 달러를 즉시 사거나 팔려면 그것을 팔거나 사려는 측이 제시하는 가격을 받아들일 수밖에 없다.
○ 환전수수료 등의 금융거래비용은 없다.

<사 례>

○ 현재 달러 고시 가격은 1204.00/1204.10이다. 슬기는 달러를 당장 사고 싶었고, 100달러를 바로 샀다.
○ 1시간 후 달러 고시 가격은 1205.10/1205.20으로 움직였다. 슬기는 달러를 당장 팔고 싶었고, 즉시 100달러를 팔았다.

① 100원 이익
② 120원 이익
③ 200원 이익
④ 100원 손실
⑤ 200원 손실

문 15. 다음 <조건>에 따를 때, 발생할 수 없는 상황을 <보기>에서 모두 고르면?

<조 건>

1. 양동, 남헌, 보란, 예슬 네 사람은 시급한 현안 문제를 해결하기 위하여 결성된 태스크포스팀의 팀원이다. 이들은 임무를 수행하기 위해 서로 다른 지역에 파견된 상태이다.
2. 네 사람은 오직 스마트폰의 MOFA톡 애플리케이션만을 이용하여 메시지를 전송한다.
3. MOFA톡은 오로지 1대1 메시지 전송만이 가능하다.
4. 상호 '친구'로 등록한 경우 두 사람은 서로 메시지를 전송할 수 있다.
5. 만약 한 사람(A)이 상대방(B)을 '친구' 목록에서 삭제한 경우, 그 사람(A)은 상대방(B)에게 자신의 메시지를 전송할 수 없다. 그러나 상대방(B)에게는 여전히 그 사람(A)이 '친구'로 등록되어 있다면, 상대방(B)은 자신의 메시지를 그 사람(A)에게 전송할 수 있다.
6. 네 사람의 MOFA톡 '친구' 관계는 다음과 같다.
 (1) 양동은 남헌, 보란, 예슬 모두를 MOFA톡 '친구'로 등록하였다.
 (2) 남헌은 양동, 보란, 예슬 모두를 MOFA톡 '친구'로 등록하였다.
 (3) 보란은 양동, 예슬을 MOFA톡 '친구'로 등록했지만 남헌을 '친구' 목록에서 삭제하였다.
 (4) 예슬은 남헌을 MOFA톡 '친구'로 등록했지만 양동, 보란을 '친구' 목록에서 삭제하였다.

<보 기>

ㄱ. 새로운 정보를 알게 된 예슬은 곧바로 남헌에게 메시지를 전송하였고, 이 메시지를 받은 남헌이 보란에게 메시지를 전송하였으며, 보란은 최종적으로 양동에게 이 메시지를 전송했다.
ㄴ. 남헌은 특정 사항에 대한 조사를 요구하는 메시지를 양동에게 전송했다. 양동은 이를 위임하는 메시지를 예슬에게 전송했고, 3일 뒤 예슬은 양동에게 조사결과 메시지를 전송했다.
ㄷ. 보란은 현재 진척 상황을 묻는 메시지를 예슬에게 전송했고, 5분 뒤 상황이 매우 어렵다는 내용의 메시지를 예슬로부터 전송받았다.
ㄹ. 예슬은 업무관련 문의 메시지를 남헌에게 전송했고, 남헌은 잘 모르겠다며 보란에게 문의 메시지를 전송했다. 보란은 답변을 정리하여 예슬에게 메시지를 전송했다.
ㅁ. 예슬은 남헌이 주어진 직무를 제대로 수행하지 못한다며 비난하는 메시지를 남헌에게 전송하였다. 이에 화가 난 남헌은 하소연하는 메시지를 보란에게 전송했다.

① ㄱ, ㄴ
② ㄴ, ㄷ
③ ㄷ, ㄹ
④ ㄱ, ㄹ, ㅁ
⑤ ㄴ, ㄷ, ㅁ

문 16. 어느 날 甲과장은 부서원들에게 예정에 없는 회식을 제안했다. 다음 <조건>에 근거할 때 옳은 것은?

<조 건>

○ 부서원은 A를 포함하여 5명이고, 편익을 극대화하기 위한 의사결정을 한다.
○ 과장은 부서원 중 참석 희망자가 3명 이상이면 이들만을 대상으로 회식을 실시한다.
○ 참석 희망 여부는 한 번 결정하면 변경이 불가능하고, 현재 A는 다른 사람이 어떤 결정을 내릴 것인지 알지 못한다.
○ A는 12만큼의 편익을 얻을 수 있는 선약이 있다. A가 회식 참석을 결정하면 선약을 미리 취소해야 하고, 회식불참을 결정하면 선약은 지켜진다.
○ A의 편익은 아래의 <표>와 같다.
 – A가 회식참석을 결정하고 회식이 실시되면, A의 편익은 (참석자 수)×3이다. 그러나 A가 회식참석을 결정했을지라도 회식이 취소되면, A의 편익은 0이다.
 – A가 회식불참을 결정했으나 회식이 실시되면, A의 편익은 12 – (참석자 수)이다. 그러나 A가 회식불참을 결정하고 회식도 취소되면, A의 편익은 12가 된다.

<표>

회식 실시 여부 / A의 행동	실시	취소
회식참석 · 선약취소	(참석자 수)×3	0
회식불참 · 선약실행	12 – (참석자 수)	12

※ 부서원 수 및 참석자 수에는 과장이 포함되지 않는다.

① A의 최대편익과 최소편익의 차이는 12이다.
② 다른 부서원들의 결정과 무관하게 불참을 결정하는 것이 A에게 유리하다.
③ A의 편익이 최대가 되는 경우는 불참을 결정하고 회식도 취소되는 경우이다.
④ 다른 부서원 2명이 회식에 참석하겠다고 결정하면, A도 참석하는 것이 유리하다.
⑤ 다른 부서원 3명 이상이 회식에 참석하겠다고 결정하면, A도 참석하는 것이 유리하다.

문 17. 다음 글을 근거로 할 때, 생태계보전협력금의 1회분 분할납부 금액으로 가장 적은 것은? (단, 부과금을 균등한 액수로 최대한 분할납부하며, 甲 ~ 戊의 사업은 모두 생태계보전협력금 납부대상 사업이다)

<생태계보전협력금 부과·징수 방법>

1. 부과·징수 대상
○ 자연환경 또는 생태계에 미치는 영향이 현저하거나 생물다양성의 감소를 초래하는 사업을 하는 사업자
2. 부과금액 산정 방식
○ 생태계보전협력금 = 생태계 훼손면적 × 단위면적당 부과금액 × 지역계수
○ 단위면적($1m^2$)당 부과금액 : 250원
○ 단, 총 부과금액은 10억 원을 초과할 수 없다.
3. 토지용도 및 지역계수
○ 토지의 용도는 생태계보전협력금 부과대상 사업의 인가·허가 또는 승인 등 처분시 토지의 용도(부과대상 사업의 시행을 위하여 토지의 용도를 변경하는 경우에는 변경 전의 용도를 말한다)에 따른다.
○ 지역계수
가. 주거지역 : 1
나. 상업지역 : 2
다. 녹지지역 : 3
라. 농림지역 : 4
마. 자연환경보전지역 : 5
4. 분할납부
○ 생태계보전협력금의 부과금액은 3년 이내의 기간을 정하여 분할납부한다.
○ 분할납부의 횟수는 부과금액이 2억 원 이하인 경우 2회, 2억 원을 초과하는 경우 3회로 한다. 다만 국가·지방자치단체 및 공공기관의 분할납부의 횟수는 2회 이하로 한다.

※ 사업대상 전 지역에서 생태계 훼손이 발생하는 것으로 가정한다.

① 상업지역 35만 m^2에 레저시설을 설치하려는 개인사업자 甲
② 농림지역 20만 m^2에 골프장 사업을 추진 중인 건설회사 乙
③ 녹지지역 30만 m^2에 관광단지를 조성하려는 공공기관 丙
④ 주거지역 20만 m^2와 녹지지역 20만 m^2를 개발하여 새로운 복합주거상업지구를 조성하려는 지방자치단체 丁
⑤ 주거지역 25만 m^2와 자연환경보전지역 25만 m^2를 묶어 염전 체험박물관을 건립하려는 개인사업자 戊

문 18. 다음 글을 근거로 판단할 때, <보기>에서 옳은 것만을 모두 고르면? (단, 주어진 조건 외에 다른 조건은 고려하지 않는다)

A회사의 모든 직원이 매일 아침 회사에서 요일별로 제공되는 빵을 먹었다. 직원 가운데 甲, 乙, 丙, 丁 네 사람은 빵에 포함된 특정 재료로 인해 당일 알레르기 증상이 나타났다. A회사는 요일별로 제공된 빵의 재료와 甲, 乙, 丙, 丁에게 알레르기 증상이 나타난 요일을 아래와 같이 표로 정리했으나, 화요일에 제공된 빵에 포함된 두 가지 재료가 확인되지 않았다. 甲, 乙, 丙, 丁은 각각 한 가지 재료에 대해서만 알레르기 증상을 보였다.

구분	월	화	수	목	금
재료	밀가루, 우유	밀가루, ?, ?	옥수수가루, 아몬드, 달걀	밀가루, 우유, 달걀	밀가루, 우유, 달걀, 식용유
알레르기 증상 발생자	甲	丁	乙, 丁	甲, 丁	甲, 丙, 丁

※ 알레르기 증상은 발생한 당일 내에 사라진다.

<보 기>

ㄱ. 甲이 알레르기 증상을 보인 것은 밀가루 때문이다.
ㄴ. 甲, 乙, 丙은 서로 다른 재료에 대하여 알레르기 증상을 보였다.
ㄷ. 화요일에 제공된 빵의 확인되지 않은 재료 중 한 가지는 달걀이다.
ㄹ. 만약 화요일에 제공된 빵에 포함된 재료 중 한 가지가 아몬드였다면, 乙의 알레르기 증상은 옥수수가루 때문이다.

① ㄱ, ㄷ
② ㄴ, ㄹ
③ ㄷ, ㄹ
④ ㄱ, ㄴ, ㄹ
⑤ ㄴ, ㄷ, ㄹ

문 19. 다음 <숫자를 만드는 규칙>과 <놀이규칙>에 따라 놀이를 할 때, <보기>에서 가장 높은 점수를 받게 되는 경우부터 순서대로 나열한 것은?

<숫자를 만드는 규칙>

○ 막대를 활용해 숫자를 만든다.

○ 각 숫자를 만들 때는 아래 정해진 형태로만 만들어야 하며 정해진 개수만큼의 막대를 사용해야 한다.

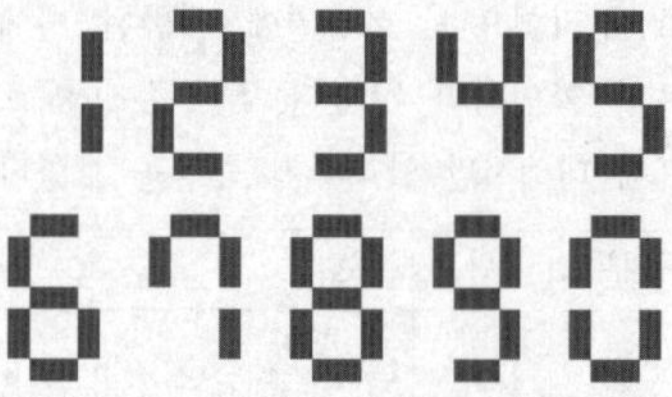

○ 각 숫자를 만드는데 필요한 막대의 개수는 아래의 표와 같다.

숫자	1	2	3	4	5	6	7	8	9	0
필요한 막대 개수	2	5	5	4	5	6	4	7	6	6

<놀이규칙>

공식 : □□ − □□ = ?

(두 자리수 빼기 두 자리수의 값)

○ 주어진 개수의 막대를 사용하여 □ 안에 들어갈 4개의 숫자를 만든다.

○ 주어진 개수의 막대를 모두 활용하여야 하며 막대를 남기거나 더 사용하면 안 된다.

○ 각 □ 안에는 하나의 숫자만 들어가야 하며 각 숫자는 1회만 사용해야 한다.

○ 두 자리수를 만들어야 하므로 각 숫자의 앞자리에는 0이 들어갈 수 없다.

○ 공식에 의하여 나온 가장 높은 값을 점수로 매긴다.

<보 기>

ㄱ. 18개의 막대 사용

ㄴ. 19개의 막대 사용

ㄷ. 20개의 막대 사용

ㄹ. 21개의 막대 사용

① ㄱ > ㄴ > ㄷ > ㄹ

② ㄱ > ㄹ > ㄴ > ㄷ

③ ㄹ > ㄱ > ㄴ > ㄷ

④ ㄹ > ㄱ > ㄷ > ㄴ

⑤ ㄹ > ㄷ > ㄴ > ㄱ

문 20. 다음 글을 근거로 판단할 때, 김과장이 단식을 시작한 첫 주 월요일부터 일요일까지 한 끼만 먹은 요일(끼니때)은?

김과장은 건강상의 이유로 간헐적 단식을 시작하기로 했다. 김과장이 선택한 간헐적 단식 방법은 월요일부터 일요일까지 일주일 중에 2일을 선택하여 아침 혹은 저녁 한 끼 식사만 하는 것이다. 단, 단식을 하는 날 전후로 각각 최소 2일간은 정상적으로 세 끼 식사를 하고, 업무상의 식사 약속을 고려하여 단식일과 방법을 유동적으로 결정하기로 했다. 또한 단식을 하는 날 이외에는 항상 세 끼 식사를 한다.

간헐적 단식 2주째인 김과장은 그동안 단식을 했던 날짜를 기록해두기 위해 아래와 같이 최근 식사와 관련된 기억을 떠올렸다.

○ 2주차 월요일에는 단식을 했다.

○ 지난주에 먹은 아침식사 횟수와 저녁식사 횟수가 같다.

○ 지난주 월요일, 수요일, 금요일에는 조찬회의에 참석하여 아침식사를 했다.

○ 지난주 목요일에는 업무약속이 있어서 점심식사를 했다.

① 월요일(저녁), 목요일(저녁)

② 화요일(아침), 금요일(아침)

③ 화요일(아침), 금요일(저녁)

④ 화요일(저녁), 금요일(아침)

⑤ 화요일(저녁), 토요일(아침)

25제 연습
SET 1

총 25문제
제한시간 : 56분

하주응 PSAT 상황판단 5급 기출 엄선연습

문 1. 다음 글을 근거로 판단할 때 옳은 것은?

> 제00조 ① 자신의 생명 또는 신체상의 위험을 무릅쓰고 급박한 위해에 처한 다른 사람의 생명·신체 또는 재산을 구하기 위한 구조행위로서 다음 각 호의 어느 하나의 경우에 대해서는 이 법을 적용한다. 다만 자신의 행위로 인하여 위해에 처한 사람에 대하여 구조행위를 하다가 사망하거나 부상을 입은 행위는 제외한다.
> 1. 범죄행위를 제지하거나 그 범인을 체포하다가 사망하거나 부상을 입은 경우
> 2. 운송수단의 사고로 위해에 처한 다른 사람의 생명·신체 또는 재산을 구하다가 사망하거나 부상을 입은 경우
> 3. 천재지변, 수난(水難), 화재 등으로 위해에 처한 다른 사람의 생명·신체 또는 재산을 구하다가 사망하거나 부상을 입은 경우
> 4. 물놀이 등을 하다가 위해에 처한 다른 사람의 생명 또는 신체를 구하다가 사망하거나 부상을 입은 경우
>
> ② 의사자(義死者)란 직무 외의 행위로서 구조행위를 하다가 사망하여 □□부장관이 의사자로 인정한 사람을 말한다.
> ③ 의상자(義傷者)란 직무 외의 행위로서 구조행위를 하다가 신체상의 부상을 입어 □□부장관이 의상자로 인정한 사람을 말한다.
>
> 제00조 ① 국가는 의사자·의상자가 보여준 살신성인의 숭고한 희생정신과 용기가 항구적으로 존중될 수 있도록 서훈(敍勳)을 수여하는 등 필요한 조치를 할 수 있다.
> ② 국가와 지방자치단체는 의사자를 추모하고 숭고한 뜻을 기리기 위한 동상 및 비석 등의 기념물을 설치하는 기념사업을 수행할 수 있다.
> ③ 국가는 다음 각 호의 기준에 따라 의상자 및 의사자 유족에게 보상금을 지급한다.
> 1. 의상자의 경우에는 그 본인에게 지급한다.
> 2. 의사자의 경우에는 그 배우자, 자녀, 부모, 조부모, 형제자매의 순으로 지급한다. 이 경우 같은 순위의 유족이 2인 이상인 때에는 보상금을 같은 금액으로 나누어 지급한다.

※ 서훈: 공적의 등급에 따라 훈장을 내림

① 의사자 甲에게 배우자와 자녀가 있는 경우, 보상금은 전액 배우자에게 지급된다.
② 지방자치단체는 의상자 乙에게 서훈을 수여하거나 동상을 설치하는 기념사업을 수행할 수 있다.
③ 소방관 丙이 화재 현장에 출동하여 화재를 진압하던 중 부상을 입은 경우, 丙은 의상자로 인정될 수 있다.
④ 물놀이를 하던 丁이 물에 빠진 애완동물을 구조하던 중 부상을 입은 경우, 丁은 의상자로 인정될 수 있다.
⑤ 운전자 戊가 자신이 일으킨 교통사고의 피해자를 구조하던 중 다른 차량에 치여 부상당한 경우, 戊는 의상자로 인정될 수 있다.

문 2. 다음 글을 근거로 판단할 때 옳은 것은?

> 제00조 ① 본인 또는 배우자, 직계혈족(이하 '본인 등'이라 한다)은 가족관계등록부의 기록사항에 관하여 발급할 수 있는 증명서(가족관계증명서, 기본증명서, 혼인관계증명서, 입양관계증명서, 친양자입양관계증명서 등)의 교부를 청구할 수 있고, 본인 등의 대리인이 청구하는 경우에는 본인 등의 위임을 받아야 한다. 다만 다음 각 호의 어느 하나에 해당하는 경우에는 본인 등이 아닌 경우에도 교부를 신청할 수 있다.
> 1. 국가 또는 지방자치단체가 직무상 필요에 따라 문서로 신청하는 경우
> 2. 소송·민사집행의 각 절차에서 필요한 경우
> 3. 다른 법령에서 본인 등에 관한 증명서를 제출하도록 요구하는 경우
>
> ② 제1항에도 불구하고 친양자입양관계증명서는 다음 각 호의 어느 하나에 해당하는 경우에 한하여 교부를 청구할 수 있다.
> 1. 친양자가 성년이 되어 신청하는 경우
> 2. 법원의 사실조회촉탁이 있거나 수사기관이 수사상 필요에 따라 문서로 신청하는 경우
>
> ③ 제1항 및 제2항에 따라 증명서의 교부를 청구하는 사람은 수수료를 납부하여야 하며, 증명서의 송부를 신청하는 경우에는 우송료를 따로 납부하여야 한다.
> ④ 본인 또는 배우자, 부모, 자녀는 가족관계등록부의 기록사항 전부 또는 일부에 대하여 전자적 방법에 의한 열람을 청구할 수 있다. 다만 친양자입양관계증명서의 기록사항에 대하여는 친양자가 성년이 된 이후에만 청구할 수 있다.

① A의 직계혈족인 B가 A의 기본증명서 교부를 청구할 때에는 A의 위임을 받아야 한다.
② 본인의 입양관계증명서 교부를 청구한 C는 수수료와 우송료를 일괄 납부하여야 한다.
③ 지방자치단체는 직무상 필요에 따라 구두로 지역주민 D의 가족관계증명서 교부를 신청할 수 있다.
④ E의 자녀 F는 E의 혼인관계증명서의 기록사항에 대해 전자적 방법에 의한 열람을 청구할 수 있다.
⑤ 미성년자 G는 본인의 친양자입양관계증명서의 기록사항에 대해 전자적 방법에 의한 열람을 청구할 수 있다.

문 3. 다음 글과 <상황>을 근거로 판단할 때 옳은 것은?

제00조 ① 박물관에는 임원으로서 관장 1명, 상임이사 1명, 비상임이사 5명 이내, 감사 1명을 둔다.
② 감사는 비상임으로 한다.
③ 관장은 정관으로 정하는 바에 따라 □□부장관이 임면하고, 상임이사와 비상임이사 및 감사의 임면은 정관으로 정하는 바에 따른다.
제00조 ① 관장의 임기는 3년으로 하며, 1년 단위로 연임할 수 있다.
② 이사와 감사의 임기는 2년으로 하며, 1년 단위로 연임할 수 있다.
③ 임원의 사임 등으로 인하여 선임되는 임원의 임기는 새로 시작된다.
④ 관장은 박물관을 대표하고 그 업무를 총괄하며, 소속 직원을 지휘·감독한다.
⑤ 관장이 부득이한 사유로 직무를 수행할 수 없을 때에는 상임이사가 그 직무를 대행하고, 상임이사도 직무를 수행할 수 없을 때에는 정관으로 정하는 임원이 그 직무를 대행한다.
제00조 ① 박물관의 중요 사항을 심의·의결하기 위하여 박물관에 이사회를 둔다.
② 이사회는 의장을 포함한 이사로 구성하고 관장이 의장이 된다.
③ 이사회는 재적이사 과반수의 출석으로 개의하고, 재적이사 과반수의 찬성으로 의결한다.
④ 감사는 직무와 관련하여 필요한 경우 이사회에 출석하여 발언할 수 있다.
제00조 ① 박물관의 임직원이나 임직원으로 재직하였던 사람은 그 직무상 알게 된 비밀을 누설하거나 도용하여서는 아니 된다.
② 제1항을 위반하여 직무상 알게 된 비밀을 누설하거나 도용한 사람은 2년 이하의 징역 또는 2천만 원 이하의 벌금에 처한다.

<상 황>

○○박물관에는 임원으로 이사인 관장 A, 상임이사 B, 비상임이사 C, D, E, F와 감사 G가 있다.

① A가 2년간 재직하다가 퇴직한 경우, 새로 임명된 관장의 임기는 1년이다.
② 이사회에 A, B, C, D, E가 출석한 경우, 그 중 2명이 반대하면 안건은 부결된다.
③ A가 부득이한 사유로 직무를 수행할 수 없을 때에는 G가 소속 직원을 지휘·감독한다.
④ B가 직무상 알게 된 비밀을 누설한 경우, 1년의 징역과 500만 원의 벌금에 처해질 수 있다.
⑤ ○○박물관 정관에 "관장은 이사, 감사를 임면한다."라고 규정되어 있는 경우, A는 G의 임기가 만료되면 H를 상임감사로 임명할 수 있다.

문 4. 다음 글과 <상황>을 근거로 판단할 때 옳은 것은?

제○○조 ① 사업주는 다음 각 호의 어느 하나에 해당하는 작업을 도급하여 자신의 사업장에서 수급인의 근로자가 그 작업을 하도록 해서는 아니 된다.
1. 도금작업
2. 수은, 납 또는 카드뮴을 가공·처리하는 작업
② 사업주는 제1항에도 불구하고 다음 각 호의 어느 하나에 해당하는 경우에는 제1항 각 호에 따른 작업을 도급하여 자신의 사업장에서 수급인의 근로자가 그 작업을 하도록 할 수 있다.
1. 일시적·간헐적으로 하는 작업을 도급하는 경우
2. 수급인이 보유한 기술이 전문적이고 해당 사업주의 사업 운영에 필수불가결한 경우로서 고용노동부장관의 승인을 받은 경우
③ 제2항 제2호에 따른 승인을 받은 작업을 도급받은 수급인은 그 작업을 하도급할 수 없다.
제□□조 도급인은 수급인의 근로자가 자신의 사업장에서 작업을 하는 경우, 자신의 근로자와 수급인의 근로자의 산업재해를 예방하기 위하여 필요한 안전조치 및 보건조치를 하여야 한다.
제△△조 고용노동부장관은 사업주가 다음 각 호의 어느 하나에 해당하는 경우에는 10억 원 이하의 과징금을 부과·징수할 수 있다.
1. 제○○조 제1항을 위반하여 도급한 경우
2. 제○○조 제2항 제2호를 위반하여 승인을 받지 아니하고 도급한 경우
3. 제○○조 제3항을 위반하여 재하도급한 경우
제◇◇조 제□□조를 위반한 자는 3년 이하의 징역 또는 3천만 원 이하의 벌금에 처한다.

※ 도급(都給): 공사 등을 타인(수급인)에게 맡기는 일

<상 황>

장신구 제조업체 甲(도급인)은 도금작업을 위해 도금전문업체 乙(수급인)과 도급계약을 체결하였다.

① 도금작업이 일시적인 경우, 甲은 고용노동부장관의 승인 없이 乙의 근로자를 자신의 사업장에서 작업하도록 할 수 있다.
② 도금작업이 상시적인 경우, 甲이 乙의 근로자를 자신의 사업장에서 작업하도록 하였다면 3년 이하의 징역에 처한다.
③ 乙은 자신의 기술이 甲의 사업 운영에 필수불가결한 경우가 아니라면 그 작업을 하도급할 수 없다.
④ 乙의 근로자가 甲의 사업장에서 작업을 하는 경우, 안전조치 및 보건조치를 할 의무는 乙이 진다.
⑤ 甲이 자신의 사업장에서 작업을 하는 乙의 근로자에 대해 필요한 안전조치 및 보건조치를 하지 않을 경우, 고용노동부장관은 3억 원의 과징금을 부과할 수 있다.

문 5. 다음 글과 <상황>을 근거로 판단할 때 옳은 것은?

한 지리학자는 임의의 국가에 분포하는 도시를 인구규모 순으로 배열할 때, 도시 순위와 인구규모 사이에 일정한 법칙이 존재한다는 것을 발견했다. 이를 도시의 순위규모 법칙이라고 부르며, 이에 따른 분포를 '순위규모분포'라고 한다. 순위규모분포가 나타나는 경우 인구규모 두 번째 도시의 인구는 인구규모가 가장 큰 도시인 수위도시 인구의 1/2이고, 세 번째 도시의 인구는 수위도시 인구의 1/3이 된다. 그 이하의 도시에도 동일한 규칙이 적용된다.

이와 달리 한 국가의 인구규모 1위 도시에 인구가 집중되는 양상이 나타나면 이를 '종주분포'라고 한다. 도시화가 전국적으로 진행되지 않은 나라에서는 인구규모 2위 이하의 도시에 비해 1위 도시의 인구규모가 훨씬 큰 종주분포 형태를 보인다. 이때 인구규모가 첫 번째인 도시를 종주도시라고 부른다. 종주분포의 정도를 측정하는 척도로 종주도시지수가 사용된다. 종주도시지수는 '1위 도시의 인구÷2위 도시의 인구'로 나타낸다. 대체로 개발도상국의 경우 급속한 산업화로 종주도시로의 인구집중이 현저하게 나타나기 때문에 종주도시지수가 높다.

<상 황>

○ 순위규모분포를 보이는 A국에서 인구규모 세 번째 도시의 인구는 200만 명이다.
○ 종주분포를 보이는 B국에서 인구규모 두 번째 도시의 인구는 200만 명이고 종주도시지수는 3.3이다.

① A국의 수위도시와 인구규모 두 번째 도시 간 인구의 차이는 300만 명이다.
② B국의 인구규모 세 번째 도시의 인구는 종주도시의 1/3이다.
③ B국의 종주도시 인구는 A국의 수위도시에 비해 40만 명 적다.
④ 인구규모 첫 번째 도시와 두 번째 도시의 인구 합은 A국이 B국보다 60만 명 더 많다.
⑤ A국과 B국의 인구규모 두 번째 도시 인구는 동일하다.

문 6. 다음 글을 근거로 판단할 때, <보기>에서 옳은 것만을 모두 고르면?

석유에서 얻을 수 있는 연료를 대체하는 물질 중 하나는 식물성 기름이다. 식물성 기름의 지방산을 처리하면 자동차 연료로 쓸 수 있는 바이오디젤을 만들 수 있다. 바이오디젤은 석유에서 얻는 일반디젤에 비해 몇 가지 장점이 있다. 바이오디젤은 분진이나 일산화탄소, 불완전연소 유기물과 같은 오염 물질을 적게 배출한다. 또한 석유에서 얻는 연료와 달리 식물성 기름에는 황이 거의 들어 있지 않아 바이오디젤을 연소했을 때 이산화황이 거의 배출되지 않는다. 바이오디젤은 기존 디젤 엔진에서도 사용될 수 있고 석유 연료에 비해 쉽게 생분해되기 때문에 외부로 유출되더라도 환경에 미치는 영향이 작다.

물론 바이오디젤도 단점이 있다. 우선 바이오디젤은 일반디젤보다 생산원가가 훨씬 높다. 또한 바이오디젤은 생분해되기 때문에 장기간 저장이 어렵고, 질소산화물을 더 많이 배출한다. 그뿐 아니라 엔진에 접착성 찌꺼기가 남을 수 있고, 일반디젤보다 응고점이 높다. 이 때문에 바이오디젤을 일반디젤의 첨가물로 사용하고 있다. 바이오디젤과 일반디젤은 쉽게 혼합되며, 그 혼합물은 바이오디젤보다 응고점이 낮다. 바이오디젤은 영어 약자 BD로 나타내는데, BD20은 바이오디젤 20%와 일반디젤 80%의 혼합연료를 뜻한다.

<보 기>

ㄱ. 같은 양이라면 BD20의 생산원가가 일반디젤보다 낮을 것이다.
ㄴ. 석유에서 얻은 연료에는 황 성분이 포함되어 있을 것이다.
ㄷ. 같은 온도에서 바이오디젤이 액체일 때 일반디젤은 고체일 수 있다.
ㄹ. 바이오디젤만 연료로 사용하면 일반디젤만 사용했을 때와 비교해서 질소산화물 배출은 늘지만 이산화황 배출은 줄어들 것이다.

① ㄱ
② ㄴ, ㄷ
③ ㄴ, ㄹ
④ ㄷ, ㄹ
⑤ ㄱ, ㄴ, ㄷ

문 7. 다음 글을 근거로 판단할 때, <상황>의 ㉠과 ㉡을 옳게 짝지은 것은?

> 수액을 주입할 때 사용하는 단위 gtt는 방울이라는 뜻의 라틴어 gutta에서 유래한 것으로, 수액 용기에서 떨어지는 수액의 방울 수를 나타낸다. 일반적으로 20 gtt/ml가 '기준규격'이며, 이는 용기에서 20방울이 떨어졌을 때 수액 1 ml가 주입되는 것을 말한다.

<상 황>

○ 기준규격에 따라 수액 360 ml를 2시간 동안 모두 주입하려면, 1초당 (㉠) gtt씩 주입하여야 한다.
○ 기준규격에 따라 3초당 1 gtt로 수액을 주입하면, 24시간 동안 최대 (㉡) ml를 주입할 수 있다.

	㉠	㉡
①	0.5	720
②	1	720
③	1	1,440
④	2	1,440
⑤	2	2,880

문 8. 다음 글을 근거로 판단할 때, <상황>의 ㉠ ~ ㉢을 옳게 짝지은 것은?

> 1957년 제정 저작권법은 저작물의 저작재산권을 저작자가 생존하는 동안과 사망한 후 30년간 존속하는 것으로 규정하고 있었다.
>
> 이후 1987년 개정 저작권법은 저작재산권을 저작자가 생존하는 동안과 사망 후 50년간 존속하도록 개정하여 저작재산권의 보호기간(이하 '보호기간'이라 한다)을 연장하였다. 다만 1987년 저작권법이 시행된 1987. 7. 1. 이전에 1957년 저작권법에 따른 보호기간이 이미 경과한 저작물은 더 이상 보호하지 않는 것으로 규정하였다.
>
> 또한 2011년 개정 저작권법은 보호기간을 저작자 생존기간 동안과 사망 후 70년간으로 개정하였으며, 다만 2011년 저작권법이 시행된 2013. 7. 1. 이전에 1987년 저작권법에 따른 보호기간이 이미 경과한 저작물은 더 이상 보호하지 않는 것으로 규정하였다.
>
> 한편 보호기간을 산정할 때는 저작자가 사망한 다음 해의 1월 1일을 기산일(起算日)로 한다. 예컨대 '저작물 X'를 창작한 저작자 甲이 1957. 4. 1. 사망하였다면 저작물 X의 보호기간은 1958. 1. 1.부터 기산하여 1987년 저작권법에 의해 2007. 12. 31.까지 연장되지만, 2011년 저작권법에 따르면 보호기간이 이미 만료된 상태이다.

<상 황>

'저작물 Y'를 창작한 저작자 乙은 1963. 1. 1. 사망하였다. 저작물 Y의 보호기간은 1957년 제정 저작권법에 따르면 (㉠)이고, 1987년 개정 저작권법에 따르면 (㉡)이며, 2011년 개정 저작권법에 따르면 (㉢)이다.

	㉠	㉡	㉢
①	1992. 1. 1.까지	2012. 1. 1.까지	이미 만료된 상태
②	1992. 12. 31.까지	2012. 12. 31.까지	이미 만료된 상태
③	1992. 12. 31.까지	2012. 12. 31.까지	2032. 12. 31.까지
④	1993. 12. 31.까지	2013. 12. 31.까지	이미 만료된 상태
⑤	1993. 12. 31.까지	2013. 12. 31.까지	2033. 12. 31.까지

※ 다음 글을 읽고 물음에 답하시오. [문 9. ~ 문 10.]

> '탄소중립'이란 인간 활동을 통한 온실가스 배출을 최대한 줄이고, 남은 온실가스는 산림 흡수 및 제거활동을 통해 실질적인 배출량을 0으로 만드는 것을 의미한다. 즉 배출되는 탄소량과 흡수·제거되는 탄소량을 동일하게 만든다는 개념으로, 이에 탄소중립을 '넷제로(Net-Zero)'라 부르기도 한다. 탄소중립에 동참하기로 한 A은행은 업무를 수행하면서 발생하는 이산화탄소 배출량을 줄이기 위해 2가지 사항에 주목하였다. 첫 번째는 항공 출장이고, 두 번째는 컴퓨터의 전력 낭비이다.
>
> 한 사람이 비행기로 출장 시 발생하는 이산화탄소 평균 배출량은 400 kg으로, 이는 같은 거리를 4명이 자동차 한 대로 출장 시 발생하는 이산화탄소 평균 배출량의 2배에 해당한다. 항공 출장으로 인하여 현재 A은행이 배출하는 연간 이산화탄소의 양은 A은행의 연간 전체 이산화탄소 배출량의 1/5에 달하는 수준이다.
>
> 항공 출장을 줄이기 위해서 A은행은 화상회의시스템을 도입하기로 하였다. 화상회의시스템을 활용할 경우에 한 사람의 이산화탄소 평균 배출량은 항공 출장의 1/10 수준에 불과하다. A은행에서는 매년 연인원 1,000명이 항공 출장을 가고 있는데, 항공 출장인원의 30%에게 항공 출장 대신 화상회의시스템을 활용하도록 할 계획이다.
>
> 한편 은행과 같이 정보 처리가 업무의 핵심인 업계에서는 컴퓨터 시스템의 전력 소비가 전체 전력 소비의 큰 비중을 차지한다. A은행은 컴퓨터의 전력 낭비 요소를 파악하기 위하여 컴퓨터 전력 사용 현황을 조사하였다. 그 결과 컴퓨터의 전력 소비량이 밤 시간대에 놀라울 정도로 많다는 것을 발견하게 되었다. 그 이유는 직원들이 자신의 컴퓨터를 끄지 않고 퇴근하여 많은 컴퓨터가 밤에 계속 켜져 있었기 때문이다.
>
> 이에 A은행은 전력차단프로젝트를 수행하기로 하였다. 22,000대의 컴퓨터에 전력관리 소프트웨어를 설치하여, 컴퓨터가 일정시간 사용되지 않으면 언제라도 컴퓨터와 모니터의 전원이 자동으로 꺼지도록 하는 것이다. 이 프로젝트를 통하여 A은행은 연간 35만 kWh의 전력 소비를 절감할 수 있을 것으로 예상되며, 이는 652톤의 이산화탄소 배출에 해당하는 양이다.

문 9. 윗글을 근거로 판단할 때, <보기>에서 옳은 것만을 모두 고르면?

> <보 기>
>
> ㄱ. A은행이 전력차단프로젝트를 시행하더라도 주간에 전력 절감은 없을 것이다.
>
> ㄴ. A은행의 전력차단프로젝트로 절감되는 컴퓨터 1대당 전력량은 연간 15 kWh 이상이다.
>
> ㄷ. A은행이 화상회의시스템과 전력차단프로젝트를 도입하면 넷제로가 실현된다.
>
> ㄹ. 1인당 이산화탄소 평균 배출량은 4명이 자동차 한 대로 출장을 가는 경우가 같은 거리를 1명이 비행기로 출장을 가는 경우의 1/8에 해당한다.

① ㄱ, ㄴ
② ㄱ, ㄷ
③ ㄴ, ㄹ
④ ㄱ, ㄷ, ㄹ
⑤ ㄴ, ㄷ, ㄹ

문 10. 윗글을 근거로 판단할 때, ㉠에 해당하는 것은?

> A은행은 화상회의시스템과 전력차단프로젝트의 도입 효과를 검토해 보았다. 검토 결과 둘을 도입하면, A은행 이산화탄소 배출량은 도입 전에 비해 연간 (㉠)% 감소할 것으로 예상되었다.

① 30
② 32
③ 34
④ 36
⑤ 38

문 11. 다음 글과 <상황>을 근거로 판단할 때, 청년미래공제에 참여 가능한 기업을 모두 고르면?

<2022년 청년미래공제 참여기업 모집 공고문>

○ 목적
- 미취업 청년의 중소기업 유입을 촉진하고, 청년 근로자의 장기 근속과 자산 형성을 지원

○ 참여 자격
- 고용보험 피보험자 수 5인 이상 중소기업
- 고용보험 피보험자 수 1인 이상 5인 미만의 기업이라도 청년기업은 참여 가능
  ※ 청년기업: 14세 이상 39세 이하인 청년이 현재 대표이면서 사업을 개시한 날부터 7년이 지나지 않은 기업

○ 참여 제한
- 청년수당 가입유지율이 30% 미만인 기업은 참여 불가. 단, 청년수당 가입 인원이 2인 이하인 경우는 참여 가능

※ $\text{청년수당 가입유지율(\%)} = \dfrac{\text{청년수당 6개월 이상 가입 유지 인원(㉡)}}{\text{청년수당 가입 인원(㉠)}} \times 100$

<상 황>

2022년 현재 중소기업(A ~ E)에 관한 정보는 다음과 같다.

기업	고용보험 피보험자 수	대표자 나이	사업 개시 경과연수	(㉠)	(㉡)
A	45	39	8	25	7
B	30	40	8	25	23
C	4	40	6	2	2
D	2	39	6	2	0
E	2	38	8	2	2

① A, C
② A, D
③ B, D
④ B, E
⑤ C, E

문 12. 다음 글과 <상황>을 근거로 판단할 때, A시장이 잘못 부과한 과태료 초과분의 합은?

제00조 ① ☆☆영업을 하려는 자는 시·도지사에게 기간 내에 일정한 사항을 신고하여야 한다.
② 신고의무자가 부실하게 신고한 경우에는 신고하지 아니한 것으로 본다.
③ 시·도지사는 신고의무자가 기간 내에 신고하지 아니한 경우, 일정한 기간(이하 '사실조사기간'이라 한다)을 정하여 그 사실을 조사하고, 신고의무자에게 사실대로 신고할 것을 촉구하여야 한다.
④ 시·도지사는 신고의무자가 기간 내에 신고하지 아니한 경우에는 다음 각 호의 기준에 따라 과태료를 부과한다. 단, 제3항의 촉구를 받은 신고의무자가 신고하지 아니한 경우에는 다음 각 호 기준 금액의 2배를 부과한다.
1. 신고기간이 지난 후 1개월 이내: 1만 원
2. 신고기간이 지난 후 1개월 초과 6개월 이내: 3만 원
3. 신고기간이 지난 후 6개월 초과: 5만 원

제00조 시·도지사는 과태료 처분대상자가 다음 각 호의 어느 하나에 해당하는 경우에는 과태료를 경감하여 부과한다. 단, 둘 이상에 해당하는 경우에는 그 중 높은 경감비율만을 한 차례 적용한다.
1. 사실조사기간 중 자진신고한 자: 2분의 1 경감
2. 「장애인복지법」상 장애인: 10분의 2 경감

<상 황>

A시장은 신고기간 내에 신고를 하지 않은 甲, 乙, 丙을 대상으로 사실조사를 실시하였고, 사실조사기간 중 자진신고를 한 丙을 제외한 모든 자에게 신고를 촉구하였다. 촉구를 받은 甲은 사실대로 신고하였지만 乙은 부실하게 신고하였다. 그 후 A시장은 甲, 乙, 丙에게 아래의 금액을 과태료로 부과하였다.

<과태료 부과현황>

대상자	신고기간 후 경과일수	특이사항	부과액
甲	200일	국가유공자	10만 원
乙	71일		6만 원
丙	9일	「장애인복지법」상 장애인	1만 5천 원

① 57,000원
② 60,000원
③ 72,000원
④ 85,000원
⑤ 90,000원

문 13. 다음 글과 <상황>을 근거로 판단할 때, A가 새로 읽기 시작한 350쪽의 책을 다 읽은 때는?

○ A는 특별한 일이 없는 경우 월 ~ 금요일까지 매일 시외버스를 타고 30분씩 각각 출근과 퇴근을 하며 밤 9시 이전에 집에 도착한다.
○ A는 대중교통을 이용할 때 책을 읽는다. 단, 시내버스에서는 책을 읽지 않고, 또 밤 9시가 넘으면 어떤 대중교통을 이용해도 책을 읽지 않는다.
○ A는 10분에 20쪽의 속도로 책을 읽는다. 다만 책의 1쪽부터 30쪽까지는 10분에 15쪽의 속도로 읽는다.

<상 황>

A는 이번 주 월 ~ 금요일까지 출퇴근을 했는데, 화요일에는 회사 앞에서 회식이 있어 밤 8시 30분에 시외버스를 타고 30분 후에 집 근처 정류장에 내려 퇴근했다. 수요일에는 오전 근무를 마치고 회의를 위해서 지하철로 20분 이동한 후 다시 시내버스를 30분 타고 회의 장소로 갔다. 회의가 끝난 직후 밤 9시 10분에 지하철을 40분 타고 퇴근했다. A는 200쪽까지 읽은 280쪽의 책을 월요일 아침 출근부터 이어서 읽었고, 그 책을 다 읽은 직후 곧바로 350쪽의 새로운 책을 읽기 시작했다.

① 수요일 회의 장소 이동 중
② 수요일 퇴근 중
③ 목요일 출근 중
④ 목요일 퇴근 중
⑤ 금요일 출근 중

문 14. 다음 글을 근거로 판단할 때, 乙이 계산할 금액은?

甲 ~ 丁은 회전 초밥을 먹으러 갔다. 식사를 마친 후, 각자 먹은 접시는 각자 계산하기로 했다. 초밥의 접시당 가격은 다음과 같다.

<초밥의 접시당 가격>

(단위: 원)

빨간색 접시	1,500
파란색 접시	1,200
노란색 접시	2,000
검정색 접시	4,000

이들은 각각 3가지 색의 접시만 먹었으며, 각자 먹지 않은 접시의 색은 서로 달랐다. 이들이 먹은 접시 개수를 모두 세어 보니 빨간색 접시 7개, 파란색 접시 4개, 노란색 접시 8개, 검정색 접시 3개였다. 이들이 먹은 접시에 대한 정보는 다음과 같다.

○ 甲은 빨간색 접시 4개, 파란색 접시 1개, 노란색 접시 2개를 먹었다.
○ 丙은 乙보다 파란색 접시를 1개 더 먹었으며, 노란색 접시는 먹지 않았다.
○ 丁은 모두 6개의 접시를 먹었으며, 이 중 빨간색 접시는 2개였고 파란색 접시는 먹지 않았다.

① 7,200원
② 7,900원
③ 9,400원
④ 11,200원
⑤ 13,000원

문 15. 다음 글을 근거로 판단할 때, 甲과 乙이 선택할 스포츠 종목은?

○ 甲과 乙은 함께 스포츠 데이트를 하려 한다. 이들이 고려하고 있는 종목은 등산, 스키, 암벽등반, 수영, 볼링이다.
○ 甲과 乙은 비용, 만족도, 위험도, 활동량을 기준으로 종목별 점수를 부여하고, 종목별로 두 사람의 점수를 더하여 합이 가장 높은 종목을 선택한다. 단, 동점일 때는 乙이 부여한 점수의 합이 가장 높은 종목을 선택한다.
○ 甲과 乙이 점수를 부여하는 방식은 다음과 같다.
– 甲과 乙은 비용이 적게 드는 종목부터, 만족도가 높은 종목부터 순서대로 5점에서 1점까지 1점씩 차이를 두고 부여한다.
– 甲은 위험도가 높은 종목부터, 활동량이 많은 종목부터 순서대로 5점에서 1점까지 1점씩 차이를 두고 부여하며, 乙은 그 반대로 점수를 부여한다.

구분	등산	스키	암벽등반	수영	볼링
비용(원)	8,000	60,000	32,000	20,000	18,000
만족도	30	80	100	20	70
위험도	40	100	80	50	60
활동량	50	100	70	90	30

① 등산
② 스키
③ 암벽등반
④ 수영
⑤ 볼링

문 16. 다음 글을 근거로 판단할 때, 진로의 순위를 옳게 짝지은 것은?

○ 甲은 A, B, C 3가지 진로에 대해 비용편익분석(편익 – 비용)을 통하여 최종 결과값이 큰 순서대로 순위를 정하려고 한다.
○ 각 진로별 예상되는 편익은 다음과 같다.
– 편익 = 근속연수 × 평균연봉
– 연금이 있는 경우 편익에 1.2를 곱한다.

구분	A	B	C
근속연수	25	35	30
평균연봉	1억 원	7천만 원	5천만 원
연금 여부	없음	없음	있음

○ 각 진로별 예상되는 비용은 다음과 같다.
– 비용 = 준비연수 × 연간 준비비용 × 준비난이도 계수
– 준비난이도 계수는 상 2.0, 중 1.5, 하 1.0으로 한다.
– 연고지가 아닌 경우 비용에 2억 원을 더한다.

구분	A	B	C
준비연수	3	1	4
연간 준비비용	6천만 원	1천만 원	3천만 원
준비난이도	중	하	상
연고지 여부	연고지	비연고지	비연고지

○ 평판도가 1위인 경우, 비용편익분석 결과값에 2를 곱한다.

구분	A	B	C
평판도	2위	3위	1위

	1순위	2순위	3순위
①	A	B	C
②	B	A	C
③	B	C	A
④	C	A	B
⑤	C	B	A

문 17. 다음 글을 근거로 판단할 때, 사무소 B의 전화번호를 구성하는 6개 숫자를 모두 합한 값의 최댓값은?

사무소 A와 사무소 B 각각의 전화번호는 1부터 9까지의 숫자 중 6개로 구성되어 있다.

○ A와 B전화번호에서 공통된 숫자의 종류는 5를 포함하여 세 가지이다.
○ A전화번호는 세 가지의 홀수만으로 구성되어 있다.
○ A전화번호의 첫 번째와 마지막 숫자는 서로 다르며, 합이 10이다.
○ B전화번호를 구성하는 숫자 중 가장 큰 숫자는 세 번 나타난다.
○ B전화번호를 구성하는 숫자 중 두 번째로 작은 숫자는 짝수다.

① 33
② 35
③ 37
④ 39
⑤ 42

문 18. 다음 <대화>를 근거로 판단할 때 옳은 것은? (단, 토끼는 옹달샘이 아닌 다른 곳에서도 물을 마실 수 있다)

<대 화>

토끼 A: 우리 중 나를 포함해서 셋만 옹달샘에 다녀왔어.
토끼 B: D가 물을 마셨다면 나도 물을 마셨어.
토끼 C: 나는 계속 D만 졸졸 따라다녔어.
토끼 D: B가 옹달샘에 가지 않았다면, 나도 옹달샘에 가지 않았어.
토끼 E: 너희 중 둘은 물을 마셨지. 나를 포함해서 셋은 물을 한 모금도 마시지 않아서 목이 타.

① A와 D는 둘 다 물을 마셨다.
② C와 D는 둘 다 물을 마셨다.
③ E는 옹달샘에 다녀가지 않았다.
④ A가 물을 마시지 않았으면 B가 물을 마셨다.
⑤ 물을 마시지 않은 토끼는 모두 옹달샘에 다녀갔다.

문 19. 다음 글을 근거로 판단할 때, '사무관'을 옳게 암호화한 것은?

A암호화 방식은 단어를 <자모변환표>와 <난수표>를 이용하여 암호로 변환한다.

<자모변환표>

ㄱ	ㄲ	ㄴ	ㄷ	ㄸ	ㄹ	ㅁ	ㅂ	ㅃ	ㅅ	ㅆ	ㅇ	ㅈ	ㅉ	ㅊ	ㅋ	ㅌ	ㅍ	ㅎ	ㅏ
120	342	623	711	349	035	537	385	362	479	421	374	794	734	486	325	842	248	915	775
ㅐ	ㅑ	ㅒ	ㅓ	ㅔ	ㅕ	ㅖ	ㅗ	ㅘ	ㅙ	ㅚ	ㅛ	ㅜ	ㅝ	ㅞ	ㅟ	ㅠ	ㅡ	ㅢ	ㅣ
612	118	843	451	869	917	615	846	189	137	789	714	456	198	275	548	674	716	496	788

<난수표>

48449611213534864105609513745862515386441891 3…

○ 우선 암호화하고자 하는 단어의 자모를 초성(첫 자음자)−중성(모음자)−종성(받침) 순으로 나열하되, 종성이 없는 경우 초성−중성으로만 나열한다. 예를 들어 '행복'은 'ㅎㅐㅇㅂㅗㄱ'이 된다.

○ 그 다음 각각의 자모를 <자모변환표>에 따라 대응하는 세 개의 숫자로 변환한다. 예를 들어 '행복'은 '915612374385846120'으로 변환된다.

○ 변환된 숫자와 <난수표>의 숫자를 가장 앞의 숫자부터 순서대로 하나씩 대응시켜 암호 숫자로 바꾼다. 이때 암호 숫자는 그 암호 숫자와 변환된 숫자를 더했을 때 그 결과값의 일의 자리가 <난수표>의 대응 숫자와 일치하도록 하는 0 ~ 9까지의 숫자이다. 따라서 '행복'에 대한 암호문은 '579884848850502521'이다.

① 015721685634228562433
② 015721685789228562433
③ 905721575679228452433
④ 015721685789228805381472
⑤ 905721575679228795281472

문 20. 다음 글을 근거로 판단할 때, <보기>에서 옳은 것만을 모두 고르면?

국민은 A, B 두 집단으로 구분되며, 현행 정책과 개편안에 따라 각 집단에 속한 개인이 얻는 혜택은 다음과 같다.

집단	현행 정책	개편안
A	100	90
B	50	80

정부는 다음 (가), (나), (다) 중 하나를 판단기준으로 하여 정책을 채택하려고 한다.

(가) 국민 전체 혜택의 합이 더 큰 정책을 채택한다.
(나) 개인이 얻는 혜택이 적은 집단에 더 유리한 정책을 채택한다.
(다) A, B 두 집단 간 개인 혜택의 차이가 더 작은 정책을 채택한다.

<보 기>

ㄱ. (가)를 판단기준으로 할 경우, A인구가 B인구의 4배라면 현행 정책이 유지된다.
ㄴ. (가)를 판단기준으로 할 경우, B인구가 전체 인구의 30%라면 개편안이 채택된다.
ㄷ. (나)를 판단기준으로 할 경우, A와 B의 인구와 관계없이 개편안이 채택된다.
ㄹ. (다)를 판단기준으로 할 경우, A인구가 B인구의 5배라면 현행 정책이 유지된다.

① ㄱ, ㄴ
② ㄱ, ㄹ
③ ㄴ, ㄷ
④ ㄷ, ㄹ
⑤ ㄱ, ㄴ, ㄷ

문 21. 다음 글을 근거로 판단할 때, ㉠에 해당하는 것은?

甲: 혹시 담임 선생님 생신이 몇 월 며칠인지 기억나?
乙: 응, 기억하지. 근데 그건 왜?
甲: 내가 그날(월일)로 네 자리 일련번호를 설정했는데, 맨 앞자리가 0이 아니었다는 것 말고는 도저히 기억이 나질 않아서 말이야.
乙: 그럼 내가 몇 가지 힌트를 줄게. 맞혀볼래?
甲: 좋아.
乙: 선생님 생신은 31일까지 있는 달에 있어.
甲: 고마워. 그다음 힌트는 뭐야?
乙: 선생님 생신의 일은 8의 배수야.
甲: 그래도 기억이 나질 않네. 힌트 하나만 더 줄 수 있어?
乙: 알았어. [㉠]
甲: 아! 이제 알았다. 고마워.

① 선생님 생신은 15일 이전이야.
② 선생님 생신의 일은 월의 배수야.
③ 선생님 생신의 일은 월보다 큰 수야.
④ 선생님 생신은 네 자리 모두 다른 수야.
⑤ 선생님 생신의 네 자리 수를 모두 더하면 9야.

문 22. 다음 글과 <상황>을 근거로 판단할 때, 일반하역사업 등록이 가능한 사업자만을 모두 고르면?

<일반하역사업의 최소 등록기준>

구분	1급지 (부산항, 인천항, 포항항, 광양항)	2급지 (여수항, 마산항, 동해·묵호항)	3급지 (1급지와 2급지를 제외한 항)
총시설평가액	10억 원	5억 원	1억 원
자본금	3억 원	1억 원	5천만 원

○ 사업자의 시설 중 본인 소유 시설평가액 총액이 등록기준에서 정한 급지별 '총시설평가액'의 3분의 2 이상이어야 한다.
○ 사업자의 하역시설 평가액 총액은 해당 사업자의 시설평가액 총액의 3분의 2 이상이어야 한다.
○ 3급지 항에 대해서는 자본금이 1억 원 이상이면 등록기준에서 정한 급지별 '총시설평가액'을 2분의 1로 완화한다.

<상 황>

○ 시설 A ~ F 중 하역시설은 A, B, C이다.
○ 사업자 甲 ~ 丁 현황은 다음과 같다.

사업자	항만	자본금	시설	시설 평가액	본인 소유여부
甲	부산항	2억 원	B	4억 원	○
			C	2억 원	○
			D	1억 원	×
			E	3억 원	×
乙	광양항	3억 원	C	8억 원	○
			E	1억 원	×
			F	2억 원	×
丙	동해·묵호항	4억 원	A	1억 원	○
			C	4억 원	○
			D	3억 원	×
丁	대산항	1억 원	A	6천만 원	○
			B	1천만 원	×
			C	1천만 원	×
			D	1천만 원	○

① 甲, 乙
② 甲, 丙
③ 乙, 丙
④ 乙, 丁
⑤ 丙, 丁

문 23. 다음 글을 근거로 판단할 때, 5세트가 시작한 시점에 경기장에 남아 있는 관람객 수의 최댓값은?

> ○ 총 5세트의 배구경기에서 각 세트를 이길 때마다 세트 점수 1점을 획득하여 누적 세트 점수 3점을 먼저 획득하는 팀이 승리한다.
> ○ 경기 시작 전, 경기장에는 홈팀을 응원하는 관람객 5,000명과 원정팀을 응원하는 관람객 3,000명이 있었다.
> ○ 각 세트가 끝날 때마다 누적 세트 점수가 낮은 팀을 응원하는 관람객이 경기장을 나가는데, 홈팀은 1,000명, 원정팀은 500명이 나간다.
> ○ 경기장을 나간 관람객은 다시 들어오지 못하며, 경기 중간에 들어온 관람객은 없다.
> ○ 경기는 원정팀이 승리했으나 홈팀이 두 세트를 이기며 분전했다.

① 6,000명
② 6,500명
③ 7,000명
④ 7,500명
⑤ 8,000명

문 24. 다음 글을 근거로 판단할 때, 다음 주 수요일과 목요일의 청소당번을 옳게 짝지은 것은?

> A ~ D는 다음 주 월요일부터 금요일까지 하루에 한 명씩 청소당번을 정하려고 한다. 청소당번을 정하는 규칙은 다음과 같다.
>
> ○ A ~ D는 최소 한 번씩 청소당번을 한다.
> ○ 시험 전날에는 청소당번을 하지 않는다.
> ○ 발표 수업이 있는 날에는 청소당번을 하지 않는다.
> ○ 한 사람이 이틀 연속으로는 청소당번을 하지 않는다.
>
> 다음은 청소당번을 정한 후 A ~ D가 나눈 대화이다.
>
> A: 나만 두 번이나 청소당번을 하잖아. 월요일부터 청소당번이라니!
> B: 미안. 내가 월요일에 발표 수업이 있어서 그날 너밖에 할 사람이 없었어.
> C: 나는 다음 주에 시험이 이틀 있는데, 발표 수업이 매번 시험 보는 날과 겹쳐서 청소할 수 있는 요일이 하루밖에 없었어.
> D: 그래도 금요일에 청소하고 가야 하는 나보다는 나을걸.

	수요일	목요일
①	A	B
②	A	C
③	B	A
④	C	A
⑤	C	B

문 25. 다음 글과 <상황>을 근거로 판단할 때 옳은 것은?

제○○조 ① 소비자는 물품 등의 사용으로 인한 피해의 구제를 한국소비자원에 신청할 수 있다.
② 국가·지방자치단체 또는 소비자단체는 소비자로부터 피해구제의 신청을 받은 때에는 한국소비자원에 그 처리를 의뢰할 수 있다.
③ 사업자는 소비자로부터 피해구제의 신청을 받은 때에는 다음 각 호의 어느 하나에 해당하는 경우에 한하여 한국소비자원에 그 처리를 의뢰할 수 있다.
1. 소비자로부터 피해구제의 신청을 받은 날부터 30일이 경과하여도 합의에 이르지 못하는 경우
2. 한국소비자원에 피해구제의 처리를 의뢰하기로 소비자와 합의한 경우

제□□조 ① 한국소비자원장은 피해구제신청사건을 처리함에 있어서 당사자 또는 관계인이 법령을 위반한 것으로 판단되는 때에는 관계 기관에 이를 통보하고 적절한 조치를 의뢰하여야 한다. 다만 다음 각 호의 경우에는 그러하지 아니하다.
1. 피해구제신청사건의 당사자가 피해보상에 관한 합의를 하고 법령위반행위를 시정한 경우
2. 관계 기관에서 위법사실을 이미 인지·조사하고 있는 경우
② 한국소비자원장은 피해구제신청의 당사자에 대하여 피해보상에 관한 합의를 권고할 수 있다.

제△△조 한국소비자원장은 제○○조의 규정에 따라 피해구제의 신청을 받은 날부터 30일 이내에 제□□조 제2항의 규정에 따른 합의가 이루어지지 아니하는 때에는 지체 없이 소비자분쟁조정위원회에 분쟁조정을 신청하여야 한다.

제◇◇조 한국소비자원의 피해구제 처리절차 중에 법원에 소를 제기한 당사자는 그 사실을 한국소비자원에 통보하여야 한다.

<상 황>

소비자 甲은 사업자 乙이 생산한 물품을 사용하다가 피해를 입었다. 이에 甲은 乙에게 피해구제를 신청하였다.

① 乙이 신청을 받은 날부터 30일이 지나도록 甲과 합의에 이르지 못한 경우, 乙은 한국소비자원에 그 처리를 의뢰할 수 있다.
② 甲과 乙이 한국소비자원에 피해구제의 처리를 의뢰하기로 합의한 경우, 乙은 30일 이내에 소비자분쟁조정위원회에 분쟁조정을 신청하여야 한다.
③ 한국소비자원이 甲의 피해구제 처리절차를 진행하는 중에는 甲은 해당 사건에 대해 법원에 소를 제기할 수 없다.
④ 한국소비자원장이 권고한 피해보상에 관한 합의가 甲과 乙 사이에 이루어지지 않은 경우, 한국소비자원장은 30일 이내에 소비자분쟁조정위원회에 분쟁조정을 신청하여야 한다.
⑤ 한국소비자원장은 피해구제신청사건을 처리함에 있어서 乙이 법령을 위반한 것으로 판단되면, 관계 기관에서 위법사실을 이미 인지·조사하고 있는 경우라도 관계 기관에 이를 통보하고 적절한 조치를 의뢰하여야 한다.

MEMO

25제 연습
SET 2

총 25문제
제한시간 : 56분

하주응 PSAT 상황판단 5급 기출 엄선연습

문 1. 다음 글을 근거로 판단할 때 옳은 것은?

제○○조 ① 지방자치단체의 장은 소속공무원이 적극행정으로 인해 징계 의결 요구가 된 경우 적극행정지원위원회(이하 '위원회'라 한다)의 변호인 선임비용 지원결정(이하 '지원결정'이라 한다)에 따라 200만 원 이하의 범위 내에서 변호인 선임비용을 지원할 수 있다.
② 지방자치단체의 장은 소속공무원이 적극행정으로 인해 고소·고발을 당한 경우 위원회의 지원결정에 따라 기소 이전 수사과정에 한하여 500만 원 이하의 범위 내에서 변호인 선임비용을 지원할 수 있다.
③ 제1항, 제2항에 따라 지원결정을 받은 공무원은 이미 변호인을 선임한 경우를 제외하고는 선임비용을 지원받은 날부터 1개월 내에 변호인을 선임하여야 한다.
제□□조 ① 위원회는 지원결정을 받은 공무원이 다음 각 호의 어느 하나에 해당하는 경우 그 결정을 취소할 수 있다.
1. 허위 또는 부정한 방법으로 지원결정을 받은 경우
2. 제○○조 제2항의 고소·고발 사유와 동일한 사실관계로 유죄의 확정판결을 받은 경우
3. 제○○조 제3항의 사항을 이행하지 않은 경우
② 제1항에 따라 지원결정이 취소된 경우 해당 공무원은 지원받은 변호인 선임비용을 즉시 반환하여야 한다.
③ 위원회는 제2항에 따른 반환의무를 전부 부담시키는 것이 타당하지 않다고 판단하는 경우에는 반환의무의 일부 또는 전부를 면제하는 결정을 할 수 있다.
④ 제1항부터 제3항은 해당 공무원이 변호인 선임비용을 지원받은 후 퇴직한 경우에도 적용한다.

※ 적극행정이란 공무원이 불합리한 규제를 개선하는 등 공공의 이익을 위해 창의성과 전문성을 바탕으로 적극적으로 업무를 처리하는 행위를 말한다.

① 지방자치단체의 장은 소속공무원이 적극행정으로 인해 징계 의결 요구가 된 경우, 위원회의 지원결정에 따라 500만 원의 변호인 선임비용을 지원할 수 있다.
② 지원결정을 받은 공무원이 적극행정으로 인해 고발당한 사건에 대해 이미 변호인을 선임하였더라도 선임비용을 지원받은 날부터 1개월 내에 새로운 변호인을 선임해야 한다.
③ 지원결정을 받은 공무원이 적극행정으로 인해 고소당한 사유와 동일한 사실관계로 무죄의 확정판결을 받은 경우, 위원회는 지원결정을 취소해야 한다.
④ 지원결정이 취소된 경우라도 위원회는 해당 공무원이 지원받은 변호인 선임비용에 대한 반환의무의 일부 또는 전부를 면제하는 결정을 할 수 있다.
⑤ 지원결정에 따라 변호인 선임비용을 지원받고 퇴직한 공무원에 대해 지원결정이 취소되더라도 그가 그 비용을 반환하는 경우는 없다.

문 2. 다음 글과 <상황>을 근거로 판단할 때 옳은 것은?

제○○조 ① 주택 등에서 월령 2개월 이상인 개를 기르는 경우, 그 소유자는 시장·군수·구청장에게 이를 등록하여야 한다.
② 소유자는 제1항의 개를 기르는 곳에서 벗어나게 하는 경우에는 소유자의 성명, 소유자의 전화번호, 등록번호를 표시한 인식표를 그 개에게 부착하여야 한다.
제□□조 ① 맹견의 소유자는 다음 각 호의 사항을 준수하여야 한다.
1. 소유자 없이 맹견을 기르는 곳에서 벗어나지 아니하게 할 것
2. 월령이 3개월 이상인 맹견을 동반하고 외출할 때에는 목줄과 입마개를 하거나 맹견의 탈출을 방지할 수 있는 적정한 이동장치를 할 것
② 시장·군수·구청장은 맹견이 사람에게 신체적 피해를 주는 경우, 소유자의 동의 없이 맹견에 대하여 격리조치 등 필요한 조치를 취할 수 있다.
③ 맹견의 소유자는 맹견의 안전한 사육 및 관리에 관하여 정기적으로 교육을 받아야 한다.
제△△조 ① 제□□조 제1항을 위반하여 사람을 사망에 이르게 한 자는 3년 이하의 징역 또는 3천만 원 이하의 벌금에 처한다.
② 제□□조 제1항을 위반하여 사람의 신체를 상해에 이르게 한 자는 2년 이하의 징역 또는 2천만 원 이하의 벌금에 처한다.

<상 황>

甲과 乙은 맹견을 각자 자신의 주택에서 기르고 있다. 甲은 월령 1개월인 맹견 A의 소유자이고, 乙은 월령 3개월인 맹견 B의 소유자이다.

① 甲이 A를 동반하고 외출하는 경우 A에게 목줄과 입마개를 해야 한다.
② 甲은 맹견의 안전한 사육 및 관리에 관하여 정기적으로 교육을 받지 않아도 된다.
③ 甲이 A와 함께 타 지역으로 여행을 가는 경우, A에게 甲의 성명과 전화번호를 표시한 인식표를 부착하지 않아도 된다.
④ B가 제3자에게 신체적 피해를 주는 경우, 구청장이 B를 격리조치하기 위해서는 乙의 동의를 얻어야 한다.
⑤ 乙이 B에게 목줄을 하지 않아 제3자의 신체를 상해에 이르게 한 경우, 乙을 3년의 징역에 처한다.

문 3. 다음 <국내 대학(원) 재학생 학자금 대출 조건>을 근거로 판단할 때, <보기>에서 옳은 것만을 모두 고르면? (단, 甲 ~ 丙은 국내 대학(원)의 재학생이다)

<국내 대학(원) 재학생 학자금 대출 조건>

구분		X학자금 대출	Y학자금 대출
신청대상	신청 연령	·35세 이하	·55세 이하
	성적 기준	·직전 학기 12학점 이상 이수 및 평균 C학점 이상 (단, 장애인, 졸업학년인 경우 이수학점 기준 면제)	·직전 학기 12학점 이상 이수 및 평균 C학점 이상 (단, 대학원생, 장애인, 졸업학년인 경우 이수학점 기준 면제)
	가구소득 기준	·소득 1 ~ 8분위	·소득 9, 10분위
	신용 요건	·제한 없음	·금융채무불이행자, 저신용자 대출 불가
대출한도	등록금	·학기당 소요액 전액	·학기당 소요액 전액
	생활비	·학기당 150만 원	·학기당 100만 원
상환사항	상환 방식 (졸업 후)	·기준소득을 초과하는 소득 발생 이전: 유예 ·기준소득을 초과하는 소득 발생 이후: 기준소득 초과분의 20 %를 원천 징수 ※ 기준소득: 연 □천만 원	·졸업 직후 매월 상환 ·원금균등분할상환과 원리금균등분할상환 중 선택

<보 기>

ㄱ. 34세로 소득 7분위인 대학생 甲이 직전 학기에 14학점을 이수하여 평균 B학점을 받았을 경우 X학자금 대출을 받을 수 있다.

ㄴ. X학자금 대출 대상이 된 乙의 한 학기 등록금이 300만 원일 때, 한 학기당 총 450만 원을 대출받을 수 있다.

ㄷ. 50세로 소득 9분위인 대학원생 丙(장애인)은 신용 요건에 관계없이 Y학자금 대출을 받을 수 있다.

ㄹ. 대출금액이 동일하고 졸업 후 소득이 발생하지 않았다면, X학자금 대출과 Y학자금 대출의 매월 상환금액은 같다.

① ㄱ, ㄴ
② ㄱ, ㄷ
③ ㄷ, ㄹ
④ ㄱ, ㄴ, ㄹ
⑤ ㄴ, ㄷ, ㄹ

문 4. 다음 글을 근거로 판단할 때, <보기>에서 고액현금거래 보고 대상에 해당되는 사람을 모두 고르면? (단, 모든 금융거래는 1거래일 내에 이루어진 것으로 가정한다)

금융기관은 현금(외국통화는 제외)이나 어음·수표와 같이 현금과 비슷한 기능의 지급수단(이하 '현금 등'이라 한다)으로 1거래일 동안 같은 사람 명의로 이루어진 금융거래를 통해 거래상대방에게 지급한 총액이 2,000만 원 이상 또는 영수(領收)한 총액이 2,000만 원 이상인 경우, 이러한 고액현금 거래 사실을 관계기관에 보고하여야 한다. 다만 금융기관 사이 또는 금융기관과 국가·지방자치단체 사이에서 이루어지는 현금 등의 지급 또는 영수는 보고대상에서 제외된다.

이러한 고액현금거래 보고대상에는 금융기관 창구에서 이루어지는 현금거래뿐만 아니라 현금자동입출금기상에서의 현금입출금 등이 포함된다. 하지만 계좌이체, 인터넷뱅킹 등 회계상의 가치이전만 이루어지는 금융거래는 보고대상에 해당하지 않는다.

<보 기>

○ A는 甲은행의 자기 명의 계좌에 100,000달러를 입금하고, 3,000만 원을 100만 원권 자기앞수표로 인출하였다.

○ B는 乙은행의 자기 명의 계좌에서 세종시 세무서에서 부과된 소득세 3,000만 원을 계좌이체를 통해 납부하였다.

○ C는 丙은행의 자기 명의 계좌에서 현금 1,500만 원을, 丙은행의 배우자 명의 계좌에서 현금 1,000만 원을 각각 인출하였다.

○ D는 丁은행의 자기 명의 a, b계좌에서 현금 1,000만 원을 각각 인출하였다.

○ E는 戊은행의 자기 명의 계좌에 현금 1,900만 원을 입금하고, 戊은행의 F 명의 계좌로 인터넷뱅킹을 통해 100만 원을 이체하였다.

① A, B
② A, D
③ A, B, D
④ B, C, E
⑤ C, D, E

문 5. 다음 <대화>와 <품질인증서번호 부여 규칙>을 근거로 판단할 때, 乙이 발급받은 품질인증서번호는?

<대 화>

甲: 안녕하세요? '품질인증서' 발급을 신청하러 오셨나요?

乙: 토목분야로 예전에 품질인증서를 발급받은 적이 있어요. 재발급받으려 합니다.

甲: 인증서 유효기간은 발급일로부터 2년까지입니다. 선생님께선 2017년 11월 20일에 발급받으셨네요. 오늘 접수하시면 유효기간 만료일로부터 30일이 지난 겁니다.

乙: 그렇군요. 저희가 2019년 11월에 본사와 공장을 전부 이전해서 주소가 바뀌었어요. 본사는 대전으로 이전했고, 공장은 중동에서 베트남으로 이전해 있어요. 이러한 내용으로 발급해 주세요.

甲: 접수되었습니다. 품질인증서는 접수일로부터 3주 후에 발급됩니다.

<품질인증서번호 부여 규칙>

품질인증서번호는 부여 규칙(가 ~ 라)에 따라 아래와 같이 ㉠ ~ ㉣란에 숫자 또는 코드가 기재된다.

㉠	㉡	㉢	㉣

가. ㉠란에 발급연도의 3, 4번째 숫자를 기재한다.

나. ㉡란에 아래의 신청유형별 코드를 기재한다.

신청유형	코드	신청유형	코드
신규신청	1A	재발급(기간만료 후)	4B
연장신청(기간만료 전)	2A	재발급(양도)	5C
규격확인 신청	3B	재발급(공장주소변경)	6C

※ 2개 이상의 신청유형에 해당되는 경우에는 해당 코드를 모두 기재하되, 각 코드에 포함된 숫자가 큰 코드를 먼저 기재한다.

다. ㉢란에 아래의 분야별 코드를 기재한다.

분야명	코드	분야명	코드
기계	AA	에너지	CC
전기・전자	AB	토목	CD
정보・통신	BB	의료기기	DD

라. ㉣란에 아래의 지역구분 코드를 기재한다. (단, 지역구분 코드는 발급연도를 기준으로 공장소재지에 따른다)

국내	코드	국외	코드
서울・인천・경기	DA	아시아	FA
대전・세종・충남・충북	DB	미주	FB
광주・전남・전북・제주	DC	유럽	FC
부산・울산・경남	DD	중동	FD
대구・경북	DE	아프리카	FE
강원	DF	기타지역	FF

① 196C4BCDFA
② 194B6CCCDB
③ 196C4BCDFD
④ 204B6CCDDB
⑤ 206C4BCDFA

문 6. 다음 글을 근거로 판단할 때, <보기>에서 옳은 것만을 모두 고르면?

보다 많은 고객을 끌어들일 수 있는 이상적인 점포 입지를 결정하기 위한 상권분석이론에는 'X가설'과 'Y가설'이 있다. X가설에 의하면, 소비자는 유사한 제품을 판매하는 점포들 중 한 점포를 선택할 때 가장 가까운 점포를 선택한다. 그러나 이동거리가 점포 선택에 큰 영향을 미치기는 하지만, 소비자가 항상 가장 가까운 점포를 찾는다는 X가설이 적용되기 어려운 상황들이 있다. 가령, 소비자들은 먼 거리에 위치한 점포가 보다 나은 구매기회를 제공함으로써 이동에 따른 추가 노력을 보상한다면 기꺼이 먼 곳까지 찾아간다.

한편 Y가설은 다른 조건이 동일하다면 두 도시 사이에 위치하는 어떤 지역에 대한 각 도시의 상거래 흡인력은 각 도시의 인구에 비례하고, 각 도시로부터의 거리 제곱에 반비례한다고 본다. 즉, 인구가 많은 도시일수록 더 많은 구매기회를 제공할 가능성이 높으므로 소비자를 끌어당기는 힘이 크다고 본 것이다.

예를 들어, 일직선 상에 A, B, C 세 도시가 있고, C시는 A시와 B시 사이에 위치하며, C시는 A시로부터 5 km, B시로부터 10 km 떨어져 있다. 그리고 A시 인구는 50만 명, B시의 인구는 400만 명, C시의 인구는 9만 명이다. 만약 A시와 B시가 서로 영향을 주지 않고, C시의 모든 인구가 A시와 B시에서만 구매한다고 가정하면, Y가설에 따라 A시와 B시로 구매활동에 유인되는 C시의 인구 규모를 계산할 수 있다. A시의 흡인력은 20,000(= 50만 ÷ 25), B시의 흡인력은 40,000(= 400만 ÷ 100)이다. 따라서 9만 명인 C시의 인구 중 1/3인 3만 명은 A시로, 2/3인 6만 명은 B시로 흡인된다.

<보 기>

ㄱ. X가설에 따르면, 소비자가 유사한 제품을 판매하는 점포들 중 한 점포를 선택할 때 소비자는 더 싼 가격의 상품을 구매하기 위해 더 먼 거리에 있는 점포에 간다.

ㄴ. Y가설에 따르면, 인구 및 다른 조건이 동일할 때 거리가 가까운 도시일수록 이상적인 점포 입지가 된다.

ㄷ. Y가설에 따르면, C시로부터 A시와 B시가 떨어진 거리가 5 km로 같다고 가정할 때 C시의 인구 중 8만 명이 B시로 흡인된다.

① ㄱ
② ㄴ
③ ㄱ, ㄷ
④ ㄴ, ㄷ
⑤ ㄱ, ㄴ, ㄷ

문 7. 다음 글과 <진술 내용>을 근거로 판단할 때, 첫 번째 사건의 가해차량 번호와 두 번째 사건의 목격자를 옳게 짝지은 것은?

> ○ 어제 두 건의 교통사고가 발생하였다.
> ○ 첫 번째 사건의 가해차량 번호는 다음 셋 중 하나이다.
> 99★2703, 81★3325, 32★8624
> ○ 어제 사건에 대해 진술한 목격자는 甲, 乙, 丙 세 명이다. 이 중 두 명의 진술은 첫 번째 사건의 가해차량 번호에 대한 것이고 나머지 한 명의 진술은 두 번째 사건의 가해차량 번호에 대한 것이다.
> ○ 첫 번째 사건의 가해차량 번호는 두 번째 사건의 목격자 진술에 부합하지 않는다.
> ○ 편의상 차량 번호에서 ★ 앞의 두 자리 수는 A, ★ 뒤의 네 자리 수는 B라고 한다.

<진술 내용>

> ○ 甲: A를 구성하는 두 숫자의 곱은 B를 구성하는 네 숫자의 곱보다 작다.
> ○ 乙: B를 구성하는 네 숫자의 합은 A를 구성하는 두 숫자의 합보다 크다.
> ○ 丙: B는 A의 50배 이하이다.

	첫 번째 사건의 가해차량 번호	두 번째 사건의 목격자
①	99★2703	甲
②	99★2703	乙
③	81★3325	乙
④	81★3325	丙
⑤	32★8624	丙

문 8. 다음 글을 근거로 판단할 때, 甲과 乙이 콩을 나누기 위한 최소 측정 횟수는?

> 甲이 乙을 도와 총 1,760 g의 콩을 수확한 후, 甲은 400 g을 가지고 나머지는 乙이 모두 가지기로 하였다. 콩을 나눌 때 사용할 수 있는 도구는 2개의 평형접시가 달린 양팔저울 1개, 5 g짜리 돌멩이 1개, 35 g짜리 돌멩이 1개뿐이다. 甲과 乙은 양팔저울 1개와 돌멩이 2개만을 이용하여 콩의 무게를 측정한다. 양팔저울의 평형접시 2개가 평형을 이룰 때 1회의 측정이 이루어진 것으로 본다.

① 2
② 3
③ 4
④ 5
⑤ 6

※ 다음 글을 읽고 물음에 답하시오. [문 9. ~ 문 10.]

○○프로그램에서 하나의 명령문은 cards, input 등의 '중심어'로 시작하고 반드시 세미콜론(;)으로 끝난다. 중심어에는 명령문의 지시 내용이 담겨있는데, cards는 그 다음 줄부터 input 명령문에서 이용할 일종의 자료집합인 레코드(record)가 한 줄씩 나타남을 의미한다. <프로그램 1>에서 레코드는 '701102'와 '720508'이다.

input은 레코드를 이용하여 변수에 수를 저장하는 것을 의미한다. 첫 번째 input은 첫 번째 레코드를 이용하여 명령을 수행하고, 그 다음부터의 input은 차례대로 그 다음 레코드를 이용한다. 예를 들어 <프로그램 1>에서 첫 번째 input 명령문의 변수 a에는 첫 번째 레코드 '701102'의 1 ~ 3번째 위치에 있는 수인 '701'을 저장하고, 변수 b에는 같은 레코드의 5 ~ 6번째 위치에 있는 수인 '02'에서 앞의 '0'을 빼고 '2'를 저장한다. 두 번째 input 명령문의 변수 c에는 두 번째 레코드 '720508'의 1 ~ 2번째 위치에 있는 수인 '72'를 저장한다. <프로그램 2>와 같이 만약 input 명령문이 하나이고 여러 개의 레코드가 있을 경우 모든 레코드를 차례대로 이용한다. 한편 input 명령문이 다수인 경우, 어느 한 input 명령문에 @가 있으면 바로 다음 input 명령문은 @가 있는 input 명령문과 같은 레코드를 이용한다. 이후 input 명령문부터는 차례대로 그 다음 레코드를 이용한다.

print는 input 명령문에서 변수에 저장한 수를 결과로 출력하라는 의미이다. 다음은 각 프로그램에서 변수 a, b, c에 저장한 수를 출력한 <결과>이다.

<프로그램 1>

```
cards
701102
720508
;
input a 1-3 b 5-6;
input c 1-2;
print;
```

<결과>

a	b	c
701	2	72

<프로그램 2>

```
cards
701102
720508
;
input a 1-6 b 1-2 c 2-4;
print;
```

<결과>

a	b	c
701102	70	11
720508	72	205

문 9. 윗글을 근거로 판단할 때, <보기>에서 옳은 것만을 모두 고르면?

<보 기>

ㄱ. input 명령문은 레코드에서 위치를 지정하여 변수에 수를 저장할 수 있다.

ㄴ. 두 개의 input 명령문은 같은 레코드를 이용하여 변수에 수를 저장할 수 없다.

ㄷ. 하나의 input 명령문이 다수의 레코드를 이용하여 변수에 수를 저장할 수 있다.

① ㄴ
② ㄷ
③ ㄱ, ㄴ
④ ㄱ, ㄷ
⑤ ㄱ, ㄴ, ㄷ

문 10. 윗글을 근거로 판단할 때, 다음 <프로그램>의 <결과>로 출력된 수를 모두 더하면?

<프로그램>

```
cards
020824
701102
720508
;
input a 1-6 b 3-4;
input c 5-6@;
input d 3-4;
input e 3-5;
print;
```

<결과>

a	b	c	d	e

① 20895
② 20911
③ 20917
④ 20965
⑤ 20977

문 11. 다음 글을 근거로 판단할 때, <보기>에서 민원을 정해진 기간 이내에 처리한 것만을 모두 고르면?

제00조 ① 행정기관의 장은 '질의민원'을 접수한 경우에는 다음 각 호의 기간 이내에 처리하여야 한다.
1. 법령에 관해 설명이나 해석을 요구하는 질의민원: 7일
2. 제도·절차 등에 관해 설명이나 해석을 요구하는 질의민원: 4일

② 행정기관의 장은 '건의민원'을 접수한 경우에는 10일 이내에 처리하여야 한다.
③ 행정기관의 장은 '고충민원'을 접수한 경우에는 7일 이내에 처리하여야 한다. 단, 고충민원의 처리를 위해 14일의 범위에서 실지조사를 할 수 있고, 이 경우 실지조사 기간은 처리기간에 산입(算入)하지 아니한다.
④ 행정기관의 장은 '기타민원'을 접수한 경우에는 즉시 처리하여야 한다.

제00조 ① 민원의 처리기간을 '즉시'로 정한 경우에는 3근무시간 이내에 처리하여야 한다.
② 민원의 처리기간을 5일 이하로 정한 경우에는 민원의 접수시각부터 '시간' 단위로 계산한다. 이 경우 1일은 8시간의 근무시간을 기준으로 한다.
③ 민원의 처리기간을 6일 이상으로 정한 경우에는 '일' 단위로 계산하고 첫날을 산입한다.
④ 공휴일과 토요일은 민원의 처리기간과 실지조사 기간에 산입하지 아니한다.

※ 업무시간은 09:00 ~ 18:00이다. (점심시간 12:00 ~ 13:00 제외)
※ 3근무시간: 업무시간 내 3시간
※ 광복절(8월 15일, 화요일)과 일요일은 공휴일이고, 그 이외에 공휴일은 없다고 가정한다.

<보 기>

ㄱ. A부처는 8.7(월) 16시에 건의민원을 접수하고, 8.21(월) 14시에 처리하였다.
ㄴ. B부처는 8.14(월) 13시에 고충민원을 접수하고, 10일간 실지조사를 하여 9.7(목) 10시에 처리하였다.
ㄷ. C부처는 8.16(수) 17시에 기타민원을 접수하고, 8.17(목) 10시에 처리하였다.
ㄹ. D부처는 8.17(목) 11시에 제도에 대한 설명을 요구하는 질의민원을 접수하고, 8.22(화) 14시에 처리하였다.

① ㄱ, ㄴ
② ㄱ, ㄷ
③ ㄴ, ㄹ
④ ㄱ, ㄷ, ㄹ
⑤ ㄴ, ㄷ, ㄹ

문 12. 다음 글과 <상황>을 근거로 판단할 때 옳은 것은?

제00조(과세대상) 주권(株券)의 양도에 대해서는 이 법에 따라 증권거래세를 부과한다.
제00조(납세의무자) 주권을 양도하는 자는 납세의무를 진다. 다만 금융투자업자를 통하여 주권을 양도하는 경우에는 해당 금융투자업자가 증권거래세를 납부하여야 한다.
제00조(과세표준) 주권을 양도하는 경우에 증권거래세의 과세표준은 그 주권의 양도가액(주당 양도금액에 양도 주권수를 곱한 금액)이다.
제00조(세율) 주권의 양도에 대한 세율은 양도가액의 1천분의 5로 한다.
제00조(탄력세율) X 또는 Y증권시장에서 양도되는 주권에 대하여는 제00조(세율)의 규정에도 불구하고 다음의 세율에 의한다.
1. X증권시장: 양도가액의 1천분의 1.5
2. Y증권시장: 양도가액의 1천분의 3

<상 황>

투자자 甲은 금융투자업자 乙을 통해 다음 3건의 주권을 양도하였다.
○ A회사의 주권 100주를 주당 15,000원에 양수하였다가 이를 주당 30,000원에 X증권시장에서 전량 양도하였다.
○ B회사의 주권 200주를 주당 10,000원에 Y증권시장에서 양도하였다.
○ C회사의 주권 200주를 X 및 Y증권시장을 통하지 않고 주당 50,000원에 양도하였다.

① 증권거래세는 甲이 직접 납부하여야 한다.
② 납부되어야 할 증권거래세액의 총합은 6만 원 이하다.
③ 甲의 3건의 주권 양도는 모두 탄력세율을 적용받는다.
④ 甲의 A회사 주권 양도에 따른 증권거래세 과세표준은 150만 원이다.
⑤ 甲이 乙을 통해 Y증권시장에서 C회사의 주권 200주 전량을 주당 50,000원에 양도할 수 있다면 증권거래세액은 2만 원 감소한다.

문 13. 다음 글을 근거로 판단할 때 옳지 않은 것은?

> 개발도상국으로 흘러드는 외국자본은 크게 원조, 부채, 투자가 있다. 원조는 다른 나라로부터 지원받는 돈으로, 흔히 해외 원조 혹은 공적개발원조라고 한다. 부채는 은행 융자와 정부 혹은 기업이 발행한 채권으로, 투자는 포트폴리오 투자와 외국인 직접투자로 이루어진다. 포트폴리오 투자는 경영에 대한 영향력보다는 경제적 수익을 추구하기 위한 투자이고, 외국인 직접투자는 회사 경영에 일상적으로 영향력을 행사하기 위한 투자이다.
>
> 개발도상국에 유입되는 이러한 외국자본은 여러 가지 문제점을 보이고 있다. 해외 원조는 개발도상국에 대한 경제적 효과가 있다고 여겨져 왔으나 최근 경제학자들 사이에서는 그러한 경제적 효과가 없다는 주장이 점차 힘을 얻고 있다.
>
> 부채는 변동성이 크다는 단점이 지적되고 있다. 특히 은행 융자는 변동성이 큰 것으로 유명하다. 예컨대 1998년 개발도상국에 대하여 이루어진 은행 융자 총액은 500억 달러였다. 하지만 1998년 러시아와 브라질, 2002년 아르헨티나에서 일어난 일련의 금융 위기가 개발도상국을 강타하여 1999 ~ 2002년의 4개년 동안에는 은행 융자 총액이 연평균 −65억 달러가 되었다가, 2005년에는 670억 달러가 되었다. 은행 융자만큼 변동성이 큰 것은 아니지만, 채권을 통한 자본 유입 역시 변동성이 크다. 외국인은 1997년에 380억 달러의 개발도상국 채권을 매수했다. 그러나 1998 ~ 2002년에는 연평균 230억 달러로 떨어졌고, 2003 ~ 2005년에는 연평균 440억 달러로 증가했다.
>
> 한편 포트폴리오 투자는 은행 융자만큼 변동성이 크지는 않지만 채권에 비하면 변동성이 크다. 개발도상국에 대한 포트폴리오 투자는 1997년의 310억 달러에서 1998 ~ 2002년에는 연평균 90억 달러로 떨어졌고, 2003 ~ 2005년에는 연평균 410억 달러에 달했다.

① 개발도상국에 대한 투자는 경제적 수익뿐만 아니라 회사 경영에 영향력을 행사하기 위해서도 이루어질 수 있다.
② 해외 원조는 개발도상국에 대한 경제적 효과가 없다고 주장하는 경제학자들이 있다.
③ 개발도상국에 유입되는 외국자본에는 해외 원조, 은행 융자, 채권, 포트폴리오 투자, 외국인 직접투자가 있다.
④ 개발도상국에 대한 2005년의 은행 융자 총액은 1998년의 수준을 회복하지 못하였다.
⑤ 1998 ~ 2002년과 2003 ~ 2005년의 연평균을 비교할 때, 개발도상국에 대한 포트폴리오 투자가 채권보다 증감액이 크다.

문 14. 다음 글을 근거로 판단할 때, 오늘날을 기준으로 1석(石)은 몇 승(升)인가?

> 옛날 도량에는 두(斗), 구(區), 부(釜), 종(鍾) 등이 있었다. 1두(斗)는 4승(升)인데, 4두(斗)가 1구(區)이고, 4구(區)가 1부(釜)이며, 10부(釜)가 1종(鍾)이었다.
>
> 오늘날 도량은 옛날과 다소 달라졌다. 지금의 1승(升)이 옛날 1승(升)에 비해 네 배가 되어 옛날의 1두(斗)와 같아졌다. 오늘날 4구(區)는 1부(釜)로 옛날과 같지만, 4승(升)이 1구(區)가 되며, 1부(釜)는 1두(豆) 6승(升), 1종(鍾)은 16두(豆)가 된다. 오늘날 1석(石)은 1종(鍾)에 비해 1두(豆)가 적다.

① 110승
② 120승
③ 130승
④ 140승
⑤ 150승

문 15. 다음 글을 근거로 판단할 때, 창렬이가 결제할 최소 금액은?

○ 창렬이는 이번 달에 인터넷 면세점에서 가방, 영양제, 목베개를 각 1개씩 구매한다. 각 물품의 정가와 이번 달 개별 물품의 할인율은 다음과 같다.

구분	정가(달러)	이번 달 할인율(%)
가방	150	10
영양제	100	30
목베개	50	10

○ 이번 달 개별 물품의 할인율은 자동 적용된다.
○ 이번 달 구매하는 모든 물품의 결제 금액에 대해 20%를 일괄적으로 할인받는 '이달의 할인 쿠폰'을 사용할 수 있다.
○ 이번 달은 쇼핑 행사가 열려, 결제해야 할 금액이 200달러를 초과할 때 '20,000원 추가 할인 쿠폰'을 사용할 수 있다.
○ 할인은 '개별 물품 할인 → 이달의 할인 쿠폰 → 20,000원 추가 할인 쿠폰' 순서로 적용된다.
○ 환율은 1달러 당 1,000원이다.

① 180,000원
② 189,000원
③ 196,000원
④ 200,000원
⑤ 210,000원

문 16. 다음 글을 근거로 판단할 때, <보기>에서 옳은 것만을 모두 고르면?

甲국은 출산장려를 위한 경제적 지원 정책으로 다음과 같은 세 가지 안(A ~ C)을 고려 중이다.

○ A안: 18세 이하의 자녀가 있는 가정에 수당을 매월 지급하되, 자녀가 둘 이상인 경우에 한한다. 18세 이하의 자녀에 대해서 첫째와 둘째는 각각 15만 원, 셋째는 30만 원, 넷째부터는 45만 원씩의 수당을 해당 가정에 지급한다.
○ B안: 18세 이하의 자녀가 있는 가정에 수당을 매월 지급한다. 다만 자녀가 18세를 초과하더라도 재학 중인 경우에는 24세까지 수당을 지급한다. 첫째와 둘째는 각각 20만 원, 셋째는 22만 원, 넷째부터는 25만 원씩의 수당을 해당 가정에 지급한다.
○ C안: 자녀가 중학교를 졸업할 때(상한 연령 16세)까지만 해당 가정에 수당을 매월 지급한다. 우선 3세 미만의 자녀가 있는 가정에는 3세 미만의 자녀 1명 당 10만 원을 지급한다. 3세부터 초등학교를 졸업할 때까지는 첫째와 둘째는 각각 8만 원, 셋째부터는 10만 원씩 해당 가정에 지급한다. 중학생 자녀의 경우, 일률적으로 1명 당 8만 원씩 해당 가정에 지급한다.

<보 기>

ㄱ. 18세 이하 자녀 3명만 있는 가정의 경우, 지급받는 월 수당액은 A안보다 B안을 적용할 때 더 많다.
ㄴ. A안을 적용할 때 자녀가 18세 이하 1명만 있는 가정은 월 15만 원을 수당으로 지급받는다.
ㄷ. C안의 수당을 50% 증액하더라도 중학생 자녀 2명(14세, 15세)만 있는 가정은 A안보다 C안을 적용할 때 더 적은 월 수당을 지급받는다.
ㄹ. C안을 적용할 때 한 자녀에 대해 지급되는 월 수당액은 그 자녀가 성장하면서 지속적으로 증가하는 특징이 있다.

① ㄱ, ㄷ
② ㄱ, ㄹ
③ ㄴ, ㄹ
④ ㄱ, ㄴ, ㄷ
⑤ ㄴ, ㄷ, ㄹ

문 17. 다음 글과 <상황>을 근거로 판단할 때 옳지 않은 것은?

甲국은 국가혁신클러스터 지구를 선정하고자 한다. 산업단지를 대상으로 <평가 기준>에 따라 점수를 부여하고 이를 합산한다. 지방자치단체(이하 '지자체')의 육성 의지가 있는 곳 중 합산점수가 높은 4곳의 산업단지를 국가혁신클러스터 지구로 선정한다.

<평가 기준>

○ 산업단지 내 기업 집적 정도

산업단지 내 기업 수	30개 이상	10 ~ 29개	9개 이하
점수	40점	30점	20점

○ 산업단지의 산업클러스터 연관성

업종	연관 업종	유사 업종	기타
점수	40점	20점	0점

※ 연관 업종: 자동차, 철강, 운송, 화학, IT
유사 업종: 소재, 전기전자

○ 신규투자기업 입주공간 확보 가능 여부

입주공간 확보	가능	불가
점수	20점	0점

○ 합산점수가 동일할 경우 우선순위는 다음과 같은 순서로 정한다.
1) 산업클러스터 연관성 점수가 높은 산업단지
2) 기업 집적 정도 점수가 높은 산업단지
3) 신규투자기업의 입주공간 확보 가능 여부 점수가 높은 산업단지

<상 황>

산업단지(A ~ G)에 관한 정보는 다음과 같다.

산업단지	산업단지 내 기업 수	업종	입주공간 확보	지자체 육성 의지
A	58개	자동차	가능	있음
B	9개	자동차	가능	있음
C	14개	철강	가능	있음
D	10개	운송	가능	없음
E	44개	바이오	가능	있음
F	27개	화학	불가	있음
G	35개	전기전자	가능	있음

① B는 선정된다.
② A가 '소재'산업단지인 경우 F가 선정된다.
③ 3곳을 선정할 경우 G는 선정되지 않는다.
④ F는 산업단지 내에 기업이 3개 더 있다면 선정된다.
⑤ D가 소재한 지역의 지자체가 육성 의지가 있을 경우 D는 선정된다.

문 18. 다음 글을 근거로 판단할 때, 유학생의 날로 지정된 날짜의 요일로 가능한 것은?

○ A시는 올해 중 하루를 유학생의 날로 지정하였다.
○ 유학생의 날 1주 전 같은 요일이 전통시장의 날이고, 유학생의 날 3주 뒤 같은 요일이 도서기증의 날이다.
○ 전통시장의 날과 도서기증의 날은 같은 달에 있다.
○ 유학생의 날이 있는 달에는 네 번의 토요일과 다섯 번의 일요일이 있다.

① 화요일
② 수요일
③ 목요일
④ 금요일
⑤ 토요일

문 19. 다음 글을 근거로 판단할 때, 甲이 출연할 요일과 프로그램을 옳게 짝지은 것은?

> 甲은 ○○방송국으로부터 아래와 같이 프로그램 특별 출연을 요청받았다.
>
> | 매체 | 프로그램 | 시간대 | 출연 가능 요일 |
> |---|---|---|---|
> | TV | 모여라 남극유치원 | 오전 | 월, 수, 금 |
> | | 펭귄극장 | 오후 | 화, 목, 금 |
> | | 남극의 법칙 | 오후 | 월, 수, 목 |
> | 라디오 | 지금은 남극시대 | 오전 | 화, 수, 목 |
> | | 펭귄파워 | 오전 | 월, 화, 금 |
> | | 열시의 펭귄 | 오후 | 월, 수, 금 |
> | | 굿모닝 남극대행진 | 오전 | 화, 수, 금 |
>
> 甲은 다음주 5일(월요일 ~ 금요일) 동안 매일 하나의 프로그램에 출연하며, 한 번 출연한 프로그램에는 다시 출연하지 않는다. 또한 동일 매체에 2일 연속 출연하지 않으며, 동일 시간대에도 2일 연속 출연하지 않는다.

요일	프로그램
① 월요일	펭귄파워
② 화요일	굿모닝 남극대행진
③ 수요일	열시의 펭귄
④ 목요일	펭귄극장
⑤ 금요일	모여라 남극유치원

문 20. 다음 글과 <상황>을 근거로 판단할 때, <보기>에서 옳은 것만을 모두 고르면?

> 甲 ~ 戊로 구성된 A팀은 회식을 하고자 한다. 회식메뉴는 다음의 <메뉴 선호 순위>와 <메뉴 결정 기준>을 고려하여 정한다.
>
> <메뉴 선호 순위>
>
> | 팀원 \ 메뉴 | 탕수육 | 양고기 | 바닷가재 | 방어회 | 삼겹살 |
> |---|---|---|---|---|---|
> | 甲 | 3 | 2 | 1 | 4 | 5 |
> | 乙 | 4 | 3 | 1 | 5 | 2 |
> | 丙 | 3 | 1 | 5 | 4 | 2 |
> | 丁 | 2 | 1 | 5 | 3 | 4 |
> | 戊 | 3 | 5 | 1 | 4 | 2 |
>
> <메뉴 결정 기준>
>
> ○ 기준1: 1순위가 가장 많은 메뉴로 정한다.
> ○ 기준2: 5순위가 가장 적은 메뉴로 정한다.
> ○ 기준3: 1순위에 5점, 2순위에 4점, 3순위에 3점, 4순위에 2점, 5순위에 1점을 부여하여 각각 합산한 뒤, 점수가 가장 높은 메뉴로 정한다.
> ○ 기준4: 기준3에 따른 합산 점수의 상위 2개 메뉴 중, 1순위가 더 많은 메뉴로 정한다.
> ○ 기준5: 5순위가 가장 많은 메뉴를 제외하고 남은 메뉴 중, 1순위가 가장 많은 메뉴로 정한다.

<상 황>

> ○ 丁은 바닷가재가 메뉴로 정해지면 회식에 불참한다.
> ○ 丁이 회식에 불참하면 丙도 불참한다.
> ○ 戊는 양고기가 메뉴로 정해지면 회식에 불참한다.

<보 기>

> ㄱ. 기준1과 기준4 중 어느 것에 따르더라도 같은 메뉴가 정해진다.
> ㄴ. 기준2에 따르면 탕수육으로 메뉴가 정해진다.
> ㄷ. 기준3에 따르면 모든 팀원이 회식에 참석한다.
> ㄹ. 기준5에 따르면 戊는 회식에 참석하지 않는다.

① ㄱ, ㄴ
② ㄴ, ㄷ
③ ㄷ, ㄹ
④ ㄱ, ㄴ, ㄹ
⑤ ㄱ, ㄷ, ㄹ

문 21. 다음 <지원계획>과 <연구모임 현황 및 평가결과>를 근거로 판단할 때, 연구모임 A ~ E 중 두 번째로 많은 총지원금을 받는 모임은?

<지원계획>

○ 지원을 받기 위해서는 한 모임당 6명 이상 9명 미만으로 구성되어야 한다.
○ 기본지원금
  한 모임당 1,500천 원을 기본으로 지원한다. 단, 상품개발을 위한 모임의 경우는 2,000천 원을 지원한다.
○ 추가지원금
  연구 계획 사전평가결과에 따라,
  '상' 등급을 받은 모임에는 구성원 1인당 120천 원을,
  '중' 등급을 받은 모임에는 구성원 1인당 100천 원을,
  '하' 등급을 받은 모임에는 구성원 1인당 70천 원을
  추가로 지원한다.
○ 협업 장려를 위해 협업이 인정되는 모임에는 위의 두 지원금을 합한 금액의 30%를 별도로 지원한다.

<연구모임 현황 및 평가결과>

모임	상품개발 여부	구성원 수	연구 계획 사전평가결과	협업 인정 여부
A	○	5	상	○
B	×	6	중	×
C	×	8	상	○
D	○	7	중	×
E	×	9	하	×

① A
② B
③ C
④ D
⑤ E

문 22. 다음 글을 근거로 판단할 때, <보기>에서 <A사업의 상황별 대안의 기대이익>에 대한 설명으로 옳은 것만을 모두 고르면?

기준Ⅰ, 기준Ⅱ, 기준Ⅲ을 이용하여 불확실한 상황에서 대안을 비교·평가할 수 있다.

기준Ⅰ은 최상의 상황이 발생할 것이라는 가정에서 최선의 대안을 선택하는 것이다. <표 1>에서 각 대안의 최대 기대이익을 비교하여, 그 중 가장 큰 값을 갖는 '대안1'을 선택하는 것이다.

기준Ⅱ는 최악의 상황이 발생할 것이라는 가정에서 최선의 대안을 선택하는 것이다. <표 1>에서 각 대안의 최소 기대이익을 비교하여, 그 중 가장 큰 값을 갖는 '대안3'을 선택하는 것이다.

<표 1> ○○사업의 상황별 대안의 기대이익

구분	상황1	상황2	상황3	최대 기대이익	최소 기대이익
대안1	30	10	−10	30	−10
대안2	20	14	5	20	5
대안3	15	15	15	15	15

기준Ⅲ은 최대 '후회'가 가장 작은 대안을 선택하는 것이다. 후회는 일정한 상황에서 특정 대안을 선택함으로써 최선의 대안을 선택하였더라면 얻을 수 있는 기대이익을 얻지 못해 발생하는 손실을 의미한다. <표 1>의 상황별 최대 기대이익에서 각 대안의 기대이익을 차감하여 <표 2>와 같이 후회를 구할 수 있다. 이후 각 대안의 최대 후회를 비교하여, 그 중 가장 작은 값을 갖는 '대안2'를 선택하는 것이다.

<표 2> ○○사업의 후회

구분	상황1	상황2	상황3	최대 후회
대안1	0	5	25	25
대안2	10	1	10	10
대안3	15	0	0	15

<A사업의 상황별 대안의 기대이익>

구분	상황S_1	상황S_2	상황S_3
대안A_1	50	16	−9
대안A_2	30	19	5
대안A_3	20	15	10

<보 기>

ㄱ. 기준Ⅰ로 대안을 선택한다면, 대안A_2를 선택하게 된다.
ㄴ. 기준Ⅱ로 대안을 선택한다면, 대안A_3을 선택하게 된다.
ㄷ. 상황S_2에서 대안A_2의 후회는 11이다.
ㄹ. 기준Ⅲ으로 대안을 선택한다면, 대안A_1을 선택하게 된다.

① ㄱ, ㄴ
② ㄱ, ㄷ
③ ㄴ, ㄹ
④ ㄷ, ㄹ
⑤ ㄴ, ㄷ, ㄹ

문 23. 다음 글을 근거로 판단할 때, <보기>에서 옳은 것만을 모두 고르면?

○ A청은 업무능력 평가를 통해 3개 부서(甲 ~ 丙) 중 평가항목별 최종점수의 합계가 높은 2개 부서를 포상한다.

○ 4명의 평가위원(가 ~ 라)은 문제인식, 실현가능성, 성장전략으로 구성된 평가항목을 5개 등급(최상, 상, 중, 하, 최하)으로 각각 평가하여 점수를 부여한다.

○ 각 평가항목의 등급별 점수는 다음과 같다.

구분	최상	상	중	하	최하
문제인식	30	24	18	12	6
실현가능성	30	24	18	12	6
성장전략	40	32	24	16	8

○ 평가항목별 최종점수는 아래의 식에 따라 산출한다. 단, 최고점수 또는 최저점수가 복수인 경우 각각 하나씩만 차감한다.

$$\frac{\text{평가항목에 대한 점수 합계} - (\text{최고점수} + \text{최저점수})}{\text{평가위원 수} - 2}$$

○ 평가결과는 다음과 같다.

구분	평가위원	점수		
		문제인식	실현가능성	성장전략
甲	가	30	24	24
	나	24	30	24
	다	30	18	40
	라	ⓐ	12	32
乙	가	6	24	32
	나	12	24	ⓑ
	다	24	18	16
	라	24	18	32
丙	가	12	30	ⓒ
	나	24	24	24
	다	18	12	40
	라	30	6	24

<보 기>

ㄱ. ⓐ값에 관계없이 문제인식 평가항목의 최종점수는 甲이 제일 높다.

ㄴ. ⓑ = ⓒ > 16이라면, 성장전략 평가항목의 최종점수는 乙이 丙보다 낮지 않다.

ㄷ. ⓐ = 18, ⓑ = 24, ⓒ = 24일 때, 포상을 받게 되는 부서는 甲과 丙이다.

① ㄴ
② ㄷ
③ ㄱ, ㄴ
④ ㄱ, ㄷ
⑤ ㄱ, ㄴ, ㄷ

문 24. 다음 글을 근거로 판단할 때, <보기>에서 옳은 것만을 모두 고르면?

A과에는 4급 과장 1명, 5급 사무관 3명, 6급 주무관 6명이 근무한다. A과의 내선번호는 253[?] 네 자리로 이루어져 있으며, 맨 뒷자리 번호는 0 ~ 9 중에서 하나씩 과원에게 배정된다.

맨 뒷자리 번호 배정규칙은 다음과 같다. 먼저 직급 순으로 배정한다. 따라서 과장에게 0, 사무관에게 1 ~ 3, 주무관에게 4 ~ 9를 배정한다. 다음으로 동일 직급 내에서는 여성에게 앞 번호가 배정된다. 성별도 같은 경우, 나이가 많은 사람에게 앞 번호가 배정된다. 나이도 같은 경우에는 소속 팀명의 '가', '나', '다' 순으로 앞 번호가 배정된다.

<A과 조직도>

과장: 50세, 여성

가팀	나팀	다팀
사무관1: 48세, 여성	사무관2: 45세, 여성	사무관3: 45세, ( )
주무관1: 58세, 여성 주무관2: 39세, 남성	주무관3: ( ), ( ) 주무관4: 27세, 여성	주무관5: 44세, 남성 주무관6: 31세, 남성

<보 기>

ㄱ. 사무관3이 배정받는 내선번호는 그의 성별에 따라서 달라지지 않는다.

ㄴ. 여성이 총 5명이라면, 배정되는 내선번호가 확정되는 사람은 4명뿐이다.

ㄷ. 주무관3이 남성이고 31세 이상 39세 이하인 경우, 모든 과원의 내선번호를 확정할 수 있다.

ㄹ. 사무관3의 성별과 주무관3의 나이와 성별을 알게 된다면, 현재의 배정규칙으로 모든 과원의 내선번호를 확정할 수 있다.

① ㄱ, ㄴ
② ㄱ, ㄷ
③ ㄴ, ㄹ
④ ㄱ, ㄷ, ㄹ
⑤ ㄴ, ㄷ, ㄹ

문 25. 다음 <상황>과 <자기소개>를 근거로 판단할 때 옳지 않은 것은?

<상 황>

5명의 직장인(甲 ~ 戊)이 커플 매칭 프로그램에 참여했다.

○ 남성이 3명이고 여성이 2명이다.
○ 5명의 나이는 34세, 32세, 30세, 28세, 26세이다.
○ 5명의 직업은 의사, 간호사, TV드라마감독, 라디오작가, 요리사이다.
○ 의사와 간호사는 성별이 같다.
○ 라디오작가는 요리사와 매칭된다.
○ 남성과 여성의 평균 나이는 같다.
○ 한 사람당 한 명의 이성과 매칭이 가능하다.

<자기소개>

甲: 안녕하세요. 저는 32세이고 의료 관련 일을 합니다.
乙: 저는 방송업계에서 일하는 남성입니다.
丙: 저는 20대 남성입니다.
丁: 반갑습니다. 저는 방송업계에서 일하는 여성입니다.
戊: 제가 이 중 막내네요. 저는 요리사입니다.

① TV드라마감독은 乙보다 네 살이 많다.
② 의사와 간호사 나이의 평균은 30세이다.
③ 요리사와 라디오작가는 네 살 차이이다.
④ 甲의 나이는 방송업계에서 일하는 사람들 나이의 평균과 같다.
⑤ 丁은 의료계에서 일하는 두 사람 중 나이가 적은 사람보다 두 살 많다.

MEMO

25제 연습
SET 3

총 25문제
제한시간 : 56분

하주응 PSAT 상황판단 5급 기출 엄선연습

문 1. 다음 글을 근거로 판단할 때 옳은 것은?

> 제00조 ① 특별시장·광역시장·특별자치시장·도지사 또는 특별자치도지사(이하 '시·도지사'라 한다)는 아이돌보미의 양성을 위하여 적합한 시설을 교육기관으로 지정·운영하여야 한다.
> ② 시·도지사는 교육기관이 다음 각 호의 어느 하나에 해당하는 경우 사업의 정지를 명하거나 그 지정을 취소할 수 있다. 다만 제1호에 해당하는 경우 지정을 취소하여야 한다.
> 1. 거짓이나 그 밖의 부정한 방법으로 교육기관으로 지정을 받은 경우
> 2. 교육과정을 1년 이상 운영하지 아니하는 경우
>
> ③ 제2항 제1호의 방법으로 교육기관 지정을 받은 자는 1년 이하의 징역 또는 1천만 원 이하의 벌금에 처한다.
> ④ 아이돌보미가 되려는 사람은 시·도지사가 지정·운영하는 교육기관에서 교육과정을 수료하여야 한다.
> ⑤ 아이돌보미가 되려는 사람은 여성가족부장관이 실시하는 적성·인성검사를 받아야 한다.
> 제00조 ① 아이돌보미는 다른 사람에게 자기의 성명을 사용하여 아이돌보미 업무를 수행하게 하거나 수료증을 대여하여서는 아니 된다.
> ② 아이돌보미가 아닌 사람은 아이돌보미 또는 이와 유사한 명칭을 사용할 수 없다.
> ③ 제1항, 제2항을 위반한 사람에게는 300만 원 이하의 과태료를 부과한다.
> 제00조 ① 여성가족부장관은 아이돌봄서비스의 질적 수준과 아이돌보미의 전문성 향상을 위하여 보수교육을 실시하여야 한다.
> ② 제1항에 따른 보수교육은 전문기관에 위탁하여 실시할 수 있다.

① 아이돌보미가 아닌 보육 관련 종사자도 아이돌보미 명칭을 사용할 수 있다.
② 시·도지사는 아이돌보미 양성을 위한 교육기관을 지정·운영하고 보수교육을 실시하여야 한다.
③ 아이돌보미가 되려는 사람은 시·도지사가 실시하는 적성·인성검사를 받아야 한다.
④ 서울특별시의 A기관이 부정한 방법을 통해 아이돌보미 양성을 위한 교육기관으로 지정을 받은 경우, 서울특별시장은 200만 원의 과태료를 부과할 수 있다.
⑤ 인천광역시의 B기관이 아이돌보미 양성을 위한 교육기관으로 지정된 후 교육과정을 1년간 운영하지 않은 경우, 인천광역시장은 그 지정을 취소할 수 있다.

문 2. 다음 글을 근거로 판단할 때 옳은 것은?

> 제00조 ① 재산공개대상자 및 그 이해관계인이 보유하고 있는 주식의 직무관련성을 심사·결정하기 위하여 인사혁신처에 주식백지신탁 심사위원회(이하 '심사위원회'라 한다)를 둔다.
> ② 심사위원회는 위원장 1명을 포함한 9명의 위원으로 구성한다.
> ③ 심사위원회의 위원장 및 위원은 대통령이 임명하거나 위촉한다. 이 경우 위원 중 3명은 국회가, 3명은 대법원장이 추천하는 자를 각각 임명하거나 위촉한다.
> ④ 심사위원회의 위원은 다음 각 호의 어느 하나에 해당하는 자격을 갖추어야 한다.
> 1. 대학이나 공인된 연구기관에서 부교수 이상의 직에 5년 이상 근무하였을 것
> 2. 판사, 검사 또는 변호사로 5년 이상 근무하였을 것
> 3. 금융 관련 분야에 5년 이상 근무하였을 것
> 4. 3급 이상 공무원 또는 고위공무원단에 속하는 공무원으로 3년 이상 근무하였을 것
>
> ⑤ 위원장 및 위원의 임기는 2년으로 하되, 1차례만 연임할 수 있다. 다만 임기가 만료된 위원은 그 후임자가 임명되거나 위촉될 때까지 해당 직무를 수행한다.
> ⑥ 주식의 직무관련성은 주식 관련 정보에 관한 직접적·간접적인 접근 가능성, 영향력 행사 가능성 등을 기준으로 판단하여야 한다.

① 심사위원회의 위원장은 위원 중에서 호선한다.
② 심사위원회의 위원 중 3명은 국회가 위촉한다.
③ 심사위원회의 위원이 4년을 초과하여 직무를 수행하는 경우가 있다.
④ 주식 관련 정보에 관한 간접적인 접근 가능성은 주식의 직무관련성을 판단하는 기준이 될 수 없다.
⑤ 금융 관련 분야에 5년 이상 근무하였더라도 대학에서 부교수 이상의 직에 5년 이상 근무하지 않으면 심사위원회의 위원이 될 수 없다.

문 3. 다음 글을 근거로 판단할 때, <보기>에서 옳은 것만을 모두 고르면?

제00조 ① 여객자동차플랫폼운송사업(이하 '플랫폼운송사업'이라 한다)은 운송플랫폼과 자동차를 확보하고 다른 사람의 수요에 응하여 운송플랫폼을 통해 운송계약을 여객과 체결하여 유상으로 여객을 운송하는 사업을 말한다.
② 플랫폼운송사업을 경영하려는 자는 국토교통부장관의 허가를 받아야 한다.
③ 국토교통부장관은 제2항에 따라 플랫폼운송사업을 허가하는 경우, 30년 이내에서 기간을 한정하여 허가하거나 플랫폼운송사업의 질서를 확립하기 위하여 필요한 조건을 붙일 수 있다.
④ 플랫폼운송사업자는 매출액, 허가대수 또는 운행횟수를 고려하여 다음 각 호에 따른 여객자동차운송시장안정기여금(이하 '기여금'이라 한다)을 국토교통부장관에게 납부해야 한다.
1. 기여금은 월 단위로 산정하여 해당 월의 차차 월(다음다음 달) 말일까지 납부해야 한다.
2. 기여금은 매출액의 5%, 운행횟수당 800원, 허가대수당 40만 원 중 사업자가 어느 하나를 선택할 수 있다. 다만 허가대수가 총 300대 미만인 사업자는 아래 표와 같이 완화하여 적용한다.

기여금 산정방식 \ 허가대수	200대 미만	200대 이상 300대 미만
매출액 대비 정률	1.25%	2.5%
운행횟수당 정액	200원	400원
허가대수당 정액	10만 원	20만 원

<보 기>

ㄱ. 국토교통부장관은 플랫폼운송사업을 하려는 甲에게 사업 기간을 15년으로 하여 허가할 수 있다.
ㄴ. 플랫폼운송사업허가를 받아 2020년 12월 15일부터 사업을 시작한 乙은 첫 기여금을 2021년 1월 31일까지 납부하여야 한다.
ㄷ. 100대의 차량으로 플랫폼운송사업허가를 받은 丙이 1개월 동안 20,000회 운행하여 매출 3억 원을 올렸다면, 丙이 납부해야 할 해당 월의 기여금은 400만 원 미만이 될 수 있다.
ㄹ. 300대의 차량으로 플랫폼운송사업허가를 받은 丁은 매출액의 5%에 해당하는 금액 또는 허가대수당 800원 중에서 선택하여 기여금을 납부할 수 있다.

① ㄱ, ㄴ
② ㄱ, ㄷ
③ ㄱ, ㄹ
④ ㄴ, ㄷ
⑤ ㄷ, ㄹ

문 4. 다음 글과 <상황>을 근거로 판단할 때 옳은 것은?

제00조 ① 문화재청장은 학술조사 또는 공공목적 등에 필요한 경우 다음 각 호의 지역을 발굴할 수 있다.
1. 고도(古都)지역
2. 수중문화재 분포지역
3. 폐사지(廢寺址) 등 역사적 가치가 높은 지역
② 문화재청장은 제1항에 따라 발굴할 경우 발굴의 목적, 방법, 착수 시기 및 소요 기간 등의 내용을 발굴 착수일 2주일 전까지 해당 지역의 소유자, 관리자 또는 점유자(이하 '소유자 등'이라 한다)에게 미리 알려 주어야 한다.
③ 제2항에 따른 통보를 받은 소유자 등은 그 발굴에 대하여 문화재청장에게 의견을 제출할 수 있으며, 발굴을 거부하거나 방해 또는 기피하여서는 아니 된다.
④ 문화재청장은 제1항의 발굴이 완료된 경우에는 완료된 날부터 30일 이내에 출토유물 현황 등 발굴의 결과를 소유자 등에게 알려 주어야 한다.
⑤ 국가는 제1항에 따른 발굴로 손실을 받은 자에게 그 손실을 보상하여야 한다.
⑥ 제5항에 따른 손실보상에 관하여는 문화재청장과 손실을 받은 자가 협의하여야 하며, 보상금에 대한 합의가 성립하지 않은 때에는 관할 토지수용위원회에 재결(裁決)을 신청할 수 있다.
⑦ 문화재청장은 제1항에 따른 발굴 현장에 발굴의 목적, 조사기관, 소요 기간 등의 내용을 알리는 안내판을 설치하여야 한다.

<상 황>

문화재청장 甲은 고도(古都)에 해당하는 A지역에 대한 학술조사를 위해 2021년 3월 15일부터 A지역의 발굴에 착수하고자 한다. 乙은 자기 소유의 A지역을 丙에게 임대하여 현재 임차인 丙이 이를 점유·사용하고 있다.

① 甲은 A지역 발굴의 목적, 방법, 착수 시기 및 소요 기간 등에 관한 내용을 丙에게 2021년 3월 29일까지 알려주어야 한다.
② A지역의 발굴에 대한 통보를 받은 丙은 甲에게 그 발굴에 대한 의견을 제출할 수 있다.
③ 乙은 발굴 현장에 발굴의 목적 등을 알리는 안내판을 설치하여야 한다.
④ A지역의 발굴로 인해 乙에게 손실이 예상되는 경우, 乙은 그 발굴을 거부할 수 있다.
⑤ A지역과 인접한 토지 소유자인 丁이 A지역의 발굴로 인해 손실을 받은 경우, 丁은 보상금에 대해 甲과 협의하지 않고 관할 토지수용위원회에 재결을 신청할 수 있다.

문 5. 다음 글을 근거로 판단할 때, ㉠과 ㉡을 옳게 짝지은 것은?

> 동물로봇공학에서는 다양한 형태의 동물 로봇을 개발한다. 로봇 연구자들이 가장 본뜨고 싶어 하는 곤충은 미국바퀴벌레이다. 이 바퀴벌레는 초당 150 cm의 속력으로 달린다. 이는 1초에 몸길이의 50배가 되는 거리를 간다는 뜻이다. 신장이 180 cm인 육상선수가 1초에 신장의 50배가 되는 거리를 가려면 시속 (㉠) km로 달려야 한다. 이 바퀴벌레의 걸음걸이를 관찰한 결과, 모양이 서로 다른 세 쌍의 다리를 달아주면 로봇의 보행 속력을 끌어올릴 수 있는 것으로 밝혀졌다.
>
> 한편 동물로봇공학에서는 수중 로봇에 대한 연구도 활발하다. 바닷가재나 칠성장어의 운동 능력을 본뜬 수중 로봇도 연구되고 있다. 미국에서 개발된 바닷가재 로봇은 높이 20 cm, 길이 61 cm, 무게 2.9 kg으로, 물속의 기뢰제거에 사용될 계획이다. 2005년 10월에는 세계 최초의 물고기 로봇이 영국 런던의 수족관에 출현했다. 길이 (㉡) cm, 두께 12 cm인 이 물고기 로봇은 미국바퀴벌레의 1/3 속력으로 헤엄칠 수 있다. 수중에서의 속력이라는 점을 감안하면 엄청난 수준이다. 이는 1분에 몸길이의 200배가 되는 거리를 간다는 뜻이다. 이 물고기 로봇은 해저탐사나 기름 유출의 탐지 등에 활용될 것으로 전망되었다.

	㉠	㉡
①	81	5
②	162	10
③	162	15
④	324	10
⑤	324	15

문 6. 다음 글을 근거로 판단할 때, 하나의 단어를 표현하는 가장 긴 코드의 길이는?

> 일반적으로 대화에는 약 18,000개의 단어가 사용된다. 항공우주연구소는 화성에 보낸 우주비행사와의 통신을 위해 아래의 <원칙>에 따라 단어를 코드로 바꾸어 교신하기로 하였다.
>
> <원 칙>
>
> ○ 하나의 코드는 하나의 단어만을 나타낸다.
> ○ 26개의 영어 알파벳 소문자를 사용하여 왼쪽에서부터 오른쪽으로 일렬로 나열한 코드를 만든다.
> ○ 코드 중 가장 긴 것의 길이를 최소화한다.
> ○ 18,000개의 단어를 표현할 수 있어야 한다.
>
> <단어－코드 변환의 예>

코드	단어	코드	단어
a	우주비행사	aa	지구
b	우주정거장	ab	외계인
⋮	⋮	⋮	⋮

※ 코드의 길이는 코드에 표시된 글자의 수를 뜻한다.

① 1
② 2
③ 3
④ 4
⑤ 5

문 7. 다음 글을 근거로 판단할 때, '친구 단위'로 입장한 사람의 수와 '가족 단위'로 입장한 사람의 수를 옳게 짝지은 것은?

> A놀이공원은 2명의 친구 단위 또는 4명의 가족 단위로만 입장이 가능하다. 발권기계는 2명의 친구 단위 또는 4명의 가족 단위당 1장의 표를 발권한다. 놀이공원의 입장객은 총 158명이며, 모두 50장의 표가 발권되었다.

	'친구 단위'로 입장한 사람의 수	'가족 단위'로 입장한 사람의 수
①	30	128
②	34	124
③	38	120
④	42	116
⑤	46	112

문 8. 다음 글을 근거로 판단할 때 옳지 않은 것은?

> A협회는 매년 12월 열리는 정기총회에서 다음해 협회장을 선출한다. 협회장의 선출은 ① 입후보자가 1인인 경우에는 '찬반투표'로 이루어지고, ② 입후보자가 2인 이상인 경우에는 '선거'를 통해 이루어진다.
>
> '찬반투표'에 참여할 수 있는 회원의 자격은 투표일 현재까지 A협회의 정회원인 사람으로 한정한다. A협회의 정회원은 A협회의 준회원으로 만 1년 이상을 활동한 후 정회원 가입 신청을 하고 연회비를 납부한 자를 말한다. 기준에 따라 정회원 가입을 신청하고 연회비를 납부한 그 날부터 정회원 자격이 부여된다. 정회원은 정회원 자격을 획득한 다음해부터 매해 1월 30일까지 연회비를 납부하여야 그 자격이 유지된다. 기한 내에 연회비를 납부하지 않은 정회원은 그 자격이 유보되어 권리를 행사할 수 없고, 정회원 자격을 회복하기 위해서는 그 다음해 연회비 납부일까지 연회비의 3배를 납부하여야 한다. 2년 연속 연회비를 납부하지 않은 사람은 A협회의 회원 자격이 영구히 박탈된다.
>
> 한편 '선거'에 참여할 수 있는 회원의 자격은 선거일을 기준으로 정회원 자격을 얻은 후 만 1년을 경과한 정회원으로 한정한다. 연회비 미납부로 정회원 자격이 유보된 사람도 정회원 자격을 회복한 후 만 1년을 경과하여야 선거에 참여할 수 있다.

① 2019년 10월 A협회 정회원 자격을 얻은 甲은 '2020년 협회장' 선출을 위한 '선거'에 참여할 수 있었다.
② 2018년 10월 A협회 정회원 자격을 얻은 乙은 2019년 연회비 납부 여부와 관계없이 '2019년 협회장' 선출을 위한 '찬반투표'에 참여할 수 있었다.
③ 2017년 10월 A협회 정회원 자격을 얻은 丙이 연회비 미납부로 자격이 유보되었다가 2019년에 정회원 자격을 회복하였더라도 '2020년 협회장' 선출을 위한 '선거'에 참여할 수 없었다.
④ 2017년 10월 A협회 준회원 활동을 시작한 丁이 최소 요구연한 경과 직후에 정회원 자격을 획득하였다면 '2019년 협회장' 선출을 위한 '찬반투표'에 참여할 수 있었다.
⑤ 2016년 10월 처음으로 A협회 정회원 자격을 얻은 戊가 2017년부터 연회비를 계속 납부하지 않았다면 협회장 선출을 위한 '선거'에 한 번도 참여할 수 없었다.

※ 다음 글을 읽고 물음에 답하시오. [문 9. ~ 문 10.]

농장동물복지는 인간 편의만 생각해 동물을 이용하는 것이 아니라 이들의 습성을 고려해 적절한 생활환경을 보장하는 것을 의미한다. 이는 세계농장동물복지위원회가 규정한 '동물의 5대 자유', 즉 활동의 부자유·배고픔·불편함·질병·두려움으로부터의 자유를 바탕으로 한다. 사실 농장동물복지는 사람에게도 중요한 문제이다. '공장식 축산'의 밀집사육에 따른 전염병 확산, 항생제 남용은 사람의 건강에도 직·간접적인 영향을 미치기 때문이다. 가축분뇨와 악취에 따른 환경오염 역시 무시할 수 없는 문제이다.

甲국은 2011년 동물보호법을 개정하면서 농장·도축장 등에 대한 '동물복지시설인증제'와 축산물에 대한 '동물복지축산물인증 마크' 두 가지 동물복지인증제도를 도입했다. 동물복지시설인증제는 정부가 정한 기준에 따라 동물을 기르는 농장이나 도축하는 시설에 동물복지시설인증을 부여하는 것이다. 더 나아가 동물복지축산물인증 마크는 사육 과정뿐만 아니라 운송·도축 과정까지 기준을 지킨 축산물에 인증 마크를 부여하는 것이다. 동물복지인증제도는 2012년 산란계(알을 낳는 닭)를 시작으로 2013년 돼지, 2014년 육계(식용육으로 기르는 닭), 2015년 육우·젖소·염소로 대상을 확대했다.

동물복지시설인증을 받은 농장은 먹이는 물론 먹는 물, 사육장 내 온도·조도·공기오염도까지 세밀하게 기준을 지켜야 한다. 이러한 기준을 잘 지키고 있는지 확인하기 위해 인증을 받은 농장에 대해 인증을 받은 다음해부터 매년 1회 사후관리를 위한 점검을 실시한다.

시설인증을 받은 농가가 늘고 있지만 여전히 미미한 수준이다. 2020년 현재 해당 인증을 받은 농장은 산란계 74곳, 육계 5곳, 돼지 9곳, 육우 2곳에 불과하다. 시설인증을 가장 많이 받은 산란계 농장도 전체 산란계 농장의 1.1%만 인증을 받았을 뿐이다.

몇몇 농가에서는 해당 제도의 기준에 대해 문제를 제기하기도 한다. 동물복지시설인증을 받으려면 밀집사육을 피하기 위해 가축 개체당 공간 기준을 충족해야 한다. 최소 사육규모 기준 역시 시설인증을 어렵게 하는 장애물 중 하나이다. 돼지농장이라면 어미돼지를 30마리 이상 키워야 시설인증을 신청할 수 있다. 예컨대 A농장은 가축 개체당 공간 기준과 최소 사육규모 기준을 동시에 충족하기 위하여 어미돼지 수를 20% 줄여서 시설인증을 받았다. 또한 닭의 최소 사육규모 기준은 4,000마리 이상이다. 따라서 사육 수를 늘릴 여력이 없는 소규모 농장에선 공장식 축산을 하지 않아도 인증 신청조차 못하는 것이다.

게다가 축산물을 판매할 때 동물복지축산물인증 마크를 붙이려면 도축도 동물복지시설인증을 받은 곳에서 해야 한다. 하지만 전국 70여개 도축장 가운데 동물복지시설인증을 받은 도축장은 2곳에 불과하다. 시설인증을 받은 농가에서 인증 도축장을 이용하고 싶어도 물리적 거리가 걸림돌이 되고 있다.

한편 소비자들의 동물복지인증제도에 대한 인지도 역시 높지 않다. 또한 동물복지축산물인증 마크가 붙은 닭고기, 돼지고기, 소고기 등은 가격이 높아서 소비자들이 많이 찾지 않는 것이 현실이다.

문 9. 윗글을 근거로 판단할 때 옳은 것은?

① 농장동물복지는 동물의 5대 자유를 보장하기 위한 것으로 사람의 삶과는 무관하다.
② 동물복지시설인증을 받으려는 농장은 도축 시설도 함께 갖추어야 한다.
③ A농장에서 사육하는 돼지는 동물복지축산물인증 마크를 부착한 축산물로 판매된다.
④ 甲국의 소비자 대부분은 동물복지축산물인증 마크가 붙은 축산물을 구매한다.
⑤ 공장식 축산을 하지 않더라도 동물복지시설인증을 받지 못하는 경우가 있다.

문 10. 윗글을 근거로 판단할 때, <보기>에서 옳은 것만을 모두 고르면?

<보 기>

ㄱ. 甲국에서 동물복지시설인증을 받은 돼지농장은 2020년 12월 31일까지 사후관리를 위한 점검을 최소 10회 받았다.
ㄴ. 2020년 甲국 전체 농장수가 100,000개라면, 동물복지시설인증을 받은 농장 비율은 0.1% 미만이다.
ㄷ. 2020년 甲국 전체 산란계 농장수는 6,000개 이상이다.
ㄹ. 동물복지시설인증을 받기 전, A농장에서 사육하던 어미돼지는 35마리 이하였다.

① ㄱ
② ㄴ, ㄷ
③ ㄴ, ㄹ
④ ㄱ, ㄷ, ㄹ
⑤ ㄴ, ㄷ, ㄹ

25제 SET 3

문 11. 다음 글을 근거로 판단할 때 옳은 것은?

제00조 ① 농림축산식품부장관은 채소류 등 저장성이 없는 농산물의 가격안정을 위하여 필요하다고 인정할 때에는 생산자 또는 생산자단체로부터 농산물가격안정기금으로 해당 농산물을 수매할 수 있다. 다만 가격안정을 위하여 특히 필요하다고 인정할 때에는 도매시장에서 해당 농산물을 수매할 수 있다.
② 제1항에 따라 수매한 농산물은 판매 또는 수출하거나 사회복지단체에 기증하는 등 필요한 처분을 할 수 있다.
③ 농림축산식품부장관은 제1항과 제2항에 따른 수매 및 처분에 관한 업무를 농업협동조합중앙회·산림조합중앙회(이하 '농림협중앙회'라 한다) 또는 한국농수산식품유통공사에 위탁할 수 있다.
제00조 ① 농림축산식품부장관은 농산물(쌀과 보리는 제외한다. 이하 이 조에서 같다)의 수급조절과 가격안정을 위하여 필요하다고 인정할 때에는 농산물가격안정기금으로 농산물을 비축하거나 농산물의 출하를 약정하는 생산자에게 그 대금의 일부를 미리 지급하여 출하를 조절할 수 있다.
② 제1항에 따른 비축용 농산물은 생산자 또는 생산자단체로부터 수매할 수 있다. 다만 가격안정을 위하여 특히 필요하다고 인정할 때에는 도매시장에서 수매하거나 수입할 수 있다.
③ 농림축산식품부장관은 제1항과 제2항에 따른 사업을 농림협중앙회 또는 한국농수산식품유통공사에 위탁할 수 있다.
④ 농림축산식품부장관은 제2항 단서에 따라 비축용 농산물을 수입하는 경우, 국제가격의 급격한 변동에 대비하여야 할 필요가 있다고 인정할 때에는 선물거래(先物去來)를 할 수 있다.

① 한국농수산식품유통공사는 가격안정을 위해 수매한 저장성이 없는 농산물을 외국에 수출할 수 없다.
② 채소류의 가격안정을 위해서 특히 필요하다고 인정되어 수매할 경우, 농림협중앙회는 소매시장에서 수매하여야 한다.
③ 농림협중앙회는 보리의 수급조절을 위하여 보리 생산자에게 대금의 일부를 미리 지급하여 출하를 조절할 수 있다.
④ 농림축산식품부장관은 개별 생산자로부터 비축용 농산물을 수매할 수 있다.
⑤ 농림축산식품부장관은 비축용 농산물 국제가격의 급격한 변동에 대비하여야 할 필요가 있다고 인정할 경우에도 선물거래를 할 수 없다.

문 12. 다음 글을 근거로 판단할 때 옳은 것은?

상속에는 혈족상속과 배우자상속이 있다. 혈족상속인은 피상속인(사망자)과의 관계에 따라 피상속인의 직계비속(1순위), 피상속인의 직계존속(2순위), 피상속인의 형제자매(3순위), 피상속인의 4촌 이내 방계혈족(4순위) 순으로 상속인이 된다. 후순위 상속인은 선순위 상속인이 없는 경우에 상속재산을 상속할 수 있다. 같은 순위의 혈족상속인이 여럿인 경우, 그 법정상속분은 균분(均分)한다.

피상속인의 배우자는 언제나 상속인이 된다. 그 배우자의 법정상속분은 직계비속과 공동으로 상속하는 때에는 직계비속 상속분의 5할을 가산하고, 직계존속과 공동으로 상속하는 때에는 직계존속 상속분의 5할을 가산한다. 피상속인에게 배우자만 있고 직계비속도 직계존속도 없는 때에는 배우자가 단독으로 상속한다.

한편 개인은 자신의 재산을 증여하거나 유언(유증)으로 자유롭게 처분할 수 있다. 그런데 이러한 자유를 무제한 허용한다면 상속재산의 전부가 타인에게 넘어가 상속인의 생활기반이 붕괴될 우려가 있다. 그래서 법률은 일정한 범위의 상속인에게 유류분을 인정하고 있다. 유류분이란 법률상 상속인에게 귀속되는 것이 보장되는 상속재산에 대한 일정비율을 의미한다.

피상속인이 유류분을 침해하는 유증이나 증여를 하는 경우, 유류분 권리자는 자기가 침해당한 유류분에 대해 반환을 청구할 수 있다. 유류분 권리자는 피상속인의 직계비속, 배우자, 직계존속 및 형제자매이다. 유류분은 피상속인의 배우자 또는 직계비속의 경우 그 법정상속분의 2분의 1, 피상속인의 직계존속 또는 형제자매의 경우 그 법정상속분의 3분의 1이다.

유류분반환청구권의 행사는 반드시 소에 의한 방법으로 하여야 할 필요는 없고, 유증을 받은 자 또는 증여를 받은 자에 대한 의사표시로 하면 된다. 유류분반환청구권은 유류분 권리자가 상속의 개시(피상속인의 사망시)와 반환하여야 할 증여 또는 유증을 한 사실을 안 때부터 1년 내에 행사하지 않거나, 상속이 개시된 때부터 10년이 경과하면 시효에 의하여 소멸한다.

① 피상속인이 유언에 의해 재산을 모두 사회단체에 기부한 경우, 그의 자녀는 유류분 권리자가 될 수 없다.
② 피상속인의 자녀에게는 법정상속분 2분의 1의 유류분이 인정되며, 유류분 산정액은 피상속인의 배우자의 그것과 같다.
③ 피상속인의 부모는 피상속인의 자녀와 공동으로 상속재산을 상속할 수 있다.
④ 상속이 개시한 때부터 10년이 경과하였다면, 소에 의한 방법으로 유류분반환청구권을 행사해야 한다.
⑤ 피상속인에게 3촌인 방계혈족만 있는 경우, 그 방계혈족은 상속인이 될 수 있지만 유류분 권리자는 될 수 없다.

문 13. 다음 글을 근거로 판단할 때 옳지 않은 것은?

> 도시 O, A, B, C는 순서대로 동일 직선상에 배치되어 있으며 도시 간 거리는 각각 30km로 동일하다. ($\overline{OA}$: 30km, $\overline{AB}$: 30km, $\overline{BC}$: 30km)
>
> A, B, C가 비용을 분담하여 O에서부터 A와 B를 거쳐 C까지 연결하는 직선도로를 건설하려고 한다. A, B, C 주민은 O로의 이동을 위해서만 도로를 이용한다. 도로 1km당 건설비용은 동일하다. 비용 분담안으로 다음 세 가지 안이 논의되고 있다.
>
> ○ I안: 각 도시가 균등하게 비용을 부담
> ○ II안: 각 도시가 이용 구간의 길이에 비례하여 비용을 부담
> ○ III안: 도로를 $\overline{OA}$, $\overline{AB}$, $\overline{BC}$로 나누어 해당 구간을 이용하는 도시가 해당 구간 건설비용을 균등하게 부담

① A에게는 III안이 가장 부담 비용이 낮다.
② B의 부담 비용은 I안과 II안에서 같다.
③ II안에서 A와 B의 부담 비용의 합은 C의 부담 비용과 같다.
④ I안에 비해 부담 비용이 낮아지는 도시의 수는 II안보다 III안에서 더 많다.
⑤ C의 부담 비용은 III안이 I안의 2배 이상이다.

문 14. 다음 글을 근거로 판단할 때, A시 예산성과금을 가장 많이 받는 사람은?

> <A시 예산성과금 공고문>
>
> ○ 제도의 취지
> – 예산의 집행방법과 제도 개선 등으로 예산을 절감하거나 수입을 증대시킨 경우 그 일부를 기여자에게 성과금(포상금)으로 지급함으로써 예산의 효율적 사용 장려
>
> ○ 지급요건 및 대상
> – 자발적 노력을 통한 제도 개선 등으로 예산을 절감하거나 세입원을 발굴하는 등 세입을 증대한 경우
> – 예산절감 및 수입증대 발생시기: 2020년 1월 1일 ~ 2020년 12월 31일
> – A시 공무원, A시 사무를 위임(위탁) 받아 수행하는 기관의 임직원
> – 예산낭비를 신고하거나, 지출절약이나 수입증대에 관한 제안을 제출하여 A시의 예산절감 및 수입증대에 기여한 국민
>
> ○ 지급기준
> – 1인당 지급액

구분	예산절감		수입증대
	주요사업비	경상적 경비	
지급액	절약액의 20%	절약액의 50%	증대액의 10%

> – 타 부서나 타 사업으로 확산 시 지급액의 30%를 가산하여 지급

① 사업물자 계약방법을 개선하여 2019년 12월 주요사업비 8천만 원을 절약한 A시 사무관 甲
② 제도 개선을 통해 2020년 5월 주요사업비 3천 5백만 원을 절약하여 개선된 제도가 A시청 전 부서에 확대 시행되는 데 기여한 A시 사무관 乙
③ A시 지역축제에 관한 제안을 제출하여 2020년 7월 8천만 원의 수입증대에 기여한 국민 丙
④ A시 위임사무를 수행하면서 제도 개선을 통해 2020년 8월 경상적 경비 1천 8백만 원을 절약한 B기관 이사 丁
⑤ A시장의 지시를 받아 사무용품 조달방법을 개선하여 2020년 9월 경상적 경비 1천만 원을 절약한 A시 사무관 戊

문 15. 다음 글을 근거로 판단할 때, 규칙 위반에 해당하는 것은?

<드론 비행 안전 규칙>

드론을 비행하려면 다음 요건을 갖추어야 한다.

구 분		기체검사	비행승인	사업등록	구 분		장치신고	조종자격
이륙중량 25kg 초과	사업자	○	○	○	자체중량 12kg 초과	사업자	○	○
	비사업자	○	○	×		비사업자	○	×
이륙중량 25kg 이하	사업자	×	△	○	자체중량 12kg 이하	사업자	○	×
	비사업자	×	△	×		비사업자	×	×

※ ○: 필요, ×: 불필요

△: 공항 또는 비행장 중심 반경 5km 이내에서는 필요

① 비사업자인 甲은 이륙중량 20kg, 자체중량 10kg인 드론을 공항 중심으로부터 10km 떨어진 지역에서 비행승인 없이 비행하였다.

② 비사업자인 乙은 이륙중량 30kg, 자체중량 10kg인 드론을 기체검사, 비행승인을 받아 비행하였다.

③ 사업자인 丙은 이륙중량 25kg, 자체중량 12kg인 드론을 사업등록, 장치신고를 하고 비행승인 없이 비행장 중심으로부터 4km 떨어진 지역에서 비행하였다.

④ 사업자인 丁은 이륙중량 30kg, 자체중량 20kg인 드론을 기체검사, 사업등록, 장치신고, 조종자격을 갖추고 비행승인을 받아 비행하였다.

⑤ 사업자인 戊는 이륙중량 20kg, 자체중량 13kg인 드론을 사업등록, 장치신고, 조종자격을 갖추고 비행승인 없이 비행장 중심으로부터 20km 떨어진 지역에서 비행하였다.

문 16. 다음 글과 <상황>을 근거로 판단할 때, 甲관할구역 소방서에 배치되어야 하는 소방자동차의 최소 대수는?

<소방서에 두는 소방자동차 배치기준>

가. 소방사다리차

1) 관할구역에 층수가 11층 이상인 아파트가 20동 이상 있거나 11층 이상 건축물(아파트 제외)이 20개소 이상 있는 경우에는 고가사다리차를 1대 이상 배치한다.

2) 관할구역에 층수가 5층 이상인 아파트가 50동 이상 있거나 5층 이상 백화점, 복합상영관 등 대형 화재의 우려가 있는 건물이 있는 경우에는 굴절사다리차를 1대 이상 배치한다.

3) 고가사다리차 또는 굴절사다리차가 배치되어 있는 119안전센터와의 거리가 20km 이내인 경우에는 배치하지 않을 수 있다.

나. 화학차(내폭화학차 또는 고성능화학차): 위험물을 저장·취급하는 제조소·옥내저장소·옥외탱크저장소·옥외저장소·암반탱크저장소 및 일반취급소(이하 '제조소 등'이라 한다)의 수에 따라 화학차를 설치한다. 관할구역 내 제조소 등이 50개소 이상 500개소 미만인 경우는 1대를 배치한다. 500개소 이상인 경우는 2대를 배치하며, 1,000개소 이상인 경우는 다음 계산식에 따라 산출(소수점 이하 첫째자리에서 올림)된 수만큼 추가 배치한다.

화학차 대수 = (제조소 등의 수 − 1,000) ÷ 1,000

다. 지휘차 및 순찰차: 각각 1대 이상 배치한다.

라. 그 밖의 차량: 소방활동을 원활하게 추진하기 위하여 소방서장이 필요하다고 판단하는 경우 배연차, 조명차, 화재조사차, 중장비, 견인차, 진단차, 행정업무용 차량 등을 추가로 배치할 수 있다.

<상 황>

甲관할구역 내에는 소방서 한 곳이 설치되어 있으며, 이 소방서와 가장 가까운 119안전센터(乙관할구역)는 소방서로부터 25km 떨어져 있다. 甲관할구역 내에는 층수가 11층 이상인 아파트가 30동 있고, 3층 백화점 건물이 하나 있으며, 위험물을 저장·취급하는 제조소 등이 1,200개소 있다.

① 3

② 4

③ 5

④ 6

⑤ 7

문 17. 다음 글과 <상황>을 근거로 판단할 때 옳은 것은?

甲은 상자를 운반하려고 한다. 甲은 상자를 1회 운반할 때마다 다음 규칙 중 하나를 선택하여 적용한다.

㉠ 남아 있는 상자 중 가장 무거운 것과 가장 가벼운 것의 총 무게가 17kg 이하이면 함께 운반한다. 가장 무거운 것과 가장 가벼운 것의 총 무게가 17kg 초과이면 가장 무거운 것만 운반한다.

㉡ 남아 있는 상자 중 총 무게가 17kg 이하인 상자 3개를 함께 운반한다.

㉢ 남아 있는 상자를 모두 운반한다. 단, 운반하려는 상자의 총 무게가 17kg 이하여야 한다.

<상 황>

甲이 운반하는 상자는 10개(A ~ J)이다. 상자는 A가 20kg으로 가장 무겁고 알파벳순으로 2kg씩 가벼워져 J가 가장 가볍다. 甲은 첫 번째로 A를, 두 번째로 ⓐ·I·J를 운반한다.

① D는 다른 상자와 같이 운반된다.
② 두 번째 운반 후에 ㉠은 적용되지 않는다.
③ ⓐ가 G라면 이후에 ㉢은 적용될 수 없다.
④ 두 번째 운반부터 상자를 모두 옮길 때까지 운반 횟수를 최소로 하려면 ⓐ가 H여서는 안 된다.
⑤ 상자를 모두 옮길 때까지 전체 운반 횟수를 최소로 하기 위해서는 두 번째 운반에 ㉠을 적용해야 한다.

문 18. 다음 글을 근거로 판단할 때 옳지 않은 것은?

○ 甲과 乙은 조선시대 왕의 계보를 외우는 놀이를 한다.
○ 甲과 乙은 번갈아가며 직전에 나온 왕의 다음 왕부터 순차적으로 외친다.
○ 한 번에 최소 1명, 최대 3명의 왕을 외칠 수 있다.
○ 甲이 제1대 왕 '태조'부터 외치면서 놀이가 시작되고, 누군가 마지막 왕인 '순종'을 외치면 놀이가 종료된다.
○ '조'로 끝나는 왕 2명 이상을 한 번에 외칠 수 없다.
○ 반정(反正)에 성공한 왕은 해당 반정으로 폐위(廢位)된 왕과 함께 외칠 수 없다.
  – 중종 반정: 연산군 폐위
  – 인조 반정: 광해군 폐위

<조선시대 왕의 계보>

1	태조	10	연산군	19	숙종
2	정종	11	중종	20	경종
3	태종	12	인종	21	영조
4	세종	13	명종	22	정조
5	문종	14	선조	23	순조
6	단종	15	광해군	24	헌종
7	세조	16	인조	25	철종
8	예종	17	효종	26	고종
9	성종	18	현종	27	순종

① 甲이 '명종'까지 외쳤다면, 甲은 '인조'를 외칠 수 없다.
② 甲과 乙이 각각 6번씩 외치는 것으로 놀이가 종료될 수 있다.
③ 甲이 '인종, 명종, 선조'를 외쳤다면, '연산군'은 甲이 외친 것이다.
④ 甲이 첫 차례에 3명의 왕을 외친다면, 甲은 자신의 다음 차례에 '세조'를 외칠 수 있다.
⑤ '순종'을 외치는 사람이 지는 게임이라면, 甲이 '영조'를 외쳤을 때 乙은 甲의 선택에 관계없이 승리할 수 있다.

25제 SET 3

문 19. 다음 글을 근거로 판단할 때, 甲과 乙이 가진 4장의 숫자 카드에 적힌 수의 합으로 가능한 것은?

> 1부터 9까지 서로 다른 자연수가 하나씩 적힌 9장의 숫자 카드 1세트가 있다. 甲과 乙은 여기에서 각각 2장씩 카드를 뽑았다. 카드를 뽑고 보니 甲이 가진 카드에 적힌 숫자의 합과 乙이 가진 카드에 적힌 숫자의 합이 같았다. 또한 甲이 첫 번째 뽑은 카드에 3을 곱한 값과 두 번째 뽑은 카드에 9를 곱한 값의 일의 자리 수가 서로 같았다. 乙도 같은 방식으로 곱하여 얻은 두 값의 일의 자리 수가 서로 같았다.

① 18
② 20
③ 22
④ 24
⑤ 26

문 20. 다음 글을 근거로 판단할 때, <보기>에서 옳은 것만을 모두 고르면?

> ○ 3개의 과일상자가 있다.
> ○ 하나의 상자에는 사과만 담겨 있고, 다른 하나의 상자에는 배만 담겨 있으며, 나머지 하나의 상자에는 사과와 배가 섞여 담겨 있다.
> ○ 각 상자에는 '사과 상자', '배 상자', '사과와 배 상자'라는 이름표가 붙어 있다.
> ○ 이름표대로 내용물(과일)이 들어 있는 상자는 없다.
> ○ 상자 중 하나에서 한 개의 과일을 꺼내어 확인할 수 있다.

<보 기>

ㄱ. '사과와 배 상자'에서 과일 하나를 꺼내어 확인한 결과 사과라면, '사과 상자'에는 배만 들어 있다.
ㄴ. '배 상자'에서 과일 하나를 꺼내어 확인한 결과 배라면, '사과 상자'에는 사과와 배가 들어 있다.
ㄷ. '사과 상자'에서 과일 하나를 꺼내어 확인한 결과 배라면, '배 상자'에는 사과만 들어 있다.

① ㄱ
② ㄴ
③ ㄱ, ㄷ
④ ㄴ, ㄷ
⑤ ㄱ, ㄴ, ㄷ

문 21. 다음 글을 근거로 판단할 때, 18시에서 20시 사이에 보행신호가 점등된 횟수는?

○ A시는 차량통행은 많지만 사람의 통행은 적은 횡단보도에 보행자 자동인식시스템을 설치하였다.

○ 보행자 자동인식시스템이 횡단보도 앞에 도착한 보행자를 인식하면 1분 30초의 대기 후에 보행신호가 30초간 점등되며, 이후 차량통행을 보장하기 위해 2분간 보행신호는 점등되지 않는다. 점등 대기와 보행신호 점등, 차량통행 보장 시간 동안에는 보행자를 인식하지 않는다.

점등 대기	→	보행신호 점등	→	차량통행 보장
1분 30초		30초		2분

○ 보행신호가 점등되기 전까지 횡단보도 앞에 도착한 사람만 모두 건넌다.

○ 다음은 17시 50분부터 20시까지 횡단보도 앞에 도착한 사람의 수와 도착 시각을 정리한 것이다.

도착 시각	인원	도착 시각	인원
18:25:00	1	18:44:00	3
18:27:00	3	18:59:00	4
18:30:00	2	19:01:00	2
18:31:00	5	19:48:00	4
18:43:00	1	19:49:00	2

① 6
② 7
③ 8
④ 9
⑤ 10

문 22. 다음 글을 근거로 판단할 때, ㉠과 ㉡을 옳게 짝지은 것은?

○ 甲회사는 재고를 3개의 창고 A, B, C에 나누어 관리하며, 2020년 1월 1일자 재고는 A창고 150개, B창고 100개, C창고 200개였다.

○ 2020년 상반기 입·출고기록은 다음 표와 같으며, 재고는 입고 및 출고에 의해서만 변화한다.

입고기록				출고기록			
일자 \ 창고	A	B	C	일자 \ 창고	A	B	C
3월 4일	50	80	0	2월 18일	30	20	10
4월 10일	0	25	10	3월 27일	10	30	60
5월 11일	30	0	0	4월 13일	20	0	15

○ 2020년 5월 25일 하나의 창고에 화재가 발생하여 그 창고 안에 있던 재고 전부가 불에 그을렸는데, 그 개수를 세어보니 150개였다.

○ 화재 직후인 2020년 5월 26일 甲회사의 재고 중 불에 그을리지 않은 것은 [㉠]개였다.

○ 甲회사는 2020년 6월 30일 상반기 장부를 정리하던 중 두 창고 [㉡]의 상반기 전체 출고기록이 맞바뀐 것을 뒤늦게 발견하였다.

	㉠	㉡
①	290	A와 B
②	290	A와 C
③	290	B와 C
④	300	A와 B
⑤	300	A와 C

문 23. 다음 글과 <상황>을 근거로 판단할 때, 수질 개선 설비 설치에 필요한 최소 비용은?

○ 용도에 따른 필요 수질은 다음과 같다.
  - 농업용수: 중금속이 제거되고 3급 이상인 담수
  - 공업용수: 중금속이 제거되고 2급 이상인 담수
  - 생활용수: 중금속이 제거되고 음용이 가능하며 1급인 담수
○ 수질 개선에 사용하는 설비의 용량과 설치 비용은 다음과 같다.

수질 개선 설비	기능	처리 용량 (대당)	설치 비용 (대당)
1차 정수기	5 ~ 4급수를 3급수로 정수	5톤	5천만 원
2차 정수기	3 ~ 2급수를 1급수로 정수	1톤	1억 6천만 원
3차 정수기	음용 가능 처리	1톤	5억 원
응집 침전기	중금속 성분 제거	3톤	5천만 원
해수담수화기	염분 제거	10톤	1억 원

  - 3차 정수기에는 2차 정수기의 기능이 포함되어 있다.
  - 모든 수질 개선 설비는 필요 용량 이상으로 설치되어야 한다. 예를 들어 18톤의 해수를 담수로 개선하기 위해 해수담수화기가 최소 2대 설치되어야 한다.
  - 수질 개선 전후 수량 변화는 없는 것으로 간주한다.

<상 황>

○○기관은 중금속이 포함된 4급에 해당하는 해수 3톤을 정수 처리하여 생활용수 3톤을 확보하려 한다. 이를 위해 필요한 설비를 갖추어 수질을 개선하여야 한다.

① 16억 원
② 16억 5천만 원
③ 17억 원
④ 18억 6천만 원
⑤ 21억 8천만 원

문 24. 다음 글을 근거로 판단할 때, 甲이 잃어버린 인물카드의 수는?

甲은 이름, 성별, 직업이 기재된 인물카드를 모으고 있다. 며칠 전 그 중 몇 장을 잃어버렸다. 다음은 카드를 잃어버리기 전과 후의 상황이다.

<잃어버리기 전>

○ 남성 인물카드를 여성 인물카드보다 2장 더 많이 가지고 있다.
○ 가지고 있는 인물카드의 직업은 총 5종류이며, 인물카드는 직업별로 최대 2장이다.
○ 가수 직업의 인물카드는 1장만 가지고 있다.

<잃어버린 후>

○ 잃어버린 인물카드 중 2장은 직업이 소방관이다.
○ 가수 직업의 인물카드는 잃어버리지 않았다.
○ 인물카드는 총 5장 가지고 있으며, 직업은 4종류이다.

① 2장
② 3장
③ 4장
④ 5장
⑤ 6장

문 25. 다음 글과 <상황>을 근거로 판단할 때, <보기>에서 옳은 것만을 모두 고르면?

제00조 ① 급식은 유아의 교육을 위하여 설립·운영되는 국립·공립·사립 유치원을 대상으로 실시한다.
② 제1항에도 불구하고 원아수 50명 미만의 사립 유치원은 급식 대상에서 제외한다. 다만 교육감이 필요하다고 인정하는 경우 급식 대상에 포함시킬 수 있다.
③ 교육감은 제2항에 따라 급식 대상에서 제외되는 유치원의 명칭과 주소를 매년 1월말까지 공시하여야 한다.
제00조 ① 유치원에 두는 영양교사의 배치기준은 다음 각 호와 같다.
1. 급식을 실시할 유치원에는 영양교사 1명을 둔다.
2. 제1호에도 불구하고 같은 교육지원청의 관할구역에 있는 원아수 각 200명 미만인 유치원은 2개 이내의 유치원에 순회 또는 공동으로 영양교사를 둘 수 있다.
② 교육감은 급식을 위한 시설과 설비를 갖춘 유치원 중 원아수 100명 미만의 유치원에 대하여 영양관리, 식생활 지도 등의 업무를 지원하기 위하여 교육지원청에 전담직원을 둘 수 있다. 이 경우 교육지원청의 지원을 받는 유치원에는 영양교사를 둔 것으로 본다.

<상 황>

○ 현재 유치원 현황은 다음과 같다.

유치원	분류	원아수	관할 교육지원청
A	공립	223	甲
B	사립	152	乙
C	사립	123	乙
D	사립	74	丙
E	공립	46	丙

<보 기>

ㄱ. A유치원은 급식을 실시하기 위하여 영양교사 1명을 배치해야 한다.
ㄴ. B유치원과 C유치원은 공동으로 영양교사 1명을 배치할 수 있다.
ㄷ. 급식을 위한 시설과 설비를 갖춘 D유치원이 丙교육지원청의 전담직원을 통하여 영양관리, 식생활 지도 등의 업무를 지원받고 있다면, D유치원은 영양교사를 둔 것으로 본다.
ㄹ. E유치원은 급식 대상에서 제외되는 유치원으로 그 명칭과 주소가 매년 1월말까지 공시되어야 한다.

① ㄱ, ㄴ
② ㄱ, ㄹ
③ ㄷ, ㄹ
④ ㄱ, ㄴ, ㄷ
⑤ ㄴ, ㄷ, ㄹ

25제 SET 3

MEMO

25제 연습
SET 4

총 25문제
제한시간 : 56분

문 1. 다음 글을 근거로 판단할 때 옳은 것은?

제00조 ① 청원경찰이란 기관의 장 또는 시설·사업장 등의 경영자(이하 '기관의 장 등'이라 한다)가 경비를 부담할 것을 조건으로 경찰의 배치를 신청하는 경우 그 기관·시설·사업장 등의 경비를 담당하게 하기 위하여 배치하는 경찰을 말한다.
② 청원경찰을 배치받으려는 기관의 장 등은 관할 지방경찰청장에게 청원경찰 배치를 신청하여야 한다.
③ 지방경찰청장은 제2항의 청원경찰 배치신청을 받으면 지체 없이 그 배치 여부를 결정하여야 한다.
④ 지방경찰청장은 청원경찰 배치가 필요한 경우 관할 구역에 소재하는 기관의 장 등에게 청원경찰을 배치할 것을 요청할 수 있다.
제00조 ① 청원경찰은 청원경찰의 배치결정을 받은 자[이하 '청원주'(請願主)라 한다]와 배치된 기관·시설·사업장의 구역을 관할하는 경찰서장의 감독을 받아 그 경비구역만의 경비를 목적으로 필요한 범위에서 「경찰관 직무집행법」에 따른 경찰관의 직무를 수행한다.
② 청원경찰은 제1항에도 불구하고 수사활동 등 사법경찰관리(司法警察官吏)의 직무를 수행해서는 아니 된다.
제00조 ① 청원경찰은 청원주가 임용하되, 임용을 할 때에는 미리 관할 지방경찰청장의 승인을 받아야 한다.
② 「국가공무원법」의 결격사유에 해당하는 사람은 청원경찰로 임용될 수 없다.
③ 청원경찰의 임용자격·임용방법·교육 및 보수에 관하여는 대통령령으로 정한다.
제00조 청원주가 청원경찰이 휴대할 무기를 대여받으려는 경우에는 관할 경찰서장을 거쳐 지방경찰청장에게 무기대여를 신청하여야 한다.

① 청원경찰의 임용승인과 직무감독의 권한은 관할 경찰서장에게 있다.
② 청원경찰은 관할 지방경찰청장의 요청뿐만 아니라 배치받으려는 기관의 장 등의 신청에 의해서도 배치될 수 있다.
③ 청원경찰의 임용자격 및 임용방법은 「국가공무원법」에 따르며, 청원경찰의 결격사유는 대통령령으로 정한다.
④ 청원경찰은 배치된 사업장의 경비를 목적으로 필요한 범위에서 수사활동 등 사법경찰관리의 직무를 수행할 수 있다.
⑤ 청원경찰은 직무수행에 필요한 경우 직접 관할 지방경찰청장에게 무기대여를 신청하여야 한다.

문 2. 다음 글을 근거로 판단할 때 옳은 것은?

제00조 ① 다음 각 호의 어느 하나에 해당하는 자는 농식품경영체에 대한 투자를 목적으로 하는 농식품투자조합을 결성할 수 있다.
1. 중소기업창업투자회사
2. 투자관리전문기관
② 제1항에 따른 조합은 그 채무에 대하여 무한책임을 지는 1인 이상의 조합원(이하 '업무집행조합원'이라 한다)과 출자액을 한도로 하여 유한책임을 지는 조합원(이하 '유한책임조합원'이라 한다)으로 구성한다. 이 경우 업무집행조합원은 다음 각 호의 어느 하나에 해당하는 자로 하되, 그 중 1인은 제1호에 해당하는 자이어야 한다.
1. 제1항 각 호의 어느 하나에 해당하는 자
2. 「보험업법」에 따른 보험회사
제00조 업무집행조합원은 농식품투자조합의 업무를 집행할 때 다음 각 호의 어느 하나에 해당하는 행위를 하여서는 아니 된다.
1. 자기나 제3자의 이익을 위하여 농식품투자조합의 재산을 사용하는 행위
2. 농식품투자조합 명의로 자금을 차입하는 행위
3. 농식품투자조합의 재산으로 지급보증 또는 담보를 제공하는 행위
제00조 ① 농식품투자조합은 다음 각 호의 어느 하나에 해당하는 사유가 있을 때에는 해산한다.
1. 존속기간의 만료
2. 유한책임조합원 또는 업무집행조합원 전원의 탈퇴
3. 농식품투자조합의 자산이 출자금 총액보다 적어지거나 그 밖의 사유가 생겨 업무를 계속 수행하기 어려운 경우로서 조합원 총수의 과반수와 조합원 총지분 과반수의 동의를 받은 경우
② 농식품투자조합이 해산하면 업무집행조합원이 청산인이 된다. 다만 조합의 규약으로 정하는 바에 따라 업무집행조합원 외의 자를 청산인으로 선임할 수 있다.
③ 농식품투자조합의 해산 당시의 출자금액을 초과하는 채무가 있으면 업무집행조합원이 그 채무를 변제하여야 한다.

① 농식품투자조합이 해산한 경우, 조합의 규약에 다른 규정이 없는 한 업무집행조합원이 청산인이 된다.
② 투자관리전문기관은 농식품투자조합의 유한책임조합원이 될 수 있지만 업무집행조합원이 될 수 없다.
③ 업무집행조합원은 농식품투자조합의 업무를 집행할 때, 그 조합의 재산으로 지급을 보증하는 행위를 할 수 있다.
④ 농식품투자조합 해산 당시 출자금액을 초과하는 채무가 있으면, 유한책임조합원 전원이 연대하여 그 채무를 변제하여야 한다.
⑤ 농식품투자조합의 자산이 출자금 총액보다 적어 업무를 계속 수행하기 어려운 경우, 조합원 총수의 과반수의 동의만으로 농식품투자조합은 해산한다.

문 3. 다음 글과 <상황>을 근거로 판단할 때 옳은 것은?

주주총회의 소집절차 또는 그 결의방법이 법령이나 정관을 위반하거나 그 결의내용이 정관을 위반한 경우, 주주총회 결의취소의 소(이하 '결의취소의 소'라 한다)를 제기할 수 있는 사람은 해당 회사의 주주, 이사 또는 감사이다. 이들 이외의 사람이 결의취소의 소를 제기하면 소는 부적법한 것으로 각하된다. 결의취소의 소를 제기한 주주·이사·감사는 변론이 종결될 때까지 그 자격을 유지하여야 한다. 따라서 변론종결 전에 원고인 주주가 주식을 전부 양도하거나 이사·감사가 임기만료나 해임·사임·사망 등으로 그 지위를 상실한 경우, 소는 부적법한 것으로 각하된다. 소가 부적법 각하되면 주주총회의 결의를 취소하는 것이 정당한지에 관한 법원의 판단 없이 소송은 그대로 종료하게 된다.

결의취소의 소는 해당 회사를 피고로 해야 하며, 회사 아닌 사람을 공동피고로 한 경우 그 사람에 대한 소는 부적법한 것으로 각하되고, 회사에 대한 소송만 진행된다. 한편 회사가 피고가 된 소송에서는 회사의 대표이사가 회사를 대표하여 소송을 수행한다. 그렇지만 이사가 결의취소의 소를 제기한 때에는 이사와 대표이사의 공모를 막기 위해서 감사가 회사를 대표하여 소송을 수행한다. 이와 달리 이사 이외의 자가 결의취소의 소를 제기한 때에는 대표이사가 소송을 수행하며, 그 대표이사가 결의취소의 소의 대상이 된 주주총회 결의로 선임된 경우라 하더라도 마찬가지이다.

<상 황>

A회사의 주주총회는 대표이사 甲을 해임하고 새로이 乙을 대표이사로 선임하는 결의를 하여 乙이 즉시 대표이사로 취임하였다. 그런데 그 주주총회의 소집절차는 법령에 위반된 것이었다. A회사의 주주는 丙과 丁 등이 있고, 이사는 戊, 감사는 己이다. 甲과 乙은 주주가 아니며, 甲은 대표이사 해임결의로 이사의 지위도 상실하였다.

① 甲이 A회사를 피고로 하여 결의취소의 소를 제기하면, 법원은 결의를 취소하는 것이 정당한지에 관해 판단해야 한다.
② 丙이 A회사를 피고로 하여 결의취소의 소를 제기하면, 乙이 A회사를 대표하여 소송을 수행한다.
③ 丁이 A회사와 乙을 공동피고로 하여 결의취소의 소를 제기하면, A회사와 乙에 대한 소는 모두 부적법 각하된다.
④ 戊가 A회사를 피고로 하여 결의취소의 소를 제기하면, 甲이 A회사를 대표하여 소송을 수행한다.
⑤ 己가 A회사를 피고로 하여 제기한 결의취소의 소의 변론이 종결된 후에 己의 임기가 만료된다면, 그 소는 부적법 각하된다.

문 4. 다음 글과 <상황>을 근거로 판단할 때, 甲정당과 그 소속 후보자들이 최대로 실시할 수 있는 선거방송 시간의 총합은?

○ △△국 의회는 지역구의원과 비례대표의원으로 구성된다.
○ 의회의원 선거에서 정당과 후보자는 선거방송을 실시할 수 있다. 선거방송은 방송광고와 방송연설로 이루어진다.
○ 선거운동을 위한 방송광고는 비례대표의원 후보자를 추천한 정당이 방송매체별로 각 15회 이내에서 실시할 수 있으며, 1회 1분을 초과할 수 없다.
○ 후보자는 방송연설을 할 수 있다. 비례대표의원 선거에서는 정당별로 비례대표의원 후보자 중에서 선임된 대표 2인이 각각 1회 10분 이내에서 방송매체별로 각 1회 실시할 수 있다. 지역구의원 선거에서는 각 후보자가 1회 10분 이내, 방송매체별로 각 2회 이내에서 실시할 수 있다.

<상 황>

○ △△국 방송매체로는 텔레비전 방송사 1개, 라디오 방송사 1개가 있다.
○ △△국 甲정당은 의회의원 선거에서 지역구의원 후보 100명을 출마시키고 비례대표의원 후보 10명을 추천하였다.

① 2,070분
② 4,050분
③ 4,070분
④ 4,340분
⑤ 5,225분

문 5. 다음 글을 근거로 판단할 때, A학자의 언어체계에서 표기와 그 의미를 연결한 것으로 옳지 않은 것은?

A학자는 존재하는 모든 사물들을 자연적인 질서에 따라 나열하고 그것들의 지위와 본질을 표현하는 적절한 기호를 부여하면 보편언어를 만들 수 있다고 생각했다.

이를 위해 A학자는 우선 세상의 모든 사물을 40개의 '속(屬)'으로 나누고, 속을 다시 '차이(差異)'로 세분했다. 예를 들어 8번째 속인 돌은 순서대로 아래와 같이 6개의 차이로 분류된다.

(1) 가치 없는 돌
(2) 중간 가치의 돌
(3) 덜 투명한 가치 있는 돌
(4) 더 투명한 가치 있는 돌
(5) 물에 녹는 지구의 응결물
(6) 물에 녹지 않는 지구의 응결물

이 차이는 다시 '종(種)'으로 세분화되었다. 예를 들어, '가치 없는 돌'은 그 크기, 용도에 따라서 8개의 종으로 분류되었다.

이렇게 사물을 전부 분류한 다음에 A학자는 속, 차이, 종에 문자를 대응시키고 표기하였다.

예를 들어, 7번째 속부터 10번째 속까지는 다음과 같이 표기된다.

7) 원소: de
8) 돌: di
9) 금속: do
10) 잎: gw

차이를 나타내는 표기는 첫 번째 차이부터 순서대로 b, d, g, p, t, c, z, s, n을 사용했고, 종은 순서대로 w, a, e, i, o, u, y, yi, yu를 사용했다. 따라서 'di'는 돌을 의미하고 'dib'는 가치 없는 돌을 의미하며, 'diba'는 가치 없는 돌의 두 번째 종을 의미한다.

① ditu – 물에 녹는 지구의 응결물의 여섯 번째 종
② gwpyi – 잎의 네 번째 차이의 네 번째 종
③ dige – 덜 투명한 가치 있는 돌의 세 번째 종
④ deda – 원소의 두 번째 차이의 두 번째 종
⑤ donw – 금속의 아홉 번째 차이의 첫 번째 종

문 6. 다음 글을 근거로 판단할 때, ○○공장에서 4월 1일과 4월 2일에 작업한 최소 시간의 합은?

○○공장은 작업반 A와 B로 구성되어 있고 제품 X와 제품 Y를 생산한다. 다음 표는 각 작업반이 1시간에 생산할 수 있는 각 제품의 수량을 나타낸다. 각 작업반은 X와 Y를 동시에 생산할 수 없고 작업 속도는 일정하다.

<작업반별 시간당 생산량>

(단위: 개)

구분	X	Y
작업반 A	2	3
작업반 B	1	3

○○공장은 4월 1일 오전 9시에 X 24개와 Y 18개를 주문받았으며, 4월 2일에도 같은 시간에 동일한 주문을 받았다. 당일 주문받은 물량은 당일에 모두 생산하였다.

4월 1일에는 작업 여건상 두 작업반이 같은 시간대에 동일한 종류의 제품만을 생산해야 했지만, 4월 2일에는 그러한 제약이 없었다. 두 작업반은 매일 동시에 작업을 시작하며, 작업 시간은 작업 시작 시점부터 주문받은 물량 생산 완료 시점까지의 시간을 의미한다.

① 19시간
② 20시간
③ 21시간
④ 22시간
⑤ 23시간

문 7. 다음 <상황>을 근거로 판단할 때, <대안>의 월 소요 예산 규모를 비교한 것으로 옳은 것은?

<상 황>

○ 甲사무관은 빈곤과 저출산 문제를 해결하기 위한 대안을 분석 중이다.
○ 전체 1,500가구는 자녀 수에 따라 네 가지 유형으로 구분할 수 있는데, 그 구성은 무자녀 가구 300가구, 한 자녀 가구 600가구, 두 자녀 가구 500가구, 세 자녀 이상 가구 100가구이다.
○ 전체 가구의 월 평균 소득은 200만 원이다.
○ 각 가구 유형의 30%는 맞벌이 가구이다.
○ 각 가구 유형의 20%는 빈곤 가구이다.

<대 안>

A안 : 모든 빈곤 가구에게 전체 가구 월 평균 소득의 25%에 해당하는 금액을 가구당 매월 지급한다.
B안 : 한 자녀 가구에는 10만 원, 두 자녀 가구에는 20만 원, 세 자녀 이상 가구에는 30만 원을 가구당 매월 지급한다.
C안 : 자녀가 있는 모든 맞벌이 가구에 자녀 1명당 30만 원을 매월 지급한다. 다만 세 자녀 이상의 맞벌이 가구에는 일률적으로 가구당 100만 원을 매월 지급한다.

① A<B<C
② A<C<B
③ B<A<C
④ B<C<A
⑤ C<A<B

문 8. 다음 글을 근거로 판단할 때 옳은 것은?

전문가 6명(A ~ F)의 <회의 참여 가능 시간>과 <회의 장소 선호도>를 반영하여, <조건>을 충족하는 회의를 월 ~ 금요일 중 개최하려 한다.

<회의 참여 가능 시간>

요일 / 전문가	월	화	수	목	금
A	13:00 ~ 16:20	15:00 ~ 17:30	13:00 ~ 16:20	15:00 ~ 17:30	16:00 ~ 18:30
B	13:00 ~ 16:10	-	13:00 ~ 16:10	-	16:00 ~ 18:30
C	16:00 ~ 19:20	14:00 ~ 16:20	-	14:00 ~ 16:20	16:00 ~ 19:20
D	17:00 ~ 19:30	-	17:00 ~ 19:30	-	17:00 ~ 19:30
E	-	15:00 ~ 17:10	-	15:00 ~ 17:10	-
F	16:00 ~ 19:20	-	16:00 ~ 19:20	-	16:00 ~ 19:20

※ -: 참여 불가

<회의 장소 선호도>

(단위: 점)

전문가 / 장소	A	B	C	D	E	F
가	5	4	5	6	7	5
나	6	6	8	6	8	8
다	7	8	5	6	3	4

<조 건>

○ 전문가 A ~ F 중 3명 이상이 참여할 수 있어야 회의 개최가 가능하다.
○ 회의는 1시간 동안 진행되며, 회의 참여자는 회의 시작부터 종료까지 자리를 지켜야 한다.
○ 회의 시간이 정해지면, 해당 일정에 참여 가능한 전문가들의 선호도를 합산하여 가장 높은 점수가 나온 곳을 회의 장소로 정한다.

① 월요일에는 회의를 개최할 수 없다.
② 금요일 16시에 회의를 개최할 경우 회의 장소는 '가'이다.
③ 금요일 18시에 회의를 개최할 경우 회의 장소는 '다'이다.
④ A가 반드시 참여해야 할 경우 목요일 16시에 회의를 개최할 수 있다.
⑤ C, D를 포함하여 4명 이상이 참여해야 할 경우 금요일 17시에 회의를 개최할 수 있다.

문 9. 다음 글을 근거로 판단할 때 옳지 않은 것은?

A구와 B구로 이루어진 신도시 甲시에는 어린이집과 복지회관이 없다. 이에 甲시는 60억 원의 건축 예산을 사용하여 아래 <건축비와 만족도>와 <조건> 하에서 시민 만족도가 가장 높도록 어린이집과 복지회관을 신축하려고 한다.

<건축비와 만족도>

지역	시설 종류	건축비(억 원)	만족도
A구	어린이집	20	35
	복지회관	15	30
B구	어린이집	15	40
	복지회관	20	50

<조 건>

1) 예산 범위 내에서 시설을 신축한다.
2) 시민 만족도는 각 시설에 대한 만족도의 합으로 계산한다.
3) 각 구에는 최소 1개의 시설을 신축해야 한다.
4) 하나의 구에 동일 종류의 시설을 3개 이상 신축할 수 없다.
5) 하나의 구에 동일 종류의 시설을 2개 신축할 경우, 그 시설 중 한 시설에 대한 만족도는 20% 하락한다.

① 예산은 모두 사용될 것이다.
② A구에는 어린이집이 신축될 것이다.
③ B구에는 2개의 시설이 신축될 것이다.
④ 甲시에 신축되는 시설의 수는 4개일 것이다.
⑤ <조건> 5)가 없더라도 신축되는 시설의 수는 달라지지 않을 것이다.

문 10. 다음 <조건>을 근거로 판단할 때, <보기>에서 옳은 것만을 모두 고르면?

<조 건>

○ 인공지능 컴퓨터와 매번 대결할 때마다, 甲은 A, B, C 전략 중 하나를 선택할 수 있다.
○ 인공지능 컴퓨터는 대결을 거듭할수록 학습을 통해 각각의 전략에 대응하므로, 동일한 전략을 사용할수록 甲이 승리할 확률은 하락한다.
○ 각각의 전략을 사용한 횟수에 따라 각 대결에서 甲이 승리할 확률은 아래와 같고, 甲도 그 사실을 알고 있다.

<전략별 사용횟수에 따른 甲의 승률>

(단위 : %)

전략종류 \ 전략별 사용횟수	1회	2회	3회	4회
A전략	60	50	40	0
B전략	70	30	20	0
C전략	90	40	10	0

<보 기>

ㄱ. 甲이 총 3번의 대결을 하면서 각 대결에서 승리할 확률이 가장 높은 전략부터 순서대로 선택한다면, 3가지 전략을 각각 1회씩 사용해야 한다.
ㄴ. 甲이 총 5번의 대결을 하면서 각 대결에서 승리할 확률이 가장 높은 전략부터 순서대로 선택한다면, 5번째 대결에서는 B전략을 사용해야 한다.
ㄷ. 甲이 1개의 전략만을 사용하여 총 3번의 대결을 하면서 3번 모두 승리할 확률을 가장 높이려면, A전략을 선택해야 한다.
ㄹ. 甲이 1개의 전략만을 사용하여 총 2번의 대결을 하면서 2번 모두 패배할 확률을 가장 낮추려면, A전략을 선택해야 한다.

① ㄱ, ㄴ
② ㄱ, ㄷ
③ ㄴ, ㄹ
④ ㄱ, ㄷ, ㄹ
⑤ ㄴ, ㄷ, ㄹ

문 11. 다음 글을 근거로 판단할 때 옳지 않은 것은?

○ 甲부서에서는 2018년도 예산을 편성하기 위해 2017년에 시행되었던 정책(A ~ F)에 대한 평가를 실시하여, 아래와 같은 결과를 얻었다.

<정책 평가 결과>

(단위 : 점)

정책	계획의 충실성	계획 대비 실적	성과지표 달성도
A	96	95	76
B	93	83	81
C	94	96	82
D	98	82	75
E	95	92	79
F	95	90	85

○ 정책 평가 영역과 각 영역별 기준 점수는 다음과 같다.
- 계획의 충실성 : 기준 점수 90점
- 계획 대비 실적 : 기준 점수 85점
- 성과지표 달성도 : 기준 점수 80점

○ 평가 점수가 해당 영역의 기준 점수 이상인 경우 '통과'로 판단하고 기준 점수 미만인 경우 '미통과'로 판단한다.

○ 모든 영역이 통과로 판단된 정책에는 전년과 동일한 금액을 편성하며, 2개 영역이 통과로 판단된 정책에는 전년 대비 10% 감액, 1개 영역만 통과로 판단된 정책에는 15% 감액하여 편성한다. 다만 '계획 대비 실적' 영역이 미통과인 경우 위 기준과 상관없이 15% 감액하여 편성한다.

○ 2017년도 甲부서의 A ~ F 정책 예산은 각각 20억 원으로 총 120억 원이었다.

① 전년과 동일한 금액의 예산을 편성해야 하는 정책은 총 2개이다.
② 甲부서의 2018년도 A ~ F 정책 예산은 전년 대비 9억 원이 줄어들 것이다.
③ '성과지표 달성도' 영역에서 '통과'로 판단된 경우에도 예산을 감액해야 하는 정책이 있다.
④ 예산을 전년 대비 15% 감액하여 편성하는 정책들은 모두 '계획 대비 실적' 영역이 '미통과'로 판단되었을 것이다.
⑤ 2개 영역이 '미통과'로 판단된 정책에 대해서만 전년 대비 2018년도 예산을 감액하는 것으로 기준을 변경하는 경우에는 총 1개의 정책만 감액해야 한다.

문 12. 다음 글과 <조건>을 근거로 판단할 때, A 매립지에서 8월에 쓰레기를 매립할 셀은?

A 매립지는 셀 방식으로 쓰레기를 매립하고 있다. 셀 방식은 전체 매립부지를 일정한 넓이의 셀로 나누어서 각 셀마다 쓰레기를 매립한다. 이 방식에 따르면 쓰레기를 매립할 셀을 지정해서 개방한 후, 해당 셀이 포화되면 순차적으로 다른 셀을 개방한다. 이는 쓰레기를 무차별적으로 매립하는 것을 방지하고 매립과정을 쉽게 감시하기 위한 것이다.

<조 건>

○ A 매립지는 4 × 4 셀로 구성되어 있다.

○ 각 행에는 1, 2, 3, 4 중 서로 다른 숫자 1개가 각 셀에 지정된다.

○ A 매립지는 효율적인 관리를 위해 한 개 이상의 셀로 이루어진 구획을 설정하고, 조감도에 두꺼운 테두리로 표현한다.

○ 두 개 이상의 셀로 구성되는 구획에는 각 구획을 구성하는 셀에 지정된 숫자들을 모두 곱한 값이 다음 예와 같이 표현되어 있다.

예)

(24*)		

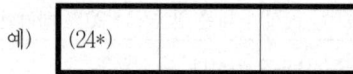

'(24*)'는 구획을 구성하는 셀에 지정된 숫자를 모두 곱하면 24가 된다는 의미이다. 1, 2, 3, 4 중 서로 다른 숫자를 곱하여 24가 되는 3개의 숫자는 2, 3, 4밖에 없으므로 위의 셀 안에는 2, 3, 4가 각각 하나씩 들어가야 한다.

○ A 매립지는 하나의 셀이 한 달마다 포화되고, 개방되는 셀은 행의 순서와 셀에 지정된 숫자에 의해 결정된다. 즉 1월에는 1행의 1이 쓰인 셀, 2월에는 2행의 1이 쓰인 셀, 3월에는 3행의 1이 쓰인 셀, 4월에는 4행의 1이 쓰인 셀에 매립이 이루어진다. 5월에는 1행의 2가 쓰인 셀, 6월에는 2행의 2가 쓰인 셀에 쓰레기가 매립되며, 이와 같은 방식으로 12월까지 매립이 이루어지게 된다.

<A 매립지 조감도>

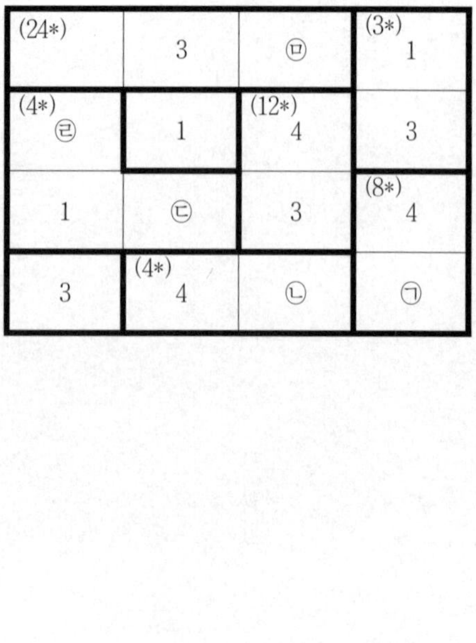

① ㉠
② ㉡
③ ㉢
④ ㉣
⑤ ㉤

문 13. 다음 글을 근거로 판단할 때, A팀이 최종적으로 선택하게 될 이동수단의 종류와 그 비용으로 옳게 짝지은 것은?

4명으로 구성된 A팀은 해외출장을 계획하고 있다. A팀은 출장지에서의 이동수단 한 가지를 결정하려 한다. 이 때 A팀은 경제성, 용이성, 안전성의 총 3가지 요소를 고려하여 최종점수가 가장 높은 이동수단을 선택한다.

○ 각 고려요소의 평가결과 '상' 등급을 받으면 3점을, '중' 등급을 받으면 2점을, '하' 등급을 받으면 1점을 부여한다. 단, 안전성을 중시하여 안전성 점수는 2배로 계산한다. (예 : 안전성 '하' 등급 2점)
○ 경제성은 각 이동수단별 최소비용이 적은 것부터 상, 중, 하로 평가한다.
○ 각 고려요소의 평가점수를 합하여 최종점수를 구한다.

<이동수단별 평가표>

이동수단	경제성	용이성	안전성
렌터카	?	상	하
택시	?	중	중
대중교통	?	하	중

<이동수단별 비용계산식>

이동수단	비용계산식
렌터카	(렌트비 + 유류비) × 이용 일수 – 렌트비 = \$50/1일(4인승 차량) – 유류비 = \$10/1일(4인승 차량)
택시	거리 당 가격(\$1/1마일) × 이동거리(마일) – 최대 4명까지 탑승가능
대중교통	대중교통패스 3일권(\$40/1인) × 인원수

<해외출장 일정>

출장 일정	이동거리(마일)
11월 1일	100
11월 2일	50
11월 3일	50

이동수단	비용
① 렌터카	\$180
② 택시	\$200
③ 택시	\$400
④ 대중교통	\$140
⑤ 대중교통	\$160

문 14. 다음 글과 <상황>을 근거로 판단할 때, <보기>에서 옳은 것만을 모두 고르면?

국가공무원인재개발원은 신임관리자과정 입교 예정자를 대상으로 사전 이러닝제도를 운영하고 있다. 이는 입교 예정자가 입교 전에 총 9개 과목을 온라인으로 수강하도록 하는 제도이다.

○ 이러닝 교과목은 2017년 4월 10일부터 수강하며, 하루 최대 수강시간은 10시간이다.
○ 필수Ⅰ 교과목은 교과목별로 정해진 시간의 강의를 모두 수강하는 것을 이수조건으로 한다.
○ 필수Ⅱ 교과목은 교과목별로 정해진 시간의 강의를 모두 수강하고 온라인 시험에 응시하는 것을 이수조건으로 한다. 온라인 시험은 강의시간과 별도로 교과목당 반드시 1시간이 소요되며, 그 시험시간은 수강시간에 포함된다.
○ 신임관리자과정 입교는 2017년 5월 1일이다.
○ 2017년 4월 30일 24시까지 교과목 미이수시, 필수Ⅰ은 교과목당 3점, 필수Ⅱ는 교과목당 2점을 교육성적에서 감점한다.

교 과 목	강의시간	분류
• 사이버 청렴교육	15시간	필수Ⅰ
• 행정업무 운영제도	7시간	
• 공문서 작성을 위한 한글맞춤법	8시간	
• 공무원 복무제도	6시간	
• 역사에서 배우는 공직자의 길	8시간	필수Ⅱ
• 헌법정신에 기반한 공직윤리	5시간	
• 판례와 사례로 다가가는 헌법	6시간	
• 공무원이 알아야 할 행정법 사례	7시간	
• 쉽게 배우는 공무원 인사실무	5시간	
계	67시간	

※ 교과목은 순서에 상관없이 여러 날에 걸쳐 시간 단위로만 수강할 수 있다.

<상 황>

신임관리자과정 입교를 앞둔 甲은 2017년 4월 13일에 출국하여 4월 27일에 귀국하는 해외여행을 계획하고 있다. 甲은 일정상 출·귀국일을 포함하여 여행기간에는 이러닝 교과목을 수강하거나 온라인 시험에 응시할 수 없는 상황이며, 여행기간을 제외한 시간에는 최대한 이러닝 교과목을 이수하려고 한다.

<보 기>

ㄱ. 甲은 계획대로라면 교육성적에서 최소 3점 감점을 받을 것이다.
ㄴ. 甲이 하루 일찍 귀국하면 이러닝 교과목을 모두 이수할 수 있을 것이다.
ㄷ. '판례와 사례로 다가가는 헌법', '쉽게 배우는 공무원 인사실무'를 여행 중 이수할 수 있다면, 출·귀국일을 변경하지 않고도 교육성적에서 감점을 받지 않을 것이다.

① ㄱ ② ㄴ
③ ㄷ ④ ㄱ, ㄷ
⑤ ㄴ, ㄷ

문 15. 다음 글과 <상황>을 근거로 판단할 때, 2020년 5월 16일 현재 공무원 신분인 사람만을 모두 고르면?

제00조 ① 다음 각 호의 어느 하나에 해당하는 자는 공무원으로 임용될 수 없다.
1. 파산선고를 받고 복권되지 아니한 자
2. 금고 이상의 실형을 선고받고 그 집행이 종료되거나 집행을 받지 아니하기로 확정된 후 5년이 지나지 아니한 자
3. 금고 이상의 형을 선고받고 그 집행유예 기간이 끝난 날부터 2년이 지나지 아니한 자
4. 금고 이상의 형의 선고유예를 받은 경우에 그 선고유예 기간 중에 있는 자

② 제1항 각 호의 어느 하나에 해당하는 자가 국가의 과실로 인해 공무원으로 임용된 경우 공무원 신분은 발생하지 않는다.
③ 공무원이 제1항 각 호의 어느 하나에 해당할 경우에는 당연히 퇴직된다.

제00조 ① 공무원의 정년은 60세로 한다.
② 공무원은 그 정년에 이른 날이 1월부터 6월 사이에 있으면 6월 30일에, 7월부터 12월 사이에 있으면 12월 31일에 각각 당연히 퇴직된다.

제00조 정직은 1개월 이상 3개월 이하의 기간으로 하고, 정직처분을 받은 자는 그 기간 중 공무원의 신분은 보유하나 직무에 종사하지 못하며 보수는 전액을 감한다.

<상 황>

○ 파산선고를 받고 복권된 후 다시 신용불량 상태에서 공무원으로 임용되어 근무중인 甲
○ 결격사유 없이 공무원으로 임용되었다가 금고형의 선고유예를 받고 선고유예 기간 중에 있는 乙
○ 결격사유 없이 공무원으로 임용되었다가 비위행위를 이유로 정직처분을 받아 정직 중에 있는 丙
○ 금고형을 선고받고 그 집행유예 기간 중에 국가의 과실로 공무원으로 임용되어 근무중인 丁
○ 결격사유 없이 공무원으로 임용되어 2020년 3월 31일 정년에 이른 戊

① 甲, 丁
② 乙, 丁
③ 甲, 丙, 戊
④ 乙, 丙, 戊
⑤ 甲, 乙, 丁, 戊

문 16. 다음 글을 근거로 판단할 때, <보기>에서 옳지 않은 것을 모두 고르면?

정부는 미술품 및 문화재를 소장한 자가 이를 판매해 발생한 이익에 대해 소정세율의 기타소득세를 부과하는 법률을 시행하고 있다. 이 법률에서는 '대통령령으로 정하는 서화(書畵)·골동품'으로 개당·점당 또는 조(2개 이상이 함께 사용되는 물품으로서 통상 짝을 이루어 거래되는 것을 말한다)당 양도가액이 6,000만 원 이상인 것을 과세 대상으로 규정하고 있다. 다만 양도일 현재 생존하고 있는 국내 원작자의 작품은 과세 대상에서 제외한다. 또한 국보와 보물 등 국가지정문화재의 거래 및 양도도 제외한다.

대통령령으로 정하는 서화·골동품이란 (i) 회화, 데생, 파스텔(손으로 그린 것에 한정하며, 도안과 장식한 가공품은 제외한다) 및 콜라주와 이와 유사한 장식판, (ii) 판화·인쇄화 및 석판화의 원본, (iii) 골동품(제작 후 100년을 넘은 것에 한정한다)을 말한다.

법률에 따르면 대통령령으로 정하는 서화·골동품을 6,000만 원 이상으로 판매하는 경우, 양도차액의 80 ~ 90 %를 필요경비로 인정하고, 나머지 금액인 20 ~ 10 %를 기타소득으로 간주하여 이에 대해 기타소득세를 징수하게 된다. 작품의 보유 기간이 10년 미만일 때는 양도차액의 80 %가, 10년 이상일 때는 양도차액의 90 %가 필요경비로 인정된다. 기타소득세의 세율은 작품 보유기간에 관계없이 20 %이다. 예를 들어 1,000만 원에 그림을 구입하여 10년 후 6,000만 원에 파는 사람은 양도차액 5,000만 원 가운데 90 %(4,500만 원)를 필요경비로 공제받고, 나머지 금액 500만 원에 대해 기타소득세가 부과된다. 따라서 결정 세액은 100만 원이다.

※ 양도가액이란 판매가격을 의미하며, 양도차액은 구매가격과 판매가격과의 차이를 말한다.

<보 기>

ㄱ. A가 석판화의 복제품을 12년 전 1,000만 원에 구입하여 올해 5,000만 원에 판매한 경우, 이에 대한 기타소득세 100만 원을 납부하여야 한다.
ㄴ. B가 보물로 지정된 고려시대의 골동품 1점을 5년 전 1억 원에 구입하여 올해 1억 5,000만 원에 판매한 경우, 이에 대한 기타소득세 200만 원을 납부하여야 한다.
ㄷ. C가 현재 생존하고 있는 국내 화가의 회화 1점을 15년 전 100만 원에 구입하여 올해 1억 원에 판매한 경우, 이에 대한 기타소득세를 납부하지 않아도 된다.
ㄹ. D가 작년에 세상을 떠난 국내 화가의 회화 1점을 15년 전 1,000만 원에 구입하여 올해 3,000만 원에 판매한 경우, 이에 대한 기타소득세 40만 원을 납부하여야 한다.

① ㄱ, ㄴ
② ㄱ, ㄷ
③ ㄷ, ㄹ
④ ㄱ, ㄴ, ㄹ
⑤ ㄴ, ㄷ, ㄹ

문 17. 다음 글을 근거로 판단할 때 옳은 것은?

제00조 ① 특별자치시장·특별자치도지사·시장·군수 또는 자치구의 구청장(이하 '시장·군수 등'이라 한다)은 빈집이 다음 각 호의 어느 하나에 해당하면 빈집정비계획에서 정하는 바에 따라 그 빈집 소유자에게 철거 등 필요한 조치를 명할 수 있다. 다만 빈집정비계획이 수립되어 있지 아니한 경우에는 지방건축위원회의 심의를 거쳐 그 빈집 소유자에게 철거 등 필요한 조치를 명할 수 있다.

1. 붕괴·화재 등 안전사고나 범죄발생의 우려가 높은 경우
2. 공익상 유해하거나 도시미관 또는 주거환경에 현저한 장애가 되는 경우

② 제1항의 경우 빈집 소유자는 특별한 사유가 없으면 60일 이내에 조치를 이행하여야 한다.

③ 시장·군수 등은 제1항에 따라 빈집의 철거를 명한 경우 그 빈집 소유자가 특별한 사유 없이 제2항의 기간 내에 철거하지 아니하면 직권으로 그 빈집을 철거할 수 있다.

④ 시장·군수 등은 제3항에 따라 철거할 빈집 소유자의 소재를 알 수 없는 경우 그 빈집에 대한 철거명령과 이를 이행하지 아니하면 직권으로 철거한다는 내용을 일간신문 및 홈페이지에 1회 이상 공고하고, 일간신문에 공고한 날부터 60일이 지난 날까지 빈집 소유자가 빈집을 철거하지 아니하면 직권으로 철거할 수 있다.

⑤ 시장·군수 등은 제3항 또는 제4항에 따라 빈집을 철거하는 경우에는 정당한 보상비를 빈집 소유자에게 지급하여야 한다. 이 경우 시장·군수 등은 보상비에서 철거에 소요된 비용을 빼고 지급할 수 있다.

⑥ 시장·군수 등은 다음 각 호의 어느 하나에 해당하는 경우에는 보상비를 법원에 공탁하여야 한다.

1. 빈집 소유자가 보상비 수령을 거부하는 경우
2. 빈집 소유자의 소재불명(所在不明)으로 보상비를 지급할 수 없는 경우

※ 공탁이란 채무자가 변제할 금액을 법원에 맡기면 채무(의무)가 소멸하는 것을 말한다.

① A자치구 구청장은 주거환경에 현저한 장애가 되더라도 붕괴 우려가 없는 빈집에 대해서는 빈집정비계획에 따른 철거를 명할 수 없다.
② B군 군수가 소유자의 소재를 알 수 없는 빈집의 철거를 명한 경우, 일간신문에 공고한 날부터 60일 내에 직권으로 철거해야 한다.
③ C특별자치시 시장은 직권으로 빈집을 철거한 경우, 그 소유자에게 철거에 소요된 비용을 빼지 않고 보상비 전액을 지급해야 한다.
④ D군 군수가 빈집을 철거한 경우, 그 소유자가 보상비 수령을 거부하면 그와 동시에 보상비 지급의무는 소멸한다.
⑤ E시 시장은 빈집정비계획에 따른 빈집 철거를 명한 후 그 소유자가 특별한 사유 없이 60일 이내에 철거하지 않으면, 지방건축위원회의 심의 없이 직권으로 철거할 수 있다.

문 18. 다음 글을 근거로 판단할 때, <보기>에서 옳은 것만을 모두 고르면?

○ 정부□□청사 신축 시 <화장실 위생기구 설치기준>에 따라 위생기구(대변기 또는 소변기)를 설치하고자 한다.
○ 남자 화장실에는 위생기구 수가 짝수인 경우 대변기와 소변기를 절반씩 나누어 설치하고, 홀수인 경우 대변기를 한 개 더 많게 설치한다. 여자 화장실에는 모두 대변기를 설치한다.

<화장실 위생기구 설치기준>

기준	각 성별 사람 수(명)	위생기구 수(개)
A	1 ~ 9	1
	10 ~ 35	2
	36 ~ 55	3
	56 ~ 80	4
	81 ~ 110	5
	111 ~ 150	6
B	1 ~ 15	1
	16 ~ 40	2
	41 ~ 75	3
	76 ~ 150	4
C	1 ~ 50	2
	51 ~ 100	3
	101 ~ 150	4

<보 기>

ㄱ. 남자 30명과 여자 30명이 근무할 경우, A기준과 B기준에 따라 설치할 위생기구 수는 같다.
ㄴ. 남자 50명과 여자 40명이 근무할 경우, B기준에 따라 설치할 남자 화장실과 여자 화장실의 대변기 수는 같다.
ㄷ. 남자 80명과 여자 80명이 근무할 경우, A기준에 따라 설치할 소변기는 총 4개이다.
ㄹ. 남자 150명과 여자 100명이 근무할 경우, C기준에 따라 설치할 대변기는 총 5개이다.

① ㄱ, ㄴ
② ㄴ, ㄷ
③ ㄷ, ㄹ
④ ㄱ, ㄴ, ㄹ
⑤ ㄱ, ㄷ, ㄹ

문 19. 다음 글을 근거로 판단할 때, <보기>에서 옳은 것만을 모두 고르면?

모든 신호등은 '신호운영계획'에 따라 움직인다. 신호운영계획이란 교차로, 횡단보도 등에 설치된 신호등의 신호순서, 신호시간, 신호주기 등을 결정하는 것이다. '신호순서'란 방향별, 회전별 순서를 말하고, '신호시간'이란 차량 또는 보행자 신호등이 켜진 상태로 지속되는 시간을 말하며, '신호주기'란 한 신호가 나오고 그 다음에 최초로 같은 신호가 나오기까지의 시간 간격을 말한다.

'횡단보도 보행시간'은 기본적으로 보행진입시간 (㉠)초에 횡단시간(횡단보도 1m당 1초)을 더하여 결정되는데, 예외적으로 보행약자나 유동인구가 많아 보행밀도가 높은 지역에서는 더 긴 횡단시간을 제공하기도 한다. 이에 따르면 길이가 32m인 횡단보도 보행시간은 원칙적으로 39초이지만, 어린이, 장애인 등 보행약자의 이동이 많아 배려가 필요한 장소에 설치된 횡단보도의 경우 '1m당 1초' 보다 완화된 '(㉡)m당 1초'를 기준으로 횡단시간을 결정하여, 32m 길이 횡단보도의 보행시간을 47초로 연장할 수 있다.

한편 신호가 바뀔 때 교통사고를 막기 위해서 '전(全)방향 적색신호', '한 박자 늦은 보행신호' 방식을 운영하기도 한다. 전방향 적색신호 방식은 차량 녹색신호가 끝나는 시점에 교차로에 진입한 차량이 교차로를 완전히 빠져나갈 때까지 다른 방향 차량이 진입하지 못하도록 1~2초 동안 모든 방향을 적색신호로 운영하는 방식이다. 한 박자 늦은 보행신호 방식은 차량 녹색신호가 끝나는 시점에 진입한 차량이 횡단보도를 완전히 통과하기 전에 보행자가 진입하지 못하도록 차량 녹색신호가 끝나고 1~2초 뒤에 보행 녹색신호가 들어오는 방식이다.

<보 기>

ㄱ. '한 박자 늦은 보행신호' 방식은 차량과 보행자 사이의 교통사고를 방지하기 위한 방식이다.

ㄴ. 어떤 교차로에는 모든 차량신호등이 적색이 되는 시점이 있다.

ㄷ. ㉠과 ㉡의 합은 8보다 크다.

① ㄱ
② ㄴ
③ ㄷ
④ ㄱ, ㄴ
⑤ ㄴ, ㄷ

문 20. 다음 글과 <설립위치 선정 기준>을 근거로 판단할 때, A사가 서비스센터를 설립하는 방식과 위치로 옳은 것은?

○ 휴대폰 제조사 A는 B국에 고객서비스를 제공하기 위해 1개의 서비스센터 설립을 추진하려고 한다.
○ 설립방식에는 (가)방식과 (나)방식이 있다.
○ A사는 {(고객만족도 효과의 현재가치) − (비용의 현재가치)}의 값이 큰 방식을 선택한다.
○ 비용에는 규제비용과 로열티비용이 있다.

구분		(가)방식	(나)방식
고객만족도 효과의 현재가치		5억 원	4.5억 원
비용의 현재가치	규제 비용	3억 원 (설립 당해 년도만 발생)	없음
	로열티 비용	없음	− 3년간 로열티비용을 지불함 − 로열티비용의 현재가치 환산액 : 설립 당해년도는 2억 원, 그 다음 해부터는 직전년도 로열티비용의 1/2씩 감액한 금액

※ 고객만족도 효과의 현재가치는 설립 당해년도를 기준으로 산정된 결과이다.

<설립위치 선정 기준>

○ 설립위치로 B국의 甲, 乙, 丙 3곳을 검토 중이며, 각 위치의 특성은 다음과 같다.

위치	유동인구(만 명)	20~30대 비율(%)	교통혼잡성
甲	80	75	3
乙	100	50	1
丙	75	60	2

○ A사는 {(유동인구)×(20~30대 비율)/(교통혼잡성)} 값이 큰 곳을 선정한다. 다만 A사는 제품의 특성을 고려하여 20~30대 비율이 50% 이하인 지역은 선정대상에서 제외한다.

	설립방식	설립위치
①	(가)	甲
②	(가)	丙
③	(나)	甲
④	(나)	乙
⑤	(나)	丙

문 21. 다음 <감독의 말>과 <상황>을 근거로 판단할 때, 甲 ~ 戊 중 드라마에 캐스팅되는 배우는?

<감독의 말>

안녕하세요 여러분. '열혈 군의관, 조선시대로 가다!' 드라마 오디션에 지원해 주셔서 감사합니다. 잠시 후 오디션을 시작할 텐데요. 이번 오디션에서 캐스팅하려는 역은 20대 후반의 군의관입니다. 오디션 실시 후 오디션 점수를 기본 점수로 하고, 다음 채점 기준의 해당 점수를 기본 점수에 가감하여 최종 점수를 산출하며, 이 최종 점수가 가장 높은 사람을 캐스팅합니다.

첫째, 28세를 기준으로 나이가 많거나 적은 사람은 1세 차이당 2점씩 감점하겠습니다. 둘째, 이전에 군의관 역할을 연기해 본 경험이 있는 사람은 5점을 감점하겠습니다. 시청자들이 식상해 할 수 있을 것 같아서요. 셋째, 저희 드라마가 퓨전 사극이기 때문에, 사극에 출연해 본 경험이 있는 사람에게는 10점의 가점을 드리겠습니다. 넷째, 최종 점수가 가장 높은 사람이 여럿인 경우, 그 중 기본 점수가 가장 높은 한 사람을 캐스팅하도록 하겠습니다.

<상 황>

○ 오디션 지원자는 총 5명이다.
○ 오디션 점수는 甲이 76점, 乙이 78점, 丙이 80점, 丁이 82점, 戊가 85점이다.
○ 각 배우의 오디션 점수에 각자의 나이를 더한 값은 모두 같다.
○ 오디션 점수가 세 번째로 높은 사람만 군의관 역할을 연기해 본 경험이 있다.
○ 나이가 가장 많은 배우만 사극에 출연한 경험이 있다.
○ 나이가 가장 적은 배우는 23세이다.

① 甲
② 乙
③ 丙
④ 丁
⑤ 戊

문 22. 다음 글과 <반 편성 기준>을 근거로 판단할 때, <보기>에서 옳은 것만을 모두 고르면?

○ 학생 6명(A ~ F)의 외국어반 편성을 위해 쓰기, 읽기, 듣기, 말하기 등 4개 영역에 대해 시험을 실시한다.
○ 영역별 점수는 시험 결과에 따라 1점 이상 10점 이하로 부여한다.
○ 다음 <반 편성 기준>에 따라 등수를 매겨 상위 3명은 심화반에, 하위 3명은 기초반에 편성한다.
○ 동점자가 발생할 경우, 듣기 점수가 더 높은 학생을 상위 등수로 간주하고, 듣기 점수도 같은 경우에는 말하기 점수, 말하기 점수도 같은 경우에는 읽기 점수, 읽기 점수도 같은 경우에는 쓰기 점수가 더 높은 학생을 상위 등수로 간주한다.
○ A ~ F의 영역별 점수는 다음과 같고, F의 쓰기와 말하기 영역은 채점 중이다.

(단위 : 점)

학생	쓰기	읽기	듣기	말하기
A	10	10	6	3
B	7	8	7	8
C	5	4	4	3
D	5	4	4	6
E	8	7	6	5
F	?	6	5	?

<반 편성 기준>

아래 두 가지 기준 중 하나를 채택하여 반을 편성한다.
○ (기준1) 종합적 외국어능력을 반영하기 위해 4개 영역의 점수를 합산한 총점을 기준으로 편성한다.
○ (기준2) 수업 중 원어민 교사와의 원활한 소통을 위해 듣기와 말하기 점수의 합을 기준으로 편성한다.

<보 기>

ㄱ. B와 D는 어떤 경우에도 같은 반이 될 수 없다.
ㄴ. 채점 결과 F의 말하기 점수가 5점 이하라면, 어떤 기준에 따라 반을 편성하더라도 F는 기초반에 편성된다.
ㄷ. 채점 결과 F의 말하기 점수가 6점 이상이라면, 어떤 기준에 따라 반을 편성하더라도 C와 D는 같은 반에 편성된다.

① ㄱ
② ㄷ
③ ㄱ, ㄴ
④ ㄱ, ㄷ
⑤ ㄴ, ㄷ

※ 다음 글을 읽고 물음에 답하시오. [문 23. ~ 문 24.]

채종하여 파종할 때까지 종자를 보관하는 것을 '종자의 저장'이라고 하는데, 채종하여 1년 이내 저장하는 것을 단기저장, 2 ~ 5년은 중기저장, 그 이상은 장기저장이라 한다.

종자의 함수율(moisture content)은 종자의 수명을 결정하는 가장 중요한 인자이다. 함수율은 아래와 같이 백분율로 표시한다.

$$\text{함수율}(\%) = \frac{\text{원종자 무게} - \text{건조 종자 무게}}{\text{원종자 무게}} \times 100$$

일반적으로 종자저장에 가장 적합한 함수율은 5 ~ 10%이다. 다만 참나무류 등과 같이 수분이 많은 종자들은 함수율을 약 30% 이상으로 유지시켜 주어야 한다. 또한 유전자 보존을 위해서는 보통 장기저장을 하는데, 이에 가장 적합한 함수율은 4 ~ 6%이다. 일반적으로 온도와 수분은 종자의 저장기간과 역의 상관관계를 갖는다.

종자는 저장 용이성에 따라 '보통저장성' 종자와 '난저장성' 종자로 구분한다. 보통저장성 종자는 종자 수분 5 ~ 10%, 온도 0℃ 부근에서 비교적 장기간 보관이 가능한데, 전나무류, 자작나무류, 벚나무류, 소나무류 등 온대 지역의 수종 대부분이 이에 속한다. 하지만 대사작용이 활발하여 산소가 많이 필요한 난저장성 종자는 0℃ 혹은 약간 더 낮은 온도에서 저장하여야 건조되는 것을 방지할 수 있다. 이에 속하는 수종은 참나무류, 칠엽수류 등의 몇몇 온대수종과 모든 열대수종이다.

한편 종자의 저장 방법에는 '건조저장법'과 '보습저장법'이 있다. 건조저장법은 '상온저장법'과 '저온저장법'으로 구분한다. 상온저장법은 일정한 용기 안에 종자를 넣어 창고 또는 실내에서 보관하는 방법으로 보통 가을부터 이듬해 봄까지 저장하며, 1년 이상 보관 시에는 건조제를 용기에 넣어 보관한다. 반면에 저온저장법의 경우, 보통저장성 종자는 함수율이 5 ~ 10% 정도 되도록 건조하여 주변에서 수분을 흡수할 수 없도록 밀봉 용기에 저장하여야 한다. 난저장성 종자는 −3℃ 이하에 저장해서는 안 된다.

보습저장법은 '노천매장법', '보호저장법', '냉습적법' 등이 있다. 노천매장법은 양지바르고 배수가 잘되는 곳에 50 ~ 100cm 깊이의 구덩이를 파고 종자를 넣은 뒤 땅 표면은 흙을 덮어 겨울 동안 눈이나 빗물이 그대로 스며들 수 있도록 하는 방식이다. 보호저장법은 건사저장법이라고도 하는데 참나무류, 칠엽수류 등 수분이 많은 종자가 부패되지 않도록 저장하는 방법이다. 냉습적법은 용기 안에 보습제인 이끼, 모래와 종자를 섞어서 넣고 3 ~ 5℃의 냉장고에 저장하는 방법이다.

문 23. 윗글을 근거로 판단할 때 옳은 것은?

① 저온저장법으로 저장할 때 열대수종은 −3℃ 이하로 보관하는 것이 좋다.
② 일반적으로 유전자 보존을 위해서는 종자를 함수율 5% 정도로 2 ~ 5년 저장한다.
③ 일부 난저장성 종자는 보호저장법으로 저장하는 것이 적절하다.
④ 참나무 종자저장에 적합한 함수율은 5 ~ 10%이다.
⑤ 일반적으로 종자보관장소의 온도를 높이면 종자의 저장기간이 길어진다.

문 24. 윗글을 근거로 판단할 때, 일반적으로 종자저장에 가장 적합한 함수율을 가진 원종자의 무게가 10g이면 건조 종자의 무게는?

① 6g ~ 6.5g
② 7g ~ 7.5g
③ 8g ~ 8.5g
④ 9g ~ 9.5g
⑤ 10g ~ 10.5g

문 25. 다음 글을 근거로 판단할 때, 2017년 3월 인사 파견에서 선발될 직원만을 모두 고르면?

<상 황>

○ △△도청에서는 소속 공무원들의 역량 강화를 위해 정례적으로 인사 파견을 실시하고 있다.
○ 인사 파견은 지원자 중 3명을 선발하여 1년 간 이루어지고 파견 기간은 변경되지 않는다.
○ 선발 조건은 다음과 같다.
– 과장을 선발하는 경우 동일 부서에 근무하는 직원을 1명 이상 함께 선발한다.
– 동일 부서에 근무하는 2명 이상의 팀장을 선발할 수 없다.
– 과학기술과 직원을 1명 이상 선발한다.
– 근무 평정이 70점 이상인 직원만을 선발한다.
– 어학 능력이 '하'인 직원을 선발한다면 어학 능력이 '상'인 직원도 선발한다.
– 직전 인사 파견 기간이 종료된 이후 2년 이상 경과하지 않은 직원을 선발할 수 없다.
○ 2017년 3월 인사 파견의 지원자 현황은 다음과 같다.

직원	직위	근무 부서	근무 평정	어학 능력	직전 인사 파견 시작 시점
A	과장	과학기술과	65	중	2013년 1월
B	과장	자치행정과	75	하	2014년 1월
C	팀장	과학기술과	90	중	2014년 7월
D	팀장	문화정책과	70	상	2013년 7월
E	팀장	문화정책과	75	중	2014년 1월
F	–	과학기술과	75	중	2014년 1월
G	–	자치행정과	80	하	2013년 7월

① A, D, F
② B, D, G
③ B, E, F
④ C, D, G
⑤ D, F, G

25제 SET 4

MEMO

25제 연습
SET 5

총 25문제
제한시간 : 56분

하주응 PSAT 상황판단 5급 기출 엄선연습

문 1. 다음 글을 근거로 판단할 때 옳은 것은?

> 제00조(문서의 성립 및 효력발생) ① 문서는 결재권자가 해당 문서에 서명(전자이미지서명, 전자문자서명 및 행정전자서명을 포함한다)의 방식으로 결재함으로써 성립한다.
> ② 문서는 수신자에게 도달(전자문서의 경우는 수신자가 지정한 전자적 시스템에 입력되는 것을 말한다)됨으로써 효력이 발생한다.
> ③ 제2항에도 불구하고 공고문서는 그 문서에서 효력발생 시기를 구체적으로 밝히고 있지 않으면 그 고시 또는 공고가 있은 날부터 5일이 경과한 때에 효력이 발생한다.
> 제00조(문서 작성의 일반원칙) ① 문서는 어문규범에 맞게 한글로 작성하되, 뜻을 정확하게 전달하기 위하여 필요한 경우에는 괄호 안에 한자나 그 밖의 외국어를 함께 적을 수 있으며, 특별한 사유가 없으면 가로로 쓴다.
> ② 문서의 내용은 간결하고 명확하게 표현하고 일반화되지 않은 약어와 전문용어 등의 사용을 피하여 이해하기 쉽게 작성하여야 한다.
> ③ 문서에는 음성정보나 영상정보 등을 수록할 수 있고 연계된 바코드 등을 표기할 수 있다.
> ④ 문서에 쓰는 숫자는 특별한 사유가 없으면 아라비아 숫자를 쓴다.
> ⑤ 문서에 쓰는 날짜는 숫자로 표기하되, 연·월·일의 글자는 생략하고 그 자리에 온점(.)을 찍어 표시하며, 시·분은 24시각제에 따라 숫자로 표기하되, 시·분의 글자는 생략하고 그 사이에 쌍점(:)을 찍어 구분한다. 다만 특별한 사유가 있으면 다른 방법으로 표시할 수 있다.

① 문서에 '2018년 7월 18일 오후 11시 30분'을 표기해야 할 때 특별한 사유가 없으면 '2018. 7. 18. 23:30'으로 표기한다.
② 2018년 9월 7일 공고된 문서에 효력발생 시기가 구체적으로 명시되지 않은 경우 그 문서의 효력은 즉시 발생한다.
③ 전자문서의 경우 해당 수신자가 지정한 전자적 시스템에 도달한 문서를 확인한 때부터 효력이 발생한다.
④ 문서 작성 시 이해를 쉽게 하기 위해 일반화되지 않은 약어와 전문용어를 사용하여 작성하여야 한다.
⑤ 연계된 바코드는 문서에 함께 표기할 수 없기 때문에 영상 파일로 처리하여 첨부하여야 한다.

문 2. 다음 <○○도 지방보조금 관리규정>을 근거로 판단할 때, <보기>에서 옳은 것만을 모두 고르면?

<○○도 지방보조금 관리규정>

> 제00조(보조대상사업) 도는 도가 권장하는 사업으로서 지방보조금을 지출하지 아니하면 수행할 수 없는 사업(지방보조사업)인 경우 그 사업에 필요한 경비의 일부 또는 전부를 보조할 수 있다.
> 제00조(용도외 사용금지 등) ① 지방보조사업을 수행하는 자(이하 '지방보조사업자'라 한다)는 그 지방보조금을 다른 용도에 사용하여서는 아니된다.
> ② 지방보조사업자는 수익성 악화 등 사정의 변경으로 지방보조사업의 내용을 변경하거나 지방보조사업에 드는 경비의 배분을 변경하려면 도지사의 승인을 얻어야 한다. 다만 경미한 내용변경이나 경미한 경비배분변경의 경우에는 그러하지 아니하다.
> ③ 지방보조사업자는 수익성 악화 등 사정의 변경으로 그 지방보조사업을 다른 사업자에게 인계하거나 중단 또는 폐지하려면 미리 도지사의 승인을 얻어야 한다.
> 제00조(지방보조금의 대상사업과 도비보조율) 도지사는 시·군에 대한 보조금에 대하여는 보조금이 지급되는 대상사업·경비의 종목·도비보조율 및 금액을 매년 예산으로 정한다. 단, 지방보조금의 예산반영신청 및 예산편성에 있어서 지방보조사업별로 적용하는 도비보조율은 다음 각 호에서 정한 분야별 범위 내에서 정한다.
> 1. 보건·사회: 총사업비의 30% 이상 70% 이하
> 2. 상하수·치수: 총사업비의 30% 이상 50% 이하
> 3. 문화·체육: 총사업비의 30% 이상 60% 이하
>
> 제00조(시·군비 부담의무) 시장·군수는 도비보조사업에 대한 시·군비 부담액을 다른 사업에 우선하여 해당연도 시·군 예산에 반영하여야 한다.

<보 기>

ㄱ. ○○도 지방보조사업자는 모든 경비배분이나 내용의 변경에 대해서 ○○도 도지사의 승인을 얻어야 한다.
ㄴ. ○○도 지방보조사업자가 수익성 악화를 이유로 자신이 수행하는 지방보조사업을 다른 사업자에게 인계하기 위해서는 미리 ○○도 도지사의 승인을 얻어야 한다.
ㄷ. ○○도 A시 시장은 도비보조사업과 무관한 자신의 공약사업 예산을 도비보조사업에 대한 시비 부담액보다 우선적으로 해당연도 A시 예산에 반영해야 한다.
ㄹ. ○○도 도지사는 지방보조금 지급대상사업인 '상하수도 정비사업(총사업비 40억 원)'에 대하여 최대 20억 원을 지방보조금 예산으로 정할 수 있다.

① ㄱ, ㄴ
② ㄱ, ㄷ
③ ㄴ, ㄷ
④ ㄴ, ㄹ
⑤ ㄷ, ㄹ

25제 SET 5

문 3. 다음 글을 근거로 판단할 때 옳은 것은?

○ 가뭄 예·경보는 농업용수 분야와 생활 및 공업용수 분야로 구분하여 발령한다.
○ 예·경보 발령은 '주의', '심함', '매우심함' 3단계로 구분하며, '매우심함'이 가장 심각한 단계이다.
○ 가뭄 예·경보는 다음에서 정한 날에 발령한다.
 – 주의: 해당 기준에 도달한 매 월 10일
 – 심함: 해당 기준에 도달한 매 주 금요일
 – 매우심함: 해당 기준에 도달한 매 일마다 수시

<가뭄 예·경보 발령 기준>

주의	농업용수	영농기(4 ~ 9월)에 저수지 저수율이 평년의 70% 이하 또는 밭 토양 유효수분율이 60% 이하에 해당되는 경우
	생활 및 공업용수	하천여유수량을 감량 공급하는 상황에서 현재 하천유지유량이 고갈되거나, 장래 1 ~ 3개월 후 하천 및 댐 등에서 농업용수 공급이 어려울 것으로 판단되는 경우
심함	농업용수	영농기(4 ~ 9월)에 저수지 저수율이 평년의 60% 이하 또는 밭 토양 유효수분율이 40% 이하에 해당되는 경우
	생활 및 공업용수	하천유지유량을 감량 공급하는 상황에서 현재 하천 및 댐 등에서 농업용수 공급이 부족하거나, 장래 1 ~ 3개월 후 생활 및 공업용수 공급이 어려울 것으로 판단되는 경우
매우 심함	농업용수	영농기(4 ~ 9월)에 저수지 저수율이 평년의 50% 이하 또는 밭 토양 유효수분율이 30% 이하에 해당되는 경우
	생활 및 공업용수	현재 하천 및 댐 등에서 농업용수, 생활 및 공업용수 공급이 부족하고, 장래 1 ~ 3개월 후 생활 및 공업용수 공급에도 차질이 발생할 것으로 판단되는 경우

※ 단, 상황이 여러 기준에 모두 해당되는 경우 더 심각한 단계에 해당되는 것으로 판단

① 영농기에 저수지 저수율이 평년의 50%라면 농업용수 가뭄 예·경보 기준의 심함에 해당한다.
② 영농기에 밭 토양 유효수분율이 70%일 경우 농업용수 가뭄 예·경보를 그 달 10일에 발령한다.
③ 하천유지유량을 감량 공급하는 상황에서 현재 하천 및 댐 등에서 농업용수 공급이 부족한 경우, 농업용수 가뭄 예·경보 기준의 심함에 해당한다.
④ 12월 23일 금요일에 저수지 저수율이 평년의 60% 이하이거나 밭 토양 유효수분율이 40% 이하이면 농업용수 가뭄 예·경보가 발령될 것이다.
⑤ 5월 19일 목요일에 생활 및 공업용수 가뭄 예·경보가 발령되었다면, 현재 하천 및 댐 등에서 농업용수, 생활 및 공업용수 공급이 부족하고, 장래 1 ~ 3개월 후 생활 및 공업용수 공급에도 차질이 발생할 것으로 판단되는 경우일 것이다.

문 4. 다음 글과 <상황>을 근거로 판단할 때 옳은 것은?

저작자는 미술저작물, 건축저작물, 사진저작물(이하 "미술저작물 등"이라 한다)의 원본이나 그 복제물을 전시할 권리를 가진다. 전시권은 저작자인 화가, 건축물설계자, 사진작가에게 인정되므로, 타인이 미술저작물 등을 전시하기 위해서는 저작자의 허락을 얻어야 한다. 다만 전시는 일반인에 대한 공개를 전제로 하는 것이므로, 예컨대 가정 내에서 진열하는 때에는 저작자의 허락이 필요 없다. 또한 저작자는 복제권도 가지기 때문에 타인이 미술저작물 등을 복제하기 위해서는 저작자의 허락을 얻어야 한다. 그런데 저작자가 미술저작물 등을 타인에게 판매하여 소유권을 넘긴 경우에는 저작자의 전시권·복제권과 소유자의 소유권이 충돌하는 문제가 발생한다. 저작권법은 미술저작물 등의 전시·복제와 관련된 문제들을 다음과 같이 해결하고 있다.

첫째, 미술저작물 등의 원본의 소유자나 그의 허락을 얻은 자는 자유로이 미술저작물 등의 원본을 전시할 수 있다. 다만 가로·공원·건축물의 외벽 등 공중에게 개방된 장소에 항시 전시하는 경우에는 저작자의 허락을 얻어야 한다.

둘째, 개방된 장소에 항시 전시되어 있는 미술저작물 등은 제3자가 어떠한 방법으로든지 이를 복제하여 이용할 수 있다. 다만 건축물을 건축물로 복제하는 경우, 조각 또는 회화를 조각 또는 회화로 복제하는 경우, 미술저작물 등을 판매목적으로 복제하는 경우에는 저작자의 허락을 얻어야 한다.

셋째, 화가 또는 사진작가가 고객으로부터 위탁을 받아 완성한 초상화 또는 사진저작물의 경우, 화가 또는 사진작가는 위탁자의 허락이 있어야 이를 전시·복제할 수 있다.

<상 황>

○ 화가 甲은 자신이 그린 「군마」라는 이름의 회화를 乙에게 판매하였다.
○ 화가 丙은 丁의 위탁을 받아 丁을 모델로 한 초상화를 그려 이를 丁에게 인도하였다.

① 乙이 「군마」를 건축물의 외벽에 잠시 전시하고자 할 때라도 甲의 허락을 얻어야만 한다.
② 乙이 감상하기 위해서 「군마」를 자신의 거실 벽에 걸어 놓을 때는 甲의 허락을 얻어야 한다.
③ A가 공원에 항시 전시되어 있는 「군마」를 회화로 복제하고자 할 때는 乙의 허락을 얻어야 한다.
④ 丙이 丁의 초상화를 복제하여 전시하고자 할 때는 丁의 허락을 얻어야 한다.
⑤ B가 공원에 항시 전시되어 있는 丁의 초상화를 판매목적으로 복제하고자 할 때는 丙의 허락을 얻을 필요가 없다.

문 5. 다음 <복약설명서>에 따라 甲이 두 약을 복용할 때 옳은 것은?

<복약설명서>

1. 약품명 : 가나다정 2. 복용법 및 주의사항 – 식전 15분에 복용하는 것이 가장 좋으나 식전 30분부터 식사 직전까지 복용이 가능합니다. – 식사를 거르게 될 경우에 복용을 거릅니다. – 식이요법과 운동요법을 계속하고, 정기적으로 혈당(혈액 속에 섞여 있는 당분)을 측정해야 합니다. – 야뇨(夜尿)를 피하기 위해 최종 복용시간은 오후 6시까지로 합니다. – 저혈당을 예방하기 위해 사탕 등 혈당을 상승시킬 수 있는 것을 가지고 다닙니다.	1. 약품명 : ABC정 2. 복용법 및 주의사항 – 매 식사 도중 또는 식사 직후에 복용합니다. – 복용을 잊은 경우 식사 후 1시간 이내에 생각이 났다면 즉시 약을 복용하도록 합니다. 식사 후 1시간이 초과되었다면 다음 식사에 다음 번 분량만을 복용합니다. – 씹지 말고 그대로 삼켜서 복용합니다. – 정기적인 혈액검사를 통해서 혈중 칼슘, 인의 농도를 확인해야 합니다.

① 식사를 거르게 될 경우 가나다정만 복용한다.
② 두 약을 복용하는 기간 동안 정기적으로 혈액검사를 할 필요는 없다.
③ 저녁식사 전 가나다정을 복용하려면 저녁식사는 늦어도 오후 6시 30분에는 시작해야 한다.
④ ABC정은 식사 중에 다른 음식과 함께 씹어 복용할 수 있다.
⑤ 식사를 30분 동안 한다고 할 때, 두 약의 복용시간은 최대 1시간 30분 차이가 날 수 있다.

문 6. 다음 글을 근거로 판단할 때 옳지 않은 것은?

> 甲국 의회는 상원과 하원으로 구성된다. 甲국 상원은 주(州) 당 2명의 의원이 선출되어 총 60명으로 구성되며, 甲국 부통령이 의장이 된다. 상원의원의 임기는 6년이며, 2년마다 총 정원의 1/3씩 의원을 새로 선출한다.
>
> 甲국 상원은 대통령을 수반으로 하는 행정부에 대해 각종 동의와 승인의 권한을 갖는다. 하원은 국민을 대표하는 기관으로서 세금과 경제정책에 대한 권한을 가지는 반면, 상원은 각 주를 대표한다. 군대의 파병이나 관료의 임명에 대한 동의, 외국과의 조약에 대한 승인 등의 권한은 모두 상원에만 있다. 또한 상원은 하원에 대한 견제 역할을 담당하여 하원이 만든 법안을 수정하고 다시 하원에 되돌려 보내는 권한을 가지며, 급박한 사항에 대해서는 직접 마련한 법안을 먼저 제출하여 처리하기도 한다.
>
> 甲국 하원의원의 임기는 2년으로 선거 때마다 전원을 새로 선출한다. 하원의원의 수는 총 400명으로서 인구비례에 따라 각 주에 배분된다. 예를 들어 A주, B주, C주의 선출 정원이 각 1명으로 가장 적고, D주의 정원이 53명으로 가장 많다.
>
> 하원의원 선거는 2년마다 상원의원 선거와 함께 실시되며, 4년마다 실시되는 대통령 선거와 같은 해에 치러지는 경우가 있다. 대통령 선거와 일치하지 않는 해에 실시되는 하원의원 및 상원의원 선거를 통칭하여 '중간선거'라고 부르는데, 이 중간선거는 대통령의 임기 중반에 대통령의 국정수행에 대하여 유권자의 지지도를 평가하는 성격을 갖는다.

① 甲국 의회에 속한 D주 의원의 정원 총합은 55명이다.
② 甲국 의회의 상원은 스스로 법안을 제출하여 처리할 수 있다.
③ 甲국에는 상원의원의 정원이 하원의원의 정원보다 많은 주가 있다.
④ 甲국의 대통령 선거가 2016년에 실시되었다면, 그 이후 가장 빠른 '중간선거'는 2018년에 실시된다.
⑤ 같은 해에 실시되는 선거에 의해 甲국 상원과 하원의 모든 의석이 새로 선출된 의원으로 교체되는 경우도 있다.

25제 SET 5

문 7. 다음 글과 <상황>을 근거로 판단할 때, 甲이 얻을 수 있는 득점 총합의 최댓값과 최솟값을 옳게 짝지은 것은?

두 선수가 겨루는 어느 스포츠 종목의 경기 규칙은 다음과 같다.

○ 한 경기는 최대 3세트까지 진행되며, 한 선수가 두 세트를 이기면 그 선수가 승자가 되고 경기가 종료된다.

○ 1 ~ 2세트는 15점을 먼저 득점하는 선수가 이기며, 3세트는 10점을 먼저 득점하는 선수가 이긴다.

○ 단, 1 ~ 2세트는 점수가 14:14가 되면 점수가 먼저 2점 앞서거나 20점에 먼저 도달하는 선수가 이기며, 3세트는 점수가 9:9가 되면 점수가 먼저 2점 앞서거나 15점에 먼저 도달하는 선수가 이긴다.

○ 경기 결과(세트 스코어)에 따른 승자와 패자의 승점은 다음과 같다.

경기 결과 (세트 스코어)	승점	
	경기 승자	경기 패자
2:0	3	0
2:1	2	1

<상 황>

甲은 두 경기를 하여 승점 4점을 얻었다.

	최댓값	최솟값
①	98	45
②	93	50
③	108	45
④	108	50
⑤	111	52

문 8. 甲사무관은 최근에 사무실을 옮겼는데, 1번부터 82번까지 연이어 번호가 붙은 82개의 사물함 중 어느 것이 그의 것인지 몰랐다. 다른 정보가 없는 상태에서 甲은 그 사물함 번호를 아는 乙사무관에게 다음 <질문>을 이용하여 자신의 사물함 번호를 정확히 알아내었다. 이 때 사물함 번호를 정확히 알아냈던 질문의 조합이 될 수 있는 것은?

<질 문>

ㄱ. 내 사물함 번호가 41번보다 낮은 번호인가?
ㄴ. 내 사물함 번호가 4의 배수인가?
ㄷ. 내 사물함 번호가 정수의 제곱근을 갖는 숫자인가?
ㄹ. 내 사물함 번호가 홀수인가?

① ㄱ, ㄴ
② ㄱ, ㄷ
③ ㄱ, ㄴ, ㄷ
④ ㄱ, ㄴ, ㄹ
⑤ ㄴ, ㄷ, ㄹ

※ 다음 글을 읽고 물음에 답하시오. [문 9. ~ 문 10.]

> ○○국의 항공기 식별코드는 '(현재상태부호)(특수임무부호)(기본임무부호)(항공기종류부호) – (설계번호)(개량형부호)'와 같이 최대 6개 부분(앞부분 4개, 뒷부분 2개)으로 구성된다.
>
> 항공기종류부호는 특수 항공기에만 붙이는 부호로, G는 글라이더, H는 헬리콥터, Q는 무인항공기, S는 우주선, V는 수직단거리이착륙기에 붙인다. 항공기종류부호가 생략된 항공기는 일반 비행기이다.
>
> 모든 항공기 식별코드는 기본임무부호나 특수임무부호 중 적어도 하나를 꼭 포함하고 있다. 기본임무부호는 항공기가 기본적으로 수행하는 임무를 나타내는 부호이다. A는 지상공격기, B는 폭격기, C는 수송기, E는 전자전기, F는 전투기, K는 공중급유기, L은 레이저탑재항공기, O는 관측기, P는 해상초계기, R은 정찰기, T는 훈련기, U는 다목적기에 붙인다.
>
> 특수임무부호는 항공기가 개량을 거쳐 기본임무와 다른 임무를 수행할 때 붙이는 부호이다. 부호에 사용되는 알파벳과 그 의미는 기본임무부호와 동일하다. 항공기가 기본임무와 특수임무를 모두 수행할 수 있을 때에는 두 부호를 모두 표시하며, 개량으로 인하여 더 이상 기본임무를 수행하지 못하게 된 경우에는 특수임무부호만을 표시한다.
>
> 현재상태부호는 현재 정상적으로 사용되고 있지 않은 항공기에만 붙이는 부호이다. G는 영구보존처리된 항공기, J와 N은 테스트를 위해 사용되고 있는 항공기에 붙이는 부호이다. J는 테스트 종료 후 정상적으로 사용될 항공기에 붙이는 부호이며, N은 개량을 많이 거쳤기 때문에 이후에도 정상적으로 사용될 계획이 없는 항공기에 붙이는 부호이다.
>
> 설계번호는 항공기가 특정그룹 내에서 몇 번째로 설계되었는지를 나타낸다. 1 ~ 100번은 일반 비행기, 101 ~ 200번은 글라이더 및 헬리콥터, 201 ~ 250번은 무인항공기, 251 ~ 300번은 우주선 및 수직단거리이착륙기에 붙인다. 예를 들어 107번은 글라이더와 헬리콥터 중 7번째로 설계된 항공기라는 뜻이다.
>
> 개량형부호는 한 모델의 항공기가 몇 차례 개량되었는지를 보여주는 부호이다. 개량하지 않은 최초의 모델은 항상 A를 부여받으며, 이후에는 개량될 때마다 알파벳 순서대로 부호가 붙게 된다.

문 9. 윗글을 근거로 판단할 때, <보기>에서 항공기 식별코드 중 앞부분 코드로 구성 가능한 것을 모두 고르면?

<보 기>

ㄱ. KK
ㄴ. GBCV
ㄷ. CAH
ㄹ. R

① ㄱ
② ㄱ, ㄴ
③ ㄴ, ㄷ
④ ㄷ, ㄹ
⑤ ㄴ, ㄷ, ㄹ

문 10. 윗글을 근거로 판단할 때, '현재 정상적으로 사용 중인 개량하지 않은 일반 비행기'의 식별코드 형식으로 옳은 것은?

① (기본임무부호) – (설계번호)
② (기본임무부호) – (개량형부호)
③ (기본임무부호) – (설계번호)(개량형부호)
④ (현재상태부호)(특수임무부호) – (설계번호)(개량형부호)
⑤ (현재상태부호)(특수임무부호)(항공기종류부호) – (설계번호)(개량형부호)

문 11. 다음 <A국 사업타당성조사 규정>을 근거로 판단할 때, <보기>에서 옳은 것만을 모두 고르면?

<A국 사업타당성조사 규정>

제○○조(예비타당성조사 대상사업) 신규 사업 중 총사업비가 500억 원 이상이면서 국가의 재정지원 규모가 300억 원 이상인 건설사업, 정보화사업, 국가연구개발사업에 대해 예비타당성조사를 실시한다.

제△△조(타당성조사의 대상사업과 실시) ① 제○○조에 해당하지 않는 사업으로서, 국가 예산의 지원을 받아 지자체·공기업·준정부기관·기타 공공기관 또는 민간이 시행하는 사업 중 완성에 2년 이상이 소요되는 다음 각 호의 사업을 타당성조사 대상사업으로 한다.

1. 총사업비가 500억 원 이상인 토목사업 및 정보화사업
2. 총사업비가 200억 원 이상인 건설사업

② 제1항의 대상사업 중 다음 각 호의 어느 하나에 해당하는 경우에는 타당성조사를 실시하여야 한다.

1. 사업추진 과정에서 총사업비가 예비타당성조사의 대상 규모로 증가한 사업
2. 사업물량 또는 토지 등의 규모 증가로 인하여 총사업비가 100분의 20 이상 증가한 사업

<보 기>

ㄱ. 국가의 재정지원 비율이 50%인 총사업비 550억 원 규모의 신규 건설사업은 예비타당성조사 대상이 된다.
ㄴ. 민간이 시행하는 사업도 타당성조사 대상사업이 될 수 있다.
ㄷ. 지자체가 시행하는 건설사업으로서 사업완성에 2년 이상 소요되며 전액 국가의 재정지원을 받는 총사업비 460억 원 규모의 사업추진 과정에서, 총사업비가 10% 증가한 경우 타당성조사를 실시하여야 한다.
ㄹ. 총사업비가 500억 원 미만인 모든 사업은 예비타당성조사 및 타당성조사 대상사업에서 제외된다.

① ㄱ, ㄴ
② ㄱ, ㄷ
③ ㄴ, ㄷ
④ ㄴ, ㄹ
⑤ ㄷ, ㄹ

문 12. 다음 글과 <상황>을 근거로 판단할 때 옳은 것은?

제00조 ① 법원은 소송비용을 지출할 자금능력이 부족한 사람의 신청에 따라 또는 직권으로 소송구조(訴訟救助)를 할 수 있다. 다만 패소할 것이 분명한 경우에는 그러하지 아니하다.
② 제1항의 신청인은 구조의 사유를 소명하여야 한다.

제00조 소송구조의 범위는 다음 각 호와 같다. 다만 법원은 상당한 이유가 있는 때에는 다음 각 호 가운데 일부에 대한 소송구조를 할 수 있다.

1. 재판비용의 납입유예
2. 변호사 보수의 지급유예
3. 소송비용의 담보면제

제00조 ① 소송구조는 이를 받은 사람에게만 효력이 미친다.
② 법원은 소송승계인에게 미루어 둔 비용의 납입을 명할 수 있다.

제00조 소송구조를 받은 사람이 소송비용을 납입할 자금능력이 있다는 것이 판명되거나, 자금능력이 있게 된 때에는 법원은 직권으로 또는 이해관계인의 신청에 따라 언제든지 구조를 취소하고, 납입을 미루어 둔 소송비용을 지급하도록 명할 수 있다.

※ 소송구조: 소송수행상 필요한 비용을 감당할 수 없는 경제적 약자를 위하여 비용을 미리 납입하지 않고 소송을 할 수 있도록 하는 제도
※ 소송승계인: 소송 중 소송당사자의 지위를 승계한 사람

<상 황>

甲은 乙이 운행하던 차량에 의해 교통사고를 당했다. 이에 甲은 乙을 상대로 불법행위로 인한 손해배상청구의 소를 제기하였다.

① 甲의 소송구조 신청에 따라 법원이 소송구조를 하는 경우, 甲의 재판비용 납입을 면제할 수 있다.
② 甲이 소송구조를 받아 소송을 진행하던 중 증여를 받아 자금능력이 있게 되었더라도 법원은 직권으로 소송구조를 취소할 수 없다.
③ 甲의 신청에 의해 법원이 소송구조를 한 경우, 甲뿐만 아니라 乙에게도 그 효력이 미쳐 乙은 법원으로부터 변호사 보수의 지급유예를 받을 수 있다.
④ 甲이 소송비용을 지출할 자금능력이 부족함을 소명하여 법원에 소송구조를 신청한 경우, 법원은 甲이 패소할 것이 분명하더라도 소송구조를 할 수 있다.
⑤ 甲이 소송구조를 받아 소송이 진행되던 중 丙이 甲의 소송승계인이 된 경우, 법원은 소송구조에 따라 납입유예한 재판비용을 丙에게 납입하도록 명할 수 있다.

문 13. 다음 글을 근거로 판단할 때 옳지 않은 것은?

유엔 식량농업기구(FAO)에 따르면 곤충의 종류는 2,013종인데, 그 중 일부가 현재 식재료로 사용되고 있다. 곤충은 병균을 옮기는 더러운 것으로 알려져 있지만 깨끗한 환경에서 사육된 곤충은 식용에 문제가 없다.

식용으로 귀뚜라미를 사육할 경우 전통적인 육류 단백질 공급원보다 생산에 필요한 자원을 절감할 수 있다. 귀뚜라미가 다른 전통적인 단백질 공급원보다 뛰어난 점은 다음과 같다. 첫째, 쇠고기 0.45 kg을 생산하기 위해 필요한 자원으로 식용 귀뚜라미 11.33 kg을 생산할 수 있다. 이것이 가능한 가장 큰 이유는 귀뚜라미가 냉혈동물이라 돼지나 소와 같이 체내 온도 유지를 위해 먹이를 많이 소비하지 않기 때문이다. 둘째, 식용 귀뚜라미 0.45 kg을 생산하는 데 필요한 물은 감자나 당근을 생산하는 데 필요한 수준인 3.8 ℓ이지만, 닭고기 0.45 kg을 생산하려면 1,900 ℓ의 물이 필요하며, 쇠고기는 닭고기의 경우보다 4배 이상의 물이 필요하다. 셋째, 귀뚜라미를 사육할 때 발생하는 온실가스의 양은 가축을 사육할 때 발생하는 온실가스 양의 20 %에 불과하다.

현재 곤충 사육은 많은 지역에서 이루어지고 있지만, 식용 곤충의 공급이 제한적이고 사람들에게 곤충도 식량이 될 수 있다는 점을 이해시키는 데 어려움이 있다. 따라서 새로운 식용 곤충 생산과 공급방법을 확충하고 곤충 섭취에 대한 사람들의 거부감을 줄이는 방안이 필요하다.

현재 식용 귀뚜라미는 주로 분말 형태로 100 g당 10달러에 판매된다. 이는 같은 양의 닭고기나 쇠고기의 가격과 큰 차이가 없다. 그러나 인구가 현재보다 20억 명 더 늘어날 것으로 예상되는 2050년에는 귀뚜라미 등 곤충이 저렴하게 저녁식사 재료로 공급될 것이다.

① 쇠고기 생산보다 식용 귀뚜라미 생산에 자원이 덜 드는 이유 중 하나는 귀뚜라미가 냉혈동물이라는 점이다.
② 현재 곤충 사육은 많은 지역에서 이루어지고 있지만, 식용으로 사용되는 곤충의 종류는 일부에 불과하다.
③ 식용 귀뚜라미와 동일한 양의 쇠고기를 생산하려면, 귀뚜라미 생산에 필요한 물보다 500배의 물이 필요하다.
④ 식용 귀뚜라미 생산에는 쇠고기 생산보다 자원이 적게 들지만, 현재 이 둘의 100 g당 판매 가격은 큰 차이가 없다.
⑤ 가축을 사육할 때 발생하는 온실가스의 양은 귀뚜라미를 사육할 때의 5배이다.

문 14. 다음 <통역경비 산정기준>과 <상황>을 근거로 판단할 때, A사가 甲시에서 개최한 설명회에 쓴 총 통역경비는?

<통역경비 산정기준>

통역경비는 통역료와 출장비(교통비, 이동보상비)의 합으로 산정한다.

○ 통역료(통역사 1인당)

구분	기본요금 (3시간까지)	추가요금 (3시간 초과시)
영어, 아랍어, 독일어	500,000원	100,000원/시간
베트남어, 인도네시아어	600,000원	150,000원/시간

○ 출장비(통역사 1인당)
– 교통비는 왕복으로 실비 지급
– 이동보상비는 이동 시간당 10,000원 지급

<상 황>

A사는 2019년 3월 9일 甲시에서 설명회를 개최하였다. 통역은 영어와 인도네시아어로 진행되었고, 영어 통역사 2명과 인도네시아어 통역사 2명이 통역하였다. 설명회에서 통역사 1인당 영어 통역은 4시간, 인도네시아어 통역은 2시간 진행되었다. 甲시까지는 편도로 2시간이 소요되며, 개인당 교통비는 왕복으로 100,000원이 들었다.

① 244만 원
② 276만 원
③ 288만 원
④ 296만 원
⑤ 326만 원

문 15. 甲정당과 乙정당은 선거구별로 1명의 의원을 선출하는 소선거구제를 유지하되, <그림>과 같은 10개의 선거구(A~J)를 5개로 통합하기로 하였다. 다음 <조건>에 근거할 때, 甲정당에 가장 유리한 통합 방안은?

<그림> 선거구 위치와 선거구 내 정당별 지지율

북

	A 20 : 80	B 30 : 70	C 40 : 60	D 75 : 25	
서	E 50 : 50	F 65 : 35	G 50 : 50	H 60 : 40	동
	I 40 : 60	J 30 : 70			

남

<조 건>

○ 각 선거구의 유권자 수는 동일하며, 모든 유권자는 자신이 지지하는 정당의 후보에게 1인 1표제에 따라 투표한다.
○ 선거구의 통합은 동서 또는 남북으로 인접한 2개의 선거구 사이에서만 이루어 질 수 있다.
○ 위 <그림>에서 선거구 내 앞의 숫자는 甲정당 지지율, 뒤의 숫자는 乙정당 지지율이다.
○ 선거구 통합은 정당 지지율을 포함한 다른 조건에 영향을 주지 않는다.

① (A+B), (C+D), (E+F), (G+H), (I + J)
② (A+B), (C+D), (E+ I), (F+ J), (G+H)
③ (A+B), (C+G), (D+H), (E+ I), (F+ J)
④ (A+E), (B+F), (C+D), (G+H), (I + J)
⑤ (A+E), (B+F), (C+G), (D+H), (I + J)

문 16. 다음 글을 근거로 판단할 때, <보기>에서 옳은 것만을 모두 고르면?

甲은 정육면체의 각 면에 점을 새겨 게임 도구를 만들려고 한다. 게임 도구는 다음의 규칙에 따라 만든다.
○ 정육면체의 모든 면에는 반드시 점을 1개 이상 새겨야 한다.
○ 한 면에 새기는 점의 수가 6개를 넘어서는 안 된다.
○ 각 면에 새기는 점의 수가 반드시 달라야 할 필요는 없다.

<보 기>

ㄱ. 정육면체에 새긴 점의 총 수가 10개라면 점 6개를 새긴 면은 없다.
ㄴ. 정육면체에 새긴 점의 총 수가 21개인 방법은 1가지밖에 없다.
ㄷ. 정육면체에 새긴 점의 총 수가 24개라면 각 면에 새긴 점의 수는 모두 다르다.
ㄹ. 정육면체에 새긴 점의 총 수가 20개라면 3개 이하의 점을 새긴 면이 4개 이상이어야 한다.

① ㄱ
② ㄱ, ㄴ
③ ㄴ, ㄷ
④ ㄷ, ㄹ
⑤ ㄱ, ㄷ, ㄹ

문 17. 다음 글과 <상황>을 근거로 판단할 때, A국 각 지역에 설치될 것으로 예상되는 풍력발전기 모델명을 바르게 짝지은 것은?

> 풍력발전기는 회전축의 방향에 따라 수평축 풍력발전기와 수직축 풍력발전기로 구분된다. 수평축 풍력발전기는 구조가 간단하고 설치가 용이하며 에너지 변환효율이 우수하다. 하지만 바람의 방향에 영향을 많이 받기 때문에 바람의 방향이 일정한 지역에만 설치가 가능하다. 수직축 풍력발전기는 바람의 방향에 영향을 받지 않아 바람의 방향이 일정하지 않은 지역에도 설치가 가능하며, 이로 인해 사막이나 평원에도 설치가 가능하다. 하지만 부품이 비싸고 수평축 풍력발전기에 비해 에너지 변환효율이 떨어진다는 단점이 있다.
>
> 甲사는 현재 4가지 모델의 풍력발전기를 생산하고 있다. 각 풍력발전기는 정격 풍속에서 최대 발전량에 도달하며, 가동이 시작되면 최소 발전량 이상의 전기를 생산한다. 각 풍력발전기의 특성은 아래 표와 같다.

모 델 명	U-50	U-57	U-88	U-93
시간당 최대 발전량(kW)	100	100	750	2,000
시간당 최소 발전량(kW)	20	20	150	400
발전기 높이(m)	50	68	80	84.7
회전축 방향	수직	수평	수직	수평

<상 황>

> A국은 甲사의 풍력발전기를 X, Y, Z지역에 각 1기씩 설치할 계획이다. X지역은 산악지대로 바람의 방향이 일정하며, 최소 150 kW 이상의 시간당 발전량이 필요하다. Y지역은 평원지대로 바람의 방향이 일정하지 않으며, 철새 보호를 위해 발전기 높이는 70 m 이하가 되어야 한다. Z지역은 사막지대로 바람의 방향이 일정하지 않으며, 주민 편의를 위해 정격 풍속에서 600 kW 이상의 시간당 발전량이 필요하다. 복수의 모델이 각 지역의 조건을 충족할 경우, 에너지 변환효율을 높이기 위해 수평축 모델을 설치하기로 한다.

	X지역	Y지역	Z지역
①	U-88	U-50	U-88
②	U-88	U-57	U-88
③	U-93	U-50	U-88
④	U-93	U-50	U-93
⑤	U-93	U-57	U-93

문 18. 아파트 경비원 A, B 중 A는 청력이 좋지 않아 특정 날씨 조건에 따라 '삼'과 '천'을 바꾸어 알아듣는다. 예를 들면 '301호'를 '천백일호'라고, '1101호'를 '삼백일호'라고 알아듣는다. 또한 이 아파트 ○○○호 주인이 경비원에게 맡겨진 자신의 물건을 가져다 줄 것을 부탁할 때는 항상 다음과 같은 방식으로 통화한다.

<통화내용>

> ○○○호 주인 : 여기 ○○○호 주인인데요, 관리실에 맡겨져 있는 △△(주인과 호수가 표시되어 있지 않음)를 저희 집에 갖다 주시면 고맙겠습니다.
>
> 경비원 : 알겠습니다.

11월 1일에서 11월 7일까지의 <상황>이 다음과 같다고 할 때, 경비원 A, B가 7일간 301호와 1101호에 전달한 내용물은?

<상 황>

○ 근무 일정 및 날씨

일자/날씨	11월 1일 종일 맑음	11월 2일 종일 비	11월 3일 종일 맑음	11월 4일 종일 맑음	11월 5일 종일 맑음	11월 6일 종일 흐림	11월 7일 종일 비
근무자	A	B	A	B	A	B	A
발신자	1101호 주인	1101호 주인	–	–	301호 주인	301호 주인	–
요청사항	천 묶음 전달	삼 묶음 전달	–	–	천백원 봉투 전달	삼백원 봉투 전달	–

○ A와 B는 1일씩 근무하고 밤 12시 정각에 교대한다.

○ 이 경비실에는 상기 기간 동안 천 2묶음, 삼 2묶음, 천백원 봉투 2개, 삼백원 봉투 2개가 맡겨져 있다.

○ 청력상태
- A : 날씨가 맑지 않으면 위와 같이 '삼'과 '천'을 바꾸어 알아듣는다.
- B : 날씨에 아무런 영향을 받지 않고, 정상적으로 알아듣는다.

○ 특이 사항 : B가 11월 2일에 전화받은 내용을 미처 실행에 옮기지 못하여 B가 A에게 교대하기 10분 전에 "삼 묶음을 1101호에 내일 전달해 주세요."라고 말하였고, A는 알아들었다고 했다.

	301호	1101호
①	천 묶음, 삼백원 봉투, 천백원 봉투	천 묶음
②	삼 묶음, 천 묶음	삼백원 봉투, 천백원 봉투
③	천 묶음, 삼백원 봉투	천 묶음, 삼 묶음
④	삼백원 봉투, 천백원 봉투	천 묶음, 삼백원 봉투
⑤	천 묶음	삼 묶음, 삼백원 봉투, 천백원 봉투

문 19. 다음 글을 근거로 판단할 때, 계통색명이 올바르게 표현된 것은?

색명은 관용색명과 계통색명으로 구분한다. 이 중 관용색명은 동식물, 광물 등으로부터 연상에 의해 떠올리는 색 표현 방법으로 병아리색, 황토색, 살구색, 장미색 등을 예로 들 수 있다. 계통색명은 유채색의 계통색명과 무채색의 계통색명으로 나뉜다. 계통색명은 기본색명 앞에 명도·채도에 관한 수식어와 색상에 관한 수식어를 붙여서 표현하는데, 다음과 같은 순서로 표기한다. 이때 사용되는 수식어는 필요에 따라 하나 혹은 둘을 기본색명 앞에 붙여 표기할 수 있고 그 순서는 바꿀 수 없다.

○ 유채색의 계통색명 표기법

명도·채도에 관한 수식어	색상에 관한 수식어	기본색명

○ 무채색의 계통색명 표기법

명도에 관한 수식어	색상에 관한 수식어	기본색명

○ 기본색명

유채색	무채색
빨강, 주황, 노랑, 연두, 녹색, 청록, 파랑, 남색, 보라, 자주	흰색, 회색, 검정

○ 유채색의 명도·채도에 관한 수식어, 무채색의 명도에 관한 수식어

수식어	구분
선명한	유채색
흐린	유채색
탁한	유채색
밝은	유채색, 무채색
(아주) 어두운	유채색, 무채색
진한	유채색
(아주) 연한	유채색

○ 색상에 관한 수식어

수식어	적용하는 기본색명
빨강 띤	보라, 노랑, 흰색, 회색, 검정
노랑 띤	빨강, 녹색, 흰색, 회색, 검정
녹색 띤	노랑, 파랑, 흰색, 회색, 검정
파랑 띤	녹색, 보라, 흰색, 회색, 검정
보라 띤	파랑, 빨강, 흰색, 회색, 검정

※ 색상에 관한 수식어는 쓰임에 따라 예를 들어 '빨강 띤', '빨강 기미의', '빨강 끼의' 등으로 바꾸어 표현하거나 '빨강빛'으로 표현할 수 있다.

① 진한 회색
② 보라빛 노랑
③ 선명한 파랑 띤 노랑
④ 빨강 기미의 밝은 보라
⑤ 아주 연한 노랑 끼의 녹색

문 20. 다음 글을 근거로 판단할 때, 2022년 A시 인구수의 천의 자리 숫자는?

A시는 2022년까지 매년 인구수를 발표해왔다. 2010년 이후 이 도시의 인구는 매년 600명 이내에서 지속적으로 증가만 해왔다.

그런데 A시의 2019년 인구수는 2,739,372로 독특한 형태를 보이고 있다. 천의 자리 숫자(한가운데 숫자)를 중심으로 하여, 나머지 숫자들이 마치 데칼코마니처럼 대칭으로 놓여 있다. 즉, 2739372는 9를 중심으로 2, 7, 3이 각각 좌우 대칭으로 자리 잡고 있는 모습이다. 3년 뒤인 2022년 인구수도 마찬가지 형태이다.

① 0
② 1
③ 2
④ 3
⑤ 4

문 21. 다음 글과 <상황>을 근거로 판단할 때, 출장을 함께 갈 수 있는 직원들의 조합으로 가능한 것은?

A은행 B지점에서는 3월 11일 회계감사 관련 서류 제출을 위해 본점으로 출장을 가야 한다. 08시 정각 출발이 확정되어 있으며, 출발 후 B지점에 복귀하기까지 총 8시간이 소요된다. 단, 비가 오는 경우 1시간이 추가로 소요된다.

○ 출장인원 중 한 명이 직접 운전하여야 하며, '운전면허 1종 보통' 소지자만 운전할 수 있다.
○ 출장시간에 사내 업무가 겹치는 경우에는 출장을 갈 수 없다.
○ 출장인원 중 부상자가 포함되어 있는 경우, 서류 박스 운반 지연으로 인해 30분이 추가로 소요된다.
○ 차장은 책임자로서 출장인원에 적어도 한 명 포함되어야 한다.
○ 주어진 조건 외에는 고려하지 않는다.

<상 황>

○ 3월 11일은 하루 종일 비가 온다.
○ 3월 11일 당직 근무는 17시 10분에 시작한다.

직원	직급	운전면허	건강상태	출장 당일 사내 업무
甲	차장	1종 보통	부상	없음
乙	차장	2종 보통	건강	17시 15분 계약업체 면담
丙	과장	없음	건강	17시 35분 고객 상담
丁	과장	1종 보통	건강	당직 근무
戊	대리	2종 보통	건강	없음

① 甲, 乙, 丙
② 甲, 丙, 丁
③ 乙, 丙, 戊
④ 乙, 丁, 戊
⑤ 丙, 丁, 戊

문 22. 다음 글과 <선정 방식>을 근거로 판단할 때, <보기>에서 옳은 것만을 모두 고르면?

△△기업은 3개 신문사(甲 ~ 丙)를 대상으로 광고비를 지급하기 위해 3가지 선정 방식을 논의 중이다. 3개 신문사의 정보는 다음과 같다.

신문사	발행부수(부)	유료부수(부)	발행기간(년)
甲	30,000	9,000	5
乙	30,000	11,500	10
丙	20,000	12,000	12

※ 발행부수 = 유료부수 + 무료부수

<선정 방식>

○ 방식 1 : 항목별 점수를 합산하여 고득점 순으로 500만 원, 300만 원, 200만 원을 광고비로 지급하되, 80점 미만인 신문사에는 지급하지 않는다.

평가항목	항목별 점수			
발행부수(부)	20,000 이상	15,000 ~ 19,999	10,000 ~ 14,999	10,000 미만
	50점	40점	30점	20점
유료부수(부)	15,000 이상	10,000 ~ 14,999	5,000 ~ 9,999	5,000 미만
	30점	25점	20점	15점
발행기간(년)	15 이상	12 ~ 14	9 ~ 11	6 ~ 8
	20점	15점	10점	5점

※ 항목별 점수에 해당하지 않을 경우 해당 항목을 0점으로 처리한다.

○ 방식 2 : A등급에 400만 원, B등급에 200만 원, C등급에 100만 원을 광고비로 지급하되, 등급별 조건을 모두 충족하는 경우에만 해당 등급을 부여한다.

등급	발행부수(부)	유료부수(부)	발행기간(년)
A	20,000 이상	10,000 이상	10 이상
B	10,000 이상	5,000 이상	5 이상
C	5,000 이상	2,000 이상	2 이상

※ 하나의 신문사가 복수의 등급에 해당할 경우, 그 신문사에게 가장 유리한 등급을 부여한다.

○ 방식 3 : 1,000만 원을 발행부수 비율에 따라 각 신문사에 광고비로 지급한다.

<보 기>

ㄱ. 乙은 방식 3이 가장 유리하다.
ㄴ. 丙은 방식 1이 가장 유리하다.
ㄷ. 방식 1로 선정할 경우, 甲은 200만 원의 광고비를 지급받는다.
ㄹ. 방식 2로 선정할 경우, 丙은 甲보다 두 배의 광고비를 지급받는다.

① ㄱ, ㄴ
② ㄱ, ㄷ
③ ㄴ, ㄷ
④ ㄴ, ㄹ
⑤ ㄷ, ㄹ

문 23. 다음 글을 근거로 판단할 때, <보기>에서 옳은 것만을 모두 고르면?

○ 평가대상기관은 甲, 乙, 丙, 丁 4개 기관이다.
○ 평가요소는 국정과제, 규제개혁, 정책성과, 홍보실적 총 4개이다. 평가요소별로 100점을 4개 평가대상기관에 배분하며, 평가대상기관이 받는 평가요소별 최소점수는 3점이다.
○ 4개 평가요소의 점수를 기관별로 합산하여 총점이 높은 순서로 평가순위를 매긴다. 평가결과 2위 기관까지 인센티브가 주어진다.
○ 4개 기관의 평가 결과는 아래와 같다.

(단위 : 점)

평가요소 / 기관	국정과제	규제개혁	정책성과	홍보실적
甲	30	40	A	25
乙	20	B	30	25
丙	10	C	40	20
丁	40	30	D	30
합계	100	100	100	100

※ 특정 평가요소에 가중치를 n배 줄 경우 해당 평가요소점수는 n배가 된다.

<보 기>

ㄱ. 丙은 인센티브를 받을 수 있다.
ㄴ. B가 27이고 D가 25이상이면 乙이 2위가 된다.
ㄷ. 국정과제에 가중치를 2배 준다면 丁은 인센티브를 받을 수 없다.
ㄹ. 국정과제에 가중치를 3배 준다면 丁은 1위가 된다.

① ㄱ, ㄴ
② ㄱ, ㄹ
③ ㄴ, ㄷ
④ ㄴ, ㄹ
⑤ ㄴ, ㄷ, ㄹ

문 24. 다음 글을 근거로 판단할 때, <보기>에서 옳은 것만을 모두 고르면?

○ 甲회사는 A기차역에 도착한 전체 관객을 B공연장까지 버스로 수송해야 한다.
○ 이때 甲회사는 아래 표와 같이 콘서트 시작 4시간 전부터 1시간 단위로 전체 관객 대비 A기차역에 도착하는 관객의 비율을 예측하여 버스를 운행하고자 한다. 단, 콘서트 시작 시간까지 관객을 모두 수송해야 한다.

시각	전체 관객 대비 비율(%)
콘서트 시작 4시간 전	a
콘서트 시작 3시간 전	b
콘서트 시작 2시간 전	c
콘서트 시작 1시간 전	d
계	100

○ 전체 관객 수는 40,000명이다.
○ 버스는 한 번에 대당 최대 40명의 관객을 수송한다.
○ 버스가 A기차역과 B공연장 사이를 왕복하는 데 걸리는 시간은 6분이다.

※ 관객의 버스 승·하차 및 공연장 입·퇴장에 소요되는 시간은 고려하지 않는다.

<보 기>

ㄱ. a = b = c = d = 25라면, 甲회사가 전체 관객을 A기차역에서 B공연장으로 수송하는 데 필요한 버스는 최소 20대이다.
ㄴ. a = 10, b = 20, c = 30, d = 40이라면, 甲회사가 전체 관객을 A기차역에서 B공연장으로 수송하는 데 필요한 버스는 최소 40대이다.
ㄷ. 만일 콘서트가 끝난 후 2시간 이내에 전체 관객을 B공연장에서 A기차역까지 버스로 수송해야 한다면, 이때 甲회사에게 필요한 버스는 최소 50대이다.

① ㄱ
② ㄴ
③ ㄱ, ㄴ
④ ㄱ, ㄷ
⑤ ㄴ, ㄷ

문 25. 다음 글을 근거로 판단할 때, ㉠에 들어갈 일시는?

○ 서울에 있는 甲사무관, 런던에 있는 乙사무관, 시애틀에 있는 丙사무관은 같은 프로젝트를 진행하면서 다음과 같이 영상업무회의를 진행하였다.
○ 회의 시각은 런던을 기준으로 11월 1일 오전 9시였다.
○ 런던은 GMT+0, 서울은 GMT+9, 시애틀은 GMT−7을 표준시로 사용한다. (즉, 런던이 오전 9시일 때, 서울은 같은 날 오후 6시이며 시애틀은 같은 날 오전 2시이다)

甲 : 제가 프로젝트에서 맡은 업무는 오늘 오후 10시면 마칠 수 있습니다. 런던에서 받아서 1차 수정을 부탁드립니다.
乙 : 네, 저는 甲사무관님께서 제시간에 끝내 주시면 다음날 오후 3시면 마칠 수 있습니다. 시애틀에서 받아서 마지막 수정을 부탁드립니다.
丙 : 알겠습니다. 저는 앞선 두 분이 제시간에 끝내 주신다면 서울을 기준으로 모레 오전 10시면 마칠 수 있습니다. 제가 업무를 마치면 프로젝트가 최종 마무리 되겠군요.
甲 : 잠깐, 다들 말씀하신 시각의 기준이 다른 것 같은데요? 저는 처음부터 런던을 기준으로 이해하고 말씀드렸습니다.
乙 : 저는 처음부터 시애틀을 기준으로 이해하고 말씀드렸는데요?
丙 : 저는 처음부터 서울을 기준으로 이해하고 말씀드렸습니다. 그렇다면 계획대로 진행될 때 서울을 기준으로 (㉠)에 프로젝트를 최종 마무리할 수 있겠네요.
甲, 乙 : 네, 맞습니다.

① 11월 2일 오후 3시
② 11월 2일 오후 11시
③ 11월 3일 오전 10시
④ 11월 3일 오후 3시
⑤ 11월 3일 오후 7시

MEMO

25제 연습
SET 6

총 25문제
제한시간 : 56분

하주응 PSAT 상황판단 5급 기출 엄선연습

문 1. 다음 글을 근거로 판단할 때 옳은 것은?

> 제00조 이 법에서 말하는 폐기물이란 쓰레기, 연소재, 폐유, 폐알칼리 및 동물의 사체 등으로 사람의 생활이나 사업활동에 필요하지 않게 된 물질을 말한다.
>
> 제00조 ① 도지사는 관할 구역의 폐기물을 적정하게 처리하기 위하여 환경부장관이 정하는 지침에 따라 10년마다 '폐기물 처리에 관한 기본계획'(이하 '기본계획'이라 한다)을 세워 환경부장관의 승인을 받아야 한다. 승인사항을 변경하려 할 때에도 또한 같다. 이 경우 환경부장관은 기본계획을 승인하거나 변경승인하려면 관계 중앙행정기관의 장과 협의하여야 한다.
>
> ② 시장·군수·구청장은 10년마다 관할 구역의 기본계획을 세워 도지사에게 제출하여야 한다.
>
> ③ 제1항과 제2항에 따른 기본계획에는 다음 각 호의 사항이 포함되어야 한다.
>
> 1. 관할 구역의 지리적 환경 등에 관한 개황
> 2. 폐기물의 종류별 발생량과 장래의 발생 예상량
> 3. 폐기물의 처리 현황과 향후 처리 계획
> 4. 폐기물의 감량화와 재활용 등 자원화에 관한 사항
> 5. 폐기물처리시설의 설치 현황과 향후 설치 계획
> 6. 폐기물 처리의 개선에 관한 사항
> 7. 재원의 확보계획
>
> 제00조 ① 환경부장관은 국가 폐기물을 적정하게 관리하기 위하여 전조 제1항에 따른 기본계획을 기초로 '국가 폐기물 관리 종합계획'(이하 '종합계획'이라 한다)을 10년마다 세워야 한다.
>
> ② 환경부장관은 종합계획을 세운 날부터 5년이 지나면 그 타당성을 재검토하여 변경할 수 있다.

① 재원의 확보계획은 기본계획에 포함되지 않아도 된다.
② A도 도지사가 제출한 기본계획을 승인하려면, 환경부장관은 관계 중앙행정기관의 장과 협의를 거쳐야 한다.
③ 환경부장관은 국가 폐기물을 적정하게 관리하기 위하여 10년마다 기본계획을 수립하여야 한다.
④ B군 군수는 5년마다 종합계획을 세워 환경부장관에게 제출하여야 한다.
⑤ 기본계획 수립 이후 5년이 경과하였다면, 환경부장관은 계획의 타당성을 재검토하여 계획을 변경하여야 한다.

문 2. 다음 글과 <甲지방자치단체 공직자윤리위원회 위원 현황>을 근거로 판단할 때 옳은 것은? (단, 오늘은 2018년 3월 10일이다)

> 제00조 ① 지방자치단체는 공직자윤리위원회(이하 '위원회'라 한다)를 두어야 한다.
>
> ② 위원회는 위원장과 부위원장 각 1명을 포함한 9명의 위원으로 구성하되 위원은 다음 각 호에 따라 위촉한다.
>
> 1. 5명의 위원은 법관, 교육자, 시민단체에서 추천한 자로 한다. 이 경우 제2호의 요건에 해당하는 자는 제외된다.
> 2. 4명의 위원은 해당 지방의회 의원 2명, 해당 지방자치단체 소속 행정국장, 기획관리실장(이하 '소속 공무원'이라 한다)으로 한다.
>
> ③ 위원회의 위원장과 부위원장은 위원회에서 다음 각 호에 따라 선임한다.
>
> 1. 위원장은 제2항 제1호의 5명 중에서 선임
> 2. 부위원장은 제2항 제2호의 4명 중에서 선임
>
> 제00조 ① 위원의 임기는 2년으로 하되, 한 차례만 연임할 수 있다.
>
> ② 지방자치단체의회 의원 및 소속 공무원 중에서 위촉된 위원의 임기는 제1항에도 불구하고 지방의회 의원인 경우에는 그 임기 내로 하고, 소속 공무원인 경우에는 그 직위에 재직 중인 기간으로 한다.
>
> ③ 전조 제2항 제1호에 따른 위원 중 결원이 생겼을 경우 그 자리에 새로 위촉된 위원의 임기는 전임자의 남은 기간으로 한다.

<甲지방자치단체 공직자윤리위원회 위원 현황>

성명	직위	최초 위촉일자
A	甲지방의회 의원	2016. 9. 1.
B	시민연대 회원	2016. 9. 1.
C	甲지방자치단체 소속 기획관리실장	2016. 9. 1.
D	지방법원 판사	2017. 3. 1.
E	대학교 교수	2016. 9. 1.
F	고등학교 교사	2014. 9. 1.
G	중학교 교사	2016. 9. 1.
H	甲지방의회 의원	2016. 9. 1.
I	甲지방자치단체 소속 행정국장	2016. 9. 1.

※ 모든 위원은 최초 위촉 이후 계속 위원으로 활동하고 있다.

① B가 사망하여 새로운 위원을 위촉하는 경우 甲지방의회 의원을 위촉할 수 있다.
② C가 오늘자로 명예퇴직하더라도 위원직을 유지할 수 있다.
③ E가 오늘자로 사임한 경우 당일 그 자리에 위촉된 위원의 임기는 위촉된 날로부터 2년이다.
④ F는 임기가 만료되면 연임할 수 있다.
⑤ I는 부위원장으로 선임될 수 있다.

문 3. 다음 글을 근거로 판단할 때 옳은 것은?

제00조 ① 체육시설업은 다음과 같이 구분한다.
1. 등록 체육시설업: 스키장업, 골프장업, 자동차 경주장업
2. 신고 체육시설업: 빙상장업, 썰매장업, 수영장업, 체력단련장업, 체육도장업, 골프연습장업, 당구장업, 무도학원업, 무도장업, 야구장업, 가상체험 체육시설업

② 체육시설업자는 체육시설업의 종류에 따라 아래 <시설기준>에 맞는 시설을 설치하고 유지·관리하여야 한다.

<시설기준>

필수시설	○ 수용인원에 적합한 주차장(등록 체육시설업만 해당한다) 및 화장실을 갖추어야 한다. 다만 해당 체육시설이 같은 부지 또는 복합건물 내에 다른 시설물과 함께 위치한 경우로서 그 다른 시설물과 공동으로 사용하는 주차장 및 화장실이 있을 때에는 별도로 갖추지 아니할 수 있다. ○ 수용인원에 적합한 탈의실과 급수시설을 갖추어야 한다. 다만 신고 체육시설업(수영장업은 제외한다)과 자동차 경주장업에는 탈의실을 대신하여 세면실을 설치할 수 있다. ○ 부상자 및 환자의 구호를 위한 응급실 및 구급약품을 갖추어야 한다. 다만 신고 체육시설업(수영장업은 제외한다)과 골프장업에는 응급실을 갖추지 아니할 수 있다.
임의시설	○ 체육용품의 판매·수선 또는 대여점을 설치할 수 있다. ○ 식당·목욕시설·매점 등 편의시설을 설치할 수 있다(무도학원업과 무도장업은 제외한다). ○ 등록 체육시설업의 경우에는 해당 체육시설을 이용하는 데에 지장이 없는 범위에서 그 체육시설 외에 다른 종류의 체육시설을 설치할 수 있다. 다만 신고 체육시설업의 경우에는 그러하지 아니하다.

① 무도장을 운영할 때 목욕시설과 매점을 설치하는 경우 시설기준에 위반된다.
② 수영장을 운영할 때 수용인원에 적합한 세면실과 급수시설을 모두 갖추어야 한다.
③ 체력단련장을 운영할 때 이를 이용하는 데에 지장이 없는 범위에서 가상체험 체육시설을 설치할 수 있다.
④ 복합건물 내에 위치한 골프연습장을 운영할 때 다른 시설물과 공동으로 사용하는 주차장이 없다면, 수용인원에 적합한 주차장을 반드시 갖추어야 한다.
⑤ 수영장을 운영할 때 구급약품을 충분히 갖추어 부상자 및 환자의 구호에 지장이 없다면, 응급실을 갖추지 않아도 시설기준에 위반되지 않는다.

문 4. 다음 글을 근거로 판단할 때, <보기>에서 옳은 것만을 모두 고르면?

甲국의 공무원연금공단은 다음 기준에 따라 사망조위금을 지급하고 있다. 사망조위금은 최우선 순위의 수급권자 1인에게만 지급한다.

<사망조위금 지급기준>

사망자	수급권자 순위	
공무원의 배우자·부모(배우자의 부모 포함)·자녀	해당 공무원이 1인인 경우	해당 공무원
	해당 공무원이 2인 이상인 경우	1. 사망한 자의 배우자인 공무원 2. 사망한 자를 부양하던 직계비속인 공무원 3. 사망한 자의 최근친 직계비속인 공무원 중 최연장자 4. 사망한 자의 최근친 직계비속의 배우자인 공무원 중 최연장자 직계비속의 배우자인 공무원
공무원 본인	1. 사망한 공무원의 배우자 2. 사망한 공무원의 직계비속 중 공무원 3. 장례와 제사를 모시는 자 중 아래의 순위 가. 사망한 공무원의 최근친 직계비속 중 최연장자 나. 사망한 공무원의 최근친 직계존속 중 최연장자 다. 사망한 공무원의 형제자매 중 최연장자	

<보 기>

ㄱ. A와 B는 비(非)공무원 부부이며 공무원 C(37세)와 공무원 D(32세)를 자녀로 두고 있다. 공무원 D가 부모님을 부양하던 상황에서 A가 사망하였다면, 사망조위금 최우선 순위 수급권자는 D이다.
ㄴ. A와 B는 공무원 부부로 비공무원 C를 아들로 두고 있으며, 공무원 D는 C의 아내이다. 만약 C가 사망하였다면, 사망조위금 최우선 순위 수급권자는 A이다.
ㄷ. 공무원 A와 비공무원 B는 부부이며 비공무원 C(37세)와 비공무원 D(32세)를 자녀로 두고 있다. A가 사망하고 C와 D가 장례와 제사를 모시는 경우, 사망조위금 최우선 순위 수급권자는 C이다.

① ㄱ
② ㄴ
③ ㄷ
④ ㄱ, ㄴ
⑤ ㄱ, ㄷ

문 5. 다음 <A대학 학사규정>을 근거로 판단할 때, <상황>의 ㉠과 ㉡에 들어갈 기간으로 옳게 짝지은 것은?

<A대학 학사규정>

제1조(목적) 이 규정은 졸업을 위한 재적기간 및 수료연한을 정하는 것을 목적으로 한다.
제2조(재적기간과 수료연한) ① 재적기간은 입학 시부터 졸업 시까지의 기간으로 휴학기간을 포함한다.
② 졸업을 위한 수료연한은 4년으로 한다. 다만 다음 각 호의 경우에는 수료연한을 달리할 수 있다.
1. 외국인 유학생은 어학습득을 위하여 수료연한을 1년 연장하여 5년으로 할 수 있다.
2. 특별입학으로 입학한 학생은 2년차에 편입되며 수료연한은 3년으로 한다. 다만 특별입학은 내국인에 한한다.
③ 수료와 동시에 졸업한다.
제3조(휴학) ① 휴학은 일반휴학과 해외 어학연수를 위한 휴학으로 구분한다.
② 일반휴학은 해당 학생의 수료연한의 2분의 1을 초과할 수 없으며, 6개월 단위로만 신청할 수 있다.
③ 해외 어학연수를 위한 휴학은 해당 학생의 수료연한의 2분의 1을 초과할 수 없으며, 1년 단위로만 신청할 수 있다.

<상 황>

○ A대학의 학생이 재적할 수 있는 최장기간은 (㉠)이다.
○ A대학에 특별입학으로 입학한 학생이 일반휴학 없이 재적할 수 있는 최장기간은 (㉡)이다.

	㉠	㉡
①	9년	4년
②	9년 6개월	4년
③	9년 6개월	4년 6개월
④	10년	4년 6개월
⑤	10년	5년

문 6. 다음 글을 근거로 판단할 때, <보기>에서 옳은 것만을 모두 고르면?

하와이 원주민들이 사용하던 토속어는 1898년 하와이가 미국에 병합된 후 미국이 하와이 학생들에게 사용을 금지하면서 급격히 소멸되었다. 그러나 하와이 원주민들이 소멸한 토속어를 부활시키기 위해 1983년 '아하 푸나나 레오'라는 기구를 설립하여 취학 전 아동부터 중학생까지의 원주민들을 대상으로 집중적으로 토속어를 교육한 결과 언어 복원에 성공했다.

이러한 언어의 다양성을 지키려는 노력뿐만 아니라 언어의 통일성을 추구하려는 노력도 있었다. 안과의사였던 자멘호프는 유태인, 폴란드인, 독일인, 러시아인들이 서로 다른 언어를 사용함으로써 갈등과 불화가 생긴다고 판단하고 예외와 불규칙이 없는 문법과 알기 쉬운 어휘에 기초해 국제공통어 에스페란토를 만들어 1887년 발표했다. 그의 구상은 '1민족 2언어주의'에 입각하여 같은 민족끼리는 모국어를, 다른 민족과는 중립적이고 배우기 쉬운 에스페란토를 사용하자는 것이었다.

에스페란토의 문자는 영어 알파벳 26개 문자에서 Q, X, W, Y의 4개 문자를 빼고 영어 알파벳에는 없는 Ĉ, Ĝ, Ĥ, Ĵ, Ŝ, Û의 6개 문자를 추가하여 만들어졌다. 문법의 경우 가급적 불규칙 변화를 없애고 각 어간에 품사 고유의 어미를 붙여 명사는 -o, 형용사는 -a, 부사는 -e, 동사원형은 -i로 끝낸다. 예를 들어 '사랑'은 amo, '사랑의'는 ama, '사랑으로'는 ame, '사랑하다'는 ami이다. 시제의 경우 어간에 과거형은 -is, 현재형은 -as, 미래형은 -os를 붙여 표현한다.

또한 1자 1음의 원칙에 따라 하나의 문자는 하나의 소리만을 내고, 소리 나지 않는 문자도 없으며, 단어의 강세는 항상 뒤에서 두 번째 모음에 있기 때문에 사전 없이도 쉽게 읽을 수 있다. 특정한 의미를 갖는 접두사와 접미사를 활용하여 많은 단어를 파생시켜 사용하므로 단어 암기를 위한 노력이 크게 줄어드는 것도 중요한 특징이다. 아버지는 patro, 어머니는 patrino, 장인은 bopatro, 장모는 bopatrino인 것이 그 예이다.

※ 에스페란토에서 모음은 A, E, I, O, U이며 반모음은 Û이다.

<보 기>

ㄱ. 에스페란토의 문자는 모두 28개로 만들어졌다.
ㄴ. 미래형인 '사랑할 것이다'는 에스페란토로 amios이다.
ㄷ. '어머니'와 '장모'를 에스페란토로 말할 때 강세가 있는 모음은 같다.
ㄹ. 자멘호프의 구상에 따르면 동일한 언어를 사용하는 하와이 원주민끼리도 에스페란토만을 써야 한다.

① ㄱ, ㄷ
② ㄱ, ㄹ
③ ㄴ, ㄹ
④ ㄱ, ㄴ, ㄷ
⑤ ㄴ, ㄷ, ㄹ

문 7. 다음 글과 <표>를 근거로 판단할 때, A사무관이 선택할 4월의 광고수단은?

○ 주어진 예산은 월 3천만 원이며, A사무관은 월별 광고효과가 가장 큰 광고수단 하나만을 선택한다.
○ 광고비용이 예산을 초과하면 해당 광고수단은 선택하지 않는다.
○ 광고효과는 아래와 같이 계산한다.

$$광고효과 = \frac{총\ 광고\ 횟수 \times 회당\ 광고노출자\ 수}{광고비용}$$

○ 광고수단은 한 달 단위로 선택된다.

<표>

광고수단	광고 횟수	회당 광고노출자 수	월 광고비용 (천 원)
TV	월 3회	100만 명	30,000
버스	일 1회	10만 명	20,000
KTX	일 70회	1만 명	35,000
지하철	일 60회	2천 명	25,000
포털사이트	일 50회	5천 명	30,000

① TV
② 버스
③ KTX
④ 지하철
⑤ 포털사이트

문 8. 다음 글과 <조건>을 근거로 판단할 때, 처리공정 1회 가동 후 바로 생산된 물에는 A균과 B균이 리터(L)당 각각 몇 마리인가? (단, 다른 조건은 고려하지 않는다)

보란이와 예슬이는 주스를 제조하는 공장을 운영하고 있으며, 甲회사의 물과 乙회사의 물을 정화한 후 섞어서 사용한다. 甲회사의 물에는 A균이, 乙회사의 물에는 B균이 리터(L)당 1,000마리씩 균일하게 존재한다. A균은 70℃ 이상에서 10분간 가열하면 90%가 죽지만, B균은 40℃ 이상이 되면 즉시 10% 증식한다. 필터를 이용해 10분간 거르면 A균은 30%, B균은 80%가 걸러진다. 또한 자외선을 이용해 물을 10분간 살균하면 A균은 90%, B균은 80%가 죽는다.

<물 처리공정>

공정 (1) 甲회사의 물과 乙회사의 물을 각각 자외선을 이용하여 10분간 살균한다.
공정 (2-1) 甲회사의 물을 100 ℃ 이상에서 10분간 가열한다.
공정 (2-2) 乙회사의 물을 10분간 필터로 거른다.
공정 (3) 甲회사의 물과 乙회사의 물을 1:1의 비율로 배합한다.

<조 건>

○ 물 처리공정 1회 가동시 (1) ~ (3)의 공정이 20분 동안 연속으로 이루어진다.
○ 각각의 공정은 독립적이며, 서로 영향을 미치지 않는다.
○ 공정 (2-1)과 공정 (2-2)는 동시에 이루어진다.
○ 공정 (3)을 거친 물의 온도는 60℃이다.
○ 모든 공정에서 물의 양은 줄어들지 않는다.
○ 모든 공정에 소요되는 시간은 물의 양과는 상관관계가 없다.

	A균	B균
①	10	44
②	10	40
③	5	44
④	5	22
⑤	5	20

※ 다음 글을 읽고 물음에 답하시오. [문 9. ~ 문 10.]

□□연구소에서 발행한 보고서에 따르면 관광이 지역경제에 미치는 효과는 여러 가지 방식으로 측정할 수 있다.

우선, 효과가 직접적으로 발생하는지 여부에 따라 구분하는 방법이 있다. '직접효과'란 관광객이 어떤 지역에서 그 지역 관광사업자에게 직접적으로 지출한 경비(최초 관광지출)가 그 지역에 일차적으로 발생시키는 효과로 일차효과라고도 부른다. 다시 말하면, 그 지역에서 관광객의 최초 관광지출로 인해 지역 관광사업자에게 직접적으로 발생하는 소득이다.

다음으로 관광객의 최초 관광지출이 지역경제에 주입되면 이에 영향을 받는 이차집단이 생기게 되는데, 이들에게 발생하는 효과를 '간접효과'라고 한다. 예를 들어, 관광객에게 숙박비를 받은 호텔 업주는 이 수입 중 일부를 자신에게 쌀이나 부식재료를 공급해준 농업 종사자나 중간상, 통신 서비스를 제공한 전기통신사업자, 청소 서비스를 제공한 청소업체 등에게 지출한다. 이때 농업 종사자나 중간상, 전기통신사업자, 청소업체는 관광객으로부터 간접적인 영향을 받게 되는 셈이다. 이러한 영향을 합친 것이 간접효과이다.

직접효과와 간접효과만으로 포착되지 않는 효과도 존재한다. 관광수입 증대로 인해 해당 지역경제 내의 호텔 업주, 농업 종사자 등 지역경제 구성원의 가계부문 소득이 향상되면 지역경제에 대한 이들의 지출이 증가하게 되고, 이것이 다시 지역산업에 대한 투자 증대, 고용 창출 등으로 이어지는 경제적 효과가 발생한다. 이러한 효과를 '유발효과'라고 부른다. 간접효과와 유발효과를 합쳐 이차효과라고 부르기도 한다. 관광효과는 직접효과와 간접효과, 유발효과를 모두 합한 값이다.

한편 관광이 지역경제에 미치는 효과는 승수(乘數)를 이용하여 나타내기도 한다. 승수는 경제에 발생한 최초의 변화가 최종적으로 그 경제에 얼마나 큰 변화를 가져오는지를 배수(倍數)로 표현한 값이다. 예를 들어 최초 변화 10으로 인해 최종적으로 20의 변화가 발생했다면 승수는 2가 된다. 관광으로 인한 지역 내의 최초 변화가 지역경제에 가져오는 총 효과를 측정하는 승수에는 비율승수와 일반승수가 있다. 비율승수는 직접효과·간접효과·유발효과의 합을 직접효과로 나눈 값으로 계산된다. 그리고 일반승수는 직접효과·간접효과·유발효과의 합을 관광객의 최초 관광지출로 나눈 값이다.

문 9. 윗글을 근거로 판단할 때, <보기>에서 옳은 것만을 모두 고르면?

<보 기>

ㄱ. 관광효과에서 유발효과를 제외한 값은 직접효과이다.
ㄴ. 관광지 소재 식당이 관광객에게 직접 받은 식대는 유발효과에 해당된다.
ㄷ. 일반승수 계산 시 나누어지는 값은 일차효과와 이차효과의 합이다.

① ㄱ
② ㄷ
③ ㄱ, ㄴ
④ ㄴ, ㄷ
⑤ ㄱ, ㄴ, ㄷ

문 10. 윗글과 <상황>을 근거로 판단할 때, A시의 2023년 관광으로 인한 직접효과와 비율승수를 옳게 짝지은 것은?

<상 황>

A시가 2023년에 관광으로 얻은 직접효과는 관광객의 최초 관광지출의 50%이다. 간접효과는 직접효과보다 10억 원 많으며, 유발효과는 직접효과의 2배이다. A시의 일반승수는 2.5이다.

	직접효과	비율승수
①	5억 원	4
②	10억 원	4
③	10억 원	5
④	20억 원	5
⑤	20억 원	6

25제 SET 6

문 11. 다음 글과 <상황>을 근거로 판단할 때, 甲～丙 중 임금피크제 지원금을 받을 수 있는 사람만을 모두 고르면?

> 제00조(임금피크제 지원금) ① 정부는 다음 각 호의 어느 하나에 해당하는 경우, 근로자의 신청을 받아 제2항의 규정에 따라 임금피크제 지원금을 지급하여야 한다.
> 1. 사업주가 근로자 대표의 동의를 받아 정년을 60세 이상으로 연장하면서 55세 이후부터 일정 나이, 근속시점 또는 임금액을 기준으로 임금을 줄이는 제도를 시행하는 경우
> 2. 정년을 55세 이상으로 정한 사업주가 정년에 이른 사람을 재고용(재고용 기간이 1년 미만인 경우는 제외한다)하면서 정년퇴직 이후부터 임금만을 줄이는 경우
> 3. 사업주가 제2호에 따라 재고용하면서 주당 소정의 근로시간을 15시간 이상 30시간 이하로 단축하는 경우
>
> ② 임금피크제 지원금은 해당 사업주에 고용되어 18개월 이상을 계속 근무한 자로서 피크임금(임금피크제의 적용으로 임금이 최초로 감액된 날이 속하는 연도의 직전 연도 임금을 말한다)과 지원금 신청연도의 임금을 비교하여 다음 각 호의 구분에 따른 비율 이상 낮아진 자에게 지급한다. 다만 상시 사용하는 근로자가 300명 미만인 사업장인 경우에는 100분의 10으로 한다.
> 1. 제1항제1호의 경우: 100분의 10
> 2. 제1항제2호의 경우: 100분의 20
> 3. 제1항제3호의 경우: 100분의 30

<상 황>

甲～丙은 올해 임금피크제 지원금을 신청하였다.

- 甲(56세)은 사업주가 근로자 대표의 동의를 받아 정년을 60세로 연장하면서 임금피크제를 실시하고 있는 사업장(상시 사용하는 근로자 320명)에 고용되어 3년간 계속 근무하고 있다. 甲의 피크임금은 4,000만 원이었고, 올해 임금은 3,500만 원이다.
- 乙(56세)은 사업주가 정년을 55세로 정한 사업장(상시 사용하는 근로자 200명)에서 1년간 계속 근무하다 작년 12월 31일 정년에 이르렀다. 乙은 올해 1월 1일 근무기간 10개월, 주당 근로시간은 동일한 조건으로 재고용되었다. 乙의 피크임금은 3,000만 원이었고, 올해 임금은 2,500만 원이다.
- 丙(56세)은 사업주가 정년을 55세로 정한 사업장(상시 사용하는 근로자 400명)에서 2년간 계속 근무하다 작년 12월 31일 정년에 이르렀다. 丙은 올해 1월 1일 근무기간 1년, 주당 근로시간을 40시간에서 30시간으로 단축하는 조건으로 재고용되었다. 丙의 피크임금은 2,000만 원이었고, 올해 임금은 1,200만 원이다.

① 甲
② 乙
③ 甲, 丙
④ 乙, 丙
⑤ 甲, 乙, 丙

문 12. 다음 글과 <조건>을 근거로 판단할 때, <보기>에서 옳은 것만을 모두 고르면?

> 정약용은 『목민심서』에서 흉작에 대비하여 군현 차원에서 수령이 취해야 할 대책에 대해 서술하였다. 그는 효과적인 대책으로 권분(勸分)을 꼽았는데, 권분이란 군현에서 어느 정도 경제력을 갖춘 사람들에게 곡식을 내놓도록 권하는 제도였다.
>
> 권분의 대상자는 요호(饒戶)라고 불렀다. 요호는 크게 3등(等)으로 구분되는데, 각 등은 9급(級)으로 나누어졌다. 상등 요호는 봄에 무상으로 곡물을 내놓는 진희(賑餼), 중등 요호는 봄에 곡물을 빌려주었다가 가을에 상환받는 진대(賑貸), 하등 요호는 봄에 곡물을 시가의 1/4로 판매하는 진조(賑糶)를 권분으로 행하였다. 정약용이 하등 요호 8, 9급까지 권분의 대상에 포함시킨 것은, 현실적으로 상등 요호와 중등 요호는 소수이고 하등 요호가 대다수이었기 때문이다.
>
> 상등 요호 1급의 진희량은 벼 1,000석이고, 요호의 등급이 2급, 3급 등으로 한 급씩 내려갈 때마다 벼 100석씩 감소하였다. 중등 요호 1급의 진대량은 벼 100석이고, 한 급씩 내려갈 때마다 벼 10석씩 감소하였다. 하등 요호 1급의 진조량은 벼 10석이고, 한 급씩 내려갈 때마다 벼 1석씩 감소하였다. 조선시대 국법은 벼 50석 이상 권분을 행한 자부터 시상(施賞)할 수 있도록 규정하였는데 상등 요호들은 이러한 자격조건을 충분히 넘어섰고, 이들에게는 군역 면제의 혜택이 주어졌다.

<조 건>

- 조선시대 벼 1석의 봄 시가 : 6냥
- 조선시대 벼 1석의 가을 시가 : 1.5냥

<보 기>

ㄱ. 상등 요호 1급 甲에게 정해진 권분량과 하등 요호 9급 乙에게 정해진 권분량의 차이는 벼 999석이었을 것이다.
ㄴ. 중등 요호 6급 丙이 권분을 다한 경우, 조선시대 국법에 의하면 시상할 수 없었을 것이다.
ㄷ. 중등 요호 7급 丁에게 정해진 권분량의 대여시점과 상환시점의 시가 차액은 180냥이었을 것이다.
ㄹ. 상등 요호 9급 戊에게 정해진 권분량의 권분 당시 시가는 1,200냥이었을 것이다.

① ㄱ, ㄴ
② ㄱ, ㄷ
③ ㄴ, ㄷ
④ ㄴ, ㄹ
⑤ ㄷ, ㄹ

문 13. 다음 <배드민턴 복식 경기방식>을 따를 때, <경기상황>에 이어질 서브 방향 및 선수 위치로 가능한 것은?

<배드민턴 복식 경기방식>

○ 점수를 획득한 팀이 서브권을 갖는다. 다만 서브권이 상대팀으로 넘어가기 전까지는 팀 내에서 같은 선수가 연속해서 서브권을 갖는다.
○ 서브하는 팀은 자신의 팀 점수가 0이거나 짝수인 경우는 우측에서, 점수가 홀수인 경우는 좌측에서 서브한다.
○ 서브하는 선수로부터 코트의 대각선 위치에 선 선수가 서브를 받는다.
○ 서브를 받는 팀은 자신의 팀으로 서브권이 넘어오기 전까지는 팀 내에서 선수끼리 서로 코트 위치를 바꾸지 않는다.

※ 좌측, 우측은 각 팀이 네트를 바라보고 인식하는 좌, 우이다.

<경기상황>

○ 甲팀(A·B)과 乙팀(C·D)간 복식 경기 진행
○ 3:3 동점 상황에서 A가 C에 서브하고 甲팀(A·B)이 1점 득점

점수	서브 방향 및 선수 위치	득점한 팀
3:3	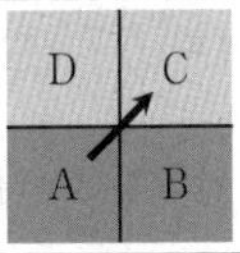	甲

①
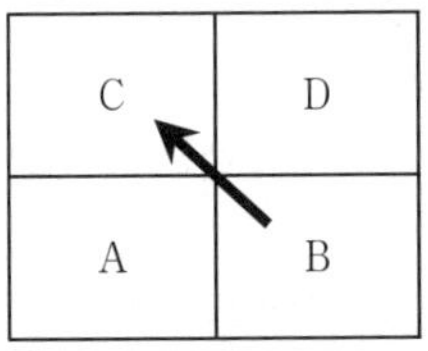

②
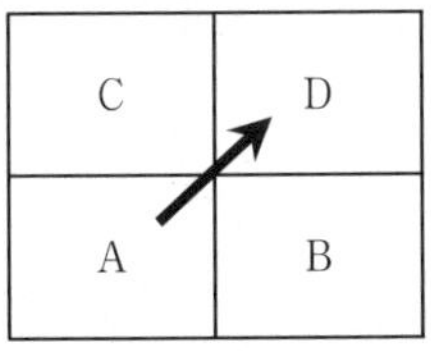

③
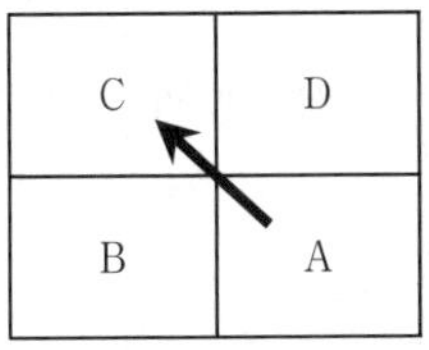

④
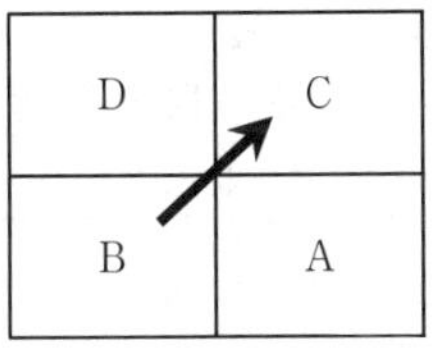

⑤
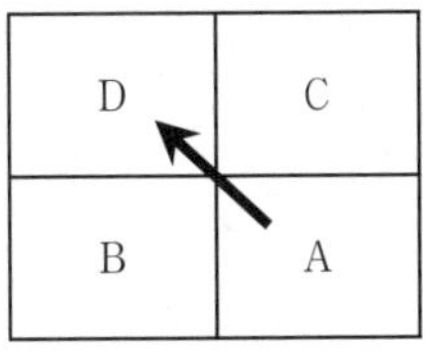

문 14. 다음 글과 <상황>에 근거할 때, <보기>에서 옳은 것만을 모두 고르면?

A시에서는 친환경 건축물 인증제도를 시행하고 있다. 이는 건축물의 설계, 시공 등의 건설과정이 쾌적한 거주환경과 자연환경에 미치는 영향을 점수로 평가하여 인증하는 제도로, 건축물에 다음 <표>와 같이 인증등급을 부여한다.

<표> 평가점수별 인증등급

평가점수	인증등급
80점 이상	최우수
70점 ~ 80점 미만	우수
60점 ~ 70점 미만	우량
50점 ~ 60점 미만	일반

또한 친환경 건축물 최우수, 우수 등급이면서 건축물 에너지효율 1등급 또는 2등급을 추가로 취득한 경우, 다음 <표>와 같은 취·등록세액 감면 혜택을 얻게 된다.

<표> 취·등록세액 감면 비율

	최우수 등급	우수 등급
에너지효율 1등급	12%	8%
에너지효율 2등급	8%	4%

<상 황>

○ 甲은 A시에 건물을 신축하고 있다. 현재 이 건물의 예상되는 친환경 건축물 평가점수는 63점이고 에너지효율은 3등급이다.
○ 친환경 건축물 평가점수를 1점 높이기 위해서는 1,000만 원, 에너지효율 등급을 한 등급 높이기 위해서는 2,000만 원의 추가 투자비용이 든다.
○ 甲이 신축하고 있는 건물의 감면 전 취·등록세 예상액은 총 20억 원이다.
○ 甲은 경제적 이익을 극대화하고자 한다.

※ 경제적 이익 또는 손실 = 취·등록세 감면액 – 추가 투자액.
※ 기타 비용과 이익은 고려하지 않는다.

<보 기>

ㄱ. 추가 투자함으로써 경제적 이익을 얻을 수 있는 최소 투자금액은 1억 1,000만 원이다.
ㄴ. 친환경 건축물 우수 등급, 에너지효율 1등급을 받기 위해 추가 투자할 경우 경제적 이익이 가장 크다.
ㄷ. 에너지효율 2등급을 받기 위해 추가 투자하는 것이 3등급을 받는 것보다 甲에게 경제적으로 더 이익이다.

① ㄱ
② ㄷ
③ ㄱ, ㄴ
④ ㄴ, ㄷ
⑤ ㄱ, ㄴ, ㄷ

문 15. 다음 글을 근거로 판단할 때, 왕이 한 번에 최대금액을 갖는 가장 빠른 달과 그 금액은?

○ A왕국에서는 왕과 65명의 신하들이 매달 66만 원을 나누어 가지려고 한다. 매달 왕은 66만 원을 누구에게 얼마씩 나누어 줄지 제안할 수 있으며, 매달 그 방법을 새롭게 제안할 수 있다. 나누어 갖게 되는 돈은 만 원 단위이며, 그 총합은 매달 항상 66만 원이다.

○ 매달 65명의 신하들은 왕의 제안에 대해 각자 찬성, 반대, 기권할 수 있다. 신하들은 그 달 자신의 몫에만 관심이 있다. 신하들은 자신의 몫이 전월보다 늘어나는 제안에는 찬성표를 행사하지만, 줄어드는 제안에는 반대표를 행사한다. 자신의 몫이 전월과 동일하면 기권한다.

○ 찬성표가 반대표보다 많으면 왕이 제안한 방법은 그 달에 시행된다. 재투표는 없으며, 왕의 제안이 시행되지 않아 66명 모두가 돈을 갖지 못하는 달은 없다.

○ 첫 번째 달에는 신하 33명이 각각 2만 원을 받았다.

○ 두 번째 달부터 왕은 한 번에 최대금액을 가장 빨리 받기 위하여 합리적으로 행동한다.

	가장 빠른 달	최대금액
①	7번째 달	62만 원
②	7번째 달	63만 원
③	8번째 달	62만 원
④	8번째 달	63만 원
⑤	8번째 달	64만 원

문 16. 다음 글을 근거로 판단할 때, <보기>에서 옳은 것만을 모두 고르면?

○ 이 게임은 카드를 뽑아 낱말퍼즐 조각끼리 맞바꿔 단어를 만드는 게임이다. 낱말퍼즐은 총 16조각으로 이루어져 있고, 다음과 같이 1조각당 숫자 1개와 문자 1개가 함께 적혀 있다.

1 경	2 표	3 명	4 심
5 목	6 세	7 유	8 서
9 자	10 심	11 보	12 법
13 손	14 민	15 병	16 감

○ 카드는 A, B, C 각 1장씩 있고, 뽑힌 각 1장의 카드로 낱말퍼즐 조각 2개를 아래와 같은 방식으로 1회 맞바꿀 수 있다.

카드 A	짝수가 적혀 있는 낱말퍼즐 조각끼리 맞바꿈
카드 B	낱말퍼즐 조각에 적힌 숫자를 3으로 나눈 나머지가 같은 조각끼리 맞바꿈
카드 C	낱말퍼즐 조각에 적힌 숫자를 더해서 소수가 되는 조각끼리 맞바꿈

○ 낱말퍼즐에서 같은 가로 줄에 있는 4개의 문자를 왼쪽에서부터 차례로 읽은 것 또는 같은 세로 줄에 있는 4개의 문자를 위쪽에서부터 차례로 읽은 것을 '단어'라고 한다.

<보 기>

ㄱ. 카드 A, B를 뽑았다면 '목민심서'라는 단어를 만들 수 있다.

ㄴ. 카드 A, C를 뽑았다면 '경세유표'라는 단어를 만들 수 있다.

ㄷ. 카드 B, C를 뽑았다면 '명심보감'이라는 단어를 만들 수 있다.

① ㄴ
② ㄷ
③ ㄱ, ㄴ
④ ㄱ, ㄷ
⑤ ㄱ, ㄴ, ㄷ

문 17. 다음 글을 근거로 판단할 때, 서연이가 구매할 가전제품과 구매할 상점을 옳게 연결한 것은?

○ 서연이는 가전제품 A ~ E를 1대씩 구매하기 위하여 상점 甲, 乙, 丙의 가전제품 판매가격을 알아보았다.

<상점별 가전제품 판매가격>

(단위: 만 원)

구분	A	B	C	D	E
甲	150	50	50	20	20
乙	130	45	60	20	10
丙	140	40	50	25	15

○ 서연이는 각각의 가전제품을 세 상점 중 어느 곳에서나 구매할 수 있으며, 아래의 <혜택>을 이용하여 총 구매액을 최소화하고자 한다.

<혜 택>

- 甲: 200만 원 이상 구매시 전품목 10% 할인
- 乙: A를 구매한 고객에게는 C, D를 20% 할인
- 丙: C, D를 모두 구매한 고객에게는 E를 5만 원에 판매

① A – 甲
② B – 乙
③ C – 丙
④ D – 甲
⑤ E – 乙

문 18. 다음 글을 근거로 판단할 때, 甲이 지불한 연체료의 최솟값은?

A시립도서관은 다음의 원칙에 따라 휴관일 없이 도서 대출 서비스를 운영하고 있다.

○ 시민 1인당 총 10권까지 대출 가능하며, 대출 기간은 대출일을 포함하여 14일이다.
○ 대출 기간은 권당 1회에 한하여 7일 연장할 수 있으며, 이때 총 대출 기간은 21일이 된다. 연장 신청은 기존 대출 기간 내에 해야 한다.
○ 만화와 시로 분류되는 도서의 경우에는 대출 기간은 7일이며 연장 신청도 불가능하다.
○ 대출한 도서를 대출 기간 내에 반납하지 못한 경우에는 기간 종료일의 다음날부터 해당 도서 반납을 연체한 것으로 본다.
○ 연체료는 각 서적별로 '연체 일수×100원'만큼 부과되며, 최종 반납일도 연체 일수에 포함된다. 또한 대출일 기준으로 출간일이 6개월 이내인 신간의 연체료는 2배로 부과된다.

A시에 거주하는 甲은 아래와 같이 총 5권의 책을 대출하여 2018년 10월 30일에 모두 반납하였다. 甲은 이 중 2권의 대출 기간을 연장하였으며, 반납한 날에 연체료를 전부 지불하였다.

<甲의 도서 대출 목록>

도서명	분류	출간일	대출일
원○○	만화	2018. 1. 10.	2018. 10. 10.
입 속의 검은 △	시	2018. 9. 10.	2018. 10. 20.
□의 노래	소설	2017. 10. 30.	2018. 10. 5.
☆☆ 문화유산 답사기	수필	2018. 4. 15.	2018. 10. 10.
햄◇	희곡	2018. 6. 10.	2018. 10. 5.

① 3,000원
② 3,700원
③ 4,400원
④ 5,500원
⑤ 7,200원

문 19. 다음 글과 <평가표>를 근거로 판단할 때 옳은 것은?

> 1년 이상 A국에 합법적으로 체류 중인 전문인력 외국인 중 <평가표>에 의한 총점이 80점 이상인 경우, A국에서의 거주자격을 부여 받게 된다. '점수제에 의한 거주자격 부여 제도'는 1년 이상 A국에 합법적으로 체류 중인 전문 인력 외국인으로서 가점을 제외한 연령 · 학력 · A국 어학능력 · 연간소득 항목에서 각각 최소의 점수라도 얻을 수 있는 자(이하 '대상자'라 한다)를 대상으로 한다. 평가표 기준(단, 가점 제외)에 해당하지 않는 자는 '점수제에 의한 거주자격 부여 제도'의 대상자에 포함될 수 없다. 예를 들어, 기본적인 의사소통도 불가능한 사람은 이 제도를 통하여 거주자격을 부여 받을 수 없다.
>
> 아래 <평가표>에서 연령 · 학력 · A국 어학능력 · 연간소득의 항목별 점수를 합산하고, 가점항목에 해당하는 경우 가점도 합산하여 총점을 구한다.

<평가표>

○ 연령

연령대	18~24세	25~29세	30~34세	35~39세	40~44세	45~50세	51세 이상
점수	20점	23점	25점	23점	20점	18점	15점

○ 학력

최종 학력	박사 학위 2개 이상	박사 학위 1개	석사 학위 2개 이상	석사 학위 1개	학사 학위 2개 이상	학사 학위 1개	2년제 이상 전문 대학 졸업
점수	35점	33점	32점	30점	28점	26점	25점

○ A국 어학능력

A국 어학능력	사회생활에서 충분한 의사소통	친숙한 주제 의사소통	기본적인 의사소통
점수	20점	15점	10점

○ 연간소득

연간소득(원)	3천만 미만	3천만 이상 ~ 5천만 미만	5천만 이상 ~ 8천만 미만	8천만 이상 ~ 1억 미만	1억 이상
점수	5점	6점	7점	8점	10점

○ 가점

가점항목	A국 유학경험					A국 사회봉사활동			해외전문분야 취업경력		
세부항목	어학연수	전문학사	학사	석사	박사	1년 미만	1~2년 미만	2년 이상	1년 미만	1~2년 미만	2년 이상
점수	3점	5점	7점	9점	10점	1점	3점	5점	1점	3점	5점

※ A국 유학경험 항목의 경우, 2개 이상의 세부항목에 해당된다면 가장 높은 점수만을 부여한다.

① 평가표에 의할 때 대상자가 받을 수 있는 최저점수는 70점이다.
② 평가표에 의할 때 대상자가 가점으로 받을 수 있는 최고점수는 52점이다.
③ 가점항목을 제외한 4개의 항목 중 배점이 두 번째로 작은 항목은 연령이다.
④ 대상자 甲은 가점을 획득하지 못해도 연령, 학력, A국 어학능력에서 최고점을 받는다면, 연간소득 항목에서 최저점수를 받더라도 거주자격을 부여 받을 수 있다.
⑤ 박사학위를 소지한 33세 대상자 乙은 A국 대학에서 다른 분야의 박사학위를 취득하고 기본적인 의사소통을 한다면 거주자격을 부여 받지 못한다.

문 20. 다음 글을 근거로 판단할 때, A시가 '창의 테마파크'에서 운영할 프로그램은?

> A시는 학생들의 창의력을 증진시키기 위해 '창의 테마파크'를 운영하고자 한다. 이를 위해 다음과 같은 프로그램을 후보로 정했다.

분야	프로그램명	전문가 점수	학생 점수
미술	내 손으로 만드는 동물	26	32
인문	세상을 바꾼 생각들	31	18
무용	스스로 창작	37	25
인문	역사랑 놀자	36	28
음악	연주하는 교실	34	34
연극	연출노트	32	30
미술	창의 예술학교	40	25
진로	항공체험 캠프	30	35

○ 전문가와 학생은 후보로 선정된 프로그램을 각각 40점 만점제로 우선 평가하였다.
○ 전문가 점수와 학생 점수의 반영 비율을 3 : 2로 적용하여 합산한 후, 하나밖에 없는 분야에 속한 프로그램에는 취득점수의 30 %를 가산점으로 부여한다.
○ A시는 가장 높은 점수를 받은 프로그램을 최종 선정하여 운영한다.

① 연주하는 교실
② 항공체험 캠프
③ 스스로 창작
④ 연출노트
⑤ 창의 예술학교

문 21. 다음 글을 근거로 판단할 때, <보기>에서 옳은 것만을 모두 고르면?

○ 甲과 乙은 총 10장의 카드를 5장씩 나누어 가진 후에 심판의 지시에 따라 게임을 한다.
○ 카드는 1부터 9까지의 서로 다른 숫자가 하나씩 적힌 9장의 숫자카드와 1장의 만능카드로 이루어진다.
○ 이 중 6 또는 9가 적힌 숫자카드는 9와 6 중에서 원하는 숫자카드 하나로 활용할 수 있다.
○ 만능카드는 1부터 9까지의 숫자 중 원하는 숫자가 적힌 카드 하나로 활용할 수 있다.

<보 기>

ㄱ. 심판이 가장 큰 다섯 자리의 수를 만들라고 했을 때, 가능한 가장 큰 수는 홀수이다.
ㄴ. 상대방보다 작은 두 자리의 수를 만들면 승리한다고 했을 때, 乙이 '12'를 만들었다면 승리한다.
ㄷ. 상대방보다 큰 두 자리의 수를 만들면 승리한다고 했을 때, 甲이 '98'을 만들었다면 승리한다.
ㄹ. 심판이 10보다 작은 3의 배수를 상대방보다 많이 만들라고 했을 때, 乙이 3개를 만들었다면 승리한다.

① ㄱ, ㄴ
② ㄱ, ㄷ
③ ㄷ, ㄹ
④ ㄱ, ㄴ, ㄹ
⑤ ㄴ, ㄷ, ㄹ

문 22. 다음 글과 <표>를 근거로 판단할 때, <보기>에서 옳은 것만을 모두 고르면?

○ 수현과 혜연은 결혼을 준비하는 예비부부이고, 결혼까지 준비해야 할 항목이 7가지 있다.
○ 결혼 당사자인 수현과 혜연은 준비해야 할 항목들에 대해 선호를 가지고 있으며, 양가 부모 또한 선호를 가지고 있다. 이 때 '선호도'가 높을수록 우선순위가 높다.
○ '선호도'는 '투입 대비 만족도'로 산출한다.
○ '종합 선호도'는 각 항목별로 다음과 같이 산출한다.

$$\text{종합 선호도} = \frac{\{(\text{결혼 당사자의 만족도}) + (\text{양가 부모의 만족도})\}}{\{(\text{결혼 당사자의 투입}) + (\text{양가 부모의 투입})\}}$$

<표>

항목	결혼 당사자		양가 부모	
	만족도	투입	만족도	투입
예물	60	40	40	40
예단	60	60	80	40
폐백	40	40	30	20
스튜디오 촬영	90	50	10	10
신혼여행	120	60	20	40
예식장	50	50	100	50
신혼집	300	100	300	100

<보 기>

ㄱ. 결혼 당사자와 양가 부모의 종합 선호도에 따른 우선순위 상위 3가지에는 '스튜디오 촬영'과 '신혼집'이 모두 포함된다.
ㄴ. 결혼 당사자의 우선순위 상위 3가지와 양가 부모의 우선순위 상위 3가지 중 일치하는 항목은 '신혼집'이다.
ㄷ. '예물'과 '폐백' 모두 결혼 당사자의 선호도보다 양가 부모의 선호도가 더 높다.
ㄹ. 양가 부모에게 우선순위가 가장 낮은 항목은 '스튜디오 촬영'이다.

① ㄱ, ㄴ
② ㄴ, ㄷ
③ ㄷ, ㄹ
④ ㄱ, ㄴ, ㄹ
⑤ ㄱ, ㄷ, ㄹ

문 23. 다음 <조건>과 <2월 날씨>를 근거로 판단할 때, 2월 8일과 16일의 실제 날씨로 가능한 것을 옳게 짝지은 것은?

<조 건>

○ 날씨 예측 점수는 매일 다음과 같이 부여한다.

실제 \ 예측	맑음	흐림	눈·비
맑음	10점	6점	0점
흐림	4점	10점	6점
눈·비	0점	2점	10점

○ 한 주의 주중(월 ~ 금) 날씨 예측 점수의 평균은 매주 5점 이상이다.

○ 2월 1일부터 19일까지 요일별 날씨 예측 점수의 평균은 다음과 같다.

요일	월	화	수	목	금
날씨 예측 점수 평균	7점 이하	5점 이상	7점 이하	5점 이상	7점 이하

<2월 날씨>

	월	화	수	목	금	토	일
날짜			1	2	3	4	5
예측			맑음	흐림	맑음	눈·비	흐림
실제			맑음	맑음	흐림	흐림	맑음
날짜	6	7	8	9	10	11	12
예측	맑음	흐림	맑음	맑음	맑음	흐림	흐림
실제	흐림	흐림	?	맑음	흐림	눈·비	흐림
날짜	13	14	15	16	17	18	19
예측	눈·비	눈·비	맑음	눈·비	눈·비	흐림	흐림
실제	맑음	맑음	맑음	?	눈·비	흐림	눈·비

※ 위 달력의 같은 줄을 한 주로 한다.

	2월 8일	2월 16일
①	맑음	흐림
②	맑음	눈·비
③	눈·비	흐림
④	눈·비	맑음
⑤	흐림	흐림

문 24. 다음 글을 근거로 판단할 때, 사과 사탕 1개와 딸기 사탕 1개를 함께 먹은 사람과 戊가 먹은 사탕을 옳게 짝지은 것은?

> 사과 사탕, 포도 사탕, 딸기 사탕이 각각 2개씩 있다. 다섯 명의 사람(甲 ~ 戊) 중 한 명이 사과 사탕 1개와 딸기 사탕 1개를 함께 먹고, 다른 네 명이 남은 사탕을 각각 1개씩 먹었다. 이 사실만을 알고 甲 ~ 戊는 차례대로 다음과 같이 말했으며, 모두 진실을 말하였다.
>
> 甲: 나는 포도 사탕을 먹지 않았어.
> 乙: 나는 사과 사탕만을 먹었어.
> 丙: 나는 사과 사탕을 먹지 않았어.
> 丁: 나는 사탕을 한 종류만 먹었어.
> 戊: 너희 말을 다 듣고 아무리 생각해봐도 나는 딸기 사탕을 먹은 사람 두 명 다 알 수는 없어.

① 甲, 포도 사탕 1개
② 甲, 딸기 사탕 1개
③ 丙, 포도 사탕 1개
④ 丙, 딸기 사탕 1개
⑤ 戊, 사과 사탕 1개와 딸기 사탕 1개

문 25. 다음 글과 <상황>을 근거로 판단할 때 옳은 것은?

민사소송에서 판결은 다음의 어느 하나에 해당하면 확정되며, 확정된 판결에 대해서 당사자는 더 이상 상급심 법원에 상소를 제기할 수 없게 된다.

첫째, 판결은 선고와 동시에 확정되는 경우가 있다. 예컨대 대법원 판결에 대해서는 더 이상 상소할 수 없기 때문에 그 판결은 선고 시에 확정된다. 그리고 하급심 판결이라도 선고 전에 당사자들이 상소하지 않기로 합의하고 이 합의서를 법원에 제출할 경우, 판결은 선고 시에 확정된다.

둘째, 상소기간이 만료된 때에 판결이 확정되는 경우가 있다. 상소는 패소한 당사자가 제기하는 것으로, 상소를 하고자 하는 자는 판결문을 송달받은 날부터 2주 이내에 상소를 제기해야 한다. 이 기간 내에 상소를 제기하지 않으면 더 이상 상소할 수 없게 되므로, 판결은 상소기간 만료 시에 확정된다. 또한 상소기간 내에 상소를 제기하였더라도 그 후 상소를 취하하면 상소기간 만료 시에 판결은 확정된다.

셋째, 상소기간이 경과되기 전에 패소한 당사자가 법원에 상소포기서를 제출하면, 제출 시에 판결은 확정된다.

<상 황>

원고 甲은 피고 乙을 상대로 ○○지방법원에 매매대금지급 청구소송을 제기하였다. ○○지방법원은 甲에게 매매대금 지급청구권이 없다고 판단하여 2016년 11월 1일 원고 패소 판결을 선고하였다. 이 판결문은 甲에게는 2016년 11월 10일 송달되었고, 乙에게는 2016년 11월 14일 송달되었다.

① 乙은 2016년 11월 28일까지 상소할 수 있다.
② 甲이 2016년 11월 28일까지 상소하지 않으면, 같은 날 판결은 확정된다.
③ 甲이 2016년 11월 11일 상소한 후 2016년 12월 1일 상소를 취하하였다면, 취하한 때 판결은 확정된다.
④ 甲과 乙이 상소하지 않기로 하는 내용의 합의서를 2016년 10월 25일 법원에 제출하였다면, 판결은 2016년 11월 1일 확정된다.
⑤ 甲이 2016년 11월 21일 법원에 상소포기서를 제출하면, 판결은 2016년 11월 1일 확정된 것으로 본다.

MEMO

25제 연습
SET 7

총 25문제
제한시간 : 56분

하주응 PSAT 상황판단 5급 기출 엄선연습

문 1. 다음 글을 근거로 판단할 때 옳은 것은?

> 제00조(중재합의의 방식) ① 중재합의는 독립된 합의의 형식으로 또는 계약에 중재조항을 포함하는 형식으로 할 수 있다.
> ② 중재합의는 서면으로 하여야 한다.
> ③ 다음 각 호의 어느 하나에 해당하는 경우는 서면에 의한 중재합의로 본다.
> 1. 당사자들이 서명한 문서에 중재합의가 포함된 경우
> 2. 편지, 전보, 전신, 팩스 또는 그 밖의 통신수단에 의하여 교환된 문서에 중재합의가 포함된 경우
> 3. 어느 한쪽 당사자가 당사자간에 교환된 문서의 내용에 중재합의가 있는 것을 주장하고 상대방 당사자가 이에 대하여 다투지 아니하는 경우
>
> ④ 계약이 중재조항을 포함한 문서를 인용하고 있는 경우에는 중재합의가 있는 것으로 본다. 다만, 그 계약이 서면으로 작성되고 중재조항을 그 계약의 일부로 하고 있는 경우로 한정한다.
> 제00조(중재합의와 법원에의 제소) ① 중재합의의 대상인 분쟁에 관하여 소(訴)가 제기된 경우에 피고가 중재합의가 있다는 항변(抗辯)을 하였을 때에는 법원은 그 소를 각하(却下)하여야 한다. 다만, 중재합의가 없거나 무효이거나 효력을 상실하였거나 그 이행이 불가능한 경우에는 그러하지 아니하다.
> ② 제1항의 소가 법원에 계속 중인 경우에도 중재판정부는 중재절차를 개시 또는 진행하거나 중재판정을 내릴 수 있다.

※ 중재 : 당사자간 합의로 선출된 중재인의 판정에 따른 당사자간의 분쟁해결절차

※ 각하 : 적법하지 않은 소가 제기된 경우 이를 배척하는 것

① 甲과 乙이 계약을 말로 체결하면서 중재조항을 포함한 문서를 인용한 경우, 중재합의가 있는 것으로 본다.

② 甲과 乙이 계약을 체결하면서 중재합의를 하고자 하는 경우, 계약에 중재조항을 포함시키지 않으면 안 된다.

③ 甲과 乙 사이에 교환된 문서의 내용에 중재합의가 있는 것을 甲이 주장하고 乙이 이에 대하여 다투지 아니하는 경우, 서면에 의한 중재합의로 본다.

④ 甲과 乙이 계약을 체결하면서 중재합의를 하였지만 중재합의의 대상인 계약에 관하여 소가 제기되어 법원에 계속 중인 경우, 중재판정부는 중재절차를 개시할 수 없다.

⑤ 甲과 乙이 계약을 체결하면서 중재합의를 하였으나 중재합의의 효력이 상실된 경우, 해당 계약에 관한 소가 제기되어 피고가 중재합의가 있다는 항변을 하면 법원은 그 소를 각하하여야 한다.

문 2. 다음 글을 근거로 판단할 때, <보기>에서 옳은 것만을 모두 고르면?

> 제00조(기능) 대외경제장관회의(이하 '회의'라 한다)는 다음 각 호의 사항을 심의·조정한다.
> 1. 대외경제동향의 종합점검과 주요 대외경제정책의 방향설정 등 대외경제정책 운영 전반에 관한 사항
> 2. 양자·다자·지역간 또는 국제경제기구와의 대외경제협력·대외개방 및 통상교섭과 관련된 주요 경제정책에 관한 사항
> 3. 재정지출을 수반하는 각 부처의 대외경제 분야 주요 정책 또는 관련 중장기계획
> 4. 국내경제정책이 대외경제관계에 미치는 영향과 효과에 대한 사전검토에 관한 사항
>
> 제00조(회의의 구성 등) ① 회의는 기획재정부장관, 미래창조과학부장관, 외교부장관, 농림축산식품부장관, 산업통상자원부장관, 환경부장관, 국토교통부장관, 해양수산부장관, 국무조정실장, 대통령비서실의 경제수석비서관과 회의에 상정되는 안건을 제안한 부처의 장 및 그 안건과 관련되는 부처의 장으로 구성한다.
> ② 회의 의장은 기획재정부장관이다.
> ③ 회의 의장은 회의에 상정할 안건을 선정하여 회의를 소집하고, 이를 주재한다.
> ④ 회의 의장은 필요하다고 인정하는 경우 관계 부처 또는 관계 기관과 협의하여 안건을 상정하게 할 수 있다.
> 제00조(의견청취) 회의 의장은 회의에 상정된 안건의 심의를 위하여 필요하다고 인정되는 경우에는 해당 분야의 민간전문가를 회의에 참석하게 하여 의견을 들을 수 있다.
> 제00조(의사 및 의결정족수) ① 회의는 구성원 과반수의 출석으로 개의하고, 출석 구성원 3분의 2 이상의 찬성으로 의결한다.
> ② 회의 구성원이 회의에 출석하지 못하는 경우에는 그 바로 하위직에 있는 자가 대리로 출석하여 그 직무를 대행할 수 있다.

<보 기>

ㄱ. 회의 안건이 보건복지와 관련이 있더라도 보건복지부장관은 회의 구성원이 될 수 없다.

ㄴ. 회의 당일 해양수산부장관이 수산협력 국제컨퍼런스에 참석 중이라면, 해양수산부차관이 회의에 대신 출석할 수 있다.

ㄷ. 환경부의 A안건이 관계 부처의 협의를 거쳐 회의에 상정된 경우, 환경부장관이 회의를 주재한다.

ㄹ. 회의에 민간전문가 3명을 포함해 13명이 참석하였을 때 의결을 위해서는 최소 9명의 찬성이 필요하다.

① ㄱ
② ㄴ
③ ㄱ, ㄷ
④ ㄴ, ㄹ
⑤ ㄷ, ㄹ

문 3. 다음 글과 <상황>을 근거로 판단할 때, A와 B의 값으로 옳게 짝지은 것은?

> ○○국 법원은 손해배상책임의 여부 또는 손해배상액을 정할 때에 피해자에게 과실이 있으면 그 과실의 정도를 반드시 참작하여야 하는데 이를 '과실상계(過失相計)'라고 한다. 예컨대 택시의 과속운행으로 승객이 부상당하여 승객에게 치료비 등 총 손해가 100만 원이 발생하였지만, 사실은 승객이 빨리 달리라고 요구하여 사고가 난 것이라고 하자. 이 경우 승객의 과실이 40%이면 손해액에서 40만 원을 빼고 60만 원만 배상액으로 정하는 것이다. 이는 자기 과실로 인한 손해를 타인에게 전가하는 것이 부당하므로 손해의 공평한 부담이라는 취지에서 인정되는 제도이다.
>
> 한편 손해가 발생하였어도 손해배상 청구권자가 손해를 본 것과 같은 원인에 의하여 이익도 보았을 때, 손해에서 그 이익을 공제하는 것을 '손익상계(損益相計)'라고 한다. 예컨대 타인에 의해 자동차가 완전 파손되어 자동차 가격에 대한 손해배상을 청구할 경우, 만약 해당 자동차를 고철로 팔아 이익을 얻었다면 그 이익을 공제하는 것이다. 주의할 것은, 국가배상에 의한 손해배상금에서 유족보상금을 공제하는 것과 같이 손해를 일으킨 원인으로 인해 피해자가 이익을 얻은 경우이어야 손익상계가 인정된다는 점이다. 따라서 손해배상의 책임 원인과 무관한 이익, 예컨대 사망했을 경우 별도로 가입한 보험계약에 의해 받은 생명보험금이나 조문객들의 부의금 등은 공제되지 않는다.
>
> 과실상계를 할 사유와 손익상계를 할 사유가 모두 있으면 과실상계를 먼저 한 후에 손익상계를 하여야 한다.

<상 황>

> ○○국 공무원 甲은 공무수행 중 사망하였다. 법원이 인정한 바에 따르면 국가와 甲 모두에게 과실이 있고, 손익상계와 과실상계를 하기 전 甲의 사망에 의한 손해액은 6억 원이었다. 甲의 유일한 상속인 乙은 甲의 사망으로 유족보상금 3억 원과 甲이 개인적으로 가입했던 보험계약에 의해 생명보험금 6천만 원을 수령하였다. 그 밖에 다른 사정은 없었다. 법원은 甲의 과실을 [A]%, 국가의 과실을 [B]%로 판단하여 국가가 甲의 상속인 乙에게 배상할 손해배상금을 1억 8천만 원으로 정하였다.

	A	B
①	20	80
②	25	75
③	30	70
④	40	60
⑤	70	30

문 4. 다음 글과 <상황>을 근거로 판단할 때 옳은 것은?

> 불법 주·정차 등 질서위반행위에 대하여 관할행정청은 과태료를 부과한다. 관할행정청으로부터 과태료 부과처분의 통지를 받은 사람(이하 '당사자'라 한다)은 그 처분을 다투기 위하여 관할행정청에 이의를 제기할 수 있고, 이의제기가 있으면 과태료 처분은 효력을 상실한다. 관할행정청이 당사자의 이의제기 사실을 관할법원에 통보하면, 그 법원은 당사자의 신청 없이 직권으로 과태료를 부과하는 재판을 개시한다. 과태료 재판을 담당하는 관할법원은 당사자의 주소지 지방법원 또는 지방법원지원이다.
>
> 법원은 정식재판절차 또는 약식재판절차 중 어느 하나의 절차를 선택하여 과태료 재판을 진행한다. 정식재판절차로 진행하는 경우, 법원은 당사자 진술을 듣고 검사 의견을 구한 다음에 과태료 재판을 한다. 약식재판절차에 의하는 경우, 법원은 당사자 진술을 듣지 않고 검사 의견만을 구하여 재판을 한다.
>
> 정식절차에 의한 과태료 재판에 불복하고자 하는 당사자 또는 검사는 그 재판의 결과(이하 '결정문'이라 한다)를 고지받은 날부터 1주일 내에 상급심 법원에 즉시항고하여야 한다. 그러나 약식절차에 의한 과태료 재판에 불복하고자 하는 당사자 또는 검사는 결정문을 고지받은 날부터 1주일 내에 과태료 재판을 한 법원에 이의신청하여야 한다. 이의신청이 있으면 법원은 정식재판절차에 의해 다시 과태료 재판을 하며, 그 재판에 대해 당사자 또는 검사는 상급심 법원에 즉시항고할 수 있다.

<상 황>

> 청주시에 주소를 둔 甲은 자기 승용차를 운전하여 인천에 놀러갔다. 며칠 후 관할행정청(이하 '乙'이라 한다)은 불법주차를 이유로 과태료를 부과한다는 통지를 甲에게 하였다. 이 과태료 부과에 대해 甲은 乙에게 이의를 제기하였고, 乙은 甲의 주소지 법원인 청주지방법원에 이의제기 사실을 통보하였다.

① 甲은 乙에게 이의제기를 하지 않고 직접 청주지방법원에 과태료 재판을 신청할 수 있다.
② 甲이 乙에게 이의를 제기하더라도 과태료 처분은 유효하기 때문에 검사의 명령에 의해 과태료를 징수할 수 있다.
③ 청주지방법원이 정식재판절차에 의해 과태료 재판을 한 경우, 乙이 그 재판에 불복하려면 결정문을 고지받은 날부터 1주일 내에 상급심 법원에 즉시항고하여야 한다.
④ 청주지방법원이 甲의 진술을 듣고 검사 의견을 구한 다음 과태료 재판을 한 경우, 검사가 이 재판에 불복하려면 결정문을 고지받은 날부터 1주일 내에 청주지방법원에 이의신청을 하여야 한다.
⑤ 청주지방법원이 약식재판절차에 의해 과태료 재판을 한 경우, 甲이 그 재판에 불복하려면 결정문을 고지받은 날부터 1주일 내에 청주지방법원에 이의신청을 하여야 한다.

문 5. 다음 글을 근거로 판단할 때 옳은 것은?

제00조 이 법에서 '외국인'이란 다음 각 호의 어느 하나에 해당하는 개인·법인 또는 단체를 말한다.
1. 대한민국의 국적을 보유하고 있지 않은 개인
2. 다음 각 목의 어느 하나에 해당하는 법인 또는 단체
가. 외국 법령에 따라 설립된 법인 또는 단체
나. 사원 또는 구성원의 2분의 1 이상이 제1호에 해당하는 자인 법인 또는 단체
다. 임원(업무를 집행하는 사원이나 이사 등)의 2분의 1 이상이 제1호에 해당하는 자인 법인 또는 단체

제00조 ① 외국인이 대한민국 안의 토지를 취득하는 계약(이하 '토지취득계약'이라 한다)을 체결하였을 때에는 계약 체결일부터 60일 내에 토지 소재지를 관할하는 시장·군수 또는 구청장에게 신고하여야 한다.
② 제1항에도 불구하고 외국인이 취득하려는 토지가 다음 각 호의 어느 하나에 해당하는 구역·지역 등에 있으면 토지취득계약을 체결하기 전에 토지 소재지를 관할하는 시장·군수 또는 구청장으로부터 토지취득의 허가를 받아야 한다.
1. 군사시설 및 군사시설보호법에 따른 군사기지 및 군사시설 보호구역
2. 문화재보호법에 따른 지정문화재와 이를 위한 보호물 또는 보호구역
3. 자연환경보전법에 따른 생태·경관보전지역
③ 제2항을 위반하여 체결한 토지취득계약은 그 효력이 발생하지 아니한다.

제00조 외국인은 상속·경매로 대한민국 안의 토지를 취득한 때에는 토지를 취득한 날부터 6개월 내에 토지 소재지를 관할하는 시장·군수 또는 구청장에게 신고하여야 한다.

제00조 대한민국 안의 토지를 가지고 있는 대한민국 국민이나 대한민국 법령에 따라 설립된 법인 또는 단체가 외국인으로 변경된 경우, 그 외국인이 해당 토지를 계속 보유하려는 경우에는 외국인으로 변경된 날부터 6개월 내에 토지 소재지를 관할하는 시장·군수 또는 구청장에게 신고하여야 한다.

① 대한민국 국적을 보유하지 않은 甲이 전남 무안군에 소재하는 토지를 취득하는 계약을 체결한 경우, 전라남도지사에게 신고하여야 한다.
② 충북 보은군에 토지를 소유하고 있는 乙이 대한민국 국적을 포기하고 외국국적을 취득한 경우, 그 토지를 계속 보유하려면 외국국적을 취득한 날부터 6개월 내에 보은군수의 허가를 받아야 한다.
③ 사원 50명 중 대한민국 국적을 보유하지 않은 자가 30명인 丙법인이 사옥을 신축하기 위해 서울 금천구에 있는 토지를 경매로 취득한 경우, 경매를 받은 날부터 60일 내에 서울특별시장에게 신고하여야 한다.
④ 외국 법령에 따라 설립된 丁법인이 자연환경보전법에 따른 생태·경관보전지역 내의 토지(강원 양양군 소재)를 취득하는 계약을 체결한 경우, 계약체결 전에 양양군수의 허가를 받지 않았다면 그 계약은 무효이다.
⑤ 대한민국 법령에 따라 설립된 戊법인의 임원 8명 중 5명이 2012. 12. 12. 외국인으로 변경된 후, 戊법인이 2013. 3. 3. 경기 군포시에 있는 토지를 취득하는 계약을 체결한 경우, 戊법인은 2013. 9. 3.까지 군포시장에게 신고하여야 한다.

문 6. 다음 <민간위탁 교육훈련사업 계약>을 근거로 판단할 때, <보기>에서 계약 위반행위만을 모두 고르면?

<민간위탁 교육훈련사업 계약>

(가) 계약금액(사업비)은 7,000만 원이고, 계약기간은 1월 1일부터 12월 31일까지이다.
(나) 甲은 乙에게 사업비의 50%에 해당하는 금액을 반기(6개월)별로 지급하며, 乙이 청구한 날로부터 14일 이내에 지급하여야 한다.
(다) 乙은 하반기 사업비 청구시 상반기 사업추진실적과 상반기 사업비 사용내역을 함께 제출하여야 하며, 甲은 이를 확인한 후 지급한다.
(라) 乙은 사업비를 위탁받은 교육훈련 이외의 다른 용도로 사용하여서는 안 된다.
(마) 乙은 상·하반기 사업비와는 별도로 매 분기(3개월) 종료 후 10일 이내에 관련 증빙서류를 구비하여 甲에게 훈련참여자의 취업실적에 따른 성과인센티브의 지급을 청구할 수 있다.
(바) 甲은 (마)에 따른 관련 증빙서류를 확인한 후 인정된 취업실적에 대한 성과인센티브를 취업자 1인당 10만 원씩 지급한다.

<보 기>

ㄱ. 乙은 9월 10일 교육훈련과 관련없는 甲의 등산대회에 사업비에서 100만 원을 협찬하였다.
ㄴ. 乙은 1월 25일에 상반기 사업비 지급을 청구하였으며, 甲은 2월 10일에 3,500만 원을 지급하였다.
ㄷ. 乙은 8월 8일에 하반기 사업비 지급을 청구하면서 상반기 사업추진실적 및 사업비 사용내역을 제출하였다.
ㄹ. 乙은 10월 9일에 관련 증빙서류를 구비하여 성과인센티브의 지급을 청구하였으나, 甲은 증빙서류의 확인을 거부하고 지급하지 않았다.

① ㄱ, ㄷ
② ㄴ, ㄹ
③ ㄱ, ㄴ, ㄷ
④ ㄱ, ㄴ, ㄹ
⑤ ㄴ, ㄷ, ㄹ

문 7. 甲은 乙로부터 5차에 걸쳐 총 7천만 원을 빌렸으나, 자금 형편상 갚지 못하고 있다가 2010년 2월 5일 1천만 원을 갚았다. 다음 <조건>을 근거로 판단할 때, <甲의 채무현황>에서 2010년 2월 5일에 전부 또는 일부가 소멸된 채무는? (다만 연체 이자와 그 밖의 다른 조건은 고려하지 않는다)

<조 건>

○ 채무 중에 상환하기로 약정한 날짜(이행기)가 도래한 것과 도래하지 아니한 것이 있으면, 이행기가 도래한 채무가 변제로 먼저 소멸한다.
○ 이행기가 도래한(또는 도래하지 않은) 채무 간에는 이자가 없는 채무보다 이자가 있는 채무, 저이율의 채무보다는 고이율의 채무가 변제로 먼저 소멸한다.
○ 이율이 같은 경우, 이행기가 먼저 도래한 채무나 도래할 채무가 변제로 먼저 소멸한다.

<甲의 채무현황>

구분	이행기	이율	채무액
A	2009. 11. 10.	0%	1천만 원
B	2009. 12. 10.	20%	1천만 원
C	2010. 1. 10.	15%	1천만 원
D	2010. 1. 30.	20%	2천만 원
E	2010. 3. 30	15%	2천만 원

① A
② B
③ C
④ D
⑤ E

문 8. 다음 글을 근거로 추론할 때, <보기>에서 옳은 것만을 모두 고르면?

계산을 한다는 것은 인간 고유의 능력이다. 글자도 숫자도 없던 원시시대에는 몸의 일부분, 특히 손가락이나 손을 사용하여 계산했다. 따라서 원시인은 5를 '손'이라고, 10을 '양손' 혹은 '인간'이라고 이해하였다. 또한 산스크리트어로 5는 'pancha'라고 하는데, 이것은 페르시아어로 '손'을 나타내는 'pentcha'와 매우 유사하다.

원시인은 나뭇가지나 작은 돌멩이를 늘어놓고 계산하는 방법도 사용하였다. 라틴어의 'talea'는 작은 나뭇가지를 뜻하는데 이로부터 영어의 'tally'(계산, 총계)라는 단어가 생겼으며, 마찬가지로 'calculus'(조약돌)에서 영어의 'calculate'(계산하다)라는 단어가 생겼다.

손가락을 계산에 이용한 흔적은 현대에도 남아 있다. 시리아, 프랑스의 일부 지방에서는 지금까지도 5보다 큰 한자리 자연수 2개를 곱할 때 손가락을 사용한다. 예를 들어 8×7을 구하기 위해서는 왼손 손가락 세 개(8 − 5)를 굽히고 오른손 손가락 두 개(7 − 5)를 굽힌다. 이렇게 한 후에 굽힌 손가락의 수를 더하여 5를 구한 다음, 굽히지 않은 손가락의 수를 곱해 6을 구한다. 이렇게 계산한 두 수를 통해 56이란 답을 구한다.

<보 기>

ㄱ. '계산'이라는 단어는 계산을 하는 데 사용한 도구와 관련된 경우가 있다.
ㄴ. 원시인은 도구나 육체를 직접 사용하여 계산하였을 것이다.
ㄷ. 6×6을 계산하기 위하여 시리아, 프랑스 일부 지방의 손가락 곱셈 방법을 사용하려면 왼손 손가락 1개와 오른손 손가락 1개를 굽혀야 한다.

① ㄱ
② ㄴ
③ ㄱ, ㄷ
④ ㄴ, ㄷ
⑤ ㄱ, ㄴ, ㄷ

문 9. 다음 글을 근거로 판단할 때 옳은 것은?

> 상훈법은 훈장과 포장을 함께 규정하고 있다. 훈장은 대한민국 국민이나 외국인으로서 대한민국에 뚜렷한 공로가 있는 자에게 수여한다. 훈장의 종류는 무궁화대훈장·건국훈장·국민훈장·무공훈장·근정훈장·보국훈장·수교훈장·산업훈장·새마을훈장·문화훈장·체육훈장·과학기술훈장 등 12종이 있다. 무궁화대훈장(무등급)을 제외하고는 각 훈장은 모두 5개 등급으로 나누어져 있고, 각 등급에 따라 다른 명칭이 붙여져 있다. 포장은 건국포장·국민포장·무공포장·근정포장·보국포장·예비군포장·수교포장·산업포장·새마을포장·문화포장·체육포장·과학기술포장 등 12종이 있고, 훈장과는 달리 등급이 없다.
>
> 훈장의 수여 여부는 서훈대상자의 공적 내용, 그 공적이 국가·사회에 미친 효과의 정도, 지위 및 그 밖의 사항을 참작하여 결정하며, 동일한 공적에 대하여는 훈장을 거듭 수여하지 않는다. 서훈의 추천은 원·부·처·청의 장, 국회사무총장, 법원행정처장, 헌법재판소사무처장, 감사원장, 중앙선거관리위원회 위원장 등이 행하되, 청의 장은 소속 장관을 거쳐야 한다. 이상의 추천권자의 소관에 속하지 않는 서훈의 추천은 행정안전부장관이 행하고, 서훈의 추천을 하고자 할 때에는 공적 심사를 거쳐야 한다. 서훈대상자는 국무회의의 심의를 거쳐 대통령이 결정한다.
>
> 훈장은 대통령이 직접 수여함을 원칙으로 하나 예외적으로 제3자를 통해 수여할 수 있고, 훈장과 부상(금품)을 함께 줄 수 있다. 훈장은 본인에 한하여 종신 패용할 수 있고, 사후에는 그 유족이 보존하되 패용하지는 못한다. 훈장을 받은 자가 훈장을 분실하거나 파손한 때에는 유상으로 재교부 받을 수 있다.
>
> 훈장을 받은 자의 공적이 허위임이 판명된 경우, 훈장을 받은 자가 국가안전에 관한 죄를 범하고 형을 받았거나 적대지역으로 도피한 경우, 사형·무기 또는 3년 이상의 징역이나 금고의 형을 받은 경우에는 국무회의의 심의를 거쳐 서훈을 취소하고 훈장과 이에 관련하여 수여한 금품을 환수한다.

① 훈장의 명칭은 60개로 구분된다.
② 훈장과 포장은 등급별로 구분되어 있다.
③ 훈장을 받은 자가 사망하였다면 그 훈장은 패용될 수 없다.
④ 서훈대상자는 국회의 의결을 거쳐 대통령이 결정한다.
⑤ 훈장을 받은 자의 공적이 허위임이 판명되어 서훈이 취소된 경우, 훈장과 함께 수여한 금품은 그의 소유로 남는다.

문 10. 다음 글을 근거로 판단할 때, <상황>의 ㉠에 들어갈 금액으로 옳은 것은?

> 법원이 진행하는 부동산 경매를 통해 부동산을 매수하려는 사람은 법원이 정한 해당 부동산의 '최저가매각가격' 이상의 금액을 매수가격으로 하여 매수신고를 하여야 한다. 이때 신고인은 최저가매각가격의 10분의 1을 보증금으로 납부하여야 입찰에 참가할 수 있다. 법원은 입찰자 중 최고가 매수가격을 신고한 사람(최고가매수신고인)을 매수인으로 결정하며, 매수인은 신고한 매수가격(매수신고액)에서 보증금을 공제한 금액을 지정된 기일까지 납부하여야 한다. 만일 최고가매수신고인이 그 대금을 기일까지 납부하지 않으면, 최고가매수신고인 외의 매수신고인은 자신이 신고한 매수가격대로 매수를 허가하여 달라는 취지의 차순위매수신고를 할 수 있다. 다만 차순위매수신고는 매수신고액이 최고가매수신고액에서 보증금을 뺀 금액을 넘어야 할 수 있다.

<상 황>

> 甲과 乙은 법원이 최저가매각가격을 2억 원으로 정한 A주택의 경매에 입찰자로 참가하였다. 甲은 매수가격을 2억 5천만 원으로 신고하여 최고가매수신고인이 되었다. 甲이 지정된 기일까지 대금을 납부하지 않은 경우, 乙이 차순위매수신고를 하기 위해서는 乙의 매수신고액이 최소한 (㉠)을 넘어야 한다.

① 2천만 원
② 2억 원
③ 2억 2천만 원
④ 2억 2천 5백만 원
⑤ 2억 3천만 원

25제 SET 7

문 11. 다음 글과 <라운드별 음식값>을 근거로 판단할 때, 음식값을 가장 많이 낸 사람과 그가 낸 음식값을 고르면?

> ○ 甲, 乙, 丙이 가위바위보를 하여 음식값 내기를 하고 있다.
> ○ 라운드당 한 번씩 가위바위보를 하여 음식값을 낼 사람을 정하며 총 5라운드를 겨룬다.
> ○ 가위바위보에서 승패가 가려진 경우 패자는 해당 라운드의 음식값을 낸다.
> ○ 비긴 경우에는 세 사람이 모두 음식값을 낸다. 단, 직전 라운드 가위바위보의 승자는 음식값을 내지 않는다.
> ○ 음식값을 낼 사람이 2명 이상인 라운드에서는 음식값을 낼 사람들이 동일한 비율로 음식값을 나누어 낸다.
> ○ 甲은 가위 – 바위 – 보 – 가위 – 바위를 순서대로 낸다.
> ○ 乙은 1라운드에서 바위를 낸 후 2라운드부터는 직전 라운드 가위바위보에서 이긴 경우 가위를, 비긴 경우 바위를, 진 경우 보를 낸다. 단, 乙이 직전 라운드에서 음식값을 낸 경우에는 가위를 낸다.
> ○ 丙은 1라운드에서 바위를 낸 후 2라운드부터는 직전 라운드 가위바위보에서 이긴 경우 보를, 비긴 경우 바위를, 진 경우 가위를 낸다.

※ 주어진 조건 외에는 고려하지 않는다.

<라운드별 음식값>

라운드	1	2	3	4	5
음식값(원)	12,000	15,000	18,000	25,000	30,000

	음식값을 가장 많이 낸 사람	음식값
①	甲	57,000원
②	乙	44,000원
③	乙	51,500원
④	丙	44,000원
⑤	丙	51,500원

문 12. 다음 글과 <상황>을 근거로 판단할 때, ㉠과 ㉡을 옳게 짝지은 것은?

> 자동차 연비를 표시하는 단위는 나라마다 다르다. A국은 자동차 연비를 1갤런의 연료로 달릴 수 있는 거리(마일)로 계산하며, 단위는 mpg를 사용한다. B국에서는 100 km를 달릴 때 소요되는 연료량(L)으로 계산하며, 단위는 L/100 km를 사용한다. C국은 연료 1 L로 주행할 수 있는 거리(km)로 계산하며 km/L를 단위로 사용한다.

※ 1갤런은 4 L, 1마일은 1.6 km로 간주한다.

<상 황>

> X, Y, Z 세 대의 자동차가 있다. 각 자동차의 연비는 순서대로 15 mpg, 8 L/100 km, 18 km/L이다. 따라서 X는 120 km를 이동하는 데 연료 ㉠ L가 소요된다. 그리고 4갤런의 연료로 Z는 Y보다 ㉡ km 더 이동할 수 있다.

	㉠	㉡
①	5	72
②	5	88
③	20	72
④	20	88
⑤	32	88

문 13. 다음 <상황>과 <대화>를 근거로 판단할 때, 丁의 성적으로 가능한 것은?

<상 황>

○ 가영, 나리, 다해, 라라, 마철은 올해 활약이 뛰어났던 4명의 투수(甲 ~ 丁) 중에서 최우수 투수를 선정하였다.
○ 가영, 나리, 다해, 라라, 마철은 투수 중에서 1명씩 선택하여 투표하였고, '丁'만 2명의 선택을 받아서 최우수 투수로 선정되었다.
○ 甲 ~ 丁의 올해 시즌 성적은 아래와 같다.

항목 / 선수	평균 자책점	승리한 경기 수	패배한 경기 수	탈삼진 수	완투한 경기수
甲	1.70	15	10	205	10
乙	1.95	21	8	150	5
丙	2.20	15	8	170	13
丁	2.10	?	?	?	?

<대 화>

○ 가영 : 평균 자책점이 가장 낮은 선수를 뽑았어.
○ 나리 : 승리한 경기 수가 가장 많은 선수를 뽑았어.
○ 다해 : 완투한 경기 수가 가장 많은 선수를 뽑았어.
○ 라라 : 탈삼진 수가 가장 많은 선수를 뽑았어.
○ 마철 : 승률이 가장 높은 선수를 뽑았어.

※ 승률 = $\frac{\text{승리한 경기 수}}{\text{승리한 경기 수} + \text{패배한 경기 수}}$

	승리한 경기 수	패배한 경기 수	탈삼진 수	완투한 경기 수
①	23	3	210	14
②	20	10	220	12
③	20	5	210	10
④	20	5	200	8
⑤	23	3	210	6

문 14. 다음 글을 읽고 추론한 것으로 옳지 않은 것은?

甲, 乙, 丙은 같은 과목을 수강하고 있다. 이 과목의 성적은 과제 점수와 기말시험 점수를 합산하여 평가한다. 과제에 대한 평가방법은 다음과 같다. 강의에 참여하는 학생은 5명으로 구성된 팀을 이루어 과제를 발표해야 한다. 교수는 과제 발표의 수준에 따라 팀점수를 정한 후, 이 점수를 과제 수행에 대한 기여도에 따라 참여한 학생들에게 나누어준다. 이때 5명의 학생에게 모두 서로 다른 점수를 부여하되, 각 학생 간에는 2.5점의 차이를 둔다. 기말시험의 성적은 60점이 만점이고, 과제 점수는 40점이 만점이다.

과제 점수와 기말시험 점수를 합산하여 총점 95점 이상을 받은 학생은 A+ 등급을 받게 되고, 90점 이상 95점 미만은 A 등급을 받는다. 마이너스(-) 등급은 없으며, 매 5점을 기준으로 등급은 한 단계씩 떨어진다. 예컨대 85점 이상 90점 미만은 B+, 80점 이상 85점 미만은 B 등급이 되는 것이다.

甲, 乙, 丙은 다른 2명의 학생과 함께 팀을 이루어 발표를 했는데, 팀점수로 150점을 받았다. 그리고 기말고사에서 甲은 53점, 乙은 50점, 丙은 46점을 받았다.

① 甲은 최고 B+에서 최저 C+ 등급까지의 성적을 받을 수 있다.
② 乙은 최고 B에서 최저 C 등급까지의 성적을 받을 수 있다.
③ 丙은 최고 B에서 최저 C 등급까지의 성적을 받을 수 있다.
④ 乙의 기여도가 최상위일 경우 甲과 丙은 같은 등급의 성적을 받을 수 있다.
⑤ 甲의 기여도가 최상위일 경우 乙과 丙은 같은 등급의 성적을 받을 수 있다.

문 15. 다음 글을 근거로 판단할 때, 甲이 구매하게 될 차량은?

甲은 아내 그리고 자녀 둘과 함께 총 4명이 장거리 이동이 가능하도록 배터리 완전충전시 주행거리가 200 km 이상인 전기자동차 1대를 구매하려고 한다. 구매와 동시에 집 주차장에 배터리 충전기를 설치하려고 하는데, 배터리 충전시간(완속 기준)이 6시간을 초과하지 않으면 완속 충전기를, 6시간을 초과하면 급속 충전기를 설치하려고 한다.

한편 정부는 전기자동차 활성화를 위하여 전기자동차 구매 보조금을 구매와 동시에 지원하고 있는데, 승용차는 2,000만 원, 승합차는 1,000만 원을 지원하고 있다. 승용차 중 경차는 1,000만 원을 추가로 지원한다. 배터리 충전기에 대해서는 완속 충전기에 한하여 구매 및 설치 비용을 구매와 동시에 전액 지원하며, 2,000만 원이 소요되는 급속 충전기의 구매 및 설치 비용은 지원하지 않는다.

이러한 상황을 감안하여 甲은 차량 A ~ E 중에서 실구매 비용(충전기 구매 및 설치 비용 포함)이 가장 저렴한 차량을 선택하려고 한다. 단, 실구매 비용이 동일할 경우에는 아래의 '점수 계산 방식'에 따라 점수가 가장 높은 차량을 구매하려고 한다.

차량	A	B	C	D	E
최고속도(km/h)	130	100	120	140	120
완전충전시 주행거리(km)	250	200	250	300	300
충전시간(완속 기준)	7시간	5시간	8시간	4시간	5시간
승차 정원	6명	8명	2명	4명	5명
차종	승용	승합	승용(경차)	승용	승용
가격(만 원)	5,000	6,000	4,000	8,000	8,000

○ 점수 계산 방식
- 최고속도가 120 km/h 미만일 경우에는 120 km/h를 기준으로 10 km/h가 줄어들 때마다 2점씩 감점
- 승차 정원이 4명을 초과할 경우에는 초과인원 1명당 1점씩 가점

① A
② B
③ C
④ D
⑤ E

문 16. 다음 글을 근거로 판단할 때, <보기>에서 옳은 것만을 모두 고르면?

A마을에서는 다음과 같이 양의 이름을 짓는다.

○ '물', '불', '돌', '눈' 중 한 개 이상의 글자를 사용하여 이름을 짓는다.
○ 봄에 태어난 양의 이름에는 '물', 여름에 태어난 양의 이름에는 '불', 가을에 태어난 양의 이름에는 '돌', 겨울에 태어난 양의 이름에는 '눈'이 반드시 포함되어야 한다.
○ 수컷 양의 이름에는 '물', 암컷 양의 이름에는 '불'이 반드시 포함되어야 한다.
○ 같은 글자가 두 번 이상 사용되어서는 안 된다.

<보 기>

ㄱ. 겨울에 태어난 A마을 양이 암컷이라면, 그 양에게 붙일 수 있는 두 글자 이름은 두 가지이다.
ㄴ. A마을 양 '물불'은 여름에 태어났다면 수컷이고 봄에 태어났다면 암컷이다.
ㄷ. A마을 양의 이름은 모두 두 글자 이상 네 글자 이하이다.

① ㄱ
② ㄴ
③ ㄷ
④ ㄱ, ㄴ
⑤ ㄴ, ㄷ

문 17. 다음 글과 <상황>을 근거로 판단할 때, 가원이가 A무인세탁소 사업자로부터 받을 총액은?

A무인세탁소의 사업자가 사업장 내 기기의 관리상 주의를 소홀히 하여 세탁물이 훼손된 경우, 아래와 같은 배상 및 환급 기준을 적용한다.

○ 훼손된 세탁물에 대한 배상액은 '훼손된 세탁물의 구입가격 × 배상비율'로 산정한다. 배상비율은 물품의 내구연한과 사용일수에 따라 다르며 아래 <배상비율표>에 따른다.
○ 물품의 사용일수는 사용개시일에 상관없이 구입일부터 세탁일까지의 일수이다.
○ 사업자는 훼손된 세탁물에 대한 배상과는 별도로 고객이 지불한 이용요금 전액을 환급한다.

<배상비율표>

내구연한	배상비율			
	80 %	60 %	40 %	20 %
1년	0 ~ 44일	45 ~ 134일	135 ~ 269일	270일 ~
2년	0 ~ 88일	89 ~ 268일	269 ~ 538일	539일 ~
3년	0 ~ 133일	134 ~ 403일	404 ~ 808일	809일 ~

<상 황>

가원이는 2022. 12. 20. A무인세탁소에서 셔츠, 조끼, 치마를 한꺼번에 세탁하였다. 그런데 사업자의 세탁기 관리 소홀로 인하여 세탁물 모두가 훼손되었다.

A무인세탁소의 이용요금은 세탁 1회당 8,000원이며, 가원이의 세탁물 정보는 다음과 같다.

구분	내구연한	구입일	사용개시일	구입가격
셔츠	1년	2022. 10. 10.	2022. 11. 15.	4만 원
조끼	3년	2021. 1. 20.	2022. 1. 22.	6만 원
치마	2년	2022. 12. 1.	2022. 12. 10.	7만 원

① 124,000원
② 112,000원
③ 104,000원
④ 96,000원
⑤ 88,000원

문 18. 다음 <규칙>을 근거로 판단할 때, <보기>에서 옳은 것만을 모두 고르면?

<규 칙>

○ 직원이 50명인 A회사는 야유회에서 경품 추첨 행사를 한다.
○ 직원들은 1명당 3장의 응모용지를 받고, 1 ~ 100 중 원하는 수 하나씩을 응모용지별로 적어서 제출한다. 한 사람당 최대 3장까지 원하는 만큼 응모할 수 있고, 모든 응모용지에 동일한 수를 적을 수 있다.
○ 사장이 1 ~ 100 중 가장 좋아하는 수 하나를 고르면 해당 수를 응모한 사람이 당첨자로 결정된다. 해당 수를 응모한 사람이 없으면 사장은 당첨자가 나올 때까지 다른 수를 고른다.
○ 당첨 선물은 사과 총 100개이고, 당첨된 응모용지가 n장이면 당첨된 응모용지 1장당 사과를 $\frac{100}{n}$개씩 나누어 준다.
○ 만약 한 사람이 2장의 응모용지에 똑같은 수를 써서 당첨된다면 2장 몫의 사과를 받고, 3장일 경우는 3장 몫의 사과를 받는다.

<보 기>

ㄱ. 직원 甲과 乙이 함께 당첨된다면 甲은 최대 50개의 사과를 받는다.
ㄴ. 직원 중에 甲과 乙 두 명만이 사과를 받는다면 甲은 최소 25개의 사과를 받는다.
ㄷ. 당첨된 수를 응모한 직원이 甲밖에 없다면, 甲이 그 수를 1장 써서 응모하거나 3장 써서 응모하거나 같은 개수의 사과를 받는다.

① ㄱ
② ㄷ
③ ㄱ, ㄴ
④ ㄱ, ㄷ
⑤ ㄴ, ㄷ

문 19. 다음 글을 근거로 판단할 때, <보기>에서 옳은 것만을 모두 고르면?

○ 4종류(A, B, C, D)의 세균을 대상으로 세균 간 '관계'에 대한 실험을 2일 간 진행한다.
○ 1일차 실험에서는 4종류의 세균 중 2종류의 세균을 짝지어 하나의 수조에 넣고, 나머지 2종류의 세균을 짝지어 다른 하나의 수조에 넣어 관찰한다.
○ 2일차 실험에서는 1일차 실험의 수조에서 각 종류의 세균을 분리하여 채취한 후 짝을 바꾸어 1일차와 같은 방식으로 진행한다.
○ 4종류의 세균 간에는 함께 보관 시에 아래와 같이 공생, 독립, 기피, 천적의 4가지 관계가 존재한다.
- A와 B: 독립관계
- A와 C: 기피관계
- A와 D: 천적관계(A강세, D약세)
- B와 C: 기피관계
- B와 D: 공생관계
- C와 D: 천적관계(C강세, D약세)
○ 2종류의 세균을 짝을 지어 하나의 수조에 보관했을 때 생존지수는 1일마다 각각의 관계에 따라 아래와 같이 일정하게 변화한다.
- 공생관계: 각각 3만큼 증가
- 독립관계: 불변
- 기피관계: 각각 2만큼 감소
- 천적관계: 강세측은 불변, 약세측은 4만큼 감소
○ 각 세균의 1일차 실험시작 직전 초기 생존지수와 2일차 실험이 종료된 후의 생존지수는 아래와 같다.

구분	A	B	C	D
초기 생존지수	10	20	30	40
2일차 실험종료 후 생존지수	8	21	26	39

<보 기>

ㄱ. 실험기간 동안 천적관계에 있는 세균끼리 짝을 지어 하나의 수조에서 실험한 적은 없다.
ㄴ. 실험기간 동안 독립관계에 있는 세균끼리 짝을 지어 하나의 수조에서 실험한 적은 없다.
ㄷ. 1일차와 2일차 모두 적어도 1개의 수조에는 기피관계에 있는 세균끼리 짝을 지어 실험했다.
ㄹ. 한 종류의 세균에 대해서는 1일차와 2일차 모두 동일한 '관계'에 있는 세균끼리 짝을 지어 실험했다.

① ㄱ, ㄴ
② ㄴ, ㄷ
③ ㄱ, ㄴ, ㄷ
④ ㄱ, ㄷ, ㄹ
⑤ ㄴ, ㄷ, ㄹ

문 20. 다음 글을 근거로 판단할 때, 甲이 기부한 금액의 일의 자리 숫자와 丙이 기부한 금액의 십의 자리 숫자의 합은?

甲의 기부액은 일의 자리 숫자(□)를 모르는 12,345,67□원이다. 乙의 기부액은 甲의 3배이고, 丙의 기부액은 乙의 3배이다. 丁의 기부액은 丙의 3배이며 모든 자리 숫자가 3이다.

① 4
② 5
③ 7
④ 10
⑤ 14

문 21. 다음 글을 근거로 판단할 때 옳은 것은?

□□학과는 지망자 5명(A ~ E) 중 한 명을 교환학생으로 추천하기 위하여 각각 5회의 평가를 실시하고, 그 결과에 바탕을 둔 추첨을 하기로 했다. 평가 및 추첨 방식과 현재까지 진행된 평가 결과는 아래와 같다.

○ 매 회 100점 만점으로 10점 단위의 점수를 매기며, 100점을 얻은 지망자에게는 5장의 카드, 90점을 얻은 지망자에게는 2장의 카드, 80점을 얻은 지망자에게는 1장의 카드를 부여한다. 70점 이하를 얻은 지망자에게는 카드를 부여하지 않는다.

○ 5회차 평가 이후 각 지망자는 자신이 받은 모든 카드에 본인의 이름을 적고, 추첨함에 넣는다. 다만 5번의 평가의 총점이 400점 미만인 지망자는 본인의 카드를 추첨함에 넣지 못한다.

○ □□학과장은 추첨함에서 한 장의 카드를 무작위로 뽑아 카드에 이름이 적힌 지망자를 □□학과의 교환학생으로 추천한다.

<평가 결과>

(단위: 점)

구분	1회	2회	3회	4회	5회
A	90	90	90	90	
B	80	80	70	70	
C	90	70	90	70	
D	70	70	70	70	
E	80	80	90	80	

① A가 5회차 평가에서 80점을 얻더라도 다른 지망자의 점수에 관계없이 추천될 확률이 가장 높다.
② B가 5회차 평가에서 90점을 얻는다면 적어도 D보다는 추천될 확률이 높다.
③ C가 5회차 평가에서 카드를 받지 못하더라도 B보다는 추천될 확률이 높다.
④ D가 5회차 평가에서 100점을 받고 다른 지망자가 모두 80점을 받는다면 D가 추천될 확률은 세 번째로 높다.
⑤ E가 5회차 평가에서 카드를 받지 못하더라도 E는 추첨 대상에 포함될 수 있다.

문 22. 다음 글을 근거로 판단할 때, 甲 ~ 丁 4명이 모두 외출 준비를 끝내는 데 소요되는 최소 시간은?

甲 ~ 丁 4명은 화장실 1개, 세면대 1개, 샤워실 2개를 갖춘 숙소에 묵었다. 다음날 아침 이들은 화장실, 세면대, 샤워실을 이용한 후 외출을 하려고 한다.

○ 화장실, 세면대, 샤워실 이용을 마치면 외출 준비가 끝난다.

○ 화장실, 세면대, 샤워실 순서로 1번씩 이용한다.

○ 화장실, 세면대, 각 샤워실은 한 번에 한 명씩 이용한다.

<개인별 이용시간>

(단위: 분)

구분	화장실	세면대	샤워실
甲	5	3	20
乙	5	5	10
丙	10	5	5
丁	10	3	15

① 40분
② 42분
③ 45분
④ 48분
⑤ 50분

※ 다음 글을 읽고 물음에 답하시오. [문 23. ~ 문 24.]

도지(賭地)란 조선 후기에 도지권을 가진 소작농이 일정한 사용료, 즉 도조(賭租)를 내고 빌려서 경작했던 논밭을 말한다. 지주는 도지를 제공하고 그 대신 도조를 받았다. 도지권을 가진 소작농은 농작물을 수확하여 도조를 치른 후 나머지를 차지하였다. 도지계약은 구두로 하는 것이 보통이고, 문서를 작성하는 경우는 드물었다.

도조를 정하는 방법에는 수확량을 고려하지 않고 미리 일정액을 정하는 방식과 매년 농작물을 수확하기 직전에 지주가 간평인(看坪人)을 보내어 수확량을 조사하고 그 해의 도조를 결정하는 방식이 있었다. 후자의 경우에 수확량에 대한 도조의 비율은 일정하였다. 특히 논밭을 경작하기 전에 도조를 미리 지급하고 경작하는 경우의 도지를 선도지(先賭地)라고 하였다.

도지권을 가진 소작농은 그 도지를 영구히 경작할 수 있었고, 지주의 승낙이 없어도 임의로 도지권을 타인에게 매매, 양도, 임대, 저당, 상속할 수 있었다. 도지권의 매매 가격은 지주의 소유권 가격의 1/2이었으며, 도지의 전체 가격은 소작농의 도지권 가격과 지주의 소유권 가격의 합이었다. 도조는 수확량의 약 1/4에서 1/3 정도에 불과하여 일반적인 소작지의 소작료보다 훨씬 저렴하였기 때문에, 도지권을 가진 소작농은 도지를 다른 소작농에게 빌려주고 그로부터 일반 소작료를 받아 지주에게 납부해야 할 도조를 제외한 다음 그 차액을 가지기도 하였다. 지주가 이러한 사실을 알더라도 그것은 당연한 도지권의 행사이기 때문에 간섭하지 않았다.

지주가 도지권을 소멸시키거나 다른 소작농에게 이작(移作)시키려고 할 때에는 도지권을 가진 소작농의 동의를 구하고 도지권의 가격만큼을 지급하여야 하였다. 다만 도지권을 가진 소작농이 도조를 납부하지 않는 상황에는 지주가 소작농의 동의를 얻은 뒤 도지권을 팔 수 있었다. 이 경우 지주는 연체된 도조를 빼고 나머지는 소작농에게 반환하여야 하였다.

도지권은 일제가 실시한 토지조사사업에 의하여 그 권리가 부정됨으로써 급격히 소멸하게 되었다. 일제의 토지조사사업으로 부분적 소유권으로서의 소작농의 도지권은 부인되었고 대신 소작기간 20년 이상 50년 이하의 소작권이 인정되었다. 이것은 원래의 도지권 성격과는 크게 다른 것이었으므로 도지권을 소유한 소작농들은 도지권 수호운동을 전개하였으나, 일제의 무력탄압으로 모두 좌절되고 말았다.

문 23. 윗글을 근거로 판단할 때, <보기>에서 옳은 것만을 모두 고르면?

<보 기>

ㄱ. 지주의 사전 승낙이 없어도 도지권을 매입한 소작농이 있었을 수 있다.
ㄴ. 지주가 간평인을 보내어 도조를 결정하였다면, 해당 도지는 선도지가 아니었을 것이다.
ㄷ. 도지권을 가진 소작농들은 일제의 토지조사사업으로 소작을 할 수 없게 되었다.
ㄹ. 도지권을 가진 소작농이 도지권을 매매하려면, 그 소작농은 지주의 동의를 얻어야 했다.

① ㄱ, ㄴ
② ㄱ, ㄹ
③ ㄴ, ㄷ
④ ㄷ, ㄹ
⑤ ㄱ, ㄴ, ㄷ

문 24. 윗글을 근거로 판단할 때, <상황>의 ㉠ ~ ㉣에 들어갈 수의 합은? (단, 쌀 1말의 가치는 5냥이며, 주어진 조건 외에는 고려하지 않는다)

<상 황>

甲 소유의 논 A는 1년에 한 번 수확하고 수확량은 매년 쌀 20말이다. 소작농 乙은 A 전부를 대상으로 매년 수확량의 1/4을 甲에게 도조로 납부하는 도지계약을 甲과 체결한 상태이다. A의 전체 가격은 甲, 乙의 도지계약 당시부터 올해 말까지 변동 없이 900냥이다.

재작년 乙은 수확 후 甲에게 정해진 도조 액수인 (㉠) 냥을 납부하였다.

작년 초부터 큰 병을 얻은 乙은 더 이상 농사를 지을 수 없게 되자, 乙은 매년 (㉡)냥을 받아 도조 납부 후 25냥을 남길 생각으로 丙에게 A를 빌려주었다.

그러나 乙은 약값에 허덕여 작년과 올해분의 도조를 甲에게 납부하지 못했다. 결국 甲은 乙의 동의를 얻어 丁에게 A에 대한 도지권을 올해 말 (㉢)냥에 매매한 후, 乙에게 (㉣)냥을 반환하기로 하였다.

① 575
② 600
③ 625
④ 750
⑤ 925

문 25. 철학과 교수 7명(A ~ G)은 다음 <조건>에 따라 신학기 과목을 개설하려고 한다. 각 교수들의 강의 가능 과목이 <보기>와 같을 때 다음 중 옳지 않은 것은?

<조 건>

- ○ 학과장인 C는 한 과목만 가르칠 수 있다.
- ○ 학과장인 C는 일주일에 하루만 가르칠 수 있다.
- ○ 학과장 이외의 다른 교수들은 모두 두 과목씩 가르쳐야 한다.
- ○ 윤리학과 논리학은 각각 적어도 두 강좌가 개설된다.
- ○ 윤리학은 이틀에 나누어서 강의하며, 논리학도 마찬가지다.
- ○ 윤리학과 논리학 이외에는 동일 과목이 동시에 개설될 수 없다.

<보 기>

A : 논리학, 언어철학, 과학철학
B : 희랍철학, 근세철학, 윤리학
C : 과학철학, 논리학, 윤리학
D : 인식론, 논리학, 형이상학
E : 언어철학, 수리철학, 논리학
F : 인식론, 심리철학, 미학
G : 윤리학, 사회철학, 근세철학

① 학과장은 과학철학을 강의한다.
② 논리학은 최대 3강좌가 개설될 수 있다.
③ 인식론과 심리철학이 둘 다 개설될 수도 있다.
④ 형이상학이 개설되면 인식론은 개설될 수 없다.
⑤ 희랍철학과 사회철학이 둘 다 개설될 수도 있다.

MEMO

25제 연습
SET 8

총 25문제
제한시간 : 56분

문 1. 다음 글을 근거로 판단할 때 옳지 않은 것은?

> 제00조(예비이전후보지의 선정) ① 종전부지 지방자치단체의 장은 군 공항을 이전하고자 하는 경우 국방부장관에게 이전을 건의할 수 있다.
> ② 제1항의 건의를 받은 국방부장관은 군 공항을 이전하고자 하는 경우 군사작전 및 군 공항 입지의 적합성 등을 고려하여 군 공항 예비이전후보지(이하 '예비이전후보지'라 한다)를 선정할 수 있다.
> 제00조(이전후보지의 선정) 국방부장관은 한 곳 이상의 예비이전후보지 중에서 군 공항 이전후보지를 선정함에 있어서 군 공항 이전부지 선정위원회의 심의를 거쳐야 한다.
> 제00조(군 공항 이전부지 선정위원회) ① 군 공항 이전후보지 및 이전부지의 선정 등을 심의하기 위해 국방부에 군 공항 이전부지 선정위원회(이하 '선정위원회'라 한다)를 둔다.
> ② 위원장은 국방부장관으로 하고, 당연직위원은 다음 각 호의 사람으로 한다.
> 1. 기획재정부차관, 국토교통부차관
> 2. 종전부지 지방자치단체의 장
> 3. 예비이전후보지를 포함한 이전주변지역 지방자치단체의 장
> 4. 종전부지 및 이전주변지역을 관할하는 특별시장·광역시장 또는 도지사
>
> ③ 선정위원회는 다음 각 호의 사항을 심의한다.
> 1. 이전후보지 및 이전부지 선정
> 2. 종전부지 활용방안 및 종전부지 매각을 통한 이전주변지역 지원방안
>
> 제00조(이전부지의 선정) ① 국방부장관은 이전후보지 지방자치단체의 장에게 「주민투표법」에 따라 주민투표를 요구할 수 있다.
> ② 제1항의 지방자치단체의 장은 주민투표 결과를 충실히 반영하여 국방부장관에게 군 공항 이전 유치를 신청한다.
> ③ 국방부장관은 제2항에 따라 유치를 신청한 지방자치단체 중에서 선정위원회의 심의를 거쳐 이전부지를 선정한다.

※ 종전부지 : 군 공항이 설치되어 있는 기존의 부지
※ 이전부지 : 군 공항이 이전되어 설치될 부지

① 종전부지를 관할하는 광역시장은 이전부지 선정 심의에 참여한다.
② 국방부장관은 선정위원회의 심의를 거치지 않고 예비이전후보지를 선정할 수 있다.
③ 선정위원회는 군 공항이 이전되고 난 후에 종전부지를 어떻게 활용할 것인지에 대한 사항도 심의한다.
④ 종전부지 지방자치단체의 장은 주민투표를 거치지 않으면 국방부장관에게 군 공항 이전을 건의할 수 없다.
⑤ 예비이전후보지가 한 곳이라고 하더라도 선정위원회의 심의를 거쳐야 이전후보지로 선정될 수 있다.

문 2. 다음 글과 <상황>을 근거로 판단할 때 옳은 것은?

> 제○○조(신고) 식품판매업을 하려는 자는 영업소 소재지를 관할하는 시장·군수·구청장(이하 '시장 등'이라 한다)에게 신고해야 한다.
> 제□□조(준수사항) ① 식품판매업자는 다음 각 호의 사항을 지켜야 한다.
> 1. 소비기한이 경과된 식품을 판매의 목적으로 진열·보관하거나 이를 판매하지 말 것
> 2. 식중독 발생 시 보관 또는 사용 중인 식품은 역학조사가 완료될 때까지 폐기하지 않고 원상태로 보존하여야 하며, 식중독 원인규명을 위한 행위를 방해하지 말 것
>
> ② 관할 시장 등은 식품판매업자가 제1항을 위반한 경우에는 6개월 이내의 기간을 정하여 그 영업의 전부 또는 일부를 정지하거나 영업소 폐쇄를 명할 수 있다.
> ③ 관할 시장 등은 다음 각 호의 행위를 신고한 자에게는 포상금을 지급한다.
> 1. 제1항 제1호에 위반되는 행위: 7만 원
> 2. 제2항에 따른 영업정지 또는 영업소 폐쇄명령에 위반하여 영업을 계속하는 행위: 20만 원
>
> 제◇◇조(제품교환 등) 식품판매업자는 소비자에게 다음 각 호에 따른 조처를 이행해야 한다.
> 1. 소비자가 소비기한이 경과한 식품을 구입한 경우: 제품교환 또는 구입가 환급
> 2. 소비자가 제1호의 식품을 섭취함으로써 신체에 부작용이 발생한 경우: 치료비, 경비 및 일실소득 배상
>
> 제△△조(벌칙) 다음 각 호의 어느 하나에 해당하는 식품판매업자는 3년 이하의 징역 또는 3천만 원 이하의 벌금에 처한다.
> 1. 제□□조 제1항의 사항을 위반한 경우
> 2. 제□□조 제2항의 명령을 위반하여 영업을 계속한 경우

<상 황>

> 식품판매업자 甲은 A도 B군에 영업소를 두고 있다. 乙은 甲의 영업소에 진열되어 있는 C식품을 구입하였는데, 집에서 확인해보니 구매 당시 이미 소비기한이 지나 있었고 이 사실을 친구 丙에게 알려 주었다.

① A도지사는 소비기한이 경과된 식품을 판매한 甲에 대해 1개월의 영업정지 명령을 내릴 수 있다.
② 甲에 대한 영업정지 또는 영업소 폐쇄명령 여부에 관계없이 甲은 3년 이하의 징역에 처해질 수 있다.
③ 乙이 C식품에 대해 제품교환을 요구하는 경우, 甲은 乙에게 제품교환과 함께 구입가 환급을 해 주어야 한다.
④ 丙이 甲의 소비기한 경과 식품 판매 사실을 신고한 경우, 乙과 丙은 각각 7만 원의 포상금을 지급받는다.
⑤ 乙이 C식품의 일부를 먹고 식중독에 걸렸는데 먹다 남은 C식품을 丙이 폐기함으로써 식중독 원인규명이 방해된 경우, 丙은 500만 원의 벌금에 처해질 수 있다.

문 3. 다음 글과 <상황>을 근거로 판단할 때, 甲과 乙에게 부과된 과태료의 합은?

A국은 부동산 또는 부동산을 취득할 수 있는 권리의 매매계약을 체결한 경우, 매도인이 그 실제 거래가격을 거래계약 체결일부터 60일 이내에 관할관청에 신고하도록 신고의무를 ○○법으로 규정하고 있다. 그리고 이를 위반할 경우 다음의 기준에 따라 과태료를 부과한다.

○○법 제00조(과태료 부과기준) ① 신고의무를 게을리 한 경우에는 다음 각 호의 기준에 따라 과태료를 부과한다.

1. 신고기간 만료일의 다음 날부터 기산하여 신고를 하지 않은 기간(이하 '해태기간'이라 한다)이 1개월 이하인 경우
   가. 실제 거래가격이 3억 원 미만인 경우: 50만 원
   나. 실제 거래가격이 3억 원 이상인 경우: 100만 원
2. 해태기간이 1개월을 초과한 경우
   가. 실제 거래가격이 3억 원 미만인 경우: 100만 원
   나. 실제 거래가격이 3억 원 이상인 경우: 200만 원

② 거짓으로 신고를 한 경우에는 다음 각 호의 기준에 따라 과태료를 부과한다. 단, 과태료 산정에 있어서의 취득세는 매수인을 기준으로 한다.

1. 부동산의 실제 거래가격을 거짓으로 신고한 경우
   가. 실제 거래가격과 신고가격의 차액이 실제 거래가격의 20% 미만인 경우
   – 실제 거래가격이 5억 원 이하인 경우: 취득세의 2배
   – 실제 거래가격이 5억 원 초과인 경우: 취득세의 1배
   나. 실제 거래가격과 신고가격의 차액이 실제 거래가격의 20% 이상인 경우
   – 실제 거래가격이 5억 원 이하인 경우: 취득세의 3배
   – 실제 거래가격이 5억 원 초과인 경우: 취득세의 2배
2. 부동산을 취득할 수 있는 권리의 실제 거래가격을 거짓으로 신고한 경우
   가. 실제 거래가격과 신고가격의 차액이 실제 거래가격의 20% 미만인 경우: 실제 거래가격의 100분의 2
   나. 실제 거래가격과 신고가격의 차액이 실제 거래가격의 20% 이상인 경우: 실제 거래가격의 100분의 4

③ 제1항과 제2항에 해당하는 위반행위를 동시에 한 경우 해당 과태료는 병과한다.

<상 황>

○ 매수인의 취득세는 실제 거래가격의 100분의 1이다.
○ 甲은 X토지를 2018. 1. 15. 丙에게 5억 원에 매도하였으나, 2018. 4. 2. 거래가격을 3억 원으로 신고하였다가 적발되어 과태료가 부과되었다.
○ 乙은 공사 중인 Y아파트를 취득할 권리인 입주권을 2018. 2. 1. 丁에게 2억 원에 매도하였으나, 2018. 2. 5. 거래가격을 1억 원으로 신고하였다가 적발되어 과태료가 부과되었다.

① 1,400만 원
② 2,000만 원
③ 2,300만 원
④ 2,400만 원
⑤ 2,500만 원

문 4. 다음 글을 근거로 판단할 때, <보기>에서 옳은 것을 모두 고르면?

경국대전은 조선의 기본 법전으로 여러 차례의 개정 작업을 거쳐 1485년(성종16년)에 최종본이 반포되었다. 경국대전은 6조(曹)의 직능에 맞추어 이(吏)·호(戶)·예(禮)·병(兵)·형(刑)·공(工)의 6전(典)으로 구성되어 있다.

경국대전에는 임금과 신하가 만나서 정사를 논의하는 조회제도의 기본 규정이 제시되어 있다. 조회에 대한 사항은 의례 관련 규정을 수록하고 있는 예전(禮典)의 조의(朝儀) 조항에 집약되어 있다. 조의는 '신하가 임금을 만나는 의식'을 의미한다. 아래 <표>는 경국대전 '조의'에 규정된 조회 의식의 분류와 관련 내용이다.

<표> 경국대전의 조회 의식

분류	종류	시행일	장소	참여대상
대조(大朝)	정실조하(正室朝賀)	정삭(正朔), 동지(冬至), 탄일(誕日)	근정전(勤政殿)	왕세자, 모든 관원, 제방객사(諸方客使)
	삭망조하(朔望朝賀)	매월 삭(朔)(1일)·망(望)(15일)	근정전(勤政殿)	왕세자, 모든 관원, 제방객사(諸方客使)
상조(常朝)	조참(朝參)	매월 5·11·21·25일	근정문(勤政門)	모든 관원, 제방객사(諸方客使)
	상참(常參)	매일	사정전(思政殿)	상참관(常參官)

※ '대조'는 특별한 시점에 시행되는 조회라는 의미이고, '상조'는 일상적인 조회라는 의미이다.
※ '제방객사'는 주변국 외교사절로서, '삭망조하'와 '조참'에는 경우에 따라 참석하였다.

대조(大朝)의 범주에 해당하는 조회는 경국대전에 조하(朝賀)로 규정되어 있다. 조하는 축하를 모임의 목적으로 하는 의식이다. 정월 초하루, 해의 길이가 가장 짧아지는 동지 및 국왕의 생일 행사는 대조 중에서도 특별히 구분하여 3대 조회라고 지칭하고 의식의 규모도 가장 크다. 조하는 달의 변화에 따라 시행되기도 하였는데, 달의 변화를 기준으로 작성된 달력에 따라 매월 1일에 해당되는 삭일(朔日)과 보름달이 뜨는 망일(望日)에 시행되는 삭망조하가 그것이다.

<보 기>

ㄱ. 삭망조하는 달의 변화에 맞추어 시행되었다.
ㄴ. 정실조하의 참여대상 범위는 대체로 상참보다 넓다.
ㄷ. 한 해 동안 조회가 가장 많이 열리는 곳은 사정전이다.
ㄹ. 조선시대 조회에 관한 사항은 공전(工典)의 의례 관련 규정에 집약되어 있다.

① ㄱ, ㄷ
② ㄴ, ㄹ
③ ㄱ, ㄴ, ㄷ
④ ㄱ, ㄴ, ㄹ
⑤ ㄴ, ㄷ, ㄹ

문 5. 다음 글과 <상황>을 근거로 판단할 때 옳은 것은?

국제사법재판소(International Court of Justice)는 국가에게만 소송당사자의 지위를 인정하고 있다. 따라서 투자자의 본국이 정치적인 이유에서 투자유치국을 상대로 국제사법재판소에 소를 제기하지 않는다면 투자자의 권리가 구제되지 못하게 된다. 이러한 문제를 해결하기 위해 '국가와 타방국가 국민간의 투자분쟁의 해결에 관한 협약'(이하 '1965년 협약')에 따라 투자유치국의 법원보다 공정하고 중립적이며 사건을 신속하게 해결하기 위한 중재기관으로 국제투자분쟁해결센터(International Centre for Settlement of Investment Disputes : ICSID)가 설립되었다. ICSID는 투자자와 투자유치국 사이의 투자분쟁 중재절차 진행을 위한 시설을 제공하고 중재절차 규칙을 두고 있다. ICSID의 소재지는 미국의 워싱턴 D.C.이다.

한편 투자유치국이 '1965년 협약'에 가입했다고 해서 투자자가 곧바로 그 국가를 상대로 ICSID 중재를 신청할 수는 없다. 투자자와 투자유치국이 ICSID 중재를 통해 투자분쟁을 해결한다고 합의를 했을 때 ICSID 중재가 개시될 수 있다. 이처럼 분쟁당사자들이 ICSID에서 중재하기로 합의한 경우에는 원칙적으로 당사자들은 자국법원에 제소할 수 없다. 다만 당사자들이 ICSID 중재나 법원에의 제소 중 하나를 선택할 수 있다고 합의한 때에는 당사자는 후자를 선택하여 자국법원에 제소할 수 있다. 그리고 ICSID 중재에 관해 일단 당사자들이 동의하면, 당사자들은 해당 동의를 일방적으로 철회할 수 없다. 따라서 투자유치국이 자국 법률을 통해 사전에 체결한 중재합의를 철회하는 것은 무효이다.

ICSID 중재판정부는 단독 또는 홀수의 중재인으로 구성되며, 그 수는 당사자들이 합의한다. 당사자들이 중재인의 수에 관해 합의하지 않으면 3인의 중재인으로 구성된다. 당사자들 사이에 중재지에 관한 별도의 합의가 없으면 ICSID 소재지에서 중재절차가 진행된다. 중재판정부가 내린 중재판정은 당사자들에 대해서 구속력과 집행력을 가지며, 이로써 당사자들 사이의 투자분쟁은 최종적으로 해결된다.

<상 황>

A국과 B국은 '1965년 협약'의 당사국이다. A국 국민인 甲은 B국 정부의 허가를 얻어 특정지역에 관한 30년간의 토지사용권을 취득하여 그곳에 관광리조트를 건설하였다. 얼마 후 B국의 법률이 변경되어 甲이 개발한 관광리조트 부지가 B국에 의해 강제수용되었다. B국이 강제수용에 따라 甲에게 지급하려는 보상금이 시가에 미치지 못하여 甲과 B국 사이에 보상금을 둘러싼 투자분쟁이 발생하였다.

① 甲은 소송의 당사자로서 B국을 상대로 국제사법재판소에 보상금 청구에 관한 소를 제기하여 그의 권리를 구제받을 수 있다.
② 甲과 B국 사이에 ICSID에서 중재하기로 합의를 했다면, 甲은 투자분쟁을 B국 법원에 제소할 수 있다.
③ 甲과 B국 사이에 ICSID 중재합의를 할 때, 중재지에 관해 별도의 합의가 없으면 워싱턴 D.C.에서 중재절차가 진행된다.
④ 甲과 B국은 ICSID 중재판정부를 4인의 중재인으로 구성하는 것에 합의할 수 있다.
⑤ 甲과 B국 사이에 ICSID 중재절차를 진행하던 중 B국이 ICSID 중재합의를 일방적으로 철회하면 그 중재절차는 종료되고, 이후 B국 법원이 甲의 보상금청구를 심리하게 된다.

문 6. 다음 글을 근거로 판단할 때 옳은 것은?

○ →는 자연수의 맨 앞 숫자를 맨 뒤로 보내라는 기호이다. (예: → 4321 = 3214)
○ ←는 자연수의 맨 뒤 숫자를 맨 앞으로 보내라는 기호이다. (예: ← 4321 = 1432)
○ → 또는 ←를 적용하여 0이 맨 앞 숫자가 되면 그 0을 제거한다.
○ 기호가 연속된 경우에는 숫자에 가까운 기호부터 차례대로 적용한다. (예: → ← 4321 = → 1432 = 4321)

① → 43의 결과는 홀수이다.
② 두 자리 자연수에 → ←를 적용하면 원래 수와 같다.
③ 세 자리 자연수에 → → →를 적용하면 원래 수와 같다.
④ 두 자리 자연수에 → ←를 적용한 결과와 ← →를 적용한 결과는 다르다.
⑤ 두 자리 자연수 A가 있을 때 (→ A) + A의 결과는 11의 배수이다.

문 7. 다음 <표>는 A도시 사람들의 일주일 동안의 시간활용을 조사한 결과이다. 다음 <보기>에서 항상 참이 되는 추론만으로 모은 것은? (단, 각 항목들은 서로 배타적이며 중복이 일어나지 않는다)

<표> A도시 사람들의 일주일 간 시간활용

(단위: 시간)

생산활동	근무 또는 공부	20 ~ 45
	회의 또는 기획	4 ~ 15
유지활동	가사(요리, 장보기 등)	8 ~ 22
	식사	3 ~ 5
	몸단장(씻기, 옷입기 등)	3 ~ 6
	출 퇴근 및 운전	6 ~ 9
여가활동	TV시청 또는 독서	9 ~ 13
	취미, 운동, 영화, 외식	4 ~ 13
	사교활동	4 ~ 12
	휴식	3 ~ 5

<보 기>

ㄱ. A도시 사람들은 여가활동보다 유지활동에 더 많은 시간을 할애한다.

ㄴ. A도시 사람들은 TV시청이나 독서보다 근무 또는 공부에 더 많은 시간을 할애한다.

ㄷ. A도시 사람들은 휴식보다 출·퇴근 및 운전에 더 많은 시간을 할애한다.

ㄹ. A도시 사람들은 여가활동보다 생산활동에 더 많은 시간을 할애한다.

ㅁ. A도시 사람들은 몸단장보다 가사활동에 더 많은 시간을 할애한다.

① ㄱ, ㄷ, ㄹ
② ㄱ, ㄹ, ㅁ
③ ㄴ, ㄷ, ㅁ
④ ㄴ, ㄹ, ㅁ
⑤ ㄷ, ㄹ, ㅁ

문 8. 다음 글을 근거로 판단할 때, 甲이 구매해야 할 재료와 그 양으로 옳은 것은?

甲은 아내, 아들과 함께 짬뽕을 만들어 먹기로 했다. 짬뽕요리에 필요한 재료를 사기 위해 근처 전통시장에 들른 甲은 아래 <조건>을 만족하도록 재료를 모두 구매한다. 다만 짬뽕요리에 필요한 각 재료의 절반 이상이 냉장고에 있으면 그 재료는 구매하지 않는다.

<조건>

○ 甲과 아내는 각각 성인 1인분, 아들은 성인 0.5인분을 먹는다.
○ 매운 음식을 잘 먹지 못하는 아내를 고려하여 '고추'라는 단어가 들어간 재료는 모두 절반만 넣는다.
○ 아들은 성인 1인분의 새우를 먹는다.

<냉장고에 있는 재료>

면 200 g, 오징어 240 g, 돼지고기 100 g, 양파 100 g, 청양고추 15 g, 고추기름 100 ml, 대파 10 cm, 간장 80 ml, 마늘 5 g

<짬뽕요리 재료(성인 1인분 기준)>

면 200 g, 해삼 40 g, 소라 30 g, 오징어 60 g, 돼지고기 90 g, 새우 40 g, 양파 60 g, 양송이버섯 50 g, 죽순 40 g, 고추기름 20 ml, 건고추 8 g, 청양고추 10 g, 대파 10 cm, 마늘 10 g, 청주 15 ml

① 면 200 g
② 양파 50 g
③ 새우 100 g
④ 건고추 7 g
⑤ 돼지고기 125 g

※ 다음 글을 읽고 물음에 답하시오. [문 9. ~ 문 10.]

측우기는 1440년을 전후하여 발명되어 1442년(세종 24년)부터 1907년 일제의 조선통감부에 의해 근대적 기상관측이 시작될 때까지 우량(雨量) 관측기구로 사용되었다. 관측된 우량은 『승정원일기(承政院日記)』에 기록되었다. 우량을 정량적으로 측정하여 보고하는 제도는 측우기 도입 이전에도 있었는데, 비가 온 뒤 땅에 비가 스민 깊이를 측정하여 이를 조정에 보고하는 방식이었다. 『세종실록(世宗實錄)』의 기록에 의하면, 왕세자 이향(李珦, 훗날의 문종 임금)은 우량을 정확하게 측정하기 위해 그릇에 빗물을 받아 그 양을 측정하는 방식을 연구하였다. 빗물이 땅에 스민 깊이는 토양의 습도에 따라 달라지므로 기존 방법으로는 빗물의 양을 정확히 측정하기 어렵기 때문이었다.

측우기라는 이름이 사용된 것도 이때부터이다. 일반적으로 측우기는 주철(鑄鐵)로 된 원통형 그릇으로, 표준규격은 깊이 1자 5치, 지름 7치(14.7 cm)였다. 이 측우기를 돌로 만든 측우대(測雨臺) 위에 올려놓고 비가 온 뒤 그 안에 고인 빗물의 깊이를 주척(周尺 : 길이를 재는 자의 한 가지)으로 읽는데, 푼(2.1 mm) 단위까지 정밀하게 측정할 수 있었다.

세종대(代)에는 이상과 같은 표준에 맞게 제작된 측우기와 주척을 중앙의 천문관서인 서운관(書雲觀)과 전국 팔도의 감영(監營)에 나누어 주고, 그 이하 행정 단위의 관아에서는 자기(磁器) 또는 와기(瓦器)로 측우기를 만들어 설치하도록 하였다. 서운관의 관원과 팔도 감사 및 각 고을의 수령들에게 비가 오면 주척으로 푼 단위까지 측정한 빗물의 수심을 기록하여 조정에 보고하고 훗날에 참고하기 위해 그 기록을 남겨두도록 하였다.

그렇지만 임진왜란과 병자호란의 혼란을 겪으면서, 측우 관련 제도는 더 이상 지속되지 못했다. 측우 제도가 부활한 것은 1770년(영조 46년) 5월이다. 영조는 특히 세종대에 갖추어진 천문과 기상 관측 제도를 부흥시키는 데 깊은 관심을 보였는데, 측우 제도 복원 사업도 그 일환이었다. 영조는 『세종실록』에 기록된 측우기의 규격과 관측 및 보고 제도를 거의 그대로 따랐다. 한 가지 차이가 있다면, 전국의 모든 고을에까지 측우기를 설치했던 세종대와는 달리 영조대에는 서울의 궁궐과 서운관, 팔도 감영, 강화와 개성의 유수부(留守府)에만 설치했다는 것이다.

문 9. 위의 글을 근거로 판단할 때, <보기>에서 옳은 것만을 모두 고르면?

<보 기>

ㄱ. 세종대에는 중앙의 천문관서와 지방의 감영에 표준에 맞게 제작된 측우기를 설치하여 전국적으로 우량 관측 및 보고 체계를 갖추었다.
ㄴ. 측우기를 이용한 관측 및 보고 제도는 1907년 일제의 조선통감부에 의해 근대적 기상관측이 도입될 때까지 지속적으로 유지되었다.
ㄷ. 세종대에 서울과 지방에서 우량을 관측했던 측우기는 모두 주철로 제작되었다.
ㄹ. 세종대에는 영조대보다 전국적으로 더 많은 곳에서 측우기를 통해 우량을 측정하여 보고하도록 하였다.

① ㄱ, ㄴ
② ㄱ, ㄹ
③ ㄴ, ㄷ
④ ㄱ, ㄷ, ㄹ
⑤ ㄴ, ㄷ, ㄹ

문 10. 세종대 甲지역에서 오전 10시부터 오후 1시까지 시간당 51 mm의 비가 내렸다고 가정해보자. 측우기를 사용하여 甲지역의 감사가 보고한 우량으로 옳은 것은? (단, 주어진 조건 외에 다른 조건은 고려하지 않는다)

① 약 7치
② 약 7치 1푼
③ 약 7치 3푼
④ 약 7치 5푼
⑤ 약 7치 7푼

문 11. 다음 글을 근거로 판단할 때 허용될 수 없는 행위는? (단, 적법한 권한을 가진 자가 조회하는 것으로 전제한다)

제00조(범죄경력조회·수사경력조회 및 회보의 제한 등) 수사자료표에 의한 범죄경력조회 및 수사경력조회와 그에 대한 회보는 다음 각 호의 어느 하나에 해당하는 경우에 그 전부 또는 일부에 대하여 조회 목적에 필요한 범위에서 할 수 있다.

1. 범죄 수사 또는 재판을 위하여 필요한 경우
2. 형의 집행 또는 사회봉사명령, 수강명령의 집행을 위하여 필요한 경우
3. 보호감호, 치료감호, 보호관찰 등 보호처분 또는 보안관찰업무의 수행을 위하여 필요한 경우
4. 수사자료표의 내용을 확인하기 위하여 본인이 신청하거나 외국 입국·체류 허가에 필요하여 본인이 신청하는 경우
5. 외국인의 귀화·국적회복·체류 허가에 필요한 경우
6. 각군 사관생도의 입학 및 장교의 임용에 필요한 경우
7. 병역의무 부과와 관련하여 현역병 및 사회복무요원의 입영(入營)에 필요한 경우
8. 공무원 임용, 인가·허가, 서훈(敍勳), 대통령 표창, 국무총리 표창 등의 결격사유, 징계절차가 개시된 공무원의 구체적인 징계 사유(범죄경력조회와 그에 대한 회보에 한정한다) 또는 공무원연금 지급 제한 사유 등을 확인하기 위하여 필요한 경우

※ 회보: 신청인의 요구에 대하여 조회 후 알려주는 것

① 외국인 A의 귀화 허가를 위하여 A의 범죄경력을 조회하는 행위
② 회사원 B에 대한 사회봉사명령 집행을 위하여 B에 대한 수사경력을 조회하는 행위
③ 퇴직공무원 C의 공무원연금 지급 제한 사유를 확인하기 위해 C의 범죄경력을 조회하는 행위
④ 취업준비생 D의 채용에 참고하기 위하여 해당 사기업의 요청을 받아 D의 범죄경력을 조회하는 행위
⑤ 징계절차가 개시된 공무원 E의 구체적인 징계 사유를 확인하기 위하여 E의 범죄경력을 조회하는 행위

문 12. 다음 글을 근거로 판단할 때, <보기>에서 옳은 것만을 모두 고르면?

A4(210 mm × 297 mm)를 비롯한 국제표준 용지 규격은 독일 물리학자 게오르크 리히텐베르크에 의해 1786년에 처음으로 언급되었다. 이른바 A시리즈 용지들의 면적은 한 등급 올라갈 때마다 두 배로 커진다. 한 등급의 가로는 그 위 등급의 세로의 절반이고, 세로는 그 위 등급의 가로와 같으며, 모든 등급들의 가로 대 세로 비율은 동일하기 때문이다. 용지들의 가로를 W, 세로를 L이라고 하면, 한 등급의 가로 대 세로 비율과 그 위 등급의 가로 대 세로의 비율이 같아야 한다는 것은 등식 W/L=L/2W이 성립해야 한다는 것과 같다. 다시 말해 $L^2=2W^2$이 성립해야 하므로 가로 대 세로 비율은 1 대 $\sqrt{2}$가 되어야 한다. 요컨대 세로가 가로의 $\sqrt{2}$배여야 한다. $\sqrt{2}$는 대략 1.4이다.

이 비율 덕분에 우리는 A3 한 장을 축소복사하여 A4 한 장에 꼭 맞게 출력할 수 있다. A3를 A4로 축소할 때의 비율은 복사기의 제어판에 70 %로 표시된다. 왜냐하면 그 비율은 길이를 축소하는 비율을 의미하고, $1/\sqrt{2}$은 대략 0.7이기 때문이다. 이 비율로 가로와 세로를 축소하면 면적은 1/2로 줄어든다.

반면 미국과 캐나다에서 쓰이는 미국표준협회 규격 용지들은 가로와 세로가 인치 단위로 정해져 있으며, 레터용지(8.5인치 × 11.0인치), 리걸용지(11인치 × 17인치), 이그제큐티브용지(17인치 × 22인치), D레저용지(22인치 × 34인치), E레저용지(34인치 × 44인치)가 있다. 미국표준협회 규격 용지의 경우, 한 용지와 그보다 두 등급 위의 용지는 가로 대 세로 비율이 같다.

<보 기>

ㄱ. 국제표준 용지 중 A2 용지의 크기는 420 mm × 594 mm 이다.
ㄴ. A시리즈 용지의 경우, 가장 높은 등급의 용지를 잘라서 바로 아래 등급의 용지 두 장을 만들 수 있다.
ㄷ. A시리즈 용지의 경우, 한 등급 위의 용지로 확대복사할 때 복사기의 제어판에 표시되는 비율은 130%이다.
ㄹ. 미국표준협회 규격 용지의 경우, 세로를 가로로 나눈 값은 $\sqrt{2}$이다.

① ㄱ
② ㄱ, ㄴ
③ ㄴ, ㄹ
④ ㄱ, ㄴ, ㄷ
⑤ ㄱ, ㄷ, ㄹ

문 13. 다음 글을 근거로 판단할 때, 길동이가 오늘 아침에 수행한 아침 일과에 포함될 수 없는 것은?

길동이는 오늘 아침 7시 20분에 기상하여, 25분 후인 7시 45분에 집을 나섰다. 길동이는 주어진 25분을 모두 아침 일과를 쉼없이 수행하는 데 사용했다.

아침 일과를 수행하는 데 정해진 순서는 없으며, 같은 아침 일과를 두 번 이상 수행하지 않는다.

단, 머리를 감았다면 반드시 말리며, 각 아침 일과 수행 중에 다른 아침 일과를 동시에 수행할 수는 없다. 각 아침 일과를 수행하는 데 소요되는 시간은 아래와 같다.

아침 일과	소요 시간
샤워	10분
세수	4분
머리 감기	3분
머리 말리기	5분
몸치장 하기	7분
구두 닦기	5분
주스 만들기	15분
양말 신기	2분

① 세수
② 머리 감기
③ 구두 닦기
④ 몸치장 하기
⑤ 주스 만들기

문 14. 다음 글을 근거로 판단할 때 옳은 것은?

○○기업은 5명(甲 ~ 戊)을 대상으로 면접시험을 실시하였다. 면접시험의 평가기준은 가치관, 열정, 표현력, 잠재력, 논증력 5가지 항목이며 각 항목 점수는 3점 만점이다. 이에 따라 5명은 항목별로 다음과 같은 점수를 받았다.

<면접시험 결과>

(단위: 점)

구분	甲	乙	丙	丁	戊
가치관	3	2	3	2	2
열 정	2	3	2	2	2
표현력	2	3	2	2	3
잠재력	3	2	2	3	3
논증력	2	2	3	3	2

종합점수는 각 항목별 점수에 항목가중치를 곱하여 합산하며, 종합점수가 높은 순으로 등수를 결정했다. 결과는 다음과 같다.

<등수>

1등	乙
2등	戊
3등	甲
4등	丁
5등	丙

① 잠재력은 열정보다 항목가중치가 높다.
② 논증력은 열정보다 항목가중치가 높다.
③ 잠재력은 가치관보다 항목가중치가 높다.
④ 가치관은 표현력보다 항목가중치가 높다.
⑤ 논증력은 잠재력보다 항목가중치가 높다.

문 15. 다음 글과 <표>를 근거로 판단할 때, <보기>에서 세 사람 사이의 관계가 '모호'한 것만을 모두 고르면?

○ 임의의 두 사람 사이의 관계는 '동갑'과 '위아래' 두 가지 경우로 나뉜다.
- 두 사람이 태어난 연도가 같은 경우 초등학교 입학년도에 상관없이 '동갑' 관계가 된다.
- 두 사람이 태어난 연도가 다른 경우 '위아래' 관계가 된다. 이때 생년이 더 빠른 사람이 '윗사람', 더 늦은 사람이 '아랫사람'이 된다.
- 두 사람이 태어난 연도가 다르더라도 초등학교 입학년도가 같고 생년월일의 차이가 1년 미만이라면 '동갑' 관계가 된다.

○ 두 사람 사이의 관계를 바탕으로 임의의 세 사람(A ~ C) 사이의 관계는 '명확'과 '모호' 두 가지 경우로 나뉜다.
- A와 B, A와 C가 '동갑' 관계이고 B와 C 또한 '동갑' 관계인 경우 세 사람 사이의 관계는 '명확'하다.
- A와 B가 '동갑' 관계이고 A가 C의 '윗사람', B가 C의 '윗사람'인 경우 세 사람 사이의 관계는 '명확'하다.
- A와 B, A와 C가 '동갑' 관계이고 B와 C가 '위아래' 관계인 경우 세 사람 사이의 관계는 '모호'하다.

<표>

이름	생년월일	초등학교 입학년도
甲	1992. 4. 11.	1998
乙	1991. 10. 3.	1998
丙	1991. 3. 1.	1998
丁	1992. 2. 14.	1998
戊	1993. 1. 7.	1999

<보 기>

ㄱ. 甲, 乙, 丙
ㄴ. 甲, 乙, 丁
ㄷ. 甲, 丙, 丁
ㄹ. 乙, 丁, 戊

① ㄱ, ㄴ
② ㄱ, ㄷ
③ ㄴ, ㄹ
④ ㄱ, ㄷ, ㄹ
⑤ ㄴ, ㄷ, ㄹ

문 16. 이사무관은 지금까지 담당해 온 업무를 7개의 영역(A, B, C, D, E, F, G)으로 나누어 정리하였다. 7개 영역의 관계가 다음과 같을 때, <보기>에서 옳은 진술만을 모두 고르면?

<7개 업무영역의 관계>

○ A와 B는 업무내용이 중복되지 않는다.
○ A, B, D의 업무내용은 모두 C의 업무내용이다.
○ B와 D는 업무내용의 일부가 중복된다.
○ C와 F의 업무내용은 중복되지 않는다.
○ E의 업무내용은 모두 F의 업무내용이다.
○ G의 업무내용 가운데 일부가 A의 업무내용 일부와 중복된다.
○ G의 업무내용은 B와 D의 업무내용과 중복되지 않는다.

<보 기>

ㄱ. C의 업무내용은 모두 G의 업무내용일 수 있다.
ㄴ. G의 업무내용은 모두 C의 업무내용일 수 있다.
ㄷ. E의 업무내용 모두가 G의 업무내용일 수 있다.
ㄹ. F의 업무내용은 G의 업무내용과 중복될 수 있다.
ㅁ. G의 업무내용 모두가 F의 업무내용일 수 있다.

① ㄱ, ㄴ
② ㄱ, ㅁ
③ ㄴ, ㄷ, ㄹ
④ ㄷ, ㄹ, ㅁ
⑤ ㄴ, ㄷ, ㄹ, ㅁ

문 17. 다음 글과 <○○시의 도로명 현황>을 근거로 판단할 때, ○○시에서 발견될 수 있는 도로명은?

> 도로명의 구조는 일반적으로 두 개의 부분으로 나누어지는데 앞부분을 전부요소, 뒷부분을 후부요소라고 한다.
>
> 전부요소는 대상물의 특성을 반영하여 이름붙인 것이며 다른 곳과 구분하기 위해 명명된 부분이다. 즉, 명명의 배경이 반영되어 성립된 요소로 다양한 어휘가 사용된다. 후부요소로는 '로, 길, 골목'이 많이 쓰인다.
>
> 그런데 도로명은 전부요소와 후부요소만 결합한 기본형이 있고, 후부요소에 다른 요소가 첨가된 확장형이 있다. 확장형은 후부요소에 '1, 2, 3, 4…' 등이 첨가된 일련번호형과 '동, 서, 남, 북, 좌, 우, 윗, 아래, 앞, 뒷, 사이, 안, 중앙' 등의 어휘들이 첨가된 방위형이 있다.

<○○시의 도로명 현황>

> ○○시의 도로명을 모두 분류한 결과, 도로명의 전부요소로는 한글고유어보다 한자어가 더 많이 발견되었고, 기본형보다 확장형이 많이 발견되었다. 확장형의 후부요소로는 일련번호형이 많이 발견되었고, 일련번호는 '로'와만 결합되었다. 그리고 방위형은 '골목'과만 결합되었으며 사용된 어휘는 '동, 서, 남, 북'으로만 한정되었다.

① 행복1가
② 대학2로
③ 국민3길
④ 덕수궁뒷길
⑤ 꽃동네중앙골목

문 18. 다음 글을 근거로 판단할 때, 甲이 지불할 관광비용은?

> ○ 甲은 경복궁에서 시작하여 서울시립미술관, 서울타워 전망대, 국립중앙박물관까지 관광하려 한다. '경복궁→서울시립미술관'은 도보로, '서울시립미술관→서울타워 전망대' 및 '서울타워 전망대→국립중앙박물관'은 각각 지하철로 이동해야 한다.
>
> ○ 입장료 및 지하철 요금
>
> | 경복궁 | 서울시립 미술관 | 서울타워 전망대 | 국립중앙 박물관 | 지하철 |
> |---|---|---|---|---|
> | 1,000원 | 5,000원 | 10,000원 | 1,000원 | 1,000원 |
>
> ※ 지하철 요금은 거리에 관계없이 탑승할 때마다 일정하게 지불하며, 도보 이동시에는 별도 비용 없음
>
> ○ 관광비용은 입장료, 지하철 요금, 상품가격의 합산액이다.
>
> ○ 甲은 관광비용을 최소화하고자 하며, 甲이 선택할 수 있는 상품은 다음 세 가지 중 하나이다.
>
> | 상품 | 가격 | 혜택 | | | | |
> |---|---|---|---|---|---|---|
> | | | 경복궁 | 서울 시립 미술관 | 서울타워 전망대 | 국립중앙 박물관 | 지하철 |
> | 스마트 교통 카드 | 1,000원 | - | - | 50% 할인 | - | 당일 무료 |
> | 시티 투어A | 3,000원 | 30% 할인 | 30% 할인 | 30% 할인 | 30% 할인 | 당일 무료 |
> | 시티 투어B | 5,000원 | 무료 | - | 무료 | 무료 | - |

① 11,000원
② 12,000원
③ 13,000원
④ 14,900원
⑤ 19,000원

문 19. 다음 글과 <자료>를 근거로 판단할 때, 甲이 여행을 다녀온 시기로 가능한 것은?

> ○ 甲은 선박으로 '포항 → 울릉도 → 독도 → 울릉도 → 포항' 순으로 여행을 다녀왔다.
> ○ '포항 → 울릉도' 선박은 매일 오전 10시, '울릉도 → 포항' 선박은 매일 오후 3시에 출발하며, 편도 운항에 3시간이 소요된다.
> ○ 울릉도에서 출발해 독도를 돌아보는 선박은 매주 화요일과 목요일 오전 8시에 출발하여 당일 오전 11시에 돌아온다.
> ○ 최대 파고가 3 m 이상인 날은 모든 노선의 선박이 운항되지 않는다.
> ○ 甲은 매주 금요일에 술을 마시는데, 술을 마신 다음날은 멀미가 심해 선박을 탈 수 없다.
> ○ 이번 여행 중 甲은 울릉도에서 호박엿 만들기 체험을 했는데, 호박엿 만들기 체험은 매주 월·금요일 오후 6시에만 할 수 있다.

<자 료>

㉺: 최대 파고(단위 : m)

일	월	화	수	목	금	토
16 ㉺ 1.0	17 ㉺ 1.4	18 ㉺ 3.2	19 ㉺ 2.7	20 ㉺ 2.8	21 ㉺ 3.7	22 ㉺ 2.0
23 ㉺ 0.7	24 ㉺ 3.3	25 ㉺ 2.8	26 ㉺ 2.7	27 ㉺ 0.5	28 ㉺ 3.7	29 ㉺ 3.3

① 16일(일) ~ 19일(수)
② 19일(수) ~ 22일(토)
③ 20일(목) ~ 23일(일)
④ 23일(일) ~ 26일(수)
⑤ 25일(화) ~ 28일(금)

문 20. 다음 글과 <상황>을 근거로 판단할 때, 乙의 주민등록번호 앞 6자리로 가능한 것은?

> ○ '청년 교통비 지원사업'의 내용은 다음과 같다.
> – 매년 4월 10일에 지원금 지급
> – 지급일 기준 만 20세 이상 만 35세 이하의 청년에게 지원금 지급
> – 홀수해에는 지급 대상자 중 홀수일에 태어난 사람에게, 짝수해에는 지급 대상자 중 짝수일에 태어난 사람에게 기념품 증정

<상 황>

> ○ '청년 교통비 지원사업' 담당자 甲은 지급내역을 정리하다가 2023년에 지원금을 받은 乙의 주민등록번호 앞 6자리가 지워져 있음을 발견하였다.
> ○ 甲은 乙의 주민등록번호 앞 6자리와 관련하여 다음과 같은 특징을 기억하고 있다.
> – 3가지 숫자로만 구성되어 있다.
> – 같은 숫자가 연속되는 부분이 있다.
> ○ 乙은 2022년에 지원금을 받았으나 기념품은 받지 못했다.
> ○ 乙은 2028년에도 지원금을 받을 수 있다.

① 920202
② 931118
③ 000610
④ 010411
⑤ 031103

문 21. 다음 글을 근거로 판단할 때, 달리기에서 3등을 한 사람은?

> 사무관 5명(甲 ~ 戊)은 달리기를 한 후 다음과 같은 대화를 나누었다.
>
> 甲: 나는 1등 아니면 5등이야.
> 乙: 나는 중간에 丙과 丁을 제친 후, 누구에게도 추월당하지 않았어.
> 丙: 나보다 앞서 달린 적이 있는 사람은 乙과 丁뿐이야.
> 丁: 나는 丙에게 따라잡힌 적이 없어.
> 戊: 우리 중 같은 등수는 없네.

① 甲
② 乙
③ 丙
④ 丁
⑤ 戊

문 22. 다음 글과 <3년간 인증대학 현황>을 근거로 판단할 때, <보기>에서 옳은 것만을 모두 고르면? (단, 다른 조건은 고려하지 않는다)

> ○ 대학의 외국인 유학생 관리·지원 체계 및 실적 등을 평가하여 인증을 부여하는 제도가 2013년에 처음 시행되었다.
> ○ 신규 인증을 신청한 대학이 1단계 핵심지표평가 및 2단계 현장평가 결과 일정 기준을 충족할 경우, 신규 인증대학으로 선정되고 인증의 유효기간은 3년이다.
> ○ 매년 2월 인증대학을 선정하며 인증은 당해 연도 3월 1일부터 유효하다.
> ○ 기존 인증대학에 대해서는 매년 2월 핵심지표평가만을 실시하고, 기준을 충족하지 못하는 경우 당해 연도 3월 1일부터 인증이 취소된다.
> ○ 인증이 취소된 대학은 그 다음 해부터 신규 인증을 신청하여 신규 인증대학으로 다시 선정될 수 있다.

<3년간 인증대학 현황>

구분	2013년 3월	2014년 3월	2015년 3월
신규 인증대학	12	18	21
기존 인증대학	–	10	25
합계	12	28	46

<보 기>

> ㄱ. 2013년에 신규 인증대학으로 선정된 A대학이 2016년에 핵심지표평가만을 받는 경우는 없다.
> ㄴ. 2015년 3월까지 인증대학으로 1번 이상 선정된 대학은 최대 51개이다.
> ㄷ. 2015년 3월까지 인증대학으로 1번 이상 선정된 대학은 최소 46개이다.
> ㄹ. 2016년 2월 현재 23개월 이상 인증을 유지하고 있는 대학은 25개이다.

① ㄱ, ㄷ
② ㄴ, ㄷ
③ ㄴ, ㄹ
④ ㄱ, ㄴ, ㄹ
⑤ ㄴ, ㄷ, ㄹ

문 23. 甲과 乙이 가위바위보 경기를 했다. 다음 <규칙>과 <상황>을 근거로 판단할 때, <보기>에서 옳은 것만을 모두 고르면?

<규 칙>

○ A규칙은 일반적인 가위바위보 규칙과 같다.
○ B규칙은 가위, 바위, 보를 숫자에 대응시켜 더 큰 숫자 쪽이 이기며, 숫자가 같으면 비긴다. 이 때 가위는 2, 바위는 0, 보는 5를 나타낸다.
○ C규칙은 가위, 바위, 보를 숫자에 대응시켜 더 작은 숫자 쪽이 이기며, 숫자가 같으면 비긴다. 이 때 가위는 2, 바위는 0, 보는 5를 나타낸다.

<상 황>

○ 甲과 乙은 총 3번 경기를 하였고, 3번의 경기가 모두 끝날 때까지는 각 경기에 어떤 규칙이 적용되었는지 알 수 없었다.
○ 모든 경기가 종료된 후에 각 규칙이 한 번씩 적용되었음을 알 수 있었다.
○ 甲은 보를 3번 냈으며, 乙은 가위－바위－보를 순서대로 냈다.

<보 기>

ㄱ. 甲이 1승 1무 1패를 한 경우, 첫 번째 경기에 A규칙 또는 C규칙이 적용되었다.
ㄴ. 甲이 2승 1무를 한 경우, 두 번째 경기에 A규칙이 적용되었다.
ㄷ. 甲은 3번의 경기 중 최소한 1승은 할 수 있다.
ㄹ. 만약 乙이 세 번째 경기에서 보가 아닌 가위나 바위를 낸다고 해도 甲은 3승을 할 수 없다.

① ㄱ, ㄷ
② ㄴ, ㄷ
③ ㄴ, ㄹ
④ ㄱ, ㄴ, ㄹ
⑤ ㄱ, ㄷ, ㄹ

문 24. 다음 글을 근거로 판단할 때, <보기>에서 옳은 것만을 모두 고르면?

甲과 乙은 시계와 주사위를 이용한 게임을 하며, 규칙은 다음과 같다.

○ 1 ~ 12시까지 적힌 시계 문자판을 말판으로 삼아, 1개의 말을 12시에 놓고 게임을 시작한다.
○ 주사위를 던져 짝수가 나오면 말을 시계 방향으로 1시간 이동시키며, 홀수가 나오면 말을 반시계 방향으로 1시간 이동시킨다.
○ 甲과 乙이 번갈아 주사위를 각 12번씩 총 24번 던져 말의 최종 위치로 게임의 승자를 결정한다.
○ 말의 최종 위치가 1 ~ 5시이면 甲이 승리하고, 7 ~ 11시이면 乙이 승리한다. 6시 또는 12시이면 무승부가 된다.

<보 기>

ㄱ. 말의 최종 위치가 3시일 확률은 $\frac{1}{12}$이다.
ㄴ. 말의 최종 위치가 4시일 확률과 8시일 확률은 같다.
ㄷ. 乙이 마지막 주사위를 던질 때, 홀수가 나오는 것보다 짝수가 나오는 것이 甲에게 항상 유리하다.
ㄹ. 乙이 22번째 주사위를 던져 말을 이동시킨 결과 말의 위치가 12시라면, 甲이 승리할 확률은 무승부가 될 확률보다 낮다.

① ㄱ, ㄷ
② ㄴ, ㄷ
③ ㄴ, ㄹ
④ ㄷ, ㄹ
⑤ ㄱ, ㄴ, ㄹ

문 25. ○○대학교 양궁 대표 선발전에 관한 기록이 일부 누락되어 있다. 다음 글과 <기록지>에 근거할 때, 최종 선발된 2인 및 그들의 승점의 합을 옳게 묶은 것은?

양궁 경기는 총 5세트로 진행되며 한 세트당 3발(1 ~ 3차시)씩 쏜다. 각 세트별 승점은 3차시까지의 점수의 합을 기준으로 하며, 각 세트에서 이기면 2점, 비기면 1점, 지면 0점의 승점이 주어진다.

대표 선발전은 위 규칙에 따라 토너먼트 방식으로 진행되며, 세트별 승점의 합산점수에 따라 결선 2개조에서 각 한 명의 승자를 뽑아 2명을 선발한다. 결선에는 A ~ D 네 명이 진출하였다.

경기를 펼치는 두 선수는 동시에 화살을 쏜다. 각 선수의 3차시 점수는 해당 세트별로 2차시까지의 점수 결과에 영향을 받고, 그 특징은 다음과 같다.

○ A선수는 이기고 있는 상황에서는 8점, 비기고 있는 상황에서는 9점, 지고 있는 상황에서는 10점을 맞힌다.
○ B선수는 이기고 있는 상황에서는 10점, 비기고 있는 상황에서는 9점, 지고 있는 상황에서는 8점을 맞힌다.
○ C선수는 이기고 있는 상황에서는 8점, 비기고 있는 상황에서는 10점, 지고 있는 상황에서는 9점을 맞힌다.
○ D선수는 이기고 있는 상황에서는 9점, 비기고 있는 상황에서는 8점, 지고 있는 상황에서는 10점을 맞힌다.

<기록지>

조	선수	차시	점수				
			1세트	2세트	3세트	4세트	5세트
결선 1조	A	1차시	9	10	8	9	9
		2차시	9	8	7	10	10
		3차시					
	B	1차시	9	9	10	10	9
		2차시	9	8	8	9	9
		3차시					
결선 2조	C	1차시	10	10	10	9	9
		2차시	8	9	8	9	10
		3차시					
	D	1차시	8	9	10	8	9
		2차시	9	10	10	6	9
		3차시					

	결선 1조	결선 2조
①	(A, 6)	(C, 7)
②	(A, 5)	(D, 6)
③	(A, 6)	(D, 6)
④	(B, 7)	(C, 6)
⑤	(B, 6)	(D, 6)

MEMO

정답 및 해설

12제 연습 SET 1

하주응 PSAT 상황판단 5급 기출 엄선연습

정답

1	2	3	4	5	6	7	8	9	10
③	①	④	①	②	④	②	①	④	④

11	12
①	②

1.

정답 ③ 2024 나 21

법조문

제시문의 이해

- 제1조 : 용어 정의 (공연, 공연장, 연소자)
- 제2조 : 연소자의 유해 공연물 관람금지
- 제3조 : 공연장
  - 제1항 : 설치 등록
  - 제2항 : 폐업신고
  - 제3항 : 직권 말소
  - 제4-5항 : 피난안내도
- 제4조 : 벌칙
  - 제1항 : 제2조 위반
  - 제2항 : 암표 판매

선택지 검토

① 〔X〕 甲이 A도 B군에서 공연장을 설치하여 운영하려는 경우, A도지사에게 등록하여야 한다.
➡ [제3조 제1항] B군수에게 등록하여야 한다.

② 〔X〕 공연장 등록을 한 乙이 영업을 폐지한 경우 관할 시장 등에게 폐업신고를 하지 않는다면, 관할 시장 등은 그 등록사항을 직권으로 말소할 수 없다.
➡ [제3조 제3항] 영업을 폐지한 자가 폐업신고를 하지 않는 경우, 관할 시장 등은 폐업한 사실을 확인한 후 그 등록사항을 직권으로 말소할 수 있다.

③ 〔O〕 丙이 18세인 고등학생에게 약물의 남용을 자극하는 내용의 공연물을 관람시킨 경우, 丙은 3천만 원의 벌금에 처해질 수 있다.
➡ [제1조 제3호] 18세 미만이 아니더라도 고등학생이라면 '연소자'에 해당한다.
[제2조 제2호] 약물의 남용을 자극하는 내용의 공연물을 연소자에게 관람시켜서는 안 된다.
[제4조 제1항] 제2조를 위반한 사람은 3천만 원 이하의 벌금에 처해질 수 있다.

④ 〔X〕 丁이 암표상으로부터 공연장 입장권을 구매한 경우, 丁은 10만 원의 벌금에 처해질 수 있다.
➡ [제2조 제2항] 암표상(판매한 자)는 처벌하도록 규정되어 있지만, 구매한 자를 처벌하는 규정은 없다.

⑤ 〔X〕 戊가 공연장 외의 장소에서 500명의 관람자가 있을 것으로 예상되는 공연을 하는 경우, 피난안내도를 갖추어 두어야 한다.
➡ [제3조 제4-5항] 공연장 외의 장소에서 공연하는 경우에는 1천 명 이상의 관람자가 있을 것으로 예상되는 경우에만 피난안내도를 갖추어 두어야 한다.

2.

정답 ① 2024 나 25

법조문

제시문의 이해

- 제1조 : 어장청소 등
  - 제1항 : 첫 어장청소와 주기적 어장청소 의무
  - 제2항 : 어장청소의 주기
  - 제3항 : 면허 유효기간 만료 후 신규 면허 취득 시 어장청소 주기
  - 제4항 : 어장청소 명령, 60일 이내의 이행기간
- 제2조 : 이행강제금
  - 제1항 : 이행강제금의 부과
  - 제2항 : 1년에 2회 이내로 반복 부과 가능
  - 제3항 : 이행강제금 산정

선택지 검토

① 〔O〕 유효기간이 10년인 해조류 양식업면허를 처음으로 받은 甲이 수하식(지주망식)으로 매생이를 양식하는 경우, 유효기간 동안 어장청소를 두 번은 해야 한다.
➡ [제1조 제1-2항] 면허를 받은 날부터 3개월 이내에 한 번 어장청소를 하고 그 후 5년 주기로어장청소를 해야 하므로, 10년 내에 두 번은 의무적으로 어장청소를 해야 한다.

② 〔X〕 어류 등 양식업면허를 받은 乙이 가두리식으로 방어와 수하식(연승식)으로 우렁쉥이를 양식하는 경우, 어장청소 주기는 4년이다.
➡ [제1조 제2항 단서] 서로 다른 양식방법을 혼합하여 두 종류 이상의 수산동식물을 양식하는 경우이므로, 더 짧은 주기를 적용한다. 이 경우 어장청소 주기는 3년이다.

③ 〔X〕 유효기간이 만료된 후 해당 어장에서 기존 면허와 동일한 신규 면허를 받은 丙은 신규 면허를 받은 날부터 3개월 이내에 어장청소를 해야 한다.
➡ [제1조 제3항] 기존 면허의 유효기간 만료 전 마지막으로 어장청소를 끝낸 날부터 정해진 주기에 따라 어장청소를 할 수 있으므로, 신규 면허를 받은 날부터 3개월 이내에 어장청소를 하지 않아도 될 수 있다.

④ 〔X〕 6 ha 면적의 어류 등 양식업면허를 받은 丁이 지속적으로 어장청소를 하지 않을 경우, 1회 300만 원의 이행강제금이 부과된다.
➡ [제2조 제3항] 1회 부과하는 이행강제금은 250만 원을 초과할 수 없다.

⑤ 〔X〕 2020. 12. 11. 어류 등 양식업면허를 받아 수하식(연승식)으로 미더덕을 양식하는 戊가 2024. 3. 11.까지 어장청소를 한 번밖에 하지 않는다면, 2024. 3. 12.에 이행강제금이 부과된다.
➡ [제1조 제1-2항, 제4항, 제2조 제1항] 수하식(연승식)으로 미더덕을 양식하는 경우, 어장청소 주기는 4년이다. 따라서 2020. 12. 11.부터 3개월 이내에 한 번 어장청소를 하고, 그로부터 4년 후(늦어도 2025. 3. 11.)에 어장청소를 하면 된다. 따라서 2024. 3. 11.까지는 어장청소를 한 번만 하면 된다. 또한 이행강제금은 60일 이내로 부여된 이행기간이 지난 후에 부과하는 것이지 주기가 지난 직후에 부과하는 것이 아니다.

3.

정답 ④ 2012 인 25

법조문

법조문의 이해

<통합방위사태>

	갑종	을종		병종	
성격	대규모 병력 대량살상무기	일부/여러 지역 치안회복 장기간		⑤ 침투·도발·위협 예상 소규모 침투	
지휘·통제	통합방위본부장 지역군사령관	③ 지역군사령관		지방경찰청장 지역군사령관 함대사령관	
지역	무관	둘 이상의 시·도	일반	둘 이상의 시·도	⑤ 일반
건의	국방부장관 (국무총리 경유)	국방부장관 (국무총리 경유)	지방경찰청장 지역군사령관	행정안전부장관 ② 국방부장관 (국무총리 경유)	지방경찰청장 지역군사령관
심의	중앙협의회와 국무회의	중앙협의회와 국무회의	시·도 협의회	중앙협의회와 ① 국무회의	시·도 협의회
선포	대통령	④ 대통령	시·도지사	④ 대통령	⑤ 시·도지사

선택지 검토

① [X] 국무회의에서는 병종사태에 대해서는 심의할 수 없고 갑종과 을종사태에 대해서 심의한다.
➡ [제3조 제2~3항] 국무회의에서는 둘 이상의 시·도에 걸쳐 발생한 병종사태에 대해서도 심의한다.

② [X] 행정안전부장관은 모든 유형의 통합방위사태에 대하여 대통령에게 통합방위사태의 선포를 건의할 수 있다.
➡ [제3조 제2항 제2호] 행정안전부장관은 둘 이상의 시·도에 걸쳐 발생한 병종사태에 대해서만 대통령에게 통합방위사태의 선포를 건의할 수 있다.

③ [X] 갑종사태 또는 을종사태가 발생한 경우에는 통합방위본부장이 통합방위작전을 지휘한다.
➡ [제2조 제3호] 을종사태의 경우에는 지역군사령관에게만 지휘권이 있다.

④ [O] A광역시와 B광역시에 걸쳐서 통합방위사태가 발생한 경우에 통합방위사태를 선포할 수 있는 사람은 대통령이다.
➡ [제3조 제2~3항] 둘 이상의 시·도에 걸쳐 통합방위사태가 발생한 경우에는 대통령이 통합방위사태를 선포한다.

⑤ [X] C광역시 D구와 E구에 대하여(1개의 시에서) 적이 도발을 기도하는 것으로(병종사태) 정보당국에 의해 포착되었다면, 행정안전부장관이나 국방부장관은 대통령(X)에게 통합방위사태 선포를 건의하여야 한다.
➡ [제2조 제4호, 제3조 제4항] 병종사태에 해당하므로 지방경찰청장 또는 지역군사령관 시·도지사에게 건의하여야 한다.

4.

정답 ① 외교원 2013 인 8

TEXT 독해, 규칙의 적용

제시문의 이해

	주체	시기	효과
소취하	원고	판결의 최종 확정 전	1심 제기시점으로 때로 소급하여 소송이 소멸 → 처음부터 소를 제기하지 않은 것과 같음 → 1심 판결의 효력 상실 → 분쟁 미해결
항소취하	항소인	항소심 판결 선고 전	항소 제기시점으로 소급하여 항소만 소멸 → 1심 판결의 효력 유지 → 1심 판결의 내용대로 분쟁 해결

※ 피고가 소송에서 변론을 하였을 때에는 피고의 동의를 얻어야 소취하를 할 수 있다.
※ 항소취하에 피항소인의 동의가 필요한 경우는 없다.

상황의 이해

<1심>
- 원고 : 甲
- 피고 : 乙
- 소취하 가능 - 주체 : 甲

甲 승소, 乙 패소 →

<항소심>
- 항소인 : 乙
- 피항소인 : 甲
- 소취하 가능 - 주체 : 甲
- 항소취하 가능 - 주체 : 乙

선택지 검토

① [O] 항소심 판결이 선고된 후에는 乙은 항소취하를 할 수 없다.
➡ [항소취하 2문장] 항소인(乙)은 항소심 판결이 선고되기 전까지만 항소취하를 할 수 있다.

② [X] 항소심 판결이 선고되기 전에 甲은 乙의 동의 없이 항소취하를 할 수 있다.
➡ [항소취하 2문장] 항소취하의 주체는 항소인인 乙이다.

③ [X] 항소심 판결이 선고되기 전에 乙은 甲의 동의를 얻어야 소취하를 할 수 있다.
➡ [소취하 1문장] 소취하의 주체는 1심 원고인 甲이다.

④ [X] 항소취하가 유효하면 항소심이 종료되고, 甲의 乙에 대한 1심 승소판결의 효력은 소멸된다.
➡ [항소취하 5문장] 항소취하의 효력은 항소심에만 적용되고, 항소의 대상이 되었던 1심 판결의 효력은 유지된다.

⑤ [X] 소취하가 항소심에서 유효하게 이루어진 경우, 甲과 乙사이의 대여금에 관한 분쟁에서 甲이 승소한 것으로 분쟁이 해결된다.
➡ [소취하 5-8문장] 소취하가 이루어지면 1심 소송결과 자체가 소멸되어 분쟁은 해결되지 않고 소송만 종결된다.

5.

정답 ② 외교원 2013 인 14

규칙의 적용, 경우 따지기

풀이

이름	성별	출산	이번 주 일일근로시간					A프로젝트 완수 소요시간	시간외근로 동의여부	야간근로 동의여부
			월	화	수	목	금			
김상형	남	-	8	8	8	8	8	5	×	-
	시간외 근로에 동의하지 않았으므로 제외									
전지연	여	4개월 전	-	10	10	10	8	2	○	×
	화 ~ 목요일에 6시간의 시간외 근로를 했으므로 제외 (출산여성 1주 6시간 제한)									
차효인	여	×	9	8	13	9	8	3	○	○
	가능									
조경은	여	×	8	9	9	9	8	5	○	×
	프로젝트를 완수하면 23시. 야간근로에 동의하지 않았으므로 제외									
심현석	남	-	10	11	11	11	8	1	○	-
	가능									

6.

정답 ④ 2024 나 10

수리퍼즐

풀이

● 가능한 경우

	홀수 개수	1의 개수	2의 개수	
㉠ =	㉡	㉢	㉣	
0	0	0	0	o.k.
1	1	x	x	X
2	2	x	x	X
3	3	1	0	o.k.
4	4			X
5	5	홀수의 개수가 4개를 초과할 수 없으므로 더 이상의 가능한 다른 경우를 찾을 수 없다.		
⋮	⋮			

➡ ㉠, ㉡, ㉢, ㉣의 합으로 가능한 수 = 0 or 7

7.

정답 ② 2013 인 29

계산

풀이

- 올해의 전력예비율을 먼저 알아보자.

$$\text{올해의 전력예비율(\%)} = \frac{7{,}200 - 6{,}000}{6{,}000} \times 100 = \frac{1{,}200}{6{,}000} \times 100 = 20\ (\%)$$

- 전력예비율을 증가시키기 위해서는 $\frac{\text{총공급전력량} - \text{최대전력수요}}{\text{최대전력수요}}$에서 분자를 증가시키거나, 분모를 감소시켜야 한다.

  올해의 최대전력수요가 내년에도 그대로 유지된다고 했을 때(분모가 동일하다고 했을 때), 총공급전력량이 적어도 600만kW 증가해야 목표한 30%의 전력예비율을 달성할 수 있다.

$$\frac{1{,}200 + 600}{6{,}000} \times 100 = 30\ (\%)$$

  다시 말해, 분모를 고정시킨 채 분자를 600 이상 증가시키거나, 분모를 줄이면서 분자를 적절히 늘리는 방법으로 목표를 달성할 수 있다.

- 분자·분모의 변화

  조건 1 : 발전소를 건설하면 총공급전력량이 늘어나고, 이때 분자가 증가한다.

  조건 2 : 전기요금을 인상하면 최대전력수요가 감소하고, 이때 분자는 증가하고 분모는 감소한다.

  즉, 사용할 수 있는 조건 2가지는 모두 전력예비율을 증가시키는 조건이다.

  → 조건에 따르면 분모는 고정되거나 감소하기만 하기 때문에, 분자가 600 이상 증가하면 전력예비율이 반드시 30% 이상이 되고 목표가 달성된다.

  → 분자가 600 이상 증가하는지를 먼저 살핀 후, 분자의 변화량이 +600 미만인 선택지만 골라낸다. 분자의 변화량이 +600 미만인 선택지가 1개라면 그것이 정답이고, 여러 개라면 해당 선택지들만을 대상으로 계산을 하여 정답을 확정하자.

- 전기요금을 1 % 인상하면 최대전력수요는 1 %(60만 kW) 감소한다.

선택지 검토

① [O] 발전소를 1개 더 건설하고, 전기요금을 10 % 인상한다.

➡ 총공급전력량 100 증가, 최대전력수요 600 감소, 절댓값의 합은 700

② [X] 발전소를 3개 더 건설하고, 전기요금을 3 % 인상한다.

➡ 총공급전력량 300 증가, 최대전력수요 180 감소, 절댓값의 합은 480

③ [O] 발전소를 6개 더 건설하고, 전기요금을 1 % 인상한다.

➡ 총공급전력량 600 증가, 최대전력수요 60 감소, 절댓값의 합은 660

④ [O] 발전소를 8개 더 건설하고, 전기요금을 동결한다.

➡ 총공급전력량 800 증가, 최대전력수요 0 감소, 절댓값의 합은 800

⑤ [O] 발전소를 더 이상 건설하지 않고, 전기요금을 12 % 인상한다.

➡ 총공급전력량 0 증가, 최대전력수요 720 감소, 절댓값의 합은 720

더 생각해 보기

- 각각의 경우에 총공급전력량이 최대전력수요의 1.3배 이상(130 % 이상)이 되는가를 계산하는 것이 정석적인 풀이이다. 또한, 최대전력수요가 분모값으로 제시되어있기 때문에 최대전력수요가 변화하는 경우에는 정확한 계산이 필요할 수도 있다. 하지만 문제에는 최대전력수요가 감소하는 경우(분모값이 작아지는 경우)에 대한 조건만 있으므로 크게 고민하지 않고 남는 전력량이 올해보다 600만 kW 이상 증가하는가(1800만 kW가 되는가)만 살펴보는 것으로 풀이하였다.
- 만일 『전기요금 인하 → 전력수요 증가』라는 조건이 있었다면 계산에 좀 더 주의해야 했을 것이다. 이때에는 분모값이 커지기 때문에 분자값이 그만큼 더 커져야 목표 달성이 가능하다.

8.

정답 ① 2013 인 37

계산·비교

풀이 1 정석적인 풀이 : 규칙을 적용하여 그대로 계산

운전자	주행시간(분)	총공회전시간(분)	공회전 발생률(%)	탄소 포인트	공회전 시 연료 소모량 (cc)	탄소 포인트	탄소포인트 총합
A	200	20	10	100	400	0	**100**
B	30	15	50	50	300	25	**75**
C	50	10	20	80	200	50	**130**
D	25	5	20	80	100	75	**155**
E	50	25	50	50	500	0	**50**

풀이 2 점수 계산 전 단계에서 순위를 확정하는 풀이

- 풀이 2와 풀이 3이 개별 순위를 상정하고 순위를 합산하는 방법이라면, 이 풀이는 점수 계산 직전의 단계에서 공회전 발생률과 연료소모량을 합산하는 방법이다.
- 공회전 발생률 및 연료소모량과 지급되는 탄소포인트는 반비례한다는 점을 이용해, 정확한 지급 포인트를 계산하지 않고 순위를 결정하는 방법이다.

운전자	주행시간(분)	총공회전시간(분)	공회전 발생률 ⓐ	연료소모량※ (공회전시간 × 2) ⓑ	ⓐ + ⓑ	최종순위
A	200	20	10	40	50	**3**
B	30	15	50	30	80	**4**
C	50	10	20	20	40	**2**
D	25	5	20	10	30	**1**
E	50	25	50	50	100	**5**

※ ω = 20 : 비교만 가능하면 되므로 간단하게 『×2』만 한다.

『×2』를 하지 않으면 동순위자가 발생하여 추가로 계산을 해 주어야 한다.

풀이 3 제시된 표를 이용한 시각화 (풀이 1 + 풀이 3)

- 공회전 발생률과 공회전 시 연료소모량을 구하여 두 번째와 세 번째 표의 각 구간에 해당하는 운전자를 표시하고 시각적으로 순위를 확인하는 방법이다.

○ 공회전 발생률에 대한 구간별 탄소포인트

공회전 발생률 (%)	20미만	20이상 40미만	40이상 60미만	60이상 80미만	80이상
탄소포인트(p)	100	80	50	20	10
	A	C, D	B, E		

○ 공회전 시 연료소모량에 대한 구간별 탄소포인트

공회전시 연료 소모량(cc)	100미만	100이상 200미만	200이상 300미만	300이상 400미만	400이상
탄소포인트(p)	100	75	50	25	0
		D	C	B	A, E

- D > C > B > E라는 사실을 시각적으로 쉽게 확인할 수 있다. 이 순서대로 나열된 선택지 ①번 또는 ③번이 답이다. A와 C의 순위만 계산하여 비교하면 확정할 수 있다.

9.

정답 ④ 2013 인 11

규칙의 이해·적용, 계산

제시문의 이해

<table>
<tr><td colspan="3" rowspan="2"></td><td colspan="2">P공단</td></tr>
<tr><td>甲 공장</td><td>乙 공장</td></tr>
<tr><td colspan="3">오염물질 발생량</td><td>60 단위</td><td>60 단위</td></tr>
<tr><td colspan="3">정화비용 (1단위 당)</td><td>100만 원</td><td>200만 원</td></tr>
<tr><td rowspan="2">(가)방식 규제</td><td rowspan="2">공장별 50단위 초과분 의무 정화</td><td>정화처리 양</td><td>10 단위</td><td>10 단위</td></tr>
<tr><td>정화처리 비용</td><td>1,000만 원</td><td>2,000만 원</td></tr>
<tr><td rowspan="2">(나)방식 규제</td><td rowspan="2">공단 전체 100단위 초과분 의무 정화</td><td>정화처리 양</td><td colspan="2">20 단위</td></tr>
<tr><td>정화처리 비용</td><td colspan="2">2,000만 원 ~ 4,000만 원</td></tr>
</table>

보기 검토

ㄱ. [O] (가)의 방식을 적용할 때, P공단이 오염물질 배출허용기준을 준수하기 위해서는 최소 3,000만 원의 비용이 소요된다.

➡ 甲, 乙 2개의 공장에서 각각 10단위씩 정화처리해야 하므로 각각 1,000만 원과 2,000만 원, 총 3,000만 원의 정화처리 비용이 소요된다.

ㄴ. [O] 공장 소유주의 입장에서 오염물질 배출허용기준을 준수하기 위해서는 최소 2,000만 원의 비용이 소요된다.

➡ 가장 비용이 적게 드는 경우는 (나)방식의 규제를 적용하고 甲공장에서 20단위의 오염물질을 정화처리하는 경우로, 비용은 2,000만 원이 소요된다.

ㄷ. [X] 공장 소유주가 비용을 최소화하려고 한다면, (가)의 방식보다 (나)의 방식이 P공단의 전체 오염물질 배출량을 더 줄일 수 있다.

➡ (가)방식과 (나)방식 중 어떤 방식을 적용하든지, 공장 소유주는 동일하게 총 20단위의 오염물질을 정화처리해야 한다. 규제 방식에 따라 비용은 달라질 수 있지만 의무적으로 정화처리해야 하는 오염물질의 양은 동일하며, 따라서 P공단의 전체 오염물질 배출량도 동일하다.

ㄹ. [O] (나)의 방식을 적용할 때, 공장 소유주가 비용을 최소화하고자 하면 甲공장의 오염물질 배출량이 乙공장의 오염물질 배출량보다 더 적어진다.

➡ (나)방식으로 규제를 할 때 비용을 최소화하려면 甲공장에서 20단위의 오염물질을 정화처리하면 된다. (보기 ㄴ의 경우와 같다.) 이 때, 甲공장은 40단위, 乙공장은 60단위의 오염물질을 배출할 것이므로 甲공장의 오염물질 배출량이 더 적어진다.

10.

정답 ④ 외교원 2013 인 16

규칙의 적용, 경우 따지기, 최적화

규칙의 이해

○ 맨 윗줄에 있는 임의의 한 숫자에서 시작
○ 아래쪽으로(대각선 방향 포함) 한 칸씩 이동
○ 위로 가거나 좌우로 이동할 수는 없다.
○ 숫자 1과 숫자 1의 좌우 옆칸은 지날 수 없지만, 시작과 도착은 할 수 있다.

풀이

● 조건에 따라 그림을 수정하면 다음과 같다.
(색이 칠해진 칸은 지날 수 없는 칸이다.)

	좌							우
상	9	4	5	3	6	1	8	2
	8	2	2	1	3	2	5	1
	6	9	8	4	2	4	3	5
	4	8	1	3	5	2	6	1
	1	4	3	7	6	3	1	4
	9	2	4	8	6	4	5	3
	4	2	4	9	8	6	7	1
	2	8	1	6	5	9	3	2
하	9	6	7	2	1	4	3	5

● 좌우로 이동할 수 없고 아래쪽으로(대각선 방향 포함) 한 칸씩 이동한다는 조건에 따르면, 굵은 테두리로 표시한 칸들이 이동할 수 있는 칸이 된다.

	좌							우
상	9	4	5	3	6	1	8	2
	8	2	2	1	3	2	5	1
	6	9	8	4	2	4	3	5
	4	8	1	3	5	2	6	1
	1	4	3	7	6	3	1	4
	9	2	4	8	6	4	5	3
	4	2	4	9	8	6	7	1
	2	8	1	6	5	9	3	2
하	9	6	7	2	1	4	3	5

● 숫자의 합이 가장 큰 경우를 묻고 있으므로 큰 수들을 최대한 활용하며 경로를 선택한다. (이때, 최소한 두 단계 이상을 동시에 생각하며 숫자를 선택하여야 한다.)

	좌							우
상	9	4	5	3	6	1	⑧	2
	8	2	2	1	3	②	5	1
	6	9	8	4	2	④	3	5
	4	8	1	3	⑤	2	6	1
	1	4	3	⑦	6	3	1	4
	9	2	4	⑧	6	4	5	3
	4	2	4	9	⑧	6	7	1
	2	8	1	6	5	⑨	3	2
하	9	6	7	2	1	④	3	5

11.

정답 ① 외교원 2013 인 13

퍼즐, 대응관계, 경우 따지기

풀이

- 식중독을 일으킬 수 있는 음식이 무엇인지를 찾아보자.

1. 식중독에 걸린 사람들이 먹은 음식 확인

> ○ 가영 : 잼을 넣은 요거트를 먹었어. 잼을 바른 빵과 함께 우유를 한 잔 마시고, 샐러드랑 쿠키도 먹었어.
> ○ 나리 : 잼과 버터를 바른 빵과 함께 감자랑 달걀 프라이를 먹었어.
> ○ 다솜 : 빵 사이에 치즈를 끼워서 우유와 함께 먹었어. 요거트랑 쿠키도 조금 먹었어.
> ○ 라익 : 배가 별로 고프지 않아서 달걀 프라이랑 우유, 감자만 조금 먹었어.
> ○ 마음 : 요거트를 먹은 후, 잼 바른 빵과 샐러드에 주스를 함께 먹었어.
> ○ 바울 : 버터 바른 빵과 달걀 프라이에 우유를 먹고, 후식으로 요거트를 먹었어.

2. 식중독에 걸린 사람들이 먹은 음식 중 식중독에 걸리지 않은 사람도 먹은 것은 제외

> ○ 가영 : 잼을 넣은 요거트를 먹었어. 잼을 바른 빵과 함께 우유를 한 잔 마시고, 샐러드랑 쿠키도 먹었어.
> ○ 나리 : 잼과 버터를 바른 빵과 함께 감자랑 달걀 프라이를 먹었어.
> ○ 다솜 : 빵 사이에 치즈를 끼워서 우유와 함께 먹었어. 요거트랑 쿠키도 조금 먹었어.
> ○ 라익 : 배가 별로 고프지 않아서 달걀 프라이랑 우유, 감자만 조금 먹었어.
> ○ 마음 : 요거트를 먹은 후, 잼 바른 빵과 샐러드에 주스를 함께 먹었어.
> ○ 바울 : 버터 바른 빵과 달걀 프라이에 우유를 먹고, 후식으로 요거트를 먹었어.

3. 식중독 유발 의심 음식
   - 잼, 샐러드, 쿠키, 치즈, 주스
   - 나리는 이 중에서 '잼'만을 먹었는데 식중독에 걸렸으므로, 잼은 분명히 상했다.
   - 다솜이 먹은 치즈와 쿠키 중 1개는 반드시 상했다.
   - 상한 음식은 적어도 2개 이상이다.

선택지 검토

① [X] 가영이가 먹은 음식 중 상한 음식은 반드시 한 종류일 것이다.
➡ 가영이는 의심이 되는 음식 중 3종류를 먹었다. 반드시 한 종류라고 단정지을 수 없다.

② [O] 다솜이가 요거트와 우유를 먹지 않았어도 식중독에 걸렸을 것이다.
➡ 다솜이가 먹은 음식 중 의심이 되는 것은 치즈와 쿠키이다. 따라서 옳은 추론이다.

③ [O] 만약 잼을 바른 빵과 우유, 달걀 프라이를 먹는다면 식중독에 걸릴 것이다.
➡ 잼은 분명히 식중독을 유발하는 음식이다.

④ [O] 만약 샐러드와 치즈, 쿠키와 우유를 먹는다면 반드시 식중독에 걸릴 것이다.
➡ 샐러드는 확실하지 않고 우유는 식중독을 일으키지 않지만, 치즈와 쿠키 중 하나는 분명히 식중독을 일으킨다. (다솜이의 경우에서 알 수 있다.)

⑤ [O] 나리가 먹은 음식 중 상한 음식은 반드시 한 종류일 것이다.
➡ 나리가 먹은 음식 중 상한 음식은 '잼' 하나이다.

12.

정답 ② 2021 가 13

퍼즐, 규칙성

풀이

- A : 멈춰 있는 시계
  → 멈춰 있는 시계는 하루에 2회씩 정확한 시계와 일치한다.
  → 2회 × 365일 = 730회
  → 1년 동안 정확한 시계와 일치하는 횟수는 730회이다.

- B : 하루에 1분씩 느려지는 시계
  → 누적하여 12시간(720분)이 늦어졌을 때 정확한 시계와 일치하게 된다.
  → 720일이 지나야 정확한 시계와 일치하게 된다.
  → 1년 동안 정확한 시계와 일치하는 횟수는 0회이다.

- C : 하루에 1시간씩 느려지는 시계
  → 누적하여 12시간이 늦어졌을 때 정확한 시계와 일치하게 된다.
  → 12일이 지나야 정확한 시계와 일치하게 된다.
  → 365 ÷ 12 ≒ 30
  → 1년 동안 정확한 시계와 일치하는 횟수는 30회이다.

- D : 하루에 2시간씩 느려지는 시계
  → 누적하여 12시간이 늦어졌을 때 정확한 시계와 일치하게 된다.
  → 6일이 지나야 정확한 시계와 일치하게 된다.
  → 365 ÷ 6 ≒ 60
  → 1년 동안 정확한 시계와 일치하는 횟수는 60회이다.

- E : 하루에 5분씩 빨라지는 시계
  → 누적하여 12시간(720분)이 빨라졌을 때 정확한 시계와 일치하게 된다.
  → 720 ÷ 5 = 144
  → 144일이 지나야 정확한 시계와 일치하게 된다.
  → 1년 동안 정확한 시계와 일치하는 횟수는 2회이다.

➡ 1년 동안 정확한 시계와 일치하는 횟수 : A > D > C > E > B

조언

- 트랙을 도는 달리기 시합에서 선수들 사이의 거리가 벌어지는 상황을 떠올려보자. 거리가 벌어지는 속도가 빠를수록 더 빨리 한 바퀴의 차이가 생기고 두 선수가 다시 만나게 될 것이다.
  이와 마찬가지로 빨라지거나 느려지는 속도가 더 빠를수록(하루마다 생기는 시간차가 더 클수록) 한 바퀴(12시간)를 돌아 정확한 시계와 일치하는 순간이 더 빨리 돌아오므로, 1년 동안 정확한 시계와 일치하는 횟수가 더 많아지게 된다.

정답 및 해설

12제 연습 SET 2

하주응 PSAT 상황판단 5급 기출 엄선연습

정답

1	2	3	4	5	6	7	8	9	10
③	④	④	②	④	④	③	①	⑤	②

11	12
②	③

1.

정답 ③ 2014 A 7

법조문

선택지 검토

① 〔O〕 보증인 丙이 주채무자 乙의 甲에 대한 금전채무를 보증하기 위해 채권자 甲과 보증계약을 서면으로 체결하지 않으면 그 계약은 무효이다.

➡ [제1조 제1항] 보증은 서면으로 표시되어야만 효력이 발생한다.

② 〔O〕 보증인 丙이 주채무자 乙의 甲에 대한 금전채무를 보증하기 위해 채권자 甲과 보증계약을 체결하면서 보증기간을 약정하지 않으면 그 기간은 3년이다.

➡ [제3조 제1항] 보증기간의 약정이 없는 때에는 그 기간을 3년으로 본다.

③ 〔X〕 주채무자 乙이 원본, 이자 그 밖의 채무를 2개월 이상 이행하지 아니하는 경우, 금융기관이 아닌 채권자 甲은 지체없이 보증인 丙에게 그 사실을 알려야 한다.

➡ [제2조 제1항] 금융기관이 아닌 채권자이므로 제2조 제1항이 적용된다. 2개월이 아니라 3개월이다.

④ 〔O〕 보증인 丙의 청구가 있는데도 채권자 甲이 주채무의 내용 및 그 이행 여부를 丙에게 알려주지 않으면, 丙은 그로 인하여 손해를 입은 한도에서 채무를 면하게 된다.

➡ [제2조 제3항, 제4항] 채권자가 제2조 제3항에 따른 통지의무를 불이행한 경우이다. 이 경우 보증인인 丙은 그로 인하여 손해를 입은 한도에서 채무를 면하게 된다.

⑤ 〔O〕 보증인 丙이 주채무자 乙의 甲에 대한 금전채무를 보증하기 위해 채권자 甲과 기간을 2년으로 약정한 보증계약을 체결한 다음, 그 계약을 갱신하면서 기간을 약정하지 않으면 그 기간은 2년이다.

➡ [제3조 제2항] 보증계약을 갱신할 때에 기간을 별도로 약정하지 않으면, 처음 보증계약을 체결할 때에 결정된 기간과 동일한 기간을 보증기간으로 한다.

2.

정답 ④ 2023 가 5

법조문

제시문의 이해

- 제1조 : 가맹본부의 정보공개서의 제공의무 및 금지행위
- 제2조 : 허위·과장된 정보제공의 금지
- 제3조 : 가맹금의 반환

보기 검토

ㄱ. 〔O〕 2023. 1. 18. A가 甲에게 정보공개서를 제공하고, 2023. 1. 30. 가맹계약을 체결한 경우

➡ [제1조 제2호, 제3조 제1호] 정보공개서를 제공한 날부터 14일이 지나지 않았는데 가맹계약을 체결했으며, 가맹계약의 체결일부터 4개월 이내에 가맹금의 반환을 요구했으므로 가맹금을 반환해야 한다.

ㄴ. 〔X〕 2022. 9. 27. 가맹계약을 체결한 乙이 건강상의 이유로 2023. 1. 3. 가맹점사업을 일방적으로 중단한 경우

➡ [제3조] 가맹점사업자가 가맹사업을 일방적으로 중단한 경우는 가맹금을 반환해야 하는 사유에 해당하지 않는다.

ㄷ. 〔O〕 2023. 3. 7. 가맹계약을 체결할 예정인 가맹희망자 丙에게 A가 2023. 2. 10. 제공하였던 정보공개서상 정보의 내용이 사실과 다른 경우

➡ [제2조 제1호, 제3조 제2호] 사실과 다르게 정보를 제공한 경우이고, 가맹희망자가 가맹계약 체결 전에 가맹금의 반환을 요구했으므로 가맹금을 반환해야 한다.

3.

정답 ④ 2011 선 9

법조문

보기 검토

ㄱ. [O] 전교생이 549명인 초등학교의 학교운영위원회규정에 위원의 정수가 10명이라고 되어 있을 경우, 이 학교의 지역위원은 1명일 수 있다.

➡ [제1조 제2항 제3호] 학교운영위원회의 지역위원 정수는 전체 정수의 『100분의 10 ~ 100분의 30』이다. 따라서 지역위원 인원수를 최소로 했을 때 1명일 수 있다.

※ 전교생이 549명이라는 정보는 불필요한 정보이다.

ㄴ. [X] 학생수가 1,500명인 전문계고등학교의 학교운영위원회규정에 위원의 정수가 15명이라고 되어 있을 경우, 해당 학교가 소재하는 지역을 사업활동의 근거지로 하는 사업자인 지역위원은 최소 2명에서 최대 7명이다.

➡ [제1조 제3항 2문 + 제3호] 전문계고등학교 운영위원회의 지역위원 정수는 전체 정수의 『100분의 30 ~ 100분의 50』이므로, 최소 5명 최대 7명이다. 이 중, 사업자인 지역위원이 지역위원의 2분의 1 이상이 되어야 하므로, 사업자인 지역위원은 최소 3명 최대 7명이 된다.

위원회의 정수	15 명			
지역위원 수	100분의 30 ~ 100분의 50	4.5 명 ~ 7.5 명 →	5 명 6 명 7 명	
지역위원 중 사업자 수	지역위원의 2분의 1 이상	2.5 명 이상 3 명 이상 → 3.5 명 이상	3 명 이상 3 명 이상 4 명 이상	최소 3명 최대 7명

※ 학생수가 1,500명이라는 정보는 불필요한 정보이다.

※ 5명의 1/2은 2.5명이다. '2.5명 이상'이라고 하면 0.5명까지도 충족시켜야 하므로 3명 이상이 된다.

ㄷ. [O] 학교운영위원회 위원장의 연임허용 여부가 이 법에 규정되어 있지 않을 경우, 해당 시·도의 조례를 찾아보아야 한다.

➡ [제3조]

ㄹ. [O] 학교의 장은 운영위원회의 위원장이 될 수 없다.

➡ [제2조] 학교의 장은 반드시 교원위원이 되는데, 위원장은 교원위원이 아닌 위원 중에서 선출하므로 학교의 장은 위원장이 될 수 없다.

4.

정답 ② 외교원 2013 인 3

TEXT 독해, 부합

제시문의 이해

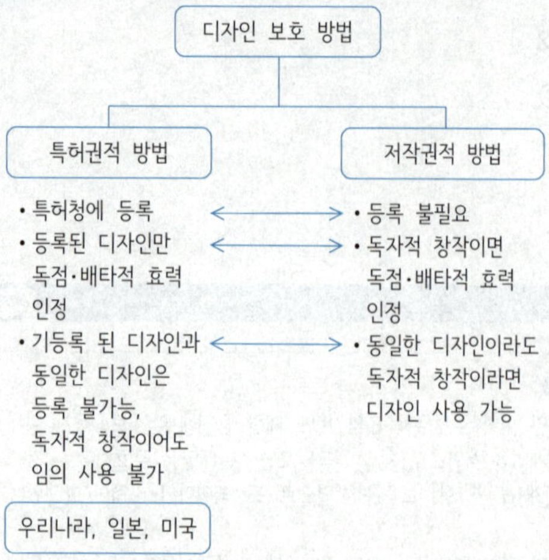

보기 검토

ㄱ. [O] A가 자신이 창작한 디자인을 일본에서 독점·배타적으로 보호받기 위해서는 일본 특허청에 디자인 등록을 하여야 한다.

➡ [3문단 + 2문단 특허권적 보호방법] 일본은 디자인의 특허권적 보호방법을 취하는 나라이므로 옳다.

ㄴ. [X] B가 아름다운 노래를 창작한 경우, 그 노래는 우리나라 디자인보호법에 따라 보호받을 수 있다.

➡ [1문단 2-3문장] 노래는 '시각을 통하여 미감을 일으키는 것'이 아니므로 디자인에 해당하지 않고, 디자인보호법을 통해 보호받을 수 없다.

ㄷ. [O] C가 미국 특허청에 등록된 D의 디자인과 동일한 디자인을 독자적으로 창작하였더라도, 이를 미국에서 사용하면 D의 디자인권을 침해하는 것이 된다.

➡ [3문단 + 2문단 특허권적 보호방법] 미국은 디자인의 특허권적 보호방법을 취하는 나라이기 때문에, 독자적으로 창작한 디자인을 창작한 경우라도 동일한 디자인이 이미 특허청에 등록되어 있다면 그 디자인을 임의로 사용할 수 없다.

ㄹ. [X] 독일인 E가 고안한 디자인과 동일한 디자인이 우리나라 특허청에 이미 등록되어 있더라도, E의 창작성이 인정되면 우리나라 특허청에 등록할 수 있다.

➡ [3문단 + 2문단 특허권적 보호방법] 우리나라는 디자인의 특허권적 보호방법을 취하는 나라이기 때문에, 타인이 이미 등록을 한 디자인과 동일한 디자인을 특허청에 등록할 수 없다.

5.

정답 ④ 2023 가 7

퍼즐, 수리

풀이

甲 : 나는 용지 1박스를 사용하는 데 20일 걸려.

→ 1일당 용지 $\frac{1}{20}$박스 사용.

乙 : 나는 용지 1박스를 사용하는 데 甲의 4배의 시간이 걸려.

→ 용지 1박스를 사용하는 데 80일 걸림.

→ 1일당 용지 $\frac{1}{80}$박스 사용.

丙 : 나도 乙과 같아.

→ 1일당 용지 $\frac{1}{80}$박스 사용.

丁 : 丙이 용지 $\frac{1}{2}$박스를 사용하는 동안, 나는 1박스를 사용해.

→ 丙보다 2배 빨리(많이) 용지를 사용함.

→ 용지 1박스를 사용하는 데 40일 걸림.

→ 1일당 용지 $\frac{1}{40}$박스 사용.

➡ 네 사람이 1일에 사용하는 용지의 양 = $\frac{4+1+1+2}{80}$ = $\frac{1}{10}$박스

➡ A팀이 1박스 분량의 용지를 사용하는 데 걸리는 일수 = 10일

6.

정답 ④ 2014 A 1

TEXT 독해, 부합

제시문의 이해

- 1문단 : 북독일 맥주와 남독일(뮌헨) 맥주의 차이점
- 2문단 ~ 4문단 : 옥토버페스트
  - 2문단 : 장소, 기원
  - 3문단 : 기간, 숙박
  - 4문단 : 규모, 통계

선택지 검토

① [X] ○○년 10월 11일이 일요일이라면 ○○년의 옥토버페스트는 9월 28일에 시작되었을 것이다.

➡ [3문단 마지막 문장] 옥토버페스트의 마지막 날은 10월 첫째 주 일요일이다. 10월 11일이 일요일이라면 10월 4일이 첫째 주 일요일이고, ○○년의 옥토버페스트는 그로부터 2주 전인 9월 21일에 시작된다.

② [X] 봄에 호텔 예약을 하지 않으면 옥토버페스트 기간에 뮌헨에서 호텔에 숙박할 수 없다.

➡ [3문단 2문장] 저렴하고 좋은 호텔만 봄에 예약이 끝난다고 하였고, 다른 호텔에 대해서는 언급이 없으므로 옳지 않다.

③ [X] 옥토버페스트는 처음부터 맥주 축제로 시작하여 약 200년의 역사를 지니게 되었다.

➡ [2문단 2-3문장] 1810년의 축제가 기원이므로 약 200년의 역사는 지니는 것은 맞지만, 1810년의 축제는 경마대회였다.

④ [O] 북독일 맥주를 좋아하는 사람이 뮌헨 맥주를 '강한 맛이 없다'고 비판한다면, 뮌헨 맥주를 좋아하는 사람은 맥아가 가진 본래의 맛이야말로 뮌헨 맥주의 장점이라고 말할 것이다.

➡ [1문단 6-7문장] 뮌헨 맥주는 남독일의 맥주로, 맥아 본래의 순한 맛에 역점을 둔 '강하지 않고 진한' 맥주이다.

⑤ [X] 옥토버페스트에서 총 10개의 텐트가 설치되고 각 텐트에서의 맥주 소비량이 비슷하다면, 2개의 텐트를 설치한 맥주 회사에서 만든 맥주는 하루에 평균적으로 약 7천 리터가 소비되었을 것이다.

➡ [4문단]
- 축제 기간(14일) 중 맥주 소비량 : 510만 리터
- 하루 평균 맥주 소비량 : 약 36만 4천 리터
- (10개 중) 2개 텐트에서의 하루 평균 맥주 소비량 : 약 7만 3천 리터

7.

정답 ③ 2013 인 17

법조문, 계산

제시문의 이해

소비대차는 이자를 지불하기로 약정할 수 있고, 그 이자는 일정한 이율에 의하여 계산한다. 이런 이자는 돈을 빌려 주면서 먼저 공제할 수도 있는데, 이를 선이자라 한다.

→ 선이자를 공제하는 것은 돈을 빌려줄 때 이자를 먼저 받는 것이다. 예를 들어 A가 B에게 1,000만 원을 빌려주면서 선이자로 100만 원을 공제하고 900만 원을 주었다면, B가 실제로 받은 돈은 900만 원이지만 1,000만 원을 빌린 것이기 때문에 향후 1,000만 원을 변제해야 한다. 다만, 이자 100만 원은 미리 지급한 것이기 때문에 1,000만 원을 변제할 때에 추가로 이자를 더 지급할 필요는 없다.

※ 선이자 지급방식의 소비대차에서는, 갚기로 한 날에 약정금액만 변제하면 된다.

※ 선이자 지급방식의 소비대차에서 지급한 선이자가 법정한도를 초과하면, 초과하는 금액은 약정금액의 일부를 변제한 것으로 본다. 따라서 갚기로 한 날에는 약정금액에서 해당 금액을 뺀 나머지 금액만 갚으면 된다.

풀이

1. 甲이 빌린 금액 : 2,000만 원 (변제해야 하는 약정금액)
2. 甲이 실제 수령한 금액 : 1,200만 원 → 법정 선이자 상한 계산의 기준 금액
3. 선이자 공제 : 800만 원
4. 법정 최고 선이자 : 360만 원 (1,200만 × 30%)
5. 법정 한도를 초과한 선이자 : 440만 원 → 약정금액의 일부를 변제한 것으로 함.
6. 甲이 변제해야 하는 금액 : 2,000만 원(약정금액) - 440만 원(변제 완료) = 1,560만 원

8.

정답 ① 외교원 2013 인 7

규칙의 적용, 계산

풀이

甲주식회사는 미국의 A법인과 2월 4일 수출계약을 체결하였으며, 甲주식회사의 수출과 관련된 사항은 아래와 같다.

1) 수출대금 : $ 50,000
2) 2. 4. : 수출선수금 $ 20,000를 송금받아 외국환 은행에서 환가 (공급시기 전)
3) 2. 12. : 세관에 수출 신고
4) 2. 16. : 수출물품 선적 완료 (공급시기)
5) 2. 20. : 수출대금 잔액 $ 30,000를 송금받아 외국환 은행에서 환가 (공급시기 후)

<외환시세>

(단위 : 원/달러)

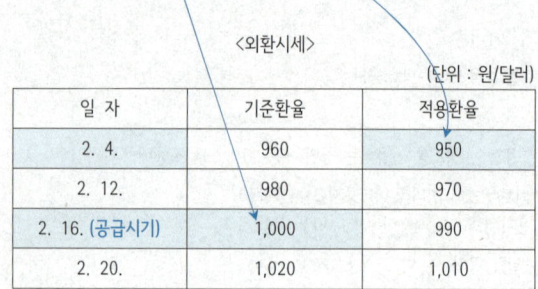

일 자	기준환율	적용환율
2. 4.	960	950
2. 12.	980	970
2. 16. (공급시기)	1,000	990
2. 20.	1,020	1,010

<과세표준액 계산>

(20,000 × 950) + (30,000 × 1,000) = 49,000,000

9.

정답 ⑤ 2023 가 33

퍼즐, 수리, 대응관계

제시문의 이해

- 5명이 총 18개의 구슬을 서로 다른 개수로 나누어 가지는 방법은 다음과 같다.
  <경우 1> 1, 2, 3, 4, 8
  <경우 2> 1, 2, 3, 5, 7
  <경우 3> 1, 2, 4, 5, 6

질문	답변				
	甲	乙	丙	丁	戊
가지고 있는 구슬의 개수가 짝수입니까?	아니요	예	예	아니요	예
	홀수	짝수	짝수	홀수	짝수

→ 짝수가 3개 홀수가 2개이므로 가능한 경우는 다음과 같다.
<경우 1> 1, 2, 3, 4, 8
<경우 3> 1, 2, 4, 5, 6

질문	답변				
	甲	乙	丙	丁	戊
5명이 각자 가진 구슬 개수의 산술평균보다 많이 가지고 있습니까?	아니요	아니요	예	예	예

→ 산술평균은 3.6이고 위와 같은 답변이 나올 수 있는 경우는 <경우 3>밖에 없다.
가능한 경우는 다음과 같이 정리할 수 있다.

질문	답변				
	甲	乙	丙	丁	戊
가지고 있는 구슬의 개수가 짝수입니까?	아니요	예	예	아니요	예
	홀수	짝수	짝수	홀수	짝수
5명이 각자 가진 구슬 개수의 산술평균보다 많이 가지고 있습니까?	아니요	아니요	예	예	예
<경우 3>	1	2	4 or 6	5	4 or 6

➡ 누가 4개를 가지고 있고 누가 6개를 가지고 있는지 구별할 수 있는 질문을 추가로 해야만 한다.

선택지 검토

① [X] 가지고 있는 구슬의 개수가 4 이상입니까?
➡ 4개 또는 6개를 가지고 있는 경우 모두 동일한 답변을 하게 되므로 구별이 안 된다.

② [X] 가지고 있는 구슬의 개수가 8 이하입니까?
➡ 4개 또는 6개를 가지고 있는 경우 모두 동일한 답변을 하게 되므로 구별이 안 된다.

③ [X] 가지고 있는 구슬의 개수가 10의 약수입니까?
➡ 4개 또는 6개를 가지고 있는 경우, 둘 모두 10의 약수가 아니므로 동일한 답변을 하게 되어 구별이 안 된다.

④ [X] 가지고 있는 구슬의 개수가 12의 약수입니까?
➡ 4개 또는 6개를 가지고 있는 경우, 둘 모두 12의 약수이므로 동일한 답변을 하게 되어 구별이 안 된다.

⑤ [O] 가지고 있는 구슬의 개수가 3의 배수입니까?
➡ 4는 3의 배수가 아니고 6은 3의 배수이므로 둘을 구별할 수 있다.

10.

정답 ② 외교원 2013 인 12

최적화

풀이 1 표를 그려 푸는 방법

<누적분 증감표> 전체 지점의 월간 매출액 합계를 기록

월	1	2	3	4	5	6	7	8	9
A	100	200	220	320	340	440	460	560	580
B			150	150	300	300	450	450	600

→ 2013년 9월에 최초로 B의 전체 지점 월간 매출액이 더 커진다.

<단계별 증감표> 해당 월에 증가하는 월간 매출액을 기록

월	1	2	3	4	5	6	7	8	9
A	100	100	20	100	20	100	20	100	20
B			150		150		150		150
B - A(누적)			-70		-40		-10		+20

→ 2013년 9월에 최초로 B의 전체 지점 월간 매출액이 20만 원 더 커진다.

풀이 2 식을 세워 푸는 방법

1. 규칙성을 찾아보자.

1월	2월	3월	4월	5월	6월	7월	8월	9월	10월	11월	…
A	A	A	A	A	A	A	A	A	A	A	…
100	120		120		120		120		120		…
-	-	B	-	B	-	B	-	B	-	B	…
-	150		150		150		150		150		…

→ 1월만 따로 떼어놓고 나머지를 보면, 2달 단위로 A는 120만원, B는 150만원씩 매출이 증가한다.

2. 식을 세워 풀어보자.
   - 2달을 1단위로 묶어서 생각한다.
   - B의 매출액이 더 커지는 최초의 n단위를 찾는다.

   → $100 + 120n < 150n$
   $100 < 30n$
   $3.3 < n$
   $\therefore n = 4$

3. 1월을 제외하고 4단위(8달)째, 1월을 포함해서 9달째에 최초로 B의 매출액이 A의 매출액을 넘어서게 된다.
   → 2013년 9월

11.

정답 ② 2012 인 13

퍼즐, 수리, 경우의 수

제시문의 이해

<숫자판>

32	16	8	4	2	1
○	○	○	○	○	○
2개	2개	2개	2개	2개	2개

- 숫자판 1개로 표현 가능한 숫자의 개수는 2개이다. (ON/OFF → 2가지)
- 숫자판을 조합하여 표현할 수 있는 방법의 수는 64가지이다. $2 \times 2 \times 2 \times 2 \times 2 \times 2 = 2^6 = 64$
- 숫자판의 조합 방법이 다르면 표현되는 숫자도 다르다.
  ∵ 전구의 on / off 상태를 각각 1 / 0으로 표현하면 이진법의 수가 만들어진다.
  → 각각의 숫자판은 이진법의 자릿수를 의미한다.
  → 이진법으로 만들어지는 모든 수는 십진법의 수와 일대일로 대응된다.
- (모든 숫자판이 꺼진 경우) 표현할 수 있는 가장 작은 수는 '0'이다.
- (모든 숫자판이 켜진 경우) 표현할 수 있는 가장 큰 수는 '63'이다.
- 표현 가능한 숫자의 개수가 64개, 0 ~ 63의 숫자의 개수가 64개로 동일하므로, 제시된 숫자판으로는 0 ~ 63의 모든 숫자를 표현할 수 있다. 또한, 0 ~ 63까지 각각의 숫자를 표현할 수 있는 방법은 한 가지씩임을 알 수 있다.

보기 검토

ㄱ. (O) 이 숫자판을 사용하면 1부터 63까지의 모든 자연수를 결과값으로 표현할 수 있다.

ㄴ. (X) 숫자판에 한 개의 전구를 켜서 표현한 결과값은 두 개 이상의 전구를 켜서도 표현할 수 있다.
➡ 64개의 숫자를 표현할 수 있고, 그 숫자는 0부터 63까지의 64개이다. 그렇다면 0부터 63까지 각각의 숫자를 표현할 수 있는 방법은 단 한 가지씩임을 알 수 있다.

ㄷ. (X) 숫자 1의 전구가 고장 나서 안 켜질 때 표현할 수 있는 결과값의 개수가 숫자 32의 전구가 고장 나서 안 켜질 때 표현할 수 있는 결과값의 개수보다 많다.
➡ 숫자 1의 전구가 안 켜지는 경우와 숫자 32의 전구가 안 켜지는 경우 모두, 사용할 수 있는 숫자판의 개수는 5개로 동일하다. 그렇다면 표현할 수 있는 결과값의 개수는 $2^5 = 32$ 개로 동일하다.

ㄹ. (O) 숫자판에서 하나의 전구가 켜진 경우의 결과값은, 숫자판에서 그 외 다섯 개의 전구가 모두 켜진 경우의 결과값보다 클 수 있다.
➡ 1 ~ 16의 숫자판을 다 켜진 경우의 결과값은 31이다. 숫자판 32 한 개로 더 큰 값을 표현할 수 있다.

참고

- 『숫자판의 조합 방법이 다르면 표현되는 숫자도 다르다』는 것을 밝히기 위해서는 수학적 증명이 필요할 수도 있다. 그러나 실제 시험장에서 문제를 푸는 중에는 증명을 할 시간이 없다. 때문에 이 부분은 이진법에 대한 상식을 이용하여 판단하거나, 직접 숫자를 조합해 보면서 경험에 의해 판단하는 정도로 확인하고 문제풀이를 진행하여야 한다.

12.

정답 ③ 2012 인 35

대응관계, 위치관계

풀이

○ 토끼 인형을 준비한 사람과 고양이 인형을 준비한 사람은 마주보고 앉아있다.

토끼	
탁자	
고양이	

○ 이나울은 토끼 인형을 준비하지 않았으며, 강아지 인형을 준비한 사람과 접하여 앉아있다.
→ 가능한 경우 3가지

토끼	호랑이
탁자	
고양이	강아지
이나울(男)	

토끼	강아지
탁자	
고양이	호랑이
	이나울(男)

	이나울(男)
토끼	호랑이
탁자	
고양이	강아지

○ 최규리는 토끼 인형을 준비하지 않았으며, 김가영은 고양이 인형을 준비하였다.
→ 가능한 경우 2가지

최규리 ×	
토끼	강아지
탁자	
고양이	호랑이
김가영(女)	이나울(男)

최규리 ×	이나울(男)
토끼	호랑이
탁자	
고양이	강아지
김가영(女)	

○ 같은 성별의 사람들은 접하여 있지 않으며, 프러포즈 반지는 이성에게 선물하였다.

박혁준(男) ←	최규리(女)
토끼	강아지(반지)
탁자	↓
고양이	호랑이
김가영(女)	이나울(男)

○ 프러포즈 반지를 선물한 사람과 받은 사람은 옆으로 나란히 앉지 않았다.

박혁준(男)	최규리(女)
토끼	강아지(반지)
탁자	↓
고양이	호랑이
김가영(女)	이나울(男)

더 생각해 보기

- 〈조건〉에는 좌석번호에 대해서 언급되어 있지 않다. 따라서 좌석번호에는 신경 쓰지 말고 〈조건〉에 어긋나지만 않게 임의로 자리를 배치하면 된다.
  최종적으로 완성된 배치는 위와 다를 수 있지만 각각의 사람들 사이의 위치관계는 모두 제시된 〈조건〉에 부합한다.

최규리(女)	박혁준(男)
강아지(반지)	토끼
탁자	
호랑이	고양이
이나울(男)	김가영(女)

이나울(男)	김가영(女)
호랑이	고양이
탁자	
강아지(반지)	토끼
최규리(女)	박혁준(男)

김가영(女)	이나울(男)
고양이	호랑이
탁자	
토끼	강아지(반지)
박혁준(男)	최규리(女)

정답 및 해설

20제 연습 SET 1

하주응 PSAT 상황판단 5급 기출 엄선연습

정답

1	2	3	4	5	6	7	8	9	10
③	①	④	⑤	①	①	⑤	③	④	②

11	12	13	14	15	16	17	18	19	20
①	②	①	①	⑤	⑤	⑤	⑤	②	①

1.

정답 ③ 2019 가 21

법조문

제시문의 이해

- 제1항 : 논문 제출 의무
- 제2항 ~ 제5항 : 연구실적평가위원회
  - 제2항 : 설치
  - 제3항 : 구성
  - 제4항 : 회의
  - 제5항 : 표결

선택지 검토

① [X] 개별 연구실적평가위원회는 최대 3명의 대학교수를 위원으로 위촉할 수 있다.

➡ [제3항 2문, 각주] 대학교수로 위촉할 수 있는 위원의 수는 2명으로 규정되어 있다. 또한, '각주'에 의하면 대학교수와 연구관은 겸직할 수 없으므로, 대학교수가 연구관 등의 자격으로 2명을 초과하여 위촉되는 일도 없다. 따라서 위원으로 위촉될 수 있는 대학교수는 최대 2명이다.

② [X] 연구실적평가위원회 위원장은 소속기관 내부 연구관이 아닌 대학교수가 맡을 수 있다.

➡ [제3항 2문, 각주] 위원장은 소속기관 내부 연구관 중에서 위촉하도록 규정되어 있는데, '각주'에 의하면 대학교수와 연구관은 겸직할 수 없으므로 대학교수는 위원장이 될 수 없다.

③ [O] 연구실적평가위원회에 4명의 위원이 출석한 경우와 5명의 위원이 출석한 경우의 의결정족수는 같다.

➡ [제3항 1문, 제5항] 재적위원은 5명이며, 의결정족수는 재적위원의 과반수, 즉 3명 이상이다. 기준이 '재적위원'이므로 출석위원수와 관계없이 의결정족수는 항상 동일하다.

④ [X] 연구실적평가위원회 위원으로 위촉된 경력이 있는 사람을 재위촉하는 경우 별도의 위촉절차를 거치지 않아도 된다.

➡ [제3항 2문] 위원은 연구실적평가위원회를 구성할 때마다 위촉하여야 한다.

⑤ [X] 석사학위 이상을 소지하지 않은 모든 연구사는 연구직으로 임용된 이후 5년이 지나면 석사학위를 소지한 연구사와 동일하게 연구실적 결과물 제출을 면제받는다.

➡ [제1항 단서] 연구실적 심사평가를 3번 이상 통과한 경우에만 연구실적 결과물 제출을 면제받을 수 있다.

2.

정답 ① 2018 나 4

법조문

제시문의 이해

- 제1조 : 감사청구의 주체
- 제2조 : 감사청구의 대상 → 기본 요건 : 공공기관에서 처리한 사무처리일 것.

선택지 검토

① [O] A시 지방의회는 A시가 주요 사업으로 시행하는 노후수도설비교체사업 중 발생한 예산낭비 사항에 대하여 감사를 청구할 수 있다.

➡ [제1조 제4호, 제2조 제1항 제1호] 지방의회는 해당 지방자치단체의 사무처리에 대하여 감사를 청구할 수 있으며, 예산낭비에 관한 사항은 감사청구의 대상이 된다.

② [X] B정당의 사무총장은 C시청 별관신축공사 입찰시 담당공무원의 부당한 업무처리에 대하여 단독으로 감사를 청구할 수 있다.

➡ [제1조] B정당의 사무총장은 감사청구의 주체에 해당하지 않는다.

③ [X] D정부투자기관의 장은 해당 기관 직원과 특정 기업 간 유착관계에 대하여 자체감사기구에서 직접 처리할 수 있더라도 감사를 청구할 수 있다.

➡ [제1조 제3호 단서, 각주] 정부투자기관은 공공기관이다. 따라서 D정부투자기관의 장은 감사청구의 주체가 될 수 있지만, 자체감사기구에서 직접 처리하기 어려운 부득이한 사유가 있거나 자체감사기구가 없는 경우에만 감사를 청구할 수 있다.

④ [X] E시 지방의회는 E시 시장의 위법한 사무처리에 대하여 판결이 확정되었더라도 감사를 청구할 수 있다.

➡ [제2조 제2항 제2호] 판결에 의해 확정된 사항에 대하여는 감사를 청구할 수 없다.

⑤ [X] 민간 유통업체 F마트 사장은 농산물의 납품대가로 과도한 향응을 받은 담당 직원의 위법행위에 대하여 감사를 청구할 수 있다.

➡ [제1조 제3호, 제2조 제1항] 민간 유통업체 F마트는 공공기관이 아니기 때문에 감사대상기관이 될 수 없다.

3.

정답 ④ 2023 가 23

법조문

제시문의 이해

- 제1조 : 지방전문경력관직위 지정
- 제2조 : 직위군 구분 - 가군, 나군, 다군
- 제3조 : 시험실시기관
- 제4조 : 임용시험 공고 (예외)
- 제5조 : 임용시험의 방법 - 서면심사, 필기시험, 실기시험, 면접시험
- 제6조 : 시보임용

선택지 검토

① [O] 甲도지사가 지방전문경력관직위를 지정할 때에는 가군, 나군, 다군 중 어느 하나에 배정해야 한다.
➡ [제2조] 지방자치단체의 장이 지방전문경력관직위를 지정할 때에는 해당 지방전문경력관직위를 가군, 나군, 다군 중 어느 하나에 배정하여야 한다.

② [O] 乙교육감은 해당 기관 내 장기 재직이 필요한 특수 업무 분야의 직위를 지방전문경력관직위로 지정할 수 있다.
➡ [제1조] 지방전문경력관직위를 지정할 수 있는 지방자치단체의 장에는 교육감이 포함되며, 장기 재직이 필요한 특수 업무 분야의 직위는 지방전문경력관직위로 지정할 수 있다.

③ [O] 丙이 지방전문경력관으로 신규임용될 경우, 시보임용 기간은 해당 직위군에 따라 다를 수 있다.
➡ [제6조] 시보임용 기간은 가군이 1년, 나군 및 다군이 각각 6개월로 다르다.

④ [X] 임용시험을 실시하는 경우, 그 실시에 비용이 지나치게 많이 든다면 임용권자는 면접시험을 통한 검정 없이 지방전문경력관을 임용할 수 있다.
➡ [제5조] 필기시험과 실기시험은 실시하지 않을 수 있지만 면접시험은 반드시 실시하여야 한다.

⑤ [O] 외국인을 지방전문경력관으로 임용하는 경우, 불가피한 사유가 있는 때에는 임용시험 공고를 하지 아니할 수 있다.
➡ [제4조 제2호] 외국인을 임용하는 경우로서 불가피한 사유가 있는 경우에는 지방전문경력관 임용시험 공고를 하지 아니할 수 있다.

4.

정답 ⑤ 2015 인 26

TEXT 독해, 규칙의 적용

제시문의 이해

<형사소송절차상 화해의 성립 요건>

1. 피고인과 피해자 사이에 민사상 다툼에 관한 합의 성립
2. 신청
   (1) 1심 또는 2심의 변론종결 전까지
   (2) 피해자와 피고인이 공동으로
   (3) 서면으로
3. 공판조서에 합의내용 기재

<상황>의 이해

甲은 친구 乙이 丙에게 빌려준 500만 원을 변제받지 못하고 있다는 이야기를 듣고 대신 받아주려고 丙을 만났는데,
丙이 격분하여 甲을 폭행하였다.
→ 폭행(형사사건) : 가해자 - 丙, 피해자 - 甲

그로 인해 甲은 병원치료비 200만 원을 지출하게 되었다.
→ 해당 사건과 관련된 피해 : 병원치료비 200만 원
→ 원칙 : 甲이 병원치료비에 대한 배상을 받으려면 '민사소송'을 거쳐야 한다.

이후 甲은 丙을 폭행죄로 고소하여 현재 丙을 피고인으로 한 형사소송절차가 진행 중이다.
→ 형사소송 : 피해자 - 甲, 피고인 - 丙

선택지 검토

① [X] 甲과 丙이 피해배상을 합의하면 그 합의는 공판조서에 기재되지 않더라도 민사소송상의 확정판결과 동일한 효력이 있다.
➡ [1문단 1문장] 형사조정절차상 화해가 성립하려면 합의의 내용이 공판조서에 기재되어야 한다.

② [X] 형사소송 2심 법원의 변론종결 후에 甲과 丙이 피해배상에 대해 합의하면, 그 합의내용을 공판조서에 기재해 줄 것을 구술로 신청할 수 있다.
➡ [2문단 2문장] 변론종결 전에, 서면으로 신청하여야 한다.

③ [X] 丙이 乙에게 변제할 500만 원과 甲의 치료비 200만 원을 丙이 지급한다는 합의내용을 알게 된 법관은 신청이 없어도 이를 공판조서에 기재할 수 있다.
➡ [1문단 1문장] 법관은 (피해자와 피고인이 공동으로 서면으로 하는) 신청에 의하여 합의내용을 공판조서에 기재할 수 있다.

④ [X] 공판조서에 기재된 합의금에 대해 甲이 강제집행을 하기 위해서는 별도의 민사소송상 확정판결이 있어야 한다.
➡ [2문단 5문장] 합의가 기재된 공판조서는 민사소송상 확정판결과 동일한 효력이 있으므로, 피해자는 별도의 민사소송을 거치지 않고 그 공판조서에 근거하여 강제집행을 할 수 있다.

⑤ [O] 丙이 甲에게 지급할 금액을 丁이 보증한다는 내용이 공판조서에 기재된 경우, 甲은 그 공판조서에 근거하여 丁의 재산에 대해서 강제집행할 수 있다.
➡ [2문단 3-5문장]

5.

정답 ① | 2019 가 25

법조문, 계산·비교

풀 이

○ 졸업에 필요한 최소 취득학점은 A대학 120학점, B전문대학 63학점이다.
→ 최소 120학점 필요

○ 甲은 B전문대학에서 졸업에 필요한 최소 취득학점만으로 전문학사학위를 취득하였다.
→ [제1조 제1항 제1호, 동조 제2항 제1호] 취득 학점 전부 인정
→ 63학점

○ 甲은 B전문대학 졸업 후 A대학 3학년에 편입하였고 군복무로 인한 휴학 기간에 원격수업을 수강하여 총 6학점을 취득하였다.
→ [제1조 제1항 제3호, 동조 제2항 제3호] 1년당 12학점까지 인정
→ 6학점

○ 甲은 A대학에 복학한 이후 총 30학점을 취득하였고,
→ 30학점
1년 동안 미국의 C대학에 교환학생으로 파견되어 총 12학점을 취득하였다.
→ [제1조 제1항 제1호, 동조 제2항 제1호] 취득 학점 전부 인정
→ 12학점

● 추가로 필요한 학점 = 120 - 63 - 6 - 30 - 12 = 9학점

6.

정답 ① | 2018 나 7

TEXT 독해, 부합, 계산

제시문의 이해

● 1문단 : 장악원 소개, 장악원의 행정관리 구성
● 2문단 : 장악원의 연주 연습
● 3문단 : 장악원의 연주 시험 및 포상

보기 검토

ㄱ. (O) 장악원에서는 특별한 사정이 없는 한 연간 최소 72회의 습악이 있었을 것이다.
➡ [2문단 2문장] 한 달에 6회의 정기적인 연습이 있었으므로 1년 중에는 72회(6회 × 12개월)의 정기적인 연습이 있었을 것이다.

ㄴ. (O) 서명응이 정한 규칙에 따라 장악원에서 실시한 시험에서 상금을 받는 악공의 수는 상금을 받는 악생 수의 2배였다.
➡ [3문단 3-4문장]

	최우수	1등	2등	3등	합계
악생	1	2	3	9	15명
악공	1	3	5	21	30명

ㄷ. (X) 『경국대전』에 따르면 장악원에서 음악행정 업무를 담당하는 관리들은 4명이었다.
➡ [1문단] 제조 2명, 정 1명, 첨정 1명, 주부 1명, 직장 1명으로 행정업무를 담당하는 관리는 총 6명이었다.

ㄹ. (X) 서명응이 정한 규칙에 따라 장악원에서 실시한 1회의 시험에서 악공과 악생들이 받은 총 상금액은 40냥 이상이었을 것이다.
➡ [3문단 3-4문장] 총 34냥 5전이었다.

		최우수	1등	2등	3등	합계
악생	인원	1	2	3	9	15명
	1인당 상금	2냥	1.5냥	1냥	0.5냥	12.5냥
악공	인원	1	3	5	21	30명
	1인당 상금	2냥	1.5냥	1냥	0.5냥	22냥

7.

정답 ⑤ 2018 나 8

규칙·지침, 계산·비교

제시문의 이해

- 내진성능평가지수와 내진보강공사지수 모두 『분수 × 100』으로 계산한다.
  이것은 두 지수 모두 '%'로 표현된다는 뜻이다.

풀이

구분		A	B	C	D
내진성능평가	실적 (건)	82	72	72	83
	지수 (%)	82	90	80	83
	점수 (점)	3	5	1	3
내진보강공사	실적 (건)	91	76	81	96
	지수 (%)	91	95	90	96
	점수 (점)	3	3	1	5
내진보강대상 (건)		100	80	90	100
합산 점수 (점)		6	8	2	8
				↑ 최하위	↑ 최상위

- 최상위기관
  합산 점수가 가장 높은 B와 D 중 내진보강대상건수가 더 많은 D가 최상위기관이다.

- 최하위기관
  합산 점수가 가장 낮은 C가 최하위기관이다.

8.

정답 ③ 2018 나 11

규칙·지침, 계산

풀이

<table>
<tr><th rowspan="2">출전종목</th><th rowspan="2">선수</th><th rowspan="2">비행거리(m)</th><th colspan="5">자세점수(점)</th></tr>
<tr><th>심판1</th><th>심판2</th><th>심판3</th><th>심판4</th><th>심판5</th></tr>
<tr><td>노멀힐
K - 98</td><td>A</td><td>100</td><td>17</td><td>16</td><td>17</td><td>19</td><td>17</td></tr>
<tr><td colspan="3"><거리점수>
K점 : 98 m
K점을 초과한 비행거리 : 2 m → + 4점
거리점수 = 60 + 4 = 64점</td><td colspan="5"><자세점수>
17 + 17 + 17 = 51점</td></tr>
<tr><td>라지힐
K - 125</td><td>B</td><td>123</td><td>19</td><td>17</td><td>20</td><td>19.5</td><td>17.5</td></tr>
<tr><td colspan="3"><거리점수>
K점 : 125 m
K점에 미달된 비행거리 : 2 m → - 3.6점
거리점수 = 60 - 3.6 = 56.4점</td><td colspan="5"><자세점수>
19 + 19.5 + 17.5 = 56점</td></tr>
</table>

- 선수 A와 B의 '합계점수' = 64 + 51 + 56.4 + 56 = 227.4

9. ~ 10.

제시문의 이해

- 제1조 : 경비처우급의 구분(4가지)
  → 개방처우급, 완화경비처우급, 일반경비처우급, 중(重)경비처우급

- 제2조 ~ 제7조

제1조	경비처우급의 구분	개방 처우급	완화경비 처우급	일반경비 처우급	중경비 처우급
제2조	교도관의 사무처리 업무 보조	○	○	○	×
제3조	자치생활 토론회	○	○	×	×
제4조	접견 허용 횟수	1일 1회	월 6회	월 5회	월 4회
	가족 만남의 날 행사 가족 만남의 집 이용	○	○	△ (예외적 허가)	×
제5조	사회견학, 사회봉사, 종교행사 참석, 문화공연 관람 활동	○	○	△ (예외적 허가)	×
제6조	교도소 내 개방시설에서 사회적응에 필요한 교육, 취업지원 등 처우	○	○	×	×
제7조	교도소 밖의 공공기관 또는 기업체 등에서 운영하는 직업훈련	○	○	×	×

9.

정답 ④ 2019 가 39

법조문

보기 검토

ㄱ. (O) 교도관의 사무처리 업무 보조
➡ [제2조] 일반경비처우급 수형자에게 부여할 수 있는 처우이다.

ㄴ. (O) 교도소 밖 사회봉사활동 및 종교행사 참석
➡ [제5조 단서] 특히 필요한 경우에는 일반경비처우급 수형자에게도 허가할 수 있는 처우이다.

ㄷ. (X) 교도소 내 교육실에서의 월 1회 토론회 참여
➡ [제3조] 자치생활을 허가 받은 개방처우급과 완화경비처우급 수형자에게만 부여되는 처우이다.

ㄹ. (O) 가족 만남의 날 행사 참여
➡ [제4조 제4항] 특히 필요한 경우에는 일반경비처우급 수형자에 대하여도 허가할 수 있는 처우이다.

10.

정답 ② 2019 가 40

법조문

보기 검토

ㄱ. (O) 과거 범죄 횟수가 1회이며, 7년 형을 선고받고 남은 형기가 6개월인 개방처우급 수형자 甲에게 소장은 교도소 내 개방시설에 수용하여 사회적응교육을 받도록 하였다.
➡ [제6조 제1항] 모든 요건을 충족하므로 적법하다.

ㄴ. (X) 과거 범죄 횟수가 1회이며, 5년 형을 선고받고 남은 형기가 10개월인 완화경비처우급 수형자 乙에게 소장은 지역사회에 설치된 개방시설에 수용하여 취업지원 처우를 받도록 하였다.
➡ [제6조 제2항] 남은 형기가 9개월 미만이어야 하나, 10개월이 남았으므로 적법하지 않다.

ㄷ. (X) 과거 범죄 횟수가 3회이며, 5년 형을 선고받고 남은 형기가 2개월인 일반경비처우급 수형자 丙에게 소장은 교도소 밖의 개방시설에 수용하여 사회적응교육을 받도록 하였다.
➡ [제6조 제1항] 범죄횟수가 2회 이하여야 한다는 요건과 개방처우급 혹은 완화경비처우급 수형자여야 한다는 요건을 충족하지 못하므로 적법하지 않다.

ㄹ. (O) 초범자로서 3년 형을 선고받고 남은 형기가 8개월인 완화경비처우급 수형자 丁을 소장은 직업능력 향상을 위하여 특히 필요한 경우로 보아 교도소 밖의 공공기관에서 직업훈련을 받게 하였다.
➡ [제7조] 완화경비처우급 수형자에게 부여할 수 있는 처우로서 적법하다.
※ '초범자로서 3년 형을 선고받고 남은 형기가 8개월'이라는 내용은 제7조에 규정된 요건이 아니므로 검토할 필요가 없는 부분이다.

11.

정답 ① 2018 나 5

법조문, 규칙

제시문의 이해

- 귀휴 허가를 위한 기간 요건
  제2항에서 정한 예외적인 경우를 제외하면 2가지 요건을 모두 만족시켜야 한다.
  (1) 6개월 이상 복역했을 것.
  (2-1) 형기의 3분의 1을 초과하여 복역했을 것.
  (2-2) 21년 이상의 유기형 또는 무기형의 경우에는 7년을 초과하여 복역했을 것.

선택지 검토

① 〔X〕 징역 1년을 선고받고 4개월 동안 복역 중인 甲의 아버지의 회갑일인 경우
➡ 6개월 이상 복역하지 않았으므로 귀휴가 허가되지 않는다.

② 〔O〕 징역 2년을 선고받고 10개월 동안 복역 중인 乙의 친형의 혼례가 있는 경우
➡ [제1항 제5호] 6개월 이상, 형기의 3분의 1 이상을 복역했고 귀휴 허가 사유에 해당한다.

③ 〔O〕 징역 10년을 선고받고 4년 동안 복역 중인 丙의 자녀가 입대하는 경우
➡ [제1항 제6호] 6개월 이상, 형기의 3분의 1 이상을 복역했고 귀휴 허가 사유에 해당한다.

④ 〔O〕 징역 30년을 선고받고 8년 동안 복역 중인 丁의 부친이 위독한 경우
➡ [제1항 제1호] 6개월 이상, 21년 이상의 유기의 형기 중 7년 이상을 복역했고 귀휴 허가 사유에 해당한다.

⑤ 〔O〕 무기징역을 선고받고 5년 동안 복역 중인 戊의 배우자의 모친이 사망한 경우
➡ [제2항 제1호] 기간 요건을 충족시키지 못하지만 예외적인 귀휴 허가 사유에 해당한다.

12.

정답 ② 2023 가 6

TEXT, 부합·추론, 계산

〈상황〉의 이해

구분	분야	투입 비율	A시
자체예산	공공서비스	50 %	50억
	기타사업	50 %	50억
중앙정부 교부금	공공서비스	80 %	16억
	기타사업	20 %	4억

선택지 검토

① 〔X〕 A시가 내년에 기타사업에 지출하는 총 금액은 60억 원일 것이다.
➡ 54억 원이다.

② 〔O〕 A시는 내년에 기타사업에 지출하는 총 금액을 올해보다 4억 원 증가시킬 것이다.
➡ 중앙정부 교부금의 20 %인 4억 원이 기타사업에 추가로 투입된다.

③ 〔X〕 A시는 내년에 공공서비스 공급에 지출하는 총 금액을 올해와 동일하게 유지할 것이다.
➡ 16억 원 증가한다.

④ 〔X〕 A시는 내년에 공공서비스 공급에 지출하는 총 금액을 올해보다 50 % 증가시킬 것이다.
➡ 올해는 50억 원을 투입했고 내년에는 66억 원을 투입하므로, 32% 증가한다.

⑤ 〔X〕 A시는 내년에 공공서비스 공급에 지출하는 총 금액을 올해보다 10억 원 증가시킬 것이다.
➡ 16억 원 증가한다.

13.

정답 ① 2015 인 12

규칙의 적용, 계산·비교

풀이

(금액 단위 : 백만 원)

	종사자 수	입소자 수	평가등급	운영비	사업비	장려수당	간식비	총계
A	4	7	1	320	80	200 (50 × 4)	7 (1 × 7)	607
B	2	8	1	240	60	100 (50 × 2)	8 (1 × 8)	408
C	4	10	2	256 (320 × 80%)	80	200 (50 × 4)	10 (1 × 10)	546
D	5 (4)	12	3	240 (400 × 60%)	80	200 (50 × 4)	12 (1 × 12)	532

A > C > D > B

14.

정답 ① 2015 인 10

규칙의 적용, 경우 따지기

〈조건〉의 이해

(단위 : 억 원)

구분		A사	B사
제조원가		200	600
(가) 제조원가의 10 % 분배		20	60
(나) 120억 원(200 - 80)을 셋 중 하나를 기준으로 하여 지출비용에 비례하여 분배	연구개발비	100	300
	1 : 3	30	90
	판매관리비	200	200
	1 : 1	60	60
	광고홍보비	300	150
	2 : 1	80	40
총 순이익		200	

(단위 : 억 원)

(나) 기준	연구개발비	판매관리비	광고홍보비
A사의 순이익	50	80	100
B사의 순이익	150	120	100

보기 검토

ㄱ. 〔O〕 분배받는 순이익을 극대화하기 위한 분배기준으로, A사는 광고홍보비를, B사는 연구개발비를 선호할 것이다.

➡ A사의 경우에는 광고홍보비를 기준으로 하였을 때 최대의 순이익(100억 원)을 얻게 되고, B사의 경우에는 연구개발비를 기준으로 하였을 때 최대의 순이익(150억 원)을 얻게 된다.

ㄴ. 〔O〕 연구개발비가 분배기준이 된다면, 총 순이익에서 B사가 분배받는 금액은 A사의 3배이다.

➡ 연구개발비를 기준으로 하면, A사는 50억 원을 분배받고 B사는 150억 원을 분배받는다.

ㄷ. 〔X〕 판매관리비가 분배기준이 된다면, 총 순이익에서 A사와 B사가 분배받는 금액은 동일하다.

➡ 판매관리비를 기준으로 하면, A사는 80억 원을 분배받고 B사는 120억 원을 분배받는다.

ㄹ. 〔X〕 광고홍보비가 분배기준이 된다면, 총 순이익에서 A사가 분배받는 금액은 B사보다 많다.

➡ 양사 모두 동일하게 100억 원씩 분배받게 된다.

15.

정답 ⑤ 2018 나 36

퍼즐, 대응관계

제시문의 이해

- 3명의 진술에 부합하는 경우는 다음의 3가지이다.
  → 甲이 가지고 있는 나머지 1장의 카드는 봄, 여름, 가을 카드일 수 있으므로, 3가지 경우로 나누고 각 경우의 카드 배분 상황을 정리한다.

<경우 1>

甲	겨울	겨울	겨울	봄	← 겨울 3장
乙	봄	여름	여름	여름	← 봄과 여름만 있음 (가을 없음)
丙	봄	가을	가을	가을	← 여름 없음

<경우 2>

甲	겨울	겨울	겨울	여름	← 겨울 3장
乙	봄	봄	여름	여름	← 봄과 여름만 있음 (가을 없음)
丙	봄	가을	가을	가을	← 여름 없음

<경우 3>

甲	겨울	겨울	겨울	가을	← 겨울 3장
乙	봄	여름	여름	여름	← 봄과 여름만 있음 (가을 없음)
丙	봄	봄	가을	가을	← 여름 없음

보기 검토

ㄱ. (X) 게임 시작시 3가지 종류의 계절 카드를 받은 사람은 1명이다.
➡ 어떤 경우에도 게임 시작시 3가지 종류의 계절 카드를 받은 사람은 없다.

ㄴ. (O) 게임 시작시 참가자 모두 봄 카드를 받았다면, 가을 카드는 모두 丙이 갖고 있다.
➡ [경우 1] 옳다.

ㄷ. (O) 첫 번째 맞바꾸기에서 甲과 乙이 카드를 맞바꿔서 甲이 바로 우승했다면, 게임 시작시 丙은 봄 카드를 2장 받았다.
➡ 첫 번째 맞바꾸기에서 甲과 乙이 카드를 맞바꿔서 甲이 바로 우승했다면, 甲은 게임을 시작할 때에 가을 카드와 겨울 카드를 가지고 있었고 乙에게서 봄 카드와 여름 카드를 가져간 것이다. → [경우 3]
이 경우, 丙은 봄 카드 2장과 가을 카드 2장을 가지고 게임을 시작했다.

16.

정답 ⑤ 2018 나 33

퍼즐, 수리

제시문의 이해

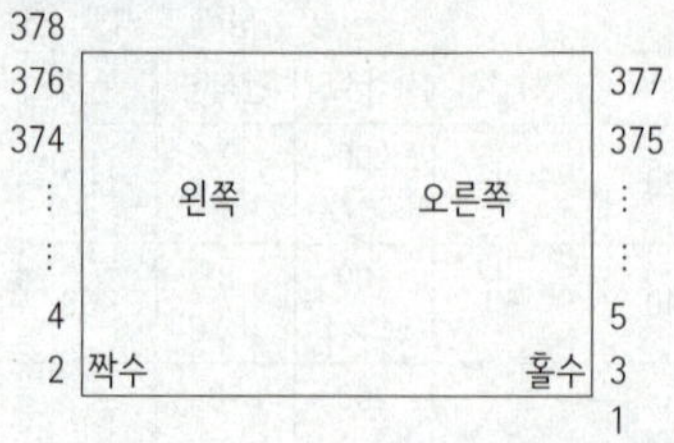

- 책을 펼쳐 나오는 2개의 쪽 번호 중에서 오른쪽 면의 쪽 번호(홀수)가 항상 더 크다.
- 쪽 번호 중 0이 있는 경우, 각 자리 숫자를 모두 더해야 더 큰 값을 얻을 수 있다.
  쪽 번호 중 1이 있는 경우, 각 자리 숫자를 모두 더해야 더 큰 값을 얻을 수 있는 경우가 있다. (예 : 111쪽 → 1+1+1 = 3 > 1×1×1 = 1)
  이 외의 대부분의 경우에는 각 자리 숫자를 곱해야 더 큰 값을 얻을 수 있다.
- 10~11쪽이나 100~101쪽을 펼쳤을 때 최소 점수가 되며, 최소 점수는 2점이다.
- 298~299쪽이나 368~369쪽을 펼쳤을 때 최대 점수가 되며, 최대 점수는 162점이다.

보기 검토

ㄱ. (X) 甲이 98쪽과 99쪽을 펼치고, 乙은 198쪽과 199쪽을 펼치면 乙이 승리한다.
➡ 甲 : 99의 각 자리 숫자를 곱하는 것이 가장 크다.
→ 81
乙 : 199의 각 자리 숫자를 곱하는 것이 가장 크다.
→ 81
무승부가 된다.

ㄴ. (O) 甲이 120쪽과 121쪽을 펼치고, 乙은 210쪽과 211쪽을 펼치면 무승부이다.
➡ 甲 : 121의 각 자리 숫자를 더하는 것이 가장 크다.
→ 4
乙 : 211의 각 자리 숫자를 더하는 것이 가장 크다.
→ 4
무승부가 된다.

ㄷ. (X) 甲이 369쪽을 펼치면 반드시 승리한다.
➡ 甲 : 369의 각 자리 숫자를 곱하는 것이 가장 크다.
→ $3 \times 6 \times 9$
→ 6과 9를 곱분해하여 위의 곱셈식을 다시 적으면 $3 \times 3 \times 2 \times 3 \times 3$가 된다.
→ $3 \times 3 \times 2 \times 3 \times 3 = 2 \times 9 \times 9$
→ 즉, 乙이 299쪽을 펼치면 무승부가 될 수 있다.

ㄹ. (O) 乙이 100쪽을 펼치면 승리할 수 없다.
➡ 100쪽을 펼친 경우에는 오른쪽 101의 각 자리 숫자를 더하는 것이 가장 크기 때문에 乙은 2점을 얻게 된다. 그런데 1쪽은 펼치지 않기 때문에, 2점은 얻을 수 있는 점수 중 가장 작은 점수이다.
甲이 10쪽과 11쪽을 펼치는 경우에는 무승부가 되고 그 외의 경우에는 甲이 승리한다.

17.

정답 ⑤ 2017 가 9

규칙의 적용

제시문과 〈선거 결과〉의 이해

- 먼저 해당 선거구에서 득표율 1위 정당의 1번 후보에게 1석이 배분된다.

	제1선거구	제2선거구	제3선거구	제4선거구
A정당	41 1위	50 1위	16	39 1위
1번 후보	30	30	12	20
2번 후보	11	20	4	19
B정당	39 2위	30 2위	57 1위	28
1번 후보	22	18	40	26
2번 후보	17	12	17	2
C정당	20	20	27 2위	33 2위
1번 후보	11	11	20	18
2번 후보	9	9	7	15

- 1위 정당의 정당 득표율이 2위 정당의 정당 득표율의 2배 이상
  → 정당 득표율 1위 정당의 2번 후보에게 나머지 1석이 돌아간다.
  1위 정당의 정당 득표율이 2위 정당의 정당 득표율의 2배 미만
  → 정당 득표율 2위 정당의 1번 후보에게 나머지 1석을 배분한다.

	제1선거구	제2선거구	제3선거구	제4선거구
A정당	41 1위	50 1위	16	39 1위
1번 후보	30	30	12	20
2번 후보	11 (2배 미만)	20 (2배 미만)	4	19
B정당	39 2위	30 2위	57 1위	28 (2배 미만)
1번 후보	22	18	40	26
2번 후보	17	12	17 (2배 이상)	2
C정당	20	20	27 2위	33 2위
1번 후보	11	11	20	18
2번 후보	9	9	7	15

선택지 검토

① [X] A정당은 모든 선거구에서 최소 1석을 차지했다.
➡ 1, 2, 4선거구에서만 1석씩을 차지하고, 제3선거구에서는 의석을 차지하지 못했다.

② [X] B정당은 모든 선거구에서 최소 1석을 차지했다.
➡ 1, 2, 3선거구에서만 총 4석을 차지하고, 제4선거구에서는 의석을 차지하지 못했다.

③ [X] C정당 후보가 당선된 곳은 제3선거구이다.
➡ C정당 후보는 제4선거구에서 당선되었다.

④ [X] 각 선거구마다 최다 득표를 한 후보가 당선되었다.
➡ 제4선거구의 경우, 최다 득표를 한 후보는 B정당의 1번 후보이지만 해당 후보는 당선되지 못했다.

⑤ [O] 가장 많은 당선자를 낸 정당은 B정당이다.
➡ B정당에서 가장 많은 4명의 당선자가 나왔다.

더 생각해 보기

- 200원이 들어 있는 사물함을 찾은 후 곧바로 총액으로 가능한 경우를 나열하여 선택지와 비교해도 정답을 찾을 수 있다.

1	2 (X)	3	4	5 (X)
6	7 200	8	9	10 200
11 200	12 (X)	13	14	15 (X)
16	17 (X)	18	19	20 (X)
21 (X)	22 200	23 (X)	24 (X)	25 300

1, 13, 19번 사물함에는 각각 300원이 들어 있거나 돈이 들어 있지 않다. 따라서 1, 7, 13, 19, 25번 사물함에 들어 있는 돈의 총액으로 가능한 것은 다음의 4가지이다.
→ 500원, 800원, 1,100원, 1,400원
이 중 선택지에 있는 금액은 1,400원 하나 뿐이므로 선택지 ⑤ 1,400원이 정답.

18.

정답 ⑤ 2017 가 18

퍼즐, 수리

※ '가능한 것'을 묻고 있으므로, 경우가 1가지로 확정되지 않을 수 있음에 주의하자.

풀이

1. 기본 상황 파악
   - 우측 숫자 총합 : 2,900원
   - 아래 숫자 총합 : 2,900원
   → 사물함에 들어있는 총액은 2,900원이다.
   → 200원이 든 사물함은 4개뿐이라고 했으므로(총 800원), 300원이 든 사물함은 7개이다.(총 2,100원)

2. 우측과 아래의 숫자들을 합분해하여 200원이 반드시 들어있는 열이나 행부터 파악한다.
   → 200원이 들어있는 나머지 3개의 사물함을 모두 찾을 수 있다.
   → 돈이 들어있지 않은 사물함을 일부 확인할 수 있다.

1	2 (X)	3	4	5 (X)	900	
6	7 200	8	9	10 200	700	200 + 200 + 300
11 200	12 (X)	13	14	15 (X)	500	200 + 300
16	17 (X)	18	19	20 (X)	300	
21 (X)	22 200	23 (X)	24 (X)	25 300	500	200 + 300
500	400	900	600	500		
200 + 300	200 + 200			200 + 300		

3. 우측과 아래의 나머지 숫자들은 300만을 사용하여 합분해를 하고, 각 열이나 행에 300원이 사용된 개수를 파악한다.
   → 300원이 반드시 들어있는 사물함을 일부 확인할 수 있다.
   → 돈이 들어있지 않은 사물함을 추가로 확인할 수 있다.
   → 8, 9, 13, 14, 18, 19번 사물함의 상황은 확정되지 않는다.

1 300	2 (X)	3 300	4 300	5 (X)	900	300 + 300 + 300
6 (X)	7 200	8	9	10 200	700	300
11 200	12 (X)	13	14	15 (X)	500	300
16 (X)	17 (X)	18	19	20 (X)	300	300
21 (X)	22 200	23 (X)	24 (X)	25 300	500	
500	400	900	600	500		
300		300 + 300 + 300	300 + 300			

- 8번, 9번, 13번, 14번, 18번, 19번에 돈이 들어 있는 경우로 가능한 것은 다음의 3가지이다.

8 300	9 (X)
13 300	14 (X)
18 (X)	19 300

8 300	9 (X)
13 (X)	14 300
18 300	19 (X)

8 (X)	9 300
13 300	14 (X)
18 300	19 (X)

- 색칠된 사물함에 들어 있는 돈의 총액으로 가능한 것은 다음의 3가지이다.

사물함	1	7	13	19	25	총액
경우 1	300	200	300	300	300	1,400
경우 2	300	200	300	0	300	1,100
경우 3	300	200	0	0	300	800

19.

정답 ② 2013 인 32

퍼즐, 수리, 경우 따지기

풀이 1 제시된 규칙을 그대로 적용

<채점 결과>

	상식 (20)		영어 (10)		A			B			C		
	○	×	○	×	상식	영어	총점	상식	영어	총점	상식	영어	총점
甲	14	6	7	3	70	70	**140**	52	55	**107**	140	70	**210**
乙	10	10	9	1	50	90	**140**	20	85	**105**	100	90	**190**
丙	18	2	4	6	90	40	**130**	84	10	**94**	180	40	**220**
만점					100	100	200	100	100	200	200	100	300

선택지 검토 1

① [O] A 방식으로 채점하면, 甲과 乙은 동점이 된다.

② [X] B 방식으로 채점하면, 乙이 1등을 하게 된다.

➡ 甲이 1등이다.

③ [O] C 방식으로 채점하면, 丙이 1등을 하게 된다.

④ [O] C 방식은 다른 방식에 비해 상식 과목에 더 큰 가중치를 부여하는 방식이다.

➡ C 방식은 상식 과목의 만점을 영어 과목보다 2배 많은 200점으로 하고 있다.

⑤ [O] B 방식에서 상식의 틀린 개수당 점수를 -5, 영어의 틀린 개수당 점수를 -10으로 한다면, 甲과 乙의 등수는 A 방식으로 계산한 것과 동일할 것이다.

➡

	상식 (20)		영어 (10)		A			B		
	○	×	○	×	상식	영어	총점	상식	영어	총점
甲	14	6	7	3	70	70	**140**	40	40	**80**
乙	10	10	9	1	50	90	**140**	0	80	**80**
丙	18	2	4	6	90	40	130	80	-20	60

풀이 2 세 가지 방식을 동일한 방식으로 변형·통일

- A방식과 C방식은 가점을 부여하는 방식이고, B방식은 가점과 감점을 동시에 부여하는 방식이다. B방식만 다른 방식과 달라서 일률적인 비교가 어려우므로, 세 가지 방식을 모두 '감점을 부여하는 방식'으로 변경해 보자.
  - A방식 : 맞힌 개수 당 5점, 10점을 가점
    → (만점을 먼저 부여하고) 틀린 개수 당 5점, 10점을 감점
  - B방식 : 맞힌 개수 당 5점, 10점을 가점 + 틀린 개수 당 3점, 5점을 감점
    → (만점을 먼저 부여하고) 틀린 개수 당 8점, 15점을 감점
  - C방식 : 맞힌 개수 당 10점, 10점을 가점
    → (만점을 먼저 부여하고) 틀린 개수 당 10점, 10점을 감점

	상식 (20)		영어 (10)		A방식 감점			B방식 감점			C방식 감점		
	○	×	○	×	상식	영어	**총 감점**	상식	영어	**총 감점**	상식	영어	**총 감점**
甲	14	**6**	7	**3**	30	30	**60**	48	45	**93**	60	30	**90**
乙	10	**10**	9	**1**	50	10	**60**	80	15	**95**	100	10	**110**
丙	18	**2**	4	**6**	10	60	**70**	16	90	**106**	20	60	**80**
만점					100	100	200	100	100	200	200	100	300

※ 감점을 기준으로 비교하는 것이므로, 총 감점이 작을수록 순위가 높다.

선택지 검토 2

① [O] A 방식으로 채점하면, 甲과 乙은 동점이 된다.

② [X] B 방식으로 채점하면, 乙이 1등을 하게 된다.

➡ 甲이 1등이다.

③ [O] C 방식으로 채점하면, 丙이 1등을 하게 된다.

④ [O] C 방식은 다른 방식에 비해 상식 과목에 더 큰 가중치를 부여하는 방식이다.

➡ C 방식은 상식 과목의 만점을 영어 과목보다 2배 많은 200점으로 하고 있다.

⑤ [O] B 방식에서 상식의 틀린 개수당 점수를 -5, 영어의 틀린 개수당 점수를 -10으로 한다면, 甲과 乙의 등수는 A 방식으로 계산한 것과 동일할 것이다.

➡ 원래의 채점 방식에서 甲과 乙의 등수에 차이가 생기는 것은, A방식에서의 두 과목의 감점 비율(5:10 = 1:2)과 B방식에서의 두 과목의 감점 비율(8:15 = 1:1.88)이 서로 다르기 때문이다. 그런데 B방식의 감점을 각각 5점, 10점으로 바꾸면 B방식은 상식에서 틀린 개수 당 10점, 영어에서 틀린 개수 당 20점을 감점하는 방식이 되어서, 두 과목의 감점 비율(10:20 = 1:2)이 A방식과 동일해진다. 결국, A방식과 바뀐 B방식의 채점 결과는 총점에만 차이가 있을 뿐(A방식 총점이 B방식 총점의 2배) 상대적인 등수는 동일하게 나온다.

20.

정답 ① 2015 인 15

규칙의 적용

〈조건〉의 이해

- 수신신호 6자리 중 단 한 자리만 0과 1이 뒤바뀐다.

풀 이

- 오염된 수신신호 수정 및 해석
  010111, 000001, 111001, 100000
  → 000111, 000000, 111000, 000000
  → 해석 : 동 → 북 → 서 → 북
  →

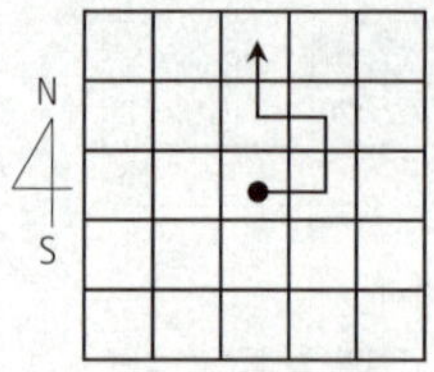

더 생각해 보기

- 『(100점을 만점으로 하고) 정답을 맞힌 개수 당 5점씩의 점수를 부여(가점)한다』는 것은 『100점 만점을 먼저 부여하고 틀린 개수 당 5점씩의 점수를 감점한다』는 것과 같은 뜻이다.
- 가점과 감점의 규칙이 동시에 있는 채점방식 중 문제당 배점의 절댓값과 문제당 감점의 절댓값이 같은 경우에는, 만점을 먼저 부여하고 두 배의 감점만을 해주어도 채점 결과는 동일하다. 예를 들어 『100점을 만점으로 하고 정답을 맞힌 개수 당 5점씩의 점수를 부여하며 틀린 개수 당 5점씩의 점수를 감점』하는 것은 『100점 만점을 먼저 부여하고 틀린 개수 당 10점씩의 점수를 감점』하는 것과 결과가 같다.

정답 및 해설

20제 연습 SET 2

하주응 PSAT 상황판단 5급 기출 엄선연습

정답

1	2	3	4	5	6	7	8	9	10
③	④	⑤	①	④	④	⑤	⑤	②	③

11	12	13	14	15	16	17	18	19	20
⑤	①	④	①	②	⑤	①	⑤	④	④

1.

정답 ③ 2015 인 5

법조문

법조문의 이해

- 제1조 : 관광상륙허가의 요건 → 선박
- 제2조 : 관광상륙허가의 요건 → 승객

선택지 검토

① 〔O〕 관광 목적의 여객운송선박에 탑승한 외국인승객이더라도 관광상륙허가를 받지 못할 수 있다.

➡ 제2호 제2항에 정한 승객에 대한 관광상륙허가의 기준을 충족시키지 못하면 허가를 받지 못할 수 있다.

② 〔O〕 관광상륙허가를 받은 외국인승객은 하선 후 상륙허가기간 내에 하선한 기항지의 하선한 선박으로 돌아가야 한다.

➡ [제1조] 관광상륙은 3일의 범위에서 허가된다.
[제2조 제2항 2호] 자신이 하선한 기항지에서 자신이 하선한 선박으로 돌아와 출국하는 것은 관광상륙허가를 받기 위한 요건 중 하나이다.

③ 〔X〕 대한민국 사증이 없으면 입국할 수 없는 사람은 관광상륙허가를 받더라도 제주특별자치도에 체류할 수 없다.

➡ 제2조 제2항 3호 가목과 나목의 요건은 둘 중 하나만 충족시키면 된다. 따라서 제주특별자치도에 체류하려는 사람은 사증 없이 입국 가능한가 여부와 상관없이 관광상륙허가를 받고 체류할 수 있다.

④ 〔O〕 관광 목적으로 부산에 하선한 후 인천에서 승선하여 출국하려고 하는 외국인승객은 관광상륙허가를 받을 수 없다.

➡ [제2조 제2항 2호] 자신이 하선한 기항지에서 자신이 하선한 선박으로 돌아와 출국하는 것은 관광상륙허가를 받기 위한 요건 중 하나이다.

⑤ 〔O〕 국제총톤수 10만 톤(1호)으로 복합해상여객운송사업 면허(3호)를 받고 크루즈업을 등록(4호)한 선박 A가 관광 목적으로 중국 - 한국 - 일본(2호)에 기항하는 경우, 그 선박의 장은 승객의 관광상륙허가를 신청할 수 있다.

➡ 제1조 규정에 의해 선박에 요구되는 모든 요건을 충족시키고 있다.

2.

정답 ④ 2018 나 22

법조문

선택지 검토

① 〔X〕 모든 법률의 공포문 전문에는 국회의장인이 찍혀 있다.

➡ [제2조 제1-2항] 법률 공포문의 전문에는 기본적으로 대통령인을 찍고, 국회의장이 공포하는 법률의 공포문 전문에만 국회의장인을 찍는다.

② 〔X〕 핵무기비확산조약의 공포문 전문에는 총리인이 찍혀 있다.

➡ [제3조] 조약 공포문의 전문에는 대통령인을 찍고, 국무총리는 서명만 한다.

③ 〔X〕 지역문화발전기본법의 공포문 전문에는 대법원장인이 찍혀 있다.

➡ [제2조 제1-2항] 지역문화발전기본법은 '법률'이다. 따라서 해당 공포문 전문에는 대통령인이 찍혀 있을 것이고, 만일 국회의장이 해당 법률을 공포했다면 국회의장인이 찍혀 있을 것이다.

④ 〔O〕 대통령인이 찍혀 있는 법령의 공포문 전문에는 국무총리의 서명이 들어 있다.

➡ [제2조 제1항, 제3조, 제4조, 각주] 대통령인이 찍혀 있는 법령이란 대통령이 공포한 법률과 조약, 대통령령을 말한다. 해당 법령의 공포문 전문에는 모두 국무총리가 서명한다.

⑤ 〔X〕 종이관보에 기재된 법인세법의 세율과 전자관보에 기재된 그 세율이 다른 경우 전자관보를 기준으로 판단하여야 한다.

➡ [제6조 제2항] 종이관보의 내용을 우선으로 하고 전자관보는 부차적인 효력만 인정되므로 종이관보를 기준으로 판단하여야 한다.

3.

정답 ⑤ 2013 인 6

TEXT 독해, 규칙의 적용

제시문의 이해

- **사회통합프로그램 교육과정**

① 일반이민자
한국어능력 사전평가 → 평가점수 확인 → 단계배정
→ 이후 단계를 순차적으로 모두 이수

② 결혼이민자
• 2012년 12월 31일까지 신청한 경우
한국어능력 사전평가 → 평가점수 확인 → 단계배정
→ 이후 단계를 순차적으로 이수 **(단, 4·5단계 면제)**

• 2013년 1월 1일부터 신청한 경우
한국어능력 사전평가 → 평가점수 확인 → 단계배정
→ 이후 단계를 순차적으로 모두 이수 **(면제 없음, 일반이민자와 동일)**

- **한국어능력 사전평가점수에 따라 한국어과정을 이수하지 않을 수도 있다.**

① 일반이민자 : 90점 이상
② 결혼이민자 : 50점 이상 (2012년 12월 31일까지 신청한 경우)
90점 이상 (2013년 1월 1일부터 일반이민자와 동일)

선택지 검토

① [X] 2012년 12월에 사회통합프로그램을 신청한 결혼이민자 A는 한국어과정을 최소 200시간 이수하여야 한다.
➡ [2문단 2문장, 표] 한국어능력 사전평가점수가 50점 이상이면 한국어과정을 이수하지 않고(0시간) 한국사회이해과정만 이수하면 된다.

② [X] 2013년 1월에 사회통합프로그램을 신청하여 사전평가에서 95점을 받은 외국인 근로자 B는 한국어과정을 이수하여야 한다.
➡ [2문단 2문장, 표] 일반이민자(외국인근로자)로서 사전평가점수가 90점 이상인 자는 한국사회이해과정만 이수하면 된다.

③ [X] 난민 인정을 받은 후 2012년 11월에 사회통합프로그램을 신청한 C는 한국어과정과 한국사회이해과정을 동시에 이수할 수 있다.
➡ [3문단 1문장] 한국어과정과 한국사회이해과정을 순차적으로 이수하여야 한다.

④ [X] 2013년 2월에 사회통합프로그램 참여를 신청한 결혼이민자 D는 한국어과정 3단계를 완료한 직후 한국사회이해과정을 이수하면 된다.
➡ [3문단 마지막 문장] 결혼이민자라 할지라도 2013년 1월 1일 이후에 신청한 자는 한국어과정 4·5단계를 면제받지 못한다.

⑤ [O] 2012년 12월에 사회통합프로그램을 신청하여 사전평가에서 77점을 받은 유학생 E는 사회통합프로그램 교육과정을 총 150시간 이수하여야 한다.
➡ 일반이민자(유학생)의 사전평가점수가 77점인 경우는 5단계에 해당한다. E는 5~6단계를 순차적으로 이수하여야 하므로 150시간을 이수하게 된다.

4.

정답 ① 2014 A 29

법조문, 계산·비교

제시문의 이해

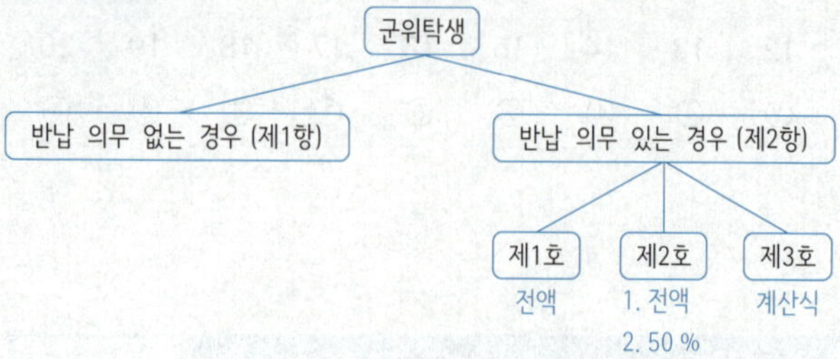

풀 이

사례	반납 의무	적용 조문 (제2항 중)	지급경비	반납액	비고
A	○	제2호	1,500만 원	1,500만 원	기준2 : 전액
B	○	제1호	2,500만 원	2,500만 원	기준1 : 전액
C	○	제3호	3,500만 원	1,750만 원	기준3 : 1/2
D	○	제2호	2,000만 원	1,000만 원	기준2 : 1/2
E	×	제2호 단서	3,000만 원	0원	—

➡ 반납해야 할 경비 비교 : B > C > A > D > E

5.

정답 ④ 2015 인 7

법조문

법조문의 이해

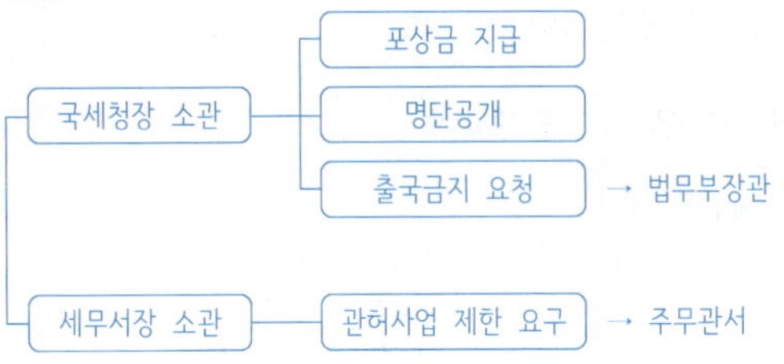

선택지 검토

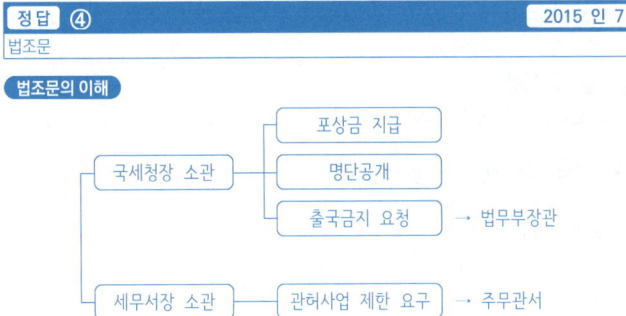

① [X] 국세청장은 甲의 인적사항, 체납액 등을 공개할 수 있다.

➡ [제2조] 명단 공개의 대상이 되려면, 체납발생일부터 1년이 지난 국세가 5억 원 이상이어야 한다. 甲의 체납액은 이미 징수된 1억 원을 포함하여도 3억 원이어서, 5억 원의 요건을 충족시키지 못한다.

② [X] 세무서장은 법무부장관에게 甲의 출국금지를 요청하여야 한다.

➡ [제4조] 출국금지 요청은 국세청장이 한다.

③ [X] 국세청장은 甲에 대하여 허가의 갱신을 하지 아니할 것을 해당 주무관서에 요구할 수 있다.

➡ [제3조 제1항] 세무서장이 해야 하는 일이다.

④ [O] 2014. 12. 12. 乙이 甲의 은닉재산을 신고하여 국세청장이 甲의 체납액을 전액 징수할 경우, 乙은 포상금으로 3,000만 원을 받을 수 있다.

➡ [제1조] 2억 원 × 15 % = 3,000만 원

⑤ [X] 세무서장이 甲에 대한 사업허가의 취소를 해당 주무관서에 요구하면 그 주무관서는 요구에 따라야 하고, 그 조치결과를 즉시 해당 세무서장에게 알려야 한다.

➡ [제3조 제2-3항] 사업허가를 취소하려면 체납 횟수가 3회 이상이어야 한다. 甲의 체납 횟수는 2회이므로 대상이 되지 않는다. 따라서 세무서장이 甲에 대한 사업허가의 취소를 요구하는 것은 위법한 요구가 되고, 이는 주무관서가 요구를 따르지 않아도 되는 정당한 사유가 될 수 있다.

조언

• 법조문이 소재인 경우에는, 제목, 주어, 서술어 등을 확인하며 내용의 전체 구조를 먼저 파악하자. 세부적인 요건 등을 검토하지 않고도 전체 구조만으로 정답을 찾거나 오답을 골라낼 수 있는 경우가 있다.

〈예〉

이 문제의 경우 체납금액이나 체납기간 등을 확인하지 않고도 선택지 ②번과 ③번은 오답임을 알아낼 수 있다.

6.

정답 ④ 2014 A 4

수리, 계산

제시문의 이해

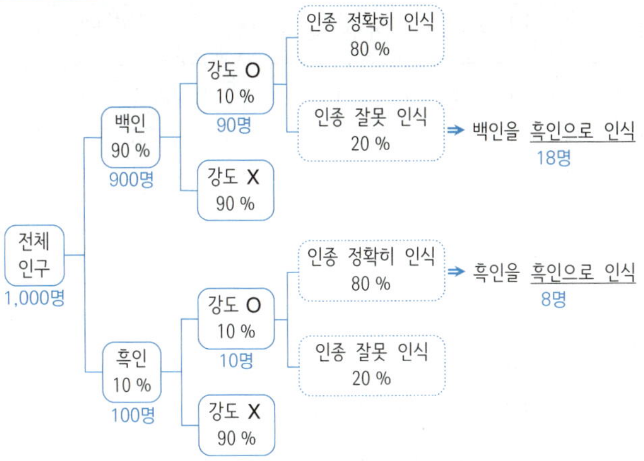

풀이

인구가 1,000명인 도시를 예로 들어 생각해보자. 이 도시 인구의 90 %는 백인이고 10 %만이 흑인이다. 또한 강도짓을 할 가능성은 두 인종 모두 10 %로 동일하며, 피해자가 백인을 흑인으로 잘못 보거나 흑인을 백인으로 잘못 볼 가능성은 20 %로 똑같다고 가정한다. 이 같은 전제가 주어졌을 때, 실제 흑인강도 10명 가운데 (**8**)명만 정확히 흑인으로 인식될 수 있으며, 실제 백인강도 90명 중 (**18**)명은 흑인으로 오인된다. 따라서 흑인으로 인식된 (**26**)명 가운데 (**8**)명만이 흑인이므로, 피해자가 범인이 흑인이라는 진술을 했을 때 그가 실제 흑인에게 강도를 당했을 확률은 겨우 (**26**)분의 (**8**), 즉 약 [31] %에 불과하다.

$$\frac{\text{실제로 흑인인 경우}}{\text{흑인으로 인식한 경우}} = \frac{8}{26} \times 100 = 30.76\ \%$$

7.

정답 ⑤ 2015 인 32

규칙의 적용, 계산·비교

현황 검토

시	초등학교 수 (×0.3)	제작학교 수	환경개선학교 수	학교참가도 (×0.6)	환경개선도 (×0.4)	평가점수
A	50 (15)	12	9	80 (48)	75 (30)	78
B	70 (21)	21	21	100 (60)	100 (40)	100
C	60 (18)	20	15	100 (60)	75 (30)	90

보기 검토

ㄱ. (O) A시와 C시의 환경개선도는 같다.

➡ 두 도시의 환경개선도는 75로 동일하다.

ㄴ. (X) 아동안전지도 제작 사업 평가점수가 가장 높은 시는 C시이다.

➡ B시이다.

<계산하지 않고 비교>

시	학교참가도 (×0.6)	환경개선도 (×0.4)
A	80	75
B	100	100
C	100	75

※ 두 항목의 가중치(0.6과 0.4)는 모든 시에 동일하게 적용된다.

B시의 경우 두 항목의 원점수가 모두 다른 시보다 높으므로 가중치를 부여하더라도 그대로 1위를 유지할 것이다.

A시와 C시의 경우 환경개선도의 원점수가 서로 같다. 따라서 가중치를 부여하여 비교하더라도 환경개선도에서는 우열을 가릴 수 없다. 한편 학교참가도에서는 A시의 원점수가 C시의 원점수보다 낮으므로 가중치를 부여하더라도 변함없이 A시의 순위가 C시의 순위보다 낮을 것이다.

따라서 최종점수 순위는 B > C > A가 된다.

ㄷ. (O) 2014년에 A시 관내 3개 초등학교가 추가로 아동안전지도를 제작했다면, A시와 C시의 학교참가도는 동일했을 것이다.

➡ A시 관내의 아동안전지도 제작학교 수가 15개가 되므로 학교참가도는 100이 되어 C시와 동일해진다.

조언

• 판단하기 쉬운 것부터 판단한 후 선택지를 걸러내는 방식으로 접근하면 작업량이 줄고 풀이가 빨라진다. 또한 계산을 하지 않고 비교하는 방식으로 풀이 속도를 높일 수도 있다.

1. 〈보기〉 ㄱ은 단순히 1단계의 분수 비교만으로 판단이 가능하므로 가장 먼저 검토한다.
2. 〈보기〉 ㄴ은 모든 계산을 끝까지 마쳐야 해서 작업량이 많은 반면, 〈보기〉 ㄷ은 새로운 조건이 추가되므로 주의해야 하지만 작업량은 더 적다. 작업량이 더 적은 〈보기〉 ㄷ을 두 번째로 확인하면 바로 정답을 찾을 수 있다.
3. 만일 〈보기〉 ㄴ을 검토하기로 했다면 계산하지 않고 비교하는 방법을 사용하여 작업량을 줄여보는 것도 좋다.

8.

정답 ⑤ 2014 A 16

퍼즐, 절차·공정, 제약의 회피

발문과 〈조건〉의 이해

● **묻고 있는 것 :** 두 번째로 전화를 걸 대상

● **우선 순위 :** 참석경험 有 > 참석경험 無

● **그 외의 조건 (= 제약)**
- ○ 같은 소속의 자문위원에게 연이어 전화를 걸 수 없다.
- ○ 같은 분야의 자문위원에게 연이어 전화를 걸 수 없다.
- ○ 참석경험이 있는 자문위원에게 연이어 전화를 걸 수 없다.

풀이

● **자문위원 현황**

성명	소속	분야	참석경험 유무
A	가 대학	세계경제	○
B	나 기업	세계경제	×
C	다 연구소	경제원조	×
D	다 연구소	경제협력	○
E	라 협회	통상	×
F	가 대학	경제협력	×

(A, B, F: 1그룹 / C, D, F: 2그룹)

● **현황에서 알 수 있는 사실**

1) A, B, F가 '같은 소속' 혹은 '같은 분야'라는 조건(제약)에 의해 하나의 그룹으로 묶인다. → 1그룹

2) C, D, F가 '같은 소속' 혹은 '같은 분야'라는 조건(제약)에 의해 하나의 그룹으로 묶인다. → 2그룹

3) E에게는 아무런 제약이 없다.

4) 1그룹에서는 A에게 가장 먼저 전화를 걸어야 한다.
그 직후 같은 그룹 내의 B 또는 F에게 연이어 전화를 할 수 없기 때문에, 2그룹의 첫 번째 사람이나 E에게 전화를 걸어야 한다.

5) 2그룹에서는 D에게 가장 먼저 전화를 걸어야 한다.
그 직후 같은 그룹 내의 C 또는 F에게 연이어 전화를 할 수 없기 때문에, 1그룹의 첫 번째 사람이나 E에게 전화를 걸어야 한다.

6) A와 D는 모두 참석경험이 있는 자문위원이기 때문에 두 사람에게 연이어 전화를 할 수 없다.
따라서 4)와 5)의 경우에, A 또는 D에게 전화를 건 직후에는 반드시 E에게 전화를 걸어야 한다.

➡ 위와 같은 사실에 의해, 전화를 거는 순서 중 처음 3명까지의 경우로 가능한 것은 다음의 2가지뿐이다.

1) A → E → D → …
2) D → E → A → …

더 생각해 보기

• 다음의 정오(正誤)를 판단해 보자.

① 甲이 첫 번째로 A에게 전화를 걸었다면, 네 번째에는 B에게 전화를 걸어야 한다. (O, ×)

② 甲은 네 번째 순서에 C에게 전화를 걸 수 있다. (O, ×)

③ 甲은 네 번째 순서에 F에게 전화를 걸 수 있다. (O, ×)

➡ F는 1그룹과 2그룹에 모두 속하고 A나 D의 바로 다음에 전화를 걸 수 없는 위원이다. 따라서 절대로 네 번째 순서가 될 수 없다. 조건을 모두 만족시키는 통화 순서로 가능한 것은 다음의 4가지이다.

1) A → E → D → B → C → F
2) 〃 → F → C
3) D → E → A → C → B → F
4) 〃 → F → B

① O ② O ③ ×

9. ~ 10.

제시문의 이해

- 제1항 : 대학설립인가의 기준
- 제2 ~ 3항 : 교사
- 제4항 : 교지
- 제5항 : 교원
- 제6항 ~ 7항 : 기본재산

9.

정답 ② 2014 A 39

법조문, 부합, 계산

보기 검토

ㄱ. 〔X〕 甲은 A대학 설립 시 부속병원을 반드시 갖추어야 한다.

➡ [제2항 제3호] 부속병원을 직접 갖추지 않고 기준을 충족하는 병원에 위탁하여 실습하도록 조치해도 된다.

ㄴ. 〔O〕 A대학의 설립인가를 받을 당시 공학계열 학생을 위해 甲이 확보해야 하는 교원 수는 최소 8명이다.

➡ [제5항, 제1항 제2호, 별표 3]

- 공학계열 교원 1인당 학생 수 : 20명
- A대학 공학계열 학생 수 : 300명
- A대학 공학계열 필요 교원 수 : 15명
- 설립인가 시 공학계열 필요 교원 수 : 8명 (15 ÷ 2 = 7.5 이상)

ㄷ. 〔X〕 甲이 동일 법인 내에 A대학뿐만 아니라 B전문대학을 함께 설립하고자 하는 경우, 확보해야 할 수익용 기본재산의 합산액은 최소 135억 원이다.

➡ [제7항] 각 학교별 제6항 각 호의 금액의 합산액 이상을 확보하여야 한다. [제6항 제1호 및 제2호] A대학에 100억 원, B전문대학에 70억 원, 이를 합산한 170억 원이 최소금액이다.

10.

정답 ③ 2014 A 40

법조문, 계산

풀이

1. [별표 1]
   - A대학의 교사기준면적

계열	인문·사회	자연과학	공학	예·체능	의학	합계
학생 1인당 교사기준면적	12	17	20	19	20	
A대학 학생 정원	400	200	300	—	100	1,000 명
A대학 교사기준면적	4,800	3,400	6,000	—	2,000	16,200 ㎡

2. A대학의 학생 정원은 1,000명이다.
3. [별표 2] 학생 정원이 1,000명 이상인 경우, 교지면적은 교사기준면적의 2배 이상이 되어야 한다.

→ A대학의 최소 교지면적 : 16,200 × 2 = 32,400 ㎡

11.

정답 ⑤ 2014 A 8

TEXT 독해, 규칙의 적용

제시문의 이해

- **1문단 : 노령연금과 분할연금의 정의**

- **2문단 : 분할연금 수급 요건 및 양태 1**
  ① 배우자의 국민연금 가입기간 중의 혼인기간이 5년 이상
  ② 배우자와 이혼
  ③ 배우였던 사람이 노령연금 수급권자
  (국민연금에 10년 이상 가입하였던 자 또는 10년 이상 가입 중인 만 60세 이상인 자)
  ④ 만 60세 이상
  ⑤ 요건을 갖춘 때부터 3년 이내에 청구

- **3문단 : 분할연금 수급 양태 2**

선택지 검토

① 〔X〕 국민연금 가입기간이 8년째인 A와 혼인한 B가 3년 만에 이혼한 경우, B는 A가 받는 노령연금에서 분할연금을 받을 수 있다.
➡ [2문단 1문장] 혼인기간 5년의 요건을 충족시키지 못했으므로, 분할 연금을 받을 수 없다.

② 〔X〕 C와 이혼한 D가 C의 노령연금에서 30만 원의 분할연금을 수령하고 있던 중 D가 사망한 경우, 이후 분할연금액 30만 원은 C가 수령하게 된다.
➡ [3문단 2문장] 분할연금을 받던 사람이 사망하면, 분할연금액은 소멸한다.

③ 〔X〕 E와 이혼한 F가 만 60세에 도달하지 않아도, E가 노령연금을 수령하는 때로부터 F는 분할연금을 받을 수 있다.
➡ [2문단 1문장 ③] 본인이 만 60세가 되어야 분할연금을 받을 수 있다.

④ 〔X〕 공무원 G와 민간인 H가 이혼한 경우, G는 H가 받는 노령연금에서 분할연금을 받을 수 있고 H는 G가 받는 공무원연금에서 분할연금을 받을 수 있다.
➡ [3문단 마지막 문장] 공무원연금에서는 분할연금을 인정하고 있지 않으므로, H는 G가 받는 공무원연금에서 분할연금을 받을 수 없다.

⑤ 〔O〕 I의 노령연금에서 분할연금을 수령하고 있던 J가 K와 결혼을 한 경우, J가 생존하는 동안 계속하여 I의 노령연금에서 분할 연금을 받을 수 있다.
➡ [2문단 2문장, 4문장] 분할연금 수급권자는 재혼을 하더라도 생존하는 동안 계속해서 분할연금을 수령할 수 있다.

12.

정답 ① 2017 가 23

TEXT 독해, 부합

선택지 검토

① 〔X〕 1960년대 말 @ 키는 타자기 자판에서 사라지면서 사용빈도가 점차 줄어들었다.
➡ [3문단 1문장] 사용빈도가 줄어들기는 했지만, @ 키는 1885년 타자기 자판에 등장한 이래로 20세기까지 자판에서 자리를 지켰다. @ 키가 타자기 자판에서 사라졌다는 정보는 제시문에 없다.

② 〔O〕 @이 사용되기 시작한 지 1,000년이 넘었다.
➡ [2문단 1문장] 제시문에 언급된 사례 중 @이 최초로 사용된 예는 6세기(500년대)였으므로, @이 사용되기 시작한 지 1,000년이 넘었음이 분명하다.

③ 〔O〕 @이 단가를 뜻하는 기호로 쓰였을 때, '토마토 15개@3달러'라면 토마토 15개의 가격은 45달러였을 것이다.
➡ [2문단 5-6문장] '@n달러'라는 표기는 '단가', 즉 '개당 가격이 n달러'임을 의미한다. 그러므로 '@3달러'는 '1개당 3달러'라는 의미이고 '토마토 15개@3달러'라면 '1개당 3달러인 토마토 15개'라는 의미이므로 토마토 15개의 가격은 45달러이다.

④ 〔O〕 @은 전치사, 측정 단위, 단가, 이메일 기호 등 다양한 의미로 활용되어 왔다.
➡ [2-3문단]
<@의 다양한 활용>

1	전치사	라틴어 'ad'의 의미			
2	측정 단위	부피 단위	암포라(amphora)	베니스	
		질량 단위	아로바(arroba)	스페인	9.5 kg
				포르투갈	12 kg
3	단가 기호	개당 가격을 표기할 때 사용			
4	이메일 기호	1971부터 사용			

⑤ 〔O〕 스페인 상인과 포르투갈 상인이 측정 단위로 사용했던 1@는 그 질량이 동일하지 않았을 것이다.
➡ [2문단 4문장] 스페인에서의 1@는 현재의 9.5 kg에 해당하며, 포르투갈에서의 1@는 현재의 12 kg에 해당한다.

13.

정답 ④ 2013 인 8

규칙의 적용, 계산

〈상황〉의 이해

1) 당사자 수 : 2명 (원고 甲, 피고 乙)

2) 사건의 구별 : 소액사건 (2,000만 원 이하)

3) 소 제기 : 2회 (민사 제1심, 민사 항소)

풀 이

● **송달료의 계산**

민사 제1심 소액사건 송달료 + 민사 항소사건 송달료 (당사자 2명)

= [당사자 수 × 송달료(3,200원) 10회분] + [당사자 수 × 송달료(3,200원) 12회분]

= [2(명) × 3,200(원) × 10(회)] + [2(명) × 3,200(원) × 12(회)]

= 2(명) × 3,200(원) × 22(회)

= 140,800(원)

14.

정답 ① 외교원 2013 인 10

규칙의 적용, 계산

제시문의 이해

※ 甲은행이 A가격(원/달러)에 달러를 사고 싶다는 의사표시를 하고,
乙은행이 B가격(원/달러)에 달러를 팔고 싶다고 의사표시를 하면,
중개인은 달러 고시 가격을 A / B 로 고시한다.

사는 가격 (A) 파는 가격 (B)

결국, 甲은행은 달러는 사기만 하고 乙은행은 달러를 팔기만 한다고 생각하면 된다.
즉, A를 은행의 달러 구입가격, B를 은행의 달러 판매가격으로 취급하면 된다.

은행이 달러를 산다. → 슬기가 달러를 판다.
은행이 달러를 판다. → 슬기가 달러를 산다.

풀 이

당장	은행	매수		매도
		1204.00	/	1204.10
	슬기	매도		매수
1시간 후		1205.10	/	1205.20
	은행	매수		매도

슬기는 100달러를 120,410원에 사서 120,510원에 팔아 100원의 이익을 얻었다.

15.

정답 ② 외교원 2013 인 33

퍼즐, 대응관계, 리그

풀이

- <조건 6>에 제시된 네 사람의 '친구' 등록 관계를 표로 정리하면 다음과 같다.

수신＼발신	양동	남헌	보란	예슬
양동		○	○	×
남헌	○		×	○
보란	○	○		×
예슬	○	○	○	

ㄱ. [O]
새로운 정보를 알게 된 예슬은 곧바로 남헌에게 메시지를 전송하였고,
이 메시지를 받은 남헌이 보란에게 메시지를 전송하였으며,
보란은 최종적으로 양동에게 이 메시지를 전송했다.

수신＼발신	양동	남헌	보란	예슬
양동		○	○	×
남헌	○		×	○
보란	○	○		×
예슬	○	○	○	

ㄴ. [X]
남헌은 특정 사항에 대한 조사를 요구하는 메시지를 양동에게 전송했다.
양동은 이를 위임하는 메시지를 예슬에게 전송했고, 3일 뒤 예슬은 양동에게 조사결과 메시지를 전송했다.

수신＼발신	양동	남헌	보란	예슬
양동		○	○	×
남헌	○		×	○
보란	○	○		×
예슬	○	○	○	

ㄷ. [X]
보란은 현재 진척 상황을 묻는 메시지를 예슬에게 전송했고,
5분 뒤 상황이 매우 어렵다는 내용의 메시지를 예슬로부터 전송받았다.

수신＼발신	양동	남헌	보란	예슬
양동		○	○	×
남헌	○		×	○
보란	○	○		×
예슬	○	○	○	

ㄹ. [O]
예슬은 업무관련 문의 메시지를 남헌에게 전송했고,
남헌은 잘 모르겠다며 보란에게 문의 메시지를 전송했다.
보란은 답변을 정리하여 예슬에게 메시지를 전송했다.

수신＼발신	양동	남헌	보란	예슬
양동		○	○	×
남헌	○		×	○
보란	○	○		×
예슬	○	○	○	

ㅁ. [O]
예슬은 남헌이 주어진 직무를 제대로 수행하지 못한다며 비난하는 메시지를 남헌에게 전송하였다.
이에 화가 난 남헌은 하소연하는 메시지를 보란에게 전송했다.

수신＼발신	양동	남헌	보란	예슬
양동		○	○	×
남헌	○		×	○
보란	○	○		×
예슬	○	○	○	

참고

- 각각의 개체가 1:1로 대응하는 리그전의 형태이다. 위에서는 리그전에 많이 사용되는 '승패표'를 작성하여 풀이했지만, 대응 구조가 단순하다면 다음과 같이 화살표를 이용한 관계도로 시각화할 수도 있다.

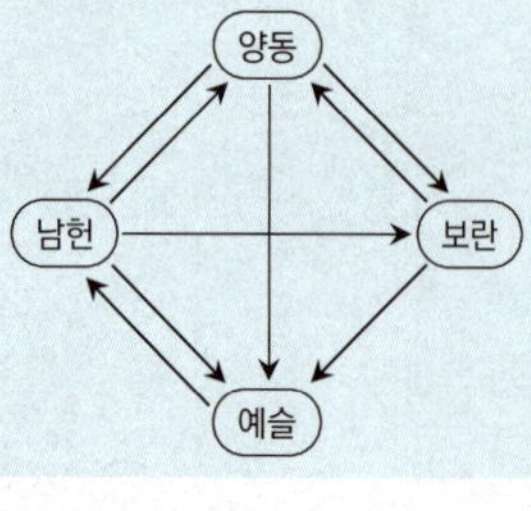

16.

정답 ⑤ 2013 인 12

규칙의 적용, 계산, 최적화

경우에 따른 A의 편익 정리

회식 실시 여부 ＼ A의 행동	A의 편익				
	실시				취소
		참석자 3명	참석자 4명	참석자 5명	
회식참석 · 선약취소	(참석자 수) × 3	9	12	**15**	**0**
회식불참 · 선약실행	12 - (참석자 수)	9	8	-	12

선택지 검토

① [X] A의 최대편익과 최소편익의 차이는 12이다.
➡ 15이다.

② [X] 다른 부서원들의 결정과 무관하게 불참을 결정하는 것이 A에게 유리하다.
➡ A를 포함하여 5명이 참석할 경우의 편익은 15로, A가 불참했을 때의 최대 편익인 12보다 높다.

③ [X] A의 편익이 최대가 되는 경우는 불참을 결정하고 회식도 취소되는 경우이다.
➡ A를 포함하여 5명이 참석할 경우가 A의 편익이 최대(15)인 경우이다.

④ [X] 다른 부서원 2명이 회식에 참석하겠다고 결정하면, A도 참석하는 것이 유리하다.
➡ 결정하지 않은 나머지 부서원 2명의 결정에 따라 A의 편익은 달라지므로 유리하다고 단정 지을 수 없다. 만일 나머지 부서원 2명이 참석하지 않기로 결정하면 A도 불참하여 회식을 취소시키고 선약을 지켜서 편익 12를 달성하는 것이 가장 유리하다.

⑤ [O] 다른 부서원 3명 이상이 회식에 참석하겠다고 결정하면, A도 참석하는 것이 유리하다.
➡ 이 경우 회식은 반드시 실시되므로, A가 회식에 불참하고 선약을 실행하면 9 이하의 편익을 얻게 된다. 반면에 A가 회식에 참석하면 참석자 수가 4명 이상이 되고 A의 편익은 12 이상이 되므로, A도 회식에 참석하는 것이 유리하다.

17.

정답 ① 2013 인 18

규칙의 적용, 계산·비교

제시문의 이해

- 생태계보전협력금의 1회분 분할납부금

$$= \frac{\text{생태계 훼손면적} \times \text{단위면적당 부과금액} \times \text{지역계수}}{2\ (\text{또는}\ 3)}$$

- 생태계보전협력금의 1회분 분할납부금을 결정하는 변수는 다음과 같다.
  - 생태계 훼손면적
  - 단위면적당 부과금액
  - 지역계수
  - 분할납부 횟수

선택지의 내용 검토

1. 단위면적당 부과금액
   → 250원으로 동일하므로 고려해야 할 변수가 아니다.
2. 생태계 훼손면적
   → 20만㎡ ~ 50만㎡
   → 최대 2.5배의 차이가 나는데 이 정도의 차이는 지역계수가 곱해지면서 순위가 쉽게 뒤바뀔 수 있는 수준이므로 잠시 판단을 보류한다.
3. 지역계수
   ① 상업지역 35만㎡ → 지역계수 : 2
   ② 농림지역 20만㎡ → 지역계수 : 4
   ③ 녹지지역 30만㎡ → 지역계수 : 3
   ④ 주거지역 20만㎡와 녹지지역 20만㎡ → 지역계수 : 2
   ⑤ 주거지역 25만㎡와 자연환경보전지역 25만㎡ → 지역계수 : 3
   ※ ④와 ⑤의 경우, 각각 2종류의 지역이 포함되는데, 그 면적이 동일하므로 2개의 지역계수의 평균값을 지역계수로 산정해도 문제가 없다.

풀 이

- 앞에서 본 바와 같이 단위면적당 부과금액은 모두 동일하므로 그것까지 포함하여 완전히 계산하지 않아도 순위는 확인할 수 있다.
- 분할납부 횟수는 생태계보전협력금 부과금액과 지방자치단체·공공기관 여부에 따라 달라진다. (2회 또는 3회)
- 2억 원이 기준이 되므로, 『생태계 훼손면적 × 지역계수』가 80만을 초과하는 경우에만 3회 분할납부가 가능하다.
  생태계 훼손면적 × 단위면적당 부과금액(250원) × 지역계수 = 2억 원
  → 생태계 훼손면적 × 지역계수 = 80만

	생태계 훼손면적 ⓐ	지역계수 ⓑ	중간 계산값 ⓐ × ⓑ = ⓒ	분할납부 횟수 ⓓ	결과값 ⓒ ÷ ⓓ
①	35만	2	70만	2	35
②	20만	4	80만	2	40
③	30만	3	90만	2 (공공기관)	45
④	40만	2	80만	2	40
⑤	50만	3	150만	3 (개인사업자)	50

→ 결과값이 가장 작은 ①번이 생태계보전협력금의 1회분 분할납부금이 가장 적다.

조언

※ 이 문제의 풀이 단축 POINT
1. 공통된 계산 생략
   → 『×250원』은 공통 요소이므로 계산하지 않아도 크기 비교에는 지장이 없다.
2. 지역계수 단순화 (평균값으로 치환)
   → 지역계수가 1과 3인 경우 두 지역의 면적이 같다면 면적을 합산하고 지역계수는 2로 취급하여도 무방하다.
3. 기준의 치환 (2억 원 → 80만)
   → 분할납부 횟수를 확인하기 위해 2억 원을 기준으로 삼으면 『×250원』의 계산을 5회(선택지 당 1회) 해주어야 한다. 2억 원이라는 기준금액이 『생태계 훼손면적 × 지역계수』의 값으로 얼마에 해당하는가를 한 번만 확인하면 계산량이 줄어든다.

18.

정답 ⑤ 2017 가 12

퍼즐, 대응관계, 경우 따지기

풀 이

- 월요일 : 甲이 알레르기 증상을 보인 것은 밀가루 또는 우유 때문이다.
  화요일 : 밀가루가 사용되었는데도 甲은 알레르기 증상을 보이지 않았다.
  → 甲이 알레르기 증상을 보인 것은 우유 때문이다.
  → 밀가루에 대하여 알레르기 증상을 보이는 사람은 없다.
  → 화요일에는 우유가 사용되지 않았다.

구분	월	화	수	목	금
재료	~~밀가루~~ 우유 → 甲	~~밀가루~~ ? ? 우유(×)	옥수수가루 아몬드 달걀	~~밀가루~~ 우유 → 甲 달걀	~~밀가루~~ 우유 → 甲 달걀 식용유
알레르기 증상 발생자	甲	丁	乙, 丁	甲, 丁	甲, 丙, 丁

- 수요일 : 乙은 수요일에만 알레르기 증상을 보였다. 즉, 수요일에만 사용된 재료가 乙에게 알레르기 증상을 일으켰다.
  → 乙이 알레르기 증상을 보인 것은 옥수수가루 또는 아몬드 때문이다.
  → 화요일에는 옥수수가루 또는 아몬드가 사용되지 않았다.
- 목요일 : 丁이 알레르기 증상을 보인 것은 우유 또는 달걀 때문인데, 우유가 사용된 월요일에 丁은 알레르기 증상을 보이지 않았고, 丁이 알레르기 증상을 보인 수요일에는 우유가 사용되지 않았다.
  → 丁이 알레르기 증상을 보인 것은 달걀 때문이다.
  → 화요일에는 달걀이 사용되었다.
- 금요일 : 丙은 금요일에만 알레르기 증상을 보였다. 즉, 금요일에만 사용된 재료가 丙에게 알레르기 증상을 일으켰다.
  → 丙이 알레르기 증상을 보인 것은 식용유 때문이다.
  → 화요일에는 식용유가 사용되지 않았다.

구분	월	화	수	목	금
재료	~~밀가루~~ 우유 → 甲	~~밀가루~~ ? 달걀 우유 (×) 식용유 (×) 옥수수가루 (△) 아몬드 (△)	옥수수가루 아몬드 달걀 → 丁	~~밀가루~~ 우유 → 甲 달걀 → 丁	~~밀가루~~ 우유 → 甲 달걀 → 丁 식용유 → 丙
알레르기 증상 발생자	甲	丁	乙, 丁	甲, 丁	甲, 丙, 丁

보기 검토

ㄱ. 〔X〕 甲이 알레르기 증상을 보인 것은 밀가루 때문이다.
➡ 우유 때문이다.

ㄴ. 〔O〕 甲, 乙, 丙은 서로 다른 재료에 대하여 알레르기 증상을 보였다.
➡ 甲은 우유, 乙은 옥수수가루 또는 아몬드, 丙은 식용유에 대하여 알레르기 증상을 보였다.

ㄷ. 〔O〕 화요일에 제공된 빵의 확인되지 않은 재료 중 한 가지는 달걀이다.
➡ 丁이 화요일에 알레르기 증상을 보였으므로 재료 중에 달걀이 있었다.

ㄹ. 〔O〕 만약 화요일에 제공된 빵에 포함된 재료 중 한 가지가 아몬드였다면, 乙의 알레르기 증상은 옥수수가루 때문이다.
➡ 乙은 옥수수가루 또는 아몬드에 대하여 알레르기 증상을 보였는데, 乙이 알레르기 증상을 보이지 않은 화요일에 아몬드가 사용되었다면, 乙은 수요일에만 사용된 옥수수가루에 대하여 알레르기 증상을 보인 것이다.

20제 SET 2

19.

정답 ④ 2013 인 38

퍼즐, 수리, 경우 따지기

놀이규칙의 이해

- 각 숫자를 1회만 사용하여 만들 수 있는 가장 큰 수는 98이다. 이 때, 막대는 13개가 사용된다.
- 각 숫자를 1회만 사용하여 만들 수 있는 가장 작은 수는 10이다. 이 때, 막대는 8개가 사용된다.
- 공식에 의하여 나온 값이 가장 커지려면 앞의 두 자리수는 98에 가까워야 하고, 뒤의 두 자리수는 10에 가까워야 한다.

보기 검토 1 숫자(두 자리수)를 우선 기준으로 하여 검토

앞의 두 자리수는 90번 대의 숫자 중에서 찾고 뒤의 두 자리수는 10번 대에서 찾는 것으로 한다.

ㄱ. 18개의 막대 사용
➡ 97(10개) - 10(8개) = 87

ㄴ. 19개의 막대 사용
➡ 95(11개) - 10(8개) = 85

ㄷ. 20개의 막대 사용
➡ 98(13개) - 12(7개) = 86

ㄹ. 21개의 막대 사용
➡ 98(13개) - 10(8개) = 88

보기 검토 2 막대 개수를 우선 기준으로 검토 1

앞의 두 자리수는 90번 대의 숫자 중에서 찾고 뒤의 두 자리수는 10번 대에서 찾는 것으로 생각하면 숫자 9(막대 6개)와 숫자 1(막대 2개)이 공통적으로 사용된다는 것을 알 수 있다. 따라서 <보기>에 제시된 막대 개수에서 8개를 제외한 개수로 만들 수 있는 가장 큰 한 자리수와 가장 작은 한 자리수를 찾아 그 차이가 가장 커지도록 한다.

9□ – 1□ = ?

ㄱ. 18개의 막대 사용
➡ 10개의 막대 사용하여 만들 수 있는 가장 큰 수 : 7 - 0 = 7

ㄴ. 19개의 막대 사용
➡ 11개의 막대 사용하여 만들 수 있는 가장 큰 수 : 5 - 0 = 5

ㄷ. 20개의 막대 사용
➡ 12개의 막대 사용하여 만들 수 있는 가장 큰 수 : 6 - 0 = 6

ㄹ. 21개의 막대 사용
➡ 13개의 막대 사용하여 만들 수 있는 가장 큰 수 : 8 - 0 = 8

보기 검토 3 막대 개수를 우선 기준으로 검토 2

뒤의 두 자리수는 가장 작은 10으로 고정하고 앞의 두 자리수는 90번 대의 숫자 중에서 가능한 큰 것으로 찾는다. 즉 <보기>에 제시된 막대 개수에서 14개를 뺀 나머지로 만들 수 있는 가장 큰 한 자리수를 찾는 것으로 한다.

9□ – 10 = ?

ㄱ. 18개의 막대 사용
➡ 4개의 막대 사용하여 만들 수 있는 가장 큰 한 자리수 : 7

ㄴ. 19개의 막대 사용
➡ 5개의 막대 사용하여 만들 수 있는 가장 큰 한 자리수 : 5

ㄷ. 20개의 막대 사용
➡ 6개의 막대 사용하여 만들 수 있는 가장 큰 한 자리수 : 6

ㄹ. 21개의 막대 사용
➡ 7개의 막대 사용하여 만들 수 있는 가장 큰 한 자리수 : 8

결과

ㄹ > ㄱ > ㄷ > ㄴ

20.

정답 ④ 2014 A 17

퍼즐, 대응관계

제시문의 이해 및 풀이

- **제시된 조건과 숨겨진 의미**

[조건 1] 일주일 중에 2일 단식을 한다.
[조건 2] 단식일에는 아침 혹은 저녁 한 끼 식사만 한다.
→ 점심식사를 한 날은 정상적인 식사를 한 날이다.
[조건 3] 단식을 하는 날 전후로 각각 최소 2일간은 정상적으로 세 끼 식사를 한다.
[조건 4] 단식을 하는 날 이외에는 항상 세 끼 식사를 한다.
→ 어느 때든 단 한 끼라도 먹지 않았음이 확실한 날은 단식일이다.
[조건 5] 업무상의 식사 약속을 고려하여 단식일과 방법을 유동적으로 결정한다.
→ 업무상의 식사가 아침 혹은 저녁의 식사이면, 그 날이 단식일일 수도 있다.

- **상황의 정리**

○ 2주차 월요일에는 단식을 했다.
→ [조건 3] 1주차 토요일과 일요일에는 정상적으로 세 끼 식사를 했다.

요일	월	화	수	목	금	토	일	월
아침						○	○	?
점심						○	○	×
저녁						○	○	?
단식여부						정상식	정상식	단식

○ 지난주 월요일, 수요일, 금요일에는 조찬회의에 참석하여 아침식사를 했다.

요일	월	화	수	목	금	토	일	월
아침	○		○		○	○	○	?
점심						○	○	×
저녁						○	○	?
단식여부						정상식	정상식	단식

○ 지난주 목요일에는 업무약속이 있어서 점심식사를 했다.
→ [조건 2] 목요일에는 정상적으로 세 끼 식사를 했다.

요일	월	화	수	목	금	토	일	월
아침	○		○	○	○	○	○	?
점심				○		○	○	×
저녁				○		○	○	?
단식여부				정상식		정상식	정상식	단식

○ 지난주에 먹은 아침식사 횟수와 저녁식사 횟수가 같다.
→ 지금까지 정리된 바에 따르면, 지난주의 아침식사 횟수는 6회 저녁식사 횟수는 3회이다.
→ 화요일에는 아침식사를 하지 않았다.
화요일에 아침식사를 했다면 지난주의 아침식사와 저녁식사를 동일하게 7일로 맞추어야 하는데, 이렇게 되면 단식을 한 날이 없게 되기 때문이다.
→ 화요일은 단식을 했고, 저녁식사만 했다.

요일	월	화	수	목	금	토	일	월
아침	○	×	○	○	○	○	○	?
점심		×		○		○	○	×
저녁		○		○		○	○	?
단식여부		단식		정상식		정상식	정상식	단식

→ [조건 3] 월요일과 수요일에는 정상적으로 세 끼 식사를 했다.
→ [조건 1] 금요일에는 단식을 했다.

요일	월	화	수	목	금	토	일	월
아침	○	×	○	○	○	○	○	?
점심	○	×	○	○	×	○	○	×
저녁	○	○	○	○	×	○	○	?
단식여부	정상식	단식	정상식	정상식	단식	정상식	정상식	단식

정답 및 해설

25제 연습 SET 1

하주응 PSAT 상황판단 5급 기출 엄선연습

정답

1	2	3	4	5	6	7	8	9	10
①	④	②	①	①	③	③	⑤	③	⑤

11	12	13	14	15	16	17	18	19	20
③	②	④	④	①	⑤	③	④	②	⑤

21	22	23	24	25
②	④	③	④	①

1.

정답 ① 2022 나 1

법조문

선택지 검토

① 〔O〕 의사자 甲에게 배우자와 자녀가 있는 경우, 보상금은 전액 배우자에게 지급된다.

➡ [제2조 제3항 제2호] 배우자와 자녀 중 1순위 유족인 배우자에게 보상금이 전액 지급된다.

② 〔X〕 지방자치단체는 의상자 乙에게 서훈을 수여하거나 동상을 설치하는 기념사업을 수행할 수 있다.

➡ [제2조 제1-2항] 서훈은 '국가'가 수여하는 것이다. 지방자치단체는 동상을 설치하는 기념사업을 수행할 수는 있지만 서훈을 수여할 수는 없다. 또한 동상을 설치하는 기념사업은 의사자를 대상으로 하는 것이며 의상자를 대상으로 하는 것이 아니다.

③ 〔X〕 소방관 丙이 화재 현장에 출동하여 화재를 진압하던 중 부상을 입은 경우, 丙은 의상자로 인정될 수 있다.

➡ [제1조 제3항] 직무 외의 행위로서 구조행위를 하다가 신체상의 부상을 입은 경우에만 의상자로 인정될 수 있다. 소방관이 화재 현장에서 부상을 입은 것은 직무 수행 중에 일어난 일이므로 丙은 의상자로 인정될 수 없다.

④ 〔X〕 물놀이를 하던 丁이 물에 빠진 애완동물을 구조하던 중 부상을 입은 경우, 丁은 의상자로 인정될 수 있다.

➡ [제1조 제1항 제4호] 다른 '사람'의 생명·신체를 구하다가 부상을 입은 경우에만 의상자로 인정될 수 있다.

⑤ 〔X〕 운전자 戊가 자신이 일으킨 교통사고의 피해자를 구조하던 중 다른 차량에 치여 부상당한 경우, 戊는 의상자로 인정될 수 있다.

➡ [제1조 제1항 단서] 자신의 행위로 인하여 위해에 처한 사람에 대한 구조행위는 의상자 인정 요건인 구조행위가 아니다.

2.

정답 ④ 2022 나 2

법조문

선택지 검토

① 〔X〕 A의 직계혈족인 B가 A의 기본증명서 교부를 청구할 때에는 A의 위임을 받아야 한다.

➡ [제1항] 직계혈족은 가족관계등록부의 기록사항에 관하여 발급할 수 있는 증명서(기본 증명서 포함)의 교부를 위임 없이 직접 청구할 수 있다. 대리인이 청구하는 경우에만 위임이 필요하다.

② 〔X〕 본인의 입양관계증명서 교부를 청구한 C는 수수료와 우송료를 일괄 납부하여야 한다.

➡ [제3항] '송부'가 아닌 '교부'만 청구하는 경우에는 우송료를 납부할 필요가 없다.

③ 〔X〕 지방자치단체는 직무상 필요에 따라 구두로 지역주민 D의 가족관계증명서 교부를 신청할 수 있다.

➡ [제1항 제1호] 지방자치단체가 직무상 필요에 따라 가족관계증명서 교부를 신청할 때에는 문서로 신청해야 한다.

④ 〔O〕 E의 자녀 F는 E의 혼인관계증명서의 기록사항에 대해 전자적 방법에 의한 열람을 청구할 수 있다.

➡ [제4항, 제1항] 자녀는 가족관계등록부의 기록사항 전부 또는 일부에 대하여 전자적 방법에 의한 열람을 청구할 수 있으며, 혼인관계증명서는 가족관계 등록부의 기록사항이 담겨 있는 증명서에 해당한다.

⑤ 〔X〕 미성년자 G는 본인의 친양자입양관계증명서의 기록사항에 대해 전자적 방법에 의한 열람을 청구할 수 있다.

➡ [제4항 단서] 친양자입양관계증명서의 기록사항에 대하여는 친양자가 성년이 된 이후에만 열람을 청구할 수 있다.

3.

정답 ② 2022 나 4

법조문

선택지 검토

① 〔X〕 A가 2년간 재직하다가 퇴직한 경우, 새로 임명된 관장의 임기는 1년이다.

➡ [제2조 제1항, 제3항] 임원의 사임 등으로 인하여 선임되는 임원의 임기는 새로 시작된다. 따라서 새로 임명된 관장의 임기는 3년이다.

② 〔O〕 이사회에 A, B, C, D, E가 출석한 경우, 그 중 2명이 반대하면 안건은 부결된다.

➡ [제3조 제3항] 이사회는 재적이사 과반수의 찬성으로 의결한다. 재적이사는 '이사인 관장'을 포함하여 A ~ F 6명이므로 이 중 4명 이상이 찬성해야 의결된다. 이때 출석한 재적이사 A ~ E(5명) 중 2명이 반대하면 3명만 찬성을 하게 되므로, 의결정족수인 4명 이상의 찬성을 확보할 수 없으므로 부결된다.

③ 〔X〕 A가 부득이한 사유로 직무를 수행할 수 없을 때에는 G가 소속 직원을 지휘·감독한다.

➡ [제2조 제5항] 관장이 부득이한 사유로 직무를 수행할 수 없을 때에는 상임이사 B가 그 직무를 대행한다.

④ 〔X〕 B가 직무상 알게 된 비밀을 누설한 경우, 1년의 징역과 500만 원의 벌금에 처해질 수 있다.

➡ [제4조 제2항] 병과 규정이 없으므로 징역형과 벌금형 중 하나만 부과된다.

⑤ 〔X〕 ○○박물관 정관에 "관장은 이사, 감사를 임면한다."라고 규정되어 있는 경우, A는 G의 임기가 만료되면 H를 상임감사로 임명할 수 있다.

➡ [제1조 제2항] 감사는 비상임이므로 '상임감사'를 임명할 수는 없다.

4.

정답 ① 2022 나 22

법조문

선택지 검토

① 〔O〕 도급작업이 일시적인 경우, 甲은 고용노동부장관의 승인 없이 乙의 근로자를 자신의 사업장에서 작업하도록 할 수 있다.

➡ [제1조 제2항 제1호] 일시적인 도급작업인 경우에는 도급하여 자신의 사업장에서 수급인의 근로자가 그 작업을 하도록 할 수 있으며, 이때에는 고용노동부장관의 승인이 필요 없다.

② 〔X〕 도급작업이 상시적인 경우, 甲이 乙의 근로자를 자신의 사업장에서 작업하도록 하였다면 3년 이하의 징역에 처한다.

➡ [제1조 제1항 제1호, 제3조] 이 경우는 10억 원 이하의 과징금을 부과할 수 있는 경우에 해당한다.

③ 〔X〕 乙은 자신의 기술이 甲의 사업 운영에 필수불가결한 경우가 아니라면 그 작업을 하도급할 수 없다.

➡ [제1조 제2항 제2호, 제3항] 수급인이 보유한 기술이 전문적이고 사업 운영에 필수불가결하여 고용노동부장관의 승인을 받은 경우에는 하도급을 할 수 없다. 그러나 이 경우가 아니라면 하도급이 금지되지 않는다.

④ 〔X〕 乙의 근로자가 甲의 사업장에서 작업을 하는 경우, 안전조치 및 보건조치를 할 의무는 乙이 진다.

➡ [제2조] 안전조치 및 보건조치를 할 의무는 도급인(사업주 甲)이 진다.

⑤ 〔X〕 甲이 자신의 사업장에서 작업을 하는 乙의 근로자에 대해 필요한 안전조치 및 보건조치를 하지 않을 경우, 고용노동부장관은 3억 원의 과징금을 부과할 수 있다.

➡ [제2조, 제4조] 이 경우는 3년 이하의 징역 또는 3천만 원 이하의 벌금에 처해지는 경우에 해당한다.

5.

정답 ① 2022 나 7

TEXT, 부합·추론, 계산

〈상황〉의 이해

	순위규모분포		종주분포
국가 / 순위	A국		B국
1 (수위도시)	1	600만 명	660만 명
2	1/2	300만 명	200만 명
3	1/3	200만 명	-
4	1/4	150만 명	-
			1위의 인구 ÷ 2위의 인구 = 3.3

선택지 검토

① 〔O〕 A국의 수위도시와 인구규모 두 번째 도시 간 인구의 차이는 300만 명이다.

➡ 수위도시의 인구는 600만 명이고, 인구규모 두 번째 도시의 인구는 300만 명이므로 옳다.

② 〔X〕 B국의 인구규모 세 번째 도시의 인구는 종주도시의 1/3이다.

➡ 1/3 비율은 순위규모분포와 관련한 것이며, 종주분포에서의 1위(종주도시)와 3위 사이의 관계는 제시문에 설명되어 있지 않다. 다만, 2위 도시의 인구가 종주도시 인구의 1/3 미만이므로, 3위 도시의 인구는 종주도시 의 1/3이 아님을 알 수 있다.

③ 〔X〕 B국의 종주도시 인구는 A국의 수위도시에 비해 40만 명 적다.

➡ A : B = 600만 : 660만
60만 명 더 많다.

④ 〔X〕 인구규모 첫 번째 도시와 두 번째 도시의 인구 합은 A국이 B국보다 60만 명 더 많다.

➡ A : B = 900만 : 860만
40만 명 더 많다.

⑤ 〔X〕 A국과 B국의 인구규모 두 번째 도시 인구는 동일하다.

➡ A국은 300만 명, B국은 200만 명으로 서로 다르다.

6.

정답 ③ 2022 나 26

TEXT, 부합·추론

보기 검토

ㄱ. 〔X〕 같은 양이라면 BD20의 생산원가가 일반디젤보다 낮을 것이다.

➡ [2문단 3문장] 바이오디젤의 생산원가가 일반디젤보다 훨씬 높기 때문에, 바이오디젤이 혼합된 BD20의 생산원가가 일반디젤보다 높을 것이다.

ㄴ. 〔O〕 석유에서 얻은 연료에는 황 성분이 포함되어 있을 것이다.

➡ [1문단 5문장] 석유에서 얻는 연료에는 식물성 기름과는 달리 황이 포함되어 있다.

ㄷ. 〔X〕 같은 온도에서 바이오디젤이 액체일 때 일반디젤은 고체일 수 있다.

➡ [2문단 4문장] 바이오디젤은 일반디젤보다 응고점이 높다.
액체상태의 물질은 온도가 낮아지면 고체가 된다. 즉, 응고점이 높다는 것은 온도가 낮아질 때 더 먼저 고체가 된다는 것이다. 따라서 같은 온도에서 바이오디젤이 액체일 때 일반디젤도 반드시 액체이고, 바이오디젤이 고체일 때 일반디젤은 액체이거나 고체이다. 바이오디젤이 액체일 때 일반디젤이 고체일 수는 없다.

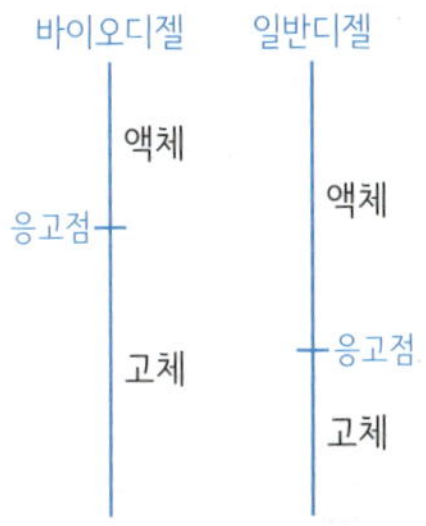

ㄹ. 〔O〕 바이오디젤만 연료로 사용하면 일반디젤만 사용했을 때와 비교해서 질소산화물 배출은 늘지만 이산화황 배출은 줄어들 것이다.

➡ [1문단 5문장, 2문단 3문장] 바이오디젤이 연소할 때는 이산화황이 거의 배출되지 않지만, 질소산화물은 더 많이 배출된다.

7.

정답 ③ 2022 나 28

계산, 단위

풀이

○ 기준규격에 따라 수액 360 ml를 2시간 동안 모두 주입하려면, 1초당 (㉠) gtt씩 주입하여야 한다.

- 360 ml = 7,200 gtt(방울)
- 2시간 = 120분 = 7,200초

➡ 1초당 1 gtt(방울)

○ 기준규격에 따라 3초당 1 gtt로 수액을 주입하면, 24시간 동안 최대 (㉡) ml를 주입할 수 있다.

- 1분당 20 gtt(방울) = 1분당 1ml
- 24시간 = 1,440분

➡ 24시간 동안 1,440 ml

8.

정답 ⑤ 2022 나 25

TEXT, 규칙

〈상황〉의 이해

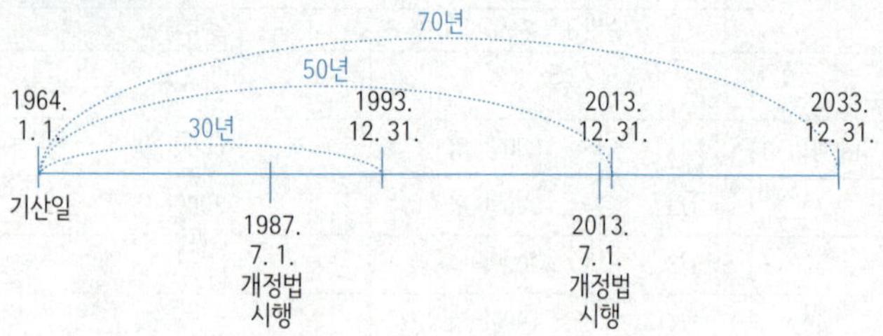

풀이

● 보호기간의 기산일 = 사망한 다음해의 1월 1일
→ 1964년 1월 1일

㉠ 1957년 제정 저작권법에 의한 보호기간 = 30년
→ 1993년 12월 31일

㉡ 1987년 개정 저작권법에 의한 보호기간 = 50년
→ 개정법 시행 당시(1987. 7. 1.) 저작권 보호기간이 남아있으므로 계속 보호됨
→ 2013년 12월 31일

㉢ 2011년 제정 저작권법에 의한 보호기간 = 70년
→ 개정법 시행 당시(2013. 7. 1.) 저작권 보호기간이 남아있으므로 계속 보호됨
→ 2033년 12월 31일

9. ~ 10.

제시문의 이해

- 1문단 : 탄소중립(넷제로)

- 2문단 : [항공 출장] 이산화탄소 배출량. A은행의 경우.
- 3문단 : [항공 출장] A은행의 항공 출장 축소

- 4문단 : [컴퓨터 시스템의 전력 소비] A은행의 컴퓨터 전력 사용 현황
- 5문단 : [컴퓨터 시스템의 전력 소비] A은행의 전력차단프로젝트

9.

정답 ③ 2022 나 19

TEXT, 부합·추론

보기 검토

ㄱ. 〔X〕 A은행이 전력차단프로젝트를 시행하더라도 주간에 전력 절감은 없을 것이다.

➡ [5문단 2문장] 전력차단프로젝트는 컴퓨터가 일정시간 사용되지 않으면 '언제라도' 전력을 차단하는 것이므로, 주간이라도 전력이 차단되어 전력이 절감되는 경우가 있을 수 있다.

ㄴ. 〔O〕 A은행의 전력차단프로젝트로 절감되는 컴퓨터 1대당 전력량은 연간 15 kWh 이상이다.

➡ 컴퓨터 22,000대 기준 연간 절감 전력량 = 350,000 kWh
컴퓨터 1대 기준 연간 절감 전력량 ≒ 15.9 kWh

ㄷ. 〔X〕 A은행이 화상회의시스템과 전력차단프로젝트를 도입하면 넷제로가 실현된다.

➡ [1문단 1-2문장] 넷제로(탄소중립)는 배출되는 탄소량과 흡수·제거되는 탄소량을 동일하게 만든다는 개념이다. A은행의 정책에 따라 탄소발생량은 감소하겠지만 탄소흡수·제거량에 대한 정보가 없으므로 넷제로가 실현될 것인지는 알 수 없다.

ㄹ. 〔O〕 1인당 이산화탄소 평균 배출량은 4명이 자동차 한 대로 출장을 가는 경우가 같은 거리를 1명이 비행기로 출장을 가는 경우의 1/8에 해당한다.

➡ [2문단 1문장]
4명이 자동차 한 대로 출장을 가는 경우 이산화탄소 배출량 = 200 kg
→ 1인당 50 kg
1명이 비행기로 출장을 가는 경우 이산화탄소 배출량 = 400 kg
→ 1인당 400 kg

10.

정답 ⑤ 2022 나 20

계산·비교

풀이

- 정책 도입 전 이산화탄소 배출량 [2문단 2문장, 2문단 3문장]
  → (항공출장 1인당 400 kg) × (매년 1,000명) = 400,000 kg = 400톤
  → 연간 전체 이산화탄소 배출량 = (항공 출장으로 인한 배출량) × 5
  = 400톤 × 5 = 2,000톤

- 정책 도입 후 감소되는 이산화탄소 배출량
  ① [3문단 3문장] 항공 출장으로 인한 배출량의 30%에서 90% 감소
  → 400톤 × 0.3 × 0.9 = 108톤 감소
  ② [5문단 3문장] 전력차단프로젝트
  → 652톤 감소
  ➡ 총 760톤 감소

➡ 정책 도입 후 감소율
→ 760 ÷ 2,000 = 0.38
→ 38 %

11.

정답 ③ 2022 나 16

규칙·지침, 계산

풀이

기업	참여자격				참여제한		
	고용보험 피보험자 수	대표자 나이	사업 개시 경과연수	청년기업	(㉠)	(㉡)	청년수당 가입유지율
A	45	39	8	×	25	7	28%
B	30	40	8	×	25	23	92%
C	4	40	6	×	2	2	
D	2	39	6	○	2	0	무관
E	2	38	8	×	2	2	

● 참여 자격이 없는 기업
- C : 고용보험 피보험자가 5인 미만인데 청년기업이 아님(대표자 연령 초과)
- E : 고용보험 피보험자가 5인 미만인데 청년기업이 아님(사업 개시 경과연수 초과)

● 참여 제한에 걸리는 기업
- A : 청년수당 가입 인원이 2인을 초과하는데 청년수당 가입유지율이 30% 미만임.

➡ 청년미래공제에 참여 가능한 기업 : B, D

12.

정답 ② 2022 나 21

법조문

풀이

대상자	신고기간 후 경과일수	특이사항	과태료	가중 경감	결정금액	부과액	초과분
甲	200일	국가유공자 사실대로 신고	5만 원	-	5만 원	10만 원	5만 원
乙	71일	부실신고 = 신고하지 않음	3만 원	× 2	6만 원	6만 원	-
丙	9일	「장애인복지법」상 장애인 사실조사기간 중 자진신고	1만 원	× 0.5	5천 원	1만 5천 원	1만 원

➡ 잘못 부과한 과태료 초과분의 합 = 6만 원

13.

정답 ④ 2022 나 11

규칙·지침

풀이

요일	월	화	수	목
대중교통 이용시간 (시내버스 제외)	(시외) 60분	(시외) 60분	(시외) 30분 (지하철) 20분	(시외) 60분
280쪽 책	~ 280쪽 (40분)	-	-	-
350쪽 책	~ 30쪽 (20분)	~ 150쪽	~ 250쪽	(출근) ~ 310쪽 **(퇴근) ~ 350쪽**
	15쪽/10분	20쪽/10분		

14.

정답 ④ 2022 나 8

퍼즐, 대응관계, 수리

풀이

- 이들은 각각 3가지 색의 접시만 먹었으며, 각자 먹지 않은 접시의 색은 서로 달랐다.
- 이들이 먹은 접시 개수를 모두 세어 보니 빨간색 접시 7개, 파란색 접시 4개, 노란색 접시 8개, 검정색 접시 3개였다.

	7 빨간색	4 파란색	8 노란색	3 검정색
甲				
乙				
丙				
丁				

○ 甲은 빨간색 접시 4개, 파란색 접시 1개, 노란색 접시 2개를 먹었다.

	7 빨간색	4 파란색	8 노란색	3 검정색
甲	4	1	2	×
乙				
丙				
丁				

○ 丁은 모두 6개의 접시를 먹었으며, 이 중 빨간색 접시는 2개였고 파란색 접시는 먹지 않았다.

	7 빨간색	4 파란색	8 노란색	3 검정색
甲	4	1	2	×
乙				
丙				
丁 (6)	2	×		

○ 丙은 乙보다 파란색 접시를 1개 더 먹었으며, 노란색 접시는 먹지 않았다.

	7 빨간색	4 파란색	8 노란색	3 검정색
甲	4	1	2	×
乙		1		
丙		2	×	
丁 (6)	2	×		

➡ 각자 먹지 않은 접시의 색이 서로 달랐다고 했으므로 乙은 빨간색 접시를 먹지 않았고, 최종적으로 다음과 같이 정리된다.

	7 빨간색	4 파란색	8 노란색	3 검정색	
甲	4	1	2	×	
乙	×	1	3	1	1,200 + 6,000 + 4,000 = 11,200
丙	1	2	×	1	
丁 (6)	2	×	3	1	

15.

정답 ① 2022 나 38

규칙·지침, 계산

풀이

구분	등산		스키		암벽등반		수영		볼링	
	甲	乙	甲	乙	甲	乙	甲	乙	甲	乙
비용(원)	8,000		60,000		32,000		20,000		18,000	
	5		1		2		3		4	
만족도	30		80		100		20		70	
	2		4		5		1		3	
위험도	40		100		80		50		60	
	1	5	5	1	4	2	2	4	3	3
활동량	50		100		70		90		30	
	2	4	5	1	3	3	4	2	1	5
점수 합	10	**16**	15	7	14	**12**	10	10	11	**15**
	26		22		**26**		20		**26**	

➡ 등산, 암벽등반, 볼링이 26점으로 동점이므로, 이 중 을이 부여한 점수가 가장 높은 등산을 선택한다.

16.

정답 ⑤ 2022 나 29

계산·비교

풀이

● 편익

구분	A	B	C
근속연수	25	35	30
평균연봉	1억 원	7천만 원	5천만 원
연금 여부	없음	없음	있음 (× 1.2)
편익(억 원)	25	24.5	18

● 비용

구분	A	B	C
준비연수	3	1	4
연간 준비비용	6천만 원	1천만 원	3천만 원
준비난이도	중 (× 1.5)	하 (× 1.0)	상 (× 2.0)
연고지 여부	연고지	비연고지 (+2억 원)	비연고지 (+2억 원)
비용(억 원)	2.7	2.1	4.4

● 편익 - 비용

구분	A	B	C
편익 - 비용	20.3	24.4	13.6
평판도	2위	3위	1위 (× 2)
결과	22.3	22.4	27.2
	3순위	2순위	1순위

17.

정답 ③ 2022 나 34

수리퍼즐

풀이

○ A와 B전화번호에서 공통된 숫자의 종류는 5를 포함하여 세 가지이다.
○ A전화번호는 세 가지의 홀수만으로 구성되어 있다.
○ A전화번호의 첫 번째와 마지막 숫자는 서로 다르며, 합이 10이다.
→ A전화번호는 [1, 5, 9] 또는 [3, 5, 7]로 구성되어 있다.
→ A전화번호에 사용된 숫자 세 가지는 모두 B전화번호에도 사용되었다.

○ B전화번호를 구성하는 숫자 중 가장 큰 숫자는 세 번 나타난다.
○ B전화번호를 구성하는 숫자 중 두 번째로 작은 숫자는 짝수다.
→ <A전화번호에 [1, 5, 9]가 사용된 경우>
B전화번호에 사용된 숫자는 [1, 2, 5, 9, 9, 9] 또는 [1, 4, 5, 9, 9, 9]이다.
→ <A전화번호에 [3, 5, 7]이 사용된 경우>
B전화번호에 사용된 숫자는 [3, 4, 5, 7, 7, 7]이다.

➡ 사무소 B의 전화번호를 구성하는 6개 숫자를 모두 합한 값의 최댓값
= 1 + 4 + 5 + 9 + 9 + 9
= 37

18.

정답 ④ 2022 나 33

퍼즐, 대응관계

풀이

<옹달샘>

● 토끼 C: 나는 계속 D만 졸졸 따라다녔어.
→ C와 D는 모두 옹달샘에 갔거나 모두 옹달샘에 가지 않았다.
● 토끼 A: 우리 중 나를 포함해서 셋만 옹달샘에 다녀왔어.
→ 옹달샘에 간 토끼
① A, C, D
② A, B, E
● 토끼 D: B가 옹달샘에 가지 않았다면, 나도 옹달샘에 가지 않았어.
→ ① A, C, D는 불가능하다.
➡ 옹달샘에 간 토끼 = A, B, E

<물 마심>

● 토끼 B: D가 물을 마셨다면 나도 물을 마셨어.
→ 다음의 세 가지 경우가 가능하다.

A	B	C	D	E
	○		○	
	○		×	
	×		×	

● 토끼 E: 너희 중 둘은 물을 마셨지. 나를 포함해서 셋은 물을 한 모금도 마시지 않아서 목이 타.
→ 다음의 네 가지 경우가 가능하다.

A	B	C	D	E
×	○	×	○	×
○	○	×	×	×
×	○	○	×	×
○	×	○	×	×

➡

	A	B	C	D	E
옹달샘	○	○	×	×	○
물	×	○	×	○	×
	○	○	×	×	×
	×	○	○	×	×
	○	×	○	×	×

선택지 검토

① [X] A와 D는 둘 다 물을 마셨다.
➡ A와 D가 함께 물을 마신 경우는 없다.

② [X] C와 D는 둘 다 물을 마셨다.
➡ C와 D가 함께 물을 마신 경우는 없다.

③ [X] E는 옹달샘에 다녀가지 않았다.
➡ E는 옹달샘에 다녀갔다.

④ [O] A가 물을 마시지 않았으면 B가 물을 마셨다.
➡ A가 물을 마시지 않은 경우는 두 가지인데, 두 경우 모두 B는 물을 마셨다.

⑤ [X] 물을 마시지 않은 토끼는 모두 옹달샘에 다녀갔다.
➡ 물을 마시지 않은 토끼와 옹달샘에 다녀간 토끼가 동일한 경우는 없다.

19.

정답 ② 2022 나 12

규칙·지침, 퍼즐, 암호

풀이

ㅇ 우선 암호화하고자 하는 단어의 자모를 초성(첫 자음자) - 중성(모음자) - 종성(받침) 순으로 나열하되, 종성이 없는 경우 초성 - 중성으로만 나열한다.

단어	ㅅ	ㅏ	ㅁ	ㅜ	ㄱ	ㅘ	ㄴ

ㅇ 그 다음 각각의 자모를 <자모변환표>에 따라 대응하는 세 개의 숫자로 변환한다.

단어	ㅅ	ㅏ	ㅁ	ㅜ	ㄱ	ㅘ	ㄴ
변환 숫자	479	775	537	456	120	189	623

ㅇ 변환된 숫자와 <난수표>의 숫자를 가장 앞의 숫자부터 순서대로 하나씩 대응시켜 암호 숫자로 바꾼다. 이때 암호 숫자는 그 암호 숫자와 변환된 숫자를 더했을 때 그 결과값의 일의 자리가 <난수표>의 대응 숫자와 일치하도록 하는 0 ~ 9까지의 숫자이다.

단어	ㅅ	ㅏ	ㅁ	ㅜ	ㄱ	ㅘ	ㄴ
변환 숫자	479	775	537	456	120	189	623
암호 숫자	015	721	685	789	228	562	433
난수	484	496	112	135	348	641	056

조언

- 효율적 풀이 (선택지 활용)
  1. 중성 'ㅘ'는 하나의 모음이므로 단어 '사무관'은 총 7개의 자음과 모음으로 분해되고, 암호문은 총 21개의 숫자로 표기된다. 그러므로 'ㅘ'를 'ㅗ + ㅏ'로 분해하여 24개의 숫자로 표기된 암호문(선택지 ④번과 ⑤번)은 옳지 않게 변환된 것이다.
  2. 'ㅅ'을 먼저 변환하여(015) 선택지 ③번을 제외한다.
  3. 선택지 ①번과 ②번에서 'ㅜ'에 해당하는 숫자만 다르므로 이것만 변환·확인한다.

20

정답 ⑤ 2022 나 17

계산·비교

보기 검토

ㄱ. (O) (가)를 판단기준으로 할 경우, A인구가 B인구의 4배라면 현행 정책이 유지된다.

➡ (가)는 국민 전체 혜택의 합을 판단기준으로 하고 A집단과 B집단의 인구비가 4 : 1이므로, A집단에 4배, B집단에 1배의 가중치를 부여한다.

집단	현행 정책	개편안
A × 4	400	360
B	50	80
합	450	440

ㄴ. (O) (가)를 판단기준으로 할 경우, B인구가 전체 인구의 30 %라면 개편안이 채택된다.

➡ (가)는 국민 전체 혜택의 합을 판단기준으로 하고 A집단과 B집단의 인구비가 7 : 3이므로, A집단에 7배, B집단에 3배의 가중치를 부여한다.

집단	현행 정책	개편안
A	700	630
B	150	240
합	850	870

ㄷ. (O) (나)를 판단기준으로 할 경우, A와 B의 인구와 관계없이 개편안이 채택된다.

➡ (나)는 개인이 얻는 혜택을 판단 기준으로 하므로 표의 수치를 그대로 판단 기준으로 삼으면 된다.

현행 정책과 개편안에서 모두 B집단 개인이 얻는 혜택이 더 적으며, B집단이 얻는 혜택은 현행 정책보다 개편안에서 더 크므로 개편안이 채택된다.

ㄹ. (X) (다)를 판단기준으로 할 경우, A인구가 B인구의 5배라면 현행 정책이 유지된다.

➡ (다)는 개인이 얻는 혜택을 판단 기준으로 하므로 표의 수치를 그대로 판단 기준으로 삼으면 된다.

집단 간 개인 혜택 차이는 개편안에서 더 적으므로 개편안이 채택된다.

21.

정답 ② 2022 나 13

퍼즐, 수리, 경우 따지기

제시문의 이해

- 일련번호 4자리

월		일	

- 맨 앞자리는 0이 아니다.
  선생님 생신은 31일까지 있는 달에 있다.
  → 10월 또는 12월이다.
  선생님 생신의 일은 8의 배수이다.
  → 8일, 16일 또는 24일이다.

월		일	
1	0	0	8
		1	6
1	2	2	4

선택지 검토

① 〔X〕 선생님 생신은 15일 이전이야.
➡ 1008과 1208 두 가지가 가능하여 확정할 수 없다.

② 〔O〕 선생님 생신의 일은 월의 배수야.
➡ 1224 한 가지만 가능하여 확정된다.

③ 〔X〕 선생님 생신의 일은 월보다 큰 수야.
➡ 1016, 1024, 1216, 1224 네 가지가 가능하여 확정할 수 없다.

④ 〔X〕 선생님 생신은 네 자리 모두 다른 수야.
➡ 1024와 1208 두 가지가 가능하여 확정할 수 없다.

⑤ 〔X〕 선생님 생신의 네 자리 수를 모두 더하면 9야.
➡ 1008과 1224 두 가지가 가능하여 확정할 수 없다.

22.

정답 ④ 2022 나 36

규칙·지침

풀 이

- 甲의 경우 1급지인 부산항에서 자본금이 2억 원이므로 최소 등록기준(3억 원)을 충족시키지 못한다. 따라서 이를 제외하고 나머지 사업자만 살펴본다.

사업자	항만	자본금	시설	시설 평가액	총 시설 평가액	본인 소유 여부	기준 충족 여부
乙	광양항(1급지)	3억 원	C (하역)	8억 원	11억 원 (기준 : 10억)	○	본인 소유 시설평가액 총액(8억)이 등록기준에서 정한 급지별 '총 시설평가액(10억)'의 3분의 2(6.7억) 이상 → **기준 충족**
			E	1억 원		×	
			F	2억 원		×	하역시설 평가액 총액(8억)이 해당 사업자의 시설평가액 총액(11억)의 3분의 2(7.3억) 이상 → **기준 충족**
丙	동해·묵호항(2급지)	4억 원	A (하역)	1억 원	8억 원 (기준 : 5억)	○	본인 소유 시설평가액 총액(5억)이 등록기준에서 정한 급지별 '총 시설평가액(5억)'의 3분의 2(3.3억) 이상 → **기준 충족**
			C (하역)	4억 원		○	
			D	3억 원		×	하역시설 평가액 총액(5억)이 해당 사업자의 시설평가액 총액(8억)의 3분의 2(5.3억) 미만 → **기준 불충족**
丁	대산항(3급지)	1억 원	A (하역)	6천만 원	9천만 원 (완화기준 : 5천만 원)	○	본인 소유 시설평가액 총액(7천)이 등록기준에서 정한 급지별 '총 시설평가액(5천)'의 3분의 2(3.3천) 이상 → **기준 충족**
			B (하역)	1천만 원		×	
			C (하역)	1천만 원		×	하역시설 평가액 총액(8천)이 해당 사업자의 시설평가액 총액(9천)의 3분의 2(6천) 이상 → **기준 충족**
			D	1천만 원		○	

➡ 일반하역사업 등록이 가능한 사업자 : 乙, 丁

23.

정답 ③ 2022 나 31

퍼즐, 수리, 최적화

풀이

○ 경기는 원정팀이 승리했으나 홈팀이 두 세트를 이기며 분전했다.
→ 홈팀 : 원정팀 = 2 : 3
→ 4세트까지 2 : 2

○ 각 세트가 끝날 때마다 누적 세트 점수가 낮은 팀을 응원하는 관람객이 경기장을 나가는데, 홈팀은 1,000명, 원정팀은 500명이 나간다.
→ 경기장에 남아 있는 관람객 수를 최대로 하기 위하여, 가능한 원정팀 관람객만 경기장을 나가도록 경기 진행상황을 구성한다.

● 경기 진행상황 (괄호 안의 수는 '누적 세트 점수')

팀 \ 세트	1	2	3	4	5
홈팀	승 (1)	패 (1)	승 (2)	패 (2)	패 (2)
원정팀	패 (0)	승 (1)	패 (1)	승 (2)	승 (3)
나간 관람객	- 500	0	- 500	0	╳
남아 있는 관람객	7,500	7,500	7,000	7,000	╳

➡ 세트가 시작한 시점에 경기장에 남아 있는 관람객 수의 최댓값 = 7,000명

24.

정답 ④ 2022 나 14

퍼즐, 대응관계

풀이

● 월요일부터 금요일까지 하루에 한 명씩 청소당번을 한다.
○ A ~ D는 최소 한 번씩 청소당번을 한다.
○ 시험 전날에는 청소당번을 하지 않는다.
○ 발표 수업이 있는 날에는 청소당번을 하지 않는다.
○ 한 사람이 이틀 연속으로는 청소당번을 하지 않는다.

A: 나만 두 번이나 청소당번을 하잖아. 월요일부터 청소당번이라니!
→ 이틀 연속으로는 청소당번을 하지 않으므로 화요일에는 청소당번을 하지 않는다.

		월	화	수	목	금
A	2	○	×			
B	1	×				
C	1	×				
D	1	×				

C: 나는 다음 주에 시험이 이틀 있는데, 발표 수업이 매번 시험 보는 날과 겹쳐서 청소할 수 있는 요일이 하루밖에 없었어.

	시험 발표
×	×

시험 전날과 발표 당일에는 청소당번을 하지 않으므로, 시험과 발표가 겹치면 이틀 연속으로 청소당번을 하지 않는다.

		월	화	수	목	금
A	2	○	×			
B	1	×				
C	1	×	×			
D	1	×				

D: 그래도 금요일에 청소하고 가야 하는 나보다는 나을걸.

		월	화	수	목	금
A	2	○	×			×
B	1	×				×
C	1	×	×			×
D	1	×	×	×	×	○

\+ C는 이틀 연속으로 청소당번을 하지 않는다.

		월	화	수	목	금
A	2	○	×			×
B	1	×				×
C	1	×	×		×	×
D	1	×	×	×	×	○

→ B는 화요일에 청소당번을 한다.
C는 수요일에 청소당번을 한다.
A는 목요일에 청소당번을 한다.

		월	화	수	목	금
A	2	○	×	×	○	×
B	1	×	○	×	×	×
C	1	×	×	○	×	×
D	1	×	×	×	×	○

25.

정답 ① 2022 나 3

법조문

선택지 검토

① 〔O〕 乙이 신청을 받은 날부터 30일이 지나도록 甲과 합의에 이르지 못한 경우, 乙은 한국소비자원에 그 처리를 의뢰할 수 있다.

➡ [제1조 제3항] 사업자가 소비자로부터 피해구제의 신청을 받고 소비자로부터 피해구제의 신청을 받은 날부터 30일이 경과하여도 합의에 이르지 못하는 경우, 사업자는 한국소비자원에 그 처리를 의뢰할 수 있다.

② 〔X〕 甲과 乙이 한국소비자원에 피해구제의 처리를 의뢰하기로 합의한 경우, 乙은 30일 이내에 소비자분쟁조정위원회에 분쟁조정을 신청하여야 한다.

➡ [제1조 제3항] 사업자 乙이 한국소비자원에 피해구제의 처리를 의뢰하기로 소비자 甲과 합의한 경우, 乙은 한국소비자원에 그 처리를 의뢰할 수 있다. 소비자분쟁조정위원회에 분쟁조정을 신청하는 것은 제3조의 규정에 의해 한국소비자원장에게 부여된 의무이다.

③ 〔X〕 한국소비자원이 甲의 피해구제 처리절차를 진행하는 중에는 甲은 해당 사건에 대해 법원에 소를 제기할 수 없다.

➡ [제4조] 소제기를 금지하는 규정은 없다. 甲은 해당 사건에 대해 법원에 소를 제기할 수 있으며, 소를 제기한 경우 그 사실을 한국소비자원에 통보하여야 한다.

④ 〔X〕 한국소비자원장이 권고한 피해보상에 관한 합의가 甲과 乙 사이에 이루어지지 않은 경우, 한국소비자원장은 30일 이내에 소비자분쟁조정위원회에 분쟁조정을 신청하여야 한다.

➡ [제3조] 한국소비자원장은 피해구제의 신청을 받은 날부터 30일 이내에 피해구제신청의 당사자에 대하여 피해보상에 관한 합의를 권고할 수 있으며, 합의가 이루어지지 아니하는 때에는 지체 없이 소비자분쟁조정위원회에 분쟁조정을 신청하여야 한다.

⑤ 〔X〕 한국소비자원장은 피해구제신청사건을 처리함에 있어서 乙이 법령을 위반한 것으로 판단되면, 관계 기관에서 위법사실을 이미 인지·조사하고 있는 경우라도 관계 기관에 이를 통보하고 적절한 조치를 의뢰하여야 한다.

➡ [제2조 제1항 단서, 제2호] 관계 기관에서 위법사실을 이미 인지·조사하고 있는 경우에는 통보와 조치 의뢰를 할 필요가 없다.

MEMO

정답 및 해설

25제 연습 SET 2

하주응 PSAT 상황판단 5급 기출 엄선연습

정답

1	2	3	4	5	6	7	8	9	10
④	③	①	②	⑤	④	⑤	②	④	①

11	12	13	14	15	16	17	18	19	20
④	⑤	④	⑤	④	①	②	①	①	④

21	22	23	24	25
④	③	③	②	⑤

1.

정답 ④ 2020 나 1

법조문

제시문의 이해

- 제1조 : 변호인 선임비용 지원 등
- 제2조 : 변호인 선임비용 지원결정 취소 및 반환의무 등

선택지 검토

① 〔X〕 지방자치단체의 장은 소속공무원이 적극행정으로 인해 징계 의결 요구가 된 경우, 위원회의 지원결정에 따라 500만 원의 변호인 선임비용을 지원할 수 있다.
➡ [제1조 제1항] 소속공무원이 적극행정으로 인해 징계 의결 요구가 된 경우에는 최대 200만 원까지만 변호인 선임비용을 지원할 수 있다.

② 〔X〕 지원결정을 받은 공무원이 적극행정으로 인해 고발당한 사건에 대해 이미 변호인을 선임하였더라도 선임비용을 지원받은 날부터 1개월 내에 새로운 변호인을 선임해야 한다.
➡ [제1조 제3항] 이미 변호인을 선임한 경우는 '선임비용을 지원받은 날부터 1개월 내에 변호인을 선임하여야 하는 경우'에서 제외된다.

③ 〔X〕 지원결정을 받은 공무원이 적극행정으로 인해 고소당한 사유와 동일한 사실관계로 무죄의 확정판결을 받은 경우, 위원회는 지원결정을 취소해야 한다.
➡ [제2조 제1항 제2호] 제1조 제2항의 고소·고발 사유와 동일한 사실관계로 '유죄'의 확정판결을 받은 경우, 위원회는 지원결정을 취소할 수 있다. 또한 결정의 취소는 의무사항이 아니다.

④ 〔O〕 지원결정이 취소된 경우라도 위원회는 해당 공무원이 지원받은 변호인 선임비용에 대한 반환의무의 일부 또는 전부를 면제하는 결정을 할 수 있다.
➡ [제2조 제3항] 위원회가 해당 공무원에게 반환의무를 전부 부담시키는 것이 타당하지 않다고 판단하는 경우에는 반환의무의 일부 또는 전부를 면제하는 결정을 할 수 있다.

⑤ 〔X〕 지원결정에 따라 변호인 선임비용을 지원받고 퇴직한 공무원에 대해 지원결정이 취소되더라도 그가 그 비용을 반환하는 경우는 없다.
➡ [제2조 제4항] 지원된 비용의 반환에 관한 제2조 제1항부터 제3항까지의 규정은 변호인 선임비용을 지원받은 후 퇴직한 공무원에게도 적용된다. 따라서 원칙적으로 해당 퇴직 공무원에게도 반환의무가 발생한다.

2.

정답 ③ 2020 나 2

법조문, 규칙 적용

제시문의 이해

- 제1조 : 소유한 개의 등록 및 인식표 부착
- 제2조 : 맹견 소유자의 준수사항, 맹견의 격리조치, 정기교육
- 제3조 : 준수사항 위반으로 사망이나 상해 발생 시의 처벌

선택지 검토

① 〔X〕 甲이 A를 동반하고 외출하는 경우 A에게 목줄과 입마개를 해야 한다.
➡ [제2조 제1항 제2호] 목줄과 입마개를 해야 하는 의무는 월령이 3개월 이상인 맹견을 동반하는 경우에 발생한다. A는 월령이 1개월이므로 목줄과 입마개를 해야 할 의무가 없다.

② 〔X〕 甲은 맹견의 안전한 사육 및 관리에 관하여 정기적으로 교육을 받지 않아도 된다.
➡ [제2조 제3항] 맹견을 소유하고 있다면 모두 정기적으로 교육을 받아야 한다. 이에 대한 예외 사항이나 규정은 없다.

③ 〔O〕 甲이 A와 함께 타 지역으로 여행을 가는 경우, A에게 甲의 성명과 전화번호를 표시한 인식표를 부착하지 않아도 된다.
➡ [제1조 제1-2항] 인식표 부착의 의무는 월령 2개월 이상인 개를 기르는 곳에서 벗어나게 하는 경우에 발생한다. A는 월령이 1개월이므로 인식표 부착의 의무는 발생하지 않는다.

④ 〔X〕 B가 제3자에게 신체적 피해를 주는 경우, 구청장이 B를 격리조치하기 위해서는 乙의 동의를 얻어야 한다.
➡ [제2조 제2항] 맹견이 사람에게 신체적 피해를 주는 경우, 소유자의 동의 없이 맹견에 대하여 격리조치를 취할 수 있다. 따라서 이 경우, 소유자 乙의 동의는 필요하지 않다.

⑤ 〔X〕 乙이 B에게 목줄을 하지 않아 제3자의 신체를 상해에 이르게 한 경우, 乙을 3년의 징역에 처한다.
➡ [제3조 제2항] 상해 발생 시 징역형의 상한은 2년이다.

25제 SET 2

3.

정답 ① 2019 가 3

규칙·지침

보기 검토

ㄱ. [O] 34세로 소득 7분위인 대학생 甲이 직전 학기에 14학점을 이수하여 평균 B학점을 받았을 경우 X학자금 대출을 받을 수 있다.

➡ [X학자금 대출, 신청대상] 신청대상 기준을 모두 충족한다.

ㄴ. [O] X학자금 대출 대상이 된 乙의 한 학기 등록금이 300만 원일 때, 한 학기당 총 450만 원을 대출받을 수 있다.

➡ [X학자금 대출, 대출한도] 등록금의 경우 학기당 소요액(300만 원) 전액을 대출받을 수 있고, 생활비로 학기당 150만 원을 대출받을 수 있으므로, 학기당 총 450만 원을 대출받을 수 있다.

ㄷ. [X] 50세로 소득 9분위인 대학원생 丙(장애인)은 신용 요건에 관계없이 Y학자금 대출을 받을 수 있다.

➡ [Y학자금 대출, 신청대상(신용요건)] 금융채무불이행자나 저신용자는 대출을 받을 수 없으며 이에 대한 예외 규정은 없다.

ㄹ. [X] 대출금액이 동일하고 졸업 후 소득이 발생하지 않았다면, X학자금 대출과 Y학자금 대출의 매월 상환금액은 같다.

➡ [상환사항] X학자금 대출의 경우, 졸업 후 소득이 발생하지 않으면 상환이 유예된다. Y학자금 대출의 경우에는 소득 발생 여부와 상관없이 졸업 직후부터 매월 상환하여야 한다.

4.

정답 ② 외교원 2013 인 26

TEXT 독해, 규칙의 적용

제시문의 이해

- 보고대상
  - 현금 거래 (어음, 수표 포함)
  - 기간 : 1거래일
  - 명의 : 동일 1인 명의
  - 금액 : 2,000만 원 이상
  - 방법 : 창구 거래, 현금자동입출금기 거래

- 제외
  - 외국통화 거래
  - 금융기관 사이의 거래
  - 금융기관과 국가·지방자치단체 사이의 거래
  - 계좌이체, 인터넷뱅킹 (회계상의 가치이전만 이루어지는 거래)

보기 검토

○ [O] A는 甲은행의 자기 명의 계좌에 100,000달러를 입금하고, 3,000만 원을 100만 원권 자기앞수표로 인출하였다.

➡ 외국통화로 거래한 100,000달러는 제외되지만,
1인 명의, 수표로 3,000만 원 거래 → 보고 대상

○ [X] B는 乙은행의 자기 명의 계좌에서 세종시 세무서에서 부과된 소득세 3,000만 원을 계좌이체를 통해 납부하였다.

➡ 1인 명의로 2,000만 원 이상의 거래를 하였지만,
계좌이체는 보고대상 거래가 아님 → 제외

○ [X] C는 丙은행의 자기 명의 계좌에서 현금 1,500만 원을, 丙은행의 배우자 명의 계좌에서 현금 1,000만 원을 각각 인출하였다.

➡ 동일한 1명의 명의로 거래된 금액이 2,000만 원을 넘지 않음 : 제외

C 1인이 금융기관의 창구를 통해 2,500만 원을 인출한 것이라고 생각할 수도 있다. 그러나 제시문 1문단 3줄에서 알 수 있듯이 (C 1인이 실제로 인출하긴 했지만) 명의인이 2명이라는 내용으로 파악해야 한다.

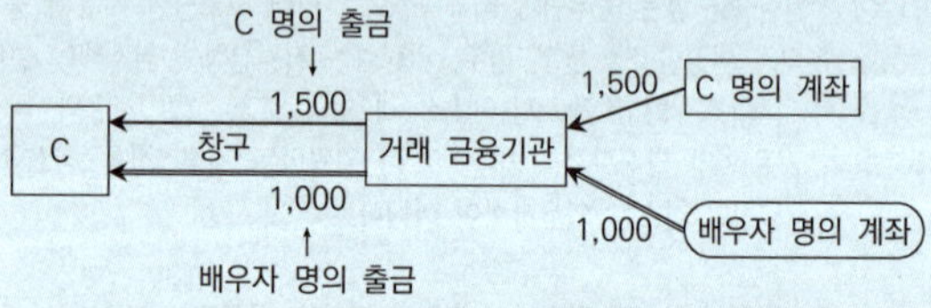

○ [O] D는 丁은행의 자기 명의 a, b계좌에서 현금 1,000만 원을 각각 인출하였다.

➡ 1인 명의, 현금으로 총 2,000만 원 거래 → 보고 대상

○ [X] E는 戊은행의 자기 명의 계좌에 현금 1,900만 원을 입금하고, 戊은행의 F 명의 계좌로 인터넷뱅킹을 통해 100만 원을 이체하였다.

➡ 현금 1,900만 원은 요건에 미달.
나머지 100만 원은 다른 명의로 거래했으며, 또한 인터넷뱅킹은 보고대상 거래가 아님. → 제외

5.

정답 ⑤ 　　2020 나 37

규칙·지침

풀이

甲: 안녕하세요? '품질인증서' 발급을 신청하러 오셨나요?

乙: 토목분야로 예전에 품질인증서를 발급받은 적이 있어요. 재발급받으려 합니다.

→ ㉡ 재발급 : 4B, 5C, 6C

甲: 인증서 유효기간은 발급일로부터 2년까지입니다. 선생님께선 2017년 11월 20일에 발급받으셨네요. 오늘 접수하시면 유효기간 만료일로부터 30일이 지난 겁니다.

→ ㉡ 재발급 : 4B(기간만료 후)

→ 오늘 : 2019년 12월 20일

乙: 그렇군요. 저희가 2019년 11월에 본사와 공장을 전부 이전해서 주소가 바뀌었어요. 본사는 대전으로 이전했고, 공장은 중동에서 베트남으로 이전해 있어요. 이러한 내용으로 발급해 주세요.

→ ㉡ 재발급 : 6C(공장주소변경)

➡ ㉡ 6C4B(해당 코드를 모두 기재, 각 코드에 포함된 숫자가 큰 코드를 먼저 기재)

→ ①③⑤ 중에 정답.

甲: 접수되었습니다. 품질인증서는 접수일로부터 3주 후에 발급됩니다.

→ 발급연도 : 2020년

→ ㉠ 20

➡ ㉠㉡ : 206C4B

➡ 정답 : ⑤

6.

정답 ④ 　　2019 가 7

TEXT 독해, 부합, 계산

제시문의 이해

● 1문단 : X가설

소비자는 거리만을 고려하여 선택한다.

(주의 : 1문단 후반의 사례는 X가설이 적용되지 않는 경우의 예시이다)

● 2문단 : Y가설

상거래 흡인력 = $\frac{\text{인구}}{\text{거리}^2}$

● 3문단 : Y가설 적용 예시

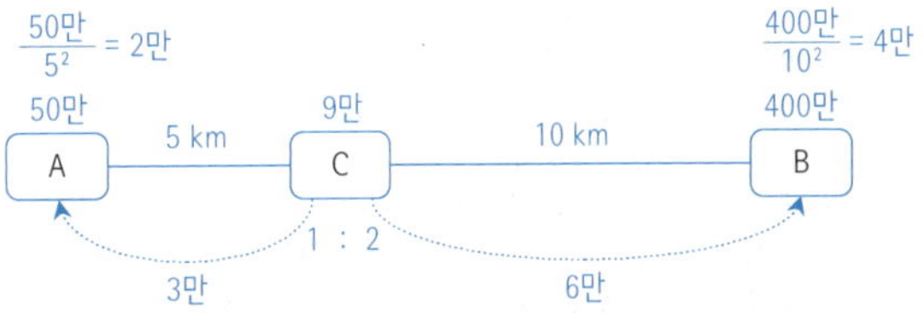

보기 검토

ㄱ. 〔X〕 X가설에 따르면, 소비자가 유사한 제품을 판매하는 점포들 중 한 점포를 선택할 때 소비자는 더 싼 가격의 상품을 구매하기 위해 더 먼 거리에 있는 점포에 간다.

➡ X가설에 따르면, 소비자는 가격과 상관없이 가장 가까운 점포를 선택한다.

ㄴ. 〔O〕 Y가설에 따르면, 인구 및 다른 조건이 동일할 때 거리가 가까운 도시일수록 이상적인 점포 입지가 된다.

➡ Y가설에 따르면 도시의 흡인력은 $\frac{\text{인구}}{\text{거리}^2}$로 결정된다. 즉, 거리가 가까울수록(분모가 작을수록) 흡인력이 커지므로, 다른 조건이 동일하다면 거리가 가까운 도시가 이상적인 점포 입지가 된다.

ㄷ. 〔O〕 Y가설에 따르면, C시로부터 A시와 B시가 떨어진 거리가 5 km로 같다고 가정할 때 C시의 인구 중 8만 명이 B시로 흡인된다.

➡ 거리가 동일하므로 인구의 비율로 배분된다.

50만 : 400만 = 1 : 8

따라서 A시로 1만 명, C시로 8만 명이 흡인된다.

7.

정답 ⑤ 2020 나 14

퍼즐, 대응관계

풀이

● 각 목격자의 진술 내용에 부합하는 차량 번호를 확인한다.

목격자	진술 내용	차량 번호
甲	A를 구성하는 두 숫자의 곱은 B를 구성하는 네 숫자의 곱보다 작다.	81★3325, 32★8624
乙	B를 구성하는 네 숫자의 합은 A를 구성하는 두 숫자의 합보다 크다.	81★3325, 32★8624
丙	B는 A의 50배 이하이다.	99★2703, 81★3325

○ 첫 번째 사건의 가해차량 번호는 두 번째 사건의 목격자 진술에 부합하지 않는다.
+ 세 개의 진술 중 첫 번째 사건의 목격자 진술은 두 개뿐이다.
→ 99★2703는 丙의 진술에만 부합한다.
→ 81★3325는 세 개의 진술에 모두 부합한다.
➡ 첫 번째 사건의 차량 번호는 甲과 乙, 두 명의 진술에만 부합하는 32★8624이다.
➡ 두 번째 사건의 목격자는 32★8624에 부합하지 않는 진술을 한 丙이다.

8.

정답 ② 2020 나 29

퍼즐, 수리

풀이

※ 양팔저울은 무언가를 동일한 무게 2묶음으로 나눌 수 있음에 주목한다.
※ 콩의 총 무게는 1,760 g이고 측정 목표는 400 g인데, 1,760과 400은 모두 4의 배수이며, 『1,760 = 40 × 44』이고 『400 = 40 × 10』임에 주목한다.
※ 돌멩이 2개를 합한 무게는 40 g이고, 이 역시 4의 배수이며 『40 = 40 × 1』임에 주목한다.

1회 : 양팔저울로 1,760 g을 둘로 나눈다.
→ 880 g

2회 : 양팔저울로 880 g을 둘로 나눈다.
→ 440 g

3회 : 440 g 중 일부를 돌멩이 2개(40 g)과 평형이 되도록 맞추어 덜어낸다.
→ 나머지 : 400 g

➡ 3회의 측정으로 400 g을 만들어 甲에게 배분할 수 있다.

9. ~ 10.

제시문의 이해

- 1문단 : 명령문의 기본 구조
  중심어 'cards'의 지시 내용
- 2문단 : 중심어 'input'의 지시 내용
  레코드 처리 방법
- 3문단 : 중심어 'print'의 지시 내용
- 표 : 예시 - 명령문에 따른 레코드의 처리

9.

정답 ④ 2020 나 19

부합, 독해

보기 검토

ㄱ. [O] input 명령문은 레코드에서 위치를 지정하여 변수에 수를 저장할 수 있다.
➡ [2문단 1문장, 이하 예시] input은 레코드를 이용하여 변수에 수를 저장하는 것을 의미하며, input 명령문은 「input (변수) (레코드 중 저장할 수의 순번)」의 형식으로 작성된다.

ㄴ. [X] 두 개의 input 명령문은 같은 레코드를 이용하여 변수에 수를 저장할 수 없다.
➡ [2문단 6문장] input 명령문이 다수인 경우, 어느 한 input 명령문에 @가 있으면 바로 다음 input 명령문은 @가 있는 input 명령문과 같은 레코드를 이용한다. 즉, 두 개의 input 명령문이 같은 레코드를 이용하는 경우가 있다.

ㄷ. [O] 하나의 input 명령문이 다수의 레코드를 이용하여 변수에 수를 저장할 수 있다.
➡ [2문단 5문장] input 명령문이 하나이고 여러 개의 레코드가 있을 경우 모든 레코드를 차례대로 이용한다. 따라서 하나의 input 명령문이 다수의 레코드를 이용하는 경우가 있다.

10.

정답 ① 2020 나 20

규칙·지침

풀 이

레코드		input 명령문	출력 변수
020824	a : 020824 b : 020824	input a 1-6 b 3-4;	a = 20824 b = 8
701102	c : 701102 d : 701102	input c 5-6@; input d 3-4;	c = 2 d = 11
720508	e : 720508	input e 3-5;	e = 50

- a + b + c + d + e = 20824 + 8 + 2 + 11 + 50 = 20895

11.

정답 ④ 2020 나 5

법조문

제시문의 이해

구분		기간	
		제1조	제2조 적용
질의민원	법령	7일	7일 (초일산입)
	제도, 절차	4일	32시간
건의민원		10일	10일 (초일산입)
고충민원		7일 (최장 21일)	7일 (최장 21일, 초일산입)
기타민원		즉시	3시간

※ 토요일과 공휴일 제외

보기 검토

ㄱ. [O] A부처는 8.7(월) 16시에 건의민원을 접수하고, 8.21(월) 14시에 처리하였다.

➡ [건의민원] 10일 → '일' 단위로 계산(초일산입)
토요일과 공휴일(광복절 : 8월 15일, 화요일)은 제외하므로 8월 21일(월) 업무시간이 종료될 때까지 처리하면 된다.

ㄴ. [X] B부처는 8.14(월) 13시에 고충민원을 접수하고, 10일간 실지조사를 하여 9.7(목) 10시에 처리하였다.

➡ [고충민원] 7일, 실지조사 시 최장 21일 → '일' 단위로 계산(초일산입)
실지조사를 포함하여 17일 이내에 처리하여야 한다.
8월 14일(월)부터 토요일과 공휴일은 제외하고 17일을 헤아리면 기간의 말일은 9월 6일(수)이다.

ㄷ. [O] C부처는 8.16(수) 17시에 기타민원을 접수하고, 8.17(목) 10시에 처리하였다.

➡ [기타민원] 즉시 → 업무시간으로 3시간
8월 16일(수) 17시 ~ 18시 : 1시간
8월 17일(목) 09시 ~ 11시 : 2시간
따라서 8월 17일(목) 11시까지 처리하면 된다.

ㄹ. [O] D부처는 8.17(목) 11시에 제도에 대한 설명을 요구하는 질의민원을 접수하고, 8.22(화) 14시에 처리하였다.

➡ [질의민원, 제도] 4일 → 업무시간으로 32시간
8월 17일(목) 11 ~ 18시 : 6시간(점심시간 제외)
8월 18일(금), 21일(월), 22일(화) : 24시간
8월 23일(수) : 2시간
따라서 8월 23일(수) 11시까지 처리하면 된다.

12.

정답 ⑤ 2019 가 6

법조문, 계산·비교

〈상황〉의 이해

● [제3조 단서] 납세의무자 : 乙(금융투자업자)

○ A회사의 주권 100주를 주당 15,000원에 양수하였다가 이를 주당 30,000원에 X증권시장에서 전량 양도하였다.
→ 과세표준(양도가액) : 100 × 30,000
→ 증권거래세 : $100 \times 30,000 \times \frac{1.5}{1,000} = 4,500$원

○ B회사의 주권 200주를 주당 10,000원에 Y증권시장에서 양도하였다.
→ 과세표준(양도가액) : 200 × 10,000
→ 증권거래세 : $200 \times 10,000 \times \frac{3}{1,000} = 6,000$원

○ C회사의 주권 200주를 X 및 Y증권시장을 통하지 않고 주당 50,000원에 양도하였다.
→ 과세표준(양도가액) : 200 × 50,000
→ 증권거래세 : $200 \times 50,000 \times \frac{5}{1,000} = 50,000$원

선택지 검토

① [X] 증권거래세는 甲이 직접 납부하여야 한다.

➡ [제2조 단서] 금융투자업자인 乙이 납세의무자이다.

② [X] 납부되어야 할 증권거래세액의 총합은 6만 원 이하다.

➡ 총 60,500원이다.

③ [X] 甲의 3건의 주권 양도는 모두 탄력세율을 적용받는다.

➡ [제4조, 제5조] X 또는 Y증권시장을 통하지 않고 양도한 C회사의 주권에 대해서는 제4조의 '세율'이 적용된다.

④ [X] 甲의 A회사 주권 양도에 따른 증권거래세 과세표준은 150만 원이다.

➡ [제3조] 주권의 양도가액인 300만 원이 과세표준이다.

⑤ [O] 甲이 乙을 통해 Y증권시장에서 C회사의 주권 200주 전량을 주당 50,000원에 양도할 수 있다면 증권거래세액은 2만 원 감소한다.

➡ [제4조, 제5조] 적용되는 세율이 1천분의 5에서 1천분의 3으로 1천분의 2 감소한다. 따라서 증권거래세액은 2만 원 감소한다.

13.

정답 ④ 2020 나 26

TEXT 독해, 부합

제시문의 이해

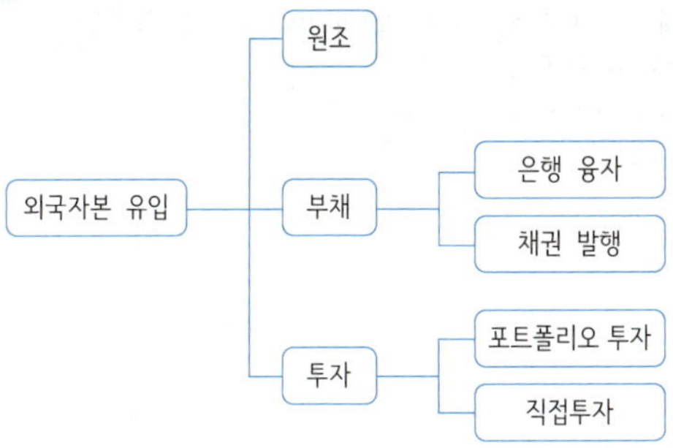

선택지 검토

① [O] 개발도상국에 대한 투자는 경제적 수익뿐만 아니라 회사 경영에 영향력을 행사하기 위해서도 이루어질 수 있다.

➡ [1문단 4문장] 투자에는 2가지 종류가 있는데, 포트폴리오 투자는 경제적 수익을 추구하기 위한 투자이고, 직접투자는 회사 경영에 영향력을 행사하기 위한 투자이다.

② [O] 해외 원조는 개발도상국에 대한 경제적 효과가 없다고 주장하는 경제학자들이 있다.

➡ [2문단 2문장] 최근 경제학자들 사이에서는 그러한 경제적 효과가 없다는 주장이 점차 힘을 얻고 있다.

③ [O] 개발도상국에 유입되는 외국자본에는 해외 원조, 은행 융자, 채권, 포트폴리오 투자, 외국인 직접투자가 있다.

➡ [1문단 2-3문장] 원조, 부채, 투자 중 부채와 투자를 각각 2가지씩 추가로 분류하면 이와 같이 5가지가 된다.

④ [X] 개발도상국에 대한 2005년의 은행 융자 총액은 1998년의 수준을 회복하지 못하였다.

➡ [3문단 3-4문장] 1998년에는 500억 달러였고, 2005년에는 670억 달러였다.

⑤ [O] 1998 ~ 2002년과 2003 ~ 2005년의 연평균을 비교할 때, 개발도상국에 대한 포트폴리오 투자가 채권보다 증감액이 크다.

➡ [3문단 7문장, 4문단 2문장]
- 채권 증감액 : 230억 → 440억 : 210억 달러 증가
- 포트폴리오 투자 증감액 : 90억 → 410억 : 320억 달러 증가

14.

정답 ⑤ 2020 나 9

계산, 단위

풀 이

- 질문 : 오늘날을 기준으로 1석(石)은 몇 승(升)인가?

- 정답 찾기

[2문단 4문장] 오늘날 1석(石)은 1종(鍾)에 비해 1두(豆)가 적다.
→ 1석(石) = 1종(鍾) - 1두(豆)

[2문단 3문장] 1종(鍾)은 16두(豆).
→ 1석(石) = 1종(鍾) - 1두(豆) = 16두(豆) - 1두(豆) = 15두(豆)

[2문단 3문장] 4구(區)는 1부(釜). 4승(升)이 1구(區).
→ 1부(釜) = 16승(升)

[2문단 3문장] 1부(釜)는 1두(豆) 6승(升).
→ 1부(釜) = 1두(豆) 6승(升) = 16승(升)
→ 1두(豆) = 10승(升)

➡ 1석(石) = 15두(豆) = 150승(升)

15.

정답 ④ 2020 나 8

계산·비교

풀이

1. 개별 물품 할인

구분	정가(달러)	이번 달 할인율(%)	물품별 결제 금액(달러)
가방	150	10	135
영양제	100	30	70
목베개	50	10	45
합계			250

2. 이달의 할인 쿠폰 적용
   250 × 0.8 = 200(달러)

3. 200달러를 '초과'하지 않으므로 '20,000원 추가 할인 쿠폰'은 적용할 수 없음.
   ➡ 최종 결제 금액 : 200(달러) × 1,000(환율) = 200,000원

16.

정답 ① 2020 나 7

계산·비교

보기 검토

ㄱ. (O) 18세 이하 자녀 3명만 있는 가정의 경우, 지급받는 월 수당액은 A안보다 B안을 적용할 때 더 많다.
➡ A안 : 15 + 15 + 30 = 60만 원
B안 : 20 + 20 + 22 = 62만 원

ㄴ. (X) A안을 적용할 때 자녀가 18세 이하 1명만 있는 가정은 월 15만 원을 수당으로 지급받는다.
➡ A안에 따르면 자녀가 둘 이상인 경우에만 수당을 지급한다.

ㄷ. (O) C안의 수당을 50 % 증액하더라도 중학생 자녀 2명(14세, 15세)만 있는 가정은 A안보다 C안을 적용할 때 더 적은 월 수당을 지급받는다.
➡ C안의 수당을 50 % 증액 → 중학생 자여 1명 당 12만 원
A안 : 15 + 15 = 30만 원
C안 : 12 + 12 = 24만 원

ㄹ. (X) C안을 적용할 때 한 자녀에 대해 지급되는 월 수당액은 그 자녀가 성장하면서 지속적으로 증가하는 특징이 있다.
➡ 첫째와 둘째의 경우, 3세 미만일 때의 월 수당액은 10만 원이지만 3세부터 초등학교를 졸업할 때까지는 8만 원이므로, 지속적으로 증가하지 않는다.

17.

정답 ② 2020 나 36

계산·비교

〈상황〉의 이해

산업단지	산업단지 내 기업 수	업종	입주공간 확보	합산점수	지자체 육성 의지
A	58개	자동차	가능	100	있음
	40	40	20		
B	9개	자동차	가능	80	있음
	20	40	20		
C	14개	철강	가능	90	있음
	30	40	20		
D	10개	운송	가능	90	없음
	30	40	20		
E	44개	바이오	가능	60	있음
	40	0	20		
F	27개	화학	불가	70	있음
	30	40	0		
G	35개	전기전자	가능	80	있음
	40	20	20		

➡ 선정되는 산업단지 : A, B, C, G

선택지 검토

① 〔O〕 B는 선정된다.

➡ 합산점수 기준 4위로 선정된다.

② 〔X〕 A가 '소재'산업단지인 경우 F가 선정된다.

➡ '유사업종'에 해당하여 산업클러스터 연관성 점수가 20점, 합산점수가 80점이 된다. 이 경우에도 A는 상위 4위 이내에 들어가므로 선정되는 산업단지는 달라지지 않는다.

③ 〔O〕 3곳을 선정할 경우 G는 선정되지 않는다.

➡ 동점인 B와 G를 비교하면 산업클러스터 연관성 점수는 B가 더 높다. 따라서 B가 3위 G가 4위이고, 3곳을 선정한다면 B가 선정되고 G는 탈락한다.

④ 〔O〕 F는 산업단지 내에 기업이 3개 더 있다면 선정된다.

➡ F의 기업 집적 정도 점수는 40점, 합산점수는 80점이 된다. 이 경우 F의 산업클러스터 연관성 점수가 동점인 G에 비해 높으므로 F가 4위 이내에 들고 G가 5위가 되어 F가 선정된다.

⑤ 〔O〕 D가 소재한 지역의 지자체가 육성 의지가 있을 경우 D는 선정된다.

➡ D의 합산점수가 90점이므로, 3위 이내에 들어 선정된다.

18.

정답 ① 2024 나 35

퍼즐, 달력

풀 이

○ 유학생의 날 1주 전 같은 요일이 전통시장의 날이고, 유학생의 날 3주 뒤 같은 요일이 도서기증의 날이다.

○ 전통시장의 날과 도서기증의 날은 같은 달에 있다.

→ 같은 달에 같은 요일이 5번 있어야 하며, 해당 요일이 유학생의 날로 지정된 날짜의 요일이다.

	1주	2주	3주	4주	5주
??요일	전통시장의 날	유학생의 날	-	-	도서기증의 날

○ 유학생의 날이 있는 달에는 네 번의 토요일과 다섯 번의 일요일이 있다.

→ 해당하는 달에 31일이 있다면 그 날짜들은 다음과 같이 구성된다.

월	화	수	목	금	토	일
						전통
전통	전통					유학
유학	유학					
						도서
도서	도서					

➡ 유학생의 날로 지정된 날짜의 요일로 가능한 것 : 월요일, 화요일, 일요일

25제 SET 2

19.

정답 ① 2020 나 32

퍼즐, 대응관계

풀이

- 동일 매체에 2일 연속 출연하지 않는다.
  → 2가지 경우가 가능하다.

㉮

월	화	수	목	금
TV	라디오	TV	라디오	TV

㉯

월	화	수	목	금
라디오	TV	라디오	TV	라디오

- 동일 시간대에 2일 연속 출연하지 않는다.
  → 2가지 경우가 가능하다.

ⓐ

월	화	수	목	금
오전	오후	오전	오후	오전

ⓑ

월	화	수	목	금
오후	오전	오후	오전	오후

1. ㉮ + ⓐ / ㉮ + ⓑ

	월	화	수	목	금
	TV	라디오	TV	라디오	TV
㉮ + ⓐ	오전	오후	오전	오후	오전
㉮ + ⓑ	오후	오전	오후	오전	오후

→ TV에는 오전 프로그램이 1개, 오후 프로그램이 2개밖에 없으므로 모두 불가능하다.

2. ㉯ + ⓐ

월	화	수	목	금
라디오	TV	라디오	TV	라디오
오전	오후	오전	오후	오전

→ TV에 오후 프로그램이 2개가 있고, 라디오에 오전 프로그램이 3개 있으므로 가능하다.

3. ㉯ + ⓑ

월	화	수	목	금
라디오	TV	라디오	TV	라디오
오후	오전	오후	오전	오후

→ TV에는 오전 프로그램이 1개밖에 없으므로 불가능하다.

➡ ㉯ + ⓐ

출연 가능 요일을 고려하여 일정을 짜면 다음과 같다.

월	화	수	목	금
라디오	TV	라디오	TV	라디오
오전	오후	오전	오후	오전
펭귄파워	펭귄극장	지금은 남극시대	남극의 법칙	굿모닝 남극대행진

20.

정답 ④ 2020 나 31

규칙·지침

보기 검토

ㄱ. [O] 기준1과 기준4 중 어느 것에 따르더라도 같은 메뉴가 정해진다.

➡ <기준1> 바닷가재
<기준4> 바닷가재

팀원 \ 메뉴	탕수육	양고기	바닷가재	방어회	삼겹살
甲	3	2	1	4	5
乙	4	3	1	5	2
丙	3	1	5	4	2
丁	2	1	5	3	4
戊	3	5	1	4	2
순위 합	15	12	13	20	15

ㄴ. [O] 기준2에 따르면 탕수육으로 메뉴가 정해진다.

➡ 5순위가 전혀 없는 탕수육이 메뉴로 정해진다.

ㄷ. [X] 기준3에 따르면 모든 팀원이 회식에 참석한다.

➡

팀원 \ 메뉴	탕수육	양고기	바닷가재	방어회	삼겹살
甲	3	2	1	4	5
乙	4	3	1	5	2
丙	3	1	5	4	2
丁	2	1	5	3	4
戊	3	5	1	4	2
순위 합	15	12	13	20	15

양고기가 메뉴로 정해지므로 戊는 회식에 참석하지 않는다.

ㄹ. [O] 기준5에 따르면 戊는 회식에 참석하지 않는다.

➡ 5순위가 가장 많은(2개) 바닷가재가 제외되고 나머지 중 1순위가 가장 많은(2개) 양고기가 메뉴로 정해진다. 양고기가 메뉴로 정해지면 戊는 회식에 불참한다.

조언

- 비교적 단순하고 판단하기 편한 기준1, 2, 5에 대한 보기의 정오를 먼저 판단한다.
- 기준3에서 순위와 그에 따른 점수는 정확히 역전되어 있는 상태이다. 따라서 순위를 합산한 값이 가장 작은 메뉴를 선택하는 방식으로 바꾸어 생각해도 된다.

21.

정답 ④ 2017 가 8

계산·비교, 규칙의 적용

풀이

- 지원을 받기 위해서는 한 모임당 6명 이상 9명 미만으로 구성되어야 한다.
  → 구성원 수가 5명인 A모임과 9명인 E모임을 제외한다.

(단위 : 천 원)

모임	상품개발 여부	구성원 수	연구 계획 사전평가결과	협업 인정 여부	기본 지원금	추가 지원금	협업 장려 가산금	총 지원금
B	×	6 × 100	← 중	×	1,500	600	-	2,100
C	×	8 × 120	← 상	○	1,500	960	+ 30 %	3,198
D	○	7 × 100	← 중	×	2,000	700	-	2,700

➡ 두 번째로 많은 총지원금을 받는 모임 : D

22.

정답 ③ 2020 나 17

계산·비교

A사업의 이해

구분	상황S_1 (후회)	상황S_2 (후회)	상황S_3 (후회)	최대 기대이익	최소 기대이익	최대 후회
대안A_1	50 (0)	16 (3)	- 9 (19)	50	- 9	19
대안A_2	30 (20)	19 (0)	5 (5)	30	5	20
대안A_3	20 (30)	15 (4)	10 (0)	20	10	30

보기 검토

ㄱ. 〔X〕 기준Ⅰ로 대안을 선택한다면, 대안A_2를 선택하게 된다.
➡ 최대 기대이익이 가장 큰 대안 A_1을 선택하게 된다.

ㄴ. 〔O〕 기준Ⅱ로 대안을 선택한다면, 대안A_3을 선택하게 된다.
➡ 최소 기대이익이 가장 큰 대안 A_3을 선택하게 된다.

ㄷ. 〔X〕 상황S_2에서 대안A_2의 후회는 11이다.
➡ 0이다.

ㄹ. 〔O〕 기준Ⅲ으로 대안을 선택한다면, 대안A_1을 선택하게 된다.
➡ 최대 후회가 가장 작은 대안A_1을 선택하게 된다.

23.

정답 ③ 2020 나 16

계산·비교

제시문의 이해

- 평가항목별 최종점수 산출식

$$\frac{\text{평가항목에 대한 점수 합계} - (\text{최고점수} + \text{최저점수})}{\text{평가위원 수} - 2}$$

→ 평가위원은 4명이므로 분모는 항상 2이다.

→ 분모 2는 모든 부서에 동일하게 적용되므로, 점수를 정확하게 파악해야 하는 경우가 아니라면(부서 간의 우열을 비교하기만 하면 되는 경우라면) 계산하지 않아도 된다.

- 평가결과(최종점수는 '÷2'를 생략하고 산출함)

구분	평가위원	점수		
		문제인식	실현가능성	성장전략
甲	가	30	24	24
	나	24	30	24
	다	30	18	40
	라	ⓐ 6 ~ 30	12	32
최종점수		54 or 60	42	56
乙	가	6	24	32
	나	12	24	ⓑ
	다	24	18	16
	라	24	18	32
최종점수		36	42	48 or 56 or 64
丙	가	12	30	ⓒ
	나	24	24	24
	다	18	12	40
	라	30	6	24
최종점수		42	36	48 or 56 or 64

보기 검토

ㄱ. [O] ⓐ값에 관계없이 문제인식 평가항목의 최종점수는 甲이 제일 높다.

➡ 문제인식 평가항목에서 甲이 받은 최종점수는 다른 두 부서가 받은 최종점수보다 반드시 높다.

ㄴ. [O] ⓑ = ⓒ > 16이라면, 성장전략 평가항목의 최종점수는 乙이 丙보다 낮지 않다.

➡

ⓑ = ⓒ		24	32	40
최종 점수	乙	32 + 24 = 56	32 + 32 = 64	32 + 32 = 64
	丙	24 + 24 = 48	24 + 32 = 56	24 + 40 = 64

ㄷ. [X] ⓐ = 18, ⓑ = 24, ⓒ = 24일 때, 포상을 받게 되는 부서는 甲과 丙이다.

➡ 甲 : 54 + 42 + 56

乙 : 36 + 42 + 56

丙 : 42 + 36 + 48 → 甲 > 乙 > 丙

∴ 포상을 받게 되는 부서는 甲과 乙이다.

24.

정답 ② 2020 나 12

규칙·지침, 경우 따지기

제시문의 이해

- [2문단] 번호 배정을 위해 과원을 구분하는 기준
  1) 직급
  2) 성별
  3) 나이
  4) 팀명

  → 이 네 가지가 모두 동일한 경우에는 배정할 번호를 확정할 수 없다.

- 현재 상태에서 배정 가능한 번호
  - 과장은 반드시 '0'번이다.
  - 사무관1은 여성이며, 사무관 3명 중 가장 나이가 많으므로 반드시 '1'번이다.
  - 사무관3이 남성인 경우 성별에 의해 사무관2가 '2'번, 사무관3이 '3번'이 된다. 사무관3이 여성인 경우 팀명 순서에 의해 사무관2가 '2'번, 사무관3이 '3번'이 된다. 따라서 반드시 사무관2가 '2'번, 사무관3이 '3번'이 된다.

과장: 50세, 여성 ⓿

가팀	나팀	다팀
사무관1: 48세, 여성 ❶	사무관2: 45세, 여성 ❷	사무관3: 45세, ( ) ❸
주무관1: 58세, 여성 주무관2: 39세, 남성	주무관3: ( ), ( ) 주무관4: 27세, 여성	주무관5: 44세, 남성 주무관6: 31세, 남성

보기 검토

ㄱ. [O] 사무관3이 배정받는 내선번호는 그의 성별에 따라서 달라지지 않는다.

➡ 사무관3이 배정받는 내선번호는 어떠한 경우이든 반드시 2533번이다.

ㄴ. [X] 여성이 총 5명이라면, 배정되는 내선번호가 확정되는 사람은 4명뿐이다.

➡ 6명이다.

과장: 50세, 여성 ⓿

가팀	나팀	다팀
사무관1: 48세, 여성 ❶	사무관2: 45세, 여성 ❷	사무관3: 45세, ( ) ❸
주무관1: 58세, 여성 ❹ 주무관2: 39세, 남성	주무관3: ( ), ( ) 주무관4: 27세, 여성 ❺	주무관5: 44세, 남성 주무관6: 31세, 남성

ㄷ. [O] 주무관3이 남성이고 31세 이상 39세 이하인 경우, 모든 과원의 내선번호를 확정할 수 있다.

➡ 모든 과원의 내선번호를 확정할 수 있다.
주무관3은 나이 순서 혹은 팀명 순서에 의해 반드시 2538로 확정된다.

과장: 50세, 여성 ⓿

가팀	나팀	다팀
사무관1: 48세, 여성 ❶	사무관2: 45세, 여성 ❷	사무관3: 45세, ( ) ❸
주무관1: 58세, 여성 ❹ 주무관2: 39세, 남성 ❼	주무관3: 31~39, 남성 ❽ 주무관4: 27세, 여성 ❺	주무관5: 44세, 남성 ❻ 주무관6: 31세, 남성 ❾

ㄹ. [X] 사무관3의 성별과 주무관3의 나이와 성별을 알게 된다면, 현재의 배정규칙으로 모든 과원의 내선번호를 확정할 수 있다.

➡ 주무관3의 나이와 성별이 모두 주무관4와 동일하다면(주무관3이 27세, 여성인 경우), 현재의 배정규칙으로는 주무관3과 4에게 배정할 내선번호를 확정할 수 없다.

25.

정답 ⑤ 2020 나 34

퍼즐, 대응관계

풀이

○ 남성이 3명이고 여성이 2명이다.
○ 5명의 나이는 34세, 32세, 30세, 28세, 26세이다.
○ 남성과 여성의 평균 나이는 같다.
→ 5명의 평균 나이는 30세이다.
→ 남성의 평균 나이와 여성의 평균 나이는 각각 30세이다.
→ 가능한 경우는 아래의 2가지이다.
① 남성 : 34세, 30세, 26세 / 여성 : 32세, 28세
② 남성 : 32세, 30세, 28세 / 여성 : 34세, 26세

○ 남성이 3명이고 여성이 2명이다.
○ 의사와 간호사는 성별이 같다.
○ 라디오작가는 요리사와 매칭된다.
○ 한 사람당 한 명의 이성과 매칭이 가능하다.
→ 라디오작가와 요리사는 성별이 다르다.
→ 의사와 간호사는 남성이다.(라디오작가 또는 요리사와 합하여 3명이다)

● 자기소개
甲: 안녕하세요. 저는 32세이고 의료 관련 일을 합니다.
乙: 저는 방송업계에서 일하는 남성입니다.
丙: 저는 20대 남성입니다.
丁: 반갑습니다. 저는 방송업계에서 일하는 여성입니다.
戊: 제가 이 중 막내네요. 저는 요리사입니다.

참가자	성별	나이	직업
甲		32	의사 / 간호사
乙	남성		TV / 라디오
丙	남성	28	
丁	여성		TV / 라디오
戊		26	요리사

→ 남성 중에 28세인 사람이 있으므로 남성들의 나이는 32세, 30세, 28세이다.
→ 甲은 남성이고, 乙은 30세이다.
→ 丁은 34세이고, 戊는 여성이다.
→ 丙은 의사 또는 간호사이다.

참가자	성별	나이	직업
甲	남성	32	의사 / 간호사
乙	남성	30	TV / 라디오
丙	남성	28	의사 / 간호사
丁	여성	34	TV / 라디오
戊	여성	26	요리사

→ 요리사가 여성이므로, 이와 매칭되는 라디오작가는 남성이다.
→ 乙은 라디오작가이며 戊와 매칭된다.

참가자	성별	나이	직업
甲	남성	32	의사 / 간호사
乙	남성	30	라디오
丙	남성	28	의사 / 간호사
丁	여성	34	TV
戊	여성	26	요리사

선택지 검토

① [O] TV드라마감독은 乙보다 네 살이 많다.
➡ TV드라마감독(丁)은 34세 乙은 30세이다.

② [O] 의사와 간호사 나이의 평균은 30세이다.
➡ 32세와 28세이므로 평균은 30세이다.

③ [O] 요리사와 라디오작가는 네 살 차이이다.
➡ 30세와 26세이므로 네 살 차이이다.

④ [O] 甲의 나이는 방송업계에서 일하는 사람들 나이의 평균과 같다.
➡ 방송업계에서 일하는 사람들 나이의 평균은 32세이며 甲의 나이와 같다.

⑤ [X] 丁은 의료계에서 일하는 두 사람 중 나이가 적은 사람보다 두 살 많다.
➡ 丁은 34세이고 의료계에서 일하는 두 사람 중 나이가 적은 사람은 28세이다. 따라서 여섯 살 많다.

MEMO

정답 및 해설

25제 연습 SET 3

하주응 PSAT 상황판단 5급 기출 엄선연습

정답

1	2	3	4	5	6	7	8	9	10
⑤	③	②	②	⑤	③	④	①	⑤	②

11	12	13	14	15	16	17	18	19	20
④	⑤	⑤	②	③	④	④	①	④	①

21	22	23	24	25
②	⑤	③	②	④

1.

정답 ⑤ 2021 가 1

법조문

제시문의 이해

- 제1조 : 아이돌보미 교육기관 - 지정, 사업정지 및 취소 (제1항 ~ 제3항)
  아이돌보미 - 교육과정수료 및 적성·인성검사 (제4항 ~ 제5항)
- 제2조 : 아이돌보미 명칭(수료증)의 대여 및 사칭 등 금지
- 제3조 : 보수교육

선택지 검토

① [X] 아이돌보미가 아닌 보육 관련 종사자도 아이돌보미 명칭을 사용할 수 있다.
➡ [제2조 제2항] 아이돌보미가 아닌 사람은 아이돌보미 명칭을 사용할 수 없다.

② [X] 시·도지사는 아이돌보미 양성을 위한 교육기관을 지정·운영하고 보수교육을 실시하여야 한다.
➡ [제1조 제1항, 제3조 제1항] 교육기관의 지정·운영은 시·도지사의 소관업무이지만, 보수교육의 실시는 여성가족부장관의 소관업무이다.

③ [X] 아이돌보미가 되려는 사람은 시·도지사가 실시하는 적성·인성검사를 받아야 한다.
➡ [제1조 제5항] 적성·인성검사는 여성가족부장관이 실시한다.

④ [X] 서울특별시의 A기관이 부정한 방법을 통해 아이돌보미 양성을 위한 교육기관으로 지정을 받은 경우, 서울특별시장은 200만 원의 과태료를 부과할 수 있다.
➡ [제1조 제2항 단서 및 제1호, 제3항] 부정한 방법으로 교육기관으로 지정을 받은 경우에는 지정을 취소하고, 1년 이하의 징역 또는 1천만 원 이하의 벌금에 처한다.

⑤ [O] 인천광역시의 B기관이 아이돌보미 양성을 위한 교육기관으로 지정된 후 교육과정을 1년간 운영하지 않은 경우, 인천광역시장은 그 지정을 취소할 수 있다.
➡ [제1조 제2항 제2호] 교육과정을 1년 이상 운영하지 않은 경우, 시·도지사는 사업의 정지를 명하거나 그 지정을 취소할 수 있다.

2.

정답 ③ 2021 가 22

법조문

선택지 검토

① [X] 심사위원회의 위원장은 위원 중에서 호선한다.
➡ [제3항] 심사위원회의 위원장은 대통령이 임명하거나 위촉한다.

② [X] 심사위원회의 위원 중 3명은 국회가 위촉한다.
➡ [제3항] 위원의 위촉은 대통령이 한다. 국회는 위원을 추천한다.

③ [O] 심사위원회의 위원이 4년을 초과하여 직무를 수행하는 경우가 있다.
➡ [제5항] 위원이 1차례 연임한 경우 4년 동안 직무를 수행하게 되며, 임기가 만료되어도 후임자가 임명되거나 위촉될 때까지는 계속 직무를 수행하므로 4년을 초과하여 직무를 수행할 수 있다.

④ [X] 주식 관련 정보에 관한 간접적인 접근 가능성은 주식의 직무관련성을 판단하는 기준이 될 수 없다.
➡ [제6항] '간접적인 접근 가능성'도 판단의 기준이 된다.

⑤ [X] 금융 관련 분야에 5년 이상 근무하였더라도 대학에서 부교수 이상의 직에 5년 이상 근무하지 않으면 심사위원회의 위원이 될 수 없다.
➡ [제4항] 제1호부터 제4호까지의 자격 중 1개만 갖추어도 되므로, 금융 관련 분야에 5년 이상 근무(제3호)하였다면 다른 자격조건과 상관없이 위원이 될 수 있다.

3.

정답 ② 2021 가 23

법조문

보기 검토

ㄱ. (O) 국토교통부장관은 플랫폼운송사업을 하려는 甲에게 사업 기간을 15년으로 하여 허가할 수 있다.

➡ [제3항] 국토교통부장관은 30년 이내에서 기간을 한정하여 허가할 수 있다. 따라서 기간을 15년으로 한정하는 것도 가능하다.

ㄴ. (X) 플랫폼운송사업허가를 받아 2020년 12월 15일부터 사업을 시작한 乙은 첫 기여금을 2021년 1월 31일까지 납부하여야 한다.

➡ [제4항 제1호] 해당 월의 기여금은 차차월(다음다음 달) 말일까지 납부하는 것이므로, 12월분의 기여금은 2월 말일까지 납부하여야 한다.

ㄷ. (O) 100대의 차량으로 플랫폼운송사업허가를 받은 丙이 1개월 동안 20,000회 운행하여 매출 3억 원을 올렸다면, 丙이 납부해야 할 해당 월의 기여금은 400만 원 미만이 될 수 있다.

➡ [제4항 제2호, 표] 400만 원 미만이 될 수 있다.

① 매출액의 1.25% → 3억 원 × 1.25% = 375만 원

② 운행횟수당 200원 → 20,000회 × 200원 = 400만 원

③ 허가대수당 10만 원 → 100대 × 100,000원 = 1,000만 원

ㄹ. (X) 300대의 차량으로 플랫폼운송사업허가를 받은 丁은 매출액의 5 %에 해당하는 금액 또는 허가대수당 800원(×) 중에서 선택하여 기여금을 납부할 수 있다.

➡ [제4항 제2호] 선택할 수 있는 기여금의 산출방법은 ① 매출액의 5%, ② 운행횟수당 800원, ③ 허가대수당 40만 원, 세 가지이다.

4.

정답 ② 2021 가 2

법조문, 규칙 적용

〈상황〉의 이해

- 소유자 등 : ① 소유자 乙
  ② 점유자 丙

선택지 검토

① (X) 甲은 A지역 발굴의 목적, 방법, 착수 시기 및 소요 기간 등에 관한 내용을 丙에게 2021년 3월 29일까지 알려주어야 한다.

➡ [제2항] 발굴 착수일(2021년 3월 15일)의 2주일 전까지 알려야 한다.

② (O) A지역의 발굴에 대한 통보를 받은 丙은 甲에게 그 발굴에 대한 의견을 제출할 수 있다.

➡ [제2-3항] 丙은 점유자로서, 의견을 제출할 수 있는 '소유자 등'에 해당한다.

③ (X) 乙은 발굴 현장에 발굴의 목적 등을 알리는 안내판을 설치하여야 한다.

➡ [제7항] 발굴 현장에 안내판을 설치하는 것은 문화재청장(甲)이 해야 하는 일이다.

④ (X) A지역의 발굴로 인해 乙에게 손실이 예상되는 경우, 乙은 그 발굴을 거부할 수 있다.

➡ [제3항, 제5항] 발굴을 거부하는 것은 금지된다. 손실을 받았다면 국가로부터 보상을 받을 수 있다.

⑤ (X) A지역과 인접한 토지 소유자인 丁이 A지역의 발굴로 인해 손실을 받은 경우, 丁은 보상금에 대해 甲과 협의하지 않고 관할 토지수용위원회에 재결을 신청할 수 있다.

➡ [제6항] 손실보상에 관하여는 문화재청장(甲)과 손실을 받은 자(丁)가 먼저 협의를 하여야 하며, 보상금에 대한 합의가 성립하지 않은 때에만 관할 토지수용위원회에 재결을 신청할 수 있다.

5.

정답 ⑤ 2021 가 8

TEXT, 계산

풀이

- ㉠

  육상선수 신장의 50배 = 180 cm × 50 = 9,000 cm = 0.09 km

  1초 × 3,600 = 1시간

  1초당 9,000 cm = 1시간당 324 km (3,600 × 0.09 km)

- ㉡

  미국바퀴벌레의 1/3 속력 = 1초당 50 cm = 1분당 3,000 cm

  물고기 로봇 몸길이의 200배 = 3,000 cm

  물고기 로봇 몸길이 = 15 cm

6.

정답 ③ 2021 가 10

퍼즐, 경우의 수

제시문의 이해

- 코드를 만들 때, 알파벳은 중복하여 사용할 수 있다.

  예> aa = 지구

○ 코드 중 가장 긴 것의 길이를 최소화한다.

○ 18,000개의 단어를 표현할 수 있어야 한다.

→ 알파벳 1개짜리(길이 1) 코드부터 빠짐없이 만들고, 필요 시 알파벳의 개수(코드 길이)를 1개씩 늘려 나간다. 이렇게 하여 18,000개의 코드를 만든다.

풀이

- 길이 1인 코드의 개수 = 26개
- 길이 2인 코드의 개수 = 26^2개 = 676개
- 길이 3인 코드의 개수 = 26^3개 = 17,576개

➡ 길이 1인 코드부터 길이 3인 코드까지의 총 개수가 18,000개를 초과하므로, 18,000개의 단어를 표현하기 위한 코드 중 가장 긴 코드의 길이는 '3'이다.

25제 SET 3

7.

정답 ④ 2021 가 26

수리퍼즐, 연립방정식

풀이

- 친구 1단위 = 2명
  가족 1단위 = 4명

- 친구 단위로 발권된 표의 수 = a
  가족 단위로 발권된 표의 수 = b

- 입장객은 총 158명 → 2a + 4b = 158
  모두 50장의 표가 발권 → a + b = 50

- 친구 단위로 발권된 표의 수 = a = 21장
  ➡ 친구 단위로 입장한 사람의 수 = 21 × 2 = 42명
  가족 단위로 발권된 표의 수 = b = 29장
  ➡ 가족 단위로 입장한 사람의 수 = 29 × 4 = 116명

8.

정답 ① 2021 가 4

TEXT, 규칙

제시문의 이해

- 1문단 : 협회장 선출 시기 및 방법(2가지)
- 2문단 : 찬반투표 참여 자격 = 정회원
- 3문단 : 선거 참여 자격 = 정회원 자격을 획득(회복) 후 만 1년을 경과한 정회원

선택지 검토

① [X] 2019년 10월 A협회 정회원 자격을 얻은 甲은 '2020년 협회장' 선출을 위한 '선거'에 참여할 수 있었다.
➡ [1문단 1문장, 3문단 1문장] '2020년 협회장'은 2019년 12월에 선출한다. '선거'는 정회원 자격을 얻은 후 만 1년이 경과해야만 참여할 수 있으므로, 2019년 10월에 정회원 자격을 얻었다면 2019년 12월의 선거에 참여할 수 없다.

② [O] 2018년 10월 A협회 정회원 자격을 얻은 乙은 2019년 연회비 납부 여부와 관계없이 '2019년 협회장' 선출을 위한 '찬반투표'에 참여할 수 있었다.
➡ [1문단 1문장, 2문단 1-3문장] '2019년 협회장'은 2018년 12월에 선출한다. '찬반투표'는 정회원 자격이 있으면 참여할 수 있으므로, 2018년 10월에 정회원 자격을 얻었다면 2018년 12월의 선거에 참여할 수 없다.

③ [O] 2017년 10월 A협회 정회원 자격을 얻은 丙이 연회비 미납부로 자격이 유보되었다가 2019년에 정회원 자격을 회복하였더라도 '2020년 협회장' 선출을 위한 '선거'에 참여할 수 없었다.
➡ [1문단 1문장, 3문단 2문장] '2020년 협회장'은 2019년 12월에 선출한다. 연회비 미납부로 정회원 자격이 유보된 경우, '선거'는 정회원 자격을 회복한 후 만 1년이 경과해야만 참여할 수 있으므로, 2019년에 정회원 자격을 회복했다면 2019년 12월의 선거에 참여할 수 없다.

④ [O] 2017년 10월 A협회 준회원 활동을 시작한 丁이 최소 요구 연한 경과 직후에 정회원 자격을 획득하였다면 '2019년 협회장' 선출을 위한 '찬반투표'에 참여할 수 있었다.
➡ [1문단 1문장, 2문단 1-3문장] 정회원 자격을 2018년 10월에 획득한 경우이다. '2019년 협회장'은 2018년 12월에 선출하며, '찬반투표'는 정회원 자격이 있으면 참여할 수 있으므로, 2018년 10월에 정회원 자격을 얻었다면 2018년 12월의 찬반투표에 참여할 수 있다.

⑤ [O] 2016년 10월 처음으로 A협회 정회원 자격을 얻은 戊가 2017년부터 연회비를 계속 납부하지 않았다면 협회장 선출을 위한 '선거'에 한 번도 참여할 수 없었다.
➡ [1문단 1문장, 2문단 4-5문장, 3문단] '선거'는 정회원 자격을 얻은 후 만 1년이 경과해야만 참여할 수 있으므로, 2016년 12월의 선거에는 참여할 수 없다. 또한 연회비를 납부하지 않으면 자격이 유보되고 권리를 행사할 수 없으므로 2017년 선거에도 참여할 수 없다.

9. ~ 10.

제시문의 이해

- 1문단 : 농장동물복지 → 사람에게도 중요한 문제
- 2문단 : 甲국의 동물복지인증제도
  ① 동물복지시설인증제
  ② 동물복지축산물인증 마크
- 3문단 : 동물복지시설인증의 내용
- 4문단 : 동물복지시설인증 현황 - 인증 농장 수
- 5문단 : 동물복지시설인증 기준의 문제점
- 6문단 : 동물복지축산물인증 마크
  사육시설과 도축시설 모두 동물복지시설인증을 받아야 함.
- 7문단 : 동물복지인증제도의 낮은 인지도 및 높은 가격

9.

정답 ⑤ 2021 가 39

부합, 독해

선택지 검토

① 〔X〕 농장동물복지는 동물의 5대 자유를 보장하기 위한 것으로 사람의 삶과는 무관하다.
➡ [1문단 3-4문장] 농장동물복지는 사람에게도 중요한 문제이다.

② 〔X〕 동물복지시설인증을 받으려는 농장은 도축 시설도 함께 갖추어야 한다.
➡ [2문단 2문장] 동물복지시설인증제는 정부가 정한 기준에 따라 동물을 기르는 농장이나 도축하는 시설에 동물복지시설인증을 부여하는 것이다. 즉, 기준을 충족한 농장이나 도축 시설에 각각 동물복지시설인증이 부여되는 것으로, 농장이 도축 시설까지 갖추어야 하는 것은 아니다.

③ 〔X〕 A농장에서 사육하는 돼지는 동물복지축산물인증 마크를 부착한 축산물로 판매된다.
➡ [2문단 3문장] 동물복지축산물인증 마크는 사육 과정뿐만 아니라 운송·도축 과정까지 기준을 지킨 축산물에 인증 마크를 부여하는 것이므로, A농장에서 사육되었다는 이유만으로 동물복지축산물인증 마크가 부여되지는 않는다.

④ 〔X〕 甲국의 소비자 대부분은 동물복지축산물인증 마크가 붙은 축산물을 구매한다.
➡ [7문단 2문장] 동물복지축산물인증 마크가 붙은 축산물은 가격이 높아서 소비자들이 많이 찾지 않는다.

⑤ 〔O〕 공장식 축산을 하지 않더라도 동물복지시설인증을 받지 못하는 경우가 있다.
➡ [5문단 6문장] 공장식 축산을 하지 않더라도 최소 사육규모 기준을 충족하지 못하여 동물복지시설인증을 받지 못하는 경우가 있다.

10.

정답 ② 2021 가 40

규칙, 계산

보기 검토

ㄱ. 〔X〕 甲국에서 동물복지시설인증을 받은 돼지농장은 2020년 12월 31일까지 사후관리를 위한 점검을 최소 10회 받았다.
➡ [2문단 4문장, 3문단 2문장] 돼지농장에 대한 동물복지시설인증은 2013년에 처음으로 실시되었으며, 사후관리를 위한 점검은 인증을 받은 다음해부터 매년 1회 실시하므로, 2020년 12월 31일까지 돼지농장에 대한 사후관리를 위한 점검은 최대 7회 실시되었다.

ㄴ. 〔O〕 2020년 甲국 전체 농장수가 100,000개라면, 동물복지시설인증을 받은 농장 비율은 0.1 % 미만이다.
➡ [4문단 2문장] 2020년까지 동물복지시설인증을 받은 농장은 총 90곳이므로, 전체 농장수가 100,000개라면 동물복지시설인증을 받은 농장 비율은 0.09 %이다.

ㄷ. 〔O〕 2020년 甲국 전체 산란계 농장수는 6,000개 이상이다.
➡ [4문단 2-3문장] 甲국 전체 산란계 농장의 1.1 %는 74곳이다. 즉, 전체 산란계 농장의 수는 7,400 ÷ 1.1 = 약 6,727곳이다.

ㄹ. 〔X〕 동물복지시설인증을 받기 전, A농장에서 사육하던 어미돼지는 35마리 이하였다.
➡ [5문단 2-5문장] 동물복지시설인증을 받으려면 ① 가축 개체당 공간 기준과 ② 최소 사육규모 기준, 2가지를 충족해야 한다.
A농장이 어미돼지의 수를 줄여서 시설인증을 받았다는 것은, 최소 사육규모 기준 이상의 어미돼지를 사육하고 있으나 그 수가 공간에 비해 많아서 가축 개체당 공간 기준을 충족하지 못하므로, 어미돼지의 수를 줄여서 가축 개체당 공간 기준을 충족시킴으로써 시설인증을 받았다는 것으로 이해할 수 있다.
즉, 어미돼지의 수를 20 % 줄인 후에도 A농장의 어미돼지 수는 30마리 이상이었다는 것이다.
동물복지시설인증을 받기 전, A농장에서 사육하던 어미돼지의 수를 x마리라고 하면 $x \times 0.8 \geq 30$이므로, 시설인증을 받기 전 A농장의 어미돼지 수는 38마리 이상이었다.

11.

정답 ④ 2021 가 3

법조문

제시문의 이해

- 제1조 : 저장성이 없는 농산물(채소류 등)
  → 가격안정을 위한 수매
  → 처분 : 판매, 수출 또는 기증

- 제2조 : 농산물(쌀과 보리 제외)
  → 수급조절과 가격안정을 위한 비축 또는 출하조절
  → 비축용 농산물의 경우 수매 또는 수입(선물거래)

선택지 검토

① [X] 한국농수산식품유통공사는 가격안정을 위해 수매한 저장성이 없는 농산물을 외국에 수출할 수 없다.

➡ [제1조 제2-3항] 가격안정을 위해 수매한 저장성이 없는 농산물은 수출을 할 수 있으며, 해당 업무는 한국농수산식품유통공사가 위탁받아 할 수 있다.

② [X] 채소류의 가격안정을 위해서 특히 필요하다고 인정되어 수매할 경우, 농림협중앙회는 소매시장에서 수매하여야 한다.

➡ [제1조 제1항, 제3항] 이 경우 농산물을 수매할 수 있는 곳은 소매시장이 아니라 도매시장이다.

③ [X] 농림협중앙회는 보리의 수급조절을 위하여 보리 생산자에게 대금의 일부를 미리 지급하여 출하를 조절할 수 있다.

➡ [제2조 제1항] '보리'는 해당 조치의 대상에서 제외된다.

④ [O] 농림축산식품부장관은 개별 생산자로부터 비축용 농산물을 수매할 수 있다.

➡ [제2조 제1-2항] 비축용 농산물은 생산자로부터 수매할 수 있다.

⑤ [X] 농림축산식품부장관은 비축용 농산물 국제가격의 급격한 변동에 대비하여야 할 필요가 있다고 인정할 경우에도 선물거래를 할 수 없다.

➡ [제2조 제4항] 국제가격의 급격한 변동에 대비하여야 할 필요가 있다고 인정할 경우에는 선물거래를 할 수 있다.

12.

정답 ⑤ 2021 가 24

TEXT, 규칙

제시문의 이해

- 1문단 : 혈족상속 및 상속 순위
- 2문단 : 배우자상속
- 3문단 : 유류분의 정의
- 4문단 : 유류분 반환청구, 상속재산 중 유류분의 비율
- 5문단 : 유류분 반환청구 방법 및 소멸시효

선택지 검토

① [X] 피상속인이 유언에 의해 재산을 모두 사회단체에 기부한 경우, 그의 자녀는 유류분 권리자가 될 수 없다.

➡ [4문단 2문장] 피상속인의 직계비속은 유류분 권리자이다.

② [X] 피상속인의 자녀에게는 법정상속분 2분의 1의 유류분이 인정되며, 유류분 산정액은 피상속인의 배우자의 그것과 같다.

➡ [2문단 2문장, 4문단 3문장] 배우자의 법정상속분은 직계비속의 1.5배이다. 따라서 배우자의 유류분 산정액은 직계비속의 유류분 산정액의 1.5배이다.
직계비속의 상속분 = a
직계비속의 유류분 산정액 = a × 0.5
배우자의 상속분 = 1.5 × a
배우자의 유류분 산정액 = 1.5 × a × 0.5

③ [X] 피상속인의 부모는 피상속인의 자녀와 공동으로 상속재산을 상속할 수 있다.

➡ [1문단 2-3문장] 피상속인의 직계존속은 2순위이고 피상속인의 직계비속은 1순위이며, 2순위 상속인은 1순위 상속인이 없는 경우에만 상속할 수 있다. 따라서 피상속인의 부모와 피상속인의 자녀가 공동으로 상속재산을 상속할 수는 없다.

④ [X] 상속이 개시한 때부터 10년이 경과하였다면, 소에 의한 방법으로 유류분반환청구권을 행사해야 한다.

➡ [5문단 2문장] 상속이 개시한 때부터 10년이 경과하면 유류분반환청구권이 소멸된다.

⑤ [O] 피상속인에게 3촌인 방계혈족만 있는 경우, 그 방계혈족은 상속인이 될 수 있지만 유류분 권리자는 될 수 없다.

➡ [1문단 2문장, 4문단 2문장] 3촌인 방계혈족은 4순위 상속인이다. 따라서 1 ~ 3순위의 상속인이 없다면 상속인이 될 수 있다. 그러나 3촌인 방계혈족은 유류분 권리자의 범위에 포함되지 않는다.

13.

정답 ⑤ 2021 가 9

규칙·지침, 수리

제시문의 이해

● 각 구간의 건설비용을 '3'이라고 하자.
→ 총 비용 = '9'

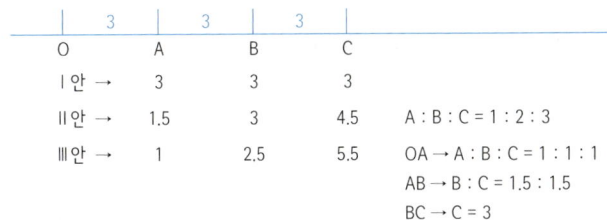

	O	3	A	3	B	3	C	
Ⅰ안 →			3		3		3	
Ⅱ안 →			1.5		3		4.5	A : B : C = 1 : 2 : 3
Ⅲ안 →			1		2.5		5.5	OA → A : B : C = 1 : 1 : 1 AB → B : C = 1.5 : 1.5 BC → C = 3

선택지 검토

① 〔O〕 A에게는 Ⅲ안이 가장 부담 비용이 낮다.
➡ Ⅲ안에서 A가 부담하는 비용이 '1'로 가장 낮다.

② 〔O〕 B의 부담 비용은 Ⅰ안과 Ⅱ안에서 같다.
➡ Ⅰ안과 Ⅱ안에서 B의 부담 비용은 '3'으로 동일하다.

③ 〔O〕 Ⅱ안에서 A와 B의 부담 비용의 합은 C의 부담 비용과 같다.
➡ Ⅱ안에서 A와 B의 부담 비용의 합은 '4.5'이고 C의 부담 비용도 '4.5'이다.

④ 〔O〕 Ⅰ안에 비해 부담 비용이 낮아지는 도시의 수는 Ⅱ안보다 Ⅲ안에서 더 많다.
➡ Ⅱ안에서는 1개 도시만 부담 비용이 낮아지고, Ⅲ안에서는 2개 도시의 부담 비용이 낮아진다.

⑤ 〔X〕 C의 부담 비용은 Ⅲ안이 Ⅰ안의 2배 이상이다.
➡ Ⅲ안에서 C의 부담 비용은 '5.5'이고, Ⅰ안에서 C의 부담 비용은 '3'이다. 따라서 차이는 2배가 되지 않는다.

14.

정답 ② 2021 가 16

계산·비교

선택지 검토

① 〔X〕 사업물자 계약방법을 개선하여 2019년 12월 주요사업비 8천만 원을 절약한 A시 사무관 甲
➡ 2019년 12월은 대상 시기가 아니므로 0원.

② 〔1〕 제도 개선을 통해 2020년 5월 주요사업비 3천 5백만 원을 절약하여 개선된 제도가 A시청 전 부서에 확대 시행되는 데 기여한 A시 사무관 乙
➡ 주요사업비 절약 → 절약액의 20%
타 부서로 확산 → 지급액의 30% 가산.
3,500만 × 0.2 × 1.3 = 910만 원

③ 〔2〕 A시 지역축제에 관한 제안을 제출하여 2020년 7월 8천만 원의 수입증대에 기여한 국민 丙
➡ 수입증대 → 증대액의 10%
8,000만 × 0.1 = 800만 원

④ 〔3〕 A시 위임사무를 수행하면서 제도 개선을 통해 2020년 8월 경상적 경비 1천 8백만 원을 절약한 B기관 이사 丁
➡ 경상적 경비 절약 → 절약액의 50%
1,800만 × 0.5 = 900만 원

⑤ 〔X〕 A시장의 지시를 받아 사무용품 조달방법을 개선하여 2020년 9월 경상적 경비 1천만 원을 절약한 A시 사무관 戊
➡ 자발적 노력이 아니므로 0원.

15.

정답 ③ 2021 가 36

규칙·지침

선택지 검토

① [O] 비사업자인 甲은 이륙중량 20 kg, 자체중량 10 kg인 드론을 공항 중심으로부터 10 km 떨어진 지역에서 비행승인 없이 비행하였다.

➡ 공항 중심으로부터 10 km 떨어진 지역에서는 비행승인이 필요하지 않다.

구 분		기체검사	비행승인	사업등록	구 분		장치신고	조종자격
이륙중량 25 kg 초과	사업자	○	○	○	자체중량 12 kg 초과	사업자	○	○
	비사업자	○	○	×		비사업자	○	×
이륙중량 25 kg 이하	사업자	×	△	○	자체중량 12 kg 이하	사업자	○	×
	비사업자	×	△	×		비사업자	×	×

② [O] 비사업자인 乙은 이륙중량 30 kg, 자체중량 10 kg인 드론을 기체검사, 비행승인을 받아 비행하였다.

➡

구 분		기체검사	비행승인	사업등록	구 분		장치신고	조종자격
이륙중량 25 kg 초과	사업자	○	○	○	자체중량 12 kg 초과	사업자	○	○
	비사업자	○	○	×		비사업자	○	×
이륙중량 25 kg 이하	사업자	×	△	○	자체중량 12 kg 이하	사업자	○	×
	비사업자	×	△	×		비사업자	×	×

③ [X] 사업자인 丙은 이륙중량 25 kg, 자체중량 12 kg인 드론을 사업등록, 장치신고를 하고 비행승인 없이(×) 비행장 중심으로부터 4 km 떨어진 지역에서 비행하였다.

➡ 공항 중심으로부터 4 km 떨어진 지역에서는 비행승인이 필요하다.

구 분		기체검사	비행승인	사업등록	구 분		장치신고	조종자격
이륙중량 25 kg 초과	사업자	○	○	○	자체중량 12 kg 초과	사업자	○	○
	비사업자	○	○	×		비사업자	○	×
이륙중량 25 kg 이하	사업자	×	△	○	자체중량 12 kg 이하	사업자	○	×
	비사업자	×	△	×		비사업자	×	×

④ [O] 사업자인 丁은 이륙중량 30 kg, 자체중량 20 kg인 드론을 기체검사, 사업등록, 장치신고, 조종자격을 갖추고 비행승인을 받아 비행하였다.

➡

구 분		기체검사	비행승인	사업등록	구 분		장치신고	조종자격
이륙중량 25 kg 초과	사업자	○	○	○	자체중량 12 kg 초과	사업자	○	○
	비사업자	○	○	×		비사업자	○	×
이륙중량 25 kg 이하	사업자	×	△	○	자체중량 12 kg 이하	사업자	○	×
	비사업자	×	△	×		비사업자	×	×

⑤ [O] 사업자인 戊는 이륙중량 20 kg, 자체중량 13 kg인 드론을 사업등록, 장치신고, 조종자격을 갖추고 비행승인 없이 비행장 중심으로부터 20 km 떨어진 지역에서 비행하였다.

➡

구 분		기체검사	비행승인	사업등록	구 분		장치신고	조종자격
이륙중량 25 kg 초과	사업자	○	○	○	자체중량 12 kg 초과	사업자	○	○
	비사업자	○	○	×		비사업자	○	×
이륙중량 25 kg 이하	사업자	×	△	○	자체중량 12 kg 이하	사업자	○	×
	비사업자	×	△	×		비사업자	×	×

16.

정답 ④ 2021 가 17

규칙·지침

풀 이

甲관할구역 내에는 소방서 한 곳이 설치되어 있으며, 이 소방서와 가장 가까운 119안전센터(乙관할구역)는 소방서로부터 25 km 떨어져 있다.

→ [가-3] 소방사다리차를 배치해야 한다.

甲관할구역 내에는 층수가 11층 이상인 아파트가 30동 있고, 3층 백화점 건물이 하나 있으며,

→ [가-1] 고가사다리차 최소 1대

위험물을 저장·취급하는 제조소 등이 1,200개소 있다.

→ [나] 기본 : 500개소 이상이므로 2대

추가 : (1,200 - 1,000) ÷ 1,000 = 0.2 → 1대 (소수점 이하 첫째자리에서 올림)

[다] 지휘차 및 순찰차 각각 최소 1대 → 2대

[라] 그 밖의 차량 : 최소 대수를 찾아야 하므로 0대로 처리.

➡ 소방자동차의 최소 대수 = 6대

17.

정답 ④ 2021 가 34

규칙·지침, 경우 따지기

제시문의 이해

상자	A	B	C	D	E	F	G	H	I	J
무게	20	18	16	14	12	10	8	6	4	2
순서	1					ⓐ	ⓐ	ⓐ	2	

→ 두 번째 경우로 가능한 상자 조합은 세 가지이며, 이때 적용된 규칙은 ⓒ이다.

(1) F·I·J - 10·4·2

(2) G·I·J - 8·4·2

(3) H·I·J - 6·4·2

→ 남아 있는 상자 중 2개 또는 3개를 합하여 17 kg 이하가 되는 경우는 없으므로 B, C, D, E는 반드시 단독으로 운반된다.

선택지 검토

① 〔X〕 D는 다른 상자와 같이 운반된다.

➡ 두 번째 운반 후 남아있는 가장 가벼운 상자의 무게는 10 kg, 8 kg 또는 6 kg이다. 어떤 경우이든 D의 무게와 더하면 17 kg를 초과하게 되므로 D는 반드시 단독으로 운반된다.

② 〔X〕 두 번째 운반 후에 ㉠은 적용되지 않는다.

➡ B, C, D는 반드시 단독으로 운반되고, 이때 규칙 ㉠이 적용된다.

③ 〔X〕 ⓐ가 G라면 이후에 ⓒ은 적용될 수 없다.

➡ 남아있는 상자 중 F와 H의 무게를 합하면 16 kg이다. 따라서 B, C, D, E를 단독으로 운반하고 마지막으로 F와 H에 대하여 규칙 ⓒ을 적용할 수 있다.

④ 〔O〕 두 번째 운반부터 상자를 모두 옮길 때까지 운반 횟수를 최소로 하려면 ⓐ가 H여서는 안 된다.

➡ ⓐ가 H인 경우, 남아 있는 가장 가벼운 상자 2개의 무게는 각각 10 kg과 8 kg이며, 이 두 상자의 무게를 합하면 18 kg이다. 즉, ⓐ가 H이면 세 번째부터는 모든 상자를 단독으로 옮겨야 하므로 운반 횟수가 최소가 될 수 없다.

⑤ 〔X〕 상자를 모두 옮길 때까지 전체 운반 횟수를 최소로 하기 위해서는 두 번째 운반에 ㉠을 적용해야 한다.

➡ 상자 10개의 무게 총합은 110 kg이며, 한 번에 옮길 수 있는 최대 무게는 17 kg이다. 『110 = 17 × 6 + 8』이므로 최소 운반 횟수는 7회이다. 그런데 두 번째 운반에 규칙 ㉠을 적용하지 않아도 7회에 모든 상자를 운반할 수 있다. 예를 들어 <상황>과 같이 두 번째 운반에 규칙 ⓒ을 적용하되, 두 번째로 운반하는 상자의 조합을 F·I·J로 세 번째로 G·H를 운반한다면 총 운반 횟수는 7회가 된다.

18.

정답 ① 2021 가 11

퍼즐, 게임의 규칙

선택지 검토

① 〔X〕 甲이 '명종'까지 외쳤다면, 甲은 '인조'를 외칠 수 없다.

➡ 甲이 '인조'를 외칠 수 있는 경우가 있다.

<table>
<tr><td>13</td><td>명종</td><td>甲</td></tr>
<tr><td>14</td><td>선조</td><td rowspan="2">乙</td></tr>
<tr><td>15</td><td>광해군</td></tr>
<tr><td>16</td><td>인조</td><td>甲</td></tr>
</table>

② 〔O〕 甲과 乙이 각각 6번씩 외치는 것으로 놀이가 종료될 수 있다.

➡ 놀이를 가장 빨리 끝내는 경우, 외치는 총 횟수는 11회이므로 총 12회에 놀이가 종료되는 것도 가능하다.

<table>
<tr><td>1</td><td>태조</td><td rowspan="3">1</td><td>10</td><td>연산군</td><td>4</td><td>19</td><td>숙종</td><td rowspan="3">8</td></tr>
<tr><td>2</td><td>정종</td><td>11</td><td>중종</td><td rowspan="3">5</td><td>20</td><td>경종</td></tr>
<tr><td>3</td><td>태종</td><td>12</td><td>인종</td><td>21</td><td>영조</td></tr>
<tr><td>4</td><td>세종</td><td rowspan="3">2</td><td>13</td><td>명종</td><td>22</td><td>정조</td><td>9</td></tr>
<tr><td>5</td><td>문종</td><td>14</td><td>선조</td><td rowspan="2">6</td><td>23</td><td>순조</td><td rowspan="3">10</td></tr>
<tr><td>6</td><td>단종</td><td>15</td><td>광해군</td><td>24</td><td>헌종</td></tr>
<tr><td>7</td><td>세조</td><td rowspan="3">2</td><td>16</td><td>인조</td><td rowspan="3">7</td><td>25</td><td>철종</td></tr>
<tr><td>8</td><td>예종</td><td>17</td><td>효종</td><td>26</td><td>고종</td><td rowspan="2">11</td></tr>
<tr><td>9</td><td>성종</td><td>18</td><td>현종</td><td>27</td><td>순종</td></tr>
</table>

③ 〔O〕 甲이 '인종, 명종, 선조'를 외쳤다면, '연산군'은 甲이 외친 것이다.

➡ '연산군'과 '중종'을 함께 외칠 수 없으므로, '연산군'은 甲이 외쳤다.

<table>
<tr><td>10</td><td>연산군</td><td>甲</td></tr>
<tr><td>11</td><td>중종</td><td>乙</td></tr>
<tr><td>12</td><td>인종</td><td rowspan="3">甲</td></tr>
<tr><td>13</td><td>명종</td></tr>
<tr><td>14</td><td>선조</td></tr>
</table>

④ 〔O〕 甲이 첫 차례에 3명의 왕을 외친다면, 甲은 자신의 다음 차례에 '세조'를 외칠 수 있다.

➡ 甲이 첫 차례에 3명의 왕을 외친다면, 그 다음 세종부터 세조까지 4명의 왕이 있게 된다. 최소 1명부터 최대 3명까지의 왕을 외칠 수 있으므로, 乙이 몇 명을 외치는가에 따라 세조까지 이르게 되는 3가지 경우를 생각할 수 있으며(1 + 3 = 4명, 2 + 2 = 4명, 3 + 1 = 4명), 어떤 경우이든 甲은 자신의 다음 차례에 '세조'를 외칠 수 있다.

<table>
<tr><td>1</td><td>태조</td><td rowspan="3" colspan="3">甲</td></tr>
<tr><td>2</td><td>정종</td></tr>
<tr><td>3</td><td>태종</td></tr>
<tr><td>4</td><td>세종</td><td>乙</td><td rowspan="2">乙</td><td rowspan="3">乙</td></tr>
<tr><td>5</td><td>문종</td><td rowspan="3">甲</td></tr>
<tr><td>6</td><td>단종</td><td rowspan="2">甲</td></tr>
<tr><td>7</td><td>세조</td><td>甲</td></tr>
</table>

⑤ 〔O〕 '순종'을 외치는 사람이 지는 게임이라면, 甲이 '영조'를 외쳤을 때 乙은 甲의 선택에 관계없이 승리할 수 있다.

➡ 이 경우 甲은 반드시 '순조'를 포함하여 1명 ~ 3명을 외치게 되며, 乙은 어떠한 경우이든 '고종'까지만 외치고 甲이 '순종'을 외치도록 유도할 수 있다. 따라서 乙이 반드시 승리할 수 있다.

<table>
<tr><td>21</td><td>영조</td><td colspan="3">甲</td></tr>
<tr><td>22</td><td>정조</td><td colspan="3">乙</td></tr>
<tr><td>23</td><td>순조</td><td>甲</td><td rowspan="2">甲</td><td rowspan="3">甲</td></tr>
<tr><td>24</td><td>헌종</td><td rowspan="3">乙</td></tr>
<tr><td>25</td><td>철종</td><td rowspan="2">乙</td></tr>
<tr><td>26</td><td>고종</td><td>乙</td></tr>
<tr><td>27</td><td>순종</td><td>甲</td><td>甲</td><td>甲</td></tr>
</table>

19.

정답 ④ 2021 가 35

수리퍼즐, 규칙성

풀이

● 甲이 가진 카드에 적힌 숫자의 합과 乙이 가진 카드에 적힌 숫자의 합이 같았다.

→ 甲과 乙은 1 ~ 9 중 연속된 일부 구간의 숫자들 중에서, 동일한 대칭축을 기준으로 좌우 대칭의 위치에 있는 숫자 2개의 조합을 하나씩 가져갔다.

예를 들면 다음과 같다.

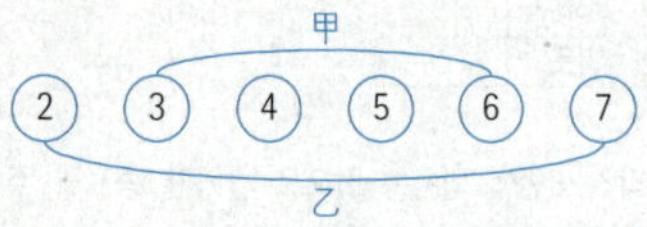

● 甲이 첫 번째 뽑은 카드에 3을 곱한 값과 두 번째 뽑은 카드에 9를 곱한 값의 일의 자리 수가 서로 같았다. 乙도 같은 방식으로 곱하여 얻은 두 값의 일의 자리 수가 서로 같았다.

→ 다음과 같이 2가지 경우가 가능하다.

숫자	1	2	3	4	5	6	7	8	9
3배수 일의 자리	3	6	9	2	5	8	1	4	7
9배수 일의 자리	9	8	7	6	5	4	3	2	1

1 + 7 = 2 + 6

숫자	1	2	3	4	5	6	7	8	9
3배수 일의 자리	3	6	9	2	5	8	1	4	7
9배수 일의 자리	9	8	7	6	5	4	3	2	1

3 + 9 = 4 + 8

➡ 甲과 乙이 가진 4장의 숫자 카드에 적힌 수의 합으로 가능한 것

① 1 + 2 + 6 + 7 = 16

② 3 + 4 + 8 + 9 = 24

20.

정답 ① 2021 가 28

퍼즐, 경우 따지기

제시문의 이해

● 이름표대로 내용물(과일)이 들어 있는 상자는 없다.

→ 다음과 같이 2가지 경우가 가능하다.

내용물		사과	배	사과 + 배
이름표	경우 1	사과 + 배	사과	배
	경우 2	배	사과 + 배	사과

보기 검토

ㄱ. (O) '사과와 배 상자'에서 과일 하나를 꺼내어 확인한 결과 사과라면, '사과 상자'에는 배만 들어 있다.

➡ [경우 2] 이 경우 '사과 상자'에는 배만 들어 있다.

ㄴ. (X) '배 상자'에서 과일 하나를 꺼내어 확인한 결과 배라면, '사과 상자'에는 사과와 배가 들어 있다.

➡ [경우 2] 이 경우 '사과 상자'에는 배만 들어 있다.

ㄷ. (X) '사과 상자'에서 과일 하나를 꺼내어 확인한 결과 배라면, '배 상자'에는 사과만 들어 있다.

➡ [경우 1, 경우 2] '경우 1'에서는 '배 상자'에 사과만 들어 있지만, '경우 2'라면 '배 상자'에 사과와 배가 모두 들어 있다.

21.

정답 ② 2021 가 12

규칙·지침

풀이

도착 시각	인원	점등 대기	보행신호 점등	차량통행 보장	보행자 횡단
18 : 25 : 00	1	~ 18 : 26 : 30	18 : 26 : 30 ~ 18 : 27 : 00	~ 18 : 29 : 00	1명
18 : 27 : 00	3	~ 18 : 30 : 30	18 : 30 : 30 ~ 18 : 31 : 00	~ 18 : 33 : 00	5명
18 : 30 : 00	2				
18 : 31 : 00	5	~ 18 : 34 : 30	18 : 34 : 30 ~ 18 : 35 : 00	~ 18 : 37 : 00	5명
18 : 43 : 00	1	~ 18 : 44 : 30	18 : 44 : 30 ~ 18 : 45 : 00	~ 18 : 47 : 00	4명
18 : 44 : 00	3				
18 : 59 : 00	4	~ 19 : 00 : 30	19 : 00 : 30 ~ 19 : 01 : 00	~ 19 : 03 : 00	4명
19 : 01 : 00	2	~ 19 : 04 : 30	19 : 04 : 30 ~ 19 : 05 : 00	~ 19 : 07 : 00	2명
19 : 48 : 00	4	~ 19 : 49 : 30	19 : 49 : 30 ~ 19 : 50 : 00	~ 19 : 52 : 00	6명
19 : 49 : 00	2				

↓
총 7회 점등

22.

정답 ⑤ 2021 가 31

수리퍼즐, 집합

풀이

	A	B	C
최초 재고	150	100	200
총 입고	+ 80	+ 105	+ 10
총 출고	- 60	- 50	- 85
최종 재고	170	155	125

○ 2020년 5월 25일 하나의 창고에 화재가 발생하여 그 창고 안에 있던 재고 전부가 불에 그을렸는데, 그 개수를 세어보니 150개였다.
→ 그런데 입·출고기록에 따르면 최종 재고가 150개인 창고는 없다.(출제 포인트)

○ 甲회사는 2020년 6월 30일 상반기 장부를 정리하던 중 두 창고 [ⓛ]의 상반기 전체 출고기록이 맞바뀐 것을 뒤늦게 발견하였다.
→ 출고기록을 다시 맞바꾸어 최종 재고가 150개가 되는 경우를 찾는다.

	A	B	C
최초 재고	150	100	200
총 입고	+ 80	+ 105	+ 10
총 출고	- 85	- 50	- 60
최종 재고	145	155	150

→ 상반기 전체 출고기록이 맞바뀐 창고는 ⓛ A와 C이다.
→ 화재가 발생한 창고는 C이다.

○ 화재 직후인 2020년 5월 26일 甲회사의 재고 중 불에 그을리지 않은 것은 [㉠ 300]개였다.

23.

정답 ③ 2021 가 38

규칙·지침, 계산

풀이

ㅇㅇ기관은 중금속이 포함된 4급에 해당하는 해수 3톤을 정수 처리하여 생활용수 3톤을 확보하려 한다.

→ 생활용수 : 중금속이 제거되고 음용이 가능하며 1급인 담수

1. 해수의 담수화 필요 → 해수담수화기(10톤) 1대 : 1억 원
2. 중금속 제거 필요 → 응집 침전기(3톤) 1대 : 5천만 원
3. 4급수를 1급수로 정화 필요
   (1) 1차 정수기(5톤) 1대 : 5천만 원 (4급수 → 3급수)
   (2) 3차 정수기(1톤) 3대 : 15억 원 (3급수 → 1급수, 음용 가능 처리)

➡ 최소 비용 : 17억 원

24.

정답 ② 2021 가 33

퍼즐, 대응관계, 수리

풀이

<잃어버리기 전>

○ 남성 인물카드를 여성 인물카드보다 2장 더 많이 가지고 있다.
→ 여성 인물카드 개수 = x
남성 인물카드 개수 = $x + 2$
→ 인물카드의 총 개수 = $2x + 2$
➡ 인물카드의 총 개수는 반드시 '짝수'이다.

○ 가지고 있는 인물카드의 직업은 총 5종류이며, 인물카드는 직업별로 최대 2장이다.
→ 5종류의 직업별로 최소 1장 최대 2장의 인물카드가 있다.
→ 인물카드의 총 개수는 최소 5장 ~ 최대 10장이다.
➡ 인물카드의 총 개수가 '짝수'이므로 가능한 총 개수는 6장, 8장 또는 10장이다.

○ 가수 직업의 인물카드는 1장만 가지고 있다.
→ 인물카드의 총 개수는 반드시 '짝수'인데 가수 직업 카드의 개수가 1장이므로, 인물카드의 총 개수가 10장이 될 수는 없다.
➡ 인물카드의 가능한 총 개수는 6장 또는 8장이다.

<잃어버린 후>

○ 잃어버린 인물카드 중 2장은 직업이 소방관이다.
→ 최소 2장을 잃어버렸다.

○ 인물카드는 총 5장 가지고 있으며, 직업은 4종류이다.
→ 최소 2장을 잃어버린 후 5장을 가지고 있다.
➡ 인물카드의 총 개수는 8장이었으며, 이 중 3장을 잃어버렸다.

더 생각해 보기

• 나머지 조건들을 모두 고려하여 잃어버리기 전과 후의 카드 구성을 확인해 보면 다음과 같다.

직업	①	②	③	④	⑤	총합
	가수	소방관	?	?	?	
전	1	2	2	1	2	8장
분실	0	2	0	0	1	3장
후	1	0	2	1	1	5장

25.

정답 ④ 2021 가 21

법조문, 규칙 적용

〈상황〉의 이해

- 원아수가 50명 미만이면서 '사립'인 유치원은 없다. 따라서 급식 대상에서 제외되는 유치원은 없다.

보기 검토

ㄱ. (O) A유치원은 급식을 실시하기 위하여 영양교사 1명을 배치해야 한다.

➡ [제1조 제1-2항, 제2조 제1항] A유치원은 공립 유치원이므로 원아수와 무관하게 급식 실시 대상이며, 원아수가 200명 이상이므로 영양교사 수에 대한 예외규정이 적용되지 않는다. 따라서 영양교사 1명을 두어야 한다.

ㄴ. (O) B유치원과 C유치원은 공동으로 영양교사 1명을 배치할 수 있다.

➡ [제2조 제1항 제2호] 같은 乙교육지원청의 관할구역에 있고, 두 유치원 모두 원아수가 200명 미만이므로 공동으로 영양교사 1명을 배치할 수 있다.

ㄷ. (O) 급식을 위한 시설과 설비를 갖춘 D유치원이 丙교육지원청의 전담직원을 통하여 영양관리, 식생활 지도 등의 업무를 지원받고 있다면, D유치원은 영양교사를 둔 것으로 본다.

➡ [제2조 제2항] D유치원은 원아수 100명 미만의 유치원이다. 이 경우 교육지원청의 지원을 받는다면 영양교사를 둔 것으로 본다.

ㄹ. (X) E유치원은 급식 대상에서 제외되는 유치원으로 그 명칭과 주소가 매년 1월말까지 공시되어야 한다.

➡ [제1조 제2-3항] '사립' 유치원인 경우에만 급식 대상에서 제외될 수 있다. E유치원은 공립 유치원이므로 급식 대상에서 제외되지 않는다.

MEMO

정답 및 해설

25제 연습 SET 4

정답

1	2	3	4	5	6	7	8	9	10
②	①	②	③	②	③	②	⑤	②	②

11	12	13	14	15	16	17	18	19	20
②	①	⑤	④	③	④	⑤	④	④	②

21	22	23	24	25
④	②	③	④	⑤

1.

정답 ② 2020 나 3

법조문

제시문의 이해

- 제1조 : 청원결찰의 배치신청 및 요청
- 제2조 : 청원경찰의 직무
- 제3조 : 청원경찰의 임용
- 제4조 : 무기의 대여

선택지 검토

① [X] 청원경찰의 임용승인과 직무감독의 권한은 관할 경찰서장에게 있다.
➡ [제2조 제1항, 제3조 제1항] 직무감독의 권한은 관할 경찰서장에게 있지만, 임용승인의 권한은 관할 지방경찰청장에게 있다.

② [O] 청원경찰은 관할 지방경찰청장의 요청뿐만 아니라 배치받으려는 기관의 장 등의 신청에 의해서도 배치될 수 있다.
➡ [제1조 제2항, 제4항] 청원경찰은 기관의 장 등이 관할 지방경찰청장에게 청원경찰 배치를 신청하여 배치될 수 있으며, 지방경찰청장이 기관의 장 등에게 청원경찰을 배치할 것을 요청하여 배치될 수도 있다.

③ [X] 청원경찰의 임용자격 및 임용방법은 「국가공무원법」에 따르며, 청원경찰의 결격사유는 대통령령으로 정한다.
➡ [제3조 제2-3항] 결격사유는 「국가공무원법」에 따르며, 임용자격 및 임용방법은 대통령령으로 정한다.

④ [X] 청원경찰은 배치된 사업장의 경비를 목적으로 필요한 범위에서 수사활동 등 사법경찰관리의 직무를 수행할 수 있다.
➡ [제2조 제2항] 청원경찰은 수사활동 등 사법경찰관리의 직무를 수행해서는 아니 된다.

⑤ [X] 청원경찰은 직무수행에 필요한 경우 직접 관할 지방경찰청장에게 무기대여를 신청하여야 한다.
➡ [제4조] 청원경찰이 휴대할 무기를 대여받으려는 경우에는 청원주가 관할 경찰서장을 거쳐 무기대여를 신청하여야 한다.

2.

정답 ① 2020 나 4

법조문

제시문의 이해

- 제1조 : 농식품투자조합의 결성과 조합원(업무집행조합원, 유한책임조합원)
- 제2조 : 업무집행조합원의 금지 행위
- 제3조 : 농식품투자조합의 해산

선택지 검토

① [O] 농식품투자조합이 해산한 경우, 조합의 규약에 다른 규정이 없는 한 업무집행조합원이 청산인이 된다.
➡ [제3조 제2항] 조합의 규약에 예외적인 규정이 없다면 업무집행조합원이 청산인이 되는 것이 원칙이다.

② [X] 투자관리전문기관은 농식품투자조합의 유한책임조합원이 될 수 있지만 업무집행조합원이 될 수 없다.
➡ [제1조 제1항 제2호, 제2항 단서] 제1조 제1항 제2호에 해당하는 투자관리전문기관은 업무집행조합원이 된다.

③ [X] 업무집행조합원은 농식품투자조합의 업무를 집행할 때, 그 조합의 재산으로 지급을 보증하는 행위를 할 수 있다.
➡ [제2조 제3호] 농식품투자조합의 재산으로 지급을 보증하는 행위는 금지된 행위이다.

④ [X] 농식품투자조합 해산 당시 출자금액을 초과하는 채무가 있으면, 유한책임조합원 전원이 연대하여 그 채무를 변제하여야 한다.
➡ [제3조 제3항] 농식품투자조합 해산 당시 출자금액을 초과하는 채무가 있으면 업무집행조합원이 그 채무를 변제하여야 한다.

⑤ [X] 농식품투자조합의 자산이 출자금 총액보다 적어 업무를 계속 수행하기 어려운 경우, 조합원 총수의 과반수의 동의만으로 농식품투자조합은 해산한다.
➡ [제3조 제1항 제3호] 농식품투자조합의 자산이 출자금 총액보다 적어져서 업무를 계속 수행하기 어려운 경우, 농식품투자조합이 해산하려면 조합원 총수의 과반수와 조합원 총지분 과반수의 동의를 받아야 한다.

25제 SET 4

3.

정답 ② 2020 나 24

TEXT 독해, 규칙 적용

제시문의 이해

- 주주총회 결의취소의 소
  - 원고 : 주주, 이사 또는 감사(변론이 종결될 때까지 자격을 유지해야 함)
  - 피고 : 회사(소송 수행인 : 대표이사 또는 감사)

<상황>의 이해

구분	직책	주주	비고
甲	전 대표이사 (해임)	×	이사 지위 상실
乙	현 대표이사	×	-
丙	-	○	-
丁	-	○	-
戊	이사	-	-
己	감사	-	-

선택지 검토

① [X] 甲이 A회사를 피고로 하여 결의취소의 소를 제기하면, 법원은 결의를 취소하는 것이 정당한지에 관해 판단해야 한다.
➡ [1문단 2문장, 5문장] 甲은 주주, 이사 또는 감사가 아니므로 원고의 자격이 없다. 따라서 甲이 결의취소의 소를 제기하면, 해당 소는 결의를 취소하는 것이 정당한지에 대한 판단 없이 각하된다.

② [O] 丙이 A회사를 피고로 하여 결의취소의 소를 제기하면, 乙이 A회사를 대표하여 소송을 수행한다.
➡ [2문단 4문장] 원고인 丙이 이사 아닌 주주이므로, 현재 대표이사인 乙이 회사를 대표하여 소송을 수행한다.

③ [X] 丁이 A회사와 乙을 공동피고로 하여 결의취소의 소를 제기하면, A회사와 乙에 대한 소는 모두 부적법 각하된다.
➡ [2문단 1문장] 乙에 대한 소는 각하되지만, A회사에 대한 소는 진행된다.

④ [X] 戊가 A회사를 피고로 하여 결의취소의 소를 제기하면, 甲이 A회사를 대표하여 소송을 수행한다.
➡ [2문단 3문장] 이사인 戊가 소를 제기하면 감사인 己가 회사를 대표하여 소송을 수행한다.

⑤ [X] 己가 A회사를 피고로 하여 제기한 결의취소의 소의 변론이 종결된 후에 己의 임기가 만료된다면, 그 소는 부적법 각하된다.
➡ [1문단 3문장] 원고의 자격은 변론이 종결될 때까지만 유지되면 된다.

4.

정답 ③ 2017 가 29

계산·비교

풀이

<정당>
- 주체 : 정당
- 회수 : 방송매체별로 15회
- 시간 : 1회당 1분
- 방송매체 : 2개
→ 총 30분

<비례대표의원 후보자>
- 주체 : 후보자 대표 2명
- 회수 : 방송매체별로 대표 1명당 1회
- 시간 : 1회당 10분
- 방송매체 : 2개
→ 총 40분

<지역구의원 후보자>
- 주체 : 모든 후보자 = 100명
- 회수 : 방송매체별로 후보 1명당 2회
- 시간 : 1회당 10분
- 방송매체 : 2개
→ 총 4,000분

○ 최대로 실시할 수 있는 선거방송 시간의 총합
30 + 40 + 4,000 = 4,070분

5.

정답 ② 2019 가 27

규칙·지침

제시문의 이해

● 속(屬)

순서	…	7) 원소	8) 돌	9) 금속	10) 잎	…
표기	…	de	di	do	gw	…

● 차이(差異)

순서	1	2	3	4	5	6	7	8	9
표기	b	d	g	p	t	c	z	s	n

● 종(種)

순서	1	2	3	4	5	6	7	8	9
표기	w	a	e	i	o	u	y	yi	yu

※ 위의 표기법에 따라 '속 - 차이 - 종'의 순서로 표기하면, 사용되는 문자의 개수는 4개 또는 5개이다.
→ 문자 개수가 5개인 경우에는 마지막 2개의 문자가 종을 의미하며, 반드시 8번째 종이거나 9번째 종이다.

선택지 검토

① [O] ditu - 물에 녹는 지구의 응결물의 여섯 번째 종

② [X] gwpyi - 잎의 네 번째 차이의 네 번째 종
➡ 문자의 개수가 5개이므로 네 번째 종은 절대 아니다.
표기가 'yi'이므로 8번째 종이다.

③ [O] dige - 덜 투명한 가치 있는 돌의 세 번째 종

④ [O] deda - 원소의 두 번째 차이의 두 번째 종

⑤ [O] donw - 금속의 아홉 번째 차이의 첫 번째 종

6.

정답 ③ 2020 나 30

계산·비교, 최적화, 퍼즐

풀이

● 4월 1일
- X(24개) : A와 B가 동시에 시간당 3개씩 생산 → 8시간
- Y(18개) : A와 B가 동시에 시간당 6개씩 생산 → 3시간

→ 총 11시간

● 4월 2일

1) X의 시간당 생산량은 A가 더 많고 Y의 시간당 생산량은 두 팀이 동일하므로, A가 X를 생산하고 동시에 B가 Y를 생산한다.
→ 6시간
→ X : 12개 생산 (나머지 : 12개)
Y : 18개 생산 완료

2) 두 팀이 동시에 X의 나머지 12개를 시간당 3개씩 생산
→ 4시간
→ 모두 생산 완료.

→ 총 10시간

➡ 4월 1일과 4월 2일에 작업한 최소 시간의 합 = 21시간

7.

정답 ② 2018 나 32

규칙·지침, 계산·비교

풀이

자녀 수			0	1	2	3 이상	합계
가구 수			300	600	500	100	1,500
맞벌이 가구 수 (30 %)			90	180	150	30	450
빈곤 가구 수 (20 %)			60	120	100	20	300
예산 규모 (만 원)	A안	가구당	50	50	50	50	15,000
		소계	3,000	6,000	5,000	1,000	
	B안	가구당	-	10	20	30	19,000
		소계	-	6,000	10,000	3,000	
	C안	가구당	-	30	60	100	17,400
		소계	-	5,400	9,000	3,000	

➡ A < C < B

8.

정답 ⑤ 2019 가 12

규칙·지침, 계산·비교

제시문의 이해

○ 회의는 전문가 중 3명 이상이 1시간 동안 참여할 수 있는 요일과 시간대에 진행된다.
→ 회의를 개최할 수 있는 요일과 시간대는 다음과 같다.

	월	화	수	목	금
A	13:00 ~ 16:20	15:00 ~ 17:30	13:00 ~ 16:20	15:00 ~ 17:30	16:00 ~ 18:30
B	13:00 ~ 16:10	-	13:00 ~ 16:10	-	16:00 ~ 18:30
C	16:00 ~ 19:20	14:00 ~ 16:20	-	14:00 ~ 16:20	16:00 ~ 19:20
D	17:00 ~ 19:30	-	17:00 ~ 19:30	-	17:00 ~ 19:30
E	-	15:00 ~ 17:10	-	15:00 ~ 17:10	-
F	16:00 ~ 19:20	-	16:00 ~ 19:20	-	16:00 ~ 19:20
시간대	17:00 ~ 19:20	15:00 ~ 16:20		15:00 ~ 16:20	16:00 ~ 19:20
인원수	3명	3명		3명	3명 ~ 5명

선택지 검토

① 〔X〕 월요일에는 회의를 개최할 수 없다.

➡ C, D, F가 참여하는 회의를 개최할 수 있다.

② 〔X〕 금요일 16시에 회의를 개최할 경우 회의 장소는 '가'이다.

➡ 참여 가능한 전문가 : A, B, C, F

	A	B	C	D	E	F	합산
가	5	4	5	6	7	5	19
나	6	6	8	6	8	8	28
다	7	8	5	6	3	4	24

③ 〔X〕 금요일 18시에 회의를 개최할 경우 회의 장소는 '다'이다.

➡ 참여 가능한 전문가 : C, D, F

	A	B	C	D	E	F	합산
가	5	4	5	6	7	5	16
나	6	6	8	6	8	8	22
다	7	8	5	6	3	4	15

④ 〔X〕 A가 반드시 참여해야 할 경우 목요일 16시에 회의를 개최할 수 있다.

➡ A가 반드시 참여해야 한다면 화·목·금요일 중에 회의를 개최하여야 하며, 목요일에 개최한다면 늦어도 15:20에는 회의를 개최하여야 한다.

⑤ 〔O〕 C, D를 포함하여 4명 이상이 참여해야 할 경우 금요일 17시에 회의를 개최할 수 있다.

➡ 금요일에만 C, D를 포함한 4명 이상이 참여할 수 있으며, 17:00부터 18:00까지 회의를 진행하는 것 또한 가능하다.

조언

• 세 번째 〈조건〉에 의하면
(1) 회의 시간을 먼저 정한 후,
(2) 참여 가능한 전문가들의 선호도를 합산하여 회의 장소를 골라야 한다.
즉, 회의 시간을 정하는 것이 선결되어야만 회의 장소를 고를 수 있다.
따라서 선택지를 검토할 때에도 이 순서를 지켜서 ①④⑤부터 먼저 검토한 후, 이 중에 정답이 없는 경우에만 ②③을 검토하도록 한다.

9.

정답 ② 2019 가 16

계산·비교, 최적화

제시문의 이해

※ 예산이 60억 원이므로 60억 원을 모두 사용하는 경우의 만족도부터 검토한 후 사용 금액을 낮춘 경우도 고려해 본다.

경우	사용 금액	지역	시설 및 개수	만족도	만족도 합
1	60억 원	A구	복지회관 2	30, 24	126
		B구	어린이집 2	40, 32	
2	60억 원	A구	어린이집 1	35	125
		B구	복지회관 2	50, 40	
3	60억 원	A구	어린이집 2	35, 28	113
		B구	복지회관 1	50	
4	55억 원	A구	복지회관 1	30	120
		B구	복지회관 2	50, 40	
5	55억 원	A구	어린이집 1	35	125
		B구	어린이집 1, 복지회관 1	40, 50	
6	55억 원	A구	어린이집 2	35, 28	103
		B구	어린이집 1	40	
7	55억 원	A구	어린이집 1, 복지회관 1	35, 30	115
		B구	복지회관 1	50	
8	50억 원	A구	복지회관 1	30	120
		B구	어린이집 1, 복지회관 1	40, 50	
9	50억 원	A구	어린이집 1, 복지회관 1	35, 30	105
		B구	어린이집 1	40	
			⋮		

● 만족도의 합이 가장 큰 경우는 '경우 1'이다.

선택지 검토

① [O] 예산은 모두 사용될 것이다.
➡ 60억 원이 모두 사용된다.

② [X] A구에는 어린이집이 신축될 것이다.
➡ 복지회관 2개가 신축된다.

③ [O] B구에는 2개의 시설이 신축될 것이다.
➡ 어린이집 2개가 신축된다.

④ [O] 甲시에 신축되는 시설의 수는 4개일 것이다.
➡ 복지회관 2개와 어린이집 2개, 총 4개가 신축된다.

⑤ [O] <조건> 5)가 없더라도 신축되는 시설의 수는 달라지지 않을 것이다.
➡ 만족도가 20 % 하락하는 조건 하에서도 '경우 1'의 만족도가 가장 높다. 따라서 만족도가 하락하는 조건이 없으면 '경우 1'의 만족도가 가장 높을 것이며, 4개의 시설이 신축될 것이다.

더 생각해 보기

- 실제 문제를 풀 때에는 '경우 3'이나 '경우 5'와 같이 만족도의 합이 다른 경우보다 낮음이 분명한 경우는 제외하며 검토한다.
- 선택지를 이용하는 방법도 생각해 보자.
  ①번과 ④번이 옳다면 ③번도 옳지만 ②번은 옳지 않은 것이 된다.

10.

정답 ② 2018 나 10

퍼즐, 게임, 확률

풀이

● 총 3번의 대결을 하면서 3번 모두 승리할 확률
= 1회에서 이기고 2회에서도 이기고 3회에서도 이길 확률
= (1회에서 이길 확률) × (2회에서 이길 확률) × (3회에서 이길 확률)

● 패배할 확률 = 1 − 승리할 확률

보기 검토

ㄱ. [O] 甲이 총 3번의 대결을 하면서 각 대결에서 승리할 확률이 가장 높은 전략부터 순서대로 선택한다면, 3가지 전략을 각각 1회씩 사용해야 한다.
➡ C전략(90 %) → B전략(70 %) → A전략(60 %)의 순서로 사용해야 한다.

ㄴ. [X] 甲이 총 5번의 대결을 하면서 각 대결에서 승리할 확률이 가장 높은 전략부터 순서대로 선택한다면, 5번째 대결에서는 B전략을 사용해야 한다.
➡

전략종류 \ 전략별 사용횟수	1회	2회	3회	4회
A전략	60 ③	50 ④	40 ⑤	0
B전략	70 ②	30	20	0
C전략	90 ①	40 ⑤	10	0

A전략이나 C전략을 선택해야 한다.

ㄷ. [O] 甲이 1개의 전략만을 사용하여 총 3번의 대결을 하면서 3번 모두 승리할 확률을 가장 높이려면, A전략을 선택해야 한다.
➡

전략종류 \ 전략별 사용횟수	1회	2회	3회	3번 모두 승리할 확률
A전략	60	50	40	0.6 × 0.5 × 0.4 = 0.12
B전략	70	30	20	0.7 × 0.3 × 0.2 = 0.042
C전략	90	40	10	0.9 × 0.4 × 0.1 = 0.036

ㄹ. [X] 甲이 1개의 전략만을 사용하여 총 2번의 대결을 하면서 2번 모두 패배할 확률을 가장 낮추려면, A전략을 선택해야 한다.
➡ '전략별 사용횟수에 따라 甲이 패배할 확률' 및 '1개의 전략만을 사용하여 총 2번의 대결을 하면서 2번 모두 패배할 확률'은 다음과 같다.

전략종류 \ 전략별 사용횟수	1회	2회	2번 모두 패배할 확률
A전략	40	50	0.4 × 0.5 = 0.2
B전략	30	70	0.3 × 0.7 = 0.21
C전략	10	60	0.1 × 0.6 = 0.06

참고

- 확률의 곱셈정리
  서로 독립적으로 일어나는 사건 A와 B가 동시에 발생할 확률
  $P(A \cap B) = P(A) \times P(B)$
- 확률의 덧셈정리
  사건 A 또는 B가 발생할 확률
  $P(A \cup B) = P(A) + P(B) - P(A \cap B)$
- 조건부 확률 : A가 일어났다는 조건 하에서 B가 일어날 확률
  $P(B|A) = \dfrac{P(A \cap B)}{P(A)} \rightarrow P(A \cap B) = P(A) \times P(B|A)$
- 여사건의 확률 : $P(A^c) = 1 - P(A)$

11.

정답 ② 2018 나 28

규칙·지침

제시문의 이해

정책	계획의 충실성 (90)		계획 대비 실적 (85)		성과지표 달성도 (80)		편성 금액 (전년 20억 대비)	
A	96	통과	95	통과	76	미통과	90 %	18억
B	93	통과	83	미통과	81	통과	85 %	17억
C	94	통과	96	통과	82	통과	100 %	20억
D	98	통과	82	미통과	75	미통과	85 %	17억
E	95	통과	92	통과	79	미통과	90 %	18억
F	95	통과	90	통과	85	통과	100 %	20억

선택지 검토

① [O] 전년과 동일한 금액의 예산을 편성해야 하는 정책은 총 2개이다.

➡ C와 F, 2개이다.

② [X] 甲부서의 2018년도 A ~ F 정책 예산은 전년 대비 9억 원이 줄어들 것이다.

➡ A와 E에서 각각 2억, B와 D에서 각각 3억, 총 10억 원이 줄어든다.

③ [O] '성과지표 달성도' 영역에서 '통과'로 판단된 경우에도 예산을 감액해야 하는 정책이 있다.

➡ B의 경우, '성과지표 달성도' 영역에서 '통과'로 판단되었지만 '계획 대비 실적' 영역이 '미통과'로 판단되어 15 % 감액된다.

④ [O] 예산을 전년 대비 15 % 감액하여 편성하는 정책들은 모두 '계획 대비 실적' 영역이 '미통과'로 판단되었을 것이다.

➡ 15 % 감액하여 편성되는 B와 D는 모두 '계획 대비 실적' 영역이 '미통과'로 판단되었다.

⑤ [O] 2개 영역이 '미통과'로 판단된 정책에 대해서만 전년 대비 2018년도 예산을 감액하는 것으로 기준을 변경하는 경우에는 총 1개의 정책만 감액해야 한다.

➡ 이 경우 D만 감액된다.

12.

정답 ① 2017 가 33

규칙·지침, 수리퍼즐

풀이

- 두 개 이상의 셀로 구성되는 구획에는 각 구획을 구성하는 셀에 지정된 숫자들을 모두 곱한 값이 표현되어 있다.
  → 숫자가 명시되어 있지 않은 셀의 숫자를 확인하면 다음과 같다.

(24*) 2 or 4	3	㉤ 4 or 2	(3*) 1
(4*) ㉣ 2	1	(12*) 4	3
1	㉢ 2	3	(8*) 4
3	(4*) 4	㉡ 1	㉠ 2

- 마지막 조건에 의해 '각 행에 배당되는 월'과 '각 월이 배당되는 셀'은 다음과 같다.

2 or 4	3	㉤ 4 or 2	1 1월	(1행) 1월, 5월, 9월
㉣ 2 6월	1 2월	4	3	(2행) 2월, 6월, 10월
1 3월	㉢ 2 7월	3	4	(3행) 3월, 7월, 11월
3	4	㉡ 1 4월	㉠ 2 8월	(4행) 4월, 8월, 12월

13.

정답 ⑤ 2017 가 10

계산·비교

풀이

- 출장 인원 : 4명
- 출장 일정 : 총 3일
- 이동 거리 : 총 200마일

- 이동수단별 비용 (이용인원 = 4명)

이동수단	비용	평가
렌터카	(렌트비 + 유류비) × 이용 일수 = (50 + 10) × 3 = $ 180	중
택시	거리 당 가격($ 1/1마일) × 이동거리(마일) = 1 × 200 = $ 200	하
대중교통	대중교통패스 3일권($ 40/1인) × 인원수 = 40 × 4 = $ 160	상

- 이동수단별 평가

이동수단	경제성	용이성	안전성	최종점수
렌터카	중 2	상 3	하 2	7
택시	하 1	중 2	중 4	7
대중교통	상 3	하 1	중 4	8

➡ 대중교통을 이용하며, 비용은 $ 160이다.

14.

정답 ④ 2017 가 16

규칙의 적용, 경우 따지기

제시문과 〈상황〉의 이해

- 필수 II 5과목은 과목당 1시간씩의 시험 시간이 추가된다. 따라서 모든 교과목을 이수하려면 총 72시간이 필요하다.

- 현재의 일정은 다음과 같다.

4/10 수강시작			4/13 출국			
			4/27 귀국			4/30 수강종료

→ 현재의 일정에 따르면 수강이 가능한 날은 총 6일이다.

→ 하루에 최대 10시간까지 수강할 수 있으므로, 현재의 일정에 따르면 총 60시간을 수강할 수 있다.

→ 12시간이 부족하여 모든 교과목을 이수할 수 없는 상황이다.

보기 검토

ㄱ. 〔O〕 甲은 계획대로라면 교육성적에서 최소 3점 감점을 받을 것이다.

➡ 감점을 최소로 하기 위해서는 이수하지 못하는 교과목의 개수를 최소로 해야 한다. '사이버 청렴교육'(15시간)을 이수하지 않으면 3점을 감점 받게 되는데, 이 경우 다른 교과목(총 57시간)은 모두 이수할 수 있다.

ㄴ. 〔X〕 甲이 하루 일찍 귀국하면 이러닝 교과목을 모두 이수할 수 있을 것이다.

➡ 하루 일찍 귀국하면 수강이 가능한 날이 7일이 된다. 즉, 총 70시간을 수강할 수 있는데, 여전히 필요한 시간(72시간)보다 2시간 부족하다.

ㄷ. 〔O〕 '판례와 사례로 다가가는 헌법', '쉽게 배우는 공무원 인사실무'를 여행 중 이수할 수 있다면, 출·귀국일을 변경하지 않고도 교육성적에서 감점을 받지 않을 것이다.

➡ - 판례와 사례로 다가가는 헌법 : 7시간 (시험 포함)
- 쉽게 배우는 공무원 인사실무 : 6시간 (시험 포함)

총 13시간을 여행 중에 이수할 수 있고, 59시간만 더 수강할 수 있으면 모든 교과목을 이수할 수 있다. 여행일정을 제외한 6일(60시간) 동안 나머지 모든 교과목(총 59시간)을 수강할 수 있으므로 감점을 받지 않을 수 있다.

15.

정답 ③ 2020 나 21

법조문

제시문의 이해

- 제1조 : 결격사유 및 당연 퇴직 등
- 제2조 : 정년 및 퇴직
- 제3조 : 정직

상황 검토

○ [O] 파산선고를 받고 복권된 후 다시 신용불량 상태에서 공무원으로 임용되어 근무중인 甲

➡ [제1조 제1항 제1호] 파산선고를 받았지만 복권되었으므로 결격사유에 해당하지 않으며, 신용불량 상태인 사실은 결격사유에 해당하지 않는다.

○ [X] 결격사유 없이 공무원으로 임용되었다가 금고형의 선고유예를 받고 선고유예 기간 중에 있는 乙

➡ [제1조 제1항 제4호, 제3항] 금고 이상의 형의 선고유예를 받은 경우 당연히 퇴직되며, 아직 선고유예 기간 중에 있다면 다시 공무원으로 임용될 수도 없다.

○ [O] 결격사유 없이 공무원으로 임용되었다가 비위행위를 이유로 정직처분을 받아 정직 중에 있는 丙

➡ [제3조] 정직처분을 받은 자는 그 기간 중 공무원의 신분을 보유한다.

○ [X] 금고형을 선고받고 그 집행유예 기간 중에 국가의 과실로 공무원으로 임용되어 근무중인 丁

➡ [제1조 제1항 제3호, 제2항] 금고 이상의 형의 집행유예 기간이 끝난 날부터 2년까지는 공무원에 임용될 수 없다. 그럼에도 불구하고 이 경우에 국가의 과실로 공무원으로 임용되었다면, 공무원의 신분은 발생하지 않는다.

○ [O] 결격사유 없이 공무원으로 임용되어 2020년 3월 31일 정년에 이른 戊

➡ [제2조 제2항] 2020년 3월 31일에 정년이 되었다면 2020년 6월 30일에 퇴직하므로, 2020년 5월 16일 현재에는 공무원 신분을 보유한다.

16.

정답 ④ 외교원 2013 인 6

독해, 규칙의 적용

제시문의 이해

- **기타소득세 과세 대상인 미술품 및 문화재 (요건)**
  1. 대통령령으로 정하는 서화(書畵)·골동품
     (1) 회화, 데생, 파스텔(손으로 그린 것) 및 콜라주와 이와 유사한 장식판
     (2) 판화·인쇄화 및 석판화의 원본
     (3) 골동품 : 제작 후 100년을 넘은 것
  2. 개당·점당 또는 조당 양도가액이 6,000만 원 이상인 것

- **제외 (비과세)**
  1. 양도일 현재 생존하고 있는 국내 원작자의 작품
  2. 국보와 보물 등 국가지정문화재
  3. 파스텔 중 도안과 장식한 가공품
  4. 제작 후 100년이 되지 않은 골동품

- **세금 계산 방법**
  1. 과세표준
     (1) 보유 기간이 10년 미만 : 양도차액의 20 %
     (2) 보유 기간이 10년 이상 : 양도차액의 10 %
  2. 세율 : 20 %

보기 검토

ㄱ. [X] A가 석판화의 복제품을 12년 전 1,000만 원에 구입하여 올해 5,000만 원에 판매한 경우, 이에 대한 기타소득세 100만 원을 납부하여야 한다.

➡ [2문단 (ii)] 석판화의 복제품은 과세대상이 아니며, 양도가액이 6,000만 원 미만인 경우는 과세대상이 아니다.

ㄴ. [X] B가 보물로 지정된 고려시대의 골동품 1점을 5년 전 1억 원에 구입하여 올해 1억 5,000만 원에 판매한 경우, 이에 대한 기타소득세 200만 원을 납부하여야 한다.

➡ [1문단 4문장] 보물로 지정된 문화재는 과세대상이 아니다.

ㄷ. [O] C가 현재 생존하고 있는 국내 화가의 회화 1점을 15년 전 100만 원에 구입하여 올해 1억 원에 판매한 경우, 이에 대한 기타소득세를 납부하지 않아도 된다.

➡ [1문단 3문장] 현재 생존하고 있는 국내 원작자의 작품은 과세대상이 아니다.

ㄹ. [X] D가 작년에 세상을 떠난 국내 화가의 회화 1점을 15년 전 1,000만 원에 구입하여 올해 3,000만 원에 판매한 경우, 이에 대한 기타소득세 40만 원을 납부하여야 한다.

➡ [1문단 2문장] 양도가액이 6,000만 원 미만인 경우는 과세대상이 아니다.

더 생각해 보기

- 절차와 단계에 따라 기준을 하나씩 적용하며 판단하는 것이 가장 효율적이다.
  이 문제의 경우, 판단의 순서(기준 적용의 순서)는 다음과 같다.
  (1) 과세 대상인지 확인
    ① 대통령령으로 정하는 서화(書畵)나 골동품에 해당하는지 확인
      - 예외 사항에 주의
    ② 양도가액이 6,000만 원 이상인지 확인
  (2) ①, ②를 모두 만족시키는 경우에만 세액 계산

17.

정답 ⑤ 2020 나 22

법조문

제시문의 이해

- 제1항 : 빈집에 대한 조치 명령
- 제2항 : 빈집 소유자의 의무
- 제3항 : 직권 철거
- 제4항 : 빈집 소유자 소재 불명 시 조치
- 제5항 : 직권 철거 시 보상비
- 제6항 : 보상비 공탁

선택지 검토

① 〔X〕 A자치구 구청장은 주거환경에 현저한 장애가 되더라도 붕괴 우려가 없는 빈집에 대해서는 빈집정비계획에 따른 철거를 명할 수 없다.

➡ [제1항 제2호] 제1호와 제2호 중 어느 하나에만 해당하면 빈집정비계획에 따른 철거를 명할 수

② 〔X〕 B군 군수가 소유자의 소재를 알 수 없는 빈집의 철거를 명한 경우, 일간신문에 공고한 날부터 60일 내에 직권으로 철거해야 한다.

➡ [제4항] 일간신문에 공고한 날부터 60일 내에 철거해야 하는 사람은 빈집의 소유자이다. B군 군수는 60일이 지난 날까지 빈집 소유자가 철거하지 않은 경우에 직권으로 철거할 수 있으며, 이는 의무사항은 아니다.

③ 〔X〕 C특별자치시 시장은 직권으로 빈집을 철거한 경우, 그 소유자에게 철거에 소요된 비용을 빼지 않고 보상비 전액을 지급해야 한다.

➡ [제5항] 보상비에서 철거에 소요된 비용을 빼고 지급할 수 있다.

④ 〔X〕 D군 군수가 빈집을 철거한 경우, 그 소유자가 보상비 수령을 거부하면 그와 동시에 보상비 지급의무는 소멸한다.

➡ [제6항] 이 경우 보상비 지급의무가 소멸하지 않으며, 보상비를 법원에 공탁하여야 한다.

⑤ 〔O〕 E시 시장은 빈집정비계획에 따른 빈집 철거를 명한 후 그 소유자가 특별한 사유 없이 60일 이내에 철거하지 않으면, 지방건축위원회의 심의 없이 직권으로 철거할 수 있다.

➡ [제1-3항] 빈집정비계획에 정한 바가 있으면 지방건축위원회의 심의를 거칠 필요가 없으며, 빈집 소유자가 특별한 사유 없이 60일 이내에 철거하지 않으면 직권으로 그 빈집을 철거할 수 있다.

18.

정답 ④ 2019 가 23

규칙·지침

보기 검토

ㄱ. 〔O〕 남자 30명과 여자 30명이 근무할 경우, A기준과 B기준에 따라 설치할 위생기구 수는 같다.

➡ 남녀 화장실의 위생기구 개수를 각각 구한 후 합산하되, 대·소변기를 구분할 필요는 없다.
<A기준> 남자 화장실 2개, 여자 화장실 2개 → 총 4개
<B기준> 남자 화장실 2개, 여자 화장실 2개 → 총 4개

ㄴ. 〔O〕 남자 50명과 여자 40명이 근무할 경우, B기준에 따라 설치할 남자 화장실과 여자 화장실의 대변기 수는 같다.

➡ 남자 화장실 : 전체 3개 중 2개가 대변기
여자 화장실 : 2개 모두 대변기
대변기 수는 같다.

ㄷ. 〔X〕 남자 80명과 여자 80명이 근무할 경우, A기준에 따라 설치할 소변기는 총 4개이다.

➡ 소변기는 남자화장실에만 설치되므로, 여자의 인원수는 무시한다.
전체 4개 중 절반인 2개가 소변기의 총 개수이다.

ㄹ. 〔O〕 남자 150명과 여자 100명이 근무할 경우, C기준에 따라 설치할 대변기는 총 5개이다.

➡ 남자 화장실 : 전체 4개 중 2개가 대변기
여자 화장실 : 3개 모두 대변기
총 5개이다.

19.

정답 ④ 2017 가 3

TEXT 독해, 규칙의 이해

보기 검토

ㄱ. (O) '한 박자 늦은 보행신호' 방식은 차량과 보행자 사이의 교통사고를 방지하기 위한 방식이다.

➡ [3문단 3문장] '한 박자 늦은 보행신호' 방식은 횡단보도에 적용되는 방식이다. 차량 녹색신호(주행신호)가 끝난 후 1 ~ 2초 뒤에 보행 녹색신호(횡단신호)가 들어오도록 하여 횡단보도 내에 차량과 보행자가 함께 존재할 가능성을 줄여서 차량과 보행자 사이의 교통사고를 방지하기 위한 방식이라고 이해할 수 있다.

ㄴ. (O) 어떤 교차로에는 모든 차량신호등이 적색이 되는 시점이 있다.

➡ [3문단 2문장] '전방향 적색신호' 방식이 적용되는 교차로에서는 1 ~ 2초 동안 모든 차량신호등이 적색이 되는 시점이 있다.

ㄷ. (X) ㉠과 ㉡의 합은 8보다 크다.

➡ [2문단]

<㉠>

횡단보도 보행시간 = 보행진입시간 + 횡단시간(횡단보도 1 m당 1초)

32 m 횡단보도 보행시간 = (㉠)초 + 32초 = 39초

㉠ = 7

<㉡>

'1 m당 1초' 보다 완화된 '(㉡) m당 1초'

즉, ㉡ < 1

정확히 계산하면,

47초 = 7초 + 40초 = 보행진입시간 + 32 m 횡단시간

32 m ÷ 40초 = 0.8 m/초 → 0.8 m당 1초

→ ㉠과 ㉡의 합은 8보다 작다.

20.

정답 ② 2017 가 30

계산·비교

풀이

● 설립방식

{(고객만족도 효과의 현재가치) - (비용의 현재가치)}의 값이 큰 방식을 선택한다.

- (가)방식
  - 고객만족도 효과의 현재가치 : 5억
  - 비용의 현재가치 : 규제비용 + 로열티비용 = 3억 + 0 = 3억
  - 5억 - 3억 = 2억 원
- (나)방식
  - 고객만족도 효과의 현재가치 : 4.5억
  - 비용의 현재가치 : 규제비용 + 로열티비용 = 0 + (2억 + 1억 + 0.5억) = 3.5억
  - 4.5억 - 3.5억 = 1억 원

➡ 설립방식으로 (가)방식을 선택한다.

➡ 선택지 ①, ② 중에 정답이 있으므로 설립위치를 확인할 때에는 甲과 丙만 비교한다.

● 설립위치

{(유동인구) × (20 ~ 30대 비율)/(교통혼잡성)} 값이 큰 곳을 선정한다.

- 20 ~ 30대 비율이 50 % 이하인 지역은 선정대상에서 제외하므로, 乙은 제외한다. (이 조건을 적용하지 않더라도, 선택지 ①과 ②만 검토할 것이므로 乙은 고려할 필요가 없다.)
- 甲 : $\frac{80만 \times 0.75}{3}$ = 20만
- 丙 : $\frac{75만 \times 0.6}{2}$ = 22.5만

➡ 설립위치로 丙을 선택한다.

21.

정답 ④ 2019 가 11

퍼즐, 수리

풀 이

○ 오디션 점수는 甲이 76점, 乙이 78점, 丙이 80점, 丁이 82점, 戊가 85점이다.

	甲	乙	丙	丁	戊
오디션 점수 (기본 점수)	76	78	80	82	85

○ 각 배우의 오디션 점수에 각자의 나이를 더한 값은 모두 같다.
→ 오디션 점수가 가장 높은 배우의 나이가 가장 적다.
○ 나이가 가장 적은 배우는 23세이다.
● 28세를 기준으로 나이가 많거나 적은 사람은 1세 차이당 2점씩 감점한다.

	甲	乙	丙	丁	戊
오디션 점수 (기본 점수)	76	78	80	82	85
나이	32	30	28	26	23
(28세 기준 1세 차이당 -2점)	- 8	- 4	0	- 4	- 10

○ 오디션 점수가 세 번째로 높은 사람만 군의관 역할을 연기해 본 경험이 있다.
● 이전에 군의관 역할을 연기해 본 경험이 있는 사람은 5점을 감점한다.

	甲	乙	丙	丁	戊
오디션 점수 (기본 점수)	76	78	80	82	85
나이	32	30	28	26	23
(28세 기준 1세 차이당 -2점)	- 8	- 4	0	- 4	- 10
군의관 연기 경험 (5점 감점)	0	0	- 5	0	0

○ 나이가 가장 많은 배우만 사극에 출연한 경험이 있다.
● 사극에 출연해 본 경험이 있는 사람에게는 10점을 가산한다.

	甲	乙	丙	丁	戊
오디션 점수 (기본 점수)	76	78	80	82	85
나이	32	30	28	26	23
(28세 기준 1세 차이당 -2점)	- 8	- 4	0	- 4	- 10
군의관 연기 경험 (5점 감점)	0	0	- 5	0	0
사극 출연 경험 (10점 가점)	+ 10	0	0	0	0
최종 점수	78	74	75	78	75

● 최종 점수가 가장 높은 사람이 여럿인 경우, 그 중 기본 점수가 가장 높은 한 사람을 캐스팅하도록 하겠습니다.

	甲	乙	丙	丁	戊
오디션 점수 (기본 점수)	76	78	80	82	85
최종 점수	78	74	75	78	75

➡ 캐스팅되는 배우 : 丁

22.

정답 ② 2017 가 35

계산·비교, 퍼즐, 경우따지기

제시문의 이해

학생	쓰기	읽기	듣기	말하기	총점	
					기준 1	기준 2
A	10	10	6	3	29	9
B	7	8	7	8	30	15
C	5	4	4	3	16	7
D	5	4	4	6	19	10
E	8	7	6	5	26	11
F	? (1 ~ 10)	6	5	? (1 ~ 10)	13 ~ 31	6 ~ 15

● F를 제외한 학생 5명의 등수만을 고려했을 때, 가능한 반 편성은 다음과 같다.

	심화반				
기준 1	B (30)	A (29)	E (26)	D (19)	C (16)
기준 2	B (15)	E (11)	D (10)	A (9)	C (7)
			기초반		

→ 기준 1 : F의 최종점수에 따라 E는 심화반이 될 수도 있고 기초반이 될 수도 있다.
→ 기준 2 : F의 최종점수에 따라 D는 심화반이 될 수도 있고 기초반이 될 수도 있다.

보기 검토

ㄱ. [X] B와 D는 어떤 경우에도 같은 반이 될 수 없다.
➡ 기준 2에 따라 반을 편성하고 F의 최종점수가 10점 미만인 경우, B와 D는 같은 반(심화반)이 될 수 있다.

ㄴ. [X] 채점 결과 F의 말하기 점수가 5점 이하라면, 어떤 기준에 따라 반을 편성하더라도 F는 기초반에 편성된다.
➡ F의 점수는 다음과 같은 범위에서 결정된다.
- 기준 1 : 13 ~ 26
  이 경우, F가 최고점수인 26점을 받더라도 동점자인 E보다 듣기 점수가 낮기 때문에(E : 6 > F : 5), F는 기초반에 편성된다.
- 기준 2 : 6 ~ 10
  이 경우, F가 최고점수인 10점을 받으면 동점자인 D보다 듣기 점수가 높기 때문에(F : 5 > D : 4), F는 심화반에 편성된다.

ㄷ. [O] 채점 결과 F의 말하기 점수가 6점 이상이라면, 어떤 기준에 따라 반을 편성하더라도 C와 D는 같은 반에 편성된다.
➡ 기준 1에 따르면 F의 점수와 상관없이 C와 D는 같은 반(기초반)에 편성된다.
기준 2에 따르면 F의 최종점수는 11점 이상 15점 이하가 되는데, 최저점수인 11점을 받더라도 F는 심화반이 되고 D는 기초반이 된다. 따라서 이 경우에도 C와 D는 같은 반(기초반)에 편성된다.

23. ~ 24.

제시문의 이해

- 1문단 : 종자 저장의 종류 1 (기간 기준)
  - ① 단기저장
  - ② 중기저장
  - ③ 장기저장
- 2문단 : 함수율
- 3문단 : 종자의 구분 (저장 용이성 기준)
  - ① 보통저장성 종자
  - ② 난저장성 종자
- 4문단 : 종자 저장의 종류 2 (방법 기준)
  - ① 건조저장법
    - i . 상온저장법
    - ii . 저온저장법
  - ② 보습저장법 → 5문단
- 5문단 : ② 보습저장법
  - i . 노천저장법
  - ii . 보호저장법
  - iii . 냉습적법

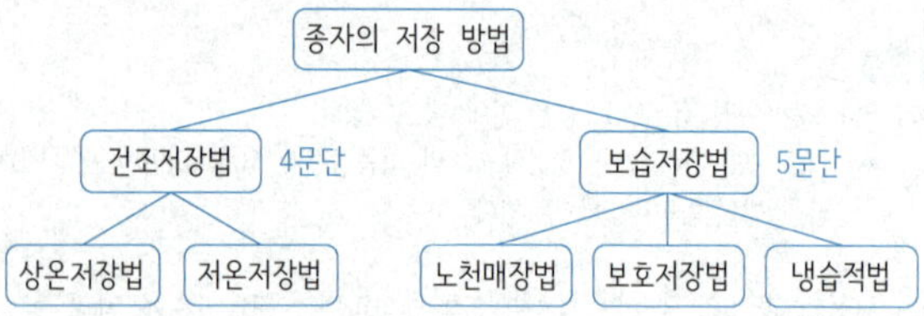

23.

정답 ③ 2018 나 19

TEXT 독해, 부합

선택지 검토

① (X) 저온저장법으로 저장할 때 열대수종은 -3℃ 이하로 보관하는 것이 좋다.

➡ [3문단 3-4문장, 4문단 5문장] 열대수종의 종자는 난저장성 종자로 분류되는데, 난저장성 종자는 -3℃ 이하에 저장해서는 안 된다.

② (X) 일반적으로 유전자 보존을 위해서는 종자를 함수율 5 % 정도로 2 ~ 5년 저장한다.

➡ [1문단, 2문단 4문장] 유전자 보존을 위해서는 보통 장기저장(5년 이상)을 하는데, 이에 가장 적합한 함수율은 4 ~ 6 %이다.

③ (O) 일부 난저장성 종자는 보호저장법으로 저장하는 것이 적절하다.

➡ [3문단 3-4문장, 5문단 3문장] 참나무류나 칠엽수류의 종자는 보호저장법으로 저장하는데, 이것들은 난저장성 종자로 분류된다.

④ (X) 참나무 종자저장에 적합한 함수율은 5 ~ 10 %이다.

➡ [2문단 3문장] 참나무류의 종자는 함수율을 약 30 % 이상으로 유지시켜 주어야 한다.

⑤ (X) 일반적으로 종자보관장소의 온도를 높이면 종자의 저장기간이 길어진다.

➡ [2문단 5문장] 일반적으로 온도는 종자의 저장기간과 역의 상관관계를 갖는다. 즉, 온도가 낮아질수록 종자의 저장기간이 길어진다.

24.

정답 ④ 2018 나 20

계산

풀이

- [2문단 2문장] 일반적으로 종자저장에 가장 적합한 함수율은 5 ~ 10 %이다.

$$함수율(\%) = \frac{원종자\ 무게 - 건조\ 종자\ 무게}{원종자\ 무게} \times 100$$

$$5 \sim 10(\%) = \frac{10 - 건조\ 종자\ 무게}{10} \times 100$$

➡ 건조 종자 무게 = 9 ~ 9.5 g

25.

정답 ⑤ 2017 가 36

퍼즐, 경우 따지기

풀이

○ 과장을 선발하는 경우 동일 부서에 근무하는 직원을 1명 이상 함께 선발한다.
→ A를 선발하면 C와 F 중 1명 이상을 함께 선발해야 한다.
→ B를 선발하면 G를 함께 선발해야 한다.
➡ B는 있고 G가 없는 선택지 ③번은 제외한다.

○ 동일 부서에 근무하는 2명 이상의 팀장을 선발할 수 없다.
→ D와 E를 함께 선발할 수 없다.

○ 과학기술과 직원을 1명 이상 선발한다.
→ A, C, F 중 1명은 반드시 선발한다.
➡ A, C, F 중 1명도 포함되어 있지 않은 선택지 ②번은 제외한다.

○ 근무 평정이 70점 이상인 직원만을 선발한다.
→ A는 선발될 수 없다.
➡ A가 포함되어 있는 선택지 ①번은 제외한다.

○ 어학 능력이 '하'인 직원을 선발한다면 어학 능력이 '상'인 직원도 선발한다.
→ B를 선발하면 D도 선발되어야 한다.
→ G를 선발하면 D도 선발되어야 한다.

○ 직전 인사 파견 기간이 종료된 이후 2년 이상 경과하지 않은 직원을 선발할 수 없다.
→ 현재 시점이 2017년 3월이므로 직전 인사 파견 기간 종료 시점이 2015년 3월 이후인 직원은 선발될 수 없다.
→ C는 직전 인사 파견 기간 종료 시점이 2015년 7월이므로 선발될 수 없다.
➡ C가 포함되어 있는 선택지 ④번은 제외한다.

➡ 정답 : ⑤

선택지 검토

① [X] A, D, F ➡ A는 선발할 수 없다. (근무 평정 65점)
② [X] B, D, G ➡ A, C, F 중 적어도 1명은 반드시 포함되어야 한다.
③ [X] B, E, F ➡ B를 선발하면 G를 함께 선발해야 한다.
④ [X] C, D, G ➡ C는 직전 파견 기간이 종료된 이후 2년이 경과하지 않았다.
⑤ [O] D, F, G ➡ 가능하다.

더 생각해 보기

• 선택지를 이용하지 않고 3명을 찾아내 보자.
(1) A와 C는 선발될 수 없다. (∵ 근무 평정 제한과 2년 기간 제한)
→ F는 반드시 선발되어야 한다. (∵ 과학기술과 직원 반드시 포함)
(2) 나머지 2명을 찾는다.
- B를 선발하면 D와 G를 모두 선발해야 하는데, (∵ 과장, 어학 능력) 인원수가 초과되므로 B는 선발할 수 없다.
- D와 E를 함께 선발할 수는 없다. (∵ 동일 부서 팀장 2명 선발 금지)
- E와 G를 함께 선발할 수는 없다.
(∵ 어학 능력 조건에 의해 G 선발 시 D를 선발해야 함)
→ 나머지 2명은 D와 G이다.
➡ 선발되는 3명은 D, F, G이다.

MEMO

정답 및 해설

25제 연습 SET 5

하주응 PSAT 상황판단 5급 기출 엄선연습

정답

1	2	3	4	5	6	7	8	9	10
①	④	⑤	④	③	⑤	③	③	⑤	③

11	12	13	14	15	16	17	18	19	20
③	⑤	③	④	①	①	③	①	⑤	①

21	22	23	24	25
④	④	④	⑤	⑤

1.

정답 ① 2019 가 1

법조문

선택지 검토

① 〔O〕 문서에 '2018년 7월 18일 오후 11시 30분'을 표기해야 할 때 특별한 사유가 없으면 '2018. 7. 18. 23:30'으로 표기한다.

➡ [제2조 제5항] 특별한 사유가 없으면 연·월·일의 글자 대신 온점(.)을 찍어 표시하고, 시·분은 24시각제에 따라 숫자로 표기하며, 시·분의 글자는 생략하고 그 사이에 쌍점(:)을 찍어 구분한다.

② 〔X〕 2018년 9월 7일 공고된 문서에 효력발생 시기가 구체적으로 명시되지 않은 경우 그 문서의 효력은 즉시 발생한다.

➡ [제1조 제3항] 효력발생 시기를 구체적으로 밝히고 있지 않은 공고문서는 공고가 있은 날부터 5일이 경과한 때에 효력이 발생한다.

③ 〔X〕 전자문서의 경우 해당 수신자가 지정한 전자적 시스템에 도달한 문서를 확인한 때부터 효력이 발생한다.

➡ [제1조 제2항 괄호] 전자문서의 경우는 수신자가 지정한 전자적 시스템에 입력됨으로써 효력이 발생한다.

④ 〔X〕 문서 작성 시 이해를 쉽게 하기 위해 일반화되지 않은 약어와 전문용어를 사용하여 작성하여야 한다.

➡ [제2조 제2항] 일반화되지 않은 약어와 전문용어 등의 사용은 피해야 한다.

⑤ 〔X〕 연계된 바코드는 문서에 함께 표기할 수 없기 때문에 영상 파일로 처리하여 첨부하여야 한다.

➡ [제2조 제3항] 문서에는 연계된 바코드 등을 표기할 수 있다.

2.

정답 ④ 2019 가 2

법조문

보기 검토

ㄱ. 〔X〕 ○○도 지방보조사업자는 모든 경비배분이나 내용의 변경에 대해서 ○○도 도지사의 승인을 얻어야 한다.

➡ [제2조 제2항 단서] 경미한 내용변경이나 경미한 경비배분변경의 경우에는 도지사의 승인을 얻지 않아도 된다.

ㄴ. 〔O〕 ○○도 지방보조사업자가 수익성 악화를 이유로 자신이 수행하는 지방보조사업을 다른 사업자에게 인계하기 위해서는 미리 ○○도 도지사의 승인을 얻어야 한다.

➡ [제2조 제3항] 지방보조사업을 다른 사업자에게 인계하려면 미리 도지사의 승인을 얻어야 한다.

ㄷ. 〔X〕 ○○도 A시 시장은 도비보조사업과 무관한 자신의 공약사업 예산을 도비보조사업에 대한 시비 부담액보다 우선적으로 해당연도 A시 예산에 반영해야 한다.

➡ [제4조] 시장은 도비보조사업에 대한 시비 부담액을 다른 사업에 우선하여 해당연도 시 예산에 반영하여야 한다.

ㄹ. 〔O〕 ○○도 도지사는 지방보조금 지급대상사업인 '상하수도 정비사업(총사업비 40억 원)'에 대하여 최대 20억 원을 지방보조금 예산으로 정할 수 있다.

➡ [제3조 제2호] 상하수 사업의 경우, 도비보조율의 최대치는 총사업비의 50 %이다. 따라서 예산으로 정할 수 있는 도비보조금의 최대 액수는 20억 원이다.

3.

정답 ⑤ 2019 가 24

규칙·지침

선택지 검토

① [X] 영농기에 저수지 저수율이 평년의 50 %라면 농업용수 가뭄 예·경보 기준의 심함에 해당한다.

➡ [매우심함 - 농업용수, 각주] 영농기에 저수지 저수율이 평년의 50 % 이하이면 '매우심함'에 해당한다.

② [X] 영농기에 밭 토양 유효수분율이 70 %일 경우 농업용수 가뭄 예·경보를 그 달 10일에 발령한다.

➡ 밭 토양 유효수분율이 70 %인 경우는 가뭄 예·경보 발령 기준에 해당하지 않는다.

③ [X] 하천유지유량을 감량 공급하는 상황에서 현재 하천 및 댐 등에서 농업용수 공급이 부족한 경우, 농업용수 가뭄 예·경보 기준의 심함에 해당한다.

➡ [심함 - 생활 및 공업용수] 이 경우는 농업용수가 아니라 생활 및 공업용수 가뭄 예·경보 기준의 심함에 해당한다.

④ [X] 12월 23일 금요일에 저수지 저수율이 평년의 60 % 이하이거나 밭 토양 유효수분율이 40 % 이하이면 농업용수 가뭄 예·경보가 발령될 것이다.

➡ 농업용수의 경우 가뭄 예·경보는 영농기(4 ~ 9월)에만 발령된다. 12월은 영농기가 아니기 때문에 가뭄 예·경보가 발령되지 않는다.

⑤ [O] 5월 19일 목요일에 생활 및 공업용수 가뭄 예·경보가 발령되었다면, 현재 하천 및 댐 등에서 농업용수, 생활 및 공업용수 공급이 부족하고, 장래 1 ~ 3개월 후 생활 및 공업용수 공급에도 차질이 발생할 것으로 판단되는 경우일 것이다.

➡ '주의'는 매 월 10일, '심함'은 매 주 금요일에 발령된다. 이 경우는 19일 목요일에 발령되었으므로 '주의'나 '심함'이 아니라 '매우심함'에 해당하며, 이하의 내용은 생활 및 공업용수의 '매우심함' 기준에 해당하므로 옳다.

4.

정답 ④ 2017 가 5

규칙의 적용

〈상황〉의 이해

	저작물	저작물 종류	저작자	소유자	비고
상황 1	군마	회화	甲	乙	-
상황 2	丁의 초상화	회화	丙	丁	丁의 위탁에 의해 제작

선택지 검토

① [X] 乙이 「군마」를 건축물의 외벽에 잠시 전시하고자 할 때라도 甲의 허락을 얻어야만 한다.

➡ [2문단] 미술저작물 원본의 소유자(乙)는 자유로이 그 원본을 전시할 수 있다. 예외적으로 건축물의 외벽 등 공개된 장소에 '항시' 전시하는 경우에는 저작자의 허락을 얻어야 하지만, 이 경우는 '잠시' 전시하는 것이므로 허락을 얻을 필요가 없다.

② [X] 乙이 감상하기 위해서 「군마」를 자신의 거실 벽에 걸어 놓을 때는 甲의 허락을 얻어야 한다.

➡ [1문단 3문장] 일반인에 대해 공개하는 경우가 아니기 때문에 저작자의 허락을 받을 필요가 없다.

③ [X] A가 공원에 항시 전시되어 있는 「군마」를 회화로 복제하고자 할 때는 乙의 허락을 얻어야 한다.

➡ [3문단] 개방된 장소에 항시 전시되어 있는 미술저작물이지만, '회화를 회화로 복제'하려는 경우이므로 저작자(甲)의 허락을 얻어야 한다.

④ [O] 丙이 丁의 초상화를 복제하여 전시하고자 할 때는 丁의 허락을 얻어야 한다.

➡ [4문단] 고객(丁)으로부터 위탁을 받아 완성한 초상화의 저작자(丙)가 저작물(丁의 초상화)을 복제하거나 전시하려면 위탁자(丁)의 허락을 얻어야 한다.

⑤ [X] B가 공원에 항시 전시되어 있는 丁의 초상화를 판매목적으로 복제하고자 할 때는 丙의 허락을 얻을 필요가 없다.

➡ [3문단] 개방된 장소에 항시 전시되어 있는 미술저작물이지만, '판매목적으로 복제'하려는 경우이므로 저작자(丙)의 허락을 얻어야 한다.

5.

정답 ③ | 2017 가 7

규칙·지침

선택지 검토

① (X) 식사를 거르게 될 경우 가나다정만 복용한다.
➡ 식사를 거르게 될 경우에는 가나다정도 복용을 걸러야 한다.

② (X) 두 약을 복용하는 기간 동안 정기적으로 혈액검사를 할 필요는 없다.
➡ ABC정을 복용하는 중에는 혈중 칼슘, 인의 농도를 확인하기 위해서 정기적인 혈액검사를 해야 한다.

③ (O) 저녁식사 전 가나다정을 복용하려면 저녁식사는 늦어도 오후 6시 30분에는 시작해야 한다.
➡ 가나다정을 복용할 수 있는 가장 늦은 시각은 오후 6시이고, 식전 30분부터 복용할 수 있다. 즉, 가나다정을 복용한 후 30분 이내에 식사를 시작해야 한다. 가나다정을 복용 후 식사를 걸러서는 안 되므로, 가장 늦은 시각인 오후 6시에 가나다정을 복용했다면 오후 6시 30분까지는 식사를 시작해야 한다.

④ (X) ABC정은 식사 중에 다른 음식과 함께 씹어 복용할 수 있다.
➡ ABC정은 식사 중에 복용할 수 있지만, 씹지 말고 그대로 삼켜서 복용해야 한다.

⑤ (X) 식사를 30분 동안 한다고 할 때, 두 약의 복용시간은 최대 1시간 30분 차이가 날 수 있다.
➡ 가나다정은 식전 30분부터 복용이 가능하고, ABC정은 식후 1시간까지 복용해야 한다.

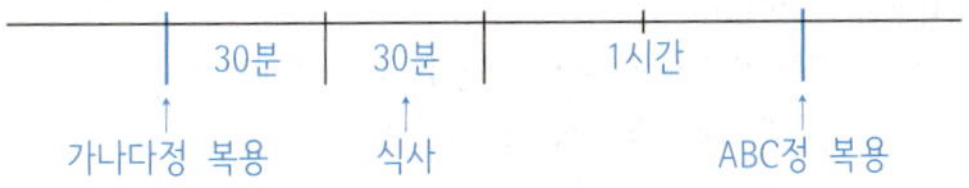

→ 두 약의 복용시간은 최대 2시간 차이가 날 수 있다.

6.

정답 ⑤ | 2017 가 22

TEXT 독해, 부합

제시문의 이해

● 甲국의 의회

구분	상원	하원
총 정원	60명	400명
주(州)당 정원	2명	1 ~ 53명
임기	6년	2년
선거	2년마다 1회	2년마다 1회
선거당 선출 인원	20명	400명

선택지 검토

① (O) 甲국 의회에 속한 D주 의원의 정원 총합은 55명이다.
➡ [1문단 2문장, 3문단 마지막] 상원 의원 2명 + 하원 의원 53명 = 55명

② (O) 甲국 의회의 상원은 스스로 법안을 제출하여 처리할 수 있다.
➡ [2문단 마지막] 상원은 급박한 사항에 대해서는 직접 마련한 법안을 제출하여 처리하기도 한다.

③ (O) 甲국에는 상원의원의 정원이 하원의원의 정원보다 많은 주가 있다.
➡ [1문단 2문장, 3문단 마지막] A주, B주, C주의 경우에는 상원의원이 2명이고 하원의원이 1명으로, 상원의원의 정원이 더 많다.

④ (O) 甲국의 대통령 선거가 2016년에 실시되었다면, 그 이후 가장 빠른 '중간선거'는 2018년에 실시된다.
➡ [1문단 마지막, 4문단 1-2문장] 대통령 선거와 일치하지 않는 해에 실시되는 하원의원 및 상원의원 선거를 통칭하여 '중간선거'라고 한다.
하원의원 및 상원의원 선거는 2년마다 실시되고 대통령선거는 4년마다 실시되는데, 이 3개의 선거가 같은 해에 치러질 수 있다고 했으므로 대통령선거가 치러지는 해에는 반드시 하원의원 및 상원의원 선거가 있다. 즉, 2016년에는 대통령 선거뿐만 아니라 하원의원 및 상원의원 선거가 함께 시행되었고, 그 다음 하원의원 및 상원의원 선거(중간선거)는 2년 후인 2018년에 실시된다.

⑤ (X) 같은 해에 실시되는 선거에 의해 甲국 상원과 하원의 모든 의석이 새로 선출된 의원으로 교체되는 경우도 있다.
➡ [1문단 마지막] 상원의원 선거에서는 1회 시행할 때마다 정원의 1/3(20명)씩만 의원을 새로 선출하므로, 같은 해에 실시되는 선거에 의해 상원의원이 모두 교체되는 일은 없다.

7.

정답 ③ 2023 가 29

규칙·지침, 경우 따지기, 최적화

풀이

● 甲은 두 경기를 하여 승점 4점을 얻었다.

	경기 1	승점	경기 2	승점	총 승점
경우 1	2 : 0 승	3점	2 : 1 패	1점	4점
경우 2	2 : 1 승	2점	2 : 1 승	2점	4점

● 甲이 얻을 수 있는 득점 총합

<최댓값>

최댓값이 되려면 세트 수가 많아야 하고 → [경우 2]

각 세트마다 상황에 맞는 최대 득점을 해야 한다.

	경기 1			경기 2			총 득점
경우 2	1세트(승)	2세트(패)	3세트(승)	1세트(승)	2세트(패)	3세트(승)	
	20득점	19득점	15득점	20득점	19득점	15득점	108

<최솟값>

최솟값이 되려면 세트 수가 적어야 하고 → [경우 1]

각 세트마다 상황에 맞는 최소 득점을 해야 한다.

	경기 1		경기 2			총 득점
경우 1	1세트(승)	2세트(승)	1세트(패)	2세트(승)	3세트(패)	
	15득점	15득점	0득점	15득점	0득점	45

8.

정답 ③ 2010 선 30

퍼즐, 수리

풀이

※ 발문에서 주어진 <질문>을 이용하여 사물함 번호를 정확히 알아내었다고 하였으므로, 문제를 푸는 도중 확정되지 않는 경우가 나오면 그 경우는 버리고 확정되는 경우를 찾아가야 한다.

● 각각의 질문으로 알아낼 수 있는 숫자들의 범위를 적어보면 다음과 같다.

ㄱ. 내 사물함 번호가 41번보다 낮은 번호인가?

YES → 1 ~ 40

NO → 41 ~ 82

ㄴ. 내 사물함 번호가 4의 배수인가?

YES → 4, 8, 12, 16, 20, 24, ⋯, 76, 80

NO → 나머지

ㄷ. 내 사물함 번호가 정수의 제곱근을 갖는 숫자인가?

YES → 1, 4, 9, 16, 25, 36, 49, 64, 81

NO → 나머지

ㄹ. 내 사물함 번호가 홀수인가?

YES → 1, 3, 5, 7, 9, ⋯, 81

NO → 2, 4, 6, 8, 10, ⋯, 82

● 선택지를 근거로 생각해보면 최대 3개의 질문만으로 사물함 번호를 알아낼 수 있어야 한다. 경우의 수를 확실히 줄이기 위하여 가능한 숫자의 개수가 가장 적은 질문과 답변부터 적용하기 시작한다.

<1> ㄷ. 내 사물함 번호가 정수의 제곱근을 갖는 숫자인가? (YES)

→ 1, 4, 9, 16, 25, 36, 49, 64, 81

● 그 다음도 역시 숫자의 개수를 크게 줄여주는 질문과 답변을 적용한다.

<2> ㄱ. 내 사물함 번호가 41번보다 낮은 번호인가? (NO)

→ 49, 64, 81

● 그 다음 질문으로 비밀번호를 알아낼 수 있어야 한다.

<3-1> ㄴ. 내 사물함 번호가 4의 배수인가? (YES)

→ 64

<3-2> ㄹ. 내 사물함 번호가 홀수인가? (NO)

→ 64

● 사물함 번호를 정확히 알아냈던 질문의 조합이 될 수 있는 것

1. ㄱ, ㄴ, ㄷ

2. ㄱ, ㄷ, ㄹ

9. ~ 10.

제시문의 이해

● 항공기 식별코드

식별 코드 구성	앞부분				뒷부분	
	현재상태 부호	특수임무 부호	기본임무 부호	항공기종류 부호	설계번호	개량형 부호
필수 여부	필수 아님	필수		필수 아님	필수	필수
	현재 정상적으로 사용되고 있지 않은 항공기에만.	둘 중 적어도 하나는 반드시 부여.		특수항공기에만.		개량하지 않은 경우에도 부여.
관련 설명	5문단	3 ~ 4문단		2문단	6문단	7문단

→ 앞부분의 부호 종류 수 : 최소 1종류, 최대 4종류

→ 뒷부분의 부호 종류 수 : 반드시 2종류

9.

정답 ⑤ 2018 나 39

규칙·지침

보기 검토

	현재상태부호	특수임무부호	기본임무부호	항공기종류부호
ㄱ 〔X〕		K 공중급유기	K 공중급유기	
	➡ [4문단 1문장] 특수임무부호는 항공기가 개량을 거쳐 기본임무와 다른 임무를 수행할 때 붙이는 부호이다. 따라서 특수임무부호와 기본임무부호가 같을 수는 없다.			
ㄴ 〔O〕	G 영구보존처리	B 폭격기	C 수송기	V 수직단거리이착륙기
	➡ 가능하다.			
ㄷ 〔O〕		C 수송기	A 지상공격기	H 헬리콥터
	➡ 가능하다.			
ㄹ 〔O〕		R	R	
		정찰기		
	➡ [3문단 1문장, 4문단 3문장 후단] 기본임무가 정찰이거나, 개량으로 정찰의 임무를 수행하고 이전의 기본임무를 수행하지 못한다면 부호가 하나만 부여될 수 있다.			

10.

정답 ③ 2018 나 40

규칙·지침

풀 이

현재 정상적으로 사용 중인

→ [5문단 1문장] 현재상태부호는 현재 정상적으로 사용되고 있지 않은 항공기에만 붙이는 부호이므로 부여되지 않는다.

→ 현재상태부호가 있는 선택지 ④와 ⑤ 제외

개량하지 않은

→ [7문단 2문장] 개량하지 않은 최초의 모델은 '개량형부호' A가 부여된다.

→ 개량형부호가 없는 선택지 ① 제외

일반 비행기

→ [6문단 2문장] 일반비행기에는 1 ~ 100번의 설계번호를 부여한다.

→ 설계번호가 없는 선택지 ② 제외

→ 선택지 ③이 정답

11.

정답 ③ 2017 가 4

법조문, 규칙의 적용

제시문의 이해

- 사업의 구분
  - 각각의 경우에 규정된 모든 요건을 충족시켜야 한다.

구분	요 건
예비타당성조사 대상사업	1. 신규 사업 2. 총사업비 500억 원 이상 3. 국가의 재정지원 규모가 300억 원 이상 4. 건설사업, 정보화사업, 국가연구개발사업
타당성조사 대상사업	1. 예비타당성조사 대상사업에 해당하지 않는 사업 2. 국가 예산의 지원을 받는 사업 3. 주체 : 지자체, 공기업, 준정부기관, 기타 공공기관, 민간 4. 완성에 2년 이상이 소요되는 사업 5. 총사업비가 500억 원 이상인 토목사업 및 정보화사업이거나 총사업비가 200억 원 이상인 건설사업
타당성조사 실시 사업	1. 타당성조사 대상사업 2. 사업추진 과정에서 총사업비가 예비타당성조사의 대상규모 (500억 원 이상)로 증가한 사업, 또는 사업물량 또는 토지 등의 규모 증가로 인하여 총사업비가 100분의 20 이상 증가한 사업

보기 검토

ㄱ. [X] 국가의 재정지원 비율이 50 %인 총사업비 550억 원 규모의 신규 건설사업은 예비타당성조사 대상이 된다.

➡ [제1조] 신규 사업이고 건설사업이며 총사업비 규모는 500억 원 이상이지만, 국가의 재정지원 규모가 275억 원(550억 원 × 50 %)으로 300억 원 미만이기 때문에 예비타당성조사 대상이 되지 않는다.

ㄴ. [O] 민간이 시행하는 사업도 타당성조사 대상사업이 될 수 있다.

➡ [제2조 제1항 본문] 민간이 시행하는 사업도 타당성조사 대상사업이 될 수 있다.

ㄷ. [O] 지자체가 시행하는 건설사업으로서 사업완성에 2년 이상 소요되며 전액 국가의 재정지원을 받는 총사업비 460억 원 규모의 사업추진 과정에서, 총사업비가 10 % 증가한 경우 타당성조사를 실시하여야 한다.

➡ [제1조] 총사업비 460억 원 규모의 사업이므로 예비타당성조사 대상사업은 아니며, [제2조 제1항] 국가 예산의 지원을 받고 사업완성에 2년 이상 소요되며, 지자체가 시행하는 총사업비 200억 원 이상의 건설사업이므로 타당성조사 대상사업이 된다. [제2조 제2항 제1호] 그리고 사업추진 과정에서 총사업비가 예비타당성조사의 대상규모(500억 원 이상)로 증가했으므로 (460억 원 × 1.1 = 506억 원) 타당성조사를 실시하여야 한다.

ㄹ. [X] 총사업비가 500억 원 미만인 모든 사업은 예비타당성조사 및 타당성조사 대상사업에서 제외된다.

➡ [제2조 제1항 제2호] 국가 예산의 지원을 받고 완성에 2년 이상이 소요되는 건설사업의 경우, 총사업비가 200억 원 이상이라면 타당성조사 대상사업이 된다.

12.

정답 ⑤ 2020 나 25

법조문

제시문의 이해

- 제1조 : 소송구조
- 제2조 : 소송구조의 종류
- 제3조 : 소송구조의 효력범위
- 제4조 : 소송구조의 취소

선택지 검토

① [X] 甲의 소송구조 신청에 따라 법원이 소송구조를 하는 경우, 甲의 재판비용 납입을 면제할 수 있다.

➡ [제2조 제1호] 재판비용의 납입을 '유예'할 수는 있지만 '면제'할 수는 없다.

② [X] 甲이 소송구조를 받아 소송을 진행하던 중 증여를 받아 자금능력이 있게 되었더라도 법원은 직권으로 소송구조를 취소할 수 없다.

➡ [제4조] 소송구조를 받은 사람이 자금능력이 있게 된 때에는 법원은 직권으로 소송구조를 취소할 수 있다.

③ [X] 甲의 신청에 의해 법원이 소송구조를 한 경우, 甲뿐만 아니라 乙에게도 그 효력이 미쳐 乙은 법원으로부터 변호사 보수의 지급유예를 받을 수 있다.

➡ [제3조 제1항] 소송구조는 이를 받은 사람에게만 효력이 미친다. 따라서 乙에게는 효력이 미치지 않는다.

④ [X] 甲이 소송비용을 지출할 자금능력이 부족함을 소명하여 법원에 소송구조를 신청한 경우, 법원은 甲이 패소할 것이 분명하더라도 소송구조를 할 수 있다.

➡ [제1조 제1항 단서] 패소할 것이 분명한 경우에는 소송구조를 할 수 없다.

⑤ [O] 甲이 소송구조를 받아 소송이 진행되던 중 丙이 甲의 소송승계인이 된 경우, 법원은 소송구조에 따라 납입유예한 재판비용을 丙에게 납입하도록 명할 수 있다.

➡ [제3조 제2항] 법원은 소송승계인에게 미루어 둔 비용의 납입을 명할 수 있다.

13.

정답 ③ 2017 가 1

TEXT 독해, 부합

선택지 검토

① 〔O〕 쇠고기 생산보다 식용 귀뚜라미 생산에 자원이 덜 드는 이유 중 하나는 귀뚜라미가 냉혈동물이라는 점이다.

➡ [2문단 3-4문장] 같은 양의 자원으로 쇠고기보다 더 많은 양의 귀뚜라미를 생산할 수 있는데, 이것은 귀뚜라미가 냉혈동물이어서 먹이를 많이 소비하지 않기 때문이다.

② 〔O〕 현재 곤충 사육은 많은 지역에서 이루어지고 있지만, 식용으로 사용되는 곤충의 종류는 일부에 불과하다.

➡ [3문단 1문장, 1문단 1문장] 현재 곤충 사육은 많은 지역에서 이루어지고 있지만, 2,013종의 곤충 중 일부만 식재료로 사용되고 있다.

③ 〔X〕 식용 귀뚜라미와 동일한 양의 쇠고기를 생산하려면, 귀뚜라미 생산에 필요한 물보다 500배의 물이 필요하다.

➡ [2문단 5문장]

구분	귀뚜라미	닭고기	쇠고기
물 소요량	3.8 ℓ	1,900 ℓ	7,600 ℓ
비고	-	귀뚜라미의 500배	닭고기의 4배 귀뚜라미의 2,000배

④ 〔O〕 식용 귀뚜라미 생산에는 쇠고기 생산보다 자원이 적게 들지만, 현재 이 둘의 100 g당 판매 가격은 큰 차이가 없다.

➡ [2문단 3문장, 4문단 1-2문장] 3문단에 따르면 쇠고기 생산에 필요한 것보다 적은 자원으로 식용 귀뚜라미를 생산할 수 있다. 한편, 4문단에 따르면 현재 식용 귀뚜라미의 가격은 같은 양의 쇠고기의 가격과 큰 차이가 없는 100 g당 10달러이다.

⑤ 〔O〕 가축을 사육할 때 발생하는 온실가스의 양은 귀뚜라미를 사육할 때의 5배이다.

➡ [2문단 6문장 (셋째)] 귀뚜라미를 사육할 때 발생하는 온실가스의 양은 가축을 사육할 때 발생하는 온실가스 양의 20 %이다.

14.

정답 ④ 2019 가 9

규칙·지침, 계산·비교

풀이

● 통역료

영어 : 2명, 1인당 4시간

→ (500,000 + 100,000) × 2 = 1,200,000원

인도네시아어 : 2명, 1인당 2시간

→ 600,000 × 2 = 1,200,000원

● 교통비 : 4명, 1인당 왕복 100,000원

→ 100,000 × 4 = 400,000원

● 이동보상비 : 4명, 1인당 편도 2시간(= 왕복 4시간)

→ 10,000 × 4 × 4 = 160,000원

➡ 통역경비 = 120만 + 120만 + 40만 + 16만 = 296만 원

15.

정답 ① 2012 인 7

퍼즐, 최적화

상황의 이해

- 각 선거구에서 일어날 수 있는 경우는 다음의 3가지이다.
  ① 甲이 이기고 있음. (승)
  ② 甲이 지고 있음. (패)
  ③ 비기고 있음. (무)

- 선거구를 2개씩 묶어 통합했을 때 일어날 수 있는 경우는 다음과 같다.
  ① 승 + 승 = 승
  ② 승 + 무 = 승
  ③ 승 + 패 = 승 or 무 or 패
  ④ 무 + 무 = 무
  ⑤ 무 + 패 = 패
  ⑥ 패 + 패 = 패

풀 이

- 甲정당이 지지율에서 앞서고 있는(이기고 있는) 선거구는 다음의 3개이다.

북

	A 20 : 80 (패)	B 30 : 70 (패)	C 40 : 60 (패)	D 75 : 25 (승)	
서	E 50 : 50 (무)	F 65 : 35 (승)	G 50 : 50 (무)	H 60 : 40 (승)	동
	I 40 : 60 (패)	J 30 : 70 (패)			

남

- 甲정당에 유리한 통합이란 이기는 경우를 최대로 만들고, 그것이 여의치 않을 때에는 비기는 경우를 만들고, 지는 경우를 최소로 하는 것이다.
  따라서 위에서 살펴본 경우 중에
  ① 승 + 승 = 승
  ② 승 + 무 = 승
  ③ 승 + 패 = 승
  이 3가지 경우에 해당하는 통합 방안을 찾아야 한다.

북

	A 20 : 80 (패)	B 30 : 70 (패)	C 40 : 60 (패)	D 75 : 25 (승)	
서	E 50 : 50 (무)	F 65 : 35 (승)	G 50 : 50 (무)	H 60 : 40 (승)	동
	I 40 : 60 (패)	J 30 : 70 (패)			

남

16.

정답 ① 2015 인 35

퍼즐, 경우 따지기

규칙의 이해

- **정육면체 전개도**

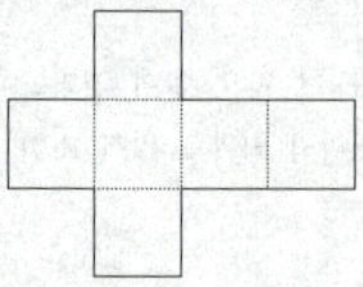

총 6개의 면에 점을 새긴다.

- **규칙**
  - 정육면체의 모든 면에는 반드시 점을 1개 이상 새겨야 한다.
    → 한 면에 최소 1개
  - 한 면에 새기는 점의 수가 6개를 넘어서는 안 된다.
    → 한 면에 최대 6개
  - 각 면에 새기는 점의 수가 반드시 달라야 할 필요는 없다.
    → 점의 개수는 중복하여 사용 가능
    → 정육면체 전체 : 최소 6개, 최대 36개

보기 검토

ㄱ. (O) 정육면체에 새긴 점의 총 수가 10개라면 점 6개를 새긴 면은 없다.
➡ 10 - 6 = 4
하나의 면에 6개의 점을 새기면 4개의 점이 남는데, 면은 5개가 남아있어서 점의 개수가 부족하다.

ㄴ. (X) 정육면체에 새긴 점의 총 수가 21개인 방법은 1가지밖에 없다.
➡ 21 ÷ 6 = 3 ⋯ 3
각 면에 3, 3, 3, 4, 4, 4개의 점을 새기면 점의 총 수가 21개가 된다.
여기에서 점의 개수를 가감하면 점의 총수가 21개가 되도록 하는 방법이 여러 가지임을 알 수 있다.
<예>
1, 4, 4, 4, 4, 4 / 1, 2, 3, 4, 5, 6

ㄷ. (X) 정육면체에 새긴 점의 총 수가 24개라면 각 면에 새긴 점의 수는 모두 다르다.
➡ 24 ÷ 6 = 4
각 면에 4, 4, 4, 4, 4, 4개의 점을 새기면 점의 총 수가 24개가 된다.

ㄹ. (X) 정육면체에 새긴 점의 총 수가 20개라면 3개 이하의 점을 새긴 면이 4개 이상이어야 한다.
➡ 20 ÷ 6 = 3 ⋯ 2
각 면에 3, 3, 3, 3, 4, 4개의 점을 새기면 점의 총 수가 20개가 된다.
여기에서 점의 개수를 가감하면 3개 이하의 점을 새긴 면을 4개 미만으로 하고도 점의 총 수가 20개가 되는 방법이 있음을 알 수 있다.
<예>
1, 3, 4, 4, 4, 4 / 2, 2, 3, 4, 4, 5

더 생각해 보기

- 예년의 기출문제에서 자주 사용된 '숫자카드'를 소재로 하여 제시된 〈규칙〉과 〈보기〉를 다음과 같이 바꿀 수 있다. 물론, 소재를 제외한 다른 내용은 원래의 문제와 동일하다.

〈규칙〉
○ 1부터 6까지의 숫자가 각각 적힌 6장의 카드를 통 속에 넣어둔다.
○ 통에서 1장의 카드를 꺼내어 적혀있는 숫자를 기록한 후, 카드를 다시 통 속에 넣는다.
○ 모두 6회 카드를 꺼내어 총 6개의 숫자를 기록한 후, 해당 숫자를 모두 합산한다.

〈보기〉
ㄱ. 합산한 값이 10이라면 숫자 6이 적힌 카드는 나오지 않았다.
ㄴ. 합산한 값이 21이 되는 경우는 1가지밖에 없다.
ㄷ. 합산한 값이 24라면 통에서 꺼낸 6개의 카드에는 모두 다른 숫자가 적혀있었을 것이다.
ㄹ. 합산한 값이 20이라면 3이하의 숫자가 적힌 카드가 4회 이상 나왔을 것이다.

17.

정답 ③ 2015 인 29

규칙의 적용

제시문의 이해

● **1문단 : 풍력발전기의 종류 및 특성**

종류	장점	단점
수평축 풍력 발전기	구조 간단 설치 용이 에너지 변환효율 높음	일정한 바람 방향 요구
수직축 풍력 발전기	바람의 방향에 무관	부품 가격 비쌈 에너지 변환효율 낮음

〈상황〉 검토

지역	X	Y	Z
바람 방향	일정 (수평축, 수직축)	변화 (수직축)	변화 (수직축)
최소 발전 요구량	150 kW 이상	—	—
최소 발전 요구량	—	—	600 kW 이상
높이 제한	—	70 m 이하	—
가능한 모델	U-88, U-93	U-50	U-88
선정 모델	U-93	U-50	U-88

18.

정답 ① 2012 인 14

퍼즐, 규칙 적용

풀이

일자 /날씨	11월 1일 종일 맑음	11월 2일 종일 비	11월 3일 종일 맑음	11월 4일 종일 맑음	11월 5일 종일 맑음	11월 6일 종일 흐림	11월 7일 종일 비
근무자	A	B	A	B	A	B	A
발신자	1101호 주인	1101호 주인	-	-	301호 주인	301호 주인	-
요청사항	천 묶음 전달	삼 묶음 전달	-	-	천백원 봉투 전달	삼백원 봉투 전달	-
요청받은 근무자	A	B → A			A	B	
전달한 근무자	A		A		A	B	
결과	1101호 천 묶음		301호 천 묶음		301호 천백원봉투	301호 삼백원봉투	
	ⓐ	ⓑ		ⓒ	ⓓ		

1. 날씨가 맑지 않은 날(비/흐림) A경비원이 요청을 받은 경우에만 전달에 오류가 생긴다.

2. 특이사항(ⓑ) : B가 11월 2일(종일 비)에 전화받은 내용을 미처 실행에 옮기지 못하여 B가 A에게 교대하기 10분 전(11월 2일 23시 50분)에 "삼 묶음을 1101호에 내일 전달해 주세요."라고 말하였고, A는 알아들었다고 했다.
   ➡ B경비원이 A경비원에게 전화받은 내용을 전달하였으므로, "날씨가 맑지 않은 날(비/흐림) A경비원이 요청을 받은 경우"에 해당한다. 따라서 물건이 잘못 전달된 경우는 ⓑ 하나뿐이다.

3. 따라서 ⓑ의 경우에 1101호로 가야 할 물건이 301호로 잘못 전달되고, 결국 301호에는 3개의 물건이, 1101호에는 1개의 물건이 전달된다. 이에 해당하는 선택지는 ①번 밖에 없으므로 ①번이 정답이다.

19.

정답 ⑤ 외교원 2013 인 25

규칙의 적용

선택지 검토

① (X) 진한 회색 (무채색)

➡ '진한'은 유채색에만 사용되는 수식어이다.

- 수정 : (아주) 어두운 회색

② (X) 보라빛 노랑 (유채색)

➡ 보라빛(보라 띤, 보라 기미의, 보라 끼의)은 '노랑'의 수식어로 사용할 수 없다.

③ (X) 선명한 파랑 띤 노랑 (유채색)

➡ 파랑 띤(파랑 기미의, 파랑 끼의, 파랑빛)은 '노랑'의 수식어로 사용할 수 없다.

④ (X) 빨강 기미의 밝은 보라 (유채색)

➡ 순서가 잘못 되었다.

- 수정 : 밝은 빨강 기미의 보라

⑤ (O) 아주 연한 노랑 끼의 녹색 (유채색)

➡ 바르게 표현되었다.

20.

정답 ① 2023 가 32

퍼즐, 수리

풀이

- 매년 인구가 600명씩 증가한다고 가정해 보자.
  3년간 1,800명이 증가하므로 2022년의 인구수는 2,741,172가 된다.
  그러나 이 수는 대칭형이 아니다.
  즉, 3년 동안 증가한 인구수는 1,800명보다 적어야 한다.
  → 2022년의 인구수 = 2,740,472

➡ 2022년 A시 인구수의 천의 자리 숫자 = 0

21.

정답 ④ 2019 가 31

퍼즐

풀이

● 08시 정각에 출발하고 총 8시간이 소요되므로, 출장은 16시에 끝난다.
단, 비가 오는 경우에는 17시에 끝난다.
→ 3월 11일은 비가 오므로 출장은 17시에 끝난다.
→ 부상자가 포함되어 있는 경우, 17시 30분에 끝난다.
= 甲이 출장을 가면 출장은 17시 30분에 끝난다.

○ 출장시간에 사내 업무가 겹치는 경우에는 출장을 갈 수 없다.
→ 甲이 출장을 가면 출장은 17시 30분에 끝나며, 乙과 丁은 각각 17시 15분과 17시 10분에 사내 업무가 있다.
→ 甲과 乙, 甲과 丁은 함께 출장을 갈 수 없다.
→ ①, ②번 배제

○ 출장인원 중 한 명이 직접 운전하여야 하며, '운전면허 1종 보통' 소지자만 운전할 수 있다.
→ 甲과 丁 중 한 명은 반드시 포함되어야 한다.
→ ③번 배제

○ 차장은 책임자로서 출장인원에 적어도 한 명 포함되어야 한다.
→ 甲과 乙 중 한 명은 반드시 포함되어야 한다.
→ ⑤번 배제

● 가능한 경우는 다음과 같다.
<경우 1> 甲, 丙, 戊
<경우 2> 乙, 丙, 丁
<경우 3> 乙, 丁, 戊 ➡ 정답 : ④

22.

정답 ④ 2018 나 14

규칙·지침, 계산·비교

풀이

● 방식 1

신문사	발행부수(부)		유료부수(부)		발행기간(년)		총점	광고비(만 원)
甲	30,000	50점	9,000	20점	5	0점	70점	0
乙	30,000	50점	11,500	25점	10	10점	85점	300
丙	20,000	50점	12,000	25점	12	15점	90점	500

● 방식 2

신문사	발행부수(부)	유료부수(부)	발행기간(년)	등급	광고비(만 원)
甲	30,000	9,000	5	B	200
乙	30,000	11,500	10	A	400
丙	20,000	12,000	12	A	400

● 방식 3

신문사	발행부수(부)	비율	광고비(만 원)
甲	30,000	3	375
乙	30,000	3	375
丙	20,000	2	250

● 비교

신문사	방식 1	방식 2	방식 3
甲	0	200	375
乙	300	400	375
丙	500	400	250

보기 검토

ㄱ. 〔X〕 乙은 방식 3이 가장 유리하다.
➡ 방식 2로 지급받을 때 가장 많은 광고비를 받을 수 있다.

ㄴ. 〔O〕 丙은 방식 1이 가장 유리하다.
➡ 방식 1로 지급받을 때 가장 많은 광고비를 받을 수 있다.

ㄷ. 〔X〕 방식 1로 선정할 경우, 甲은 200만 원의 광고비를 지급받는다.
➡ 甲은 광고비를 지급받지 못한다.

ㄹ. 〔O〕 방식 2로 선정할 경우, 丙은 甲보다 두 배의 광고비를 지급받는다.
➡ 丙은 400만 원, 甲은 200만 원을 지급받는다.

23.

정답 ④ 2018 나 9

규칙·지침, 계산·비교

제시문의 이해

평가요소 기관	국정과제	규제개혁	정책성과	홍보실적	합계	
甲	30	40	A	25	A + 95	98 ~ 122
乙	20	B	30	25	B + 75	78 ~ 102
丙	10	C	40	20	C + 70	73 ~ 97
丁	40	30	D	30	D + 100	103 ~ 127
합계	100	100	100	100		
		B + C = 30	A + D = 30			

- A + D = 30이다. 즉, 甲과 丁이 30점을 나누어 갖게 된다.
- B + C = 30이다. 즉, 乙과 丙이 30점을 나누어 갖게 된다.
- 甲, 乙, 丙, 丁이 각각 받을 수 있는 추가 점수(A ~ D)는 최소 3점, 최고 27점이다.

보기 검토

ㄱ. [X] 丙은 인센티브를 받을 수 있다.

➡ 丙이 받을 수 있는 최고 점수는 97점(70 + 27)이다. 甲의 최저점수(98점)과 丁의 최저점수(103점)가 丙의 최고점수보다 높으므로, 丙은 2위 이상이 될 수 없다.

ㄴ. [O] B가 27이고 D가 25이상이면 乙이 2위가 된다.

➡

평가요소 기관	국정과제	규제개혁	정책성과	홍보실적	합계	순위
甲	30	40	3~5	25	98 ~ 100	3
乙	20	27	30	25	102	2
丙	10	3	40	20	73	4
丁	40	30	25~27	30	125 ~ 127	1

ㄷ. [X] 국정과제에 가중치를 2배 준다면 丁은 인센티브를 받을 수 없다.

➡

평가요소 기관	국정과제	× 2	규제개혁	정책성과	홍보실적	합계	
甲	30	60	40	A	25	A + 125	128 ~ 152
乙	20	40	B	30	25	B + 95	98 ~ 122
丙	10	20	C	40	20	C + 80	83 ~ 107
丁	40	80	30	D	30	D + 140	143 ~ 167

丁이 최소점수를 받더라도 2위가 되므로 인센티브를 받을 수 있다.

ㄹ. [O] 국정과제에 가중치를 3배 준다면 丁은 1위가 된다.

➡

평가요소 기관	국정과제	× 3	규제개혁	정책성과	홍보실적	합계	
甲	30	90	40	A	25	A + 155	158 ~ 182
乙	20	60	B	30	25	B + 115	118 ~ 142
丙	10	30	C	40	20	C + 90	93 ~ 117
丁	40	120	30	D	30	D + 180	183 ~ 207

丁이 최소점수를 받더라도 1위가 된다.

더 생각해 보기

- 차잇값 비교로 계산을 최소화하는 판단

1) 네 사람이 받을 수 있는 추가점수의 차이는 최대 24점이다.
추가점수(A, B, C, D)를 제외한 甲, 乙, 丙, 丁의 점수 차이는 다음과 같다.

甲 : 乙	甲 : 丙	甲 : 丁	乙 : 丙	乙 : 丁	丙 : 丁
20	25	5	5	25	30

→ 추가점수를 더했을 때 甲과 乙, 甲과 丁, 乙과 丙의 순위는 뒤바뀔 수 있지만, 甲과 丙, 乙과 丁, 丙과 丁의 순위는 뒤바뀔 수 없다.
→ 丙은 3 ~ 4위이고 2위 이상은 될 수 없다. (→ 보기 ㄱ)
(甲은 1 ~ 3위, 乙은 2 ~ 3위, 丁은 1 ~ 2위가 될 수 있다.)

2) 丁은 1위 또는 2위가 될 수 있으며, 국정과제에서는 가장 높은 점수를 얻었다. 따라서 국정과제에 2배의 가중치를 주어도 丁의 순위가 3위 이하가 되지는 않는다. (→보기 ㄷ)

3) 甲의 최고점수는 122점이고 丁의 최저점수는 103점으로, 둘 사이의 차이는 19점이다.
→ 국정과제에 3배의 가중치를 줄 때 甲점이 추가로 얻는 점수(60점)보다 丁이 추가로 얻게 되는 점수(80점)이 20점 더 많으므로, 丁은 반드시 1위가 된다. (→ 보기 ㄹ)

24.

정답 ⑤ 2018 나 17

퍼즐, 수리, A당 B, 비율

제시문의 이해

○ 버스가 A기차역과 B공연장 사이를 왕복하는 데 걸리는 시간은 6분이다.
→ 1시간에 버스를 10회 운행할 수 있다.

○ 콘서트 시작 4시간 전부터 버스를 운행한다.
→ 콘서트 시작 전까지 버스를 40회 운행할 수 있다.

○ 버스는 한 번에 대당 최대 40명의 관객을 수송한다.
→ 버스 1대로 1시간에 400명을 수송할 수 있다.

○ 전체 관객 수는 40,000명이다.
버스는 한 번에 대당 최대 40명의 관객을 수송한다.
→ 콘서트 시작 전까지 시간당 평균 10,000명을 수송해야 한다.
→ 콘서트 시작 전까지 시간당 평균 25대의 버스가 필요하다.

보기 검토

ㄱ. [X] a = b = c = d = 25라면, 甲회사가 전체 관객을 A기차역에서 B공연장으로 수송하는 데 필요한 버스는 최소 20대이다.

➡ 25대의 버스로 시간당 10,000명을 수송해야 한다.

ㄴ. [O] a = 10, b = 20, c = 30, d = 40이라면, 甲회사가 전체 관객을 A기차역에서 B공연장으로 수송하는 데 필요한 버스는 최소 40대이다.

➡ 가장 많은 버스가 필요한 때는 콘서트 시작 직전 1시간(d = 40)이다. 이때 전체의 40 %에 해당하는 16,000명을 수송해야 하고 버스 1대로 1시간에 400명을 수송할 수 있으므로, 40대의 버스가 필요하다.

ㄷ. [O] 만일 콘서트가 끝난 후 2시간 이내에 전체 관객을 B공연장에서 A기차역까지 버스로 수송해야 한다면, 이때 甲회사에게 필요한 버스는 최소 50대이다.

➡ 시간당 20,000명을 수송해야 하고 버스 1대로 1시간에 400명을 수송할 수 있으므로 50대의 버스가 필요하다.

25.

정답 ⑤ 2018 나 38

시차

풀이 1

1. 甲은 '처음부터' 모든 시각을 런던을 기준으로 이해했다. 즉, 甲은 자신이 맡은 업무를 완수하는 데에 런던 기준으로 1일 09시부터 22시까지 13시간이 걸린다고 말한 것이다.

2. 乙은 '처음부터' 모든 시각을 시애틀을 기준으로 이해했다. 즉, 乙은 甲이 말한 시각도 시애틀의 시각이라고 받아들였으며, 자신의 업무 종료 시각도 시애틀의 시각으로 말했다. 결국, 乙은 자신이 맡은 업무를 완수하는 데에 시애틀 기준으로 1일 22시부터 2일 15시까지 17시간이 걸린다고 말한 것이다.

3. 丙은 '처음부터' 모든 시각을 서울을 기준으로 이해했다. 즉, 丙은 乙이 말한 시각도 서울의 시각이라고 받아들였으며, 자신의 업무 종료 시각도 서울의 시각으로 말했다. 결국, 丙은 자신이 맡은 업무를 완수하는 데에 서울 기준으로 2일 15시부터 3일 10시까지 19시간이 걸린다고 말한 것이다.

4. 프로젝트가 완수되는 데에는 총 49시간이 소요된다. 회의 시각이 서울을 기준으로 1일 18시였으므로, 49시간 후인 3일 19시(서울 기준)에 프로젝트가 마무리된다.

풀이 2

丙은 '처음부터' 모든 시각을 서울을 기준으로 이해했다. 즉, 丙이 이해한 바에 따르면 프로젝트의 시작 시각은 1일 18시이다. 다시 말해 丙이 이해한 甲의 업무 소요시간은 4시간이다.

그러나 甲은 모든 시각을 런던을 기준으로 이해했기 때문에, 甲이 생각한 프로젝트의 시작 시각은 1일 09시이며 甲의 업무 소요시간은 13시간이다. 즉, 丙은 전체 프로젝트 완수에 소요되는 전체 시간을 9시간 적게 이해한 것이다.

따라서 프로젝트가 마무리되는 시각은 丙이 말한 시각에 9시간을 더한 시각이다.

→ 3일 10시 + 9시간 = 3일 19시

甲의 인식 (런던 기준)			丙의 인식 (서울 기준)			차이 보정 (서울 기준)		
시작	49 시간	1일 9시	9시간 차이					
		⋮	시작	40 시간	1일 18시	시작	49 시간	1일 18시
					⋮			⋮
종료		3일 10시	종료		3일 10시			
						종료		3일 19시

MEMO

정답 및 해설

25제 연습 SET 6

하주응 PSAT 상황판단 5급 기출 엄선연습

정답

1	2	3	4	5	6	7	8	9	10
②	⑤	①	①	②	①	⑤	④	②	③

11	12	13	14	15	16	17	18	19	20
③	⑤	⑤	③	②	④	⑤	③	④	①

21	22	23	24	25
④	①	③	①	④

1.

정답 ② 2018 나 3

법조문

제시문의 이해

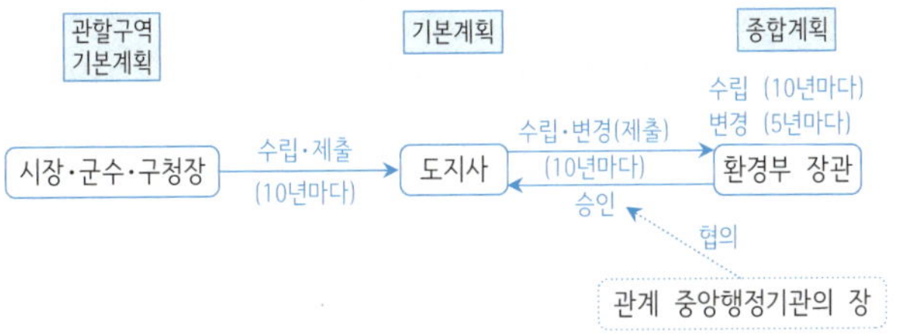

- 의무
  (1) 시장·군수·구청장의 관할구역 기본계획 수립·제출
  (2) 도지사의 기본계획 (수립·변경) 승인 획득
  (3) 환경부장관의 기본계획 (수립·변경) 승인 시 관계 중앙행정기관의 장과 협의
  (4) 환경부장관의 종합계획 수립

- 재량
  - 환경부장관의 종합계획 변경

선택지 검토

① [X] 재원의 확보계획은 기본계획에 포함되지 않아도 된다.
➡ [제2조 제3항 제7호] 재원의 확보계획은 기본계획에 반드시 포함되어야 하는 사항이다.

② [O] A도 도지사가 제출한 기본계획을 승인하려면, 환경부장관은 관계 중앙행정기관의 장과 협의를 거쳐야 한다.
➡ [제2조 제1항 단서(3문)] 환경부장관이 기본계획을 승인하려면 반드시 관계 중앙행정기관의 장과 협의하여야 한다.

③ [X] 환경부장관은 국가 폐기물을 적정하게 관리하기 위하여 10년마다 기본계획을 수립하여야 한다.
➡ [제3조 제1항] 환경부장관이 수립하여야 하는 것은 '종합계획'이다.

④ [X] B군 군수는 5년마다 종합계획을 세워 환경부장관에게 제출하여야 한다.
➡ [제2조 제2항] '군수'는 10년마다 관할 구역의 기본계획을 세워 도지사에게 제출하여야 한다.

⑤ [X] 기본계획 수립 이후 5년이 경과하였다면, 환경부장관은 계획의 타당성을 재검토하여 계획을 변경하여야 한다.
➡ [제3조 제2항] 기본계획의 타당성 검토 및 변경에 대한 규정은 없다. 환경부장관이 수립 5년 후 타당성 검토 및 변경할 수 있는 것은 '종합계획'이다. 또한 종합계획의 변경은 재량사항이고 의무사항이 아니다.

2.

정답 ⑤ 2018 나 2

법조문, 규칙

〈현황〉의 이해

성명	직위	최초 위촉일자	재임기간	연임 여부	자격 규정	선임 가능 직책
A	甲지방의회 의원	2016. 9. 1.	1년 6개월	×	2호	부위원장
B	시민연대 회원	2016. 9. 1.	1년 6개월	×	1호	위원장
C	甲지방자치단체 소속 기획관리실장	2016. 9. 1.	1년 6개월	×	2호	부위원장
D	지방법원 판사	2017. 3. 1.	1년	×	1호	위원장
E	대학교 교수	2016. 9. 1.	1년 6개월	×	1호	위원장
F	고등학교 교사	2014. 9. 1.	3년 6개월	○	1호	위원장
G	중학교 교사	2016. 9. 1.	1년 6개월	×	1호	위원장
H	甲지방의회 의원	2016. 9. 1.	1년 6개월	×	2호	부위원장
I	甲지방자치단체 소속 행정국장	2016. 9. 1.	1년 6개월	×	2호	부위원장

선택지 검토

① [X] B가 사망하여 새로운 위원을 위촉하는 경우 甲지방의회 의원을 위촉할 수 있다.
➡ [제1조 제2항 제1호 단서] B는 제1호에 규정된 위원이므로 B를 대신하는 새로운 위원을 위촉할 때에는 제1호에 해당하는 사람으로 위촉하여야 하며, 이때 제1호 단서의 규정(제2호의 요건에 해당하는 자는 제외한다)에 따라 제2호에 해당하는 사람은 위촉할 수 없다. 甲지방의회 의원은 제2호에 해당하는 사람이기 때문에 B를 대신하여 위촉될 수 없다.

② [X] C가 오늘자로 명예퇴직하더라도 위원직을 유지할 수 있다.
➡ [제2조 제2항] C는 甲지방자치단체 소속 공무원이다. 소속 공무원의 위원으로서의 임기는 해당 공무원 직위에 재직 중인 기간이므로, 명예퇴직하여 공무원직을 상실하면 위원직도 유지할 수 없다.

③ [X] E가 오늘자로 사임한 경우 당일 그 자리에 위촉된 위원의 임기는 위촉된 날로부터 2년이다.
➡ [제1조 제2항 제1호, 제2조 제3항] E는 교육자에 해당하며 현재까지 약 1년 6개월을 재임하였다. 이 경우 후임자의 임기는 전임자의 남은 기간이므로, E를 대신하여 위촉된 위원의 임기는 약 6개월이다.

④ [X] F는 임기가 만료되면 연임할 수 있다.
➡ [제2조 제1항] F의 현재까지 재임기간은 약 3년 6개월인데, 위원의 기본 임기는 2년이므로 F는 연임하였음을 알 수 있다. 연임은 1회로 제한되므로 F의 이번 임기가 만료되면 F는 더 이상 연임할 수 없다.

⑤ [O] I는 부위원장으로 선임될 수 있다.
➡ [제1조 제2항 제2호, 제3항 제2호] I는 甲지방자치단체 소속 행정국장이다. 즉, I는 부위원장으로 선임될 수 있는 제1조 제2항 제2호의 위원에 해당한다.

25제 SET 6

3.

정답 ① 2020 나 23

법조문, 규칙

선택지 검토

① [O] 무도장을 운영할 때 목욕시설과 매점을 설치하는 경우 시설기준에 위반된다.

➡ [임의시설 2] 무도장업은 목욕시설과 매점의 설치가 허용되는 업종이 아니다.

② [X] 수영장을 운영할 때 수용인원에 적합한 세면실과 급수시설을 모두 갖추어야 한다.

➡ [필수시설 2] 수영장업의 경우 세면실이 아니라 탈의실을 갖추어야 한다. 탈의실 대신 세면실을 설치하는 것이 허용되는 업종에서 수영장업은 제외된다.

③ [X] 체력단련장을 운영할 때 이를 이용하는 데에 지장이 없는 범위에서 가상체험 체육시설을 설치할 수 있다.

➡ [제1항 제2호, 임의시설 3] 체력단련장업은 신고 체육시설업이며, 신고 체육시설업의 경우에는 해당 체육시설 외에 다른 종류의 체육시설을 설치할 수 없다.

④ [X] 복합건물 내에 위치한 골프연습장을 운영할 때 다른 시설물과 공동으로 사용하는 주차장이 없다면, 수용인원에 적합한 주차장을 반드시 갖추어야 한다.

➡ [제1항 제2호, 필수시설 1] 골프연습장업은 신고 체육시설업이며, 주차장을 반드시 갖추어야 한다는 규정은 등록 체육시설업에만 적용된다.

⑤ [X] 수영장을 운영할 때 구급약품을 충분히 갖추어 부상자 및 환자의 구호에 지장이 없다면, 응급실을 갖추지 않아도 시설기준에 위반되지 않는다.

➡ [필수시설 3] 수영장업은 응급실을 갖추지 않아도 되는 업종에서 제외된다.

4.

정답 ① 2018 나 25

규칙·지침

보기 검토

ㄱ. [O] A와 B는 비(非)공무원 부부이며 공무원 C(37세)와 공무원 D(32세)를 자녀로 두고 있다. 공무원 D가 부모님을 부양하던 상황에서 A가 사망하였다면, 사망조위금 최우선 순위 수급권자는 D이다.

➡ 공무원의 부(父)가 사망한 경우이며, 해당공무원이 2인인 경우이다.
이 경우, 사망한 자의 배우자가 공무원이 아니므로, 사망한 자를 부양하던 직계비속인 공무원 D가 최우선 순위 수급권자가 된다.

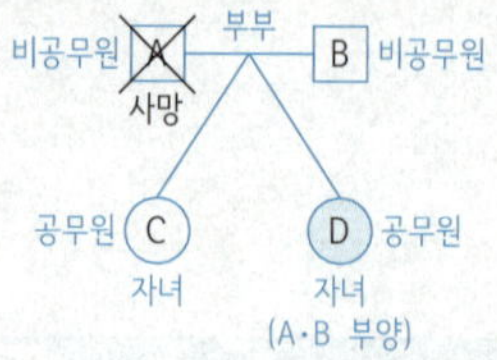

ㄴ. [X] A와 B는 공무원 부부로 비공무원 C를 아들로 두고 있으며, 공무원 D는 C의 아내이다. 만약 C가 사망하였다면, 사망조위금 최우선 순위 수급권자는 A이다.

➡ 공무원의 자녀이자 배우자인 사람이 사망한 경우이며, 해당 공무원이 3인인 경우이다.
이 경우, 사망한 자의 배우자인 공무원 D가 최우선 순위 수급권자가 된다.

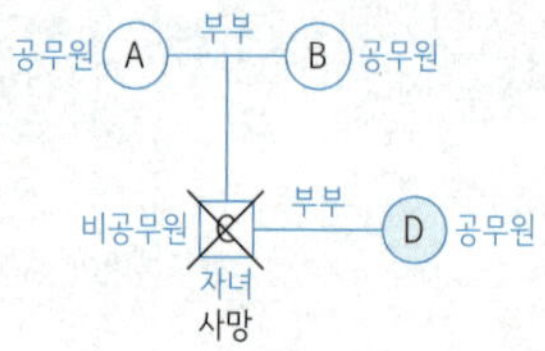

ㄷ. [X] 공무원 A와 비공무원 B는 부부이며 비공무원 C(37세)와 비공무원 D(32세)를 자녀로 두고 있다. A가 사망하고 C와 D가 장례와 제사를 모시는 경우, 사망조위금 최우선 순위 수급권자는 C이다.

➡ 공무원 본인이 사망한 경우이다.
이 경우, 사망한 공무원의 배우자인 B가 최우선 순위 수급권자가 된다.

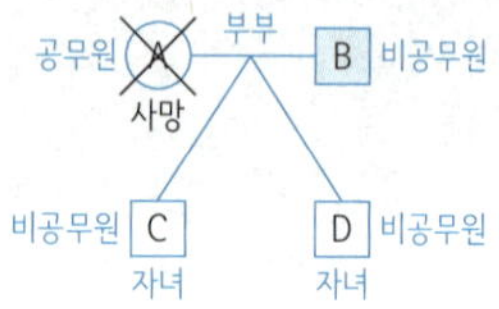

5.

정답 ② 2017 가 6

규칙의 적용, 계산

풀 이

- 최장 재적기간 = 수료연한 + 최장 휴학기간
- 최장 휴학기간 = 최장 일반휴학기간 + 최장 어학연수 휴학기간

학생		수료연한	일반휴학	어학연수 휴학	최장 재적기간
내국인	(보통입학)	4년	2년	2년	8년
	특별입학	3년	1년 6개월	1년	5년 6개월
외국인		5년	2년 6개월	2년	9년 6개월

- A대학의 학생이 재적할 수 있는 최장기간은 (9년 6개월)이다.
- A대학에 특별입학으로 입학한 학생이 일반휴학 없이 재적할 수 있는 최장기간은 (4년)이다.

6.

정답 ① 2018 나 27

TEXT 독해, 규칙

보기 검토

ㄱ. 〔O〕 에스페란토의 문자는 모두 28개로 만들어졌다.

➡ [3문단 1문장] 에스페란토의 문자는 영어 알파벳 26개 문자에서 4개를 빼고 6개를 추가하여 만들어졌다. (26 - 4 + 6 = 28)

ㄴ. 〔X〕 미래형인 '사랑할 것이다'는 에스페란토로 amios이다.

➡ [3문단 2-4문장] 어간에 명사형 어미 -o를 붙여서 만든 '사랑'이 amo이므로 '사랑(하다)'의 어간은 'am'이다. 미래 시제의 어미는 '-os'이므로 미래형인 '사랑할 것이다'는 amos이다.

ㄷ. 〔O〕 '어머니'와 '장모'를 에스페란토로 말할 때 강세가 있는 모음은 같다.

➡ [4문단 1문장, 3문장] 단어의 강세는 항상 뒤에서 두 번째 모음에 있다. 따라서 '어머니(patrino)'의 강세는 'i'에 있고, '장모(bopatrino)'의 강세도 'i'에 있다.

ㄹ. 〔X〕 자멘호프의 구상에 따르면 동일한 언어를 사용하는 하와이 원주민끼리도 에스페란토만을 써야 한다.

➡ [2문단 3문장] 자멘호프의 구상은 '1민족 2언어주의'였다. 즉, 동일한 언어를 사용하는 하와이 원주민끼리는 자신들의 언어를 쓰고, 이들이 다른 언어를 사용하는 민족과 대화할 때에는 에스페란토를 사용하는 것이 자멘호프의 구상과 일치한다.

7.

정답 ⑤ 2019 가 29

계산·비교

풀이

- 4월은 30일까지 있다.
- KTX는 예산을 초과하므로 제외한다.
- 광고효과 비교

광고수단	광고 횟수		회당 광고노출자 수	월 광고비용 (천 원)	광고효과
		월			
TV	월 3회	3회	100만 명	30,000	0.1
버스	일 1회	30회	10만 명	20,000	0.15
지하철	일 60회	1,800회	2천 명	25,000	0.144
포털사이트	일 50회	1,500회	5천 명	30,000	0.25

8.

정답 ④ 2014 A 14

규칙의 적용, 계산

질문지의 이해

- **제시된 상황과 묻고 있는 것**
  1) 처리공정은 1회만 가동
  2) 1리터(L)에 존재하는 A균과 B균의 마리 수

풀이

처리공정	A균 (1,000마리)	B균 (1,000마리)	
공정 (1)	100	200	← (자외선 10분) A균의 90 %, B균의 80 % 사멸
공정 (2-1)	10	—	← (가열 10분) A균의 90 % 사멸
공정 (2-2)	—	40	← (필터링 10분) B균의 80 % 사멸
공정 (3)	10	44	← (혼합 60 ℃) B균이 10% 증식
결과	10	44	← 물 2리터(L)에 존재하는 세균 수
	5	22	← 물 1리터(L)에 존재하는 세균 수

9. ~ 10.

제시문의 이해

- 1문단 : 관광이 지역경제에 미치는 효과
- 2문단 : ① 직접효과(일차효과) : 최초 관광지출이 일차적으로 발생시키는 효과
- 3문단 : ② 간접효과
- 4문단 : ③ 유발효과
  이차효과 = 간접효과 + 유발효과
  관광효과 = 직접효과 + 간접효과 + 유발효과
- 5문단 : 비율승수 = $\frac{\text{직접효과 + 간접효과 + 유발효과}}{\text{직접효과}} = \frac{\text{관광효과}}{\text{직접효과}}$
  일반승수 = $\frac{\text{직접효과 + 간접효과 + 유발효과}}{\text{최초 관광지출}} = \frac{\text{관광효과}}{\text{최초 관광지출}}$

9.

정답 ② | 2024 나 19
TEXT

보기 검토

ㄱ. 〔X〕 관광효과에서 유발효과를 제외한 값은 직접효과이다.
➡ [4문단 5문장] 관광효과 - 유발효과 = 직접효과 + 간접효과₩

ㄴ. 〔X〕 관광지 소재 식당이 관광객에게 직접 받은 식대는 유발효과에 해당된다.
➡ [2문단] 관광객의 최초 관광지출로 인해 지역 관광사업자에게 직접적으로 발생하는 소득이므로 '직접효과'에 해당한다.

ㄷ. 〔O〕 일반승수 계산 시 나누어지는 값은 일차효과와 이차효과의 합이다.
➡ [5문단 6문장, 4문단 4-5문장]
직접효과 = 일차효과
이차효과 = 간접효과 + 유발효과
일반승수 = $\frac{\text{직접효과 + 간접효과 + 유발효과}}{\text{최초 관광지출}}$
$= \frac{\text{일차효과 + 이차효과}}{\text{최초 관광지출}}$

10.

정답 ③ | 2024 나 20
계산

풀이

- 직접효과는 관광객의 최초 관광지출의 50%이다.
  최초 관광지출 = $2x$
  직접효과 = x
- 간접효과는 직접효과보다 10억 원 많다.
  간접효과 = $x + 10$
- 유발효과는 직접효과의 2배이다.
  유발효과 = $2x$
- 일반승수는 2.5이다.
  일반승수 = $\frac{\text{직접효과 + 간접효과 + 유발효과}}{\text{최초 관광지출}}$
  $= \frac{x + x + 10 + 2x}{2x} = \frac{4x + 10}{2x} = 2.5$
  $x = 10$
- 직접효과 = 10억
  간접효과 = 20억
  유발효과 = 20억
  비율승수 = $\frac{\text{직접효과 + 간접효과 + 유발효과}}{\text{직접효과}}$
  $= \frac{\text{10억 + 20억 + 20억}}{\text{10억}}$
  = 5

25제 SET 6

11.

정답 ③ 2019 가 5

법조문

〈상황〉의 검토

○ 〔O〕 甲(56세)은
사업주가 근로자 대표의 동의를 받아 정년을 60세로 연장하면서 임금피크제를 실시하고 있는 사업장(상시 사용하는 근로자 320명)에 고용되어
→ [제1항 제1호]에 해당.
[제2항 단서]에 해당하지 않음.
3년간 계속 근무하고 있다.
→ [제2항 본문]의 요건(18개월 이상 계속 근무) 충족.
甲의 피크임금은 4,000만 원이었고, 올해 임금은 3,500만 원이다.
→ [제2항 제1호]의 기준(10 %, 400만 원) 이상 임금이 낮아졌음.
➡ 임금피크제 지원금 지급대상임.

○ 〔X〕 乙(56세)은
사업주가 정년을 55세로 정한 사업장(상시 사용하는 근로자 200명)에서 1년간 계속 근무하다 작년 12월 31일 정년에 이르렀다. 乙은 올해 1월 1일 근무기간 10개월, 주당 근로시간은 동일한 조건으로 재고용되었다.
➡ [제1항 제2호 괄호] 정년에 이른 후 재고용되었으나, 재고용 기간이 1년 미만이므로 임금피크제 지원금 지급대상이 아님.

○ 〔O〕 丙(56세)은
사업주가 정년을 55세로 정한 사업장(상시 사용하는 근로자 400명)에서 2년간 계속 근무하다 작년 12월 31일 정년에 이르렀다.
→ [제2항 본문]의 요건(18개월 이상 계속 근무) 충족.
[제2항 단서]에 해당하지 않음.
丙은 올해 1월 1일 근무기간 1년, 주당 근로시간을 40시간에서 30시간으로 단축하는 조건으로 재고용되었다.
→ [제1항 제3호] 제2호의 요건을 충족시키면서 주당 근로시간을 30시간으로 단축하였으므로 제3호에 해당.
丙의 피크임금은 2,000만 원이었고, 올해 임금은 1,200만 원이다.
→ [제2항 제3호]의 기준(30 %, 600만 원) 이상 임금이 낮아졌음.
➡ 임금피크제 지원금 지급대상임.

● 임금피크제 지원금을 받을 수 있는 사람 : 甲, 丙

12.

정답 ⑤ 2016 ④ 3

TEXT 독해, 규칙

제시문의 이해

		요호 (권분의 대상자)		
등(等)		상등	중등	하등
내용		진휘 (봄에 무상 증여)	진대 (봄 대여 후 가을 환수)	진조 (봄에 저가 판매)
급(級)	1	벼 1,000석	벼 100석	벼 10석
	2	벼 900석	벼 90석	벼 9석
	3	벼 800석	벼 80석	벼 8석
	4	벼 700석	벼 70석	벼 7석
	5	벼 600석	벼 60석	벼 6석
	6	벼 500석	벼 50석	벼 5석
	7	벼 400석	벼 40석	벼 4석
	8	벼 300석	벼 30석	벼 3석
	9	벼 200석	벼 20석	벼 2석

⬆ 시상(施賞)

보기 검토

ㄱ. 〔X〕 상등 요호 1급 甲에게 정해진 권분량과 하등 요호 9급 乙에게 정해진 권분량의 차이는 벼 999석이었을 것이다.
➡ 상등 요호 1급에게 정해진 권분량은 벼 1,000석이고 하등 요호 9급에게 정해진 권분량은 벼 2석이다. 따라서 그 차이는 998석이다.

ㄴ. 〔X〕 중등 요호 6급 丙이 권분을 다한 경우, 조선시대 국법에 의하면 시상할 수 없었을 것이다.
➡ 조선시대 국법에는 벼 50석 이상 권분을 행한 자부터 시상(施賞)할 수 있도록 규정되어 있다. 중등 요호 6급의 권분량은 벼 50석이므로 시상을 받을 수 있다.

ㄷ. 〔O〕 중등 요호 7급 丁에게 정해진 권분량의 대여시점과 상환시점의 시가 차액은 180냥이었을 것이다.
➡ 중등 요호 7급의 권분량은 벼 40석이다. <조건>에 따르면 대여시점인 봄에 벼 40석의 시가는 240냥(40석 × 6냥)이고, 상환시점인 가을에 벼 40석의 시가는 60냥(40석 × 1.5냥)이다. 따라서 그 차액은 180냥이다.

ㄹ. 〔O〕 상등 요호 9급 戊에게 정해진 권분량의 권분 당시 시가는 1,200냥이었을 것이다.
➡ 상등 요호가 권분을 행하는 시기는 봄이다. 이때의 벼 1석당 시가는 6냥이고 상등요호 9급의 권분량은 벼 200석이므로, 권분 당시 시가는 1,200냥(200석 × 6냥)이다.

13.

정답 ⑤ 2014 A 11

규칙의 적용

풀이

<직전의 상황>

서브 팀	甲
서브 선수	A
서브 팀 점수	3 (홀수)
선수 위치	좌측
득점한 팀	甲 (+1점)
서브 방향 및 선수 위치	D C / A B

❶ 점수를 획득한 팀이 서브권을 갖는다.

❷ 같은 선수가 연속해서 서브권을 갖는다.

❸ 점수가 짝수인 경우는 우측에서 서브한다.

❹ 대각선 방향으로 서브한다.

❺ 서브를 받는 팀은 선수의 위치를 바꾸지 않는다.

<현재 상황>

서브 팀	甲
서브 선수	A
서브 팀 점수	4 (짝수)
선수 위치	우측
-	-
서브 방향 및 선수 위치	D C / B A

14.

정답 ③ 2014 A 10

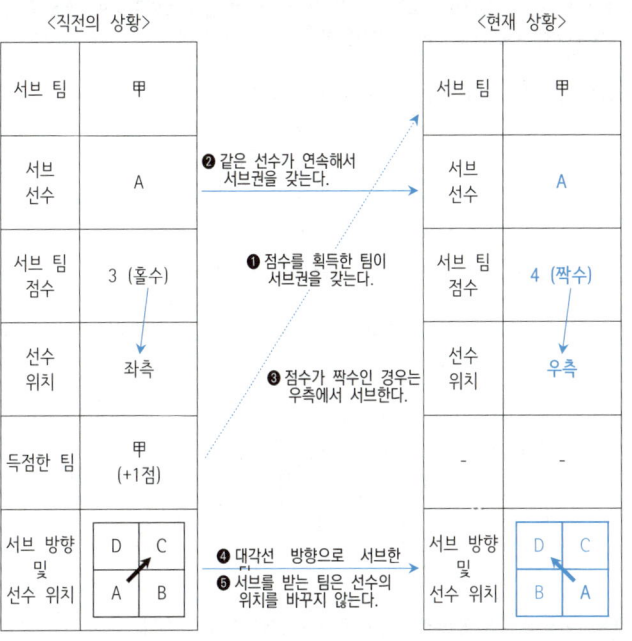

규칙의 적용, 계산·비교, 경우 따지기

제시문과 〈상황〉의 이해

● **신축 건물의 현황**

- 친환경 건축물 인증 등급 : 우량 (63점)
- 에너지효율 등급 : 3등급

● **추가 투자 시의 변화**

친환경 건축물 인증 등급

(단위 : 만 원)

		필요 점수 ▸	+ 17점	+ 7점	
		필요 투자액 ▸	1억 7천	7천	
	▾		최우수	우수	
에너지효율 등급	4천	1등급	2억 1천	1억 1천	◂ 추가 투자 총액
			2억 4천 (12%)	1억 6천 (8%)	◂ 세금 감면액
			+ 3천	+ 5천	◂ 이익(+)
	2천	2등급	1억 9천	9천	◂ 추가 투자 총액
			1억 6천 (8%)	8천 (4%)	◂ 세금 감면액
			- 3천	- 1천	◂ 손실(-)

보기 검토

ㄱ. (O) 추가 투자함으로써 경제적 이익을 얻을 수 있는 최소투자금액은 1억 1,000만 원이다.

➡ 경제적 이익을 얻을 수 있는 경우는 [최우수 - 1등급]과 [우수 - 1등급]이다. 이 중 [우수 - 1등급]을 받기 위한 투자금액이 1억 1,000만 원으로 더 적다.

ㄴ. (O) 친환경 건축물 우수 등급, 에너지효율 1등급을 받기 위해 추가 투자할 경우 경제적 이익이 가장 크다.

➡ 경제적 이익을 얻을 수 있는 경우는 [최우수 - 1등급]과 [우수 - 1등급]이다. 이 중 [우수 - 1등급]을 받았을 때의 경제적 이익이 5천만 원으로 더 크다.

ㄷ. (X) 에너지효율 2등급을 받기 위해 추가 투자하는 것이 3등급을 받는 것보다 甲에게 경제적으로 더 이익이다.

➡ 에너지효율 2등급을 받으면, 세금을 감면 받더라도 1천만 원 혹은 3천만 원의 손실이 발생한다. 따라서 에너지효율 3등급을 유지하고 세금을 모두 납부하는 것이 더 이익이다.

15.

정답 ② 2019 가 38

퍼즐

풀이

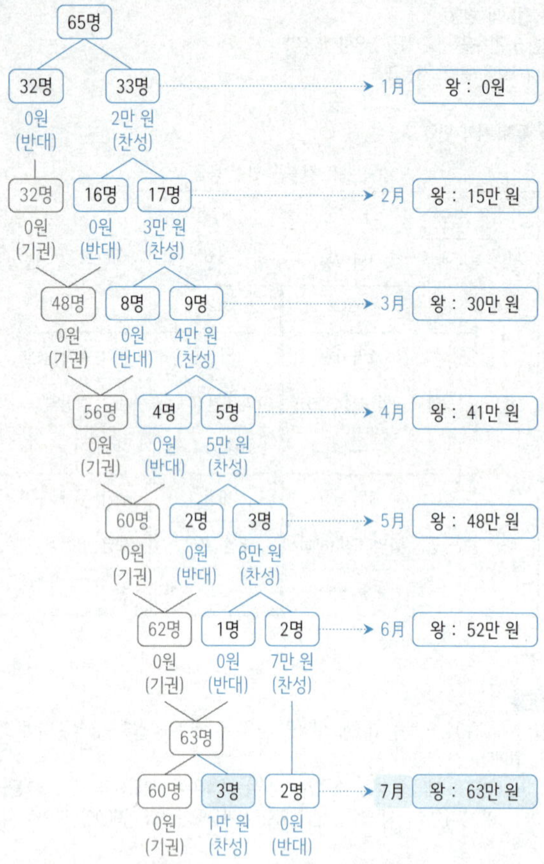

16.

정답 ④ 2016 ④ 11

퍼즐, 게임의 규칙

보기 검토

※ 보기 ㄱ, ㄴ, ㄷ의 내용을 보면, 모두 2장씩의 카드를 뽑은 것으로 되어 있다. 즉, 단 2회의 조각 맞바꿈으로 원하는 단어를 만들 수 있어야 한다.

ㄱ. (O) 카드 A, B를 뽑았다면 '목민심서'라는 단어를 만들 수 있다.

➡ 원래 배치

1 경	2 표	3 명	4 심
5 목	6 세	7 유	8 서
9 자	10 심	11 보	12 법
13 손	14 민	15 병	16 감

카드 A : 짝수가 적혀 있는 낱말퍼즐 조각끼리 맞바꿈

→ 6번과 14번 카드를 맞바꾼다.

카드 B : 낱말퍼즐 조각에 적힌 숫자를 3으로 나눈 나머지가 같은 조각끼리 맞바꿈

→ 4번과 7번 (또는 7번과 10번) 카드를 맞바꾼다.

(3으로 나눈 나머지가 1로 동일)

바뀐 배치

1 경	2 표	3 명	7 유
5 목	14 민	4 심	8 서
9 자	10 심	11 보	12 법
13 손	6 세	15 병	16 감

<성공>

ㄴ. (X) 카드 A, C를 뽑았다면 '경세유표'라는 단어를 만들 수 있다.

➡ 원래 배치

1 경	2 표	3 명	4 심
5 목	6 세	7 유	8 서
9 자	10 심	11 보	12 법
13 손	14 민	15 병	16 감

카드 A : 짝수가 적혀 있는 낱말퍼즐 조각끼리 맞바꿈

→ 2번과 8번 카드를 맞바꾼다.

카드 C : 낱말퍼즐 조각에 적힌 숫자를 더해서 소수가 되는 조각끼리 맞바꿈

→ 1번과 5번을 맞바꾸어야 하는데, 카드 C의 방식으로는 원하는 결과를 얻을 수 없다.

바뀐 배치

1 경	8 서	3 명	4 심
5 목	6 세	7 유	2 표
9 자	10 심	11 보	12 법
13 손	14 민	15 병	16 감

<실패>

ㄷ. (O) 카드 B, C를 뽑았다면 '명심보감'이라는 단어를 만들 수 있다.

➡ 원래 배치

1 경	2 표	3 명	4 심
5 목	6 세	7 유	8 서
9 자	10 심	11 보	12 법
13 손	14 민	15 병	16 감

카드 B : 낱말퍼즐 조각에 적힌 숫자를 3으로 나눈 나머지가 같은 조각끼리 맞바꿈

→ 4번과 7번 (또는 7번과 10번) 카드를 맞바꾼다.

(3으로 나눈 나머지가 1로 동일)

카드 C : 낱말퍼즐 조각에 적힌 숫자를 더해서 소수가 되는 조각끼리 맞바꿈

→ 15번과 16번을 맞바꾼다. (15 + 16 = 31, 31은 소수)

바뀐 배치

1 경	2 표	3 명	7 유
5 목	6 세	4 심	8 서
9 자	10 심	11 보	12 법
13 손	14 민	16 감	15 병

<성공>

17.

정답 ⑤ 2020 나 28

계산·비교, 최적화

풀이

- 甲 : 200만 원 이상 구매 시 전품목 10 % 할인
  → 200만 원 이상 구매하려면 A를 반드시 구매해야 한다.
  → 乙과 丙의 할인 조건에 C와 D가 포함되어 있으므로 A, C, D를 구입하는 상황을 가정한다.
  → A에서 15만 원, C와 D에서 7만 원을 할인 받는다.
  → 할인받은 A의 가격이 乙의 A 가격보다 높으므로 부적절한 선택일 가능성이 높다.

- 乙 : A를 구매한 고객에게는 C, D를 20 % 할인
  → A, C, D를 구매하면 C와 D에서 16만 원을 할인 받는다.
  → 甲에서 A, C, D를 구매하는 것보다 나은 선택이다.

- 丙 : C, D를 모두 구매한 고객에게는 E를 5만 원에 판매
  → E에서 할인을 받더라도 丙에서 C, D, E를 구매하는 가격이 乙에서 할인받아 C, D, E를 구매하는 가격보다 높으므로 의미가 없다.

➡ 乙에서 A, C, D를 구매한다.
B는 丙에서 구매한다.
E는 乙에서 구매한다.

18.

정답 ③ 2019 가 37

계산·비교

풀이

※ 연체료를 최소로 해야 하므로,
(1) 2권의 연장 기간 상한인 14일을 모두 사용한다.
(2) 연체료가 더 높은 '신간'에 우선적으로 연장을 적용한다.

도서	분류	연장 가부	출간일	신간 여부	대출일	반납 예정일		연장	최소 연체일	연체료
						기본	연장			
○	만화	불가	18. 1. 10.	×	18. 10. 10.	16	-	-	14일	1,400원
△	시	불가	18. 9. 10.	신간	18. 10. 20.	26	-	-	4일	800원 (400 × 2)
□	소설	가능	17. 10. 30.	×	18. 10. 5.	18	25	×	12일	1,200원
☆	수필	가능	18. 4. 15.	신간	18. 10. 10.	23	30	7일	-	0원
◇	희곡	가능	18. 6. 10.	신간	18. 10. 5.	18	25	7일	5일	1,000원 (500 × 2)

➡ 연체료의 최솟값 : 4,400원

19.

정답 ④ 2016 ④ 37

규칙의 이해, 적용

선택지 검토

① [X] 평가표에 의할 때 대상자가 받을 수 있는 최저점수는 70점이다.

➡ 가점을 받지 못하고 기본 4개 항목의 점수에서 최저점을 받았을 때 55점(15 + 25 + 10 + 5)으로 최저점수가 된다.

② [X] 평가표에 의할 때 대상자가 가점으로 받을 수 있는 최고점수는 52점이다.

➡ 가점은 가점항목별로 하나씩의 점수만을 부여받게 된다. 따라서 가점으로 받을 수 있는 최고점수는 20점(10 + 5 + 5)이다.

③ [X] 가점항목을 제외한 4개의 항목 중 배점이 두 번째로 작은 항목은 연령이다.

➡ 4개 항목 각각의 가장 높은 점수를 각 항목의 배점이라고 보았을 때, 배점이 두 번째로 작은 항목은 'A국 어학능력(20점)'이다.

④ [O] 대상자 甲은 가점을 획득하지 못해도 연령, 학력, A국 어학능력에서 최고점을 받는다면, 연간소득 항목에서 최저점수를 받더라도 거주자격을 부여 받을 수 있다.

➡ 연령, 학력, A국 어학능력에서 최고점을 받고, 연간소득 항목에서 최저점수를 받으면 총점은 85점(25 + 35 + 20 + 5)이다. 이 경우 기준점수인 80점 이상을 받게 되므로 거주자격을 부여 받을 수 있다.

⑤ [X] 박사학위를 소지한 33세 대상자 乙은 A국 대학에서 다른 분야의 박사학위를 취득하고 기본적인 의사소통을 한다면 거주자격을 부여 받지 못한다.

➡ 학력 점수 : 35점 ('최종' 학력이므로 A국에서 취득한 박사학위를 포함하여 2개의 박사학위로 인정)

연령 점수 : 25점 (33세)

A국 어학능력 : 10점 (기본적인 의사소통)

A국 유학경험(가점) : 10점 (A국에서 박사과정)

→ 여기까지 총점 : 80점

이미 기준점수인 80점 이상을 받았으며, '대상자'라고 했으므로 최저점수 이상의 연간소득 점수를 받을 수 있다. 따라서 최종점수가 85점 이상이 되므로 거주자격을 부여 받을 수 있다.

20.

정답 ① 2016 ④ 38

계산·비교

풀이

※ 선택지에 제시된 프로그램만을 검토의 대상으로 한다.

분야	프로그램명	전문가 점수 (× 3)		학생 점수 (× 2)		합산	가산 (합산점 × 1.3)	
미술	내 손으로 만드는 동물	26		32		-	-	
인문	세상을 바꾼 생각들	31		18		-	-	
무용	스스로 창작	37	111	25	50	161	-	
인문	역사랑 놀자	36		28		-	-	
음악	연주하는 교실	34	102	34	68	170	O	222.3
연극	연출노트	32	96	30	60	156	-	
미술	창의 예술학교	40	120	25	50	170	X	170
진로	항공체험 캠프	30	90	35	70	160	-	

● 가중치를 부여한 합산점수가 가장 큰 '연주하는 교실'과 '창의 예술학교' 중, 30 %의 가산점을 부여받는 '연주하는 교실'이 최종 선정된다.

더 생각해 보기

• 만점이 몇 점인지를 먼저 알 수 있으므로(40점), 만점에서 몇 점이 감점되었는가를 비교하여 우선 순위를 파악할 수도 있다.

분야	프로그램명	전문가 점수 (× 3)			학생 점수 (× 2)			감점 합산	가산 (× 1.3)
		점수	감점		점수	감점			
무용	스스로 창작	37	-3	-9	25	-15	-30	-39	-
음악	연주하는 교실	34	-6	-18	34	-6	-12	-30	O
연극	연출노트	32	-8	-24	30	-10	-20	-44	-
미술	창의 예술학교	40	0	0	25	-15	-30	-30	X
진로	항공체험 캠프	30	-10	-30	35	-5	-10	-40	-

가장 적게 감점된 '연주하는 교실'과 '창의 예술학교' 중, 30 %의 가산점을 받는 '연주하는 교실'이 최종 선정된다.

• 수가 크게 나와서 계산이 버겁거나 실수 발생의 우려가 있다면, 전체적으로 수의 크기를 줄여서 비교하는 방법을 사용하는 것도 좋다. 작업이 조금 편해질 수 있다. 위의 '감점 비교' 방법도 수의 크기를 줄여주는 예의 하나이며, 아래와 같이 공통되는 수를 빼서 수의 크기를 줄이는 방법도 있다.

분야	프로그램명	전문가 점수 (× 3)			학생 점수 (× 2)			합산	가산 (× 1.3)
		점수	-30 후 가중		점수	-25 후 가중			
무용	스스로 창작	37	7	21	25	0	0	21	-
음악	연주하는 교실	34	4	12	34	9	18	30	O
연극	연출노트	32	2	6	30	5	10	16	-
미술	창의 예술학교	40	10	30	25	0	0	30	X
진로	항공체험 캠프	30	0	0	35	10	20	20	-

21.

정답 ④ 2020 나 11

퍼즐, 게임, 수리

제시문의 이해

● 기본 카드 구성
[1] [2] [3] [4] [5] [6] [7] [8] [9] ◆(만능)

○ 6 또는 9가 적힌 숫자카드는 9와 6 중에서 원하는 숫자카드 하나로 활용할 수 있다.
○ 만능카드는 1부터 9까지의 숫자 중 원하는 숫자가 적힌 카드 하나로 활용할 수 있다.
→ '6'을 만들 수 있는 방법은 3가지이다.
: [6], [9](뒤집어서), ◆(만능)
→ '9'를 만들 수 있는 방법은 3가지이다.
: [9], [6](뒤집어서), ◆(만능)

보기 검토

ㄱ. (O) 심판이 가장 큰 다섯 자리의 수를 만들라고 했을 때, 가능한 가장 큰 수는 홀수이다.
➡ 가장 큰 다섯 자리의 수는 '99987'이므로 홀수이다.

ㄴ. (O) 상대방보다 작은 두 자리의 수를 만들면 승리한다고 했을 때, 乙이 '12'를 만들었다면 승리한다.
➡ 乙이 '12'를 만들었다면 카드의 구성은 [1][2], ◆[2] 또는 [1]◆이었을 것이다. 이때 甲이 만들 수 있는 가장 작은 두 자리의 수는 각각 ◆[3], [1][3], [2][3]이므로, 甲이 乙보다 더 작은 수를 만들 수는 없다.

ㄷ. (X) 상대방보다 큰 두 자리의 수를 만들면 승리한다고 했을 때, 甲이 '98'을 만들었다면 승리한다.
➡ '9'를 만들 수 있는 방법은 3가지이므로, 乙이 '99'를 만들 수 있는 경우가 있다. 따라서 甲이 반드시 승리한다고 할 수는 없다.

ㄹ. (O) 심판이 10보다 작은 3의 배수를 상대방보다 많이 만들라고 했을 때, 乙이 3개를 만들었다면 승리한다.
➡ 10보다 작은 3의 배수는 최대 4개까지 만들 수 있다.([3] [6] [9] ◆) 따라서 乙이 3개를 만들었다면 반드시 乙이 승리한다.

22.

정답 ① 2017 가 27

계산·비교

보기 검토

○ 선호도 = $\frac{만족도}{투입}$

항목	결혼 당사자				양가 부모			종합 선호도	
	만족도		투입		만족도		투입		
예물	60	> [ㄴ]	40	> [ㄷ]	40	=	40	100 ÷ 80	
예단	60	=	60	<	80	>	40	140 ÷ 100	
폐백	40	=	40	<	30	>	20	70 ÷ 60	
스튜디오 촬영	90	>	50	>	10	=	10	100 ÷ 60	[ㄱ]
신혼여행	120	>	60	>	20	< [ㄹ]	40	140 ÷ 100	
예식장	50	=	50	<	100	>	50	150 ÷ 100	
신혼집	300	>	100	=	300	>	100	600 ÷ 200	[ㄱ]

[ㄴ]

ㄱ. (O) 결혼 당사자와 양가 부모의 종합 선호도에 따른 우선순위 상위 3가지에는 '스튜디오 촬영'과 '신혼집'이 모두 포함된다.
➡ 종합 선호도에 따른 우선순위 상위 3가지는 '스튜디오 촬영'과 '예식장', '신혼집'이다.

ㄴ. (O) 결혼 당사자의 우선순위 상위 3가지와 양가 부모의 우선순위 상위 3가지 중 일치하는 항목은 '신혼집'이다.
➡ 결혼 당사자의 선호도와 양가 부모의 선호도가 모두 '1'을 초과하는 항목은 '신혼집'이며, 양쪽 모두에게 선호도 '3'으로 우선순위 1순위이다.

ㄷ. (X) '예물'과 '폐백' 모두 결혼 당사자의 선호도보다 양가 부모의 선호도가 더 높다.
➡ '예물'의 경우, 양가 부모의 선호도보다 결혼 당사자의 선호도가 더 높다.

ㄹ. (X) 양가 부모에게 우선순위가 가장 낮은 항목은 '스튜디오 촬영'이다.
➡ 양가 부모에게 우선순위가 가장 낮은 항목은 유일하게 선호도가 '1' 미만인 '신혼여행'이다.

23.

정답 ③ 2017 가 15

계산·비교

※ '가능한 것'을 묻고 있으므로, 경우가 1가지로 확정되지 않을 수 있음을 염두에 두고 풀도록 한다.

풀이

	월		화		수		목		금		월~금 평균 (5점 이상)
날짜					1		2		3		
예측					맑음	10	흐림	6	맑음	4	
실제					맑음		맑음		흐림		
날짜	6		7		8		9		10		$\frac{28+ⓐ}{5}$
예측	맑음	4	흐림	10	맑음	ⓐ	맑음	10	맑음	4	
실제	흐림		흐림		?		맑음		흐림		
날짜	13		14		15		16		17		$\frac{20+ⓑ}{5}$
예측	눈·비	0	눈·비	0	맑음	10	눈·비	ⓑ	눈·비	10	
실제	맑음		맑음		맑음		?		눈·비		
요일별 평균	7점 이하		5점 이상		7점 이하 $\frac{20+ⓐ}{3}$		5점 이상 $\frac{16+ⓑ}{3}$		7점 이하		

< ⓐ >

$\frac{20+ⓐ}{3} \leq 7$ → $ⓐ \leq 1$ → 8일 실제 날씨는 '눈·비'

< ⓑ >

$\frac{20+ⓑ}{5} \geq 5$ → $ⓑ \geq 5$ → 16일 실제 날씨는 '흐림' 또는 '눈·비'

24.

정답 ① 2018 나 13

퍼즐, 대응관계

풀이

- 戊 : 너희 말을 다 듣고 아무리 생각해봐도 나는 딸기 사탕을 먹은 사람 두 명 다 알 수는 없어.
  → 甲~丁 4명이 말한 정보에 戊가 알고 있는 정보(戊가 먹은 사탕의 종류)를 추가해도 누가 어떤 사탕을 먹었는지 모두 알아낼 수는 없다는 뜻이다.

- 甲~丁 4명이 말한 정보로 사탕과 사람을 대응시키면 다음과 같다.
  → 사과 사탕 1개와 딸기 사탕 1개를 함께 먹지 않은 사람을 알 수 있다.
  → 甲과 戊만 사과 사탕 1개와 딸기 사탕 1개를 함께 먹었을 수 있다.

사람 및 진술	2개 사과	2개 포도	2개 딸기	발견 정보
甲 : 나는 포도 사탕을 먹지 않았어.		×		사과 + 딸기 가능
乙 : 나는 사과 사탕만을 먹었어.	○	×	×	사과 + 딸기 ×
丙 : 나는 사과 사탕을 먹지 않았어.	×			사과 + 딸기 ×
丁 : 나는 사탕을 한 종류만 먹었어.				1개, 사과 + 딸기 ×
戊				사과 + 딸기 가능

- 戊가 사과 사탕 1개와 딸기 사탕 1개를 함께 먹은 경우

사람	2개 사과	2개 포도	2개 딸기
甲	×	×	○
乙	○	×	×
丙	×	○	×
丁	×	○	×
戊	○	×	○

→ 5명이 먹은 사탕의 종류와 개수가 모두 밝혀지므로, 戊의 진술에 위배된다. 따라서 이 경우가 아니다.

- 甲이 사과 사탕 1개와 딸기 사탕 1개를 함께 먹은 경우

사람	2개 사과	2개 포도	2개 딸기
甲	○	×	○
乙	○	×	×
丙	×		
丁	×		
戊	×		

→ 이 경우, 戊가 딸기 사탕을 먹었다면 戊는 딸기 사탕을 먹은 두 명을 모두 알 수 있다. 그러나 戊는 '딸기 사탕을 먹은 사람 두 명 다 알 수는 없다'고 했으므로, 戊가 먹은 것은 포도 사탕이다.

→

사람	2개 사과	2개 포도	2개 딸기
甲	○	×	○
乙	○	×	×
丙	×	?	?
丁	×	?	?
戊	×	○	×

- 사과 사탕 1개와 딸기 사탕 1개를 함께 먹은 사람 → 甲
- 戊가 먹은 사탕 → 포도 사탕 1개

25.

정답 ④ 2017 가 24

TEXT 독해, 규칙의 적용

제시문의 이해

● 판결의 확정 시기

1. 판결 선고 시	(1) 대법원 판결 (2) 상소하지 않기로 한 당사자들의 합의서가 판결 선고 전에 법원에 제출된 경우
2. 상소기간 만료 시	(1) 판결문을 송달받은 날부터 2주 이내에 상소하지 않은 경우 (2) 상소를 취하한 경우
3. 상소포기서 제출 시	

※ 상소, 상소 취하, 상소 포기의 주체는 판결에서 패소한 당사자

〈상황〉의 이해

1. 판결 선고 : 2016년 11월 1일
2. 판결 내용 : 甲의 패소
   → 상소, 상소 취하, 상소 포기의 주체 : 甲
3. 상소기간 : 甲이 판결문을 송달받은 날(2016년 11월 10일)부터 2주 이내
   → 2016년 11월 24일까지
   → 상소기간 만료 시점 : 2016년 11월 24일이 종료되는 시점

선택지 검토

① 〔X〕 乙은 2016년 11월 28일까지 상소할 수 있다.
➡ [3문단 2문장] 상소는 패소한 당사자(甲)가 제기하는 것이다.

② 〔X〕 甲이 2016년 11월 28일까지 상소하지 않으면, 같은 날 판결은 확정된다.
➡ [3문단 2문장] 甲이 상소를 제기할 수 있는 기간은 판결문을 송달받은 날(2016년 11월 10일)부터 2주, 즉 2016년 11월 24일까지이다. 이 날까지 甲이 상소하지 않으면 2016년 11월 24일이 종료되는 시점에 판결이 확정된다.

③ 〔X〕 甲이 2016년 11월 11일 상소한 후 2016년 12월 1일 상소를 취하하였다면, 취하한 때 판결은 확정된다.
➡ [3문단 마지막] 상소를 취하하면 '상소기간(2016년 11월 24일)이 만료된 때'에 판결이 확정된 것으로 본다. 따라서 2016년 11월 24일이 종료되는 시점에 판결이 확정된 것이 된다.

④ 〔O〕 甲과 乙이 상소하지 않기로 하는 내용의 합의서를 2016년 10월 25일 법원에 제출하였다면, 판결은 2016년 11월 1일 확정된다.
➡ [2문단 마지막] 선고 전에 당사자들이 상소하지 않기로 합의하고 2016년 10월 25일에 합의서도 제출하였으므로, 판결은 선고일인 2016년 11월 1일에 확정된다.

⑤ 〔X〕 甲이 2016년 11월 21일 법원에 상소포기서를 제출하면, 판결은 2016년 11월 1일 확정된 것으로 본다.
➡ [4문단] 상소포기서를 제출하면, 상소포기서를 제출한 때에 판결이 확정된다. 따라서 2016년 11월 21일에 확정된다.

더 생각해 보기

• 제시문의 내용은 '민사소송법'에 규정된 내용이다.
• 해설에서 기간을 계산할 때에는 초일(初日)을 산입하지 아니하였다.
  - 민사소송법 제170조(기간의 계산) 기간의 계산은 민법에 따른다.
  - 민법 제157조(기간의 기산점) 기간을 일, 주, 월 또는 연으로 정한 때에는 기간의 초일은 산입하지 아니한다.
    민법 제159조(기간의 만료점) 기간을 일, 주, 월 또는 연으로 정한 때에는 기간말일의 종료로 기간이 만료한다.
• '형사소송법'상의 상소(항소 및 상고) 기간은 '민사소송법'상의 기간과 다르다.
  - 형사소송법 제358조(항소제기기간) 항소의 제기기간은 7일로 한다.
  - 형사소송법 제374조(상고기간) 상고의 제기기간은 7일로 한다.

MEMO

정답 및 해설

25제 연습 SET 7

하주응 PSAT 상황판단 5급 기출 엄선연습

정답

1	2	3	4	5	6	7	8	9	10
③	②	①	⑤	④	④	②	⑤	③	⑤

11	12	13	14	15	16	17	18	19	20
③	④	③	②	①	①	②	⑤	⑤	④

21	22	23	24	25
⑤	①	①	③	④

1.

정답 ③ 2016 ④ 26

법조문, 부합

선택지 검토

① 〔X〕 甲과 乙이 계약을 말로 체결하면서 중재조항을 포함한 문서를 인용한 경우, 중재합의가 있는 것으로 본다.

➡ [제1조 제4항] 중재합의는 서면으로 하여야 하며, 계약에 중재조항을 포함한 문서를 인용한 경우에도 그 계약이 서면으로 작성되어야 중재합의가 있는 것으로 본다.

② 〔X〕 甲과 乙이 계약을 체결하면서 중재합의를 하고자 하는 경우, 계약에 중재조항을 포함시키지 않으면 안 된다.

➡ [제1조 제1항] 계약에 중재조항을 포함시키지 않아도, 독립된 합의의 형식으로 중재합의를 할 수 있다.

③ 〔O〕 甲과 乙 사이에 교환된 문서의 내용에 중재합의가 있는 것을 甲이 주장하고 乙이 이에 대하여 다투지 아니하는 경우, 서면에 의한 중재합의로 본다.

➡ [제1조 제3항 제3호] 해당 상황은 서면에 의한 중재합의로 간주되는 것으로 명확히 규정되어 있다.

④ 〔X〕 甲과 乙이 계약을 체결하면서 중재합의를 하였지만 중재합의의 대상인 계약에 관하여 소가 제기되어 법원에 계속 중인 경우, 중재판정부는 중재절차를 개시할 수 없다.

➡ [제2조 제2항] 중재합의의 대상인 계약에 관하여 소가 제기되어 진행 중인 경우에도 중재판정부는 중재절차를 개시할 수 있다.

⑤ 〔X〕 甲과 乙이 계약을 체결하면서 중재합의를 하였으나 중재합의의 효력이 상실된 경우, 해당 계약에 관한 소가 제기되어 피고가 중재합의가 있다는 항변을 하면 법원은 그 소를 각하하여야 한다.

➡ [제2조 제1항 단서] 중재합의의 효력이 상실된 경우는 법원이 소를 각하하지 않아도 되는 예외적인 상황으로 규정되어 있다.

2.

정답 ② 2015 인 25

법조문, 부합

보기 검토

ㄱ. 〔X〕 회의 안건이 보건복지와 관련이 있더라도 보건복지부장관은 회의 구성원이 될 수 없다.

➡ [제2조 제1항] 회의에 상정되는 안건과 관련되는 부처의 장은 회의의 구성원이 된다.

ㄴ. 〔O〕 회의 당일 해양수산부장관이 수산협력 국제컨퍼런스에 참석 중이라면, 해양수산부차관이 회의에 대신 출석할 수 있다.

➡ [제4조 제2항] 회의 구성원이 회의에 출석하지 못하는 경우에는 그 바로 하위직에 있는 자가 대리로 출석하여 그 직무를 대행할 수 있다.

ㄷ. 〔X〕 환경부의 A안건이 관계 부처의 협의를 거쳐 회의에 상정된 경우, 환경부장관이 회의를 주재한다.

➡ [제2조 제2-3항] 회의를 주재하는 의장은 기획재정부장관이다.

ㄹ. 〔X〕 회의에 민간전문가 3명을 포함해 13명이 참석(구성원 10명 출석)하였을 때 의결을 위해서는 최소 9명의 찬성이 필요하다.

➡ [제2조, 제3조, 제4조 제1항] 출석 구성원(10명)의 3분의 2 이상(7명 이상)의 찬성으로 의결한다. 민간전문가는 의견을 내기 위하여 참석하는 것일 뿐 회의 구성원이 아니다.

3.

정답 ① 2016 ④ 7

TEXT 독해, 규칙의 적용

제시문의 이해

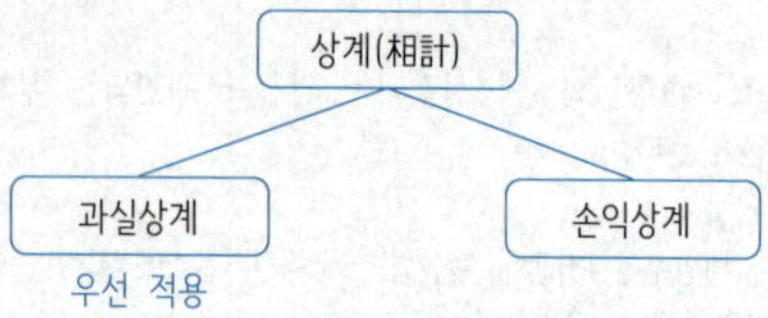

풀이

- [3문단] 과실상계를 먼저 한 후에 손익상계를 하여야 한다.
  → 과실상계의 기준 금액은 최초 산정된 손해액이다.
  → 손익상계의 기준 금액은 최초 산정된 손해액에서 과실상계를 거친 후의 금액이다.

- [2문단 3문장] 유족보상금은 공제한다.(손익상계, 3억 원)

- [2문단 4문장] 생명보험금은 공제하지 않는다.

- 손해배상금 = 손해액 - 과실상계액 - 손익상계액
  = 손해액 - (손해액 × 공무원 甲의 과실비율) - 손익상계액

1억 8천만 원 = 6억 원 - (6억 원 × A %) - 3억 원

1억 2천만 원 = 6억 원 × A %
A = 20

➡ 공무원 甲의 과실 비율 = A % = 20 %
국가의 과실 비율 = B % = 80 %

4.

정답 ⑤ 2015 인 6

TEXT 독해, 규칙의 적용

제시문과 〈상황〉의 이해

〈범례〉
1. 2. 3. … : 공통
①②③ … : 약식재판절차 선택 시
1̲2̲3̲ … : 정식재판절차 선택 시

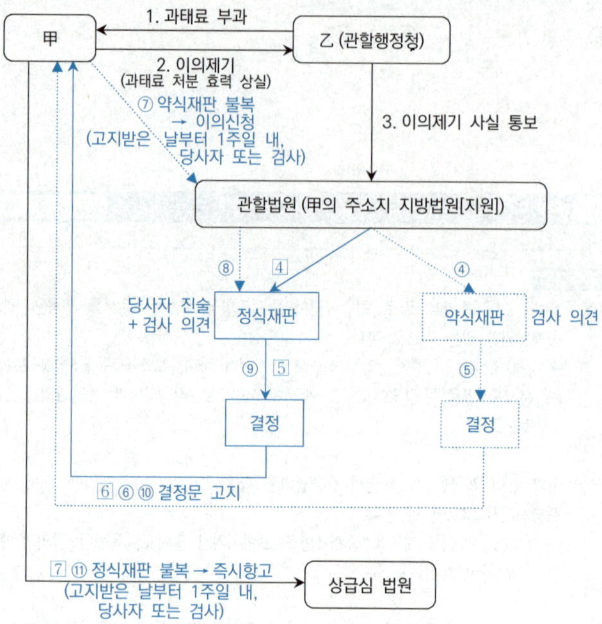

선택지 검토

① [X] 甲은 乙에게 이의제기를 하지 않고 직접 청주지방법원에 과태료 재판을 신청할 수 있다.
➡ [1문단 3문장] 과태료 재판은 당사자의 이의제기 사실이 법원에 통보된 때에 법원의 직권에 의하여 개시된다. 당사자가 직접 신청하여 개시되는 것이 아니다.

② [X] 甲이 乙에게 이의를 제기하더라도 과태료 처분은 유효하기 때문에 검사의 명령에 의해 과태료를 징수할 수 있다.
➡ [1문단 2문장] 이의제기가 있으면 과태료 처분은 효력을 상실한다.

③ [X] 청주지방법원이 정식재판절차에 의해 과태료 재판을 한 경우, 乙이 그 재판에 불복하려면 결정문을 고지받은 날부터 1주일 내에 상급심 법원에 즉시항고하여야 한다.
➡ [3문단 1문장] 정식재판절차에 의한 결정에 불복하여 상급심 법원에 즉시항고할 수 있는 주체는 당사자(甲) 또는 검사이다.

④ [X] 청주지방법원이 甲의 진술을 듣고 검사 의견을 구한 다음 과태료 재판을 한 경우,(정식재판절차) 검사가 이 재판에 불복하려면 결정문을 고지받은 날부터 1주일 내에 청주지방법원에 이의신청을 하여야 한다.
➡ [2문단, 3문단 1문장] 당사자인 甲의 진술과 검사의 의견이 모두 있었으므로 정식재판절차가 진행된 것이다. 정식재판절차에 불복하는 경우에는 상급심 법원에 즉시항고를 하도록 되어있다.

⑤ [O] 청주지방법원이 약식재판절차에 의해 과태료 재판을 한 경우, 甲이 그 재판에 불복하려면 결정문을 고지받은 날부터 1주일 내에 청주지방법원에 이의신청을 하여야 한다.
➡ [3문단 2문장] 약식재판절차에 의한 결정에 불복하는 경우, 이에 대한 이의신청은 과태료 재판을 한 법원에 하도록 되어있다.

5.

정답 ④ 2015 인 27

법조문

법조문의 이해

	경우	기한
신고	토지 취득 계약	계약체결일로부터 60일
	상속·경매로 토지 취득	토지취득일로부터 6개월
	토지소유자가 외국인이 된 때	외국인이 된 날로부터 6개월
허가	토지 취득 계약 제2조 제2항 각 호의 토지를 취득하려는 때	계약체결 전

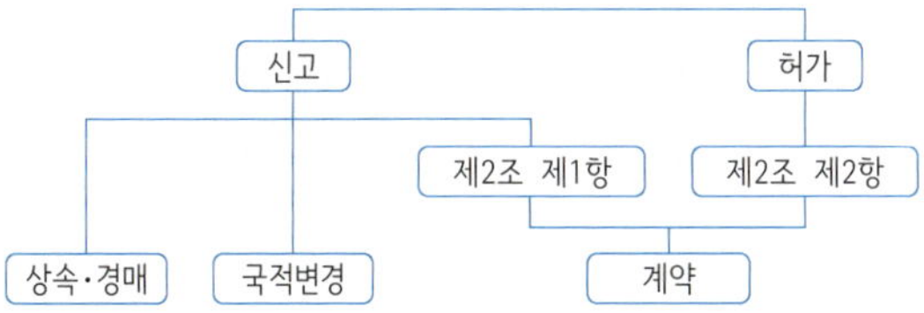

선택지 검토

① 〔X〕 대한민국 국적을 보유하지 않은 甲(외국인)이 전남 무안군에 소재하는 토지를 취득하는 계약을 체결한 경우, 전라남도지사에게 신고하여야 한다.
➡ [제2조 제1항] 무안군수에게 신고하여야 한다.

② 〔X〕 충북 보은군에 토지를 소유하고 있는 乙이 대한민국 국적을 포기하고 외국국적을 취득한 경우(외국인으로 변경), 그 토지를 계속 보유하려면 외국국적을 취득한 날부터 6개월 내에 보은군수의 허가를 받아야 한다.
➡ [제4조] 허가를 받아야 하는 경우가 아니라 신고해야 하는 경우이다.

③ 〔X〕 사원 50명 중 대한민국 국적을 보유하지 않은 자가 30명인 丙법인(외국인 : 사원구성원의 50 %이상이 외국인인 경우)이 사옥을 신축하기 위해 서울 금천구에 있는 토지를 경매로 취득한 경우, 경매를 받은 날부터 60일 내에 서울특별시장에게 신고하여야 한다.
➡ [제3조] 6개월 내에 금천구청장에게 신고하여야 한다.

④ 〔O〕 외국 법령에 따라 설립된 丁법인(외국인)이 자연환경보전법에 따른 생태·경관보전지역 내의 토지(강원 양양군 소재)를 취득하는 계약을 체결한 경우(허가를 받아야 하는 경우), 계약체결 전에 양양군수의 허가를 받지 않았다면 그 계약은 무효이다.
➡ [제2조 제2항 3호, 제3항] 자연환경보전법에 따른 생태·경관보전지역 내의 토지에 대하여 사전에 허가를 받지 않고 체결한 토지취득계약은 무효이다.

⑤ 〔X〕 대한민국 법령에 따라 설립된 戊법인의 임원 8명 중 5명이 2012. 12. 12. 외국인으로 변경된 후(토지취득계약 이전에 이미 외국인인 상황, 임원의 50 % 이상이 외국인), 戊법인이 2013. 3. 3. 경기 군포시에 있는 토지를 취득하는 계약을 체결한 경우, 戊법인은 2013. 9. 3.까지(6개월) 군포시장에게 신고하여야 한다.
➡ [제2조 제1항] 토지취득계약 이전에 이미 외국인이 된 경우이므로 제2조 제1항이 적용된다. 따라서 60일 이내에(2013. 5. 2.까지) 신고하여야 한다.

6.

정답 ④ 2014 A 26

규칙의 적용

제시문의 이해

- 甲의 의무, 권리 등에 관한 조항 → 나, 다, 바
- 乙의 의무, 권리 등에 관한 조항 → 다, 라, 마

- '사업비'에 관한 조항 → 가, 나, 다, 라
- '성과 인센티브'에 관한 조항 → 마, 바

보기 검토

ㄱ. 〔X〕 乙은 9월 10일 교육훈련과 관련없는 甲의 등산대회에 사업비에서 100만 원을 협찬하였다.
➡ 乙의 (라) 위반

ㄴ. 〔X〕 乙은 1월 25일에 상반기 사업비 지급을 청구하였으며, 甲은 2월 10일에 3,500만 원을 지급하였다.
➡ 甲의 (나) 위반 : 甲은 2월 8일까지(14일 이내) 사업비를 지급해야 한다.

ㄷ. 〔O〕 乙은 8월 8일에 하반기 사업비 지급을 청구하면서 상반기 사업추진실적 및 사업비 사용내역을 제출하였다.
➡ 乙의 (다) 의무 이행

ㄹ. 〔X〕 乙은 10월 9일에 관련 증빙서류를 구비하여 성과 인센티브의 지급을 청구하였으나, 甲은 증빙서류의 확인을 거부하고 지급하지 않았다.
➡ 乙의 (마) 이행 : 3분기(7~9월) 종료 후 10일 이내에 청구
甲의 (바) 위반

7.

정답 ② 2010 선 11

TEXT 독해, 규칙의 적용

제시문의 이해

● **변제 우선 순위**

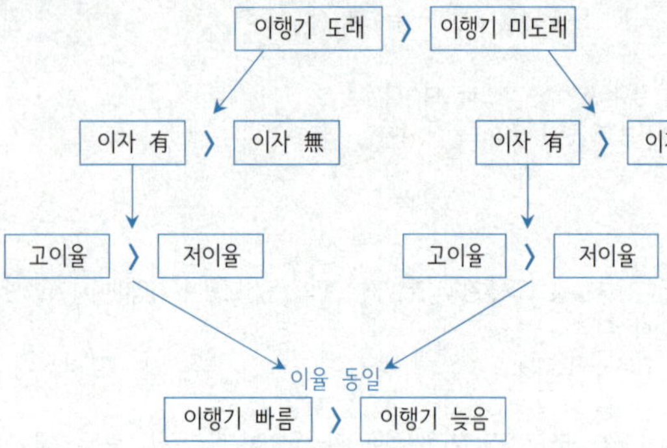

풀이

● **甲의 채무 현황 분석**

1. 이행기 도래 : A, B, C, D 〉 이행기 미도래 : E
2. 이자 有 : B, C, D 〉 이자 無 : A
3. 고이율 : B, D 〉 저이율 : C
4. 이행기 빠름 : B 〉 이행기 늦음 : D
5. 채무 소멸 순서 : B → D → C → A → E

변제 시 채무 소멸 순서 (2010년 2월 5일 기준)	구분	이행기	이율
4	A	2009. 11. 10.	0%
1	B	2009. 12. 10.	20%
3	C	2010. 1. 10.	15%
2	D	2010. 1. 30.	20%
		2010. 2. 5.	
5	E	2010. 3. 30	15%

8.

정답 ⑤ 2015 인 9

TEXT 독해

제시문의 이해

● **3문단 : 손가락을 이용한 계산법 (5보다 큰 한자리 자연수 곱셈)**

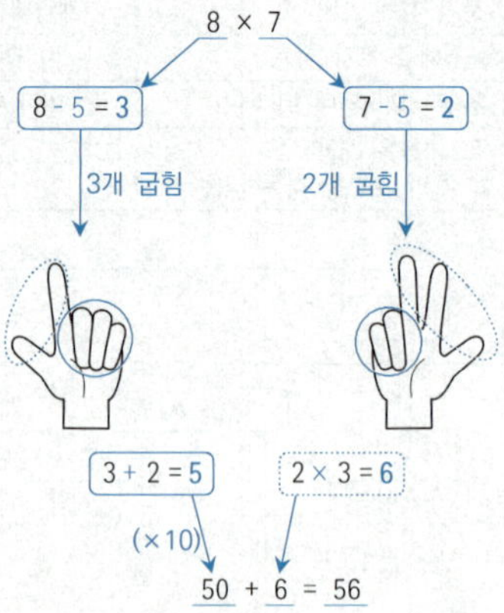

보기 검토

ㄱ. (O) '계산'이라는 단어는 계산을 하는 데 사용한 도구와 관련된 경우가 있다.

➡ [2문단] tally의 talea(나뭇가지)이고, calculate의 어원은 calculus(조약돌)이다.

ㄴ. (O) 원시인은 도구나 육체를 직접 사용하여 계산하였을 것이다.

➡ [1문단 2문장] 원시시대에는 몸의 일부분, 특히 손가락이나 손을 사용하여 계산했다.

ㄷ. (O) 6 × 6을 계산하기 위하여 시리아, 프랑스 일부 지방의 손가락 곱셈 방법을 사용하려면 왼손 손가락 1개와 오른손 손가락 1개를 굽혀야 한다.

➡

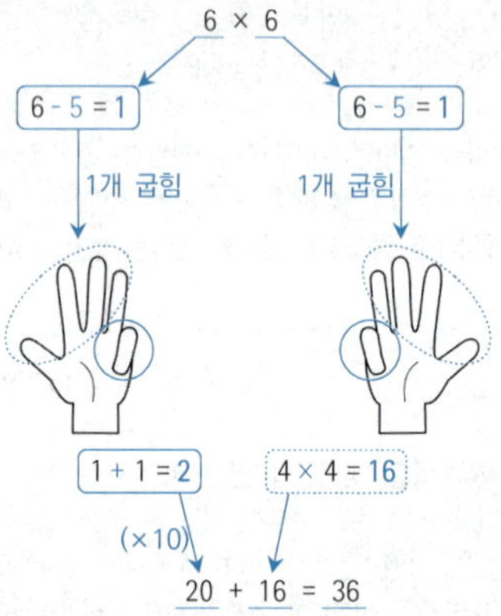

참고

- 제시문에 소개된 '손가락 곱셈법'은 5에서 10까지의 수들을 서로 곱할 때에 적용되는 방법이다. 원리는 다음과 같다.

$a \times b$

$= \{10 - (10 - a)\} \times \{10 - (10 - b)\}$

$= \{10 \times 10 - 10 \times (10 - b) - 10 \times (10 - a)\} + \{(10 - a) \times (10 - b)\}$

$= 10 \times (10 - 10 + b - 10 + a)\} + \{(10 - a) \times (10 - b)\}$

$= \{10 \times (a + b - 10)\} + \{(10 - a) \times (10 - b)\}$

이때, $(a + b - 10)$는 왼손과 오른손의 굽힌 손가락 개수를 합한 값으로 십의 자리 수가 되고, $(10 - a) \times (10 - b)$는 왼손과 오른손의 굽히지 않은 손가락 개수를 곱한 값으로 일의 자리 수가 된다.

9.

정답 ③ 2018 나 21

TEXT 독해, 규칙·지침

제시문의 이해

- **1문단**

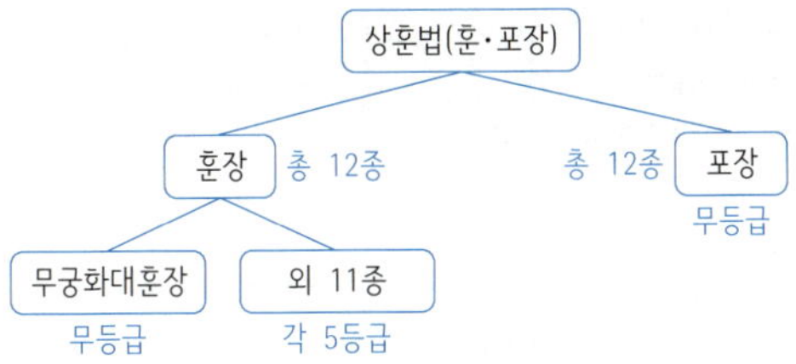

- **2문단**
  서훈의 추천 → 서훈대상자 결정(훈장 수여 여부 결정)

- **3문단**
  - 훈장 및 부상의 수여
  - 훈장의 패용

- **4문단**
  - 서훈의 취소
  - 훈장 및 부상의 환수

선택지 검토

① 〔X〕 훈장의 명칭은 60개로 구분된다.
➡ [1문단 3-4문장] 훈장은 12종이 있는데, 무궁화대훈장은 등급이 없고(1가지) 나머지 11종은 각각 5개의 등급(총 55가지)이 있다. 따라서 총 56가지의 훈장이 있는데 모두 다른 명칭이 붙여져 있으므로 훈장의 명칭은 56개로 구분된다.

② 〔X〕 훈장과 포장은 등급별로 구분되어 있다.
➡ [1문단 마지막] 포장은 훈장과는 달리 등급이 없다.

③ 〔O〕 훈장을 받은 자가 사망하였다면 그 훈장은 패용될 수 없다.
➡ [3문단 2문장] 훈장은 본인만 패용할 수 있고, 본인의 사후에는 그 유족이 보존하되 패용하지는 못한다.

④ 〔X〕 서훈대상자는 국회의 의결을 거쳐 대통령이 결정한다.
➡ [2문단 마지막] 국회의 의결이 아니라 국무회의의 심의를 거친다.

⑤ 〔X〕 훈장을 받은 자의 공적이 허위임이 판명되어 서훈이 취소된 경우, 훈장과 함께 수여한 금품은 그의 소유로 남는다.
➡ [4문단 마지막] 훈장을 받은 자의 공적이 허위임이 판명된 경우, 서훈이 취소되고 수여한 훈장과 금품은 모두 환수된다.

10.

정답 ⑤ 2017 가 26

규칙의 적용, 계산

풀 이

- 최저가매각가격 : 2억 원
- 보증금 : 2천만 원 (최저가매각가격의 10분의 1 = 2억 원 × 0.1)
- 최고가매수신고액 (= 甲의 매수신고액) : 2억 5천만 원
- 차순위매수신고는 매수신고액이 최고가매수신고액(2억 5천만 원)에서 보증금(2천만 원)을 뺀 금액(2억 3천만 원)을 넘어야 할 수 있다.
  → 乙이 차순위매수신고를 하기 위해서는 乙의 매수신고액이 최소한 (2억 3천만 원)을 넘어야 한다.

11.

정답 ③ 2018 나 37

규칙·지침, 계산·비교

제시문의 이해

- 乙의 경우, '직전 라운드에서 음식값을 낸 경우에는 가위를 낸다'는 규칙 때문에 보를 내는 경우가 없게 된다.

직전 라운드		이번 라운드
결과	음식값	
승	×	가위
무	○	가위
	× (직전에 승리한 경우)	바위
패	○	(보 →) 가위

풀 이

라운드		1	2	3	4	5	
가위바위보	甲	가위	바위	보	가위	바위	
	乙	바위	가위	바위	가위	가위	
	丙	바위	보	바위	가위	바위	
결과		甲 패	무승부	乙, 丙 패	무승부	乙 패	
음식값(원)		12,000	15,000	18,000	25,000	30,000	합계
음식값 지출(원)	甲	12,000	15,000	-	-	-	27,000
	乙	-	-	9,000	12,500	30,000	51,500
	丙	-	-	9,000	12,500	-	21,500
			직전 승자는 제외		직전 승자는 제외		

12.

정답 ④ 2024 나 8

TEXT, 계산, 단위

풀 이

- 1갤런은 4L, 1마일은 1.6km로 간주한다.

- X는 120km를 이동하는 데 연료 ㉠ L가 소요된다.
  X → 15mpg = 24km/4L = 120km/20L
  ㉠ = 20

- 4갤런의 연료로 Z는 Y보다 ㉡ km 더 이동할 수 있다.
  Y → 8L/100km = 2갤런/100km = 4갤런/200km
  Z → 18km/1L = 288km/16L = 288km/4갤런
  ㉡ = 288 - 200 = 88

13.

정답 ③ 2014 A 36

퍼즐 (대응관계, 수리)

풀 이

- (丁에 대한 판단은 잠시 보류하고) 가영, 나리, 다해, 라라, 마철이 각각 선택했을 가능성이 있는 경우를 먼저 확인한다.

가영 (확실) / 나리 / 마철 / 라라 / 다해

선수＼항목	평균 자책점	승리한 경기 수	패배한 경기 수	탈삼진 수	완투한 경기수	
甲	1.70	15	10	205	10	1명
乙	1.95	21	8	150	5	1명
丙	2.20	15	8	170	13	1명
丁	2.10	?	?	?	?	2명

1) 평균자책점은 모두 공개되어 있기 때문에 가영이 甲을 선택한 것은 확실하다.
   → 라라가 선택한 선수는 甲이 아니라 丁이 되어야 한다.
   → 丁의 탈삼진 수는 206개 이상이어야 한다.

가영 (확실) / 나리 / 마철 / 라라 / 다해

선수＼항목	평균 자책점	승리한 경기 수	패배한 경기 수	탈삼진 수	완투한 경기수	
甲	1.70	15	10	205	10	가영
乙	1.95	21	8	150	5	1명
丙	2.20	15	8	170	13	다해
丁	2.10	?	?	206 이상	?	라라, 1명

2) 乙은 1명의 선택을 받아야 하는데, 현재 상태에서는 나리와 마철이 모두 乙을 선택하게 되어 <상황>에 부합하지 않는다. 나리와 마철 중 한 사람은 丁을 선택해야 한다.
   → 두 가지 경우가 가능하다.
   ① 丁이 승리한 경기와 패배한 경기가 모두 乙보다 많고 승률은 乙보다 낮다.
   → 이 경우, 나리는 丁을 선택하고 마철은 乙을 선택한다.
   ② 丁이 승리한 경기와 패배한 경기가 모두 乙보다 적고 승률은 乙보다 높다.
   → 이 경우, 나리는 乙을 선택하고 마철은 丁을 선택한다.

3) 다해가 丁을 선택해서는 안 되므로, 丁이 완투한 경기 수는 12경기 이하여야 한다.

- 정리하면, 가능한 경우는 다음과 같다.

가영 (확실) / 나리 / 마철 / 라라 / 다해

선수＼항목	평균 자책점	승리한 경기 수	패배한 경기 수	탈삼진 수	완투한 경기수	
甲	1.70	15	10	205	10	가영
乙	1.95	21	8	150	5	1명
丙	2.20	15	8	170	13	다해
丁	2.10	22 이상 / 20 이하	9 이상 / 7 이하	206 이상	12 이하	라라, 1명

선택지 검토

	승리한 경기 수	패배한 경기 수	탈삼진 수	완투한 경기 수
①	23	3	210	14
②	20	10	220	12
③	20	5	210	10
④	20	5	200	8
⑤	23	3	210	6

14.

정답 ② 2010 선 31

추론, 수리, 범위

제시문의 이해

- 성적(등급) 부여 방법

A+	95 이상
A	90 이상 ~ 95 미만
B+	85 이상 ~ 90 미만
B	80 이상 ~ 85 미만
C+	75 이상 ~ 80 미만
C	70 이상 ~ 75 미만

- 『甲, 乙, 丙』팀의 과제점수

팀점수 (점)	150				
평균점수 (점)	30				
1인 점수 (점)	25	27.5	30	32.5	35

- 甲, 乙, 丙의 총점과 성적(등급)

	총점	성적(등급)
甲	78 ~ 88	C+ ~ B+
乙	75 ~ 85	C+ ~ B+
丙	71 ~ 81	C ~ B

선택지 검토

① [O] 甲은 최고 B+에서 최저 C+ 등급까지의 성적을 받을 수 있다.

② [X] 乙은 최고 B에서 최저 C 등급까지의 성적을 받을 수 있다.
➡ 최고 B+에서 최저 C+ 등급까지의 성적을 받을 수 있다.

③ [O] 丙은 최고 B에서 최저 C 등급까지의 성적을 받을 수 있다.

④ [O] 乙의 기여도가 최상위일 경우 甲과 丙은 같은 등급의 성적을 받을 수 있다.
➡ 기말시험에서 甲과 丙의 점수 차이는 7점이고, 과제점수에서는 최대 7.5점의 차이가 있으므로 최종 점수 차이가 최소 0.5점인 경우까지 가능하다.
따라서 같은 등급 구간에 속할 수 있다.
<예> 甲 : 78점 (53+25) / 丙 : 78.5점 (46+32.5)

⑤ [O] 甲의 기여도가 최상위일 경우 乙과 丙은 같은 등급의 성적을 받을 수 있다.
➡ 기말시험에서 乙과 丙의 점수 차이는 4점이고, 과제점수에서는 최대 7.5점의 차이가 있으므로 최종 점수 차이가 최소 1점인 경우까지 가능하다.
따라서 같은 등급 구간에 속할 수 있다.
<예> 乙 : 77.5점 (50+27.5) / 丙 : 78.5점 (46+32.5)

15.

정답 ① 2018 나 29

규칙·지침, 계산·비교

풀이

- 필수 조건
  (1) 승차 정원 4명 이상
  (2) 주행거리 200 km 이상
  → 승차 정원이 2명인 C는 제외
  → 주행거리는 모두 통과

- 충전기 구매·설치 비용
  (1) 충전시간(완속 기준)이 6시간 초과 → 급속충전기 : 2,000만 원
  (2) 충전시간(완속 기준)이 6시간 이하 → 완속충전기 : 0원 (전액 지원)

- 보조금
  (1) 승용차 : 2,000만 원
  (2) 승합차 : 1,000만 원
  (3) 승용차 중 경차 : 3,000만 원

차량	A	B	D	E
최고속도(km/h)	130	100	140	120
충전시간 (완속 기준)	7시간	5시간	4시간	5시간
충전기 (비용 : 만 원)	급속 + 2,000	완속 0	완속 0	완속 0
승차 정원	6명	8명	4명	5명
차종 (보조금 : 만 원)	승용 - 2,000	승합 - 1,000	승용 - 2,000	승용 - 2,000
가격(만 원)	5,000	6,000	8,000	8,000
실구매 비용(만 원)	5,000	5,000	6,000	6,000
점수 비교	정원 : + 2점 → 2점	속도 : - 4점 정원 : + 4점 → 0점		

➡ 甲이 구매하게 될 차량 : A

16.

정답 ① 2022 나 35

제시문의 이해

- 기본 작명에 반드시 포함되어야 하는 글자는 다음과 같다.

계절 \ 암수		수컷	암컷
		물	불
봄	물	물	물불
여름	불	불물	불
가을	돌	돌물	돌불
겨울	눈	눈물	눈불

- 여기에 추가로 다른 글자를 넣어서 작명할 수 있다.
- 글자의 순서를 바꾸어 작명할 수 있다.

보기 검토

ㄱ. (O) 겨울에 태어난 A마을 양이 암컷이라면, 그 양에게 붙일 수 있는 두 글자 이름은 두 가지이다.
➡ '눈불'이거나 '불눈' 두 가지이다.

ㄴ. (X) A마을 양 '물불'은 여름에 태어났다면 수컷이고 봄에 태어났다면 암컷이다.
➡ 반드시 포함되어야 하는 글자 외에 다른 글자를 포함시키면 안 된다는 규칙은 없다. 따라서 봄에 태어난 수컷에 '불'을 포함하여 작명하면 '물불'이 되고, 여름에 태어난 암컷에 '물'을 포함하여 작명하여도 '물불'이 된다.

ㄷ. (X) A마을 양의 이름은 모두 두 글자 이상 네 글자 이하이다.
➡ 반드시 포함시켜야 하는 글자만 사용한다면 봄에 태어난 수컷의 경우처럼 이름이 한 글자일 수도 있다.

17.

정답 ② 2023 가 38

규칙, 계산

풀이

- 세탁일 : 2022. 12. 20.

구분	내구연한	구입일	사용개시일	사용일수	구입가격
셔츠	1년	2022. 10. 10.	2022. 11. 15.	72일	4만 원
조끼	3년	2021. 1. 20.	2022. 1. 22.	700일	6만 원
치마	2년	2022. 12. 1.	2022. 12. 10.	20일	7만 원

※ 사용일수를 계산할 때 구입일과 세탁일을 모두 산입하여 계산하였음.

- 이용요금
'한꺼번에 세탁'했으므로 1회 이용으로 계산 → 8,000원

- 배상금 = 구입가격 × 배상비율

구분	내구연한	사용일수	배상비율	구입가격	배상금
셔츠	1년	72일	60 %	4만 원	24,000원
조끼	3년	700일	40 %	6만 원	24,000원
치마	2년	20일	80 %	7만 원	56,000원

→ 104,000원

➡ 가원이가 A무인세탁소 사업자로부터 받을 총액
104,000원 + 8,000원 = 112,000원

18.

정답 ⑤ 2016 ④ 33

퍼즐, 게임의 규칙, 수리

〈규칙〉의 이해

- 50명의 직원이 1인당 최대 3장까지 응모용지를 제출할 수 있으므로 최대 150장이 제출된다.

- 응모용지에는 1부터 100까지의 숫자 중 하나를 적을 수 있고, 다른 용지에도 같은 숫자를 적을 수 있다. 즉, 1부터 100까지의 숫자는 중복해서 사용할 수 있다.
제출되는 용지가 최대 150장이므로 하나의 숫자는 최소 0번, 최대 150번까지 사용될 수 있다.

- 당첨된 사람이 여러 명일 경우 100개의 사과를 나누어서 선물로 주는데, 이때 당첨된 인원수에 따라 사과를 나누어 주는 것이 아니라 당첨된 용지의 개수에 따라 나누어 준다.

- 한 사람이 모든 응모용지에 동일한 숫자를 적어냈다면 최대 3장까지 당첨될 수 있다.

보기 검토

ㄱ. 〔X〕 직원 甲과 乙이 함께 당첨된다면 甲은 최대 50개의 사과를 받는다.
➡ 최대 개수의 사과를 받으려면 직원 甲과 乙 두 명만 당첨된 경우이어야 한다. 이때, 甲은 3장의 응모용지에 모두 동일한 숫자를 적어 3장이 당첨되고 乙은 1장의 응모용지만 당첨되었다면, 甲은 전체의 3/4(75개)을 받고 乙은 1/4(25개)을 받는다. 즉, 甲이 최대로 받을 수 있는 사과의 개수는 75개이다.

ㄴ. 〔O〕 직원 중에 甲과 乙 두 명만이 사과를 받는다면 甲은 최소 25개의 사과를 받는다.
➡ 보기 ㄱ과 같은 경우이다. 甲은 1장의 용지만 당첨되고 乙은 3장의 용지가 당첨되었다면 甲은 25개의 사과를 받는데, 이것이 받을 수 있는 사과의 최소 개수이다.

ㄷ. 〔O〕 당첨된 수를 응모한 직원이 甲밖에 없다면, 甲이 그 수를 1장 써서 응모하거나 3장 써서 응모하거나 같은 개수의 사과를 받는다.
➡ 한 사람이 써 낸 3장의 용지가 당첨된 경우, 『100/3 × 3』개의 사과를 그 한 사람이 모두 받게 된다. 결국, 당첨된 사람이 한 명이라면 몇 장의 용지가 당첨되었는가와 무관하게 그 한 사람이 100개의 사과를 모두 받게 된다.

19.

정답 ⑤ 2019 가 34

퍼즐

제시문의 이해

- 관계에 따른 생존지수 변화
  - 공생관계 : 각각 3만큼 증가 → 둘 모두 + 3
  - 독립관계 : 불변 → 둘 모두 0
  - 기피관계 : 각각 2만큼 감소 → 둘 모두 - 2
  - 천적관계 : 강세측은 불변, 약세측은 4만큼 감소 → 강세 : 0, 약세 : - 4

구분	A	B	C	D
초기 생존지수	10	20	30	40
2일차 실험종료 후 생존지수	8	21	26	39
2일에 걸친 변화	- 2	+ 1	- 4	- 1
가능한 경우	0, - 2	+ 3, - 2	~~① 0, - 4~~ ② - 2, - 2	- 4, + 3

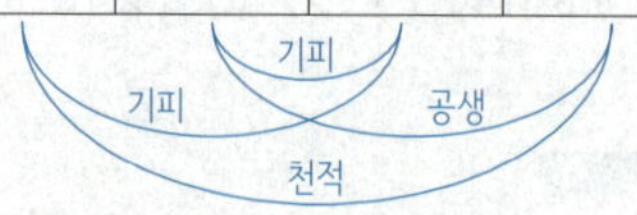

※ 4종류의 세균 간의 관계를 고려하면 가능한 경우는 위의 1가지이다.

보기 검토

ㄱ. (X) 실험기간 동안 천적관계에 있는 세균끼리 짝을 지어 하나의 수조에서 실험한 적은 없다.
➡ 천적관계인 A와 D를 짝지어 실험했다.

ㄴ. (O) 실험기간 동안 독립관계에 있는 세균끼리 짝을 지어 하나의 수조에서 실험한 적은 없다.
➡ 독립관계인 두 종류 세균을 짝지어 실험한 경우는 없다.

ㄷ. (O) 1일차와 2일차 모두 적어도 1개의 수조에는 기피관계에 있는 세균끼리 짝을 지어 실험했다.
➡ C는 2회 모두 기피관계에 있는 세균과만 짝지어졌다. 따라서 1일차와 2일차 모두 C가 들어있는 수조는 기피관계에 있는 세균끼리 짝이 지어졌다.

ㄹ. (O) 한 종류의 세균에 대해서는 1일차와 2일차 모두 동일한 '관계'에 있는 세균끼리 짝을 지어 실험했다.
➡ C는 2회 모두 기피관계에 있는 세균과만 짝지어졌다.

더 생각해 보기

• 다음과 같이 '승패표'를 이용하여 관계를 정리하고 실험의 경과를 추론할 수도 있다.

	A	B	C	D
A		독립	기피	A〉D
B	독립		기피	공생
C	기피	기피		C〉D
D	A〉D	공생	C〉D	

➡

	A	B	C	D
A		0	-2	0
B	0		-2	+3
C	-2	-2		0
D	-4	+3	-4	

20.

정답 ④ 2024 나 28

수리퍼즐

풀 이

- 丁 ÷ 3, 丙 ÷ 3, 乙 ÷ 3이 모두 자연수여야 한다.
  → 丙의 일의 자리가 '1'이므로, 丙의 기부금액은 '21'을 포함한 금액이어야 한다.
  → 따라서 乙의 일의 자리는 '7 (21 ÷ 3 = 27)'이다. 그리고 乙의 기부금액은 27을 포함한 금액이어야 한다.
  → 따라서 甲의 일의 자리는 '9 (27 ÷ 3 = 9)이다.

甲		1	2	3	4	5	6	7	(9)
↓ ×3									
乙								(+2)	7
↓ ×3									
丙	1	1	1	1	1	1	1	1	1
↓ ×3									
丁	3	3	3	3	3	3	3	3	3

- 甲이 기부한 금액의 일의 자리 숫자 = 9
  丙이 기부한 금액의 십의 자리 숫자 = 1
  합 = 9 + 1 = 10

21.

정답 ⑤ 2019 가 15

퍼즐, 수리

제시문의 이해

구분		1회	2회	3회	4회	4회까지 합계	5회 점수에 따른 총점/카드			
							100	90	80	70 이하
A	점수	90	90	90	90	360	460	450	440	430 이하
	카드	2	2	2	2	8	13	10	9	8
B	점수	80	80	70	70	300	400	390	380	370 이하
	카드	1	1	0	0	2	7	4	3	2
C	점수	90	70	90	70	320	420	410	400	390 이하
	카드	2	0	2	0	4	9	6	5	4
D	점수	70	70	70	70	280	380	370	360	350 이하
	카드	0	0	0	0	0	5	2	1	0
E	점수	80	80	90	80	330	430	420	410	400 이하
	카드	1	1	2	1	5	10	7	6	5

선택지 검토

① 〔X〕 A가 5회차 평가에서 80점을 얻더라도 다른 지망자의 점수에 관계없이 추천될 확률이 가장 높다.

➡ A가 5회차 평가에서 80점을 얻으면 총 9장의 카드를 받게 된다. 이때, E가 5회차 평가에서 100점을 얻으면 총 10장의 카드를 받게 되므로, E가 추천될 확률이 더 높아질 수도 있다.

② 〔X〕 B가 5회차 평가에서 90점을 얻는다면 적어도 D보다는 추천될 확률이 높다.

➡ B가 5회차 평가에서 90점을 얻으면 총점이 390점이 된다. 이 경우 총점이 400점 미만이므로 본인의 카드를 추첨함에 넣지 못한다. 즉, 추천될 확률은 0이다.

③ 〔X〕 C가 5회차 평가에서 카드를 받지 못하더라도 B보다는 추천될 확률이 높다.

➡ C가 5회차 평가에서 카드를 받지 못한다면 5회차의 점수는 70점 이하이고 총점은 390점 이하라는 뜻이다. 이 경우 총점이 400점 미만이므로 본인의 카드를 추첨함에 넣지 못한다. 즉, 추천될 확률은 0이다.

④ 〔X〕 D가 5회차 평가에서 100점을 받고 다른 지망자가 모두 80점을 받는다면 D가 추천될 확률은 세 번째로 높다.

➡ D가 5회차 평가에서 100점을 받으면 D의 총점은 380점이다. 이 경우 총점이 400점 미만이므로 본인의 카드를 추첨함에 넣지 못한다. 즉, 추천될 확률은 0이다.

⑤ 〔O〕 E가 5회차 평가에서 카드를 받지 못하더라도 E는 추첨 대상에 포함될 수 있다.

➡ E가 5회차 평가에서 카드를 받지 못한다면 5회차의 점수는 70점 이하이고 총점은 400점 이하라는 뜻이다. 따라서 총점 400점으로 추첨함에 본인의 카드를 넣을 수 있는 경우가 있다.

22.

정답 ① 2020 나 33

퍼즐, 최적화

풀이

● 화장실은 대기 없이 연속으로 이용할 수 있다.
→ 여기에서 기본적으로 30분이 소요된다.

● 세면대 사용 전 대기 시간이 발생할 가능성을 줄이기 위해서 세면대 사용시간이 짧은(3분) 甲과 丁을 앞에 배치한다.
→ 둘 사이에서는 화장실 이용시간이 더 짧은 甲을 앞에 배치한다.
→ 마찬가지로 乙과 丙 사이에서는 乙을 더 앞에 배치한다.
→ 甲 - 丁 - 乙 - 丙
→ 샤워실은 2개이므로 전체 사용시간에 영향을 미치지 않을 가능성이 높다. 샤워실을 먼저 사용하기 시작한 사람이 더 늦게 사용을 마치는 일이 없도록 할 필요가 있으며, 마지막 사용자가 너무 오래 사용하지 않도록 사용시간이 긴 사람을 더 앞에 배치할 필요가 있는데, 甲 - 丁 - 乙 - 丙 순서로 시설을 사용하면 이러한 문제가 없다.

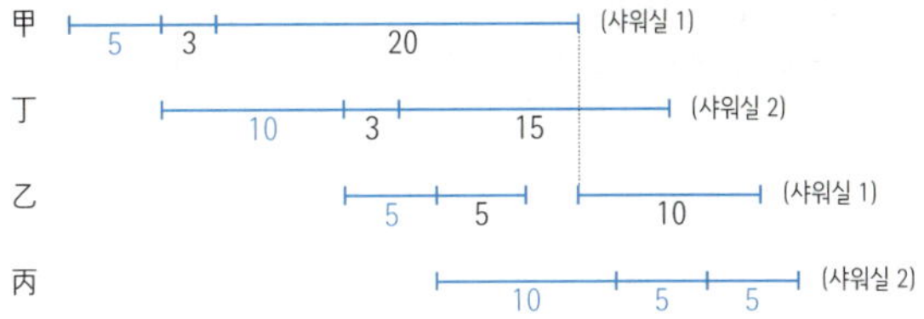

※ 乙의 세면대 사용 후에 유휴시간이 발생하지만, 이 때문에 전체 이용시간이 늘어나지는 않으므로 무시한다.

➡ 5 + 10 + 5 + 10 + 5 + 5 = 40분

23. ~ 24.

제시문의 이해

- 1문단 : 도지, 도조, 도지권, 도지계약
- 2문단 : 도조를 정하는 방법 2가지
  ① 미리 일정액을 정하는 방식
  → 도조를 미리 지급하면 '선도지'
  ② 간평인의 수확량 조사 후 결정하는 방식
- 3문단 : 도지권의 행사
  → 매매, 양도, 임대, 저당, 상속 가능
  → 도지권자가 소작을 주는 것도 가능
  도지권의 가격 = 소유권 가격의 1/2
  도지 전체의 가격 = 소유권 가격 + 도지권 가격
- 4문단 : 지주의 도지권 소멸·이작의 조건
- 5문단 : 일제의 토지조사사업
  → 도지권(제도)의 소멸

23.

정답 ① 2019 가 19

부합, 독해

보기 검토

ㄱ. (O) 지주의 사전 승낙이 없어도 도지권을 매입한 소작농이 있었을 수 있다.
➡ [3문단 1문장] 도지권은 지주의 승낙 없이 임의로 매매할 수 있으므로 가능하다.

ㄴ. (O) 지주가 간평인을 보내어 도조를 결정하였다면, 해당 도지는 선도지가 아니었을 것이다.
➡ [2문단 1문장, 3문장] 간평인을 보내는 목적은 도조를 결정하기 위함이며, 간평인을 보내는 시기는 농작물을 수확하기 직전이다. 선도지는 경작을 시작하기 전에 도조를 미리 지급하는 경우를 말하므로, 만일 선도지였다면 간평인을 보내지 않았을 것이다.

ㄷ. (X) 도지권을 가진 소작농들은 일제의 토지조사사업으로 소작을 할 수 없게 되었다.
➡ [5문단 2문장] 도지권은 부인되었지만 소작권은 인정되었으므로 소작을 할 수 없게 된 것은 아니다.

ㄹ. (X) 도지권을 가진 소작농이 도지권을 매매하려면, 그 소작농은 지주의 동의를 얻어야 했다.
➡ [3문단 1문장] 도지권은 지주의 승낙 없이 임의로 매매할 수 있었다.

24.

정답 ③ 2019 가 20

계산·비교

풀 이

㉠ 도조 액수
매년 수확량의 1/4 = 쌀 20말의 1/4 = 쌀 5말 = 25냥 (쌀 1말 = 5냥)

㉡ 도조(25냥) 납부 후 25냥이 남는 금액 = 50냥

㉢ 도지권 매매 가격 [3문단 2문장]
도지권 가격 = 소유권 가격의 1/2
도지의 전체 가격 = 도지권 가격 + 소유권 가격 = 도지권 가격 × 3
900냥 = 도지권 가격 × 3
도지권 가격 = 300냥

㉣ 도지권 매매 후 반환 금액 = 도지권 가격 - 연체된 도조
작년과 올해, 2년분의 도조 연체 → 25냥 × 2 = 50냥
도지권 가격 - 연체된 도조 = 300냥 - 50냥 = 250냥

- ㉠ + ㉡ + ㉢ + ㉣ = 25 + 50 + 300 + 250 = 625

25.

정답 ④ 2008 창 34

퍼즐, 대응관계, 배분·할당

풀 이

○ 학과장인 C는 한 과목만 가르칠 수 있다.
○ 학과장 이외의 다른 교수들은 모두 두 과목씩 가르쳐야 한다.

→

2	A : 논리학, 언어철학, 과학철학
2	B : 희랍철학, 근세철학, 윤리학
1	C : 과학철학, 논리학, 윤리학
2	D : 인식론, 논리학, 형이상학
2	E : 언어철학, 수리철학, 논리학
2	F : 인식론, 심리철학, 미학
2	G : 윤리학, 사회철학, 근세철학

○ 학과장인 C는 일주일에 하루만 가르칠 수 있다.
○ 윤리학은 이틀에 나누어서 강의하며, 논리학도 마찬가지다.
→ 학과장인 C는 하루만 강의할 수 있으므로, 윤리학과 논리학을 강의할 수 없다.
→ C는 과학철학을 강의한다.

○ 학과장 이외의 다른 교수들은 모두 두 과목씩 가르쳐야 한다.
○ 윤리학과 논리학 이외에는 동일 과목이 동시에 개설될 수 없다.
→ C가 강의하는 과학철학을 A는 강의할 수 없다.
→ A는 논리학과 언어철학을 강의한다.
→ A가 강의하는 언어철학을 E는 강의할 수 없다.
→ E는 수리철학과 논리학을 강의한다.

2	A : 논리학, 언어철학, ~~과학철학~~
2	B : 희랍철학, 근세철학, 윤리학
1	C : 과학철학, ~~논리학~~, ~~윤리학~~
2	D : 인식론, 논리학, 형이상학
2	E : ~~언어철학~~, 수리철학, 논리학
2	F : 인식론, 심리철학, 미학
2	G : 윤리학, 사회철학, 근세철학

○ 윤리학과 논리학은 각각 적어도 두 강좌가 개설된다.
→ B와 G는 반드시 윤리학을 강의해야 한다.

2	A : 논리학, 언어철학, ~~과학철학~~
2	B : 희랍철학, 근세철학, 윤리학
1	C : 과학철학, ~~논리학~~, ~~윤리학~~
2	D : 인식론, 논리학, 형이상학
2	E : ~~언어철학~~, 수리철학, 논리학
2	F : 인식론, 심리철학, 미학
2	G : 윤리학, 사회철학, 근세철학

선택지 검토

① [O] 학과장은 과학철학을 강의한다.
➡ 옳다.

② [O] 논리학은 최대 3강좌가 개설될 수 있다.
➡ A와 E가 논리학을 강의하며, D도 논리학을 강의할 수 있다.

③ [O] 인식론과 심리철학이 둘 다 개설될 수도 있다.
➡ 인식론은 D 또는 F가 강의할 수 있고, 심리철학은 F가 강의할 수 있다. 따라서 인식론과 심리철학을 동시에 개설할 수 있는 방법은 2가지인데, 어떤 방법을 선택하더라도 <조건>에 위배되지 않도록 강의를 할당할 수 있다.

④ [X] 형이상학이 개설되면 인식론은 개설될 수 없다.
➡ 인식론은 D 또는 F가 강의할 수 있고, 형이상학은 D가 강의할 수 있다. 따라서 인식론과 형이상학을 동시에 개설할 수 있는 방법은 2가지인데, 어떤 방법을 선택하더라도 <조건>에 위배되지 않도록 강의를 할당할 수 있다.

⑤ [O] 희랍철학과 사회철학이 둘 다 개설될 수도 있다.
➡ 희랍철학은 B가 강의할 수 있고 사회철학은 G가 강의할 수 있다. 근세철학을 개설하지 않고 희랍철학과 사회철학을 각각 B와 G에게 할당하면 두 과목을 모두 개설할 수 있다.

MEMO

정답 및 해설

25제 연습 SET 8

하주응 PSAT 상황판단 5급 기출 엄선연습

정 답

1	2	3	4	5	6	7	8	9	10
④	②	④	③	③	⑤	③	⑤	②	③

11	12	13	14	15	16	17	18	19	20
④	②	①	③	②	③	②	②	④	④

21	22	23	24	25
③	③	③	③	③

1.

정답 ④ 2016 ④ 25

법조문, 부합

제시문의 이해

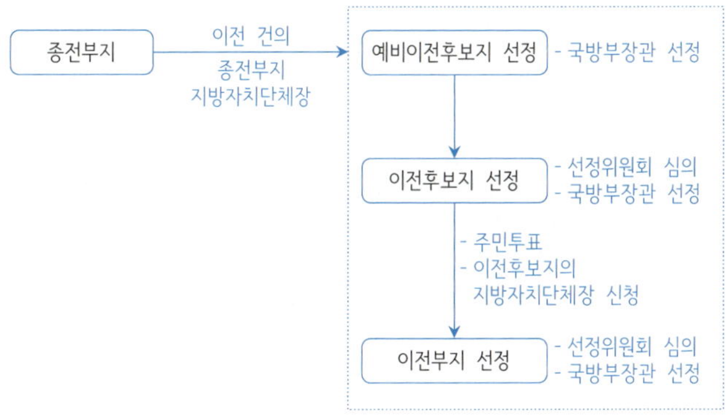

선택지 검토

① 〔O〕 종전부지를 관할하는 광역시장은 이전부지 선정 심의에 참여한다.
➡ [제3조 제2항 제2호 또는 4호] 종전부지 지방자치단체의 장 및 종전부지를 관할하는 광역시장은 선정위원회의 당연직위원이다.

② 〔O〕 국방부장관은 선정위원회의 심의를 거치지 않고 예비이전후보지를 선정할 수 있다.
➡ [제1조 제2항] 예비이전후보지의 선정은 국방부장관이 임의로 진행할 수 있는 사항이다.

③ 〔O〕 선정위원회는 군 공항이 이전되고 난 후에 종전부지를 어떻게 활용할 것인지에 대한 사항도 심의한다.
➡ [제3조 제3항 제2호] '종전부지 활용방안'도 선정위원회가 심의하는 사항 중 하나이다.

④ 〔X〕 종전부지 지방자치단체의 장은 주민투표를 거치지 않으면 국방부장관에게 군 공항 이전을 건의할 수 없다.
➡ [제1조 제1항] 종전부지 자방자치단체장에 의한 군 공항 이전의 건의에 있어서 주민투표는 필요한 요건이 아니다.

⑤ 〔O〕 예비이전후보지가 한 곳이라고 하더라도 선정위원회의 심의를 거쳐야 이전후보지로 선정될 수 있다.
➡ [제2조] 한 곳 이상의 예비이전후보지 중에서 군 공항 이전후보지를 선정함에 있어서 군 공항 이전부지 선정위원회의 심의를 거쳐야 한다.

2.

정답 ② 2023 가 4

법조문

제시문의 이해

- 제1조 : 식품판매업 신고
- 제2조 : 식품판매업자의 준수사항, 위반 시 조치, 신고 포상금
- 제3조 : 소비자 보상조치
- 제4조 : 벌칙

선택지 검토

① 〔X〕 A도지사는 소비기한이 경과된 식품을 판매한 甲에 대해 1개월의 영업정지 명령을 내릴 수 있다.
➡ [제1조, 제2조 제2항] 영업정지 명령을 내릴 수 있는 명령권자는 B군수이다.

② 〔O〕 甲에 대한 영업정지 또는 영업소 폐쇄명령 여부에 관계없이 甲은 3년 이하의 징역에 처해질 수 있다.
➡ [제2조 제1항 제1호, 제4조 제1호] 벌칙은 영업정지 또는 영업소 폐쇄명령 여부에 관계없이 부과될 수 있다.

③ 〔X〕 乙이 C식품에 대해 제품교환을 요구하는 경우, 甲은 乙에게 제품교환과 함께 구입가 환급을 해 주어야 한다.
➡ [제3조 제1호] '제품교환 또는 구입가 환급'으로 규정되어 있으므로 둘 중 하나의 조치만 이행해도 된다.

④ 〔X〕 丙이 甲의 소비기한 경과 식품 판매 사실을 신고한 경우, 乙과 丙은 각각 7만 원의 포상금을 지급받는다.
➡ [제2조 제3항] 포상금은 신고한 자(丙)에게만 지급되므로, 乙에게는 지급되지 않는다.

⑤ 〔X〕 乙이 C식품의 일부를 먹고 식중독에 걸렸는데 먹다 남은 C식품을 丙이 폐기함으로써 식중독 원인규명이 방해된 경우, 丙은 500만 원의 벌금에 처해질 수 있다.
➡ [제2조 제2호, 제4조] 식품판매업자(甲)가 식중독 원인규명을 위한 행위를 방해하고 영업을 계속한 경우에는 벌칙이 부과된다. 丙은 식품판매업자가 아니므로 벌칙을 부과할 수 없다.

3.

정답 ④ | 2019 가 26

법조문, 계산·비교

풀이

○ 甲은 X토지를 2018. 1. 15. 丙에게 5억 원에 매도하였으나, 2018. 4. 2. 거래가격을 3억 원으로 신고하였다가 적발되어 과태료가 부과되었다.
  • 거래계약 체결일로부터 60일을 초과하여 신고하였고, 해태기간은 1개월 이하이다.
    → [제1항 제1호 나목] 과태료 : 100만 원
  • 실제 거래가격과 신고가격의 차액이 실제 거래가격의 40 %이며, 실제 거래가격이 5억 원 이하이다.
    → [제2항 제1호 나목] 과태료 : 취득세(500만 원)의 3배인 1,500만 원

○ 乙은 공사 중인 Y아파트를 취득할 권리인 입주권을 2018. 2. 1. 丁에게 2억 원에 매도하였으나, 2018. 2. 5. 거래가격을 1억 원으로 신고하였다가 적발되어 과태료가 부과되었다.
  • 신고기간 내에 신고하였다.
  • 실제 거래가격과 신고가격의 차액이 실제 거래가격의 50 %이다.
    → [제2항 제2호 나목] 과태료 : 실제 거래가격의 100분의 4인 800만 원

● 甲과 乙에게 부과된 과태료의 합 : 100 + 1,500 + 800 = 2,400만 원

4.

정답 ③ | 외교원 2013 인 2

TEXT 독해, 규칙의 이해

보기 검토

ㄱ. (O) 삭망조하는 달의 변화에 맞추어 시행되었다.
  ➡ [3문단 4문장] 삭망조하는 음력 1일인 삭일과 보름달이 뜨는 망일에 시행되었다.

ㄴ. (O) 정실조하의 참여대상 범위는 대체로 상참보다 넓다.
  ➡ [표] 상참관의 범위가 명확히 제시되어 있지는 않지만, 정실조하에는 모든 관원이 참여하고 왕세자와 제방객사(외교사절)도 참여하므로 정실조하의 참여대상 범위가 더 넓을 것으로 추론할 수 있다.

ㄷ. (O) 한 해 동안 조회가 가장 많이 열리는 곳은 사정전이다.
  ➡ [표] 한 해 동안 매일 열리는 상참이 사정전에서 시행되었으므로 옳다.

ㄹ. (X) 조선시대 조회에 관한 사항은 공전(工典)의 의례 관련규정에 집약되어 있다.
  ➡ [2문단 2문장] 예전의 조의 조항에 집약되어 있다.

5.

정답 ③ 2014 A 5

TEXT 독해, 규칙의 적용

제시문의 이해

- **1문단 : 국제사법재판소와 국제투자분쟁해결센터 / 당사자 지위**

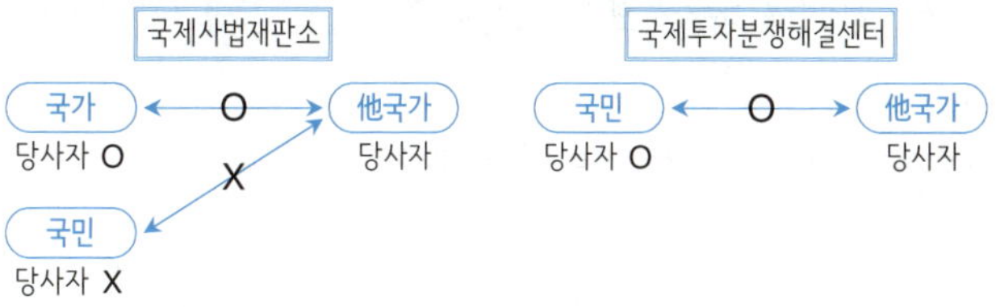

- **2문단 : ICSID 중재 신청 요건, 중재와 제소, 철회 등**

- **3문단 : ICSID 중재판정부의 구성, 중재지 및 중재판정의 효력**

선택지 검토

① 〔X〕 甲은 소송의 당사자로서 B국을 상대로 국제사법재판소에 보상금 청구에 관한 소를 제기하여 그의 권리를 구제받을 수 있다.
➡ [1문단 1문장] 국제사법재판소는 국가에게만 소송당사자의 지위를 인정하므로, 甲은 소송의 당사자로서 B국을 상대로 국제사법재판소에 소를 제기할 수 없다.

② 〔X〕 甲과 B국 사이에 ICSID에서 중재하기로 합의를 했다면, 甲은 투자분쟁을 B국 법원에 제소할 수 있다.
➡ [2문단 3문장] 甲과 B국 사이에 ICSID에서 중재하기로 합의하고 다른 선택의 여지를 두지 않았으므로, 甲은 ICSID 중재를 통해 분쟁을 해결해야 한다.

③ 〔O〕 甲과 B국 사이에 ICSID 중재합의를 할 때, 중재지에 관해 별도의 합의가 없으면 워싱턴 D.C.에서 중재절차가 진행된다.
➡ [1문단 마지막 문장, 3문단 3문장] 당사자들 사이에 중재지에 관해 별도의 합의가 없으면 ICSID의 소재지인 워싱턴 D.C.에서 중재절차가 진행된다.

④ 〔X〕 甲과 B국은 ICSID 중재판정부를 4인의 중재인으로 구성하는 것에 합의할 수 있다.
➡ [3문단 1문장] ICSID 중재판정부는 1명 혹은 홀수의 중재인으로 구성된다.

⑤ 〔X〕 甲과 B국 사이에 ICSID 중재절차를 진행하던 중 B국이 ICSID 중재합의를 일방적으로 철회하면 그 중재절차는 종료되고, 이후 B국 법원이 甲의 보상금 청구를 심리하게 된다.
➡ [2문단 5-6문장] ICSID 중재에 관해 일단 당사자들이 동의하면 당사자들은 해당 동의를 일방적으로 철회할 수 없으며, 중배합의를 철회하는 것은 무효이다.

6.

정답 ⑤ 2023 가 12

규칙·지침

제시문의 이해

- 0이 맨 앞 숫자가 되면 그 0을 제거한다.
  → 조작을 한 후의 수는 원래의 수보다 자릿수가 줄어들 수 있다.

선택지 검토

① 〔X〕 → 43의 결과는 홀수이다.
➡ [→ 43] = 34
짝수이다.

② 〔X〕 두 자리 자연수에 → ←를 적용하면 원래 수와 같다.
➡ [← n0] = 0n = n (단, n은 1 ~ 9인 자연수. n0은 두 자리 자연수)
[→ n] = n
두 자리 자연수의 일의 자리 수가 0일 경우 원래의 수가 되지 않는다.

③ 〔X〕 세 자리 자연수에 → → →를 적용하면 원래 수와 같다.
➡ [→ → → ab0] = ba
[→ → → a0b] = ba (단, 은 1 ~ 9인 자연수. n0은 두 자리 자연수)
세 자리 자연수의 일의 자리 수 또는 십의 자리 수가 0일 경우 원래의 수가 되지 않는다.

④ 〔X〕 두 자리 자연수에 → ←를 적용한 결과와 ← →를 적용한 결과는 다르다.
➡ [→ ← ab] = ab
[← → ab] = ab
동일한 결과가 나온다.

⑤ 〔O〕 두 자리 자연수 A가 있을 때 (→ A) + A의 결과는 11의 배수이다.
➡ [→ ab] + ab
= ba + ab (단, ab와 ba는 두 자리 자연수)
= 10b + a + 10a + b
= 11·(a + b)
11의 배수이다.

7.

정답 ③ 2009 극 37

추론, 범위

보기 검토

ㄱ. (X) A도시 사람들은 여가활동보다 유지활동에 더 많은 시간을 할애한다.

➡ 여가활동은 20 ~ 43시간, 유지활동은 20 ~ 42시간으로 두 활동시간의 범위는 서로 중첩된다. A도시의 어떤 사람이 여가활동에 43시간, 유지활동에 20시간을 할애하는 경우가 있을 수 있으므로(반례), 이 추론은 항상 참이 될 수는 없다.

ㄴ. (O) A도시 사람들은 TV시청이나 독서보다 근무 또는 공부에 더 많은 시간을 할애한다.

➡ TV시청이나 독서는 9 ~ 13시간, 근무 또는 공부는 20 ~ 45시간으로 두 활동시간의 범위는 서로 완전히 분리된다. 근무 또는 공부 시간의 최솟값이 TV시청이나 독서 시간의 최댓값보다 더 크므로 근무 또는 공부에 더 많은 시간을 할애한다고 할 수 있다.

ㄷ. (O) A도시 사람들은 휴식보다 출·퇴근 및 운전에 더 많은 시간을 할애한다.

➡ 휴식은 3 ~ 5시간, 출·퇴근 및 운전은 6 ~ 9시간으로 두 활동시간의 범위는 서로 완전히 분리된다. 출·퇴근 및 운전 시간의 최솟값이 휴식 시간의 최댓값보다 더 크므로 출·퇴근 및 운전에 더 많은 시간을 할애한다고 할 수 있다.

ㄹ. (X) A도시 사람들은 여가활동보다 생산활동에 더 많은 시간을 할애한다.

➡ 여가활동은 20 ~ 43시간, 생산활동은 24 ~ 60시간으로 두 활동시간의 범위는 서로 중첩된다. A도시의 어떤 사람이 여가활동에 43시간 생산활동에 24시간을 할애하는 경우가 있을 수 있으므로(반례), 이 추론은 항상 참이 될 수는 없다.

ㅁ. (O) A도시 사람들은 몸단장보다 가사활동에 더 많은 시간을 할애한다.

➡ 몸단장은 3 ~ 6시간, 가사활동은 8 ~ 22시간으로 두 활동시간의 범위는 서로 완전히 분리된다. 가사활동 시간의 최솟값이 몸단장 시간의 최댓값보다 더 크므로 가사활동에 더 많은 시간을 할애한다고 할 수 있다.

8.

정답 ⑤ 2019 가 8

규칙·지침, 계산·비교

제시문의 이해

- 필요한 재료의 양
  → 성인 2.5인분을 기준으로 한다.

- 예외
  (1) '고추'라는 단어가 들어간 재료의 양은 기준의 1/2로 한다.
  (2) '새우'는 성인 3인분을 기준으로 한다.

- 필요한 양과 냉장고에 구비된 양을 비교하여 모자라는 양만큼 구매한다.
  단, 냉장고에 구비된 양이 필요한 양의 1/2 이상이면 구매하지 않는다.

선택지 검토

※ 선택지에 제시된 5가지만 검토한다.

	필요한 양	구비된 양	구매할 양
① (X) 면 200 g	(200 × 2.5) 500 g	200 g	300 g
② (X) 양파 50 g	(60 × 2.5) 150 g	100 g	0 g
③ (X) 새우 100 g	(40 × 3) 120 g	0 g	120 g
④ (X) 건고추 7 g	(8 ÷ 2 × 2.5) 10 g	0 g	10 g
⑤ (O) 돼지고기 125 g	(90 × 2.5) 225 g	100 g	125 g

9. ~ 10.

제시문의 이해

- 1문단 : 측우기의 발명
  우량의 기록
  측우기 발명 이전의 우량 측정
- 2문단 : 측우기의 규격
- 3문단 : 세종대의 측우기 운영
  - 서운관과 팔도의 감영 → 주철로 만든 측우기 지급
  - 이하 행정 단위의 관아 → 자기 또는 와기로 직접 제작하여 사용
- 4문단 : 측우제도의 중단과 부활
  영조대의 측우제도

9.

정답 ② 2017 가 39
TEXT 독해, 부합

보기 검토

ㄱ. (O) 세종대에는 중앙의 천문관서와 지방의 감영에 표준에 맞게 제작된 측우기를 설치하여 전국적으로 우량 관측 및 보고 체계를 갖추었다.
➡ [3문단] 세종대에는 표준에 맞게 제작된 측우기와 주척을 중앙의 천문관서인 '서운관'과 전국 팔도의 '감영'에 설치하였고, 측정한 빗물의 수심을 기록하여 조정에 보고하도록 하였다.

ㄴ. (X) 측우기를 이용한 관측 및 보고 제도는 1907년 일제의 조선통감부에 의해 근대적 기상관측이 도입될 때까지 지속적으로 유지되었다.
➡ [4문단 1-2문장] 측우 관련 제도는 임진왜란과 병자호란을 거치면서 중단되었다가 1770년에 재개되었다.

ㄷ. (X) 세종대에 서울과 지방에서 우량을 관측했던 측우기는 모두 주철로 제작되었다.
➡ [2문단, 3문단 1문장] 표준적인 측우기는 주철로 만들어졌으나 이는 전국 팔도의 '감영'에까지만 지급되었고, 그 아래의 행정 단위에서는 '자기' 또는 '와기'로 제작된 측우기를 사용했다.

ㄹ. (O) 세종대에는 영조대보다 전국적으로 더 많은 곳에서 측우기를 통해 우량을 측정하여 보고하도록 하였다.
➡ [4문단 5문장] 세종대에는 전국의 모든 고을에 측우기를 설치했으나, 영조대에는 서울의 궁궐과 서운관, 팔도 감영, 강화와 개성의 유수부(留守府)에만 측우기를 설치했다.

10.

정답 ③ 2017 가 40
계산, 단위 변환

풀 이

- [2문단] 깊이(길이) 단위
  - 7치 = 14.7 cm → 1치 = 2.1 cm = 21 mm
  - 1푼 = 2.1 mm
  - 1치 = 10푼
- 오전 10시부터 오후 1시까지(3시간) 시간당 51 mm의 비가 내렸다.
  → 강우량 : 153 mm
  → 단위 변환 : 153 mm ÷ 2.1 mm ≒ 72.85 → 약 73푼 = 약 7치 3푼
  또는
  153 mm = 147 mm + 6 mm = 7치 + 약 3푼 → 약 7치 3푼

11.

정답 ④ 2016 ④ 6

법조문, 규칙 적용

선택지 검토

① (O) 외국인 A의 귀화 허가를 위하여 A의 범죄경력을 조회하는 행위
➡ [제5호]

② (O) 회사원 B에 대한 사회봉사명령 집행을 위하여 B에 대한 수사경력을 조회하는 행위
➡ [제2호]

③ (O) 퇴직공무원 C의 공무원연금 지급 제한 사유를 확인하기 위해 C의 범죄경력을 조회하는 행위
➡ [제8호]

④ (X) 취업준비생 D의 채용에 참고하기 위하여 해당 사기업의 요청을 받아 D의 범죄경력을 조회하는 행위
➡ 사기업의 요청에 의한 범죄경력 조회는 허용되는 경우로 규정되어 있지 않다.

⑤ (O) 징계절차가 개시된 공무원 E의 구체적인 징계 사유를 확인하기 위하여 E의 범죄경력을 조회하는 행위
➡ [제8호]

12.

정답 ② 2014 A 23

TEXT 독해, 수리

제시문의 이해

● **1문단 : A시리즈 용지의 규격**

(단위 : mm)

등급 \ 규격	가로	세로
A0	840	1188
A1	594	840
A2	420	594
A3	297	420
A4	210	297
A5	148.5	210
A6	105	148.5

※ $\sqrt{2} \fallingdotseq 1.4$
※ 각 등급 간의 면적 차이는 2배

● **2문단 : 복사기의 확대·축소 비율**
- 복사기의 확대·축소 비율은 '길이'를 확대·축소하는 비율을 의미

● **3문단 : 미국표준협회 규격**

(단위 : 인치)

등급 \ 규격	가로	세로
E레저	34	44
D레저	22	34
이그제큐티브	17	22
리걸	11	17
레터	8.5	11

※ 국제표준 A시리즈 규격 용지와 미국표준협회 규격 용지의 비교

A시리즈 규격 용지	미국표준협회 규격 용지
1. 가로는 그 위 등급의 세로의 절반 2. 세로는 그 위 등급의 가로와 동일 3. 모든 등급들의 가로 대 세로 비율 동일 ($\sqrt{2}$배) 4. 한 등급 올라갈 때마다 면적 두 배	1. 가로는 그 위 등급의 세로의 절반 2. 세로는 그 위 등급의 가로와 동일 3. 두 등급 차이 용지의 가로 대 세로 비율 동일 (1.29배 또는 1.55배) 4. 한 등급 올라갈 때마다 면적 두 배

보기 검토

ㄱ. (O) 국제표준 용지 중 A2 용지의 크기는 420 mm × 594 mm이다.
➡ [1문단 2-3문장]

ㄴ. (O) A시리즈 용지의 경우, 가장 높은 등급의 용지를 잘라서 바로 아래 등급의 용지 두 장을 만들 수 있다.
➡ [1문단 2-3문장]

ㄷ. (X) A시리즈 용지의 경우, 한 등급 위의 용지로 확대복사할 때 복사기의 제어판에 표시되는 비율은 130%이다.
➡ [1문단 마지막 문장, 2문단 3문장] 복사기의 확대·축소 비율은 '길이'를 확대·축소하는 비율을 의미하며, A시리즈 용지에서 한 등급 위 용지의 가로·세로 길이는 한 등급 아래 용지의 가로·세로 길이의 $\sqrt{2}$(약 1.4)배이다. 따라서 복사기의 제어판에 표시되는 비율은 140%이다.

ㄹ. (X) 미국표준협회 규격 용지의 경우, 세로를 가로로 나눈 값은 $\sqrt{2}$이다.
➡ [3문단] 국제표준 A시리즈 용지의 경우에는 세로를 가로로 나눈 값은 $\sqrt{2}$이지만, 미국표준협회 규격 용지의 경우에는 세로를 가로로 나눈 값이 약 1.29와 1.55, 두 가지이다.

13.

정답 ① 2019 가 30

퍼즐

풀이 1

- 25분을 모두 쉼없이 사용했다.

- 머리 감기와 머리 말리기는 반드시 함께 수행한다. 3분 + 5분 = 8분

- 각각의 일과를 수행하는 데에 소요되는 시간은 다음과 같다.

아침 일과	소요 시간
샤워	10분
세수	4분
머리 감기	8분
머리 말리기	
몸치장 하기	7분
구두 닦기	5분
주스 만들기	15분
양말 신기	2분

- 25분 동안 일과를 수행하는 방법은 다음과 같다.
  → 25분을 각 소요시간들을 이용하여 '합분해'한다.

아침 일과	소요 시간	방법 1	방법 2	방법 3	방법 4
샤워	10분	10분	10분	10분	
세수	4분				
머리 감기	8분		8분	8분	8분
머리 말리기					
몸치장 하기	7분		7분		
구두 닦기	5분			5분	
주스 만들기	15분	15분			15분
양말 신기	2분			2분	2분

➡ '세수'는 수행할 수 없다.

풀이 2

- 아침 일과를 수행하는 데에 25분을 모두 쉼없이 사용하였다.
  → 각 아침 일과 수행시간의 합(총 수행시간)은 25분이다.
  → 총 수행시간의 일의 자리는 5분이 되어야 한다.

- '세수'의 수행시간은 4분이다.
  → 세수가 포함된다면, 수행시간이 1분인 일과가 함께 포함되거나 세수를 제외한 다른 일과들의 수행시간을 합한 수행시간의 일의 자리가 1분이 되어야만 총 수행시간의 일의 자리를 5분으로 만들 수 있다.
  → 이와 같은 경우는 존재하지 않으므로, '세수'는 수행할 수 없다.

14.

정답 ③ 2019 가 32

퍼즐

풀 이

- 甲~戊 5명 모두 3개 항목에서 2점, 2개 항목에서 3점을 받아서, 가중치를 반영하지 않은 총점은 동점이다.
  → 항목가중치에 의해 순위가 결정되었으며, 이를 통해 어떤 항목의 가중치가 더 높은지 알 수 있다.

- 乙과 戊
  각각 '열정'과 '잠재력'에서 3점을 받았으며, 乙의 순위가 더 높다.
  → 열정은 잠재력보다 항목가중치가 높다.

- 戊와 甲
  각각 '표현력'과 '가치관'에서 3점을 받았으며, 戊의 순위가 더 높다.
  → 표현력은 가치관보다 항목가중치가 높다.

- 甲과 丁
  각각 '가치관'과 '논증력'에서 3점을 받았으며, 甲의 순위가 더 높다.
  → 가치관은 논증력보다 항목가중치가 높다.

- 丁과 丙
  각각 '잠재력'과 '가치관'에서 3점을 받았으며, 丁의 순위가 더 높다.
  → 잠재력은 가치관보다 항목가중치가 높다.
  ➡ 정답 : ③

더 생각해 보기

- 이 문제를 풀기 위해서는 5명의 점수 구성을 비교하는 작업을 해야 한다. 이때, 비교할 두 사람을 골라내는 것이 관건인데, 일반적으로 비교 대상 2개를 골라낼 때 주목할 점은 다음과 같다.
  (1) 인접해 있는 것들을 비교 대상으로 한다. (예 : 1등과 2등)
  (2) 비교 요소를 제외한 나머지 요소들은 모두 동일한 것들을 비교 대상으로 한다.
- 위의 풀이에서는 순위가 인접해 있는 사람들만을 비교 대상으로 삼았다. 이 외에 비교할 수 있는 경우들과 비교 결과를 적어 보면 다음과 같다.
  - 甲과 丙 : 잠재력은 논증력보다 항목가중치가 높다.
  - 丁과 戊 : 표현력은 논증력보다 항목가중치가 높다.
- 두 명씩 비교하여 가중치의 높낮이를 확실히 판단할 수 있는 경우는 총 6가지이다.

	甲	乙	丙	丁	戊
甲		×	○	○	○
乙	-		×	×	○
丙	-	-		○	×
丁	-	-	-		○
戊	-	-	-	-	

15.

정답 ② 2018 나 35

규칙·지침

제시문의 이해

- '동갑' 관계가 되는 2가지 경우를 <표>에 표시해 보면 다음과 같다.
  - 경우 1 : 태어난 연도가 같은 경우
  - 경우 2 : 태어난 연도가 다르더라도 초등학교 입학년도가 같고 생년월일의 차이가 1년 미만인 경우

이름	생년월일	초등학교 입학년도
甲	1992. 4. 11.	1998
乙	1991. 10. 3.	1998
丙	1991. 3. 1.	1998
丁	1992. 2. 14.	1998
戊	1993. 1. 7.	1999

→ 戊는 다른 4명 모두에 대하여 '아랫사람'이어서 '모호'한 관계의 구성원이 될 수 없다.

→ 戊가 포함된 <보기 ㄹ>은 답에 포함되어서는 안 된다.

→ 선택지 ③, ④, ⑤ 제외.

보기 검토

ㄱ. (O) 甲, 乙, 丙

➡ 乙과 甲, 乙과 丙이 '동갑' 관계이고 甲과 丙이 '위아래' 관계이므로, 세 사람 사이의 관계는 '모호'하다.

이름	생년월일
甲	1992. 4. 11.
乙	1991. 10. 3.
丙	1991. 3. 1.

ㄴ. (X) 甲, 乙, 丁

➡ 세 사람 모두 서로 '동갑' 관계이므로 세 사람 사이의 관계는 '명확'하다.

이름	생년월일
甲	1992. 4. 11.
乙	1991. 10. 3.
丙	1991. 3. 1.
丁	1992. 2. 14.

ㄷ. (O) 甲, 丙, 丁

➡ 丁과 甲, 丁과 丙이 '동갑' 관계이고 甲과 丙이 '위아래' 관계이므로, 세 사람 사이의 관계는 '모호'하다.

이름	생년월일
甲	1992. 4. 11.
乙	1991. 10. 3.
丙	1991. 3. 1.
丁	1992. 2. 14.

ㄹ. (X) 乙, 丁, 戊

➡ 乙과 丁이 '동갑' 관계이고 乙이 戊의 '윗사람', 丁이 戊의 '윗사람'이므로, 세 사람 사이의 관계는 '명확'하다.

이름	생년월일
乙	1991. 10. 3.
丙	1991. 3. 1.
丁	1992. 2. 14.
戊	1993. 1. 7.

더 생각해 보기

- 서로 다른 '동갑' 관계가 형성되어 있는 네 사람(甲~丁) 중 甲과 丙의 관계만 '위아래' 관계이다. 따라서 甲과 丙이 포함되어 있고 乙과 丁이 섞여 있는 <보기 ㄱ>과 <보기 ㄷ>이 '모호'한 관계가 된다.

이름	생년월일	초등학교 입학년도
甲	1992. 4. 11.	1998
乙	1991. 10. 3.	1998
丙	1991. 3. 1.	1998
丁	1992. 2. 14.	1998
戊	1993. 1. 7.	1999

16.

정답 ③ 2010 선 17

추론

제시문의 이해

- 주어진 '7개 업무영역의 관계'를 벤다이어그램으로 그리면 아래와 같다.

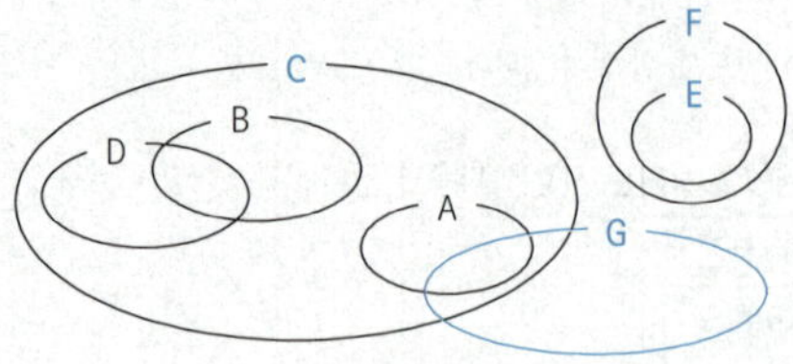

- 제시·확정되지 않은 부분
  (1) G의 업무내용과 C의 업무내용 간의 관계
  (2) G의 업무내용과 E, F의 업무내용 간의 관계
  → 이 2가지가 변수로 작용한다. 경우에 따라 G의 위치와 크기를 변형시켜가며 정오를 판단하자.

보기 검토

ㄱ. (X) C의 업무내용은 모두 G의 업무내용일 수 있다.

➡ G ⊇ C : 불가능하다. 'G의 업무내용은 B와 D의 업무내용과 중복되지 않는다'는 조건에 위배된다.

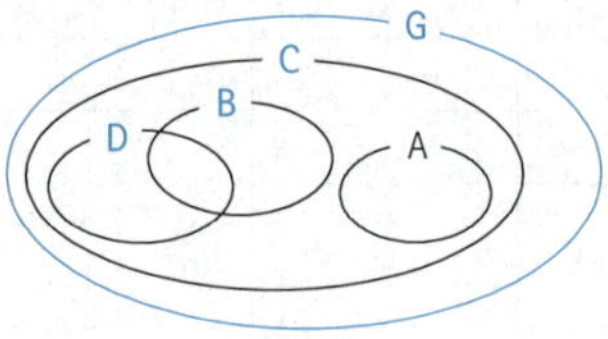

ㄴ. (O) G의 업무내용은 모두 C의 업무내용일 수 있다.

➡ 가능하다.

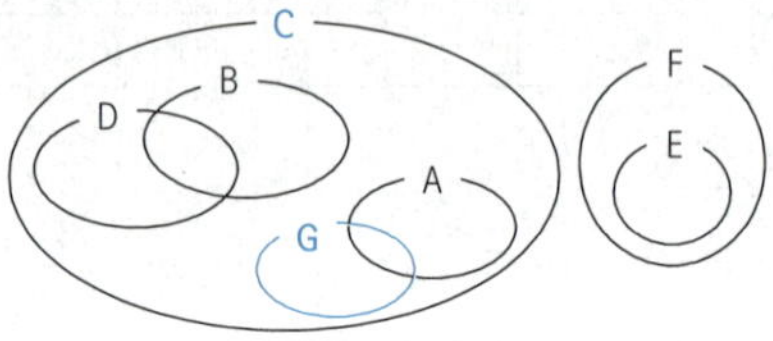

ㄷ. (O) E의 업무내용 모두가 G의 업무내용일 수 있다.

➡ 가능하다.

ㄹ. (O) F의 업무내용은 G의 업무내용과 중복될 수 있다.

➡ 가능하다.

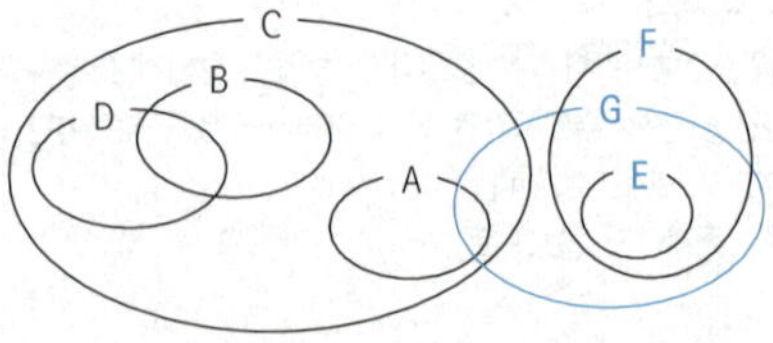

ㅁ. (X) G의 업무내용 모두가 F의 업무내용일 수 있다.

➡ 불가능하다. 'G의 업무내용 가운데 일부가 A의 업무내용 일부와 중복된다'는 조건에 위배된다.

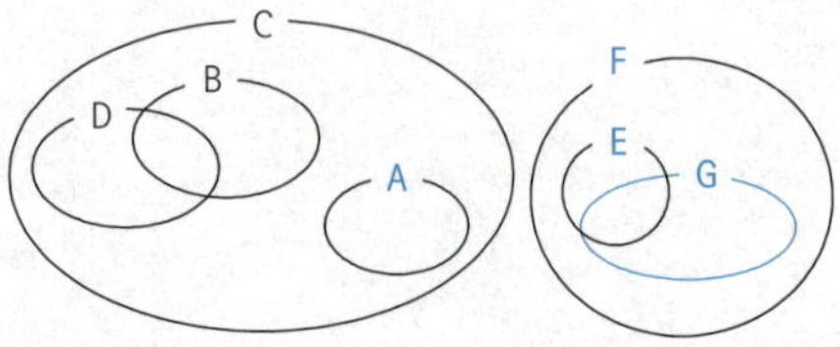

17.

정답 ② 2013 인 3

TEXT 독해, 규칙의 적용

제시문의 이해

도로명		구성요소	
		전부	후부
기본형		특성 반영 어휘	로, 길, 골목
확장형	번호형	특성 반영 어휘	[번호] + [로, 길, 골목]
	방위형	특성 반영 어휘	[방위] + [로, 길, 골목]

〈○○시의 도로명 현황〉의 이해

[1] 도로명의 전부요소로는 한글고유어보다 한자어가 더 많이 발견되었고,
[2] 기본형보다 확장형이 많이 발견되었다.
[3] 확장형의 후부요소로는 일련번호형이 많이 발견되었고,
[4] 일련번호는 '로'와만 결합되었다.
[5] 방위형은 '골목'과만 결합되었으며
[6] (방위형에) 사용된 어휘는 '동, 서, 남, 북'으로만 한정되었다.

[1] ~ [3]은 단지 '많이', '더 많이'라고만 표현할 뿐 '유일한 형태'임을 알려주는 조건이 아니기 때문에, 판단의 기준이 될 수 있는 중요한 조건이 아니다.
반면, [4] ~ [6]은 '~만'이라는 한정의 뜻을 나타내는 보조사를 사용하여 '유일한 형태'임을 알려주고 있다. 문제화될 수 있는(선택지를 구성할 수 있는) 조건은 [4] ~ [6]이다.

선택지 검토

① 〔X〕 행복1가
➡ [4] 일련번호는 '로'와만 결합되었다는 조건에 위배

② 〔O〕 대학2로
➡ [4] 일련번호는 '로'와만 결합되었다는 조건에 합치

③ 〔X〕 국민3길
➡ [4] 일련번호는 '로'와만 결합되었다는 조건에 위배

④ 〔X〕 덕수궁뒷길
➡ [5] 방위형은 '골목'과만 결합되었으며 [6] 사용된 어휘는 '동, 서, 남, 북'으로만 한정되었다는 조건에 위배

⑤ 〔X〕 꽃동네중앙골목
➡ [6] (방위형에) 사용된 어휘는 '동, 서, 남, 북'으로만 한정되었다는 조건에 위배

조언

- **TEXT를 읽을 때에는 조사와 어미, 부사어에 주의해야 한다.**
  이 말은 백 번을 강조해도 지나치지 않다. 제시문이나 〈상황〉, 〈조건〉 등에서 조사와 어미가 만들어내는 의미를 빠르게 감지할 수 있으면, 무엇을 묻는 문제이고 선택지가 어떻게 구성될 것인지를 좀 더 빨리 정확하게 예측하고 이해할 수 있을 것이다.
- **'범위·한정·확정의 뜻'을 나타내거나, '개수·수치와 관계'되는 것들에 특히 주의하자.**
  〈예〉
  반드시, 항상, 언제나, 가장, 절대, 결코, 모두, 각각, ~만, ~부터, ~까지

18.

정답 ② 2019 가 28

계산·비교, 최적화

풀 이

1,000 / 5,000 / 10,000 / 1,000

경복궁 → 서울시립미술관 → 서울타워전망대 → 국립중앙박물관

도보 0 / 지하철 1,000 / 지하철 1,000

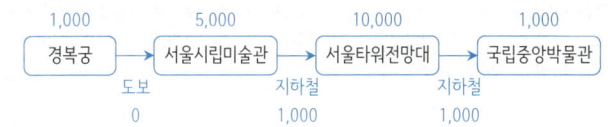

- '상품'을 이용하지 않는다면 총 19,000원이 소요된다. 이를 '기본비용'이라고 하자.

- '상품'을 이용하는 경우 지불해야 하는 비용은 다음과 같다.
  → 기본비용 + 상품가격 - 할인되는 입장료 - 할인되는 지하철 요금
  (1) 스마트 교통카드
  19,000 + 1,000 - 5,000 - 2,000 = 13,000
  (2) 시티투어 A
  19,000 + 3,000 - 300 - 1,500 - 3,000 - 300 - 2,000 = 14,900
  (3) 시티투어 B
  19,000 + 5,000 - 1,000 - 10,000 - 1,000 = 12,000

➡ 최소 관광비용 : 12,000원

19.

정답 ④ 2016 ④ 31

퍼즐, 규칙, 경우 따지기

제시문의 이해

○ 甲은 선박으로 '포항 → 울릉도 → 독도 → 울릉도 → 포항' 순으로 여행을 다녀왔다.

○ '포항 → 울릉도' 선박은 매일 오전 10시, '울릉도 → 포항' 선박은 매일 오후 3시에 출발하며, 편도 운항에 3시간이 소요된다.

포항	→	울릉도	→	독도	→	울릉도	→	포항
a.m. 10	(3)	p.m. 1				p.m. 3	(3)	p.m. 6

○ 울릉도에서 출발해 독도를 돌아보는 선박은 매주 화요일과 목요일 오전 8시에 출발하여 당일 오전 11시에 돌아온다.

포항	→	울릉도	→	독도	→	울릉도	→	포항
a.m. 10	(3)	p.m. 1				p.m. 3	(3)	p.m. 6
		a.m. 8				a.m. 11		
				화요일 or 목요일				

→ 포항에서 울릉도로 건너간 당일에 바로 독도를 다녀올 수는 없다.

○ 최대 파고가 3 m 이상인 날은 모든 노선의 선박이 운항되지 않는다.

○ 甲은 매주 금요일에 술을 마시는데, 술을 마신 다음날은 멀미가 심해 선박을 탈 수 없다.

→

일	월	화	수	목	금	토
16 ㉺ 1.0	17 ㉺ 1.4	18 ~~㉺ 3.2~~	19 ㉺ 2.7	20 ㉺ 2.8	21 ~~㉺ 3.7~~	22 ~~㉺ 2.0~~
23 ㉺ 0.7	24 ~~㉺ 3.3~~	25 ㉺ 2.8	26 ㉺ 2.7	27 ㉺ 0.5	28 ~~㉺ 3.7~~	29 ~~㉺ 3.3~~

○ 이번 여행 중 甲은 울릉도에서 호박엿 만들기 체험을 했는데, 호박엿 만들기 체험은 매주 월·금요일 오후 6시에만 할 수 있다.

→

일	월(호박엿)	화	수	목	금(호박엿)	토
16 ㉺ 1.0	17 ㉺ 1.4	18 ~~㉺ 3.2~~	19 ㉺ 2.7	20 ㉺ 2.8	21 ~~㉺ 3.7~~	22 ~~㉺ 2.0~~
23 ㉺ 0.7	24 ~~㉺ 3.3~~	25 ㉺ 2.8	26 ㉺ 2.7	27 ㉺ 0.5	28 ~~㉺ 3.7~~	29 ~~㉺ 3.3~~

선택지 검토

① 〔X〕 16일(일) ~ 19일(수)

➡ 18일의 최대 파고가 3 m 이상이므로 독도에 다녀올 수 없다.

② 〔X〕 19일(수) ~ 22일(토)

➡ 22일에는 선박을 탈 수 없으므로 포항으로 돌아올 수 없다.

③ 〔X〕 20일(목) ~ 23일(일)

➡ 20일(목요일)에 독도를 다녀와야 하는데, 전체 일정 중 첫날은 독도에 다녀올 수 없다.

④ 〔O〕 23일(일) ~ 26일(수)

➡ 가능한 일정이다.

⑤ 〔X〕 25일(화) ~ 28일(금)

➡ 28일에는 선박을 탈 수 없으므로 포항으로 돌아올 수 없다.

20.

정답 ④ 2024 나 33

규칙·지침

풀 이

○ 甲은 乙의 주민등록번호 앞 6자리와 관련하여 다음과 같은 특징을 기억하고 있다.

- 3가지 숫자로만 구성되어 있다.
  → ② 931118 : 4가지 숫자로 구성되어 있으므로 제외.
- 같은 숫자가 연속되는 부분이 있다.
  → ① 920202 : 같은 숫자가 연속되는 부분이 없으므로 제외.

○ 乙은 2022년에 지원금을 받았으나 기념품은 받지 못했다.

→ ⑤ 031103 : 2022년에 만 20세가 되지 못하므로 제외.

→ ③ 000610 : 짝수일에 태어나서 기념품을 받았을 것이므로 제외.

➡ 정답 : ④ 010411

21.

정답 ③ 2024 나 32

퍼즐, 순서관계

풀이

丙 : 나보다 앞서 달린 적이 있는 사람은 乙과 丁뿐이야.
→ 경기 내내 丙보다 앞서 달린 적이 있는 사람은 乙과 丁뿐이다.
→ 乙, 丙, 丁 세 명이 1등부터 3등까지의 등수를 차지했다.
→ 甲과 戊가 4등과 5등을 차지했다.

乙 : 나는 중간에 丙과 丁을 제친 후, 누구에게도 추월당하지 않았어.
丁 : 나는 丙에게 따라잡힌 적이 없어.
→ 이 세 명의 순위는 乙 > 丁 > 丙이다.
➡ 3등을 한 사람은 丙이다.

甲 : 나는 1등 아니면 5등이야.
戊 : 우리 중 같은 등수는 없네.
→

등수	1	2	3	4	5
사무관	乙	丁	丙	戊	甲

22.

정답 ③ 2016 ④ 16

규칙, 수리, 경우 따지기

〈현황〉의 이해

구분	2013년 3월	2014년 3월	2015년 3월	
신규 인증대학	12	18	21	→ 합 : 51개
기존 인증대학	-	-2 ↗ 10	-3 ↗ 25	
합계	12	28	46	
기존 인증대학에 대한 핵심지표평가 결과	-	인증취소 2개	인증취소 3개	

(2014년 3월 인증취소 2개 → 2015년 신규 인증 가능)

보기 검토

ㄱ. [X] 2013년에 신규 인증대학으로 선정된 A대학이 2016년에 핵심지표평가만을 받는 경우는 없다.
➡ A대학의 인증이 2014년에 취소되고, 2015년에 다시 신규 인증을 받았다면 2016년에는 핵심지표평가만을 받는다.

ㄴ. [O] 2015년 3월까지 인증대학으로 1번 이상 선정된 대학은 최대 51개이다.
➡ 인증이 취소된 대학이 다시 신규 인증을 받은 경우는 없다고 가정하면, 2013년부터 2015년까지 신규 인증을 받은 대학은 모두 다른 대학이다. 따라서 2015년 3월까지 인증대학으로 1번 이상 선정된 대학의 최대 개수는 3년간 신규 인증을 받은 대학 개수의 합계인 51개이다.

ㄷ. [X] 2015년 3월까지 인증대학으로 1번 이상 선정된 대학은 최소 46개이다.
➡ 2013년과 2014년에 신규 인증을 받은 대학은 모두 처음으로 인증을 받은 대학이다. 그러나 2015년에 신규 인증을 받은 대학 21개 중 2개는 2014년에 인증이 취소된 대학일 수 있다. 따라서 2015년 3월까지 신규 인증을 받은 대학 개수의 합계인 51개 중 2개는 중복으로 헤아려진 것일 수 있다. 이 2개를 제외한 49개가 최소 개수이다.

ㄹ. [O] 2016년 2월 현재 23개월 이상 인증을 유지하고 있는 대학은 25개이다.
➡ 2014년 3월 이전에 받은 인증을 2016년 2월까지 유지하고 있다면 23개월 이상 인증을 유지하고 있는 상태이다. 따라서 2015년 3월까지 인증이 취소되지 않은 기존 인증 대학 25개가 2016년 2월 현재 23개월 이상 인증을 유지하고 있는 대학이다.

23.

정답 ③ 2015 인 18

퍼즐, 게임의 규칙, 경우 따지기

〈규칙〉의 이해

● A 규칙

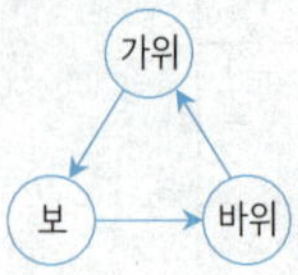

● B 규칙

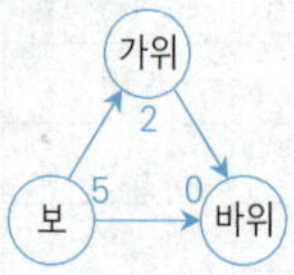

● C 규칙

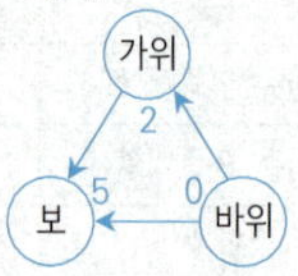

● 공통 : 서로 같으면 무승부.

〈상황〉의 이해

甲		보 (5)	보 (5)	보 (5)
乙		가위 (2)	바위 (0)	보 (5)
승자	A 규칙	乙	甲	무승부
	B 규칙	甲	甲	무승부
	C 규칙	乙	乙	무승부

보기 검토

ㄱ. (X) 甲이 1승 1무 1패를 한 경우, 첫 번째 경기에 A규칙 또는 C규칙이 적용되었다.

➡ 첫 번째 경기에서 B규칙이 적용된 경우에도 1승 1무 1패의 결과가 나올 수 있다.

甲의 전적이 1승 1무 1패가 되는 경우는 다음과 같이 모두 4가지이다.

〈규칙의 적용 순서〉 A - B - C / B - C - A / C - B - A / C - A - B

ㄴ. (O) 甲이 2승 1무를 한 경우, 두 번째 경기에 A규칙이 적용되었다.

➡ 마지막 경기는 반드시 무승부이므로 甲의 2승은 첫 번째와 두 번째 경기에서 나와야만 한다. 이렇게 되려면 첫 번째 경기에 B규칙, 두 번째 경기에 A규칙이 적용되어야 한다.

〈규칙의 적용 순서〉 B - A - C

ㄷ. (X) 甲은 3번의 경기 중 최소한 1승은 할 수 있다.

➡ 규칙이 적용된 순서가 A - C - B였다면, 甲의 전적은 1무 2패가 된다.

ㄹ. (O) 만약 乙이 세 번째 경기에서 보가 아닌 가위나 바위를 낸다고 해도 甲은 3승을 할 수 없다.

➡ 甲이 3승을 하려면 우선 첫 번째 경기에 B규칙, 두 번째 경기에 A규칙이 적용되어 2승이 확보되어야 한다. 그리고 마지막 경기에 C규칙이 적용된 상태에서 甲이 이길 수 있어야 하는데, C규칙 하에서 '보'를 내면 반드시 비기거나 지게 된다. 따라서 세 번째 경기에서 '보'를 낸 甲은 3승을 할 수 없다.

甲		보	보	보		
乙		가위	바위	보	가위	바위
승자	A 규칙	乙	甲	무승부	—	—
	B 규칙	甲	甲	무승부	—	—
	C 규칙	乙	乙	무승부	乙	乙

24.

정답 ③ 2020 나 13

퍼즐, 게임, 확률

제시문의 이해

● 시계방향 1칸 이동 ('+ 1'로 처리)

- 주사위가 짝수일 때 : 2, 4, 6
- 확률 = $\frac{3}{6} = \frac{1}{2}$

● 반시계방향 1칸 이동 ('- 1'로 처리)

- 주사위가 홀수일 때 : 1, 3, 5
- 확률 = $\frac{3}{6} = \frac{1}{2}$

● 경기의 진행과 승패 판정

甲과 乙이 번갈아 주사위를 한 번씩(총 2번) 던지는 것을 하나의 '라운드'라고 하자. 각 라운드에서 가능한 이동 방향 및 칸 수의 조합은 다음과 같다.

갑	+ 1	+ 1	- 1	- 1
을	+ 1	- 1	+ 1	- 1
결과	+ 2	0	0	- 2

→ 각 라운드마다 이동하는 칸 수는 0칸 또는 2칸이다.

→ 경기가 종료되었을 때의 말의 위치는 2시, 4시, 6시, 8시, 10시, 12시(즉, 짝수 시)만 가능하다.

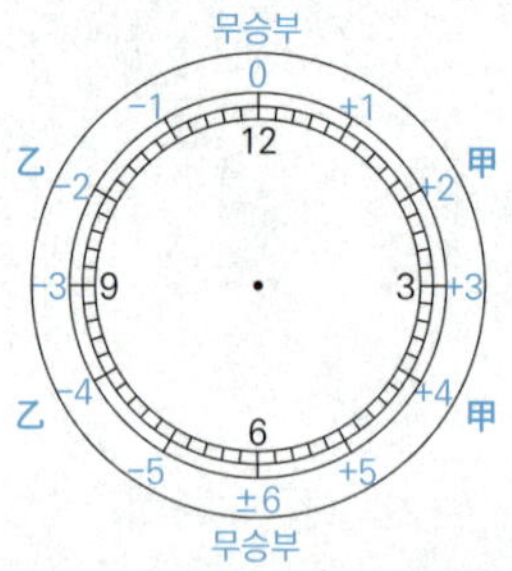

보기 검토

ㄱ. (X) 말의 최종 위치가 3시일 확률은 $\frac{1}{12}$이다.

➡ 말의 최종 위치가 3시일 수는 없다. 따라서 확률은 0이다.

ㄴ. (O) 말의 최종 위치가 4시일 확률과 8시일 확률은 같다.

➡ 〈말의 최종 위치가 4시인 경우〉

① 짝수 14번, 홀수 10번 → + 14 - 10 = 4 → 4시

② 홀수 16번, 짝수 8번 → - 16 + 8 = - 8 → 4시

〈말의 최종 위치가 8시인 경우〉

① 홀수 14번, 짝수 10번 → - 14 + 10 = - 4 → 8시

② 짝수 16번, 홀수 8번 → + 16 - 8 = 8 → 8시

짝수와 홀수만 뒤바뀔 뿐, 말의 최종 위치가 4시인 경우와 8시인 경우는 경우의 수가 동일하다. 따라서 확률도 동일하다.

※ 4시와 8시가 출발지점(12시)로부터 좌우 대칭의 위치에 있으므로 확률이 동일할 것임을 빠르게 추측할 수 있다.

ㄷ. (X) 乙이 마지막 주사위를 던질 때, 홀수가 나오는 것보다 짝수가 나오는 것이 甲에게 항상 유리하다.

➡ 甲이 마지막으로(총 23번째로) 던져 위치한 곳이 5시라면 乙이 마지막으로(총 24번째로) 던져 나오는 수가 홀수여야 甲이 승리할 수 있으므로, 乙이 마지막으로 던져 나오는 수가 짝수인 것이 甲에게 항상 유리한 것은 아니다.

ㄹ. (O) 乙이 22번째 주사위를 던져 말을 이동시킨 결과 말의 위치가 12시라면, 甲이 승리할 확률은 무승부가 될 확률보다 낮다.

➡ 〈甲이 승리〉 남은 두 번 모두 짝수가 나올 확률

$\frac{1}{2} \times \frac{1}{2} = \frac{1}{4}$

〈무승부〉 남은 두 번에서 홀수-짝수가 나오거나 짝수-홀수가 나올 확률

$\frac{1}{2} \times \frac{1}{2} + \frac{1}{2} \times \frac{1}{2} = \frac{2}{4}$

따라서 무승부가 될 확률이 더 높다.

25.

정답 ③ 2012 인 30

퍼즐, 규칙의 적용

풀이 1 조건을 근거로 기록지의 빈 칸을 채우고 확인하는 단순한 방식

- 제시문의 조건에 따라 3차시의 점수를 기입한 후 결과를 도출한다.

조	선수	차시	점수				
			1세트	2세트	3세트	4세트	5세트
결선 1조	A	1차시	9	10	8	9	9
		2차시	9	8	7	10	10
		3차시	9	8	10	9	8
	B	1차시	9	9	10	10	9
		2차시	9	8	8	9	9
		3차시	9	8	10	9	8
	결과 (A승 6점)		무승부	A승	B승	무승부	A승
결선 2조	C	1차시	10	10	10	9	9
		2차시	8	9	8	9	10
		3차시	8	10	9	8	8
	D	1차시	8	9	10	8	9
		2차시	9	10	10	6	9
		3차시	10	8	9	10	10
	결과 (D승 6점)		D승	C승	D승	C승	D승

풀이 2 내용(조건)을 근거로 추론하여 확인하는 방식

A	상황	이기고 있는 상황	비기고 있는 상황	지고 있는 상황
	획득 점수	8	9	10
B	획득 점수	8	9	10
	상황	지고 있는 상황	비기고 있는 상황	이기고 있는 상황

C	상황	이기고 있는 상황	비기고 있는 상황	지고 있는 상황
	획득 점수	8 (-2)	10 (+2)	9 (±0)
D	획득 점수	10 (+2)	8 (-2)	9 (±0)
	상황	지고 있는 상황	비기고 있는 상황	이기고 있는 상황

1) 누군가가 이기고 있는 상황은 곧 상대방이 지고 있는 상황이다.

2) 3차시의 점수를 정확히 알 필요는 없다. 셋트별 승·무·패만 알아내면 승점은 별도로 계산이 가능하다.

3) 결선 1조의 경우, A와 B는 모든 상황에서 서로 같은 점수를 맞힌다. 따라서 3차시의 점수는 셋트별 승패에 영향을 주지 않는다. 따라서 1, 2차시 결과만으로 승점을 계산해도 된다.

4) 결선 2조의 경우, 점수 차만 알면 셋트별 승패를 확인할 수 있으므로 한 선수의 점수 변화만을 생각한다. C는 D와 비교하여, 이기고 있는 상황에서는 -2점, 비기고 있는 상황에서는 +2점, 지고 있는 상황에서는 0점을 획득한다.

조	선수	차시	점수				
			1세트	2세트	3세트	4세트	5세트
결선 1조	A	1차시	9	10	8	9	9
		2차시	9	8	7	10	10
	B	1차시	9	9	10	10	9
		2차시	9	8	8	9	9
	결과 (A승 6점)		무승부	A승	B승	무승부	A승
결선 2조	C	1차시	10	10	10	9	9
		2차시	8	9	8	9	10
		3차시	-2	+2	0	-2	-2
	D	1차시	8	9	10	8	9
		2차시	9	10	10	6	9
	결과 (D승 6점)		D승	C승	D승	C승	D승

MEMO

MEMO

MEMO

MEMO

MEMO